歷代文史要籍注釋選刊

山海經箋疏

【清】郝懿行◎著　周松齡◎繪圖
劉朝飛◎點校

華東師範大學出版社

圖書在版編目(CIP)數據

山海經箋疏/(清)郝懿行著;劉朝飛點校. —上海:華東師範大學出版社,2019
(歷代文史要籍注釋選刊)
ISBN 978-7-5675-9226-1

Ⅰ.①山… Ⅱ.①郝…②劉… Ⅲ.①歷史地理-中國-古代②《山海經》-注釋 Ⅳ.①K928.631

中國版本圖書館 CIP 数据核字(2019)第 091593 號

歷代文史要籍注釋選刊

山海經箋疏

箋疏者 [清]郝懿行
繪　圖 [清]周松齡
點校者 劉朝飛
特約編輯 李　明
責任編輯 時潤民
封面題籤 [清]郝懿行
裝幀設計 盧曉紅

出版發行 華東師範大學出版社
社　址 上海市中山北路 3663 號　郵編 200062
網　址 www.ecnupress.com.cn
電　話 021-60821666　行政傳真 021-62572105
客服電話 021-62865537　門市(郵購)電話 021-62869887
地　址 上海市中山北路 3663 號華東師範大學校内先鋒路口
網　店 http://hdsdcbs.tmall.com

印刷者 上海龍騰印務有限公司
開　本 890×1240　32 開
印　張 20.75
插　頁 2
字　數 507 千字
版　次 2019 年 7 月第 1 版
印　次 2019 年 7 月第 1 次
書　號 ISBN 978-7-5675-9226-1
定　價 76.00 元

出版人 王　焰

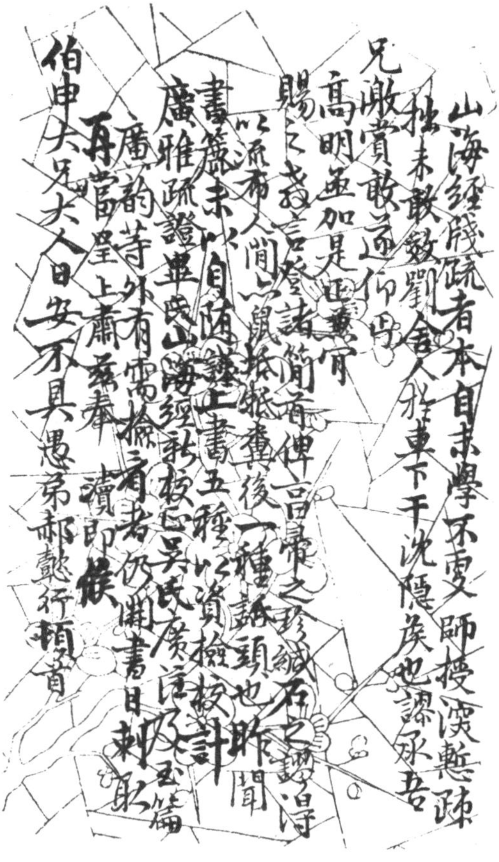

郝懿行手蹟（《昭代經師手簡二編》）

夏后啓（清代彩繪本《山海經圖》）

目錄

山海經箋疏細目

案：此細目兼顧刻本葉碼。阮刻本、郝氏遺書本、還讀樓本等版式相同，故皆可用。刻本葉碼用阿拉伯數字，本點校本葉碼用漢字。

南山經

西山經

北山經

東山經

中山經

海外南經

海外西經

海外北經

海外東經

海内南經

海内西經

海内北經

海内東經

大荒東經

大荒南經

大荒西經

大荒北經

海內經

整理說明

劉朝飛

《山海經》十八卷，舊傳爲伯益所作。伯益，或作柏翳，名大費，佐大禹治水有功，舜賜姓嬴氏，爲秦趙先祖。此書作者或又傳爲大禹、夷堅，皆不可信。當代學者多認爲其成書非由一人一時甚至一地。其成書上限或許甚早，下限是西漢初年，主體部分寫成當在戰國年間。西漢末年劉向、劉秀（歆）父子領校羣書時，本書由「臣望」在「建平元年（公元前六年）四月丙戌」整理而成，此後遂爲定本。臣望當即丁望，哀帝母定陶丁姬之叔父，官至左將軍。

晉郭璞（二七六—三二四）《山海經傳》，是本書第一個系統的注釋本。郭璞，字景純，河東聞喜（今山西聞喜）人，中年殉節，被追贈爲弘農太守。博學多才，此著之外還注釋有《爾雅》《三倉》《方言》《穆天子傳》《楚辭》《子虛賦》等，又有詩文《遊仙詩》《客傲》等。郭璞之後，《山海經傳》成爲人們了解《山海經》最爲重要的依據，此外幾乎再無別本可考。

《山海經箋疏》十八卷竝附《圖讚》一卷、《訂譌》一卷，清郝懿行（一七五七—一八二五）著。郝懿行，字恂九，號蘭皋，曬書堂，山東棲霞人，嘉慶四年進士。妻王照圓，字瑞玉，亦通墳籍，時有「高郵王父子，棲霞郝夫婦」之美譽，《山海經箋疏》中也有王氏的艱辛付出。郝氏著述頗豐，而以《爾雅義疏》《山海經箋疏》聞名于世。《爾雅義疏》是其精力所粹，《山海經箋疏》中凡言「見《爾雅》」者，讀者皆當取以對閲。《山海經箋疏》一經問世，便得到學界一致好評，至今仍不失爲絶佳的《山海經》讀本。其主要成果在文字校勘上面。驗之郝氏所據本雖然不多，但也得出了很多很寶貴的結論，爲我們的閲讀掃清了諸多障礙。驗之郝氏未見而年代較早的宋元諸本等，可知其書的確精見迭出。如《南山經首》「誰山」之「祝餘」郭注「或作桂荼」，郝氏根據讀音，校「桂」爲「柱」，驗之元曹善鈔本果然。《西次四經》「崦嵫之山」「其名自號也」郭注「或作設，設亦呼耳」，郝氏根據字形，校「設」爲「詨」，驗之元鈔本果然。《西次三經》「峚山」郭注「《王子靈符應》」，郝氏根據《藝文類聚》《文選注》作「王逸《正部論》」，校郭注爲「王逸《玉部論》」，驗之《意林》等，可知《類聚》等引不誤，而郝氏亦不遠矣。

清嘉慶八年癸亥（一八〇三），《山海經箋疏》尚未成稿（《曬書堂集・文集卷二・與孫淵如觀察書》）。次年（一八〇四）郝氏自作序，書初成，未見刻本，有鈔本可見于今中國科學院（後改動甚多，故亦可稱稿本）。丙寅（一八〇六）、丁卯（一八〇七），郝氏遊白雲觀，借閲明正統道藏本《山海經》，以補益其書（《文集卷五・老道人》）。戊辰（一八〇八），郝氏託孫星衍尋書（《與孫淵如觀察書》），中科院藏稿本中，後補之《開元占經》《北堂書鈔》等内容，即當與此有關。其間審定郝書者尚夥，姓名列于其書者凡十八人，書中明文引述者有臧庸、王引之、陳壽祺、馬瑞辰、嚴可均、牟廷相等六人。

此外見于其書者，尚有吳其濬、錢侗、洪頤煊、陳梅修、張澍等。（幾封相關書札見本書附錄。）其後郝書經過一次刊刻，今中國科學院與浙江圖書館有其書。嘉慶十四年己巳（一八〇九），阮元爲之作序，其後《山海經箋疏》正式刊刻。

中國科學院所藏稿本一種，首列《山海經述首》（版心題曰「敘目」，即後刻本之《山海經敘錄》），目錄下即換葉接箋疏正文，題曰「山海經牋第一」，無注箋者署名。箋疏正文本呈寫樣狀，道藏本與《書鈔》等信息增入其中，説明其書本鈔定于嘉慶癸亥郝氏作序之時，而於丙寅丁卯遊白雲觀與戊辰郝氏與孫星衍通信之後仍有改動。箋疏正文之後爲敘，題曰《山海經牋疏敘》。《訂譌》自「各書佚文」以下者與通行本甚不同。無《圖讚》。

浙江圖書館藏有一本，當是郝書初刻本。其牌記題曰《山海經》，有「阮氏琅嬛僊館刊」字樣，無刊刻年月。首列郝氏自作《山海經牋疏敘》（即後刻本之《山海經箋疏敘》）、《山海經述首》（版心題曰「敘目」），目錄後無「福山　王照圓婉佺　覆校」等字。無阮元序及審校名錄。內葉正文題曰「山海經第一」等，但只署「棲霞郝懿行注」（後刻本改爲「晉　郭璞傳　棲霞郝懿行箋疏」）。中科院又有一本，封面手題《郝注山海經》。牌記、序言、正文等一同浙圖本，唯獨《圖讚》置于目錄與正文之中。《訂譌》後無「補」。最後一葉署「儀征阮亨仲嘉校」。此二書當是一版。其內容與改定後的稿本幾無差異，故其刊刻時間當在嘉慶戊辰之後。

此初刻本，亦非成熟版本。尚保留稿本中未經核驗的内容，如《東 4 － 5》「《太平御覽》九百十三卷引《神異經》」之「九百十三」四字呈抹黑待刻狀（稿本此處爲空出待補狀）。此本流傳稀少，當是郝氏昔日廢棄之本。

今常見之《山海經箋疏》牌記題「山海經箋疏十八卷圖讚一卷」，署「阮氏琅嬛僊館開雕」。内有阮元序，作於嘉慶十四年（一八〇九）夏四月，是爲阮元琅嬛僊館刻本（簡稱「阮刻本」）。書成後仍有少量修訂，今所見德國國家圖書館藏本與中國台灣藝文印書館影嚴靈峯舊藏本即有少量不同。此阮刻本始是郝氏成書。

光緒七年（一八八一，即郝氏過世後五十六年），郝書經郝聯薇（懿行之孫）、游百川進呈清帝，得以留覽。其後本書收入《郝氏遺書》，題「光緒七年十二月由順天府進呈　御覽　山海經箋疏東路廳同知郝聯薇恭繕」。或說此《郝氏遺書》本（「東路廳本」）未曾重新製版，只是卷首加聖旨與奏摺，卷尾《訂譌》後補入阮刻本所無之「冉遺之魚」等二十二條内容（其中有張澍兩條又補刻入《圖讚》《訂譌》），所改訂内容極少，故此「東路廳本」實即阮氏刻本。今經校對文字與比對斷版，知其説可從，而《郝氏遺書》本是此郝書之最終版本。

今即以《郝氏遺書》本爲底本，參以清光緒十三年（一八八七）還讀樓本、光緒二十年（一八九四）上海書局石印本（光緒甲午《欽定郝註山海經》，圖五卷）、民國丙辰（一九一六）龍谿精舍本、《四部備要》本、民國二十六年(一九三七)王雲五《萬有文庫》標點本。

底本質量精良,衆本之間正文差異也較小,唯序跋附錄及其順序不同。阮刻本首載阮元《刻山海經箋疏序》及《山海經箋疏審定校勘爵里姓氏》(簡稱「審校名錄」),次以《箋疏》《圖讚》《訂譌》,以及《山海經箋疏敘》(郝氏自敘)與《山海經敘錄》。《郝氏遺書》本又于阮序前加聖旨及奏摺,書末將郝敘置于《敘錄》後,其他一同阮刻本。還讀樓本首載聖旨及奏摺、審校名錄、蔡爾康序、江標序、宦楙庸序、阮序、郝敘以及《山海經敘錄》,次以《箋疏》《圖讚》《訂譌》,《訂譌補》僅有前兩條。龍谿精舍本(題曰「潮陽鄭氏據郝氏遺書本校勘」)則首載《欽定四庫全書提要·山海經》、郝敘、阮序、審校名錄,次以《箋疏》《訂譌》《圖讚》《山海經敘錄》,《訂譌》置于《圖讚》前。《四部備要》本(題曰「上海中華書局據郝氏遺書本校勘」)惟自序在敘錄前,其他同于阮刻本。《萬有文庫》本則全用龍谿精舍本而重排並施以標點。《郝氏遺書》本內容一依舊時差序格局排列。時皇帝最尊貴,故首載聖旨、奏摺,是尊君王;阮元爲碩儒時彥,故居次,是尊師長。《圖讚》郭璞所作,故在郝氏《訂譌》之前,是尊古人。郝敘在劉秀《上山海經表》及郭璞《注山海經序》之後,是自謙。

晚出本多未能改正阮刻本、《郝氏遺書》本的訛誤,反而或有誤刻,如還讀樓本、龍谿精舍本等。今于「附錄四·校記」中綴以「參校本誤例」。

《四部備要》本雖訛誤較多，但其書卻也有可取之處。如將作《詩疏》之陸機或改正爲陸璣，《中一—一》引《玉篇》古文「熊」字从「能」不从「熊」等，皆合于稿本而優于衆本。《萬有文庫》本是郝書第一種標點本，其斷句雖未能盡善，但亦多有可取。

另可知尚有王筠、朱次琦、陳漢章、王謇、范祥雍等名家批校本（陳氏識語收入本書爲「附錄三」）。劉開《劉孟塗集》中又有《跋郝氏山海經箋疏》等，今不錄。其他郝書影響所及，見于張文襄《書目答問》、孫籀廎《札迻》等書者，誠爲不少。

本次整理過程中，對《五臧山經》等內容進行了編號，以方便讀者。

又，本次整理儘量避免使用引號，遇有易致疑議處加「○」以分別之。其他標點細事，詳見「附錄五・標點說明」。

郝書古字較多，如「栁」「桺」、「侯」「矦」之類（不涉及釋義），「攷」「考」、「間」「閒」之類（稍涉及釋義）等，皆儘量保存，以其可攷見傾向于保守和復古、以《說文》篆字爲宗的乾嘉學風，同時表達對郝懿行的尊敬。爲避免造字，極少量字庫所無之字頭如「㬥」（暴）等則徑作通行字。避諱字如「玄」變形、「胤」缺筆、「弘」作「宏」等，徑改不出校記。另如「丠」（丘）則古字，故不回改。又如「臯栩」偶作「臯枏」，「歷」作「歴」「厯」等，羨筆漏筆，俗寫訛刻，無關大義者，皆徑改不出校。

郝氏論《山海經圖》之文字，見其書「自敘」及《訂譌》一卷中所附「訂譌補」第2條。郝書本無圖，郝氏下世多年後有重刻出，始見插圖本。

今所見「光緒甲午《欽定郝註山海經》」有圖五卷，題曰「大清光緒拾柒年菊月上浣日蕭山月甫周松齡作圖並記」，光緒十七年即一八九一年，菊月上浣即農曆九月上旬，紹興府蕭山縣即今浙江杭州蕭山區，周松齡字月甫。今據以影印。周圖乏善可陳，編校質量亦差，其目錄、題榜與郝書正文多有不同，如目錄之「蜚鼠」，題榜及正文皆作「蚩鼠」，且題榜或亦有闕文。今多仍其舊，亦不出校記。

所見又有光緒十九年（一八九三）仿古齋石印本，題曰「欽定郝註山海經」，其圖當是據吳任臣《山海經廣注》之圖而重繪；光緒甲午（一八九四）上海書局三次石印本，題曰「御定五彩繪圖郝註山海經」，其圖同仿古齋本；光緒二十三年（一八九七）圖書集成局本，題曰《山海經箋疏圖說》（其正文實是畢沅《山海經新校正》），其圖當是據周松齡圖而重繪；光緒二十五年（一八九九）上海江左書林石印本，其圖則徑用周圖。或見他本，實皆出郝氏之外。

本書整理工作歷時七載，最終得以面世，有蒙華東師範大學鍾錦先生大力襄助，在此特別表示感謝！同時感謝江蘇楊國良、雲南余散雲、北京梁瀅、河北孔秀華諸位幫爲審定稿件，感謝湖南王逐瑜等好友相與析疑，感謝殆知閣等衆多網友無私提供電子書資源。又，此書前期整理工作，山東大學劉宗迪等也曾短暫參與其中，特此説明。

己亥仲夏　南皮　劉朝飛

清帝聖旨　奏摺

上諭

光緒七年十二月二十四日，内閣奉上諭：

前據順天府府尹游百川呈進已故戶部主事郝懿行所著書四種，當交南書房翰林閲看。據稱，郝懿行學問淵博，經術湛深，嘉慶年閒，海内推重。所著《春秋比》《春秋説略》《爾雅義疏》《山海經箋疏》各書，精博邃密，足資攷證。所進之書，卽著留覽。

欽此。

奏摺

順天府府尹【臣】游百川跪奏爲代進前戶部主事解經之書，恭摺仰祈聖鑒事。

竊維爲學莫先於研經，而著書猶貴乎析義。【臣】籍隸山東，稔知同鄉前戶部主事郝懿行所著

《春秋說略》十二卷、《春秋比》二卷、《爾雅義疏》十九卷、《山海經箋疏》十八卷並附《圖讚》一卷、《訂譌》一卷，積數十年之精力而成，其書頗爲賅洽。伏念《春秋》有褒譏之義，說經之門戶宜分；《爾雅》爲訓詁之宗，名物之異同必辨。郝懿行窮源竟委，曲引旁徵，曾博極乎羣書，求折衷於一是。至如《山海經》一書，劉歆駭其神奇，郭璞稱其靈化，又欲事刊疏繆，辭取雅馴，既富搜羅，復精辨覈，可謂殫心典籍，無愧通方。該主事係山東棲霞縣廩膳生，乾隆丙午優貢，戊申舉人，嘉慶己未進士，戶部江南司主事，髫齡勵志，皓首窮經，迹其成書，有裨實學。今其孫現任順天府東路同知郝聯薇，收存原稿，校繕成編。【臣】謹代進呈以備採納。伏察康熙年閒胡渭進《禹貢錐指》，乾隆年間顧棟高進《春秋大事表》，均蒙聖祖仁皇帝、高宗純皇帝錫以嘉予，搜入《四庫》。今郝懿行所著等編，儻蒙皇上典學之餘，俯賜乙覽，則儒生稽古之榮，當與胡渭、顧棟高竝傳於藝苑矣。謹將裝成書三函，計十六本，恭摺隨同上進，伏乞皇太后、皇上聖鑒。謹奏。

刻山海經箋疏序

阮元

《左傳》稱「禹鑄鼎象物，使民知神姦」。禹鼎不可見，今《山海經》或其遺象歟？《漢書·藝文志》列《山海經》于形法家。《後漢書·王景傳》：「明帝賜景《山海經》《河渠書》以治河。」然則是經爲山川輿地有功世道之古書，非語怪也。且與此經相出入者，則有如《逸周書·王會》《楚辭·天問》《莊》《列》《爾雅》《神農本草》諸書。司馬子長于《山經》怪物不敢言之，史家立法之嚴，固宜耳。然上古地天尚通，人神相雜，山澤未烈，非此書末由知已。郭景純注，于訓詁地理，未甚精徹，然晉人之言已爲近古。吳氏《廣注》，徵引雖博，而失之蕪雜。畢氏校本，于山川考校甚精，而訂正文字尚多疏略。今郝氏究心是經，加以箋疏，精而不鑿，博而不濫，粲然畢著，斐然成章。余覽而嘉之，爲之栞版以傳。郝氏名懿行，字蘭皋，山東棲霞人，戶部主事。余己未總裁會試，從經義中識拔，實學士也。家貧行修，爲學益力，所著尚有《爾雅疏》諸書。蘭皋妻王安人字瑞玉，亦治經史，與蘭皋共著書于鹿車舂廡之閒，所著有《詩經小記》《列女傳注》諸書，于此經疏竝多校正之力，亦可尚異之也。

嘉慶十四年夏四月，揚州阮元序。

山海經箋疏審定校勘爵里姓氏

儀徵阮雲臺侍郎【元】

陽湖孫伯淵觀察【星衍】

武進臧西成文學【庸】

歸安姚秋農中允【文田】

高郵王曼卿學士【引之】

全椒吳山尊學士【鼒】

歙縣鮑覺生學士【桂星】

嘉應宋芷灣編修【湘】

閩縣陳梅修編修【壽祺】

江西新城涂瀹莊侍御【以輈】

商城程鶴樵侍御【國仁】

南海張棠村員外【業南】

龍南徐香珏主事【名紱】

桐城馬元伯主事【瑞辰】
曲阜孔阜村主事【繼埈】
烏程嚴鐵橋孝廉【可均】
儀徵阮小雲蔭生【常生】
棲霞牟默人明經【廷相】

山海經圖

周松齡 繪圖

山海經圖第一卷目錄

靈祇

山海經圖第二卷目錄

異域

山海經圖第三卷目録

獸族

山海經圖第四卷目録

羽禽

山海經圖第五卷目錄

鱗介

山海經圖目錄終

鼓 人面龍身 居鍾山

欽䲹及鼓是殺祖江帝乃戮之崑崙之東二子皆化矯翼亦同
郝懿行贊

英招 馬身人面虎文鳥翼居槐江山

横江之山英招是主巡遊四海撫翼雲儛實惟帝囿有謂予圖

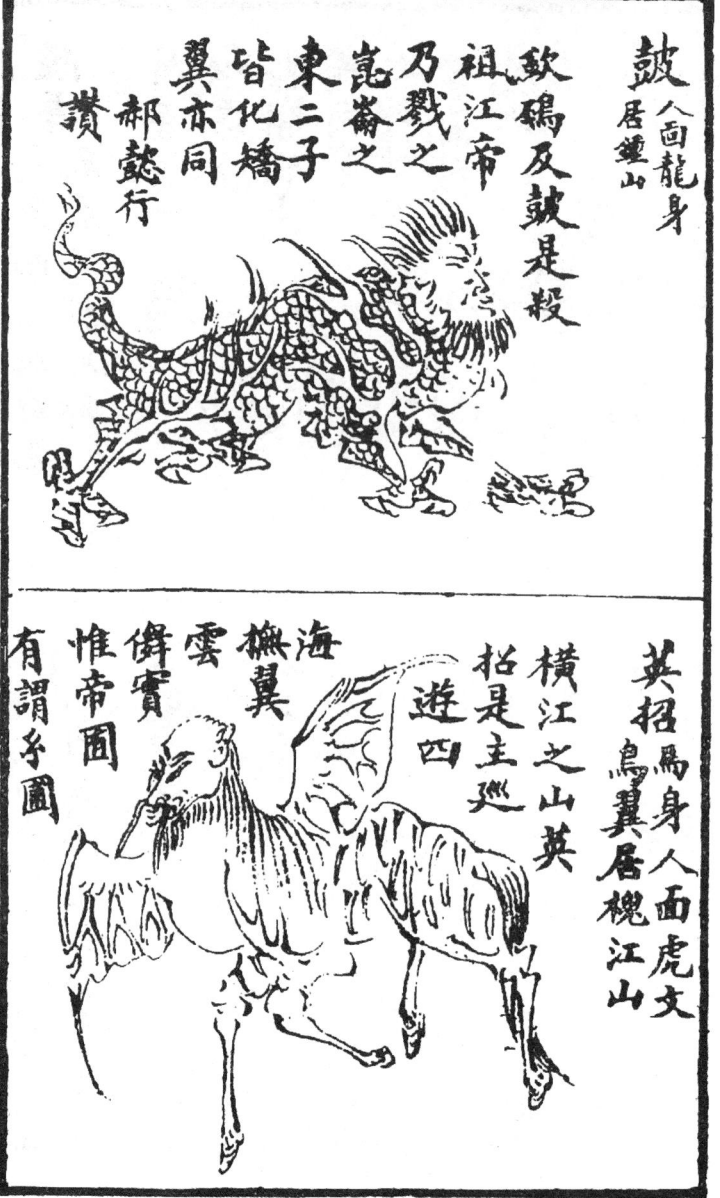

陸吾虎身九首人面虎爪居崑崙之卯

肩吾得一
以處崑
崙開明是
對司帝
之門吐納
靈氣熊熊
魂魂

帝江狀如黃囊赤如丹大六足四翼渾沌無面目居天山

質則混沌
神則旁
通自然
靈照聽
不以
聦强為
之名
日在
帝江

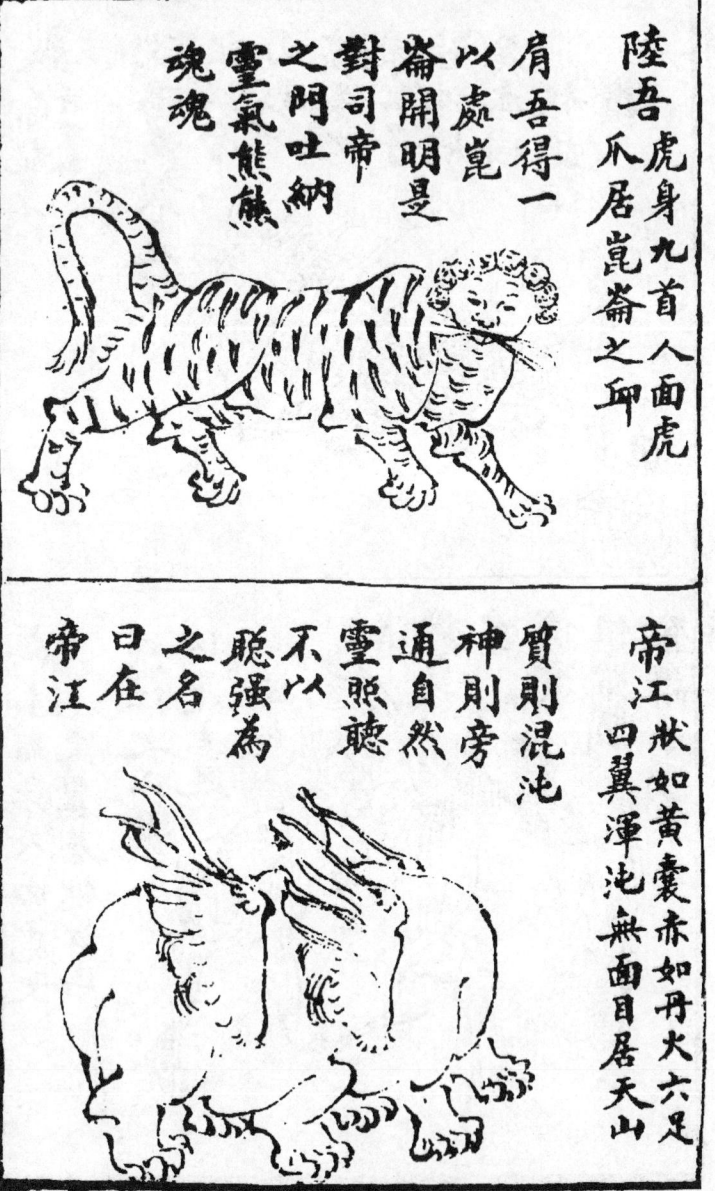

神輝人面獸身一足一手居剛山
其音如吟
一脚人面

泰逢狀如人面虎尾和山之神也好居萯山之陽出入有光

神號泰逢
好遊山陽
濯足九洲
出入有光
天氣是動
乱甲迷惶

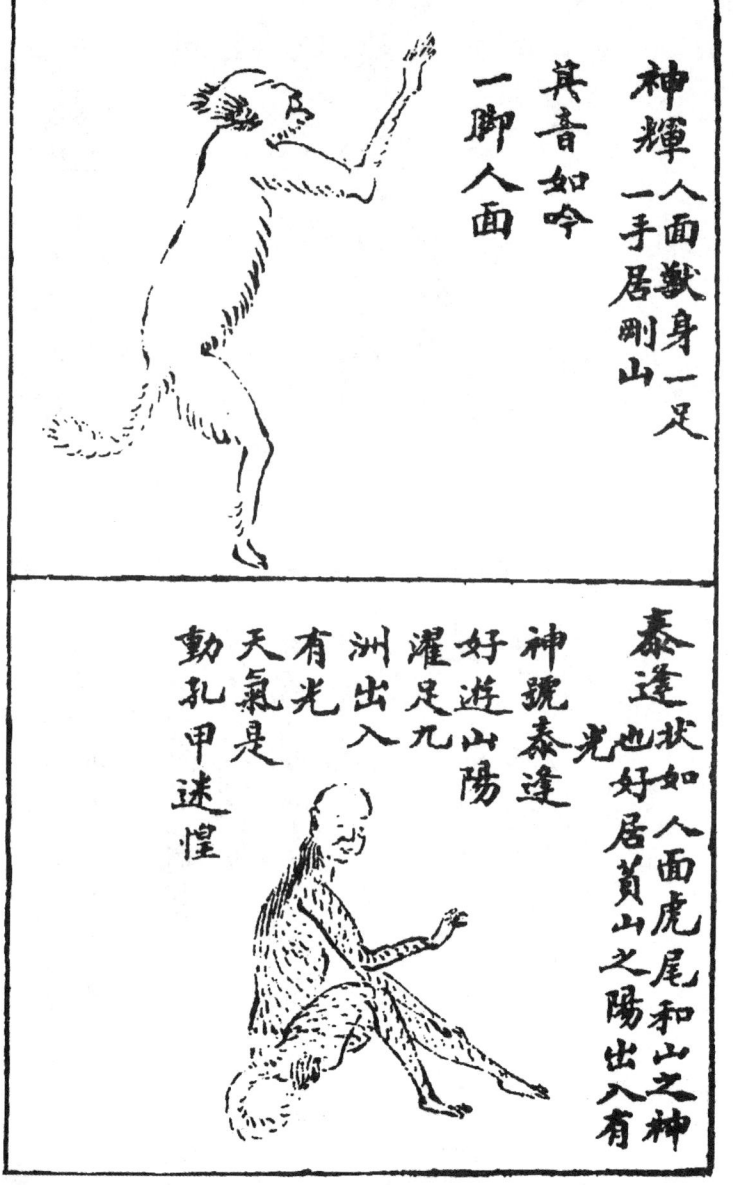

驕蟲狀如人面二首
跂逢山之神
用一雄雞禳而勿殺

蠪蚳人面羊角虎爪處驕
山恒遊于睢漳之淵
涉蠪三脚蠪蚳
虎爪計蒙龍
首獨稟異表
升降風
雨茫
茫渺
渺

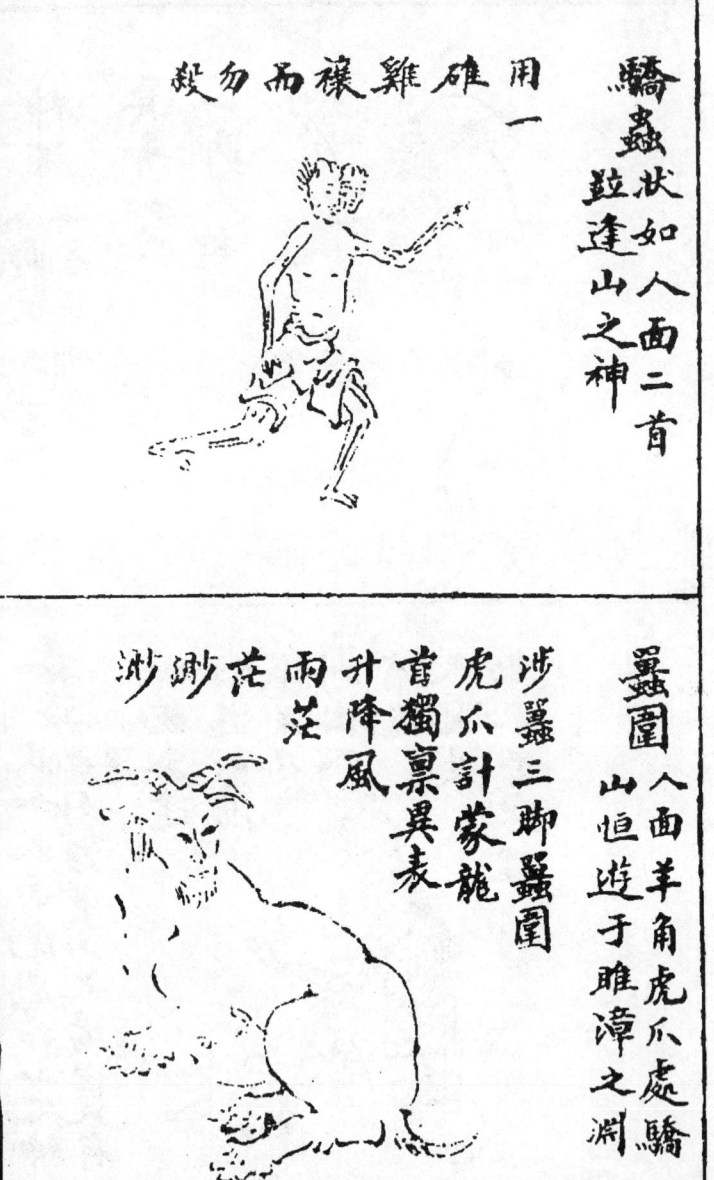

計蒙人首龍身居光山恒遊
于漳淵出入必有
風雨

計蒙龍
首獨稟異
表升降風雨
茫〻渺〻

形天無首操干戚而舞以
乳為目以臍為口
爭神不勝為帝所戮
遂厥形天臍口乳
仍揮干戚目雖
不服

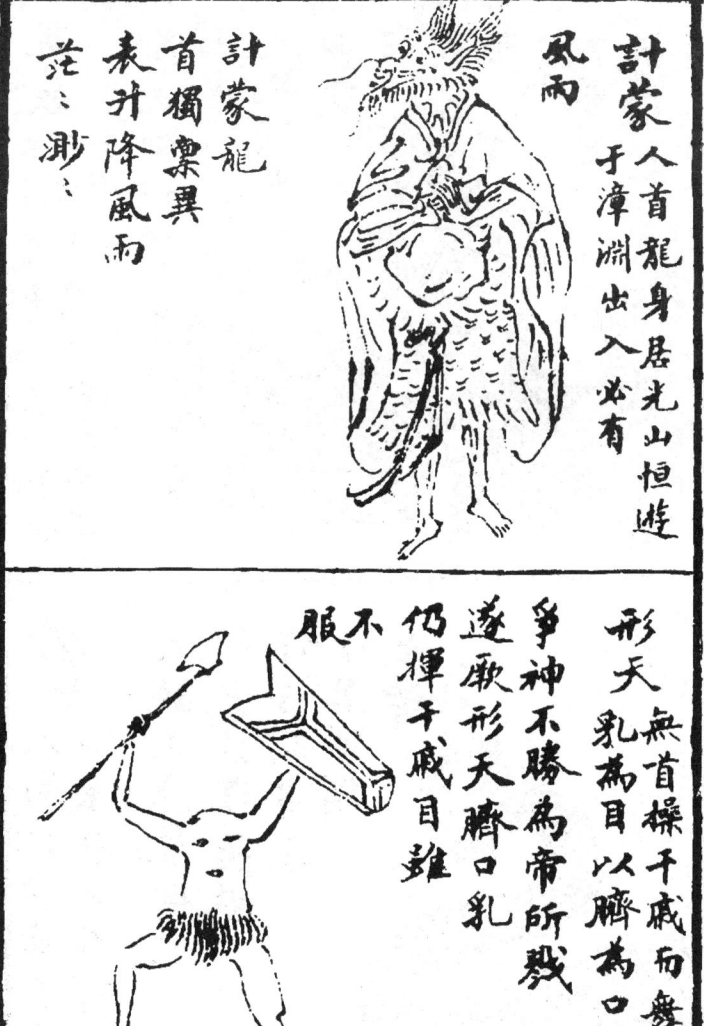

蓐收 左耳有青蛇乘兩龍面目有毛虎爪執鉞西方金神也

蓐收金神，白毛虎爪。珥蛇執鉞，專司無道。立號西阿，恭行天道。

燭陰 人面蛇身赤色身長千里鍾山之神也

天缺西北，龍銜火精。氣為寒暑，眼作昏明。身長千里，可謂至神。

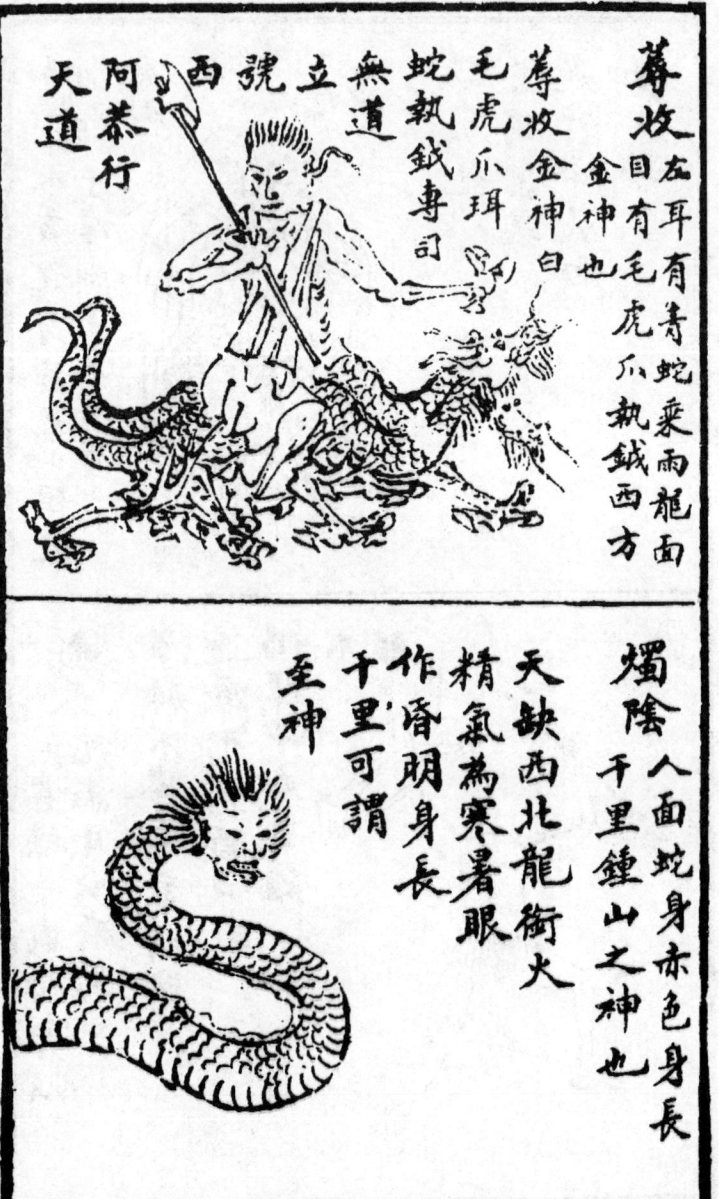

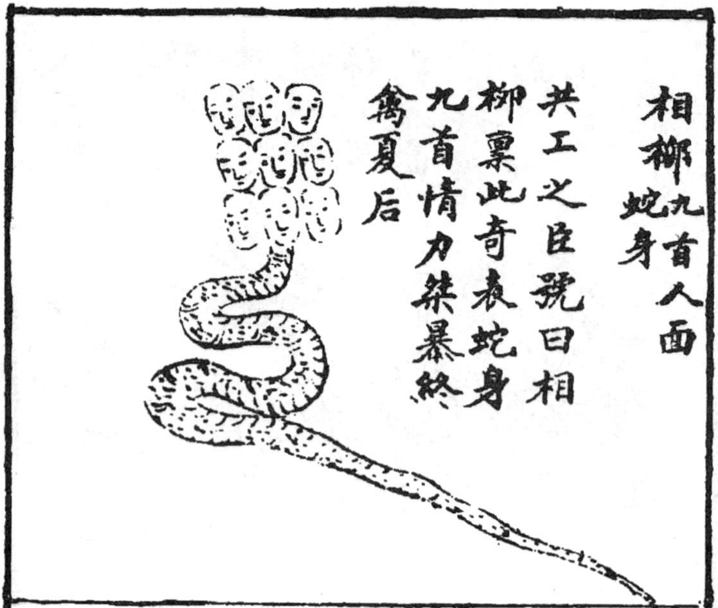
相柳九首人面
蛇身
共工之臣號曰相
柳稟此奇表蛇身
九首情力桀暴終
禽夏后

奢比獸身人面犬
耳珥兩青蛇
肝榆之
尸在
大人
北

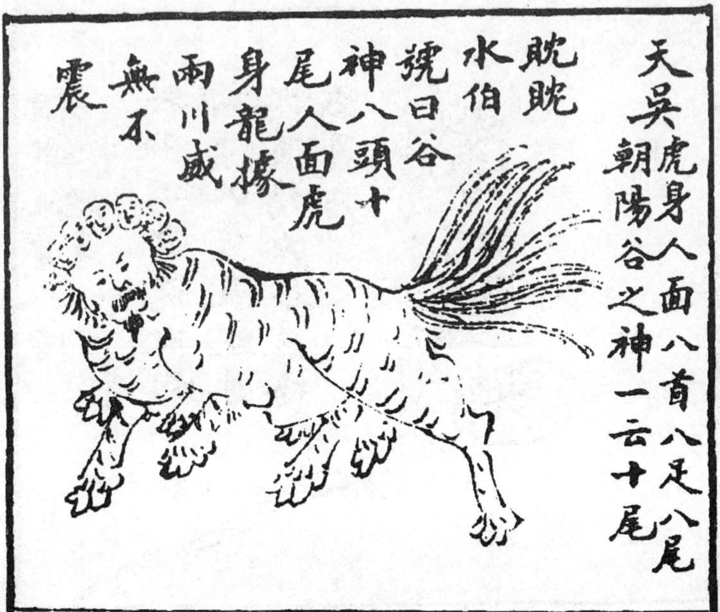
天吳虎身人面八首八足八尾
朝陽谷之神一云十尾
眈眈
水伯
號曰谷
神八頭十
尾人面虎
身龍據
雨川威
無不
震

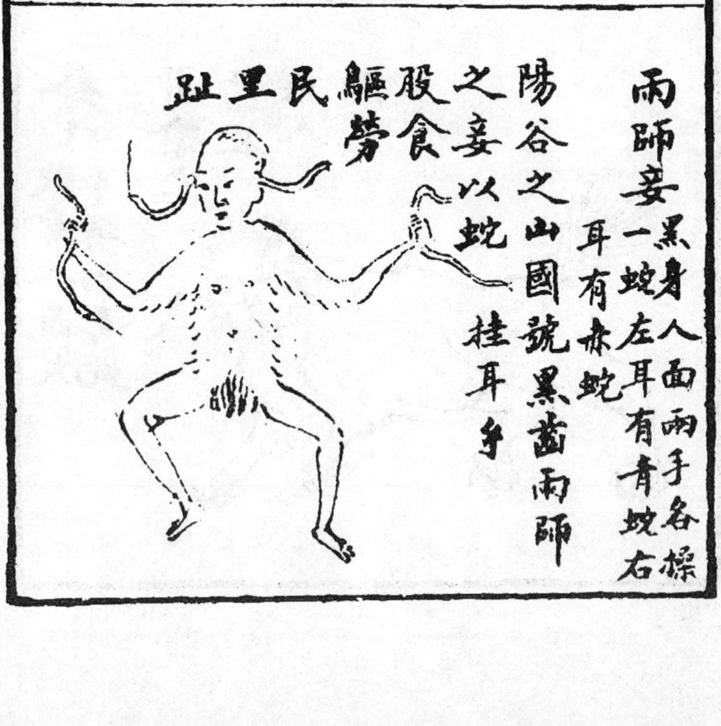
雨師妾黑身人面兩手各操
一蛇左耳有青蛇右
耳有赤蛇
陽谷之山國號黑齒雨師
之妾以蛇挂耳手
股食
軀勞
民
里
趾

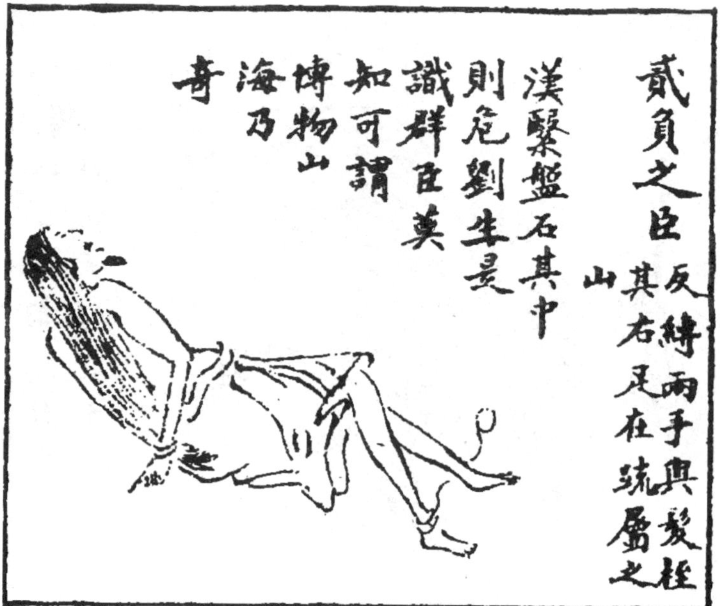
貳負之臣反縛兩手與髮桎
其右足在疏屬之
山
漢鑿盤石其中
則危劉生是
識群臣莫
知可謂
博物山
海乃
奇

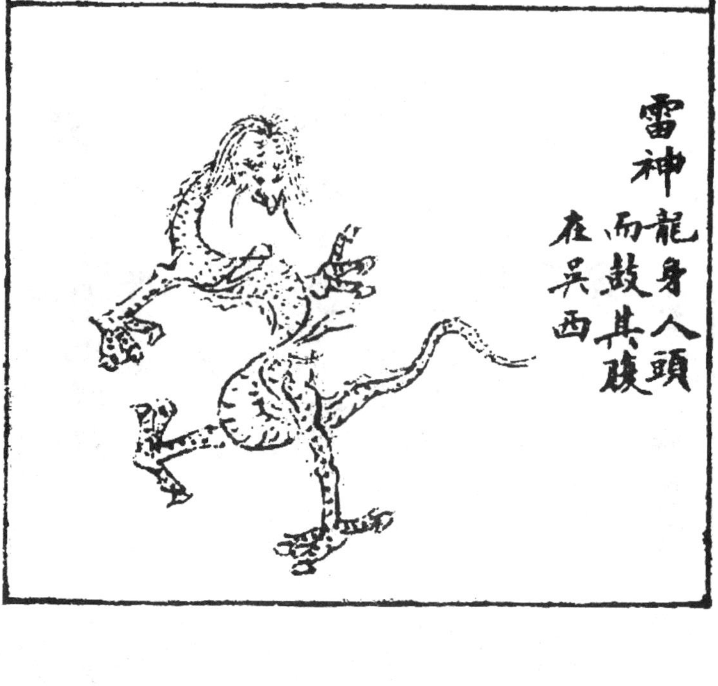
雷神龍身人頭
而鼓其腹
在吳西

九鳳
九首人面鳥身居
北極天樻之山

彊良
虎首人面四蹄
長臂操蛇
與九鳳
同居
月前周松齡敬畫

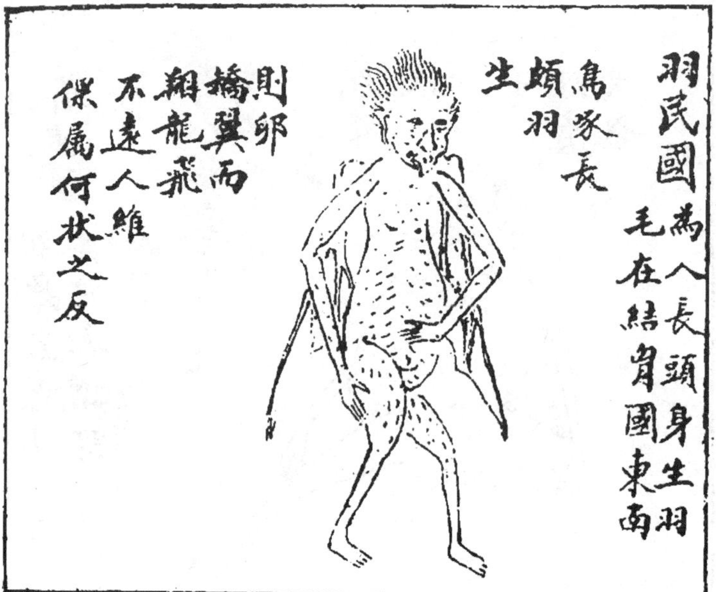
羽民國為人長頭身生羽
毛在結匈國東南
鳥喙長
頰羽
生
則卵
撟翼而
翔能飛
不遠人維
倮屬何狀之反

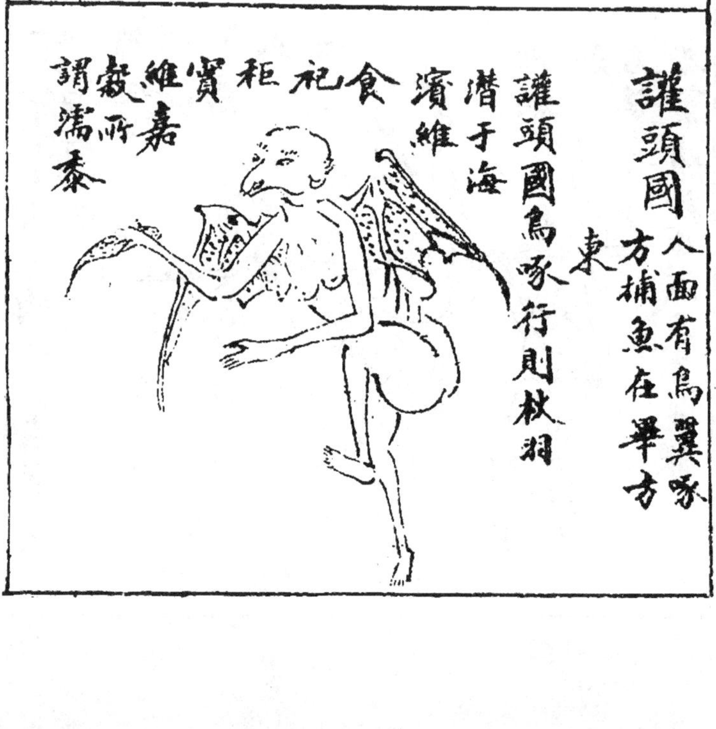
讙頭國人面有鳥翼喙
方捕魚在畢方
東
讙頭國鳥喙行則杖羽
潛于海
濱維
食
祀
秬
實
維嘉
穀所
謂濡黍

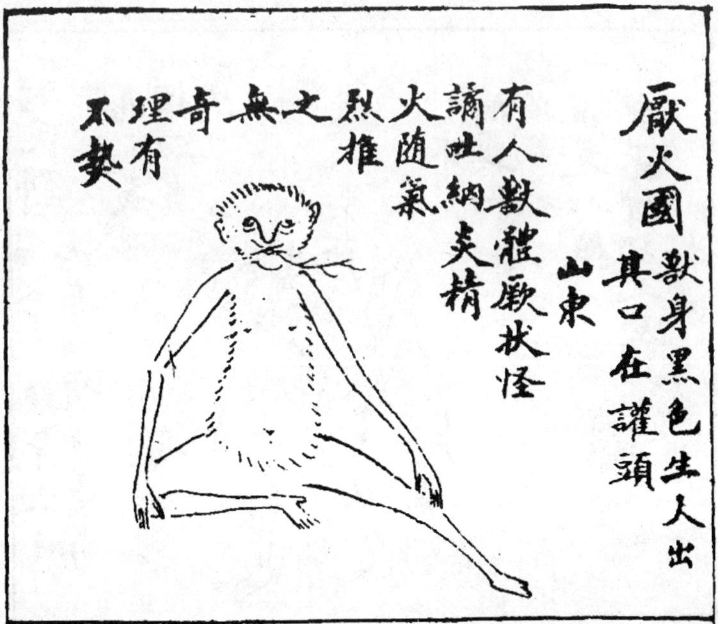
厭火國獸身黑色生人出
其口在讙頭
山東
有人獸體厥狀怪
譎吐納炎精
火隨氣
烈推
之
無
奇
理有
不契

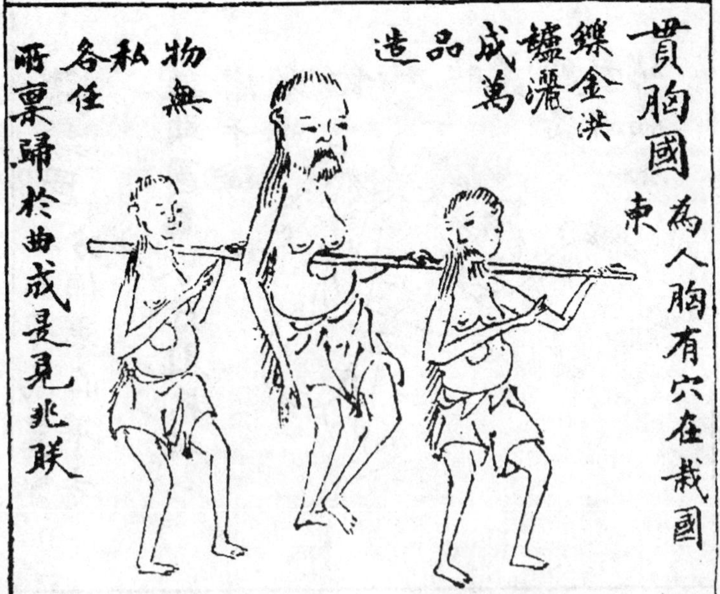
貫胸國為人胸有穴在载國
東
鑠金洪
鑪灑
成萬
品
造
物無
私
各任
所稟歸於曲成是見兆朕

交脛國

為人交脛在穿胸東

造物無私
各任所稟
結胸之東
名曰交脛

三首國

一身三首在鑿齒東

雖云一氣
呼吸異道
觀則俱見
食則皆飽
物形是周
造化非巧

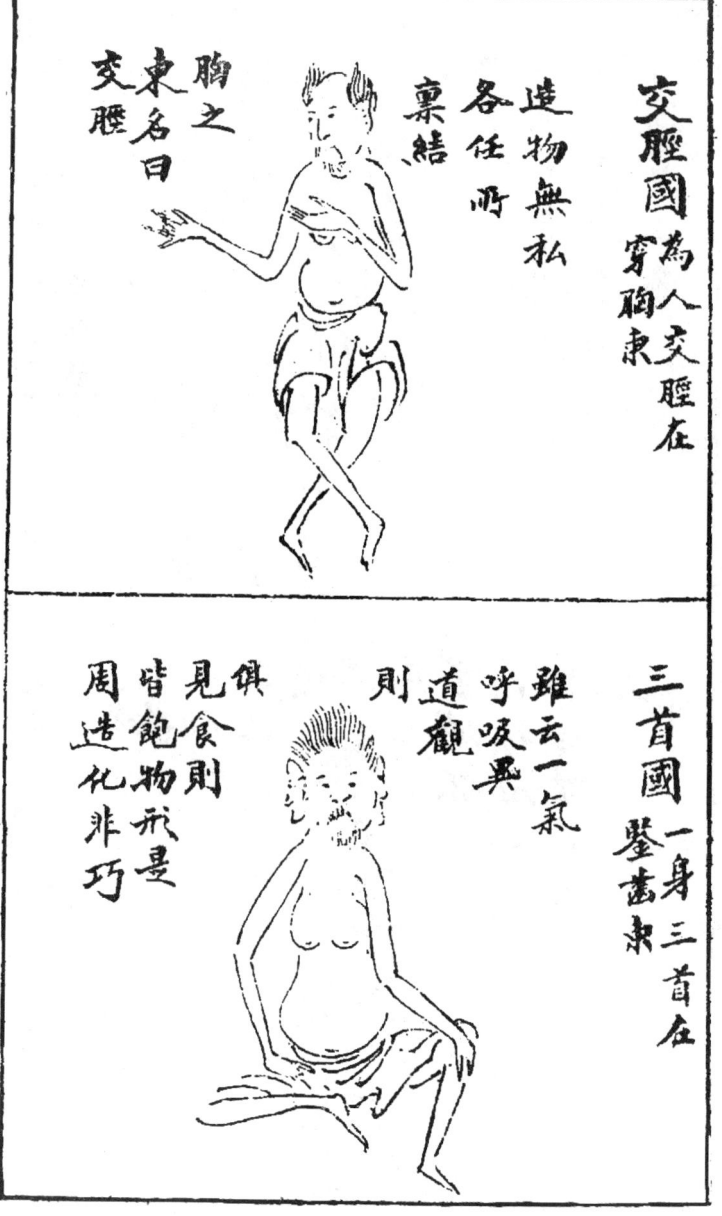

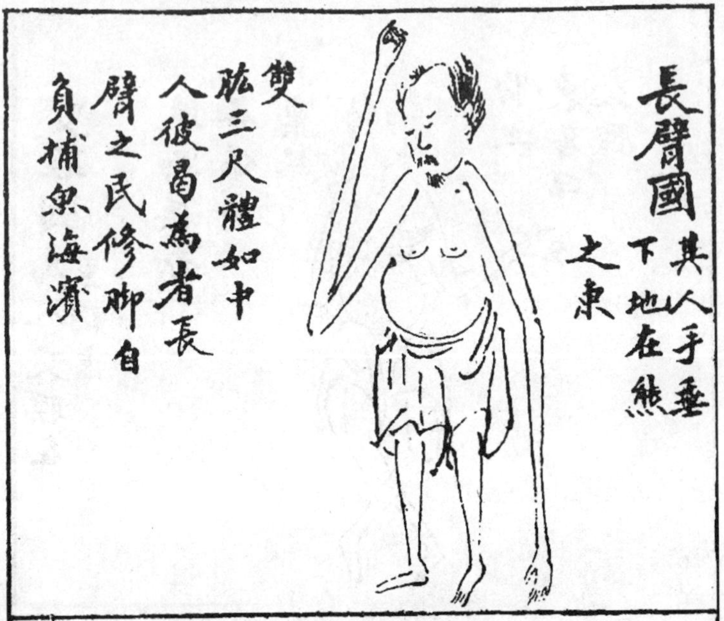
長臂國
其人手垂
下地在熊
之東
雙
肱三尺體如中
人彼曷為者長
臂之民修腳自
負捕魚海濱

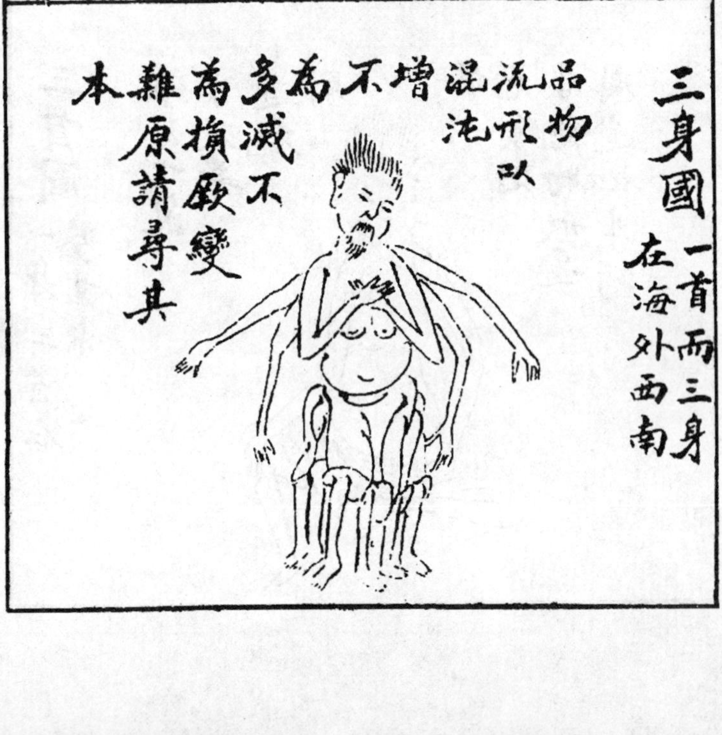
三身國
一首而三身
在海外西南
品物
流形以
混沌
增
不
為
多減不
為損厥變
難原請尋其
本

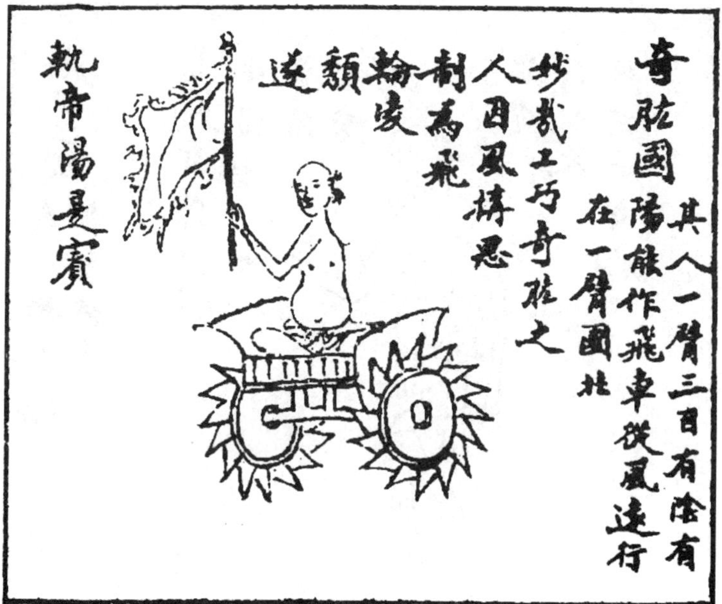
奇肱國
其人一臂三目有陰有陽能作飛車從風遠行
在一臂國北
妙哉工巧奇肱之人因風構思制為飛輪凌頡遂軌帝湯是賓

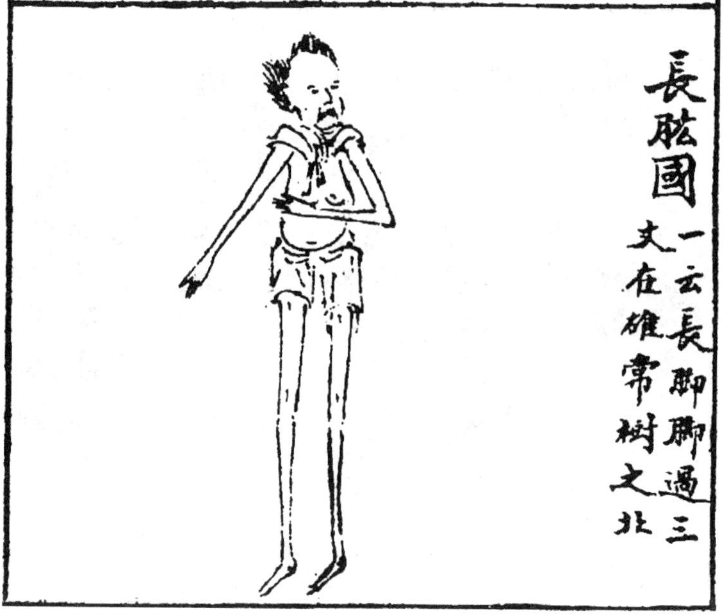
長肱國
一云長腳腳過三丈在雄常樹之北

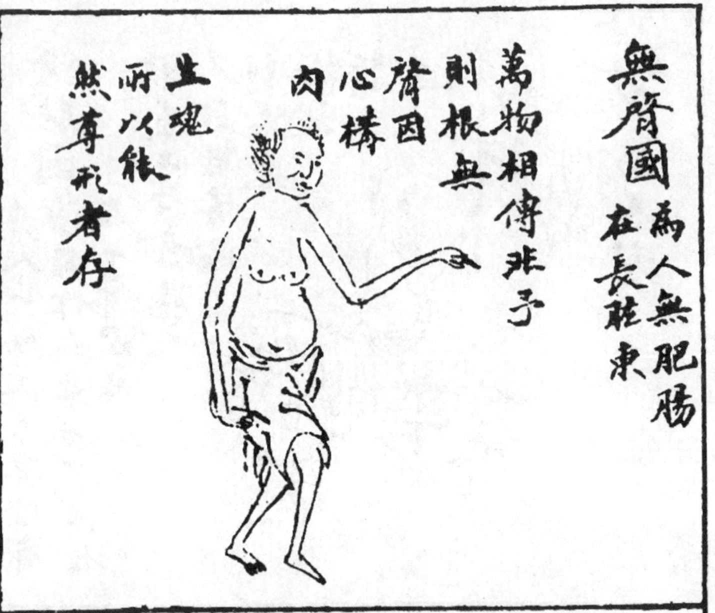
無膂國
爲人無肥腸
在長脛東
萬物相傳非子
則根無
膂因
心構
肉
生魂
所以能
然尊形者存

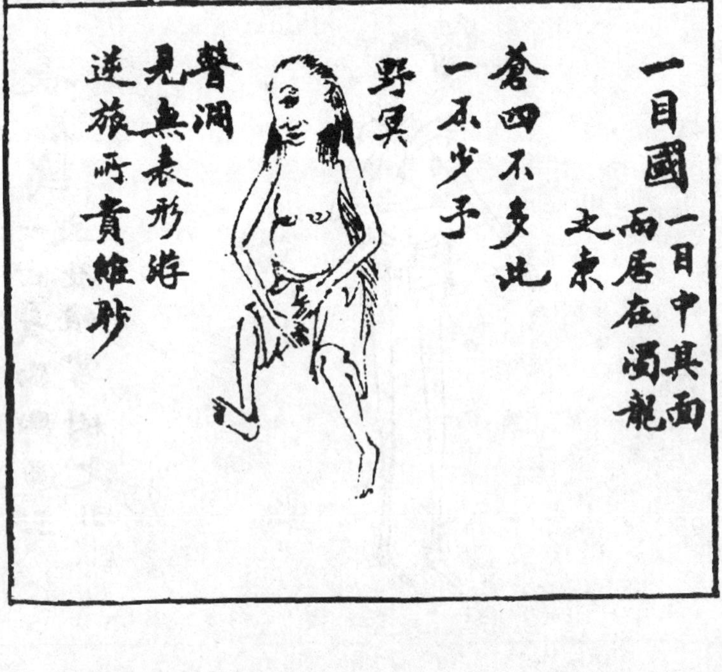
一目國
一目中其面
而居在燭龍
之東
蒼四不多此
一不少子
野冥
聲洞
見無表形游
逆旅所貴維形

柔利國為人一手一足反膝曲足居上在一目國東

柔利之人
曲脚反肘
子求之容
方此無醜
所貴者神
形于何有

聶耳國為人耳長行則以手聶持之在無腸國東

聶耳之國
海渚是縣
雕虎斯使
奇物畢見
形有相須
手不離面

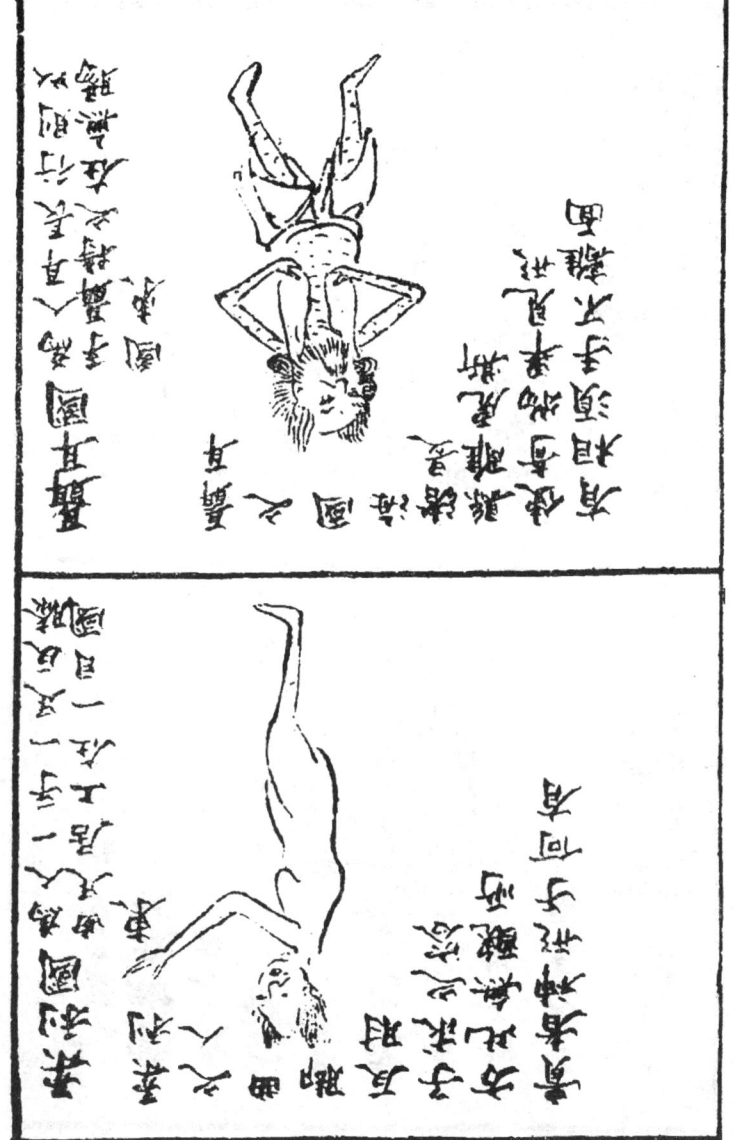

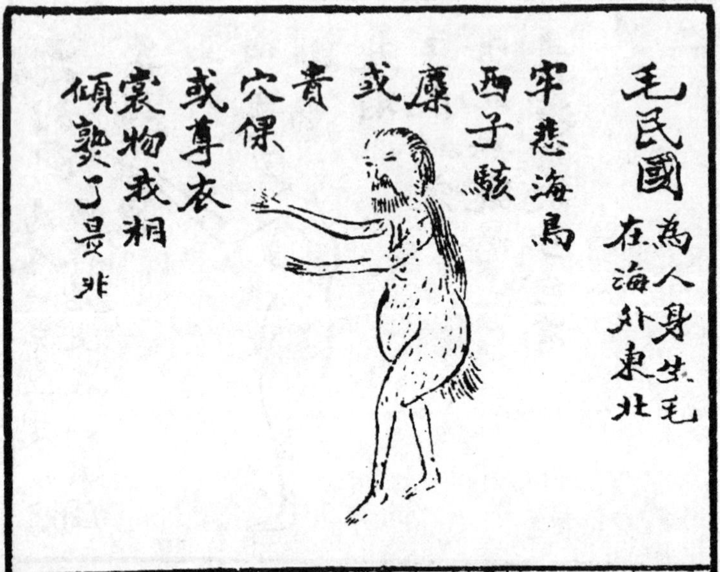
毛民國
為人身生毛
在海外東北
牢悲海鳥
西子駭
麋
或
貴
穴倮
或尊衣
裳物我相
傾孰了是非

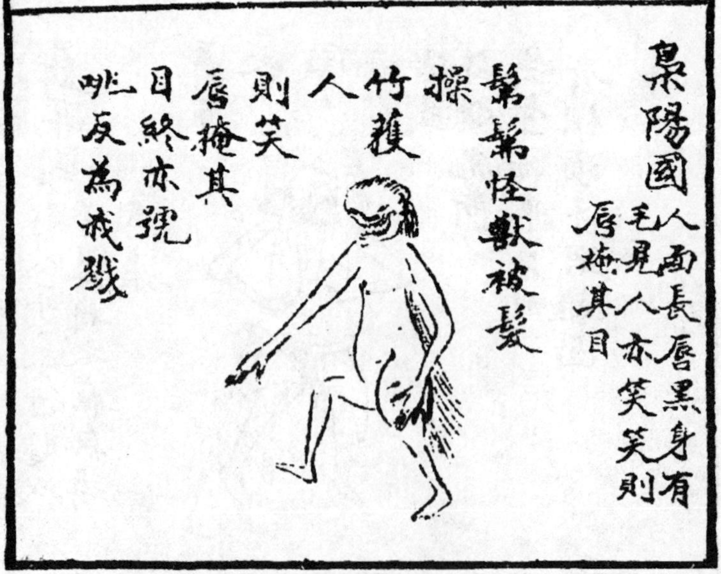
梟陽國
人面長唇黑身有
毛見人亦笑笑則
唇掩其目
髴髴怪獸被髮
操
竹獲
人
則笑
唇掩其
目終亦號
咷反為我戮

氐人國

人面魚身無足在建木西

氐人國贊

炎帝之苗實氐人死則復蘇厥身爲鱗雲南是托浮游天津

小人國

人長九寸在大荒東

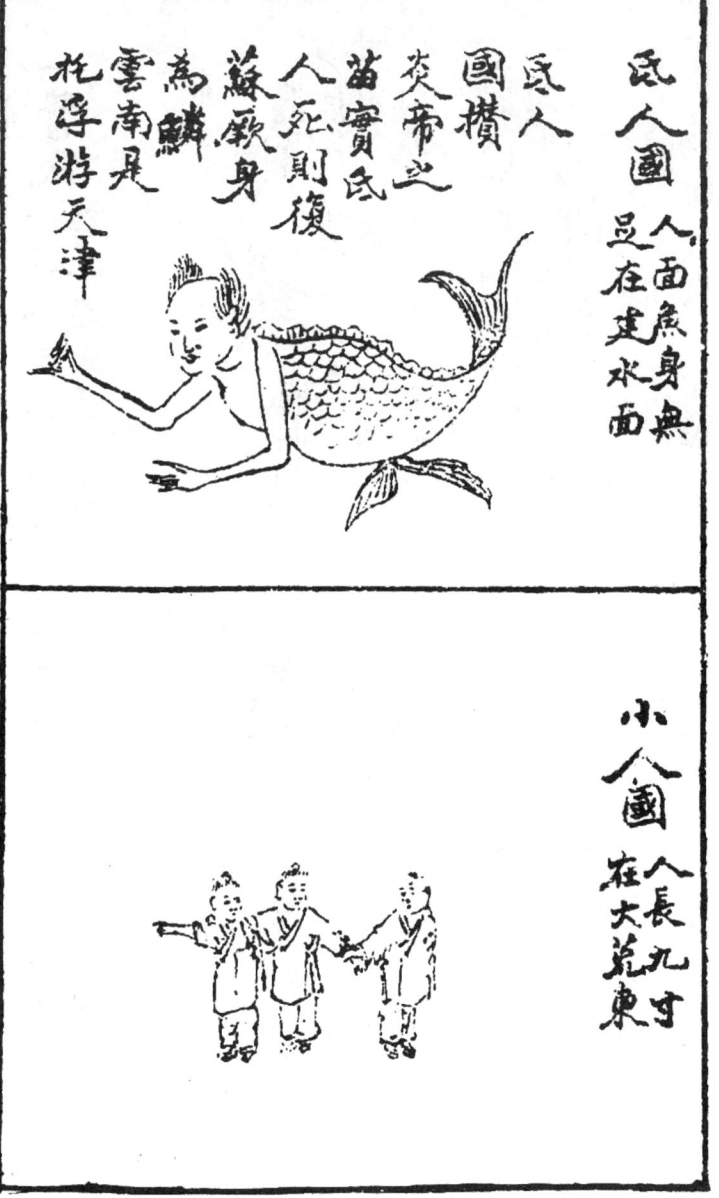

一臂民

一手一足一目一鼻孔在大荒之西

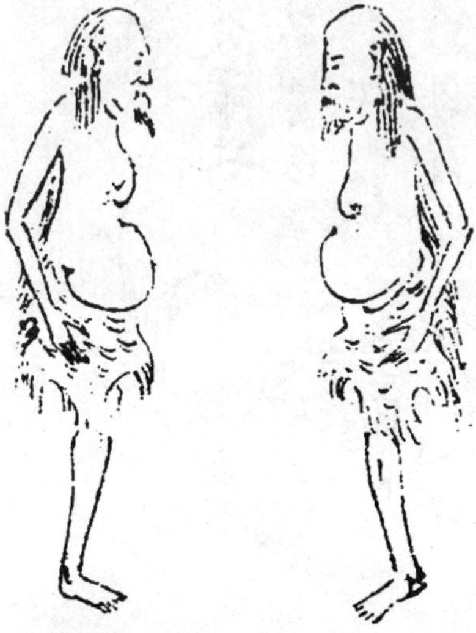

三面人

人頭三邊各有面無左臂居大荒山

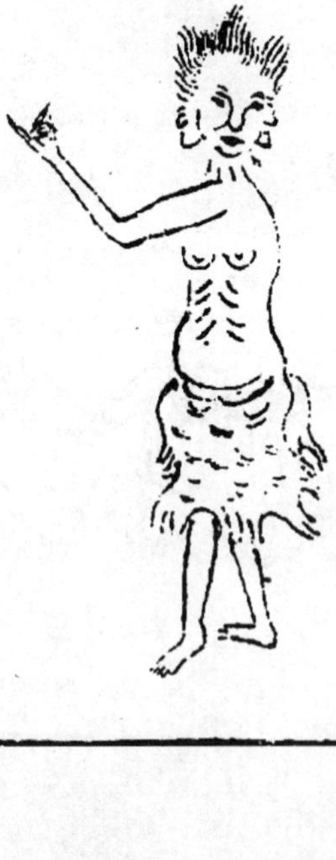

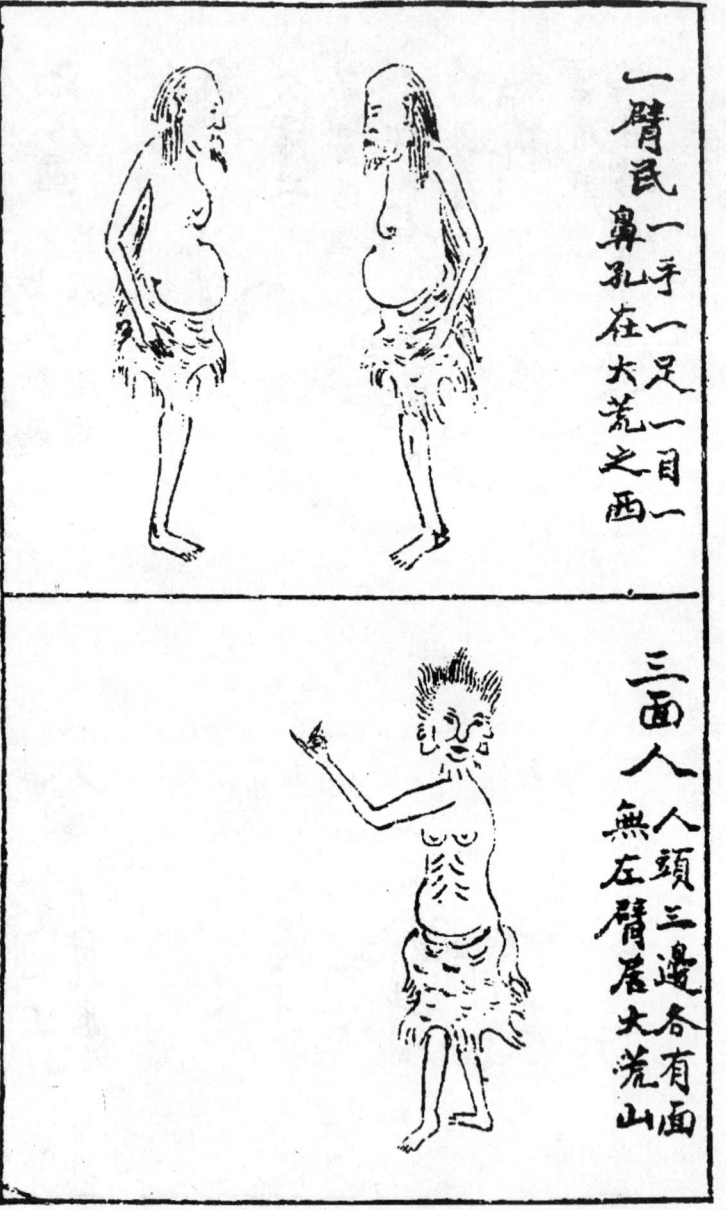

釘靈國

其民從膝已下有毛馬蹄善走居在康北

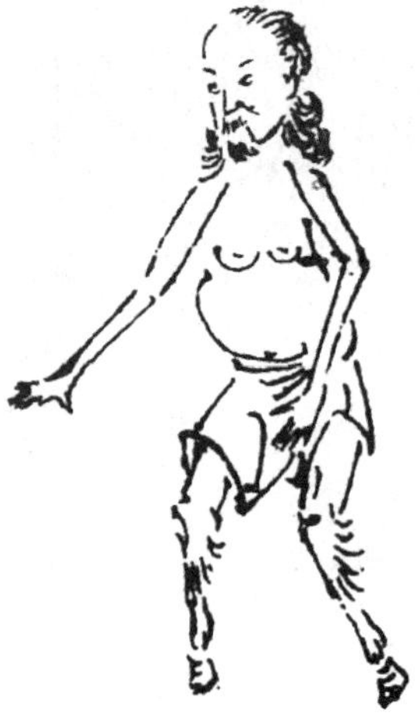

碧雲齋主人周月甫作

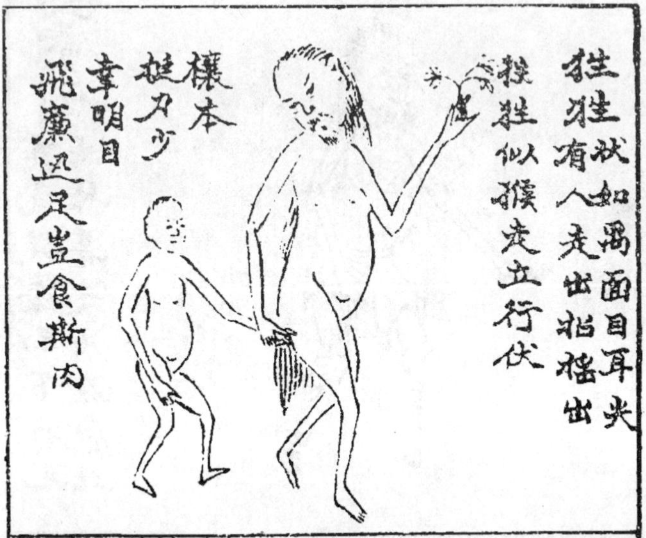
弟光抱耕
狌狌狀如禺面目耳尖
有人走出招搖出
狌狌似猴走立行伏
櫰本
挺刀少
辛明目
飛廉迅足豈食斯肉

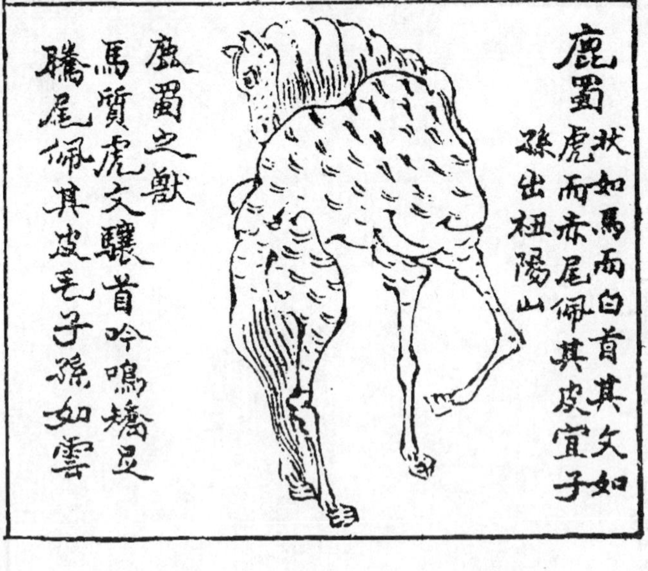
鹿蜀狀如馬而白首其文如
虎而赤尾佩其皮宜子
孫出杻陽山
鹿蜀之獸
馬質虎文驤首吟鳴矯足
騰尾佩其皮毛子孫如雲

類狀如貍而有髦自為牝牡出亶爰山

類之為獸一體兼二近取諸身用不假器窈窕是佩不知妬忌

猼訑狀如羊九尾四耳其目在背出基山

猼訑似羊眼反在背視之則奇推之無怪若欲不恐厥皮可佩

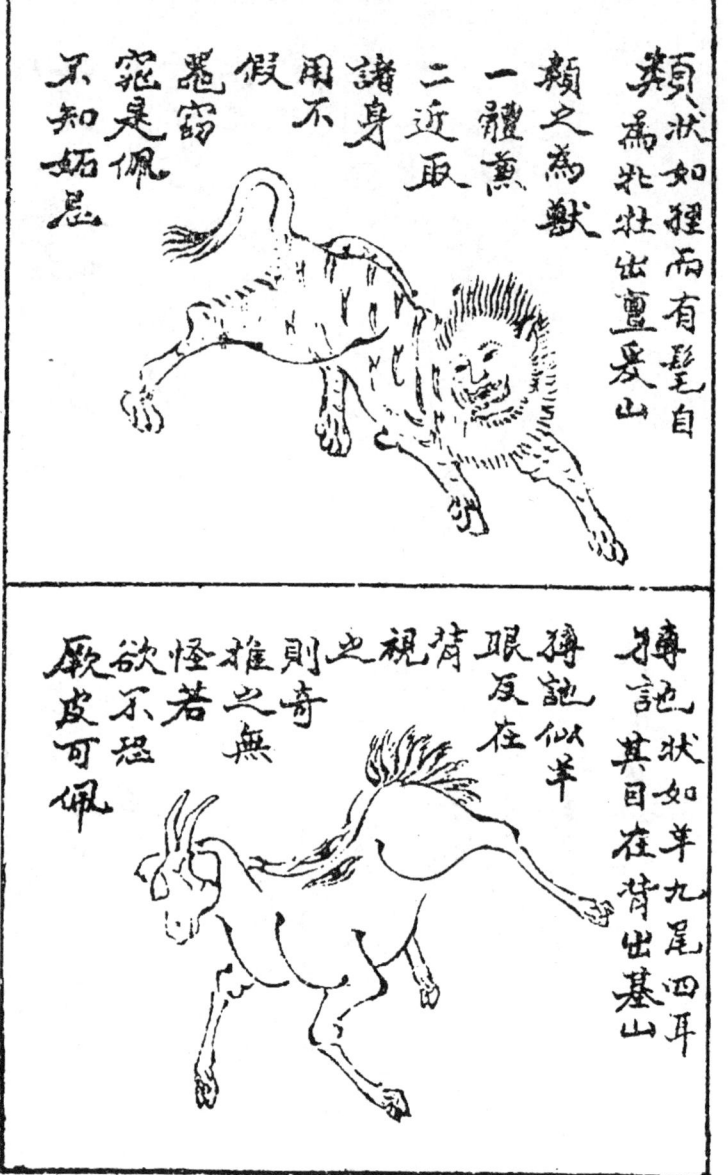

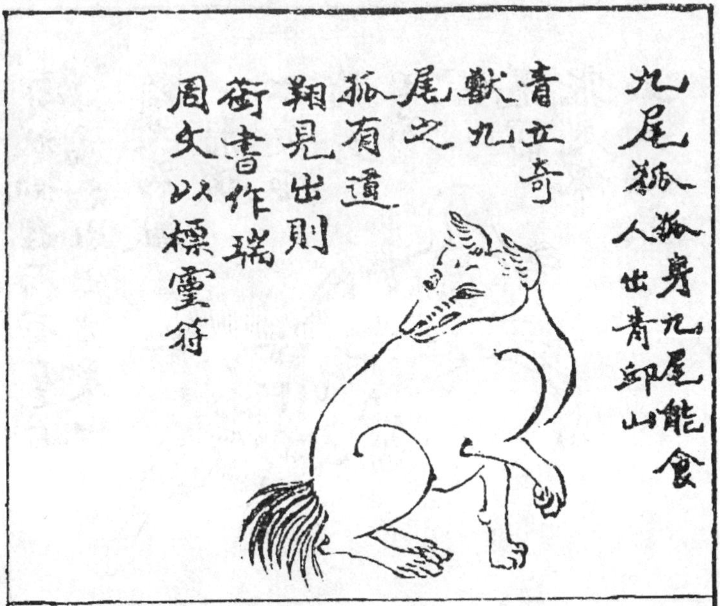
九尾狐
狐身九尾能食
人出青邱山
青丘奇
獸九
尾之
狐有道
翔見出則
銜書作瑞
周文以標靈符

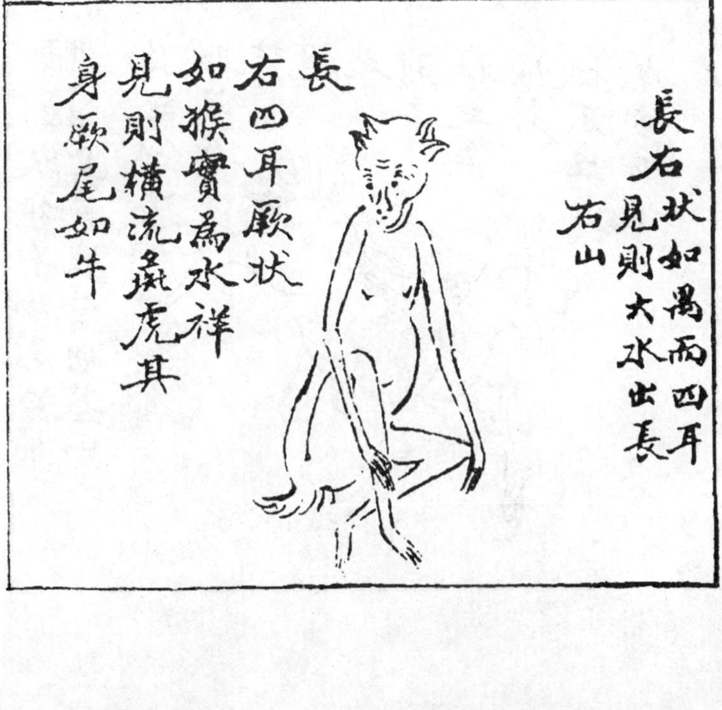
長右狀如禺而四耳
見則大水出長
右山
長
右四耳厥狀
如猴實爲水祥
見則橫流彘虎其
身厥尾如牛

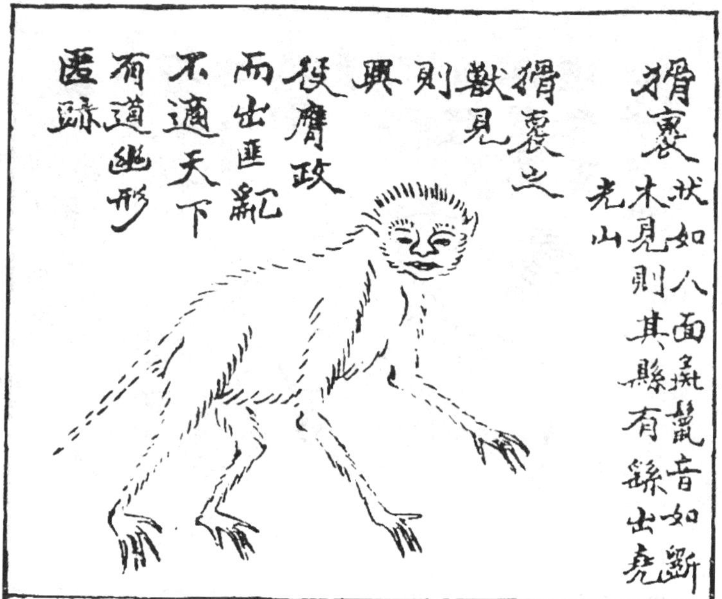
猾褢
狀如人面彘鬣音如斲
木見則其縣有繇出堯
光山
猾褢之
獸見
則
興
役膺政
而出匪紀
不適天下
有道幽形
匿跡

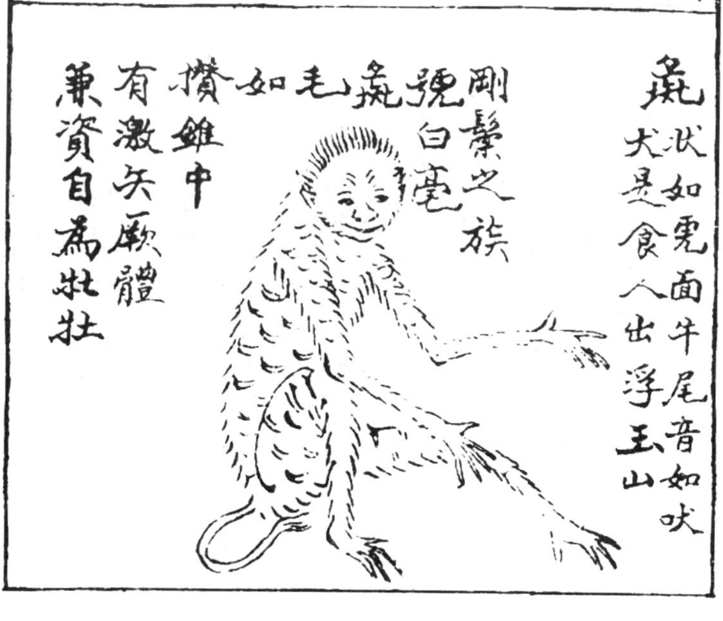
彘
狀如虎面牛尾音如吠
犬是食人出浮玉山
剛鬣之族
號曰彘
毛如
攢錐中
有激矢厥體
兼資自爲牝牡

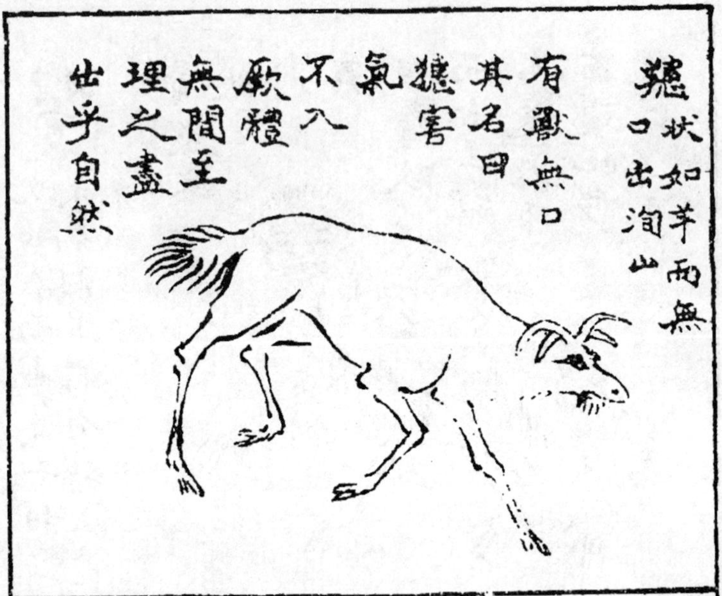
䍺狀如羊而無
口出洵山
有獸無口
其名曰
䍺害
氣
不入
厥體
無間至
理之盡
出乎自然

蠱雕狀如雕而有角是
食人出鹿吳山

羬羊狀如羊而馬
尾出錢來山
月氏
之
羊其類
甚野
厥高
六尺尾
亦如馬何
以審之事具爾雅

葱聾狀如羊而赤
鬣出符禺山

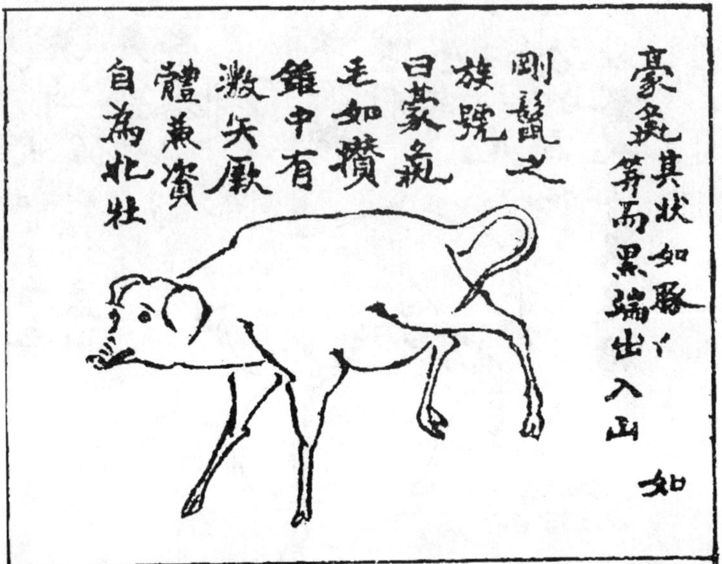
豪彘其狀如豚、
箒而黑端出入山
如
剛鬣之
族號
曰豪彘
毛如攢
錐中有
激矢厥
體兼資
自為牝牡

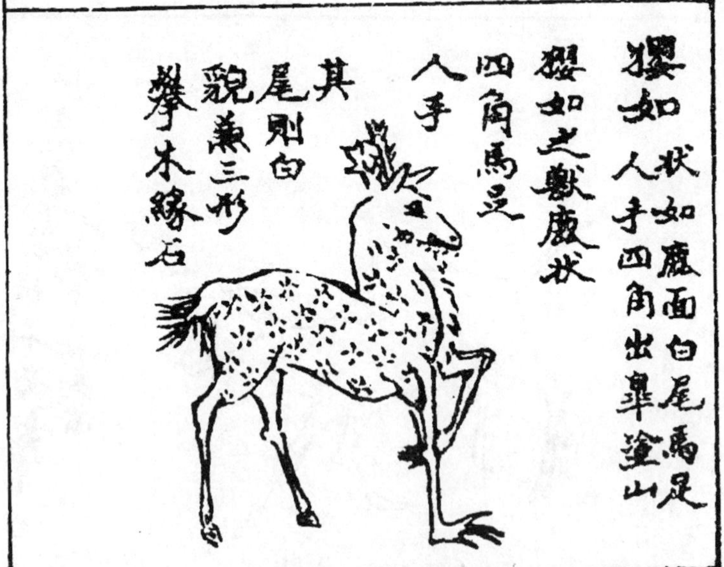
玃如狀如鹿面白尾馬足
人手四角出皐塗山
玃如之獸鹿狀
四角馬足
人手
其
尾則白
貌兼三形
攀木緣石

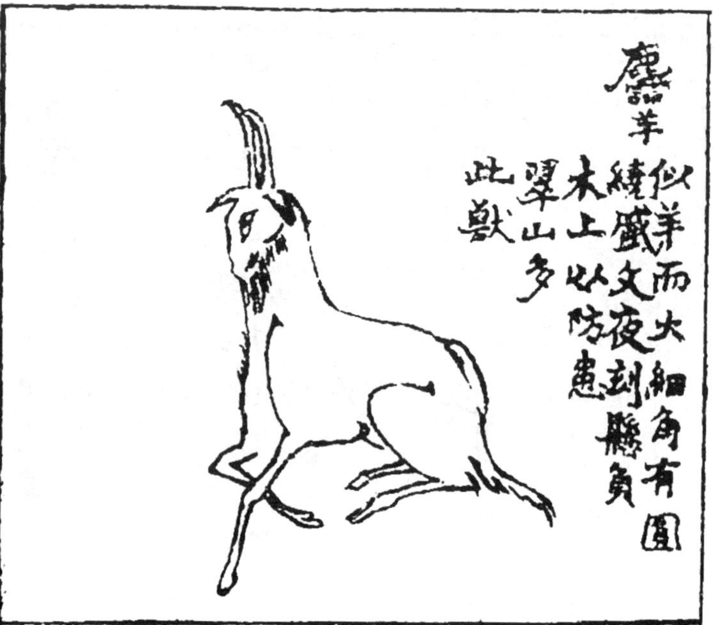
麢羊
似羊而大細角有圓
繞蹙文夜刻懸角
木上以防患
翠山多
此獸

舉父
狀如禺文臂善
投出崇吾山

土螻
狀如羊四角是食
人出崑崙之邱

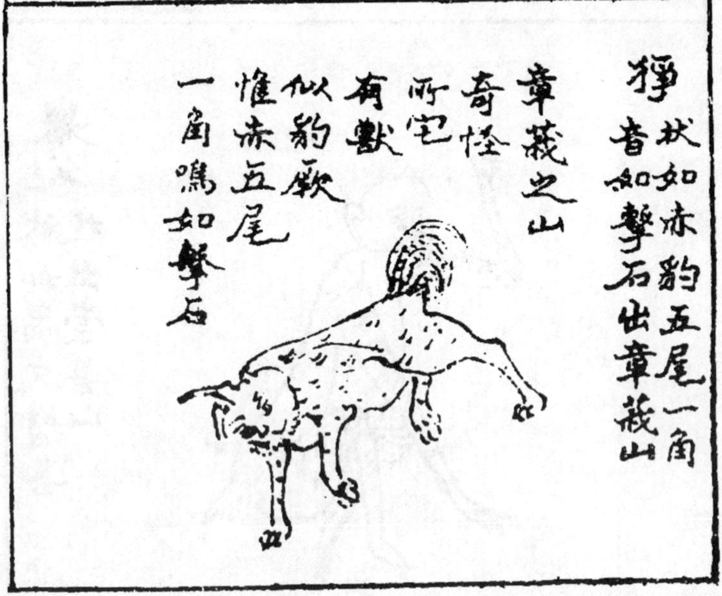
猙
狀如赤豹五尾一角
音如擊石出章莪山
章莪之山
奇怪
所宅
有獸
似豹厥
惟赤五尾
一角鳴如擊石

天狗狀如貍而白首出陰山

乾麻不長，天狗不大，厥質雖小，攘災除害，氣之相王，在乎食帶

獓𤟤狀如牛白身四角其毫如披蓑是食人出三危山

江疑所居，風雲是潛，獸有獓𤟤，毛如披蓑

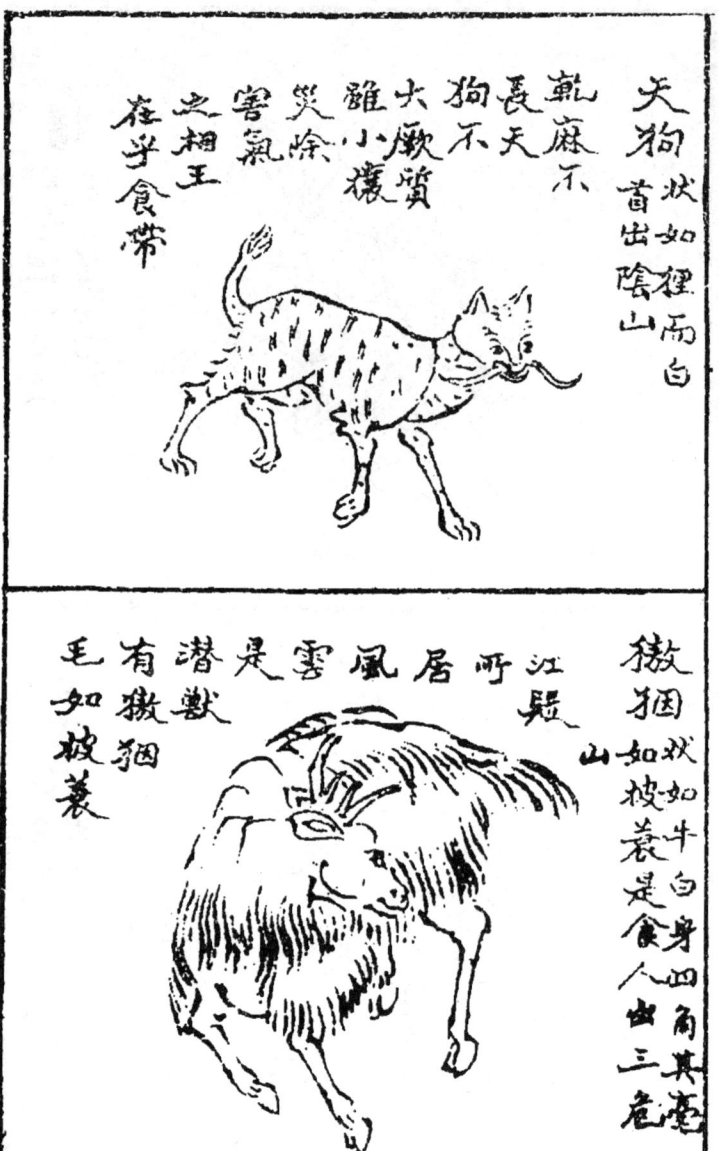

讙 狀如貍一目三尾 出翼望山

蠻蠻 鼠身鼈首音如吠犬 出剛山

駮
狀如馬而白身黑尾一角
虎牙爪音如鼓音是食虎
豹出中
曲山

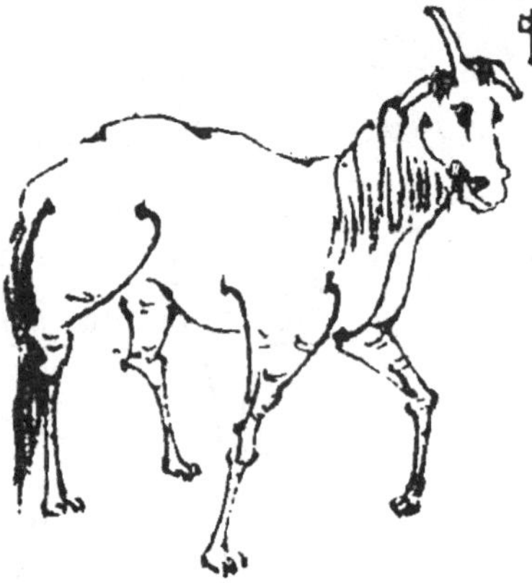

鳥鼠同穴
鳥名鵌鼠名鼵其
處一穴在今渭源
縣

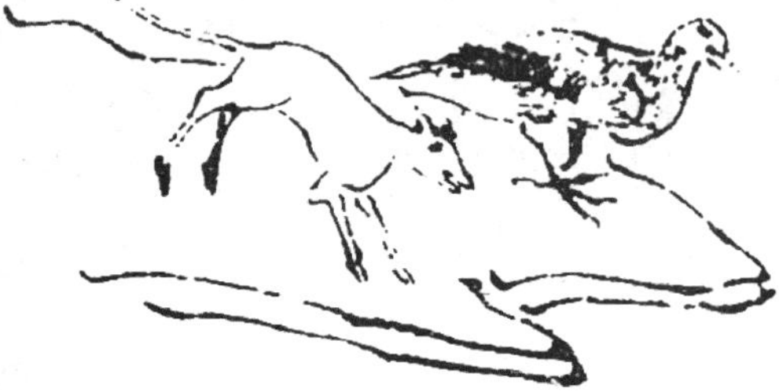

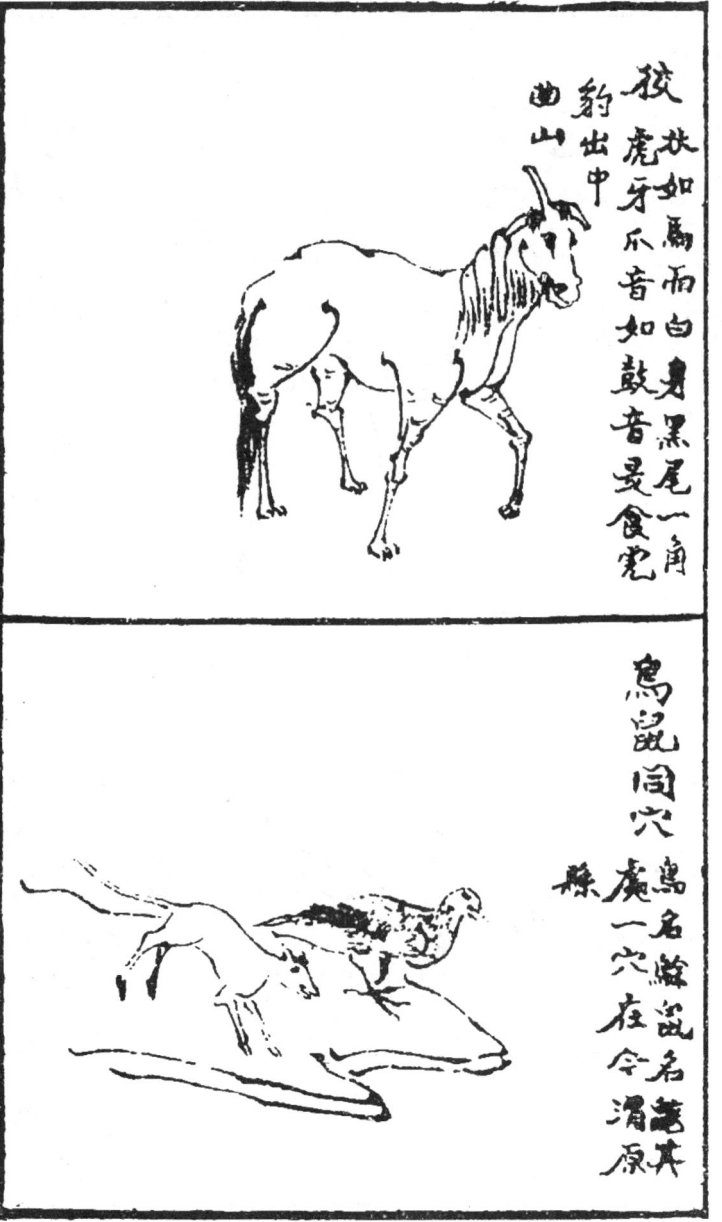

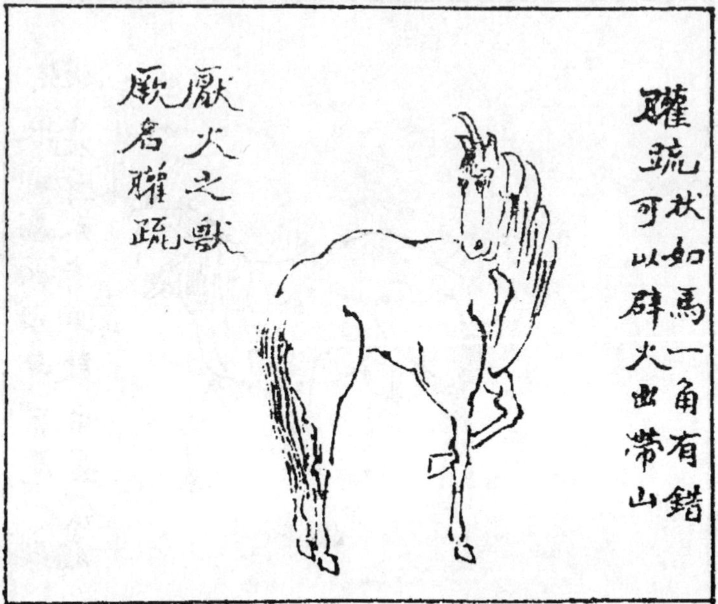
䑏疏
狀如馬一角有錯
可以辟火出帶山
厭火之獸
厥名䑏疏

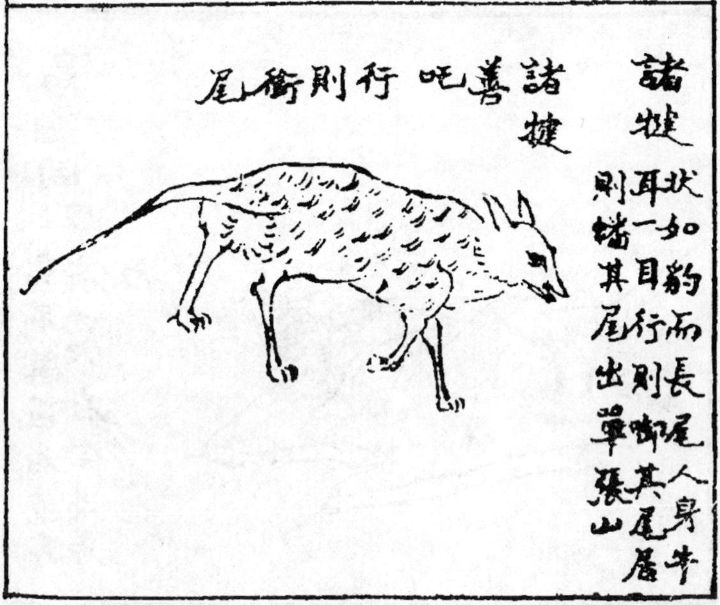
諸犍
狀如豹而長尾人身牛
耳一目行則銜其尾居
則蟠其尾出單張山
諸犍
善吒
行則銜尾

山𤟤

狀如犬而人面善投見人則笑其行如風見則大風出獄法山

山𤟤之獸見人歡謔厥性善投行如矢激是惟氣精出則風作

諸懷

牛形四角人目彘耳是食人出北嶽山

窫窳諸懷是則害人

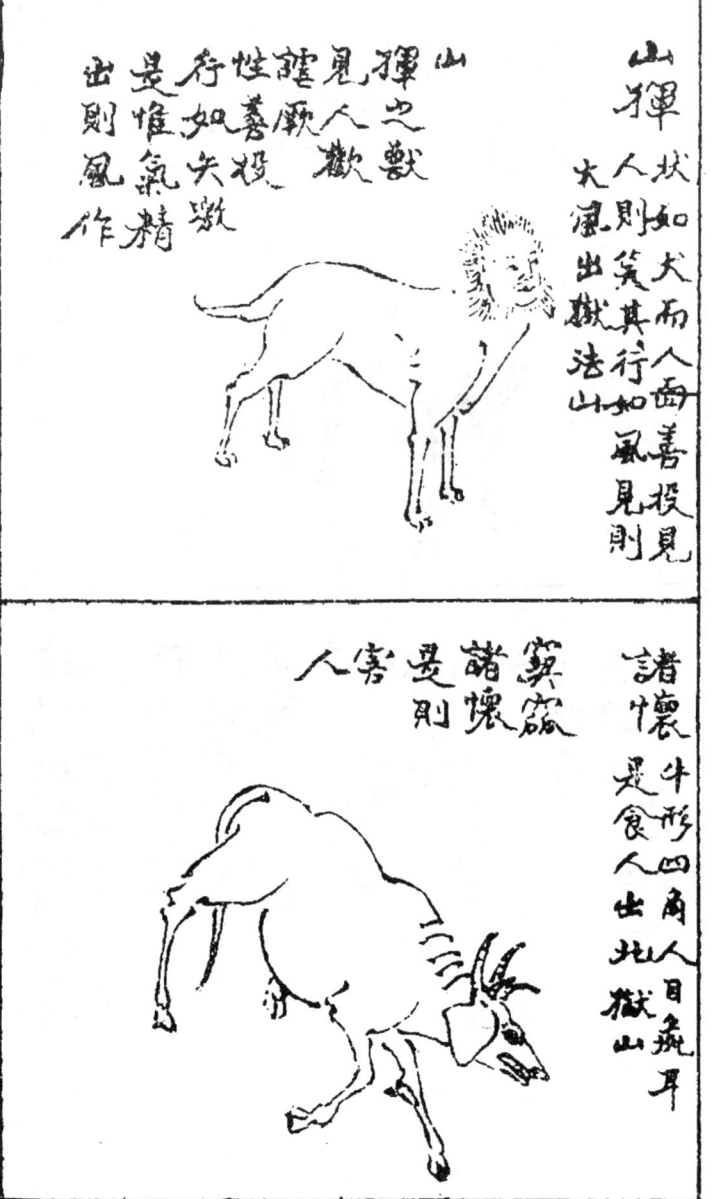

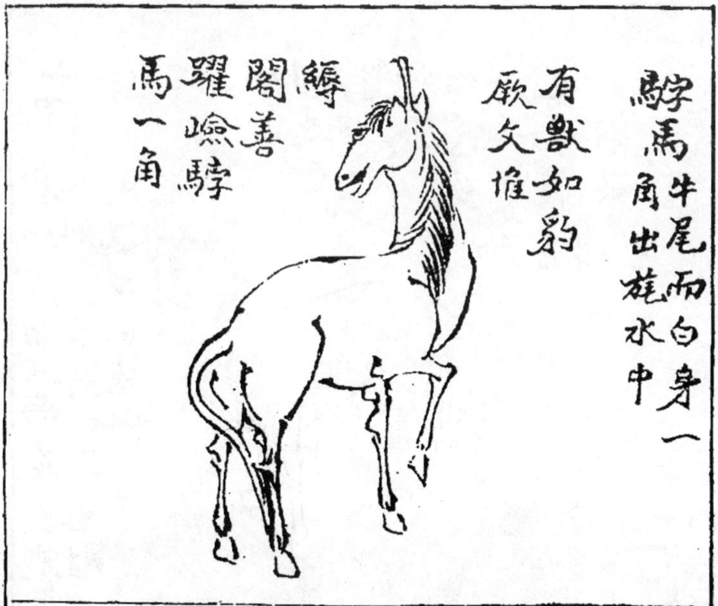
駮牛尾而白身一
馬角出旄水中
有獸如豹
厥文惟縟
閣善
躍嶮駮
馬一角

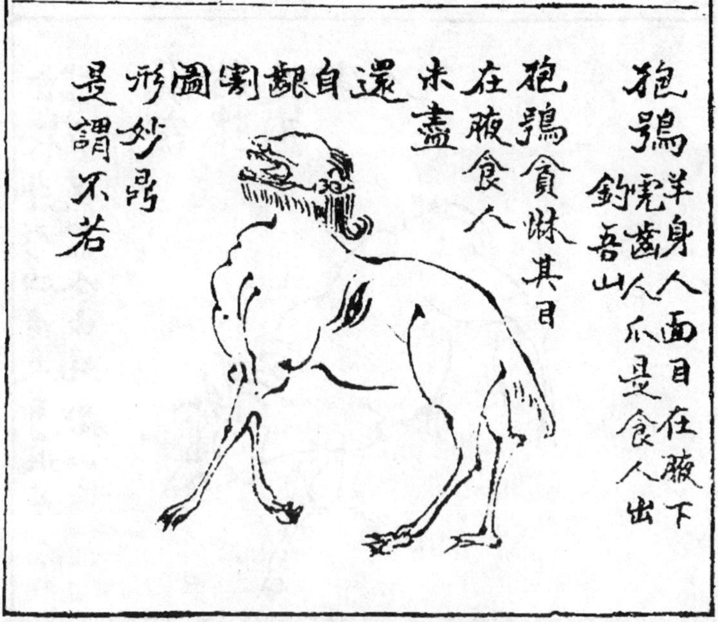
狍鴞羊身人面目在腋下
虎齒人爪是食人出
鉤吾山
狍鴞貪惏其目
在腋食人
未盡
還自齦割圖
形妙竭
是謂不若

驒馬　狀如麢羊四角馬尾而有距出太行山

驒獸四角馬尾有距涉歷歸山騰噏躍岨厥貌惟奇如是旋舞

天馬　狀如白犬而黑頭有肉翅能飛出馬成山

龍憑雲遊騰蛇假霧未若天馬自然凌翥有理懸運天機潛御

飛鼠狀如兔而鼠首以其背飛出天池山

或以尾翔
或以髯凌
飛鼠鼓翰
翛然背騰
用無常所
惟神是馮

䍶䍶狀如羊一角一目目在耳後出泰戲山

䍶䍶似羊
目在耳後

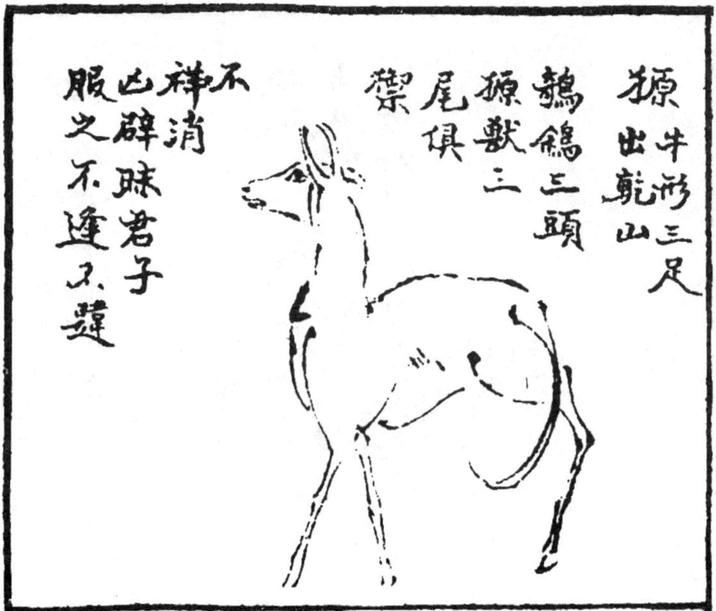
獂牛形三足
出乾山
鵸鵌三頭
獂獸三
尾俱
禦
不祥消
凶辟眛君子
服之不逢不韙

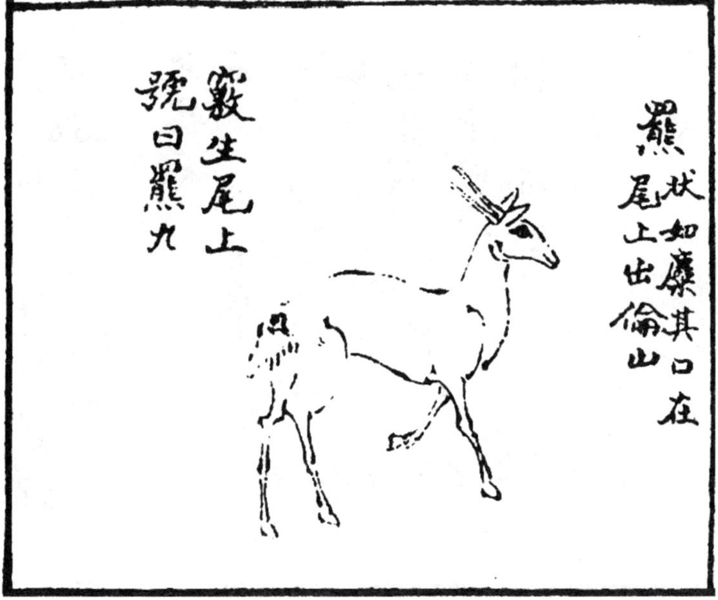
羆狀如麋其口在
尾上出倫山
竅生尾上
號曰羆九

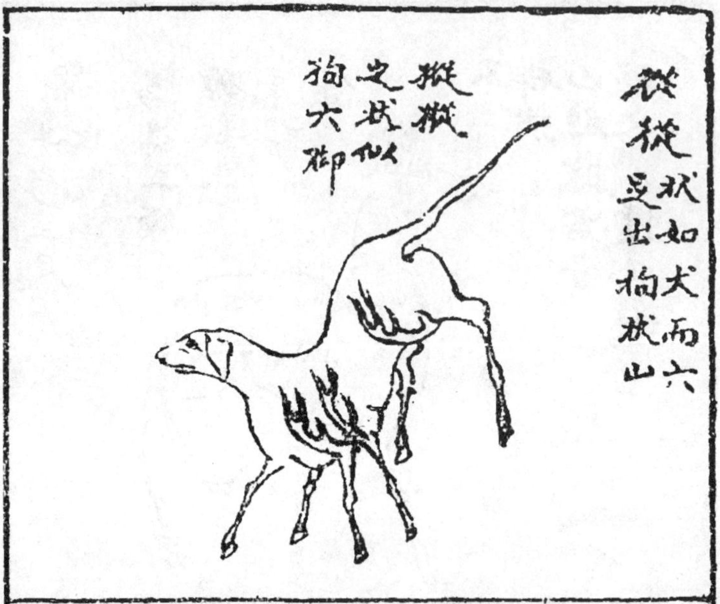
從從狀如犬而六
足出栒狀山
從從
之狀似
狗六脚

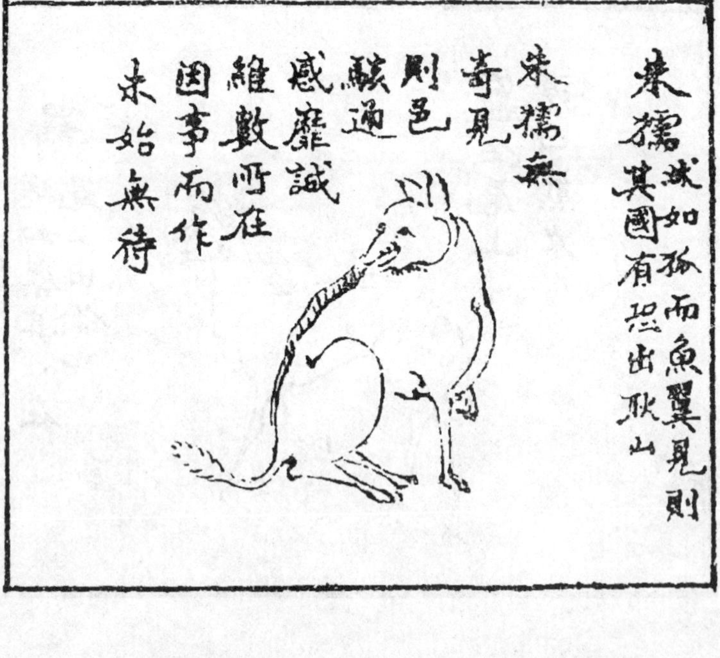
朱獳狀如狐而魚翼見則
其國有恐出耿山
朱獳無
奇見
則邑
駭通
感靡誠
維數所在
因事而作
未始無待

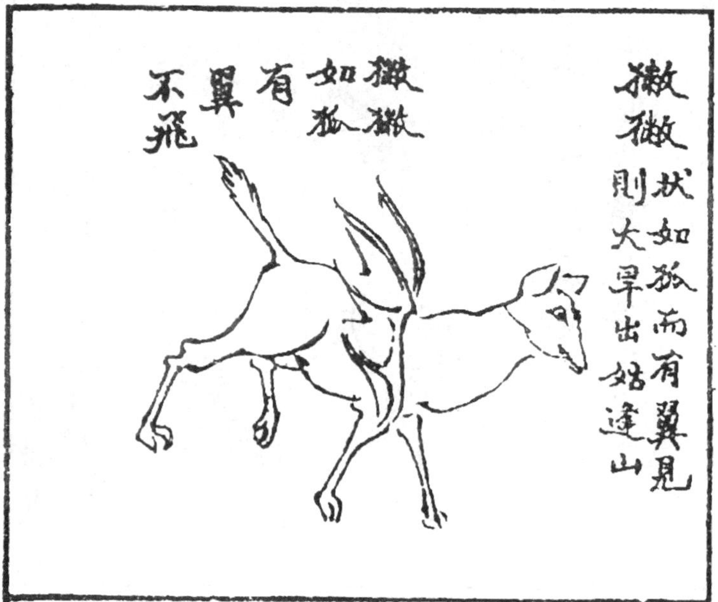
獙獙
狀如狐而有翼見
則大旱出姑逢山
獙獙
如狐
有
翼
不飛

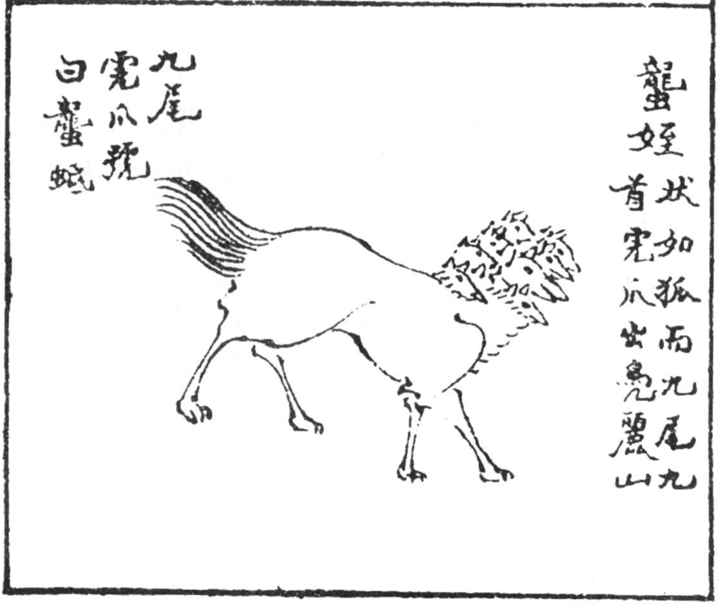
蠪蛭
狀如狐而九尾九
首虎爪出鳧麗山
九尾
虎爪號
曰蠪蛭

峳峳狀如馬而羊目四角見則國多狡客出煙山

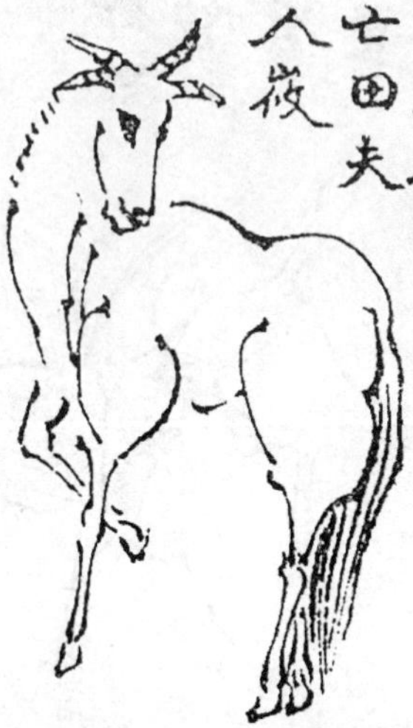

治在得覽
亡田夫
人峳
峳之
來乃致狡賓歸
之寘應誰見其津

蜚狀如牛而白首一目蛇尾見則大疫出泰山

蜚則災
獸跂踵
厲深
會所經涉
竭水槁
林稟氣自
然體此殃淫

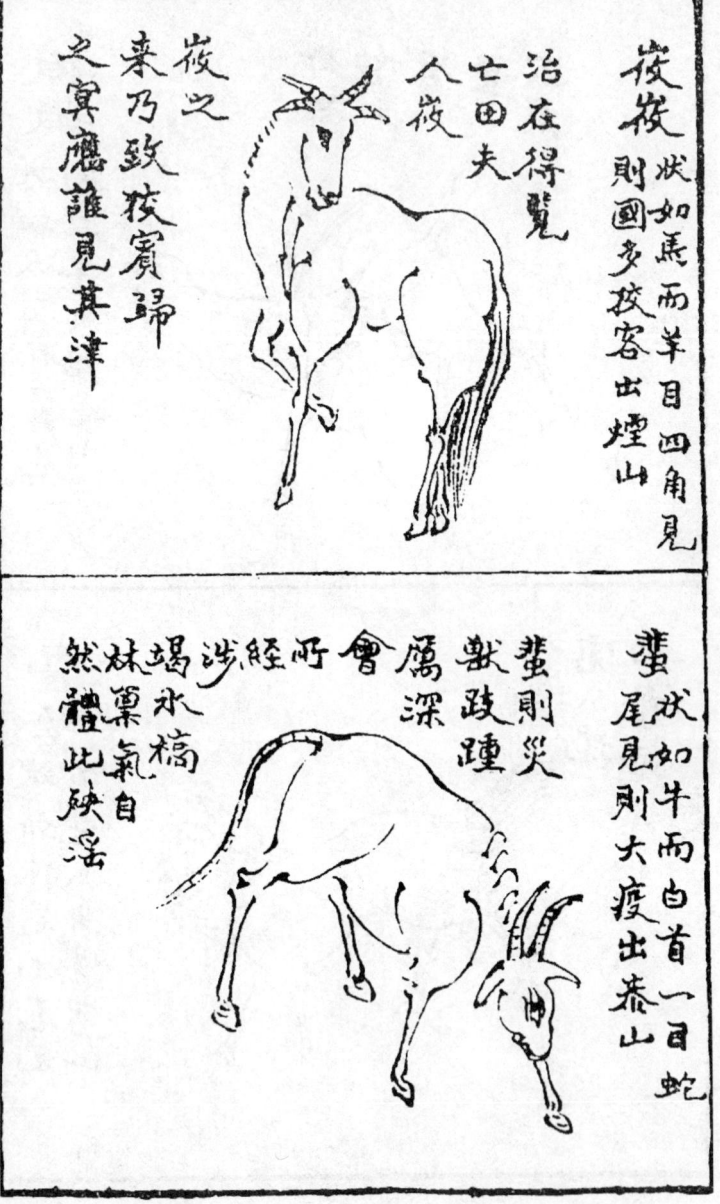

馬腹人面虎身音如狺兒是食人出伊水

馬腹之物人面似虎食之辟兵不畏雷鼓

獺狀如獳犬而有鱗其毛如彘鬣出濤清之水

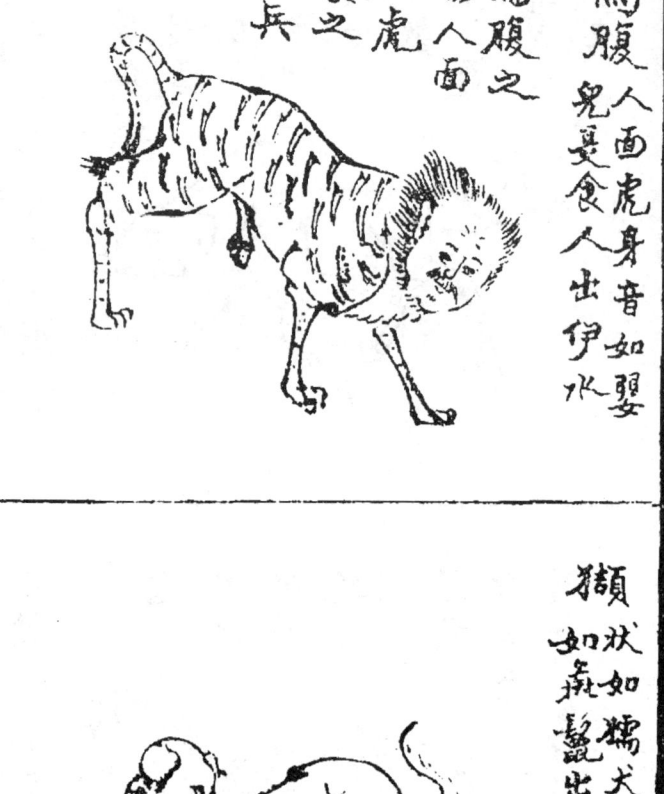

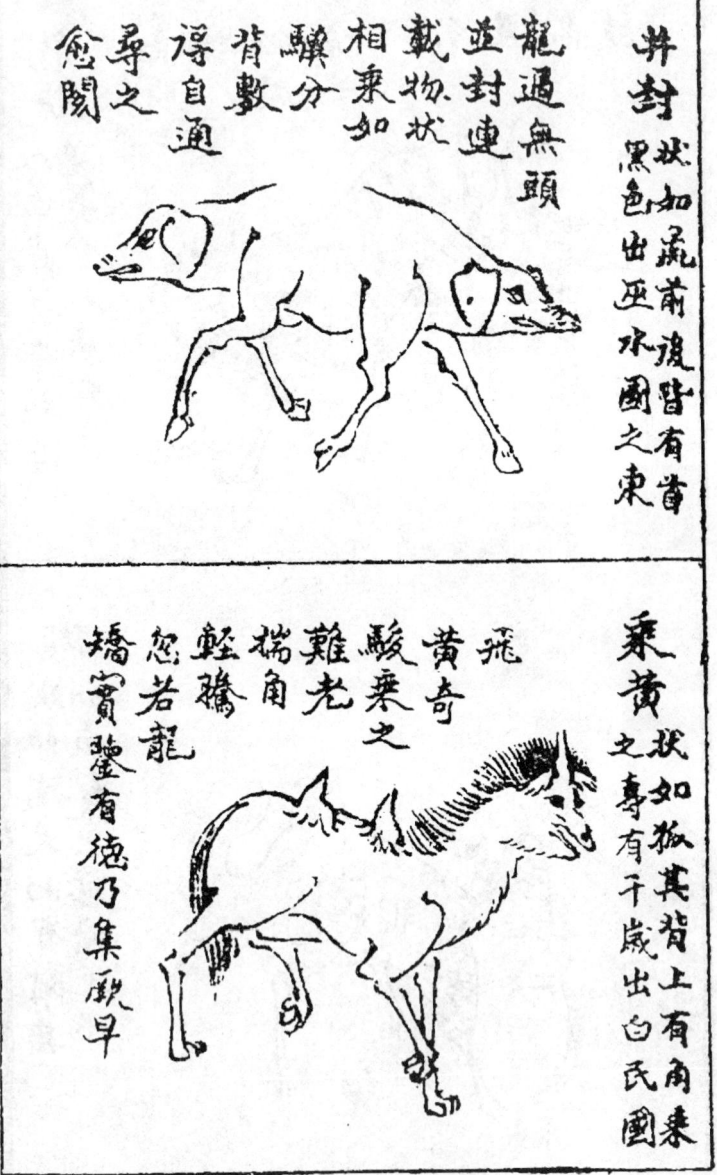

并封 狀如彘前後皆有首黑色出巫咸國之東

龍過無頭
並封連載
物狀相乘
如驥分背
數得自通
尋之愈閡

乘黃 狀如狐其背上有角乘之壽有千歲出白民國

飛黃奇駿
乘之難老
揣角輕騰
忽若龍矯
實鑒有德
乃集厥早

騶吾

狀如虎而五彩畢其尾長于身乘之日行千里出林氏國

怪獸五彩尾參于身矯足千里儵忽若神是謂騶吾詩嘆其仁

夔

狀如牛蒼身而無角一足出入必有風雨出流波山

西南夔牛出自江岷體若垂雲肉盈千鈞雖有逸力難以揮輪

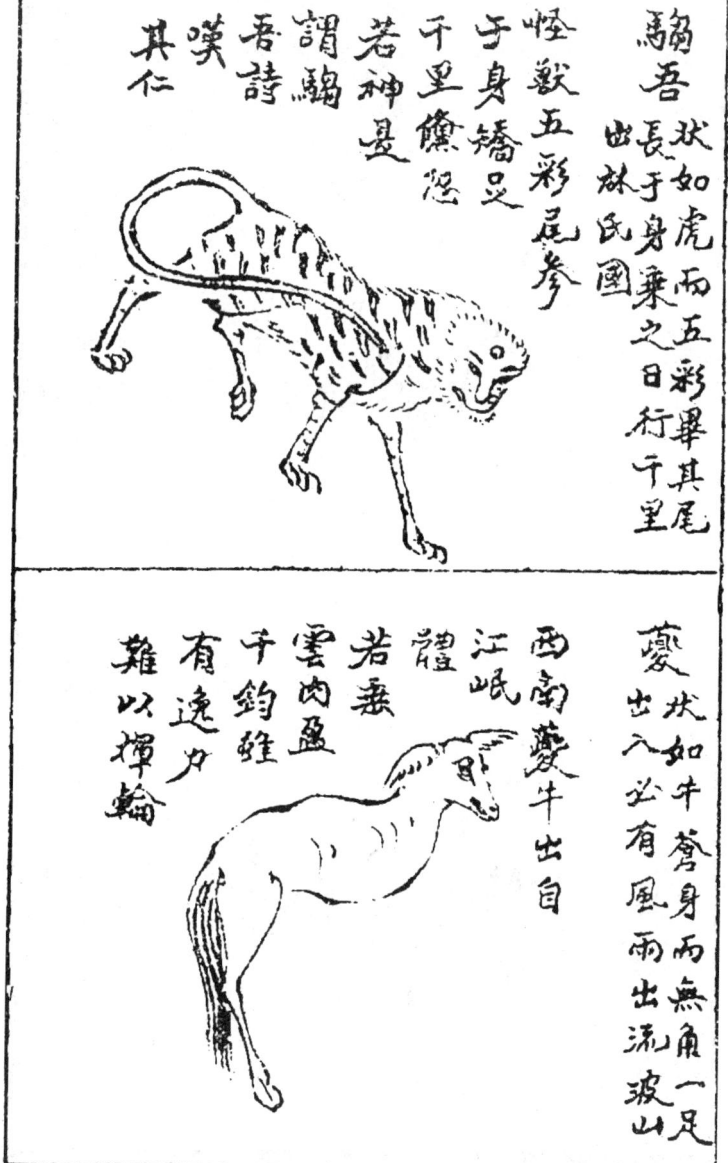

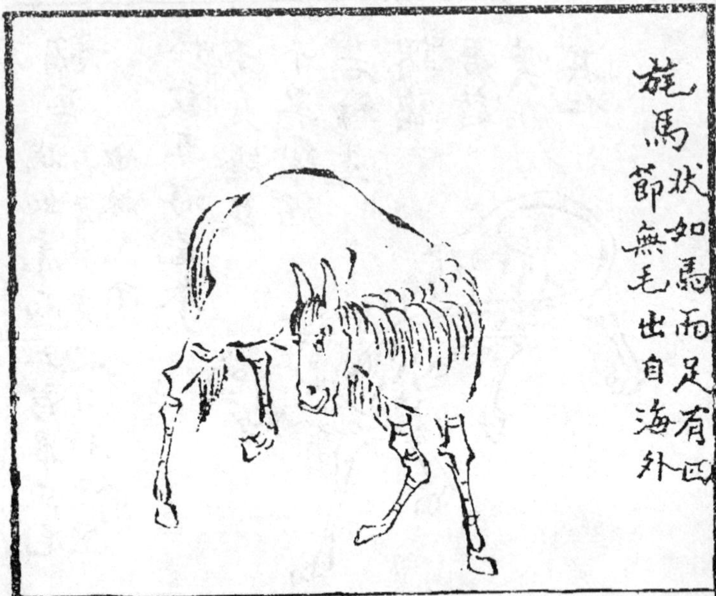
旄馬狀如馬而足有四
節無毛出自海外

跊踼獸形左右有
首出流沙河

雙雙　三青獸合體爲
亦出流沙之東

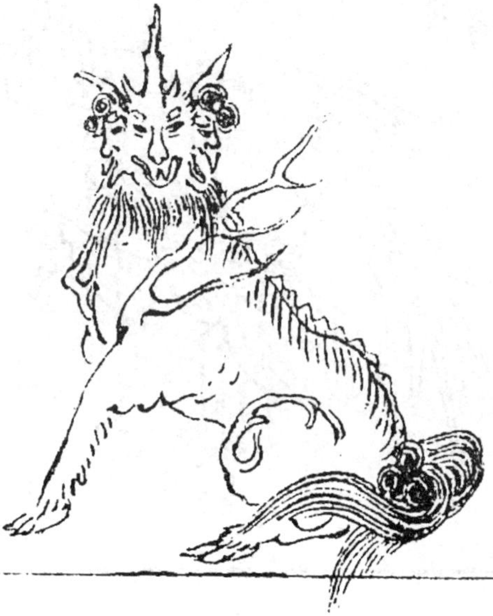

泉唐月甫周松齡畫

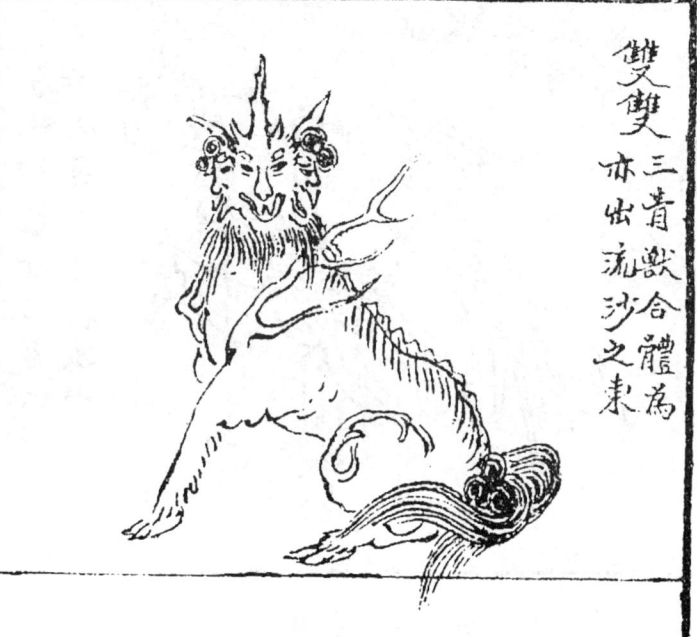

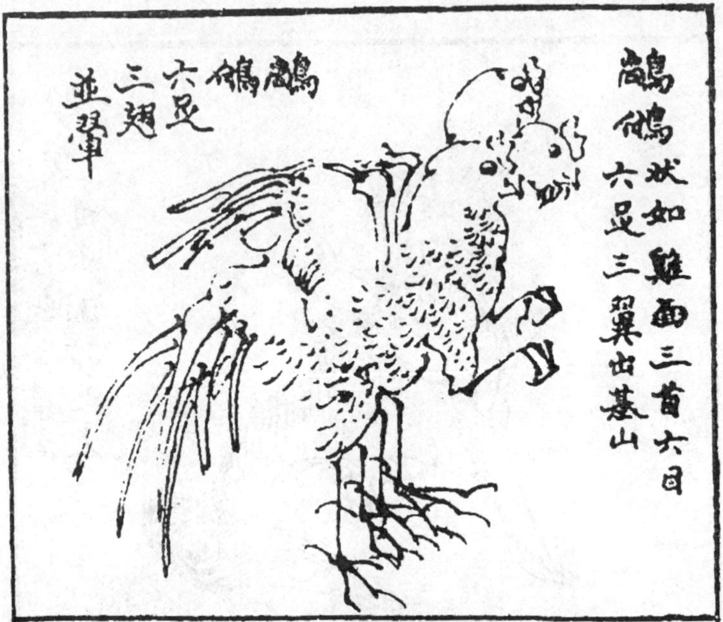
鸓鵂狀如雞而三首六目
六足三翼出基山
鸓鵂
六足
三翅
並翬

鴸狀如鴟而人面人手見
則其縣多夭七出柜山
慧
星横
天鯨魚死
浪鴸鳴于邑
賢士見放厥理
至微言之無況

瞿如
狀如鵁而白首三
足出禱過之山
瞿如三
手歟
狀似鵁

顒
狀如梟人面四目有耳見
則天下大旱出令邱山
顒鳥
栖林
鱄魚
處淵
俱爲旱
徵災延
普天測之
無象厥數
推乎

橐𩇯 狀如梟人面一足冬見夏蟄出㺄次山
有鳥人面一脚孤立性與時反冬見夏蟄帶其羽毛迅雷不入

䳋 狀如鵲赤黑兩首四足出則可以禦火出翠山
獸大眼有鳥名䳋兩頭四足翔若合飛

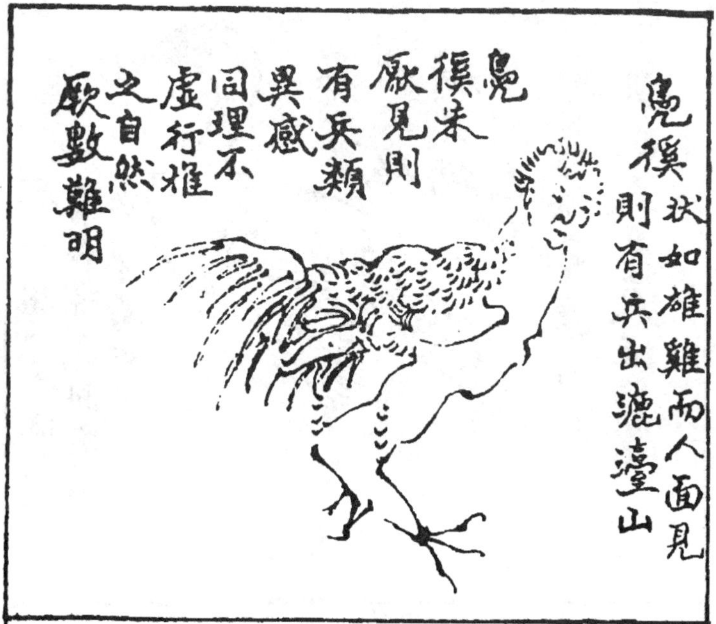
鳧徯狀如雄雞而人面見則有兵出鹿臺山
鳧徯朱厭見則有兵類異感同理不虛行推之自然厥數難明

蠻蠻狀如鳧而一翼一目相得乃飛見則大水出崇吾山
比翼之鳥似鳧青赤雖云一形氣同體隔延頸離鳥翻飛合翮

畢方狀如鶴一足赤文青
質白喙見則有譌火
出章莪山
畢方
赤文離
精是炳
旱則高翔
鼓翼陽景集乃
災流火不炎正

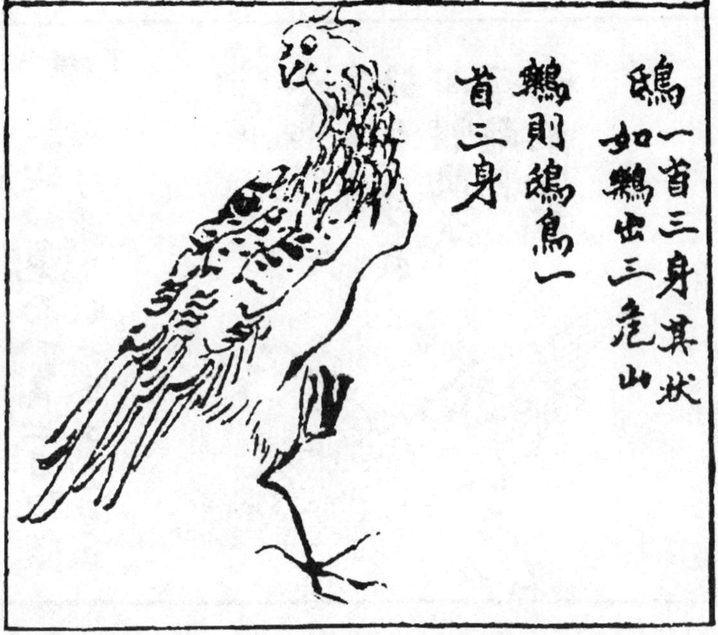
鴟一首三身其狀
如鸈出三危山
鸈則鴟鳥一
首三身

鵸鵌 狀如烏三首六尾
善笑出翼望山
鵸鵌
三頭
獂獸三
尾俱禦不
祥消凶辟眯君
子服之不逢不韙

人面鴞 其狀如鴞人面蜼身犬
尾見則大旱出淹滋生

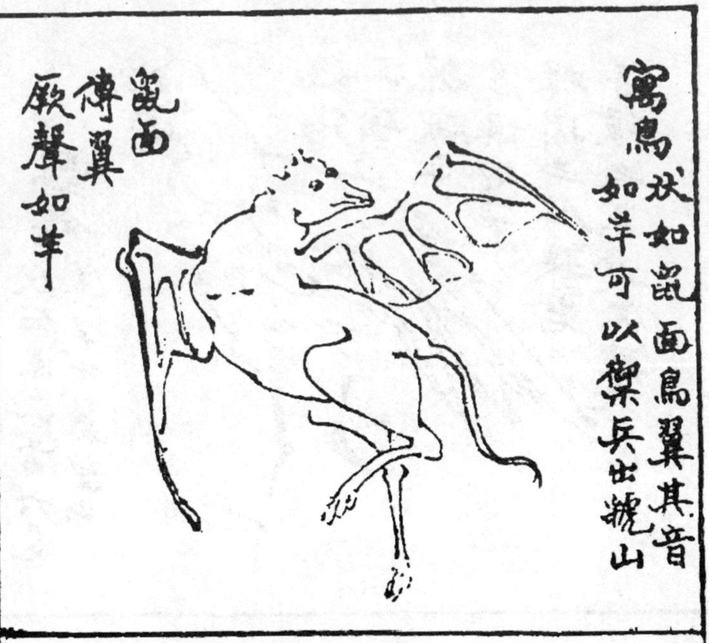
寓鳥狀如鼠面鳥翼其音
如羊可以禦兵出虢山
鼠面
傳翼
厥聲如羊

竦斯狀如雌雉而人面見
人則躍出灌題山
自
鴒竦斯
厥狀如
雉見人則
跳頭文如繡

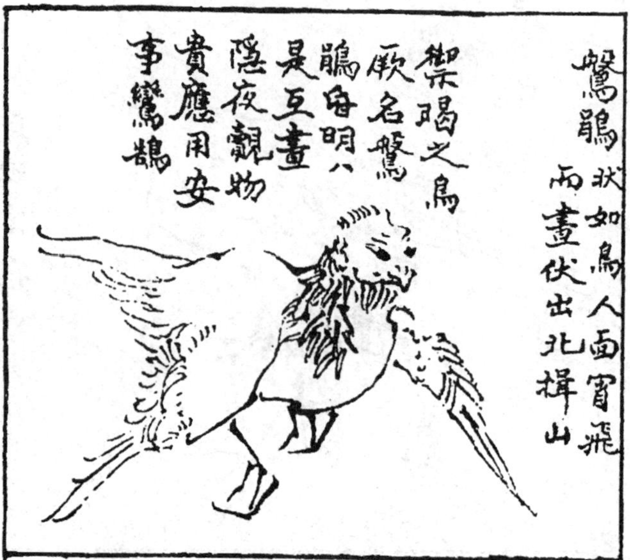
䳢鵑狀如烏人面宵飛
而晝伏出北囂山
禦暍之鳥
厥名䳢
鵑每明八
是互晝
隱夜觀物
貴應用安
事鸞鵑

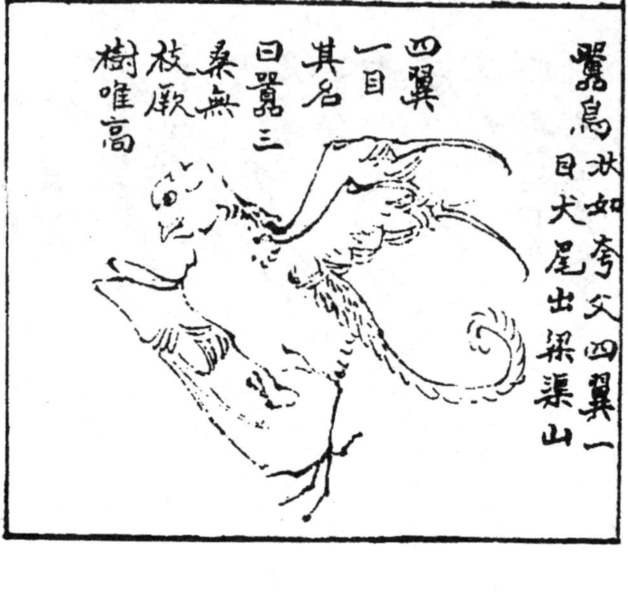
囂鳥狀如夸父四翼一
目犬尾出梁渠山
四翼
一目
其名
曰囂三
桑無
枝厥
樹唯高

⿰賁鳥狀如鵲白身赤尾
六足出太行山
有鳥
善驚
名曰⿰賁鳥﹅

酸與狀如蛇面四六目
見則其邑有恐
出景山
景
山有
鳥稟
形殊
類
厥
狀如蛇
脚三翼四見
則邑恐食之不醉

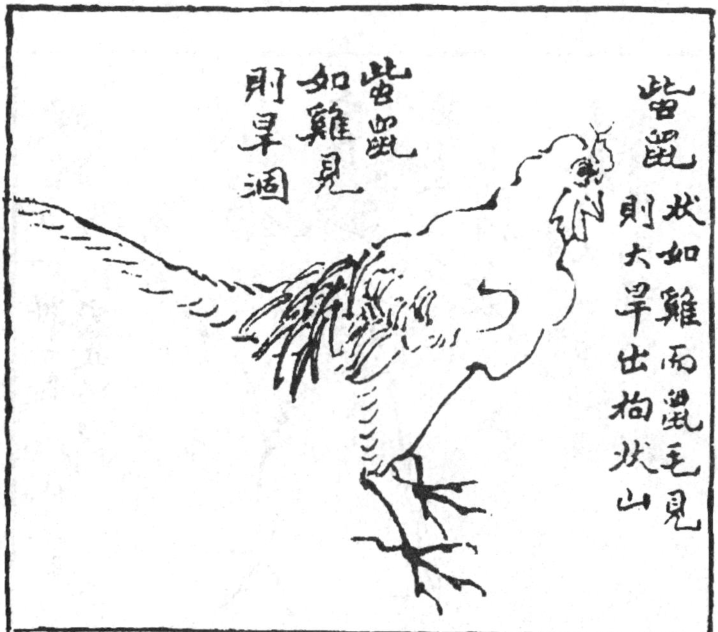
蚩鼠狀如雞而鼠毛見
則大旱出栒狀山
蚩鼠
如雞見
則旱涸

䳋鳥狀如梟面三目
有耳出首山
之機谷

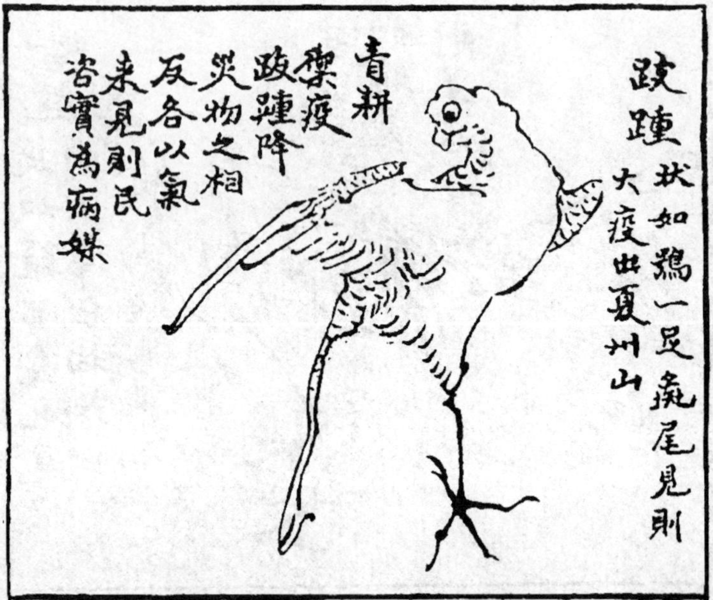
跂踵
狀如鴞一足彘尾見則
大疫出夏州山
青耕
禦疫
跂踵降
災物之相
反各以氣
來見則民
咨實為病媒

鸀鳥
青鳥牙黃赤足
六首出人國
月甫周松齡敬畫

旋龜狀如龜而鳥首
虺尾出英水

鳥首
虺尾其
名旋龜

鯥魚狀如牛陵腹蛇尾有翼
其羽在結下出柢山

魚號曰鯥處
不在水厥
狀如牛鳥
翼蛇尾
隨
時隱見
倚乎生死

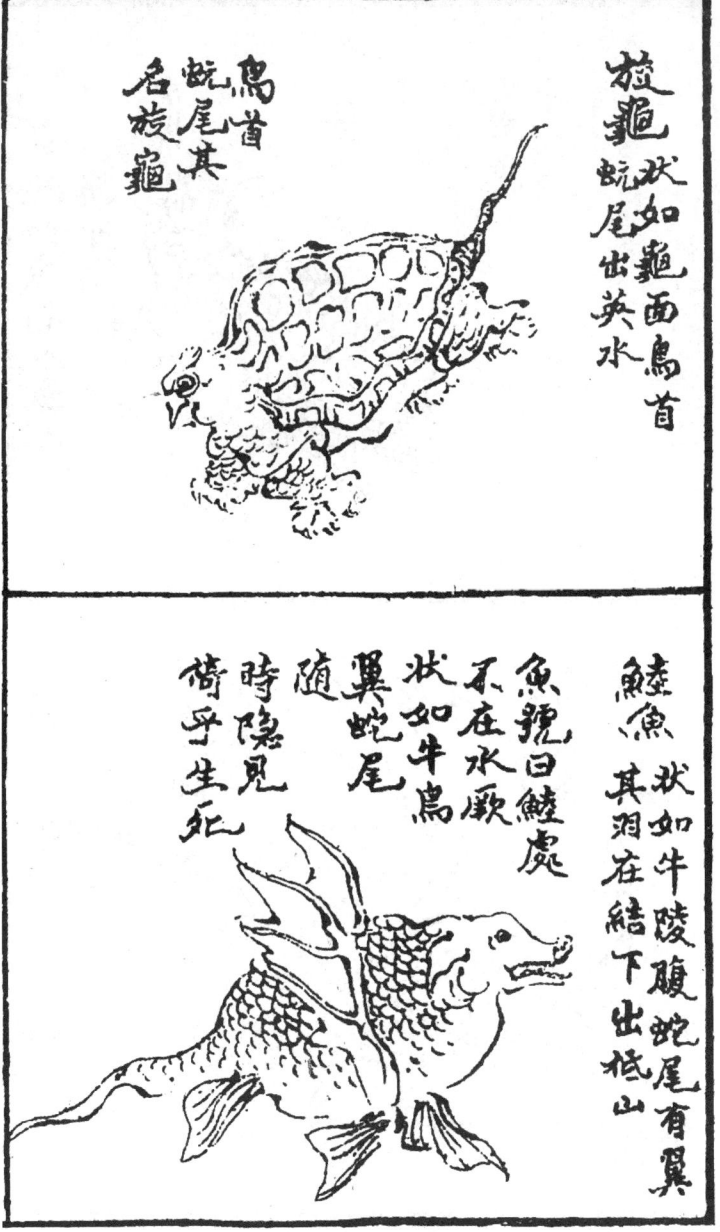

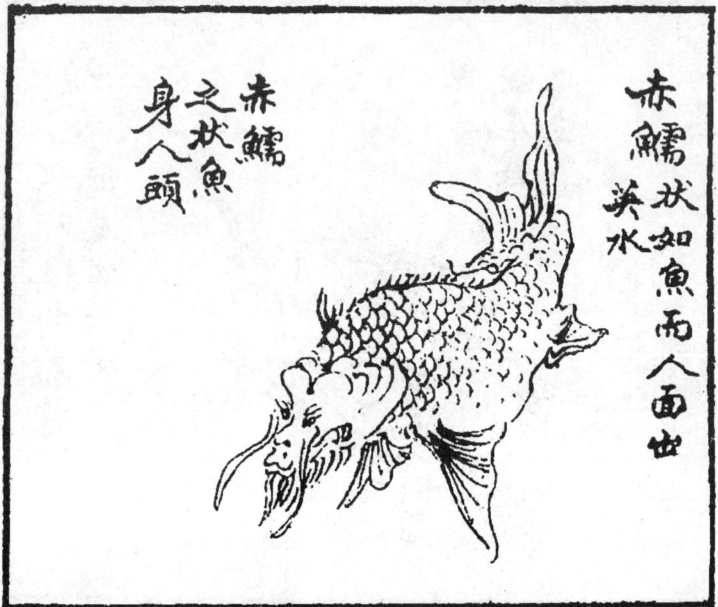
赤鱬狀如魚而人面出
英水
赤鱬
之狀魚
身人頭

肥𧔥蛇形六足四翼
見則大旱出太
華山
肥遺爲物與
災合契
鼓翼
陽山以
表亢
厲
桑林旣
禱倏忽
潛逝

第三亮

鮭魚其狀如鼈其音如羊出鬲水

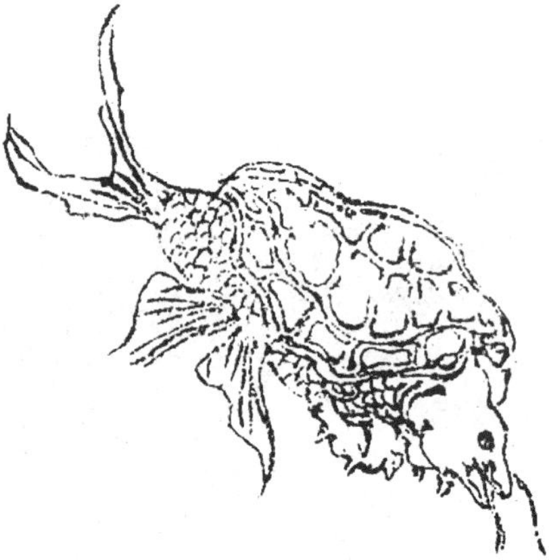

文鰩魚狀如鯉魚鳥翼蒼文白首赤珠常從西海戲游東海出觀水

見則邑穰厥名曰鰩經營二海矯翼闚霄唯味之奇見歎伊庖

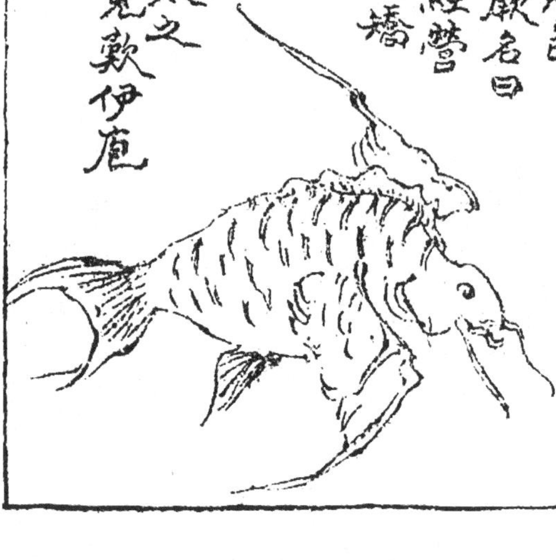

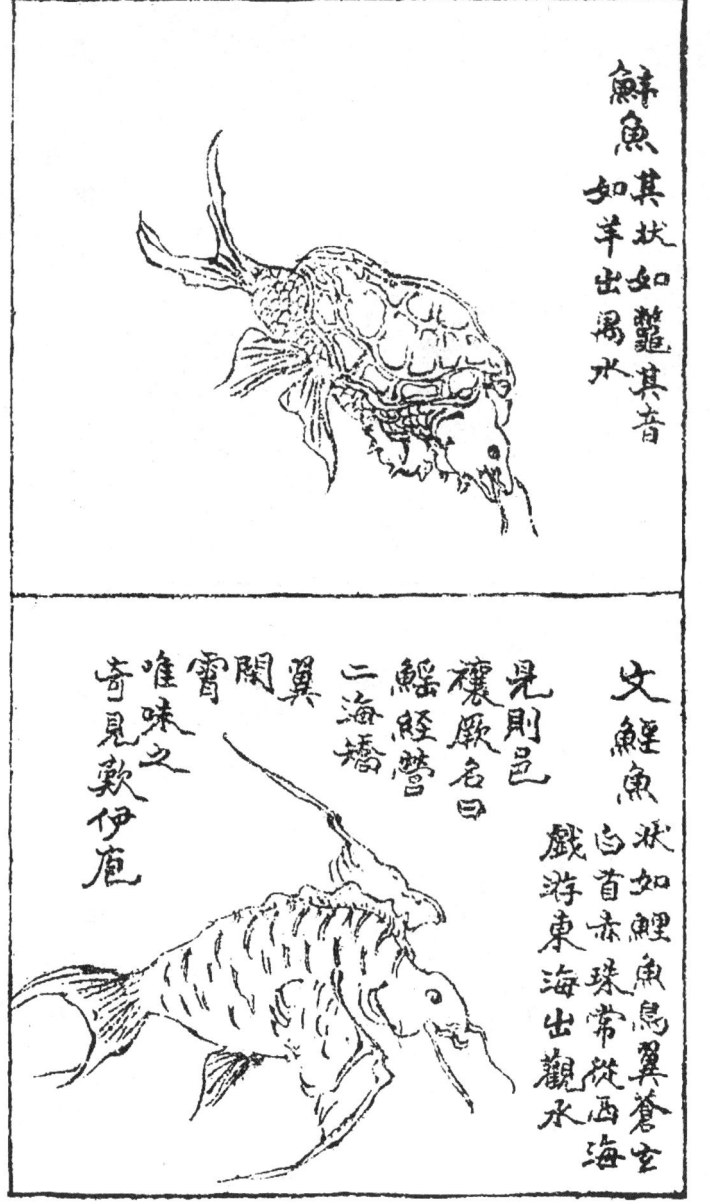

䱻魚狀如蛇四
足出泚水

冉遺魚魚身蛇首六足目
如馬耳出泥水
目如馬
耳食
厭妖
變

嬴魚 魚身鳥翼見則大水出濛水

濛水之嬴
匪魚伊鳥

䱱魮魚 狀如覆銚鳥首而魚翼魚尾音如磬石之聲是生珠玉出濫水

形如
覆銚包
玉含珠
有而不
積泄以尾
閭閭與道會
可謂奇魚

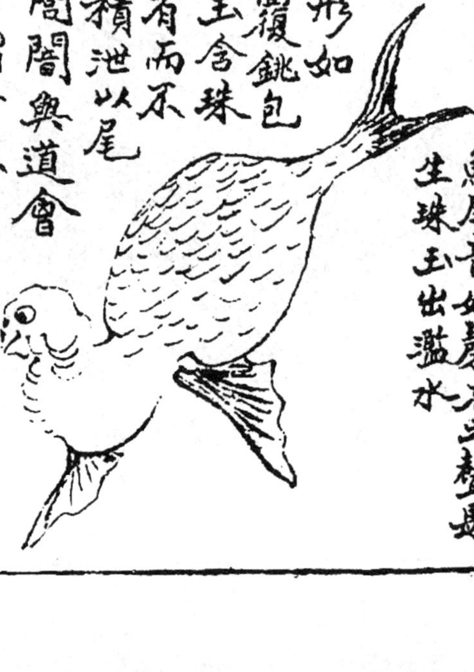

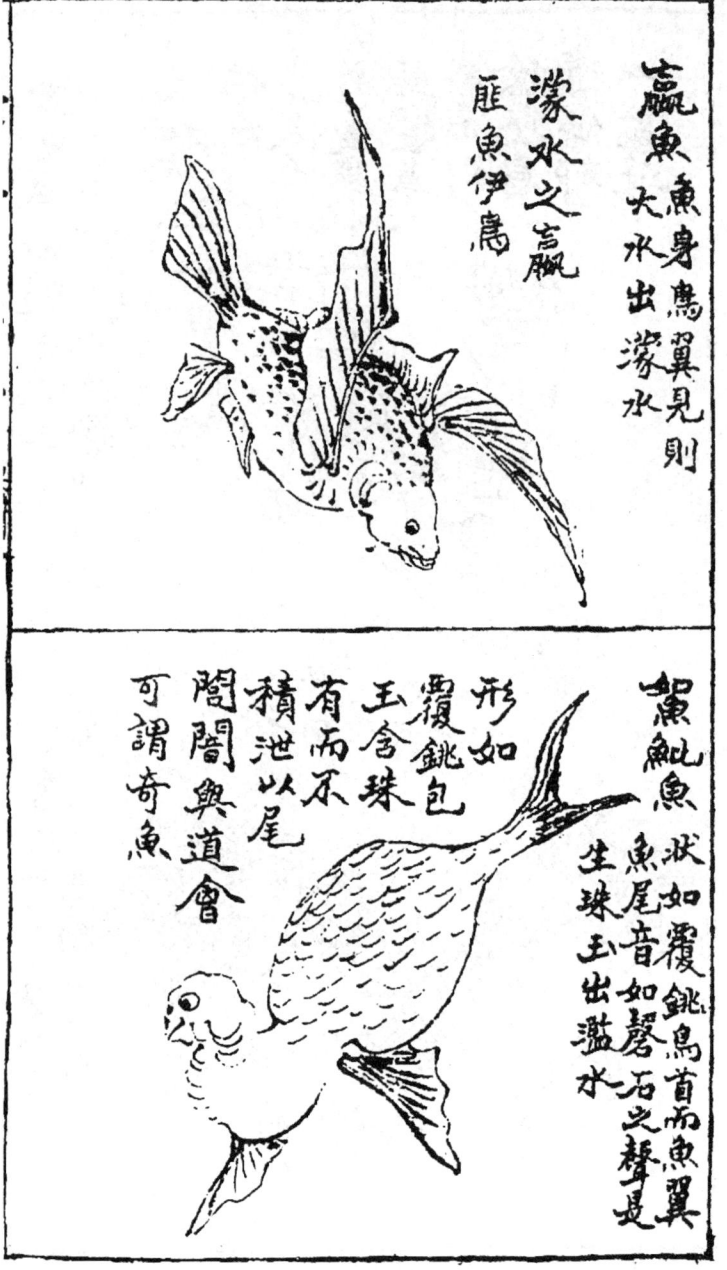

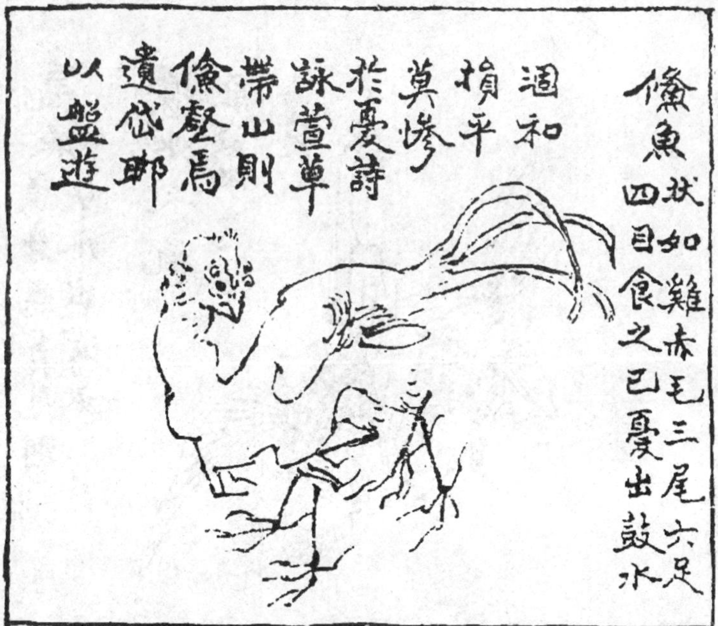
儵魚狀如雞赤毛三尾六足
四目食之已憂出鼓水
涸和
損平
莫慘
於憂詩
詠萱草
帶山則
儵壑焉
遺岱聊
以盤遊

何羅魚一首十身食之
已癰出譙水
一頭十
身何
羅之
魚

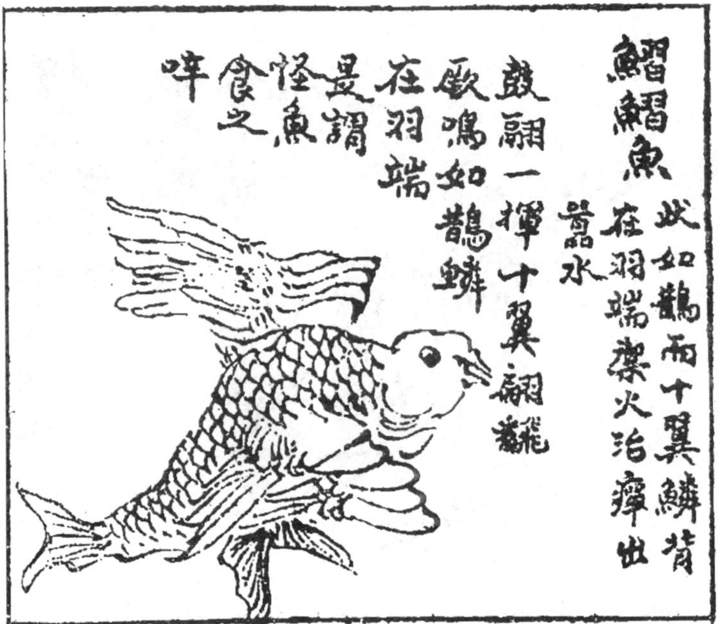
鰼鰼魚
狀如鵲而十翼鱗背
在羽端禦火治癉出
囂水
鼓翮一揮十翼翩飛
歇鳴如鵲鱗
在羽端
是謂
怪魚
食之
啐

長蛇
長百尋毛如彘豪音
如鼓柝出大鹹山
長蛇百尋厥
鬣如彘飛
群類
靡不
呑噬
極物
之惡盡
毒之厲

鱳魚狀如鯉而雞足
出懷澤之水
鱳之爲
狀羊鱗
黑文

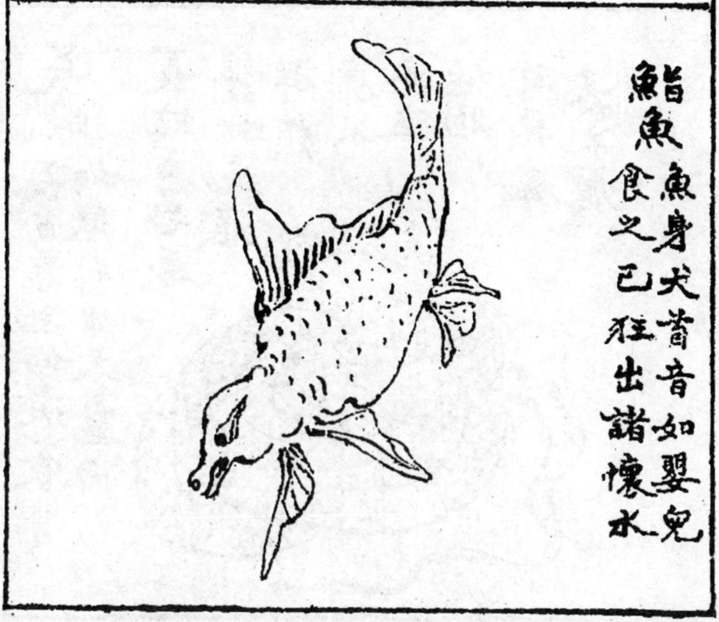
鮨魚魚身犬首音如嬰兒
食之已狂出諸懷水

肥遺一首兩身見則
大旱出渾夕山
肥遺為物與
災合契鼓
翼陽山
以表亢
厲桑
林既
禱倏
忽潛逝

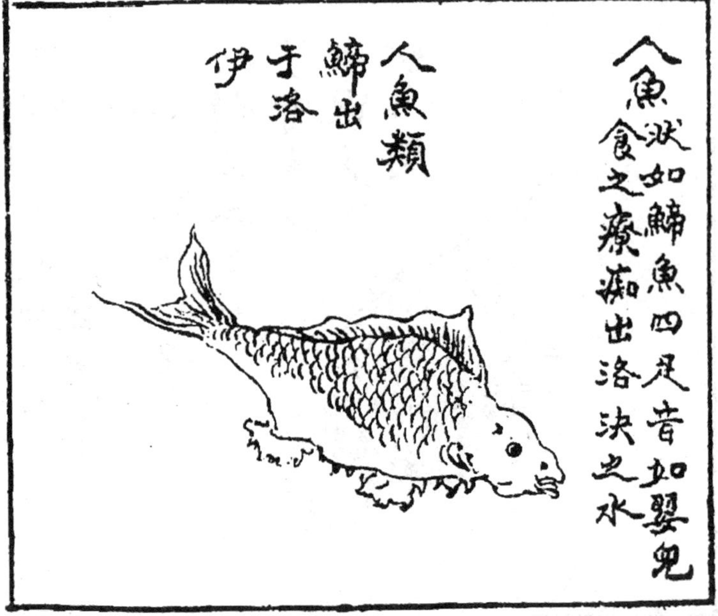
人魚狀如鯑魚四足音如嬰兒
食之療癡出洛決之水
人魚類
鯑出
于洛
伊

儵鱅 狀如黃蛇魚翼見則
大旱出末塗之水

儵鱅蛇狀振
翼灑光憑
波騰逝
出入江湘見
則歲旱是維
火祥

珠鱉魚 其狀如蟾六足四
目有珠出澧水

澧水之鮮形如浮
肺體兼三才以
貨賈害厥
用既多何
以自衛

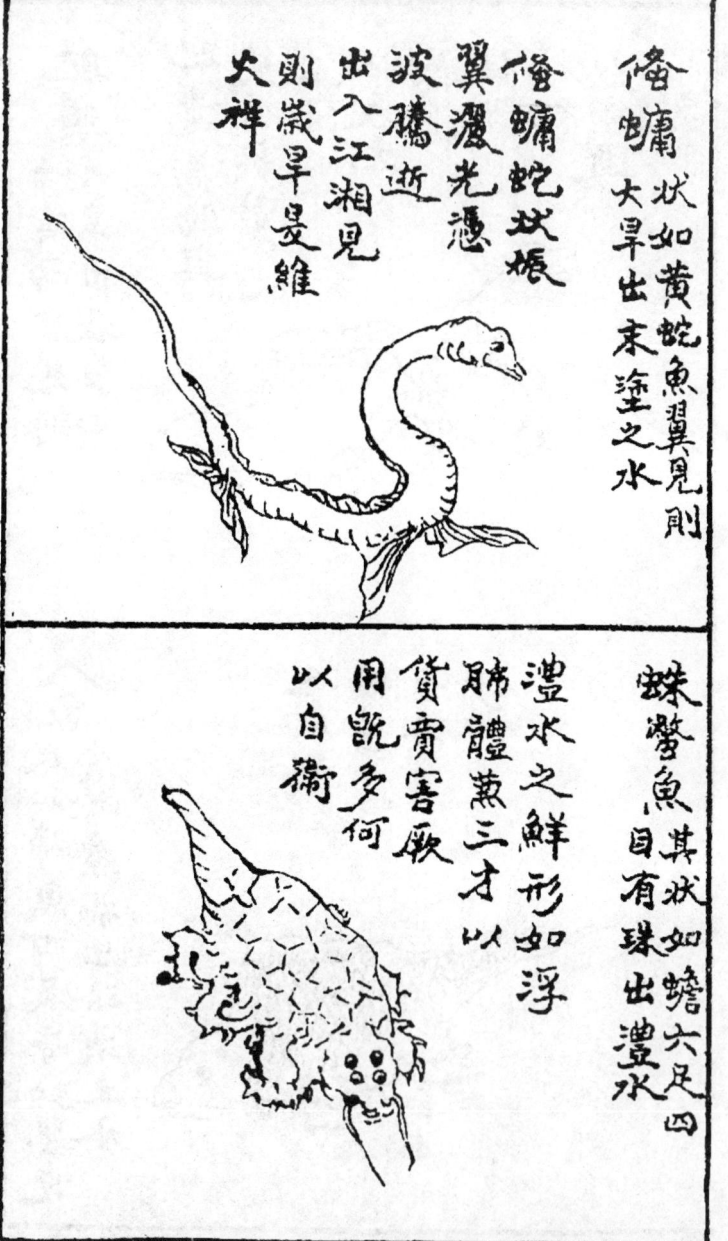

鮯鮯魚 狀如鯉六足鳥尾出深澤

鮯所潛厥身無限

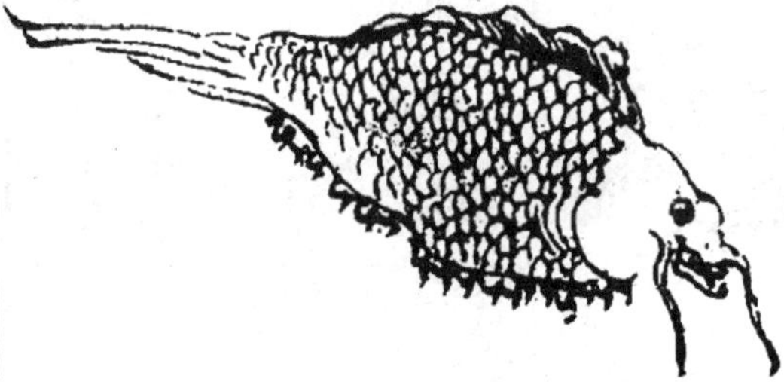

薄魚 狀如鱣一目見則大旱出膏水

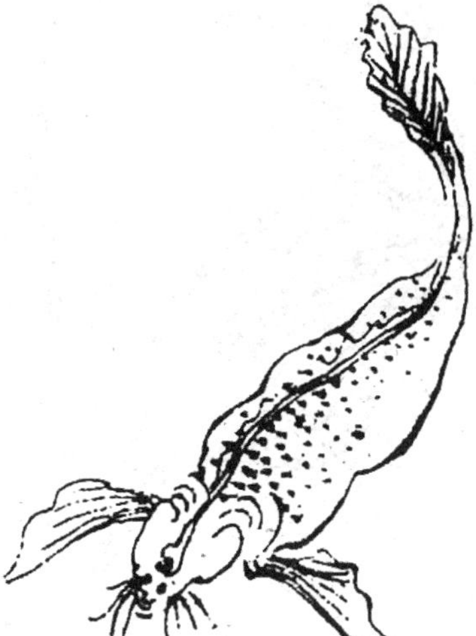

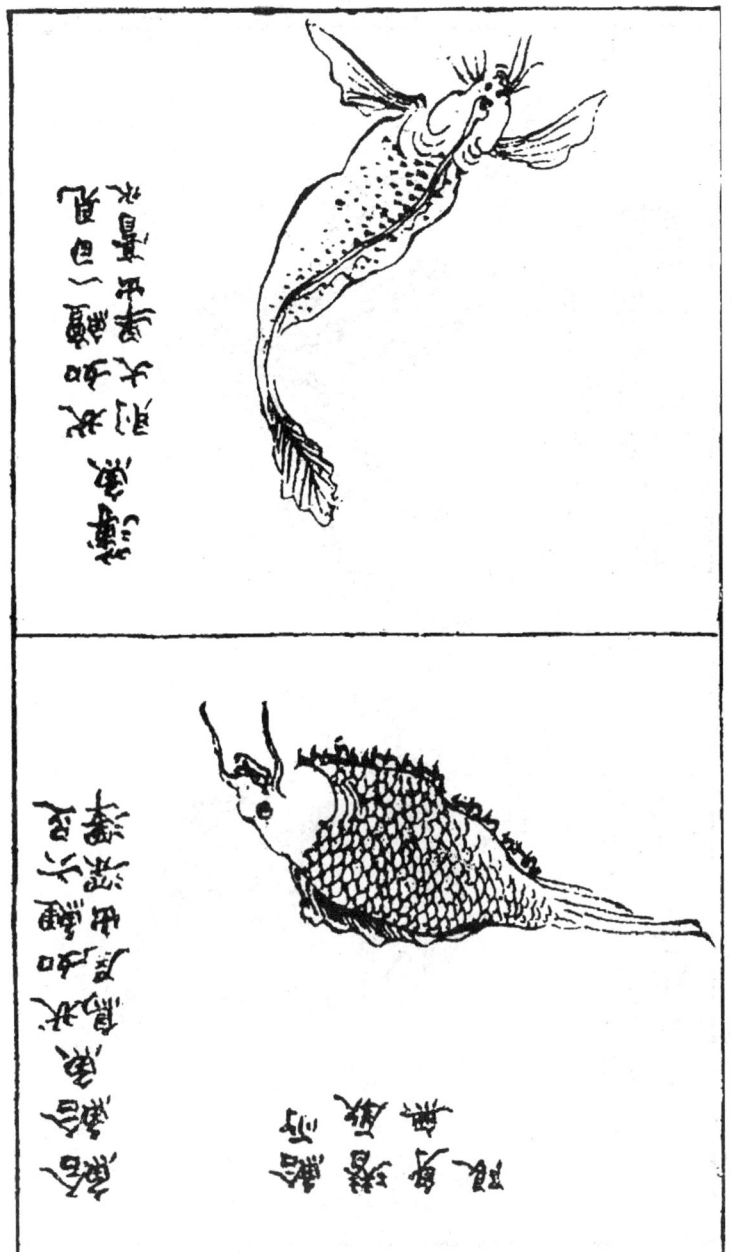

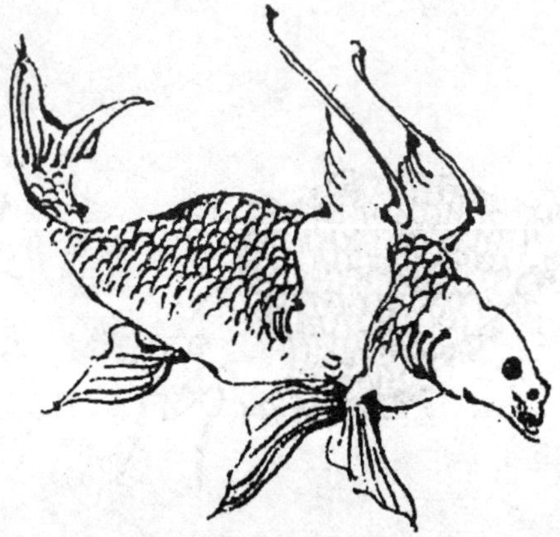

狀如魚而鳥翼見
則大旱出于桐水

鳴蛇 狀如蛇而四翼
其音如磬見則
大旱出鮮山

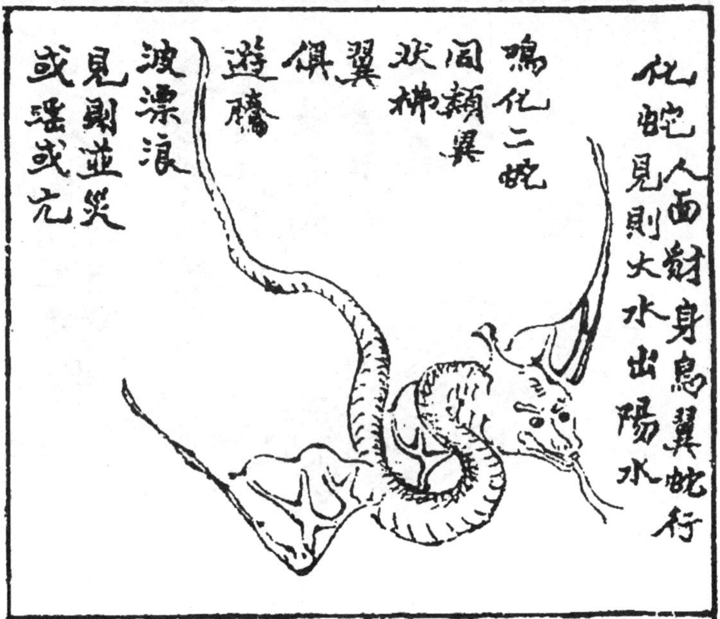
化蛇人面豺身鳥翼蛇行
見則大水出陽水
鳴化二蛇
同類異
狀拂
翼
俱
遊騰
波漂浪
見則並災
或淫或亢

飛魚狀如豚而赤文服之不
畏雷可禦兵出正回水
飛魚如豚赤文
無羽食之辟
兵不畏雷
鼓

三足龜出狂水食
之可消腫
造物維均靡偏
靡頗少不為
短長不為
多貴能三
足何異
鼇鼉

巴蛇長千尋食象三歲
而出其骨出巴山
象食巨獸有蛇
吞之越
出其
骨三
年為
期厥
大何如
屈生是疑

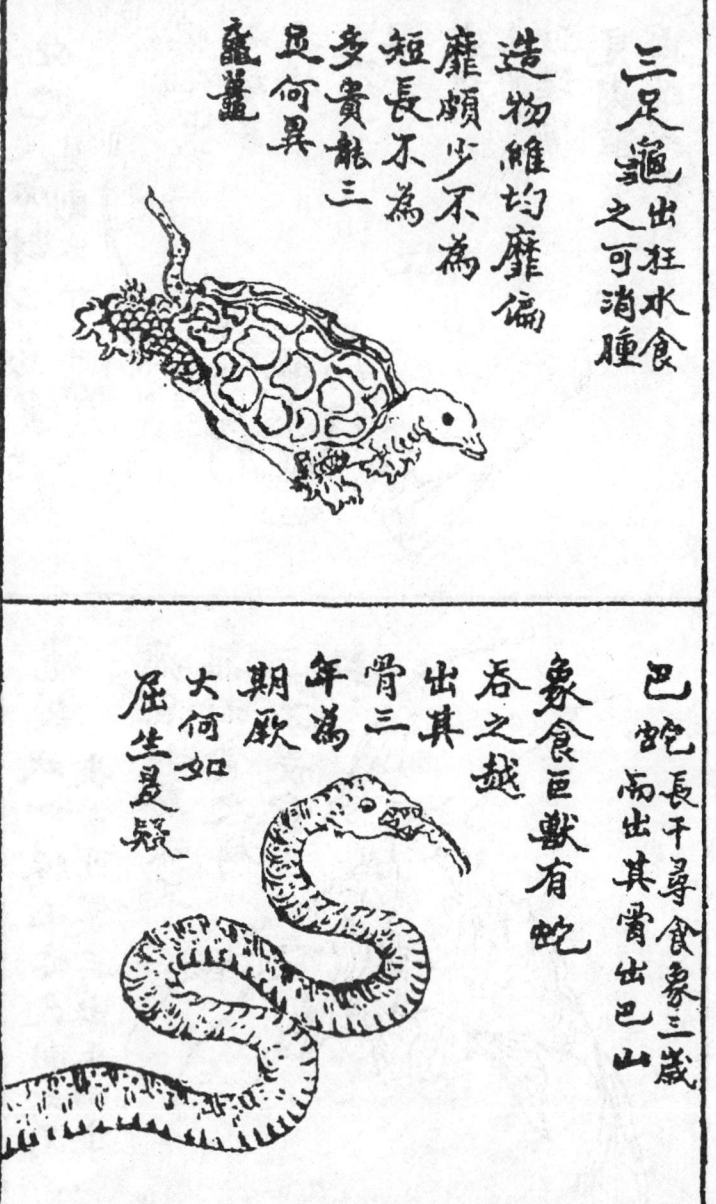

陵魚
人面手足魚
身在海中

應龍
龍身有翼
處南極

大清光緒拾柒年菊月上浣日蕭山月甫周松齡作圖並記

山海經第一

晉　郭璞傳　棲霞郝懿行箋疏

南山經

南1–1：

南山經之首曰䧿山，【懿行案：任昉《述異記》作雀山，《文選注·王巾頭陀寺碑》引此經作鵲山。】其首曰招搖之山。【懿行案：《大荒東經》有招搖山，融水出焉。非此。高誘注《吕氏春秋·本味篇》云：招搖，山名，在桂陽。】臨于西海之上。【在蜀伏山，山南之西頭。濱西海也。懿行案：「伏」疑「汶」字之譌。《史記·封禪書》云：瀆山，蜀之汶山也。《蜀志·秦宓傳》云：蜀有汶阜之山，江出其腹。皆是山也。】多桂，【桂，葉似枇杷，長二尺餘，廣數寸，味辛，白華，叢生山峯，冬夏常青，閒無雜木。《吕氏春秋》曰：招搖之桂。懿行案：《爾雅》云：梫，木桂。郭注與此同。】多金玉。有草焉，其狀如韭【璨曰，韭音九。《爾雅》云霍山亦多之。懿行案：「霍」當爲「藿」字之譌。《爾雅》云：藿，山韭。】而青華，其名曰祝餘，【或作桂荼。懿行案：「桂」疑當爲「柱」字之譌。「柱荼」「祝餘」聲相近。】食之不飢。有木焉，其狀如穀而黑理，【穀，楮也，皮作紙。璨曰：穀，亦名構，名穀者以其實如穀也。懿行案：陶弘景注《本草經》云：穀，即今構樹是也。「穀」「構」古同聲，故穀亦名構。或曰，葉有瓣曰楮，無曰構，非也，見陸璣《詩疏》。《文選注・頭陀寺碑》引此經無理字。】其華四照，【言有光餤也。若木華赤，其光照地，亦此類也，見《離騷經》。懿行案：若木見《離騷經》，若木華赤見《大荒北經》，其華照地見《淮南子》。】其名曰迷穀，佩之不迷。【懿行案：《文選注・頭陀寺碑》引此經同。】有獸焉，其狀如禺而白耳，【禺，似獼猴而大，赤目，長尾，今江南山中多有。説者不了此物名禺，作牛字，圖亦作牛形，或作猴，皆失之也。禺字音遇。懿行案：《説文》云：蝯，善援，禺屬。又云：禺，猴屬，獸之愚者也。郭注凡言圖者，皆謂此經圖象然也。】伏行人走，【懿行案：《太平御覽》九百八卷引此經《讚》曰：猩猩似狐，走立行伏。疑「狐」當爲「禺」，聲之譌也。】其名曰狌狌，食之善走。【生生，禺獸，狀如猿，伏行交足，亦此類也。見《京房易》。懿行案：生生當爲狌狌，説見《海内南經》。】麗麂之水出焉，【麂，音作几。】而西流注于海，其中多育沛，【未詳。】佩之無瘕疾。【瘕，蟲病也。懿行案：《説文》云：瘕，久病也。郭云蟲病者，《列仙傳》云：河閒王病瘕，下蛇十餘頭。《史記・倉公傳》云：蟯瘕。《正義》引《龍魚河圖》云：犬狗魚鳥不熟，食之成瘕，痛。皆與郭義近。】

南1－2：

又東三百里，【懿行案：《禹貢》「五服」皆言里數。《水經注》云：廬山有大禹刻石，誌其丈尺里數。則里地之數，蓋始於禹。《大戴禮・主言篇》云：三百步而里。是古里短於今里也。】曰堂【一作常。懿行案：《文選注・上林賦》引此經正作常。】庭之山。【懿行案：《初學記》引此經作「堂夜之山多水玉」，疑夜字譌。】多棪木，【棪，別名「連其」，子似柰而赤，可食。音剡。懿行案：「連」當爲「速」字之譌。《爾雅》云：棪，櫨其。郭注同。】多白猿，【今猿似獮猴而大，臂腳長，便捷，色有黑有黃，鳴，其聲哀。懿行案：猿，俗字也。《說文》云：蝯，善援，禺屬。《文選・西都賦》注、《後漢書・班固傳》注引此注竝云「臂長，便捷」，無「腳」字，「色黑」，無「黃」字。《藝文類聚》九十五卷引郭氏《讚》云：白猨肆巧，由基撫弓；應眄而號，神有先中；數如循環，其妙無窮。】多水玉，【水玉，今水精也。相如《上林賦》曰：水玉磊砢。赤松子所服。見《列仙傳》。懿行案：《廣雅》云：水精謂之石英。張揖注《上林賦》云：水玉，水精也。《列仙傳》云：赤松子服水玉以教神農。竝郭所本。】多黃金。【懿行案：《說文》云：金，五色金也，黃爲之長。】

南1－3：

又東三百八十里，曰猨翼之山。【懿行案：《初學記》二十七卷引此經作「稷翼之山多白玉」。】其中多怪獸，水多怪魚，【凡言怪者，皆謂貌狀倔奇不常也。《尸子》曰：徐偃王好怪，沒深水而得怪魚，入深山而得怪獸者，多列於庭。】多白玉，【懿行案：《玉藻》云：天子佩白玉。《藝文類聚》八十三卷引《廣志》曰：白玉，美者可以照面，出交州。】多蝮虫，【蝮虫，色如綬文，鼻上有鍼，大者百餘斤，一名反鼻。虫，古虺字。懿行案：「蝮，虺」，見《爾雅》及注。色如綬文，見《北山經》「大咸之山」注。《說文》云：虫，一名蝮；虺，以注鳴。是虫、虺非一字，與郭義異也。】多怪蛇，多怪木，不可以上。

南1－4：

又東三百七十里，曰杻陽之山。【音紐。懿行案：《玉篇》有栖陽山。栖，思計切。疑「杻」「栖」字形相近。

注「音紐」亦當爲「音細」，竝字形之譌也。】其陽多赤金，【銅也。】其陰多白金。【銀也，見《爾雅》。山南爲陽，山北爲陰。懿行案：《説文》云：銅，赤金也；銀，白金也。《爾雅》云：白金謂之銀。是皆郭注所本。然案之此經，理有未通。《西山經》云：瑜次之山，其陰多赤銅。《中次九經》云：玉山，其陽多銅，其陰多赤金。明赤金與銅非一物矣。又，經内銀與白金疊出分見，如《西山經》皋塗之山多銀、黄金，槐江之山多黄金、銀，大時之山、數歷之山竝云多銀，又《北山經》少陽之山多赤銀，又《西山經》涇谷之山多白金，《中山經》役山多白金。綜諸經之文，白金與銀爲二物，審矣。《説文》云：鋈，白金也。《爾雅》云：金，美者謂之鏐。郭注云：鏐即紫磨金。寇宗奭《本草衍義》云：顆塊金，其色深赤。然則此經赤金卽紫磨金，白金卽鋈矣。郭氏竝誤注。】有獸焉，其狀如馬而白首，其文如虎而赤尾，其音如謠，【如人歌聲。懿行案：「謠」當爲「䚻」，見《説文》。】其名曰鹿蜀，佩之宜子孫。【佩，謂帶其皮毛。懿行案：《太平御覽》九百十三卷引此經《圖讚》云：鹿蜀之獸，馬質虎文；驤首吟鳴，矯矯騰羣；佩其皮毛，子孫如雲。】怪水出焉，而東流注于憲翼之水，其中多玄龜，其狀如龜而鳥首虺尾，【虺尾銳。】其名曰旋龜，其音如判木，【如破木聲。】佩之不聾，可以爲底。【底，躪也。爲，猶治也。《外傳》曰：疾不可爲。一作疷，猶病愈也。懿行案：底同胝，音竹施切。《文選・難蜀父老》注引郭氏《三蒼解詁》云：胝，躪也。「一作疷」者，《爾雅・釋詁》云：疷，病也。「爲疷」則治病使愈，故云猶病愈矣。】

南1－5：

又東三百里，柢山。【柢音蔕。懿行案：「柢」上疑脱「曰」字，明道藏經本有之。】多水。無草木。有魚焉，其狀如牛，【懿行案：郭氏《江賦》云：潛鵠魚牛。李善注引此經云：魚牛，其狀如牛。今本魚下無牛字。又，禺禺即鱅鱅，徐廣注《史記》謂之魚牛，非此，見《東山經》。】陵居，蛇尾，有翼，其羽在魼下，【亦作脅。懿行案：《說文》云：胠，亦下也。《廣雅》云：胠，脅也。經作魼者，蓋同聲假借字。又，胠有脅音，本聲同之字，故胠亦作脅。】其音如留牛，【《莊子》曰「執犂之狗」，謂此牛也。《穆天子傳》曰：天子之狗執虎豹。懿行案：經作留牛，郭引《莊子》「執犂之狗」謂此牛也，是留牛當爲犂牛。《東山經首》說鱅鱅之魚「其狀如犂牛」，郭注云「牛似虎文者」。然則留牛當爲犂牛，審矣。今本《莊子・天地篇》作「執狸之狗」，《釋文》云「一云執留之狗」，郭又引作「執犂之狗」，是《莊子》本竝無正文，犂、貍、留俱聲有通轉。】其名曰鯥，【音六。】冬死而夏生，【此亦蟄類也。謂之死者，言其蟄無所知，如死耳。懿行案：《太平御覽》九百三十九卷引此經《圖讚》云：魚號曰鯥，處不在水；厥狀如牛，鳥翼蛇尾。】食之無腫疾。【懿行案：《說文》云：腫，癰也。】

南 1－6：

又東四百里，曰亶爰之山。【亶音蟬。】多水，無草木，不可以上。【言崇陗也。】有獸焉，其狀如貍而有髦，其名曰類，【「類」或作「沛」，「髦」或作「髮」。懿行案：《〈莊子・天運篇〉釋文》引此經作「其狀如狸而有髮，其名曰師類」，蓋即郭所見本也。「師」疑「沛」字之譌。】自爲牝牡，食者不妒。【《莊子》亦曰：類自爲雌雄而化。今貆豬亦自爲雌雄。懿行案：《列子・天瑞篇》云：亶爰之獸，自孕而生，曰類。陳藏器《本草拾遺》云：靈貓生南海山谷，狀如貍，自爲牝牡。又引《異物志》云：靈貍一體，自爲陰陽。据此，則類爲靈貍無疑也。類、貍聲亦相轉。

今魚皮夷地當三姓所屬之羅郵，以嘉慶八年冬，緣事至京師，譯官色崇額言其地有獸，多毛，形頗類狗，體具陰陽，自爲配耦。所說形狀亦卽是物，但譯言不了，不得其名耳。郭注貆豬卽豪彘也，見《西山經》「竹山」。】

南1－7：

又東三百里，曰基山。其陽多玉，其陰多怪木。【懿行案：《太平御覽》五十卷引此經「多怪木」上有「多金」二字。】有獸焉，其狀如羊，九尾，四耳，其目在背，其名曰猼訑，【博施二音，「施」一作「陁」。懿行案：「施一作陁」之「施」當爲「訑」字之譌。猼訑，《玉篇》《廣韻》作䍡䍠，疑皆後人所作字也。】佩之不畏。【不知恐畏。懿行案：此亦羊屬，唯目在背上爲異耳。《說文》羖字注云：城郭市里高縣羊皮以驚牛馬曰羖。《本草經》云：羖羊角主辟惡鬼虎狼，止驚悸。竝與此經合。《太平御覽》九百十三卷引此經《圖讚》云：猼訑似羊，眼乃在背；視之則奇，推之無怪；欲不恐懼，厥皮可佩。】有鳥焉，其狀如雞，而三首、六目、六足、三翼，其名曰𪃉鵂，【𪃉鵂急性，敞孚二音。懿行案：𪃉蓋鷩字之譌，注敞亦敝字之譌也。《玉篇》作鷩鵂，《廣雅·釋地》本此文作鷩鵂，可證。然郭云「𪃉鵂急性」亦譌也。《方言》云：憋，惡也。郭注云：憋怤，急性也。憋怤、鷩鵂，字異音同。然則此注當云「讀如憋怤急性」，今本疑有脫誤。】食之無臥。【使人少眠。】

南1－8：

又東三百里，曰青丘之山。【亦有青丘國，在海外。《水經》云：卽《上林賦》云「秋田於青丘」。懿行案：《〈史記·司馬相如傳〉正義》引郭注云：青丘，山名，上有田，亦有國，出九尾狐，在海外。又引服虔云：青丘國在海東三百里。竝見《海外東經》，非此也。郭引《水經》今無攷。】其陽多玉，其陰多青雘。【雘，黝屬，音瓠。懿行案：「雘」當爲「臒」。《說文》云：臒，善丹也。《初學記》五卷引此經正作「臒」，《文選注・赭白馬賦》引此注亦作「臒」。】有獸焉，其狀如狐而九尾，【即九尾狐。】其音如嬰兒，【懿行案：《玉篇》引《蒼頡篇》云：男曰兒，女曰嬰。】能食人，【懿行案：郭注《大荒東經》「青丘國九尾狐」云「太平則出而爲瑞」，此經云「能食人」則非瑞應獸也。且此但言狀如狐，非即眞狐。郭云即九尾狐，似誤。】食者不蠱。【噉其肉，令人不逢妖邪之氣。或曰：蠱，蠱毒。懿行案：《說文》云：蠱，腹中蟲也。引《春秋傳》曰：皿蟲爲蠱，淫溺之所生也，梟桀死之鬼亦爲蠱。郭引或曰「蠱，蠱毒」者，《秋官》：庶氏掌除毒蠱。又，南方造蠱毒，有蛇蠱、金蠶蠱也。經云食此獸者不蠱，蓋亦秦人以狗禦蠱之義，見《史記・秦本紀》。】有鳥焉，其狀如鳩，【懿行案：鳩有數種，具見《爾雅》。】其音若呵，【如人相呵呼聲。】名曰灌灌，【或作濩濩。懿行案：灌灌，郭云或作濩濩。《呂氏春秋・本味篇》云：肉之美者，獾獾之炙。高誘注云：獾獾，鳥名，其形未聞，「獾」一作「獲」。今案，獾與灌，獲與濩，俱字形相近，即此鳥，明矣。】佩之不惑。【懿行案：陶潛《讀山海經詩》云：青丘有奇鳥，自言獨見爾；本爲迷者生，不以喻君子。】英水出焉，【懿行案：英，《玉篇》作渶，云：水，出青丘山。】南流注于即翼之澤，其中多赤鱬，【音懦。懿行案：「懦」蓋「儒」字之譌，藏經本作「儒」。】其狀如魚而人面，【懿行案：《太平御覽》九百三十九卷引此經《圖讚》云：赤鱬之狀，魚身人頭。】其音如鴛鴦，食之不疥。【一作疾。懿行案：《說文》：疥，搔也。】

南1－9：

又東三百五十里，曰箕尾之山。【懿行案：《玉篇》作「箕山」，無「尾」字。】其尾踆于東海，多沙石。【踆，古蹲字，言臨海上，音存。懿行案：《說文》云：蹲，踞也。又云：夋，倨也。無踆字。】汸水出焉，【音芳。懿行案：《玉篇》作「滂」，音與郭同。】而南流注于淯，【音育。】其中多白玉。

南1－0：

凡䧿山之首，自招搖之山以至箕尾之山，凡十山，二千九百五十里。【懿行案：今才九山，二千七百里。若連䧿山計算，正得十山，但䧿山雖標最目，其文俄空，當有闕脫。】其神狀皆鳥身【懿行案：《北堂書鈔》一百三十三卷引此經作「人身」。】而龍首。其祠之禮毛，【言擇牲取其毛色也。《周官》曰：陽祀用騂牲之毛。懿行案：「之毛」當爲「毛之」，見《地官·牧人職》。】用一璋玉瘞，【半圭爲璋。瘞，薶也。】糈用稌米，【糈，祀神之米名，先呂反，今江東音所，一音壻。稌，稌稻也，他覩反。糈或作疏，非也。懿行案：《離騷》云：巫咸將夕降兮，懷椒糈而要之。故知「糈，祀神之米名」也。或音所音壻，竝方俗聲轉。其字或作疏，亦字隨音變也。「稌，稻」見《爾雅》。疑此注衍一稌字。】一璧，稻米，白菅【懿行案：《太平御覽》七百九卷引此文作「白蒲」。】爲席。【菅，茅屬也，音閒。懿行案：《爾雅》云：白華，野菅。《廣雅》云：菅，茅也。席者，藉以依神。《淮南·說山訓》云：巫之用糈藉。高誘注云：糈，米，所以享神；藉，菅茅。是享神之禮，用菅茅爲席也。】

南2－1：

南次二經之首，曰柜山。【音矩。】西臨流黄，【懿行案：即流黄辛氏國也，見《海内經》。】北望諸毗，東望長右。【皆山名。懿行案：諸毗、長右，説見下。】英水出焉，西南流注于赤水，其中多白玉，【《尸子》曰：水方折者有玉，員折者有珠。】多丹粟。【細丹沙如粟也。懿行案：《周書・王會篇》云：卜人以丹沙。張衡《南都賦》云：青雘丹粟。】有獸焉，其狀如豚，【懿行案：畢氏本「豚」作「反」，譌。】有距，【懿行案：《説文》云：距，雞距也。】其音如狗吠，其名曰貍力，【懿行案：郭注有「一作貍刀」四字，諸本俱無，吴氏本有。】見則其縣多土功。有鳥焉，其狀如鴟【懿行案：鴟，《玉篇》作雞。】而人手，【其腳如人手。鴟，音處脂反。懿行案：鴟有三種，具見《爾雅》。手，《廣韻》作首，非。】其音如痺，【未詳。懿行案：《爾雅》云：鶉之雌者名痺。吴氏云。】其名曰鴸，【音株。懿行案：陶潛《讀山海經詩》云：鵃鵝見城邑，其國有放士。或云鵃鵝當爲鴟鴸，一云當爲鵬鴸。】其鳴自號也，見則其縣多放士。【放，放逐。或作效也。】

南2－2：

東南四百五十里，曰長右之山。【懿行案：《廣韻》引此經「長右」作「長舌」。】無草木，多水。有獸焉，其狀如禺而四耳，其名長右，【以山出此獸，因以名之。懿行案：《廣韻》引此經作「長舌」。】其音如吟，【如人呻吟聲。】見則郡縣大水。【懿行案：郡縣之制起於周。《周書・作雒篇》及《左氏傳》具有其文。畢氏引《淮南・氾論訓》云：夏桀、殷紂之盛，人跡所至，舟車所通，莫不爲郡縣。以此證郡縣之名起於夏殷也。】

南２－３：

又東三百四十里，曰堯光之山。其陽多玉，其陰多金。【懿行案：《太平御覽》八百十三卷引此經作「克光之山，其陰多鐵」。】有獸焉，其狀如人而彘鬣，穴居而冬蟄，其名曰猾褢，【滑懷兩音。懿行案：《御覽》九百十三卷引此經「猾褢」作「猬裒」。】其音如斲木，【如人斫木聲。】見則縣有大繇。【謂作役也。或曰其縣是亂。懿行案：藏經本作「其縣亂」，無「是」字。】

南２－４：

又東三百五十里，曰羽山。【今東海祝其縣西南有羽山，卽鯀所殛處，計此道里不相應，似非也。懿行案：《地理志》云：東海郡祝其，《禹貢》羽山在南，鯀所殛。郭以爲非此經羽山，是矣。】其下多水，其上多雨。無草木。多蝮虫。【蚖也。懿行案：《本草別錄》：蝮蛇與蚖爲二物。郭以爲蚖卽腹虫，非也。吳氏以「蚖」爲「虺」字之誤，「虺」卽「虺」字，亦非。】

南２－５：

又東三百七十里，曰瞿父之山。【音劬。懿行案：《玉篇》云：岎音父，山名。葢父或爲岎也。但經內諸山以父名者非一，既疑，未敢定。又，《玉篇》《廣韵》偏旁之字多後人所加，不盡可从也。餘多放此。】無草木，多金玉。

南２－６：

又東四百里，曰句餘之山。【今在會稽餘姚縣南，句章縣北，故此二縣因此爲名云，見張氏《地理志》。懿行案：山在今浙江歸安縣東。劉昭注《郡國志》「會稽郡餘姚、句章」引此經及郭注，與今本同。《晉書・地理志》亦云餘姚有句餘山在南。張氏《地理志》者，此及《西山經》「鳥鼠同穴之山」注竝引之。張氏，張晏也，見《水經注》。】無草木，多金玉。

南 2－7：

又東五百里，曰浮玉之山。【懿行案：《水經・沔水》注引此經云云，又引謝康樂云：「《山海經》『浮玉之山』在句餘東五百里，便是句餘縣之東山，乃應入海。句餘今在餘姚鳥道山西北，何由北望具區也？以爲郭於地理甚昧矣。言洞庭南口有羅浮山，高三千六百丈。會稽山宜直湖南。」○是酈氏以羅浮山爲此經浮玉山也。《蓺文類聚》七卷引謝靈運《羅浮山賦》曰：得洞經所載羅浮山事，云茅山是洞庭口，南通羅浮。正與《水經注》合。茅山，卽會稽山也。《類聚》又引《羅浮山記》曰：「羅浮者，葢總稱焉。羅，羅山也；浮，浮山也。二山合體，謂之羅浮，在增城、博羅二縣之境。」】北望具區，【具區，今吳縣西南太湖也。《尚書》謂之震澤。懿行案：具區，卽震澤，揚州藪也。其太湖，乃五湖之總名，揚州浸也，載在《職方》甚明。郭氏此注及《爾雅》「十藪」注，竝以具區、太湖爲一，非也。說見《爾雅略》。】東望諸𣵎。【水名。懿行案：諸𣵎，《廣雅・釋地》作「渚𣵎」，葢古字通也。又，上文「柜山北望諸𣵎」，郭云「山名」；此云「東望諸𣵎」，郭云「水名」。又，《西山經》云「北望諸𣵎之山」，又云「北望諸𣵎」，郭云「山名」。《西山經》又云「西流注于諸𣵎之水」，郭云「水出諸𣵎山也」。《北山經》亦云「西流注于諸𣵎之水」，郭云「水出諸𣵎山也」。然則諸𣵎葢非一山，其水卽非一水。此經諸𣵎，葢在江南。其西北二經所說，皆與此異者也。《太平寰宇記》

云：烏程縣，𣁋山在縣東北九里。蓋此經所謂諸𣁋矣。】有獸焉，其狀如虎而牛尾，其音如吠犬，其名曰彘，是食人。苕水出于其陰，北流注于具區，【懿行案：《水經注》云：山陰西四十里有二谿，東谿廣一丈九尺，冬煖夏冷；西谿廣三丈五尺，冬冷夏煖。二谿北出，行三里，至徐郙合成一谿，廣五丈餘，而溫涼又雜，蓋《山海經》所謂「苕水」也。北逕羅浮山，而下注於太湖，故言「出其陰，入於具區」也。○案《太平寰宇記》云：苕谿在烏程縣南五十步。霅水亦苕水之異名。】其中多鮆魚。【鮆魚狹薄而長頭，大者尺餘，太湖中今饒之。一名刀魚。音祚啓反。懿行案：《爾雅》云：鮤鱴，刀。郭注云：今之鮆魚也，亦呼爲魛魚。今案，海中亦有刀魚，登萊閒人呼「林刀魚」，蓋「林」即「鮤」聲之轉矣。李善注《江賦》引此經郭注與今本同。《太平御覽》九百三十七卷引郭注，「長頭」作「長鬚」。又，九百三十九卷引《魏武四時食制》曰：望魚側如刀，可以刈草，出豫章明都澤。蓋亦此類，但望魚之名所未攷。】

南 2-8：

又東五百里，曰成山。四方而三壇，【形如人築壇相累也。成，亦重耳。懿行案：《爾雅》云：丠一成爲敦丠。郭注云：成猶重也。引《周禮》曰：爲壇三成。正與此義相證，故云成亦重耳。言此之成山，亦因重累如壇而得名也。】其上多金玉，其下多青雘。閟水出焉，【音涿。懿行案：《玉篇》云：閟，式旨切。从豕不从豕。藏經本亦作閟。】而南流注于【一作流注于西。】虖勺，【虖音呼。勺或作多，下同。】其中多黃金。【今永昌郡水出金如穅，在沙中。《尸子》曰：清水出黃金、玉英。懿行案：劉昭注《郡國志》「永昌郡」引《華陽國志》云：蘭滄水有金沙，洗取融爲金。卽郭所說也。《蓺文類聚》八卷引《尸子》作「清水有黃金」，郭注《穆天子傳》引《尸子》作「龍泉有玉

英」。此注玉英二字衍，或上有闕脫。】

南 2－9：

又東五百里，曰會稽之山。【今在會稽郡山陰縣南，上有禹冢及井。懿行案：《地理志》云：會稽郡山陰，會稽山在南，上有禹冢、禹井。《越絶書》云：禹到大越，上茅山，大會計，更名茅山曰會稽。《水經注》云：會稽之山，古防山也，亦謂之爲茅山，又曰棟山，《越絶》云棟猶鎮也。《藝文類聚》八卷引郭氏《讚》云：禹徂會稽，爰朝羣臣；不虔是討，乃戮長人；玉匱表夏，玄石勒秦。】四方。其上多金玉，其下多砆石。【砆，武夫石，似玉，今長沙臨湘出之，赤地白文，色蘢葱不分明。懿行案：《子虛賦》云：碝石碔砆。張揖注云：皆石之次玉者，《戰國策》云「碔砆類玉」是也。劉昭注《郡國志》引此經作「玞石」，《水經注》作「玦石」，竝誤。《玉篇》引此經作「砆石」，又引郭注「赤地」作「青地」，「分明」作「分了」也。】勺水出焉，而南流注于湨。【音鶪。懿行案：《水經・漸江水》注引此經，「勺」作「夕」，「湨」作「湖」。】

南 2－10：

又東五百里，曰夷山。無草木，多沙石。湨【一作溴。】水出焉，而南流注于列塗。【懿行案：疑即塗山。《說文》作「嵞」，云：嵞，會稽山，一曰九江當嵞也。】

南 2－11：

又東五百里，曰僕勾【一作夕。懿行案：「夕」疑「多」字之譌。且此經前有虖勺，後有虖勺之山，其字作勺或作多，可證。又《越絶書》云：麻林山一名多山，越謂齊人「多」，故曰「麻林多」。亦其例也。又，上文云「會稽山勺水所出」，《水經注》作「夕水」，疑「夕」亦「多」字之譌矣。】之山。其上多金玉，其下多草木。無鳥獸，無水。

南2－12∶

又東五百里，曰咸陰之山。無草木，無水。

南2－13∶

又東四百里，曰洵【一作旬。懿行案：《玉篇》引此經作「旬山」。《太平御覽》九百四十一卷引作「旬山」，與郭注合。】山。其陽多金，其陰多玉。有獸焉，其狀如羊而無口，不可殺也，【稟氣自然。懿行案：不可殺，言不能死也，無口不食，而自生活。】其名曰䍺。【音還，或音患。懿行案：《廣韵》云：䍺，獸名，似羊，黑色，無口，不可殺也，䍺又作𤜶。】洵水出焉，【音詢。懿行案：《地理志》云：漢中郡旬陽北山，旬水所出，南入沔。計其道里，似非此。】而南流注于閼之澤，【音遏。】其中多芘蠃。【紫色螺也。懿行案：郭云「紫色螺」，即知經文「芘」當爲「茈」，字之譌也。古字通以茈爲紫。《御覽》引此經「芘」作「茈」。】

南2－14∶

又東四百里，曰虖勺之山。【懿行案：虖勺已見上文，郭注云「勺或作多」。《文選注·阮籍詠懷詩》引此經作「雩夕之山」。】其上多梓柟，【梓，山楸也。柟，大木，葉似桑，今作楠，音南，《爾雅》以爲柟。懿行案：梓、柟竝見《爾雅》。又，「梅，柟」郭注云「似杏，實酢」，非也。此注得之。說見《爾雅略》。又，《玉篇》説柟，亦本《爾雅註》而誤。

王引之曰：「《爾雅》以爲柟」，柟疑當作梅。】其下多荆【懿行案：《廣雅》云：楚，荆也；牡荆，曼荆也。】杞。【杞，苟杞也，子赤。懿行案：《爾雅》云：杞，枸檵。郭注云：今枸杞也。《文選注》引此經郭注亦云「杞，枸杞」。是苟、枸聲同也。其子赤，俗呼狗嬭子。《廣雅》云：楉乳，苦杞也。根名地骨，故《廣雅》云「地筋，枸杞也」。】滂水出焉，【音滂沱之滂。】而東流注于海。

南2－15：

又東五百里，曰區吳之山。無草木，多沙石。鹿水出焉，而南流注于滂水。

南2－16：

又東五百里，曰鹿吳之山。上無草木，多金石。澤更之水出焉，而南流注于滂水。水有獸焉，名曰蠱雕，【蠱或作纂。】其狀如雕而有角，【雕似鷹而大尾、長翅。懿行案：《說文》云：雕，鷻也。《玉篇》云：鷲也。】其音如嬰兒之音，是食人。

南2－17：

東五百里，曰漆吳之山。無草木，多博石，【可以爲博棊石。懿行案：《方言》云：簙謂之蔽，或謂之棊。古棊以木，故字从木。然《中次七經》云「休與之山有石名曰帝臺之棊」，是知博棊古有用石者也。】無玉。處于東海，【懿行案：東海，一本作海東。】望北山，其光載出載入，【神光之所潛燿。】是惟日次。【是日景之所次舍。懿行案：楊慎《補注》云：經載日月所出入之山，凡數十所，葢峯巒隱映，壑谷層疊，所見然矣，非必日月出没定在

是也。】

南 2－0：

凡南次二經之首，自柜山至于漆吳之山，凡十七山，七千二百里。【懿行案：今七千二百一十里。】其神狀皆龍身而鳥首。其祠毛，用一璧瘞，糈用稌。【稻穬也。懿行案：「穬」字疑衍，或「稉」字之譌。】

南 3－1：

南次三經之首，曰天虞之山。【懿行案：山當在交廣也。《藝文類聚》八卷引顧微《廣州記》云：南海始昌縣西有夫盧山，高入雲霄，世傳云上有湖水，至甲戌日輒聞山上有鼓角笳簫鳴響。疑卽斯山也。天虞、夫盧，字形相近，或傳寫之譌。】其下多水，不可以上。

南 3－2：

東五百里，曰禱過之山。其上多金玉，其下多犀、【犀，似水牛，豬頭，庳腳，腳似象，有三蹏，大腹，黑色；三角一在頂上，一在額上，一在鼻上，在鼻上者小而不墮，食角也；好噉棘，口中常灑血沫。懿行案：犀見《爾雅》，郭注與此同，唯墮作橢，是。】兕，【兕，亦似水牛，青色，一角，重三千斤。懿行案：兕亦見《爾雅》，郭注與此同。此注「三」字衍。】多象。【象，獸之最大者，長鼻，大者牙長一丈，性妒，不畜淫子。懿行案：《說文》云：象，長鼻牙，南越大獸，三年一乳。《初學記》二十九卷引郭氏《圖讚》云：象實魁梧，體巨貌詭；肉兼十牛，目不踰豕；望頭如尾，動若丘徙。】有鳥焉，其狀如鵁【鵁，似鳧而小，腳近尾，音骹箭之骹。懿行案：《爾雅》云：鳽，頭鵁。郭注與此略同。】而白首，三足，【或作手。】人面，其名曰瞿如，【音劬。懿行案：瞿，《玉篇》《廣韵》竝作鸜。《玉篇》云：鸜鳥似白鵁。白字衍也。《廣韵》云：鸜，三首三足鳥。「白首」作「三首」，或字之譌，或所見本異也。】其鳴自號也。浪水出焉，【音銀。懿行案：《水經》云：浪水出武陵鐔城縣北界沅水谷。注引此經爲釋。】而南流注于海，【懿行案：《水經》云：浪水又東，至南海番禺縣西分爲二，其一南入於海，其一又東過縣東南入於海。注云：浪水又東逕懷化縣入於海。】其中有虎蛟，【蛟，似蛇，四足，龍屬。懿行案：郭氏《江賦》云：水物怪錯，虎蛟鉤蛇。本此。《水經注》引裴淵《廣州記》云：浪水有鯌魚。《博物志》云：東海蛟鯌魚生子，子驚還入母腸，尋復出。與《水經注》合。疑蛟鯌卽虎蛟矣。所以謂之虎者，《初學記》三十卷引沈瑩《臨海水土異物志》云：虎鯌長五尺，黃黑班，耳目齒牙有似虎形，唯無毛，或變化成虎。然則虎蛟之名蓋以此。又，任昉《述異記》云：虎魚老者爲蛟。疑別是一物也。】其狀魚身而蛇尾，其音如鴛鴦，食者不腫，【懿行案：《說文》云：腫，癰也。】可以已痔。【懿行案：《說文》云：痔，後病也。】

南3－3：

又東五百里，曰丹穴之山。【懿行案：《爾雅》云：岠齊州以南，戴日爲丹穴，丹穴之人智。《莊子·讓王篇》云：越王子搜逃乎丹穴。《釋文》引《爾雅》。】其上多金玉。丹水出焉，而南流注于渤海。【渤海，海岸曲崎頭也。懿行案：渤，俗字也。《說文》云：郣海地，一曰地之起者曰郣。《史記·封禪書》作「激海」，《漢書·武帝紀》作「教海」，《揚雄傳》作「勃解」，竝通。】有鳥焉，其狀如雞，【懿行案：《〈史記·司馬相如傳〉正義》《文選注·顏延之贈王太常詩》《藝文類聚》九十九卷及《初學記》五卷，引此經「雞」竝作「鶴」，薛綜注《東京賦》引作「鵠」。】五采而文，名曰鳳皇。首文曰德，翼文曰義，背文曰禮，【懿行案：《海内經》作「翼文曰順，背文曰義」。《廣雅》與《海内經》同。】膺文曰仁，腹文曰信。【懿行案：《周書·王會篇》云：西申以鳳鳥，鳳鳥者，戴仁，抱義，掖信，歸有德。】是鳥也，飲食自然，【懿行案：《初學記》引此經作「不飲不食」，誤。】自歌自舞，見則天下安寧。【漢時鳳鳥數出，高五六尺，五采。《莊周》說鳳，文字與此有異。《廣雅》云：鳳，雞頭、燕頷、蛇頸、龜背、魚尾。雌曰皇，雄曰鳳。懿行案：「鶠，鳳，其雌皇」，見《爾雅》。郭引《廣雅》「龜背」，今本作「鴻身」。《爾雅》注與此注同，唯「五六尺」作「六尺許」也。《說文》云：天老曰，鳳之象也，鴻前、麐後、蛇頸、魚尾、鸛顙、鴛思、龍文、龜背、燕頷、雞喙，五色備舉，出於東方君子之國，翱翔四海之外，過昆侖，飲砥柱，濯羽弱水，莫宿風穴，見則天下大安寧。《類聚》引郭氏《讚》云：鳳皇靈鳥，實冠羽羣；八象其體，五德其文；附翼来儀，應我聖君。】

南3－4：

又東五百里，曰發爽【或作囂。懿行案：《埶文類聚》九十五卷引此經亦作「發爽」。】之山。無草木，多水，多白猿。【懿行案：《類聚》引猿作猨。】汎水出焉，而南流注于渤海。

南3－5：

又東四百里，至于旄山之尾。其南有谷曰育遺，【或作隧。懿行案：遺、隧古音相近。《大雅·桑柔篇》云：大風有隧。此經之隧，爲凱風所出，卽風穴也。《說文》云「鳳皇莫宿風穴」，葢卽此。】多怪鳥，【《廣雅》曰：鵾鶂、鵜明、爰居、鵰雀，皆怪鳥之屬也。懿行案：今本《廣雅》作「鵕離、延居、鵄雀，怪鳥屬也」。離、鶂古通用，延、爰聲相近，鵄與鵰，鵕與鵜，竝字形之譌。又《廣雅》上文已云「鵜明，鳳皇屬」，不應又爲怪鳥，疑郭氏誤記爾。】凱風自是出。【凱風，南風。懿行案：《爾雅》云：南風曰凱風。】

南 3－6：

又東四百里，至于非山之首。其上多金玉，無水，其下多蝮虫。

南 3－7：

又東五百里，曰陽夾之山。無草木，多水。

南 3－8：

又東五百里，曰灌湘之山。【一作灌湖射之山。】上多木，無草，多怪鳥，無獸。

南 3－9：

又東五百里，曰雞山。【懿行案：雞山在今雲南。《郡國志》云：永昌郡博南南界出金。劉昭注引《華陽國志》云：西山高三十里，越得蘭滄水，有金沙，洗取融爲金。今案，博南西山疑卽雞山，蘭滄水卽黑水矣。又，益州滇池有黑水祠。劉昭注引《華陽國志》云：水是溫泉也。】其上多金，其下多丹雘。【雘，赤色者。或曰，雘，美丹也。引《周書》見《尚書》。音尺蠖之蠖。懿行案：雘已見上文「青丘之山」。《說文》云：丹，巴越之赤石也；雘，善丹也。引《周書》曰：「惟其敷丹雘。」讀若隺。】黑水出焉，而南流注于海，其中有鱄魚，【音團扇之團。懿行案：《說文》云：鱄，魚名。李善注《江賦》引此經作鱄魚,《廣韻》亦作鱄魚,非也。】其狀如鮒【懿行案:《廣雅》云:鮒,鰿也。即今鯽魚。鯽、鰿同字,見《玉篇》。】而彘毛,【懿行案:《廣韻》作豕尾。】其音如豚,見則天下大旱。【懿行案:《太平御覽》九百三十九卷引《鱄魚并鴖鳥圖讚》云:鴖鳥栖林,鱄魚處川;俱爲旱徵,災延普天;測之無象,厥類惟玄。】

南3-10:

又東四百里,曰令丠之山。無草木,多火。【懿行案:《初學記》二十五卷引《括地圖》曰:神丠有火穴,光照千里。神丠、令丠聲相近。《楚詞·大招篇》亦云:魂虖無南,南有炎火千里。《抱朴子》云:南海蕭丠,有自生之火也。】其南有谷焉,曰中谷,條風自是出。【東北風爲條風。《記》曰:條風至,出輕繫,督捕留。懿行案:條風,《呂氏春秋·有始覽》作「滔風」,《淮南·墬形訓》云:東方曰條風。高誘注云:震氣所生。劉昭注《郡國志》「九眞郡·居風」引《交州記》云:山有風門,常有風。郭引「《記》曰」者,《淮南·天文訓》云:條風至,則出輕繫,去稽留。今郭注譌。「督捕留」,藏經本「捕」作「逋」,是。】有鳥焉,其狀如梟,人面,四目而有耳,其名曰顒,【音娛。懿行案:《玉篇》《廣韻》竝作鸇。】其鳴自號也,見則天下大旱。

南3-11:

又東三百七十里,曰侖者之山。【音論說之論,一音倫。】其上多金玉,其下多青雘。有木焉,其狀如穀而赤理,其汗如漆,【懿行案:「漆」當爲「桼」。《說文》云:木汁,可以髤物,桼如水滴而下。故此言汁矣。經文「汗」當爲「汁」字之譌。《東次四經》云:其汁如血。可證。《太平御覽》五十卷引此經正作汁字。】其味如飴,

【懿行案：《説文》云：飴，米糵煎也。《方言》云：飴謂之餃，餳謂之餹。郭注云：江東皆言餹。】食者不飢，可以釋勞，【懿行案：高誘注《淮南·精神訓》云：勞，憂也。】其名曰白䓘，【或作睾蘇。睾蘇一名白䓘，見《廣雅》，音羔。懿行案：《廣雅》云：𦾕蘇，白䓘也。在《釋草篇》。此言木者，雖名爲木，其實草也，正如竹之爲屬，亦草亦木矣。《藝文類聚》引張協《都蔗賦》云：皐蘇妙而不逮，何况沙棠與椰實。皐蘇味如飴，故以比甘蔗也。云「可以釋勞」者，《初學記》引王朗《與魏太子書》云：奉讀歡笑，以藉飢渴；雖復萱草忘憂，皐蘇釋勞，無以加也。】可以血玉。【血，謂可用染玉作光彩。懿行案：染玉之説未聞。《大戴禮·少閒篇》云：玉者猶玉，血者猶血。盧辯注云：血，憂色也。與此義合。】

南 3－12"

又東五百八十里，曰禺稾之山。多怪獸，多大蛇。

南 3－13"

又東五百八十里，曰南禺之山。其上多金玉，其下多水。有穴焉，水出【懿行案：「出」，藏經本作「春」。】輒入，夏乃出，冬則閉。佐水出焉，而東南流注于海。有鳳皇、鵷鶵。【亦鳳屬。懿行案：《莊子·秋水篇》云：南方有鳥，其名鵷鶵。本此。《釋文》引李頤云：鵷鶵，鸞鳳之屬也。李善注《南都賦》引此經與今本同，又引郭注云「鳳皇也」，疑誤。】

南 3－0∶

凡南次三經之首，自天虞之山以至南禺之山，凡一十四山，六千五百三十里。【懿行案：今才一十三山，五千七百三十里。】其神皆龍身而人面。其祠，皆一白狗祈，【祈，請禱也。懿行案：畢氏云：祈當爲鱶。引《說文》云：鱶，以血有所刏涂祭也。又引《周禮》鄭注云：祈或爲刏，刏與鱶同義。】糈用稌。

南 3－0－0∶

右南經之山志，【懿行案：篇末此語，蓋校書者所題，故舊本皆亞於經。】大小凡四十山，萬六千三百八十里。【懿行案：經當云「凡四十一山，萬六千六百八十里」，蓋傳寫之誤也。今檢才三十九山，萬五千六百四十里。】

山海經第一

山海經第二

晉　郭璞傳　棲霞郝懿行箋疏

西山經

西 1－1：

西山經華山之首，曰錢來之山。其上多松，其下多洗石。【澡洗可以磢體，去垢圿。磢，初兩反。懿行案：磢當爲𤬪。《説文》云：磋垢瓦石。】有獸焉，其狀如羊而馬尾，名曰羬羊，【今大月氏國有大羊，如驢而馬尾。《爾雅》云：羊六尺爲羬。謂此羊也。羬音針。懿行案：「羬」當從《説文》作「麙」，「羬」蓋俗體。《玉篇》午咸、渠炎二切；《廣韻》巨淹切，與鹹同音。鹹又之林切，俗字作「針」。是郭注之「針」，蓋因傳寫隨俗，失於校正也。《初學記》二十九卷引此注亦云「羬音針」，則自唐本已譌。《太平御覽》九百二卷引郭義恭《廣志》云：大尾羊細毛薄皮，尾上旁廣，重且十斤，出康居。卽與此注相合。《初學記》引郭氏《圖讚》云：月氏之羊，其類在野；厥高六尺，尾亦如馬；何以審之，事見《爾雅》。】其脂【懿行案：《説文》云：戴角者脂。】可以已腊。【治體皴。腊音昔。懿行案：《説文》云：昔，乾肉也，籀文作腊。此借爲皴腊之字。今人以羊脂療皴，有驗。】

西 1－2：

西四十五里，曰松果之山。【懿行案：山在今陝西華陰縣東南二十七里。李善注《西都賦》引此經云：華首之山西六十里曰太華之山。又注《長楊賦》引此經作：松梁之山西六十里曰太華山。】濩水出焉，【懿行案：《水經注》作灌水。】北流注于渭，【懿行案：《水經》云：河水又南至華陰潼關。注云：灌水注之，水出松果之山，北流逕通谷，世亦謂之通谷水，東北注於河。案《水經注》言「入河」，此經云「注渭」者，華陰、潼關之閒，河、渭所會，水盍受其通稱矣。】其中多銅。有鳥焉，其名曰螐渠，【螐，音彤弓之彤。懿行案：《爾雅》云：鶅鴮，鸈渠。《廣雅》云：鴟鳥、精列、鶺鴒，雝也。《說文》云：雝，石鳥，一名雝渠。郭注《爾雅》云：雀屬也。又注《上林賦》云：庸渠，似凫，灰色而雞腳，一名章渠。然則雝渠與螐渠形狀既異，名稱又殊。說者多誤引，今正之。】其狀如山雞，黑身，赤足，可以已𦢊。【謂皮皴起也，音叵駮反。懿行案：𦢊疑當爲暴，借爲皴剝之字。】

西 1－3：

又西六十里，曰太華之山。【卽西岳華陰山也，今在弘農華陰縣西南。懿行案：《說文》云：𡶒山在弘農華陰。《地理志》云：京兆尹華陰，太華山在南。《晉書·地理志》云：弘農郡華陰，華山在縣南。】削成而四方，【今山形上大下小，陗峻也。懿行案：郭葢讀削爲陗。今讀如字。《水經注》云：遠而望之，又若華狀。】其高五千仞，其廣十里，【仞，八尺也。上有明星、玉女，持玉漿，得上服之，卽成仙道，險僻不通，《詩含神霧》云。懿行案：明星、玉女，華山峯名也。《蓺文類聚》七卷引郭氏《讚》云：華岳靈峻，削成四方；爰有神女，是挹玉漿；其誰遊之，龍駕雲裳。】鳥獸莫居。有蛇焉，名曰肥𧔥，六足四翼，見則天下大旱。【湯時此蛇見於陽山下。復有肥遺蛇，疑是同名。懿行案：𧊲當爲遺。劉昭注《郡國志》及《蓺文類聚》九十六卷竝引此經作「肥遺」。又，此篇下文有鳥復名肥遺，郭云「復有肥遺蛇」者，見《北山經》「渾夕之山」「彭毗之山」。】

西 1－4：

又西八十里，曰小華之山。【卽少華山。懿行案：《水經注》云：太華西南有小華山也。】其木多荆杞，其獸多㸲牛。【今華陰山中多山牛山羊，肉皆千斤。牛卽此牛也。音昨。懿行案：《穆天子傳》云：舂山，爰有野牛、山羊。郭注云：今華陰山有野牛、山羊，肉皆千斤。與此注同，是此注「山牛」當爲「野牛」。】其陰多磬石，【可以爲樂石。懿行案：秦《嶧山刻石》文云：刻茲樂石。卽磬石也。《說文》云：磬，樂石。《初學記》十六引此經。】其陽多㻬琈之玉。【㻬琈，玉名，所未詳也，㻬浮兩音。懿行案：《說文》引孔子曰：美哉璵璠，遠而望之奐若也，近而視之瑟若也；一則理勝，一則孚勝。此經㻬琈古字所無，或卽璵璠之字，當由聲轉，若係理孚之文，又爲形變也。古書多假借，疑此二義似爲近之。】鳥多赤鷩，【赤鷩，山雞之屬。胷腹洞赤，冠金，皆黃，頭綠，尾中有赤，毛彩鮮明。音作蔽，或作鼈。懿行案：《爾雅》說雉十有四種，中有鷩雉，郭注與此同。此注「皆黃」當爲「背黃」，字之譌。《說文》又云：鵔鸃，鷩也。】可以禦火。其草有萆荔，【萆荔，香草也，蔽戾兩音。懿行案：萆荔，《說文》作萆藨，《離騷》作薜荔，竝古字通。】狀如烏韭，而生于石上，亦緣木而生，【烏韭，在屋者曰昔邪，在牆者曰垣衣。懿行案：《說文》云：萆藨似烏韭。藨當爲歷。徐鍇《繫傳》正作歷。其以烏韭爲麥門冬，謬也。麥門冬葉雖如韭，不名烏韭。《廣雅》云：昔邪，烏韭也。《本草》云：烏韭生山谷石上。《唐本草》蘇恭注謂之石苔。然則此物葢與今石華相類，蒼翠茸茸，如華附石，其味清香。故《離騷》云：貫薜荔之落蕊。王逸注云：薜荔，香草也，緣木而生。是薜荔卽草荔。郭注本王逸爲説也。烏韭二語本《廣雅》。】食之已心痛。【懿行案：《本草》陶注云：垣衣主治心煩欬逆。】

西1－5：

又西八十里，曰符禺之山。【懿行案：《水經》云：渭水又東過華陰縣北。注有「符禺之山」。《太平御覽》八百七十卷引此經禺作愚，九百二十八卷又引作遇。】其陽多銅，其陰多鐵。其上有木焉，名曰文莖，其實如棗，可以已聾。【懿行案：《藝文類聚》引束晳《發蒙記》云：甘棗令人不惑。疑因此經下文相涉而誤，當云「甘棗令人不聾」。孟詵《食療本草》云「乾棗主耳聾」是也。又，《本草經》云：山茱萸一名蜀棗。《别録》云：主耳聾。】其草多條，其狀如葵而赤華，黄實如嬰兒舌，食之使人不惑。符禺之水出焉，【懿行案：《水經注》云：渭水又東，合沙溝水，水卽符禺之水也，南出符禺之山，北流入於渭。】而北流注于渭。其獸多蔥聾，其狀如羊而赤鬣。【懿行案：此卽野羊之一種。今夏羊亦有赤鬣者。】其鳥多鴖，【音旻。懿行案：鴖當爲鶻，《御覽》引此經正作鶻。《説文》云：鶻，鳥也。《廣韻》云：鶻鳥似翠而赤喙。】其狀如翠而赤喙，【翠，似燕而紺色也。懿行案：翠，鷸，見《爾雅》，郭注與此同。】可以禦火。【畜之辟火災也。懿行案：《御覽》引此經「禦」竝作「衛」，疑誤。】

西1－6：

又西六十里，曰石脆之山。【懿行案：脆當爲脃。《水經》云：渭水又東，過鄭縣北。注有「石胞之山」。《藝文類聚》八十九卷兩引此經竝作「脆山」，無石字。】其木多椶枏。【椶樹高三丈許，無枝條，葉大而員枝，生梢頭，實皮相裹，上行一皮者爲一節，可以爲繩，一名栟櫚，音馬騣之騣。懿行案：李善注《西京賦》引此注作幷閭。《廣雅》云：栟櫚，椶也。《說文》云：椶，栟櫚也，可作萆；萆，雨衣也。《玉篇》云：椶櫚一名蒲葵。《類聚》引《廣志》曰：椶，一名幷閭，葉似車輪，乃在巔，下有皮纏之，附地起，二旬一采，轉復上生。是其形狀也。郭注「枝生梢頭」，「枝」藏經本作「岐」，二字通。】其草多條，其狀如韭而白華黑實，【懿行案：條草與上文同名異狀。又，韭亦白華黑實也。】食之已疥。其陽多瑦琈之玉，其陰多銅。灌水出焉，而北流注于禺水，【懿行案：《水經注》云：小赤水卽《山海經》之灌水也，水出石脃之山，北逕䉋加谷，於孤柏原西，東北流與禺水合。】其中有流赭，【赭，赤土。懿行案：赭，見《北次二經》「少陽之山」注。】以塗牛馬無病。【今人亦以朱塗牛角，云以辟惡。「馬」或作「角」。懿行案：《本草經》云：代赭石，主鬼疰蠱毒，殺精物惡鬼邪氣。然則赭辟邪惡不獨施之牛馬矣。】

西 1－7：

又西七十里，曰英山。【懿行案：《水經》云：渭水又東，過鄭縣北。注有「英山」。】其上多杻橿。【杻，似棣而細葉，一名土橿，音紐。橿，木中車材，音姜。懿行案：《爾雅》云：杻，檍。郭注與此同。《說文》云：橿，枋也。枋木可作車。】其陰多鐵，其陽多赤金。禺水出焉，北流注于招水，【音韶。懿行案：《水經注》云：禺水出英山，北流與招水相得，亂流西北注於灌，灌水又北注於渭。】其中多鮮魚，【音同蚌蛤之蚌。】其狀如鼈，其音如羊。其陽多箭䉋，【今漢中郡出䉋竹，厚裹而長節，根深，筍冬生地中，人掘取食之。䉋音媚。懿行案：《玉篇》云：䉋竹長節深根，筍冬生。《廣雅》云：箭、䉋，䈽也。䉋，《廣志》作篃，見《初學記》。《水經注》作媚，有媚加谷。

又見《中山經》。】其獸多㸲牛、羬羊。有鳥焉，其狀如鶉，【懿行案：「鶉，鶉」見《爾雅》。】黃身而赤喙，其名曰肥遺，食之已癘，【癘，疫病也，或曰惡創。《韓子》曰：癘人憐主。懿行案：《説文》云：癘，惡疾也。或曰惡創者，《韓詩外傳》引《戰國·楚策》云：癘雖癰腫疕疵。又云，癘憐王。此注「人」字衍，「主」又「王」字之譌。所引《韓子》者，《姦劫弒臣篇》文也，與《外傳》、《楚策》同。】可以殺蟲。【懿行案：蟲，蓋蟯蛕之屬。】

西1-8：

又西五十二里，曰竹山。【懿行案：山在今陜西渭南縣東南四十里，俗名大秦嶺，亦曰箭谷嶺，蓋因多竹箭得名。】其上多喬木，【枝上竦者。音橋。懿行案：《爾雅》云：木上句曰喬。】其陰多鐵。有草焉，其名曰黃雚，其狀如樗，其葉如麻，白華而赤實，其狀如赭，【紫赤色。】浴之已疥，【懿行案：《説文》云：疥，搔也。此草浴疥，可以去風痒。《本草別錄》云：對廬，主疥，煮洗之，似菴藺。即此也。】又可以已胕。【治胕腫也，音符。懿行案：「胕腫」見《黃帝·素問》。】竹水出焉，北流注于渭。【懿行案：《水經注》云：渭水又東，逕下邽縣故城南，又東與竹水合，水南出竹山，北逕媚加谷，歷廣鄉原東，俗謂之大赤水，北流注於渭。】其陽多竹箭，【箭，篠也。懿行案：《説文》云：筱，箭屬，小竹也。】多蒼玉。【懿行案：《玉藻》云：大夫配水蒼玉。】丹水出焉，【今所在有丹水。】東南流注于洛水，【懿行案：丹水、洛水，皆在今陜西界也。《水經注》云：上洛縣洛水東與丹水合，水出西北竹山，東南流注於洛。】其中多水玉，多人魚。【如鯑魚，四腳。懿行案：説見《北次三經》「龍侯之山」注。】有獸焉，其狀如豚而白毛，【懿行案：《初學記》二十九卷及《文選·長楊賦》注引此經俱「毛」下復有「毛」字。】大如笄而黑端，【笄，簪屬。懿行案：李善注《長楊賦》引此經下有「以毛射物」四字，疑今本脫去之，有郭注可證。】名曰豪彘。【狟豬也，夾髀有麤豪長數尺，能以脊上豪射物，亦自爲牝牡。狟或作貆。吳楚呼爲鸞豬，亦此類也。懿行案：《初學記》引此經有云「貆豬，大者肉至千斤」，疑本郭注，今脫去之。《藝文類聚》九十四卷引郭氏《圖讚》云：剛鬣之族，號曰豪豨；毛如攢錐，中有激矢；厥體兼資，自爲牝牡。案，豪彘今謂之箭豬，其毛狀都如此經及注所說。】

西 1－9：

又西百二十里，曰浮山。【懿行案：《水經·渭水》注：有胏浮山，與麗山連麓而在南，蓋此。是也。《藝文類聚》七卷引《遊名山志》云：玉溜山，一名地胏山，一名浮山。即此。山在今陝西臨潼縣南。】多盼木，【音「美目盼兮」之「盼」。懿行案：郭既音盼，知經文必不作盼。未審何字之譌。】枳葉而無傷，【枳刺，針也，能傷人，故名云。懿行案：《小爾雅》云：枳，害也。郭注《方言》云：《山海經》謂刺爲傷也。本此。《廣雅》云：傷，箴也。此注針當爲鍼。】木蟲居之。【在樹之中。】有草焉，名曰薰【音訓。】草，【懿行案：《廣雅》云：薰草，蕙草也。說見「嶓冢之山」注。】麻葉而方莖，赤華而黑實，【懿行案：《〈史記·司馬相如傳〉索隱》引《本草》云：「薰草一名蕙。」《廣志》云：「蕙草，緑葉紫莖，魏武帝以此燒香。」「今東下田有草，莖葉似麻，其華正紫也。」】臭如蘼蕪，【蘼蕪，香草。《易》曰：其臭如蘭。眉無兩音。懿行案：《爾雅》云：蘄茝，蘪蕪。郭注云：香草，葉小如萎狀。引《淮南子》云「似蛇牀」，又引此經云「臭如蘼蕪」。又，《文選·南都賦》注引《本草經》曰：蘼蕪，一名薇蕪。陶隱居注曰：蕙葉，似蛇牀而香。】佩之可以已癘。【懿行案：《本草別錄》云：薰草去臭惡氣。《爾雅疏》引此經作「止癘」。】

西1-10：

又西七十里，曰羭次之山。【音臾。懿行案：劉昭注《郡國志》及《初學記》一卷引此經竝與今本同。其二十七卷又引作「瑜次之山」，蓋誤。】漆水出焉，【今漆水出岐山。懿行案：《説文》云：漆水出右扶風杜陵岐山。案，杜陵，《水經注》引作杜陽，是也。《地理志》云：右扶風，漆水在縣西。《水經》云：漆水出扶風杜陽縣俞山，東北入於渭。注引此經與今本同。】北流注于渭。【懿行案：《説文》云：東入渭，一曰入洛。据此經及《水經》，則入渭是也。】其上多棫橿，【棫，白桵也，音域。懿行案：「棫，白桵」見《爾雅》。】其下多竹箭。其陰多赤銅，其陽多嬰垣之玉。【垣，或作短，或作根，或作埋。傳寫謬錯，未可得詳。懿行案：垣，下文「泑山」正作短。畢氏云：郭云或作根者，當爲琅。《説文》云：琅，石之似玉者。《玉篇》引張揖《埤蒼》云：瓔琅，石似玉也。琅，居根、魚巾二切。是。】有獸焉，其狀如禺而長臂善投，其名曰嚻。【亦在《畏獸畫》中，似獼猴。投，擲也。懿行案：嚻，夒聲相近。《説文》云：夒，母猴，似人。】有鳥【懿行案：《初學記》引此經作梟，誤。】焉，其狀如梟，人面而一足，曰橐𩇯，【音肥。懿行案：《廣韻》引此經橐作橐。《太平御覽》四百三十三卷引《河圖》曰：鳥一足名獨立，見則主勇強。即斯類也。】冬見夏蟄，服之不畏雷。【著其毛羽，令人不畏天雷也。或作災。】

西1-11：

又西百五十里，曰時山。【懿行案：下文「大時之山」，《廣韻》引作「太時」，則此「時山」疑亦當爲「時山」。《地理志》云：右扶風雍有五時。《説文》云：時，天地五帝所基址，祭地也。《史記索隱》云：時，止也，言神靈之所依止也。】無草木。逐【或作遂。】水出焉，北流注于渭，其中多水玉。

西 1－12

又西百七十里，曰南山。【懿行案：即終南山。《詩》謂之南山，在渭水之南。】上多丹粟。【懿行案：《初學記》八卷引此經云：南山多黃，丹水出焉。疑「多黃」即「多丹粟」之譌脫。】丹水出焉，北流注于渭。【懿行案：丹水即赤水也。《水經注》云：渭水又東，逕槐里縣故城南，有涌水出南山赤谷。又云：耿谷水北與赤水會，又北逕思鄉城東，又北注渭水。】獸多猛豹，【猛豹，似熊而小，毛淺有光澤，能食蛇，食銅鐵，出蜀中。豹，或作虎。懿行案：猛豹即貘豹也。《爾雅》云：貘，白豹。郭注云：似熊，小頭，庳腳，黑白駁，能舐食銅鐵。《說文》云：貘，似熊而黃黑色，出蜀中。貘通作獏。《白帖》引《廣志》云：獏大如驢，色蒼白，舐鐵消千斤，其皮溫煗。又通作狛。郭注《中次九經》「崍山」云：山出狛，狛似熊而黑白駁，亦食銅鐵。是則狛即貘也。貘、豹、猛豹，聲近而轉。】鳥多尸鳩。【尸鳩，布穀類也，或曰䳇鸇也。鳲或作𩿨。懿行案：《爾雅》云：鳲鳩，鴶鵴。郭注云：今之布穀也。與此注同。又引「或曰䳇鸇也」者，《列子・天瑞篇》云：鷂之爲鸇，鸇之爲布穀，布穀久復爲鷂。是郭所本也。又云「鳲或作𩿨」者，聲近假借字。】

西 1－13

又西百八十里，曰大時之山。【懿行案：《廣韻》引此經作太畤。畢氏云：山疑即大白山也，在今陝西郿縣東南四十里。《水經注》云：太一山，亦曰太白山，在武功縣南，去長安二百里。】上多穀柞，【柞，櫟。懿行案：「柞，櫟」見《爾雅》。】下多杻橿。陰多銀，陽多白玉。涔水出焉，【音潛。】北流注于渭。清水出焉，南流注于漢水。【今河内脩武縣縣北黑山亦出清水。懿行案：《地理志》云：右扶風武功，斜水出衙領山，北至郿入渭；褒水亦出衙領，至南鄭入沔。案，沔卽漢也。東漢水受氐道水，一名沔，亦見《地理志》。是此經涔水疑卽斜水，清水疑卽褒水矣。劉昭注《郡國志》「修武」引此郭注與今本同，其引此經作「太行之山」葢字之譌。】

西1-14：

又西三百二十里，曰嶓冢之山。【今在武都氐道縣南。嶓音波。懿行案：山在今甘肅秦州西南六十里。李善注《思玄賦》引《河圖》曰：嶓冢，山名，此山之精上爲星，名封狼。】漢水出焉，【懿行案：《地理志》云：隴西郡西，《禹貢》嶓冢山，西漢所出，南入廣漢白水，東南至江州入江。又云：氐道，《禹貢》養水所出，至武都爲漢。養字本作瀁。《說文》云：瀁，古字作漾。是《地理志》以出氐道者爲漢水，出嶓冢者爲西漢水也。《水經》則云：漾水出隴西氐道縣嶓冢山。葢合二水爲一也。又高誘《淮南注》及《水經注》引闞駰說，竝以漢卽昆侖之洋水，重源顯發而爲漾水。据此，又以洋卽漾字省文矣。】而東南流注于沔。【至江夏安陸縣江卽沔水。懿行案：《地理志》云：武都郡武都，東漢水受氐道水，一名沔，過江夏，謂之夏水，入江。又云：沮水出東狼谷，南至沙羨南入江。《水經》則云：沔水出武都沮縣東狼谷。是沮水卽沔水，沔水卽東漢水也。《地理志》云「東漢水受氐道水」，卽此經云「東南流注于沔」矣。又案，《地理志》及《水經》竝言「漢水入江」，此注云「江卽沔水」，是知郭本經文作「注于江」，今本譌爲「沔」也。《水經注》及《藝文類聚》引此經竝作「江」字，可證。又，此注云「江卽沔水」，「江」上脫「入」字，「江」下脫

「漢」字，遂不復可讀。】𨽥水【懿行案：《藝文類聚》八十九卷引此經作「嚚水」。】出焉，北流注于湯水。【或作陽。】其上多桃枝、鉤端，【鉤端，桃枝屬。 懿行案：桃枝竹見《爾雅》。 鉤端，《廣雅》作「篘篙」，云：桃支也。 篘篙聲近爲篙簸。《玉篇》云：篙簸，桃枝竹。】獸多犀、兕、熊、羆，【羆，似熊而黄白色，猛憨，能拔樹。 懿行案：吴氏本郭注「能拔樹」下有「一云長頭高腳」六字，與《爾雅注》合，諸本竝脱去之。】鳥多白翰、【白翰，白鵫也，亦名鵫雉，又曰白雉。 懿行案：翰見《爾雅》，其字作韓。】赤鷩。 有草焉，其葉如蕙，【蕙，香草，蘭屬也。 或以蕙爲薰葉，失之。 音惠。 懿行案：《廣雅》云：菌，薰也，其葉謂之蕙。本《離騷》王逸注爲説也。《廣雅》又云：薰草，蕙草也。故《南方草木狀》云：蕙草，一名薰草。 是蕙即薰也。《草木狀》又云：葉如麻，兩兩相對，氣如蘼蕪，可以止癘，出南海。 與上文浮山薰草名義相合。 是張揖、嵇含竝以蕙、薰即爲一草，但不以蕙爲薰葉耳。 郭氏不從《離騷注》，故云失之。】其本如桔梗，【本，根也。 懿行案：《廣雅》云：犂如，桔梗也。《本草》作「利如」。《太平御覽》引吴普《本草》云：一名盧如，葉如薺苨，莖如筆管，紫赤。《〈莊子·徐无鬼篇〉釋文》引司馬彪云：桔梗，治心腹血瘀瘕痺。】黑華而不實，名曰蓇蓉，【《爾雅·釋草》曰：榮而不實謂之。 蓇音骨。 懿行案：郭引《爾雅》脱「英」字。《玉篇》《廣韻》竝有蓇。蓇、蓉從艸，皆後人所加也。《管子·地員篇》説木屬有胥容。 胥，古字作骨，與骨形近易混，疑骨容即胥容也。但草木區別，疑未敢定焉。】食之使人無子。

西 1－15：

又西三百五十里，曰天帝之山。 上多椶枏，下多菅蕙。【菅，茅類也。 懿行案：《爾雅》云：白華，野菅。郭注云：菅，茅屬。】有獸焉，其狀如狗，名曰谿邊，【或作谷遺。】席其皮者不蠱。【懿行案：此卽狗屬也。《史記·封禪書》云：秦德公磔狗邑四門以禦蠱菑。義葢本此。】有鳥焉，其狀如鶉，黑文而赤翁，【翁，頭下毛，音汲甕之甕。懿行案：《說文》云：翁，頸毛也。注「頭」字譌。】名曰櫟，【音沙礫之礫。】食之已痔。有草焉，其狀如葵，【懿行案：《〈史記·司馬相如傳〉索隱》引此經作「葉如葵」。】其臭如蘼蕪，名曰杜衡，【香草也。懿行案：《爾雅》云：杜，土鹵。郭注云：杜衡也，似葵而香。《廣雅》云：楚蘅，杜蘅也。《文選注》引《范子計然》云：秦蘅出於隴西天水。《〈史記·司馬相如傳〉索隱》引張揖云：衡，杜衡，生天帝之山。】可以走馬，【帶之令人便馬，或曰馬得之而健走。】食之已癭。【懿行案：《說文》云：癭，頸瘤也。《淮南·墬形訓》云：險阻氣多癭。《博物志》云：山居之民多癭。】

西 1－16：

西南三百八十里，曰皋塗之山。【懿行案：《〈史記·司馬相如傳〉索隱》引此經作「鼻塗」。】薔【音色，或作蕒，又作蓄。懿行案：薔字形近蔷，蔷卽菑字異文。郭注蕒蓄亦與蔷菑形近。但別無依据，疑未敢定也。】水出焉，西流注于諸資之水。【懿行案：《淮南·墬形訓》云：西南方曰渚資，曰丹澤。】塗水出焉，南流注于集獲之水。其陽多丹粟，其陰多銀、黃金。【懿行案：銀與黃金二物也。下文槐江之山多采黃金、銀，與此義同。】其上多桂木。有白石焉，其名曰礜，【懿行案：《說文》云：礜，毒石也，出漢中。《本草別錄》同。】可以毒鼠。【今礜石殺鼠，音豫，蠶食之而肥。懿行案：《本草別錄》云：礜石，辛，大熱，有毒，不鍊服殺人及百獸。然則不但可以毒鼠矣。《博物志》云：鸛伏卵，取礜石入巢助煖。《陶注本草》云：取生礜石納水，令水不冰。是其性大熱可知。《玉篇》云：礜石出陰山，殺鼠，蠶食則肥。本於郭注。其云出陰山，則非也。云「蠶食之而肥」者，《淮南·説林訓》云：人食礜石而死，蠶食之而不饑。是郭注所本。】有草焉，其狀如槀茇，【槀茇，香草。懿行案：槀茇，即槀本也。「本」「茇」聲近義同，故此經言槀茇，《中山經》「青要之山」言槀本。郭氏注《上林賦》云：槀本，槀茇也。明爲一物。《廣雅》云：山茝、蔚香，槀本也。】其葉如葵而赤背，名曰無條，可以毒鼠。【懿行案：《本草别録》云：逐折殺鼠。蓋即此。】有獸焉，其狀如鹿而白尾，【懿行案：《〈史記·司馬相如傳〉索隱》引此經無「白尾」二字。】馬足，人手，【前兩腳似人手。懿行案：《〈史記·司馬相如傳〉索隱》引此經作「人首」，蓋譌。】而四角，名曰玃如。【音猳嬰之嬰。懿行案：經文「玃」當爲「玃」，注文「猳嬰」當爲「豭玃」，竝字形之譌也。郭注《爾雅》「玃父」云：貑玃也。是此注所本。《廣雅·釋地》本此經正作「玃如」，可證。《太平御覽》九百十三卷引作「玃」，無「如」字，疑脱。又案，《史記·司馬相如傳》有「蠷蝚」，《索隱》引此經作「玃猱」，云字或作「蠷」。然則「玃猱」即「玃如」之異文，猱、如聲之轉也。《説文》云：蠷，禺屬。《玉篇》云：蠷，或玃字。】有鳥焉，其狀如鴟而人足，名曰數斯，食之已瘻。【或作癎。懿行案：鴟有三種，具見《爾雅》。】

西 1－17：

又西百八十里，曰黄山。【今始平槐里縣有黄山，上故有宫，漢惠帝所起，疑非此。懿行案：郭注本《地理志》云……】符傳》云：哺乳多則生癎病。】

志》，槐里在右扶風，「有黄山宫，孝惠二年起」。《晉書·地理志》云：始平郡槐里，有黄山宫。】無草木，多竹箭。盼水出焉，【音「美目盼兮」之「盼」。懿行案：郭既音盼，知經文必不作盼。未審何字之譌。】西流注于赤水，其中多玉。有獸焉，其狀如牛，而蒼黑大目，其名曰𤛘。【音敏。懿行案：《周書·王會篇》云：數楚，每牛；每牛者，牛之小者也。《廣韻》𤛘音切同美，是也。畢氏云。】有鳥焉，其狀如鴞，【懿行案：《廣雅》云：鷲鳥，鴞也。形狀見陸璣《詩疏》。】青羽、赤喙，人舌能言，名曰鸚䳇。【鸚䳇舌似小兒舌，脚指前後各兩，扶南徼外出五色者，亦有純赤白者，大如鴈也。懿行案：《説文》云：鸚䳇，能言鳥也。《初學記》三十卷引《廣州記》云：根杜出五色鸎䳇，曾見其白者大如母雞。又引《南方異物志》云：鸎䳇有三種，交州、巴南盡有之。又引郭氏《圖讚》云：鸎䳇慧鳥，棲林啄蘂；四指中分，行則以觜。《蓺文類聚》九十一卷引此《讚》尚有「自貽伊籠，見幽坐伎」八字。又，《文選注·鸚䳇賦》引此經郭注「脚指」作「脚趾」。】

西1-18：

又西二百里，曰翠山。其上多椶枏，其下多竹箭。其陽多黄金、【懿行案：畢氏本無金字。】玉，其陰多旄牛、【懿行案：旄牛見《北山經》「潘侯之山」注。】麢、麝。【麢，似羊而大，角細，食好在山崖間。麝，似獐而小，有香。懿行案：麢、麝竝見《爾雅》，郭注與此同。】其鳥多鸓，【音壘。懿行案：《玉篇》云：鸓，大頰切。所説形狀，正與此同。是經鸓當是鸓，注壘當爲疊，竝字形之譌也。】其狀如鵲，赤黑而兩首四足，可以禦火。

西 1－19：

又西二百五十里，曰騩山。【音巍，一音隗囂之隗。】是錞于西海。【錞，猶隄埻也，音章閏反。懿行案：《玉篇》引此經作「埻于西海」，又引郭注作「埻，猶隄也」。今本埻字疑衍。隄，蓋埤障之義。《海内東經》有「埻端國」，郭注：埻音敦。西海謂之青海，或謂之僊海，見《地理志》「金城郡臨羌」。又《思玄賦》舊注云「黄帝葬於西海橋山」，亦卽此。】無草木，多玉。淒水出焉，【或作浽。】西流注于海，其中多采石、【采石，石有采色者，今雌黄、空青、緑碧之屬。懿行案：《穆天子傳》云有「采石之山」，郭注云：出文采之石也。劉逵注《蜀都賦》云：牂牁有白曹山，出丹青、曾青、空青也。《蓺文類聚》八十一卷引《范子計然》曰：空青出巴郡，白青、曾青出弘農、豫章，白青出新淦，青色者善。《本草經》曰：空青能化銅鐵鉛錫作金。《别録》云：生益州山谷及越嶲山有銅處，銅精熏則生空青。又云：雌黄生武都山谷，與雄黄同山生其陰，山有金，金精熏則生雌黄。又云：緑青生山之陰穴中，色青白。陶注云：此卽用畫緑色者，亦出空青中。蘇頌《圖經》云：緑青，今謂之石緑。是也。】黄金，多丹粟。

西 1－0：

凡西經之首，自錢來之山至于騩山，凡十九山，二千九百五十七里。【懿行案：今三千一百一十七里。】華山，冢也，【冢者，神鬼之所舍也。懿行案：此皆山也，言神與冢者，冢大於神。《爾雅·釋詁》云：冢，大也。《釋山》云：山頂，冢。是其義也。郭以冢爲墳墓，蓋失之。】其祠之禮太牢。【牛羊豕爲太牢。】羭山，神也，祠之用燭，【或作煬。懿行案：《説文》云：燭，庭燎，火燭也；煬，炙燥也。】齋百日以百犧，【牲純色者爲犧。】瘞用百瑜，【瑜，亦美玉名，音臾。】湯【或作溫。懿行案：湯讀去聲。今人呼溫酒爲湯酒，本此。】其酒百樽，【溫酒令熱。】嬰以百珪百璧。【嬰，謂陳之以環祭也。或曰嬰卽古罌字，謂盂也。徐州云。《穆天子傳》曰「黃金之嬰」之屬也。懿行案：《穆天子傳》云：賜之黃金之罌三六。郭注云：卽盂也，徐州謂之罌。《太平御覽》八百六卷引此經云：羭山之神，祠以黃圭。《蓺文類聚》八十三卷引作：羭山之神，祠之白珪。兩引皆異，疑《類聚》近之。又疑今本「百」或「白」字之譌也。】其餘十七山之屬皆毛，牷用一羊祠之。【牷，謂牲體全具也。《左傳》曰「牷牲肥腯」者也。】燭者，百草之未灰。【懿行案：此葢古人用燭之始。經云「百草未灰」，是知上世爲燭葢亦用麻蒸葦苣爲之，詳見《詩疏》及《周禮疏》。】白蓆，采等純之。【純，緣也。五色純之，等差其文綵也。《周禮》：莞席紛純。懿行案：「采等」者，《聘禮》云：繅三采六等。等，訓就也，采一帀爲一就。「蓆」藏經本作「席」。】

西 2-1：

西次二經之首，曰鈐山。【音髡鉗之鉗。或作冷，又作塗。】其上多銅，其下多玉，其木多杻橿。

西 2-2：

西二百里，曰泰【或作秦。懿行案：《初學記》六卷引此經正作「秦」。】冒之山。【懿行案：山在今陝西膚施縣。】其陽多金，其陰多鐵。浴水出焉，【懿行案：「浴」當爲「洛」字之譌。《初學記》六卷及《太平御覽》六十二卷俱引此經作「洛水」。又，晉灼引《水經·洛水》云：出上郡雕陰泰冒山，過華陰入渭，卽漆沮水。是此經「浴水」卽「洛水」，審矣。又詳《西次四經》「白於之山」。】東流注于河，其中多藻玉，【藻玉，玉有符彩者。或作「柬」，音練。

懿行案：《初學記》引此經「多」作「有」。】多白蛇。【水蛇。】

西 2－3：

又西一百七十里，曰數歷之山。【懿行案：《水經注》：汧縣有數歷山。】其上多黄金，其下多銀，其木多杻橿，其鳥多鸚䳇。楚水出焉，而南流注于渭，【懿行案：《水經注》云：渭水逕南田縣南，東與楚水合，世所謂長蚰水，水出汧縣之數歷山，又南流注於渭，闞駰以是水爲汧水焉。】其中多白珠。【今蜀郡平澤出青珠。《尸子》曰：水員折者有珠。懿行案：《穆天子傳》云：北征，舍于珠澤。郭注云：今越嶲平澤出青珠。是。《初學記》二十七卷引《華陽國志》云：廣陽縣山出青珠，永昌郡博南縣有光珠穴，出光珠，珠有黄珠、白珠、青珠、碧珠。】

西 2－4：

又西百五十里，高山。【懿行案：《魏志·張郃傳》云：劉備保高山，不敢戰。疑卽此也。《淮南·墬形訓》云：涇出薄落之山。是薄落山卽高山之異名也。又，《覽冥訓》云：嶢山崩而薄落之水涸。高誘注云：薄落，涇水。是嶢山亦卽高山矣。「嶢」「高」聲相近。《初學記》六卷引「嶢」作「硝」，高注有「硝山在雍」四字，爲今本所無也。《玉篇》引此經作「商山」。藏經本「高山」上有「曰」字。】其上多銀，其下多青碧、【碧，亦玉類也。今越嶲會稽縣東山出碧。懿行案：《說文》云：碧，石之青美者。《竹書》云：周顯王五年，雨碧于郢。《莊子》曰：萇弘死於蜀，其血化爲碧。李善注《南都賦》引《廣志》云：碧，有縹碧，有綠碧。郭注「會稽」當爲「會無」字之譌。《地理志》云：越嶲郡會無，東山有碧。】雄黄，【晉太興三年，高平郡界有山崩，其中出數千斤雄黄。懿行案：太興三年，晉元帝之四年也。高平郡，《晉書·地理志》作「高平國」，故屬梁國，晉初分山陽置也。《博物志》云：雄黄似石流黄。《本草經》云：雄黄，一名黄金石。《别録》云：生武都山谷，燉煌山之陽。】其木多椶，其草多竹。【懿行案：竹之爲物，亦草亦木，故此經或稱木或稱草。】涇水出焉，【音經。】而東流注于渭，【今涇水出安定朝那縣西幵頭山，至京兆高陵縣入渭也。懿行案：高誘注《淮南·墬形訓》云：薄落之山一名笄頭山，安定臨涇縣西。笄頭卽幵頭也。高誘及郭注俱本《地理志》。又，下文云涇谷之山涇水出焉，復云東南流注于渭，與此非一水也。涇水又見《海内東經》，郭注與此同。】其中多磬石、【《書》曰「泗濱浮磬」是也。】青碧。

西2-5：

西南三百里，曰女牀之山。【懿行案：薛綜注《東京賦》云：女牀山在華陰西六百里。】其陽多赤銅，其陰多石涅，【卽礬石也。楚人名爲涅石，秦名爲羽涅也。《本草經》亦名曰石涅也。懿行案：吳氏据《本草》云：黑石脂一名石墨，一名石涅，南人謂之畫眉石。是矣。又云：礬石，一名涅石，又名羽澤。二名原自不同，且礬石并無石涅之名。以涅石爲石涅，是郭注之誤也。又引《本草》：石涅一名玄丹，又名黑丹。《孝經援神契》曰：王者德至山陵而黑丹出。《文選·東京賦》云：黑丹流淄。◯今案，吳説是也。然据《本草經》「礬石一名羽涅」，無石涅之名，而郭注引《本草經》「礬石亦名石涅」，葢今《本草》有脱文也。涅石見《北山經》「賁聞之山」。】其獸多虎豹犀兕。有鳥焉，其狀如翟而五采文，【翟，似雉而大，長尾。或作鶴。鶴，雕屬也。懿行案：「鸐，山雉」見《爾雅》，郭注云：長尾者。薛綜注《東京賦》引此經「翟」作「鶴」，「五采」作「五色」。郭云「鶴，雕屬」者，見下文「三危之山」。】名曰鸞鳥，見則天下安寧。【舊説鸞似雞，瑞鳥也，周成王時西戎獻之。懿行案：《周書・王會篇》云：氏羌鸞鳥。孔晁注云：鸞大於鳳，亦歸於仁義者也。《説文》云：鸞，亦神靈之精也，赤色，五采，雞形，鳴中五音，頌聲作則至，周成王時氏羌獻鸞鳥。《廣雅》云：鸞鳥，鳳皇屬也。《蓺文類聚》引《決疑注》云：象鳳多青色者，鸞。與《説文》異。今所見鸞鳥，羽赤色而有點文。《説文》葢近之矣。《蓺文類聚》九十九卷引郭氏《讚》云：鸞翔女牀，鳳出丹穴；拊翼相和，以應聖哲；擊石靡詠，韶音其絶。】

西2－6：

又西二百里，曰龍首之山。【懿行案：《太平御覽》九百三十卷引《三秦記》曰：龍首山長六十里，頭入於渭，尾達樊川，頭高二十丈，尾漸下高五六尺，土赤，不毛，云昔有黑龍從山南出飲渭，其行道因成土山，故以名也。《水經・渭水》注引「尺」作「丈」，「山南」作「南山」。《文選・西都賦》云：據龍首。李善注引此經云：華山之西，龍首之山。疑引此經郭注文，今本脱去之也。云「華山西」者，上文女牀之山在華陰西六百里，又加二百里，則去華山八百里也。】其陽多黄金，其陰多鐵。若水出焉，【懿行案：《初學記》及《太平御覽》引此經作「若水」，畢氏云「茖」當爲「芮」，竝字形相近。】東南流注于涇水，其中多美玉。

西2－7：

又西二百里，曰鹿臺之山。【今在上郡。懿行案：當爲「上黨郡」，注脱「黨」字。《水經・沁水》注云：陽泉水出鹿臺山，山上有水，淵而不流。《太平寰宇記》云：謁戾山一名鹿臺山。山在今汾州府平遙縣西。謁戾山見《北次三經》，然案其道里不相應，當在闕疑。】其上多白玉，其下多銀，其獸多㸲牛、羬羊、白豪。【豪，貆豬也。懿行案：貆豬卽豪彘也，竹山之獸，已見上文，以其毛白，故稱白豪。】有鳥焉，其狀如雄雞而人面，名曰鳧徯，其鳴自叫也，【懿行案：《北堂書鈔》一百十三卷引此經「面」作「首」，「鳴」作「名」，蓋形聲之譌。】見則有兵。

西2－8：

西南二百里，曰鳥危之山。其陽多磬石，【懿行案：《初學記》十六卷引此經與今本同。又，經中說磬石者三，俱見《西山經》。】其陰多檀、【懿行案：檀見陸璣《詩疏》及《爾雅》「魄，榽橀」注。】楮，【楮卽穀木。懿行案：《廣雅》云：穀，楮也。詳陸璣《詩疏》。】其中多女牀。【未詳。懿行案：《廣雅》云：顛棘，女木也。又云：女腸，女菀也。此經女牀，未審何物，若是草屬，或卽女木、女腸之字因形聲而譌。又，《太平御覽》九百九十一卷引吳普《本草》云：女菀一名織女菀。今案，織女星旁有四星名女牀，是女牀或卽織女菀之別名矣。】鳥危之水出焉，西流注于赤水，其中多丹粟。

西2－9：

又西四百里，曰小次之山。其上多白玉，其下多赤銅。有獸焉，其狀如猿，而白首赤足，名曰朱厭，見則大兵。【一作「見則有兵起焉」，一作「見則爲兵」。懿行案：《北堂書鈔》一百十三卷、《太平御覽》三百二十九卷引此經，竝作「見則有兵」。】

西 2－10∵

又西三百里，曰大次之山。其陽多堊，【堊，似土，色甚白，音惡。懿行案：《説文》云：堊，白涂也。《爾雅》云：牆謂之堊。亦謂牆以白堊涂之也。然据《北山經》賁聞之山、孟門之山竝多黄堊，《中山經》葱聾之山「多白堊，黑、靑、黄堊」，明堊非一色，不獨白者名堊也。】其陰多碧，其獸多㸲牛、麢羊。

西 2－11∵

又西四百里，曰薰吳之山。無草木。多金玉。

西 2－12∵

又西四百里，曰厎陽之山。【音旨。懿行案：「厎」當爲「底」字之譌，亦如「互人國」爲「氐人」，皆形近而譌也。厎，藏經本正作「底」。】其木多㮨、【㮨，似松，有刺，細理，音卽。懿行案：李善注《南都賦》引此經郭注云：㮨，似松柏。「柏」字衍。《玉篇》《廣韻》本此注，竝無「柏」字。】枏、豫章，【豫章，大木，似楸，葉冬夏靑，生七年而後復可知也。懿行案：《爾雅》云：楩無疵。郭注云：楩，楩屬，似豫章。《子虛賦》云：楩枏豫章。顔師古注云：豫卽枕木，章卽樟木，二木生至七年乃可分別。《後漢書・王符傳》注云：豫章卽樟木也。《淮南・修務訓》云：楩枏豫章之生也，七年而後知。是郭注所本。注「復」字衍。】其獸多犀兕虎犳【犳，音之藥反。懿行案：《玉篇》云：犳，獸，豹文。音與郭同。】㸲牛。

西2－13：

又西二百五十里，曰衆獸之山。其上多㻬琈之玉，其下多檀楮，多黄金，其獸多犀兕。

西2－14：

又西五百里，曰皇人之山。其上多金玉，其下多青雄黄。【卽雌黄也，或曰空青、曾青之屬。懿行案：經中旣有雄黄，又有青雄黄，或「青」與「雄黄」二物也。吳氏引蘇頌云：階州山中，雄黄有青黑色而堅者，名曰熏黄。「青雄黄」意卽此。今案，下文「長沙山」及《北山經》「譙明山」，《中山經》「白邊山」，竝多青雄黄，郭云「卽雌黄」者，「雌」葢「雄」字之譌。郭欲明「青雄黄」卽「雄黄」，又引或說以「青」與「雄黄」爲二物，不可的知，故兩存其說也。雌黄及空青、曾青皆見《本草經》。】皇水出焉，西流注于赤水，其中多丹粟。

西2－15：

又西三百里，曰中皇之山。其上多黄金，其下多蕙棠。【彤棠之屬也。「蕙」或作「羔」。懿行案：蕙與棠二物。彤棠，葢赤棠也。棠有二種，具見《爾雅》。《中山經》云：陰山，其中多彫棠。「彫」疑「彤」字之譌。】

西2－16：

又西三百五十里，曰西皇之山。其陽多金，其陰多鐵，其獸多麋鹿、【麋，大如小牛，鹿屬也。懿行案：《說文》云：麋，鹿屬，冬至解其角。詳見《爾雅》。】㸲牛。

西 2－17：

又西三百五十里，曰萊山。其木多檀楮。其鳥多羅羅，是食人。【羅羅之鳥，所未詳也。懿行案：《海外北經》有青獸狀如虎，名曰羅羅。此鳥與之同名。】

西 2－0：

凡西次二經之首，自鈐山至于萊山，凡十七山，四千一百四十里。【懿行案：今四千六百七十里。】其十神者，皆人面而馬身。其七神，皆人面，牛身，四足而一臂，操杖以行，是爲飛獸之神，其祠之毛，用少牢，【羊豬爲少牢也。】白菅爲席。其十輩【音背。懿行案：輩，猶類也。軍發以車百兩爲一輩，見《說文》。】神者，其祠之毛，一雄雞，鈐而不糈，【鈐，所用祭器名，所未詳也，或作「思」，訓祈。不糈，祠不以米。懿行案：「鈐」疑「祈」之聲轉耳，經文「祈而不糈」，即「祠不以米」之義。「思」訓未詳。證以《周書・大匡篇》云：祈而不賓。《糴匡篇》作「勤而不賓」。「勤」「祈」聲轉，「鈐」「勤」聲又近。此經「鈐而不糈」當即「祈而不賓」之義。郭疑爲祭器名，未必然也。】毛采。【言用雄色雞也。懿行案：「雄色」，「雄」字譌，藏經本作「雜」。】

西 3－1：

西次三經之首，曰崇吾之山。【懿行案：《博物志》及《〈史記・封禪書〉索隱》引此經竝作「崇北」，《博物志》又作「參嵎」。】在河之南。北望冢遂，【山名。】南望䍃之澤，【音遙。】西望帝之搏獸之丘，【搏或作簿。】東望蟡【音於然反。】淵。有木焉，員葉而白柎，【今江東人呼草木子房爲柎，音府。一曰，柎，華下鄂，音丈夫。字或作拊，音符。懿行案：經文「柎」當爲「拊」，故郭音府，其音符者乃从木旁，傳寫謬誤，遂不復可別，今正之。「一曰，柎，華下鄂」者，本《詩》鄭箋，云：鄂不韡韡，承華曰「鄂」，「不」讀爲拊，拊，鄂足也，「不」「拊」同。《釋文》云：拊，亦作跗。是郭義所本也。】赤華而黑理，其實如枳，【懿行案：《說文》云：枳，木，似橘。《考工記》云：橘逾淮而北爲枳。】食之宜子孫。【懿行案：《周書·王會篇》云：康民以桴苡；桴苡者，其實如李，食之宜子。《說文》引《書》作「芣苢」。《繫傳》引《韓詩》亦云：芣苢，木名，實如李。陶注《本草》「車前子」亦引《韓詩》言：芣苢是木，似李，食其實宜子孫。與《周書》合。是知芣苢有草有木，《周書》所說是木類，疑卽此。】有獸焉，其狀如禺而文臂，豹虎【懿行案：吳氏云：豹虎，字有誤。愚謂或有脫誤。又虎豹一獸名也。《太平御覽》九百十三卷載「虎豹」，引《博物志》曰：逢伯雲所說有獸，緣本緣文，似豹若虎，毛可爲筆。然則茲獸兼有虎豹之體，故獨被斯名矣。「緣本緣文」四字復有脫誤。】而善投，名曰舉父。【或作夸父。懿行案：《爾雅》云：貜父善顧。非此。又云：豦，迅頭。郭注云：今建平山中有豦，大如狗，似獼猴，黃黑色，多髯鬣，好奮迅其頭，能舉石擿人，貜類也。如郭所說，惟能舉石擿人，故經曰「善投」，亦因名舉父。「舉」「豦」聲同，故古字通用；「舉」「夸」聲近，故或作「夸父」。】有鳥焉，其狀如鳧而一翼一目，相得乃飛，名曰蠻蠻，【比翼鳥也。色青赤，不比不能飛。《爾雅》作鶼鶼鳥也。懿行案：鶼鶼見《爾雅·釋地》，郭注本此爲說。《博物志》云：崇丠山有鳥，一足一翼一目，相得而飛，名曰䖟。又云：比翼鳥一青一赤，在參隅山。今案，「䖟」「蠻」聲之轉，「參隅」「崇吾」亦聲之轉。】見則天下大水。【懿行案：此則比翼鳥非瑞禽也。《封禪書》云：西海致比翼之鳥。以此侈封禪之符，過矣。】

西 3－2：

西北三百里，曰長沙之山。【懿行案：《穆天子傳》云：送天子至于長沙之山。即此。】泚水出焉，【音紫。】北流注于泑水。【烏交反，又音黝，水色黑也。懿行案：《說文》云：泑澤在昆侖下，讀與妼同。即下文云「東望泑澤」者也。】無草木，多青雄黃。

西 3－3：

又西北三百七十里，曰不周之山。【此山形有缺不周帀處，因名云。西北不周風自此山出。懿行案：《大荒西經》云：有山而不合，名曰不周負子。《離騷》云：路不周以左轉，指西海以爲期。王逸注云：不周，山名，在昆侖西北。高誘注《呂氏春秋・本味篇》亦云：不周山在昆侖西北。竝非也。此經乃在昆侖東南。《漢書・司馬相如傳》注：張揖云，不周山在昆侖東南二千三百里。亦非也。不周去昆侖一千七百四十里。《水經注》引此經云：不周之山，不周之北門，以納不周之風。今經無此語，疑本郭注，今脫去之。】北望諸𣴫之山，臨彼嶽崇之山。東望泑澤，【懿行案：泑澤，《漢書・西域傳》作「鹽澤」，「泑」「鹽」聲之轉。《地理志》謂之「蒲昌海」，云敦煌郡有蒲昌海也。】河水所潛也，其原渾渾泡泡。【河南出昆侖，潛行地下，至蔥嶺，出于闐國，復分流岐出，合而東流注泑澤。已復潛行，南出於積石山，而爲中國河也。名泑澤，即蒲澤，一名蒲昌海，廣三四百里，其水停，冬夏不增減，去玉門關三百餘里，即河之重源，所謂潛行也。渾渾泡泡，水濆涌之聲也。衮咆二音。懿行案：此注本《水經》及《漢書・西域傳》爲說也。河水原委，詳見《北山經》「敦薨之山」。此注「蒲澤」，「蒲」字當爲「鹽」。《〈史記・大宛傳〉索隱》引此注云：泑澤卽鹽澤。是也。郭又云「去玉門關三百餘里」，「三」上脱「千」字。《水經注》作：東去玉門、陽關千三百里。《漢書》脱「千」字，郭氏仍其失也。】爰有嘉果，其實如桃，【懿行案：《初學記》引《漢武故事》云：王母種桃，三千歲一著子。蓋此之類。】其葉如棗，黄華而赤柎，【懿行案：「柎」亦當爲「拊」，説已見前。】食之不勞。【懿行案：勞，憂也。《太平御覽》九百六十四卷引此經作「其實如桃李，其華赤，食之不飢」，與今本異。】

西 3－4：

又西北四百二十里，曰峚山。【音密。懿行案：郭注《穆天子傳》及李善注《南都賦》《天台山賦》引此經俱作「密山」，蓋「峚」「密」古字通也。《初學記》二十七卷引此經仍作「峚山」。】其上多丹木，員葉而赤莖，黄華而赤實，其味如飴，食之不飢。丹水出焉，西流注于稷澤，【后稷神所馮，因名云。懿行案：澤卽后稷所葬，都廣之野也。其地山水環之，故得言澤，見《海内經》。】其中多白玉。是有玉膏，其原沸沸湯湯，【玉膏涌出之貌也。《河圖玉版》曰：少室山，其上有白玉膏，一服卽仙矣。亦此類也。沸音拂。懿行案：《初學記》引《十洲記》云：瀛洲有玉膏如酒，名曰玉酒，飲數升輒醉，令人長生。】黄帝是食是饗。【所以得登龍於鼎湖而龍蜕也。懿行案：注「龍蜕」二字疑譌。《太平御覽》五十卷引此注作「靈化」也。登龍鼎湖，見《史記·封禪書》。】是生玄玉。【言玉膏中又出黑玉也。懿行案：《玉藻》云：公矦佩山玄玉。《淮南·道應訓》云：玄玉百工。高誘注云：二玉爲一工也。】玉膏所出，以灌丹木，丹木五歲，五色乃清，【言光鮮也。】五味乃馨，【言滋香也。】黄帝乃取峚山之玉榮，【謂玉華也。《離騷》曰：懷琬琰之華英。又曰：登昆侖兮食玉英。《汲冢書》所謂「苕華之玉」。懿行案：

《竹書》云：斲其名于苕華之玉。《楚詞・哀時命篇》云：采鍾山之玉英。《穆天子傳》云：得玉策枝斯之英。郭氏注引《尸子》曰：龍泉有玉英。又引此經「玉榮」作「玉策」。李善注《思玄賦》及李賢注《後漢書・張衡傳/蔡邕傳》引此經竝作「玉策」。疑「策」俱「榮」字之譌。】而投之鍾山之陽。【以爲玉種。懿行案：《思玄賦》注及《張衡傳》注引此經竝作「鍾山之陰」，《蔡邕傳》注引此復作「鍾山之陽」。《淮南・俶眞訓》云：鍾山之玉，炊以鑪炭，三日三夜，而色澤不變。許愼注云：鍾山北陸無日之地出美玉。】瑾瑜之玉爲良，【言最善也。或作「食」。覲臾兩音。懿行案：瑾瑜，美玉名。《玉藻》云：世子佩瑜玉。上文云「瘞用百瑜」，下文云「泑山其陽多瑾瑜之玉」。「或作食」者，黄帝是食是饗。《楚詞》亦云「食玉英」。《蓺文類聚》八十三卷引郭氏《讚》云：鍾山之寶，爰有玉華；光采流映，氣如虹霞；君子是佩，象德閑邪。】堅粟精密，【說玉理也。《禮記》曰：瑱，密似粟。粟或作栗。玉有粟文，所謂穀璧也。懿行案：王引之說：經文「粟」當爲「栗」，注文「栗」當爲「粟」，郭引《禮記》「似粟」當爲「以栗」，又「粟」字重文亦然，俱傳寫之譌。】濁澤有而光。【濁謂潤厚。懿行案：「有而」當爲「而有」。「濁澤」，《類聚》引作「潤濁」。】五色發作，【言符彩互映色。《王子靈符應》曰：赤如雞冠，黄如蒸栗，白如割肪，黑如醇漆，玉之符彩也。懿行案：《王子靈符應》，《類聚》八十三卷引作「王逸《正部論》」。李善注魏文帝《與鍾大理書》引亦同，「割肪」竝作「豬肪」，其「正部」蓋「玉部」字之譌也。郭注「色」藏經本作「也」。】以和柔剛。【言玉協九德也。】天地鬼神，是食是饗。【玉所以祈祭者，言能動天地感鬼神。】君子服之，以禦不祥。【今徼外出金剛石，石屬而似金，有光彩，可以刻玉，外國人帶之，云辟惡氣，亦此類也。懿行案：《太平御覽》八百十三卷引《晉起居注》云：咸亨三年，燉煌上送金剛玉，金中不淘不消，可以切玉，出天竺。又引《南州異物志》云：金剛石也，其狀如珠，堅利無匹，外國人好以飾玦環，服之能辟惡毒。李時珍《本草》云：金剛石即金剛鑽。引《抱朴子》云：扶南出金剛，生水底石上，如鍾乳狀，體似紫石英，可以刻玉，人沒水取之，雖鐵柱擊之亦不能傷，惟羚羊角扣之則漼然冰泮。】自峚山至于鍾山，四百六十里，【懿行案：下又云四百二十里。】其閒盡澤也，是多奇鳥怪獸【懿行案：《穆天子傳》云：舂山，百獸之所聚也，飛鳥之所棲也，爰有□獸食虎豹，如麋而載骨盤，□始如麢，小頭大鼻，爰有白鳥、青鵰，執犬羊、食豕鹿。舂山即鍾山也。】奇魚，皆異物焉。

西 3－5：

又西北四百二十里，曰鍾山。【懿行案：《海外北經》云：鍾山之神，名曰燭陰。《淮南子》云：燭龍在鴈門北。是知鍾山即鴈門以北大山也。《水經・河水》注云：芒干水出塞外，南逕鍾山，山即陰山。徐廣注《史記》云「陰山在五原北」是也。】其子曰鼓，【此亦神名，名之爲「鍾山之子」耳。其類皆見《歸藏・啓筮》。】其狀如人面而龍身。【《啓筮》曰：麗山之子，青羽、人面、馬身。亦似此狀也。懿行案：《海外北經》說鍾山之神「人面蛇身」，《淮南子》說「人面龍身」，是神與其子形狀同。】是與欽䲹【音邳。懿行案：《後漢書・張衡傳》注引此經作「欽駓」。《莊子・大宗師篇》作「堪坏」，云：堪坏得之，以襲昆侖。《釋文》云：崔作「邳」，司馬云，堪坏，神名，人面獸形。《淮南子》作「欽負」。是「欽」「堪」、「坏」「負」竝聲類之字。】殺葆江于昆侖之陽，【葆或作祖。懿行案：《思玄賦》云：過鍾山而中休，瞰瑤谿之赤岸，弔祖江之見劉。李善注引此經作「祖江」。《張衡傳》注同。又，陶潛《讀山海經詩》亦作

「祖江」。】帝乃戮之鍾山之東曰崕【音遙。】崖。【懿行案：《思玄賦》舊注云：瑤谿赤岸，謂鍾山東瑤岸也。李善注引此經亦作「瑤岸」，《張衡傳》注同。】欽䲹化爲大鶚，【鶚，鵰屬也，音鄂。懿行案：「鶚」當爲「鶚」。《說文》云：鶚，鷙鳥也。引《詩》曰：匪鶉匪鶚。鶉，雕也。】其狀如雕而黑文，白首赤喙而虎爪，其音如晨鵠，【晨鵠，鶚屬，猶云晨梟耳。《說苑》曰「鰈吠犬」比「奉晨梟」也。懿行案：李善注《江賦》引此經及郭注竝與今本同。】見則有大兵。鼓亦化爲鵕鳥，【音俊。】其狀如鴟，赤足而直喙，黄文而白首，其音如鵠，【懿行案：《說文》云：鵠，鴻鵠也。】見卽其邑大旱。【《穆天子傳》云鍾山作「春」字，音同耳。穆王北升此山以望四野，曰：「鍾山，是惟天下之高山也，百獸之所聚，飛鳥之栖也。爰有赤豹、白虎、白鳥、青鵰，執犬羊，食豕鹿。」穆王五日觀于鍾山，乃爲銘跡于縣圃之上，以詔後世。懿行案：鍾山，《穆天子傳》竝作「春山」。郭注云：《山海經》「春」字作「鍾」，音同耳。】

西3－6

又西百八十里，曰泰器之山。觀水出焉，【懿行案：李善注《吳都賦》引此經作「秦器之山，濩水出焉」，其注曹植《七啓》引此經仍作「泰器之山，濩水出焉」。《呂氏春秋・本味篇》作「雚水」，高誘注云：雚水在西極。】西流注于流沙。【懿行案：《海內西經》云：流沙出鍾山。《楚詞・招魂》云：西方之害，流沙千里。王逸注云：流沙，沙流而行也。】是多文鰩魚，【音遙。懿行案：《呂氏春秋・本味篇》云：味之美者，雚水之魚名曰鰩。李善注《吳都賦》及曹植《七啓》引此經竝止作「鰩」，無「文」字。陳藏器《本草拾遺》云：此魚生海南，大者長尺許，有翅與尾齊，羣飛海上，海人候之，當有大風。】狀如鯉魚，魚身而鳥翼，蒼文而白首赤喙，常行【懿行案：《初學記》引此經作「從」，《呂氏春秋・本味篇》亦作「從」。】西海，遊于東海，【懿行案：西海已見上文。東海卽西海之支流，非東方大海也。《水經・河水》注引《釋氏西域記》曰：恒水東流入東海，蓋二水所注，兩海所納，自爲東西。卽此是也。或說凡水之大者皆名海。《史記正義》引《太康地記》曰：河北得水爲河，塞外得水爲海也。】以夜飛，其音如鸞雞，【鸞雞，鳥名，未詳也。或作欒。懿行案：「鸞」或作「欒」，古字假借，「鸞雞」疑卽「鸞」也。《說文》云：鸞，五采，雞形。又，鸞一名雞趣。顧野王《符瑞圖》云：雞趣，王者有德則見。又，鸞車一名雞翹車。蔡邕《獨斷》云：鸞旗車，編羽毛列繫橦旁，俗人名之雞翹車。是也。《初學記》三十卷引此經無「雞」字。】其味酸甘，食之已狂，【懿行案：《淮南・墬形訓》云：北氣多狂。】見則天下大穰。【豐穰收熟也。《韓子》曰：穰歲之秋。懿行案：《韓非・五蠹篇》云：飢歲之春，幼弟不饟；穰歲之秋，疏客必食。是郭所引也。魚見則大穰者，《詩》言衆魚占爲豐年，今海人亦言歲豐則魚大上也。】

西 3－7：

又西三百二十里，曰槐江之山。【懿行案：《呂氏春秋・本味篇》云：水之美者，沮江之丘名曰搖水。疑沮江卽槐江。搖水說在下。】丘時之水出焉，而北流注于泑水，其中多蠃母。【卽蝶螺也。懿行案：蝶螺卽僕纍，字異音同，見《中次三經》「青要之山」。】其上多青雄黃，多藏琅玕、黃金、玉，【琅玕，石似珠者。藏，猶隱也。郎干二音。懿行案：藏，古字作「臧」，臧，善也。此言琅玕、黃金、玉之最善者。《爾雅》云：西北之美者，有昆侖虛之璆琳琅玕。謂是也。郭訓藏爲隱，失之。】其陽多丹粟，【懿行案：《管子・地數篇》云：上有丹沙者，下有黄金。】其陰多采黄金、銀。【懿行案：采謂金銀之有符采者。《地理志》云：豫章郡有黄金采。卽此是矣。説者謂「采取黄金」，誤也。】實惟帝之平圃，【卽玄圃也。《穆天子傳》曰：乃爲銘跡于玄圃之上。謂刊石紀功德，如秦皇、漢武之爲者也。懿行案：《穆天子傳》「玄圃」作「縣圃」，前「鍾山」注引文同。此引作「玄圃」，蓋「玄」「縣」聲同，古通用。】神英招司之，【司，主也。招音韶。】其狀馬身而人面，虎文而鳥翼，徇于四海，【徇，謂周行也。懿行案：「徇」當爲「侚」。《説文》云：侚，行示也，《司馬法》「斬以侚」。今經典通作徇。】其音如榴。【音留。或作籀。此所未詳也。懿行案：《説文》云：籀，讀書也，从竹，擂聲。疑此經「榴」當爲「擂」。《説文》云：擂，引也。《莊子》云：挈水若抽。「抽」卽「擂」字。又，「榴榴」見下文陰山。】南望昆侖，其光熊熊，其氣魂魂。【皆光氣炎盛相焜燿之貌。懿行案：熊熊猶雄雄也，魂魂猶芸芸也，皆聲之同類。】西望大澤，后稷所潛也，【后稷生而靈知，及其終化，形遯此澤，而爲之神，亦猶傳説騎箕尾也。懿行案：「后稷所潛」卽謂所葬也，葬之言藏也，已見峚山稷澤。傳説騎箕尾，見《莊子·大宗師篇》，《釋文》引崔譔云：傳説死，其精神乘東維，託龍尾，乃列宿，今尾上有傳説星。又云：其生無父母，死登假，三年而形遯，此言神之無能名者也。】其中多玉。其陰多榣木之有若。【榣木，大木也。言其上復生若木。大木之奇靈者爲若，見《尸子》。《國語》曰：榣木不生花也。懿行案：「花」當爲「危」，字形之譌也。郭引《國語》者，《晉語》文。「榣」當爲「櫾」。《説文》云：櫾，昆侖河隅之長木也。卽謂此。省作「繇」。《穆天子傳》云：天子乃釣于河，以觀姑繇之木。郭注云：姑繇，大木也。又省作「榣」，故韋昭《晉語注》云：榣木，大木也。《大荒西經》云：有榣山。郭注云：此山多榣木，因名云。《玉篇》亦云：榣，木名。又通作「瑤」，故《楚詞·哀時命》云：「擥瑤木之橝枝。」王逸注云：「言己既登昆侖，復欲引玉樹之枝。」知此經古本或作「瑤木」也。】北望諸毗，【山名。】槐鬼離侖居之，【離侖，其神名。】鷹鸇之所宅也。【鸇，亦鴟屬也。《莊周》曰：「鴟鴉甘鼠。」《穆天子傳》云：「鍾山上有白鳥、青鵰。」皆此族類也。懿行案：鴟見《爾雅》。郭引《莊子》者，《齊物論》文。】東望恒山四成，【成，亦重也。《爾雅》云：「再成曰英」也。懿行案：恒山非北嶽，計其道里，非瞻望所及也。《淮南·時則訓》云：「中央之極，自昆侖東絶兩恒山。」是西極別有恒山，明矣。《文選注·長笛賦》引此經作「桓山四成」。《藝文類聚》九十卷引《家語》曰：「孔子在衛，聞哭聲甚哀，顔回曰：『回聞桓山之鳥，生四子焉，羽翼既成，將分四海，悲鳴而送之，哀聲似此。』」云云。卽此桓山也。其云「鳥」，葢「鷹鸇」之屬與？】有窮鬼居之，各在一搏。【搏，猶脅也，言羣鬼各以類聚，處山四脅。有窮，其總號耳。搏一作摶。懿行案：《說文》云：「膀，脅也，或作髈。」又云：「肋，脅骨也；脅，兩膀也。」是此經之「搏」依文當爲「膀」。「膀」「搏」聲近而轉，故假借通用。】爰有淫水，其清洛洛。【水留下之貌也。淫音遙也。懿行案：陶潛《讀山海經詩》云：「落落清瑤流。」是「洛洛」本作「落落」，「淫」本作「瑤」，皆假借聲類之字。陳壽祺曰：「淫」無「遙」音，經文「淫」字必傳寫之譌。當是也。瑤水卽瑤池。《史記·大宛傳贊》云：「《禹本紀》言昆侖上有醴泉瑤池。」《穆天子傳》云：「西王母觴天子于瑤池。」是也。《呂氏春秋·本味篇》又作「搖水」。竝古字通用。郭注「留」當爲「溜」或「流」字。】有天神焉，其狀如牛而八足，二首，馬尾，其音如勃皇，【勃皇未詳。懿行案：勃皇卽發皇也。《考工記》：「梓人爲筍虡，以翼鳴者。」鄭注云：「翼鳴，發皇屬。」發皇，《爾雅》作「蛂蟥」，聲近字通。】見則其邑有兵。

西3－8：

西南四百里，【懿行案：自鍾山至此九百里。《水經注》引此經云：鍾山西六百里有昆侖山。蓋誤。】曰昆侖之北。【懿行案：昆侖之北卽《海內西經》云「海內昆侖之虛在西北，帝之下都」者也。《爾雅》云：三成爲昆侖北。《地理志》云：金城郡臨羌，西北至塞外，有西王母石室、弱水、昆侖山祠。又云：敦煌郡廣至有昆侖障。《史記正義》引《括地志》云：昆侖山在肅州酒泉縣南八十里。《說文》云：北，从北从一，一，地也；中邦之居，在昆侖東南。是則昆侖之北去中邦蓋不甚遠矣。《藝文類聚》七卷引郭氏《讚》云：昆侖月精，水之靈府；惟帝下都，西羌之宇；嶸然中峙，號曰天柱。】是實惟帝之下都，【天帝都邑之在下者也。《穆天子傳》曰：吉日辛酉，天子升于昆侖之北，以觀黃帝之宮，而封豐隆之葬，以詔後世。言增封于昆侖山之上。懿行案：今本《穆天子傳》作「而豐□隆之葬」，闕誤不復可讀。或据《穆天子傳》「昆侖北有黃帝之宮」，以此經所說卽黃帝之下都，非也。《五臧山經》五篇內凡單言「帝」，卽皆天皇五帝之神，竝無人帝之例。「帝之平圃」「帝之囿時」，經皆不謂黃帝，審矣。】神陸吾司之，【卽肩吾也。《莊周》曰：肩吾得之，以處大山也。懿行案：郭所說見《莊子·大宗師篇》，《釋文》引司馬彪云：山神，不死，至孔子時。】其神狀虎身而九尾，人面而虎爪，【懿行案：此神人面虎身，有文有尾皆白處之，見《大荒西經》。】是神也司天之九部及帝之囿時。【主九域之部界、天帝苑囿之時節也。懿行案：《初學記》引《河圖》云：天有九部。部署之名本此。「囿時」之「時」疑讀爲「畤」。《史記·封禪書》云：或曰，自古以雍州積高，神明之隩，故立時郊上帝。是也。】有獸焉，其狀如羊而四角，名曰土螻，是食人。【懿行案：土螻，《廣韻》作「土㺏」，云：似羊，四角，其鋭難當，觸物則斃，食人，出《山海經》。本此也。《周書·王會篇》云：州靡費費，食人，北方謂之吐嘍。與此同名，非一物也。費費卽梟陽，見《海内南經》。】有鳥焉，其狀如蠭，大如鴛鴦，名曰欽原，【欽，或作「爰」，或作「至」也。】蠚鳥獸則死，蠚木則枯。【懿行案：蠚疑蓋字之譌。《説文》云：蓋，螫也；螫，蟲行毒也。】有鳥焉，其名曰鶉鳥，【懿行案：鶉鳥，鳳也，《海内西經》云昆侖開明西北皆有鳳皇，此是也。《埤雅》引師曠《禽經》曰：赤鳳謂之鶉。然則南方朱鳥七宿曰「鶉首」「鶉火」「鶉尾」亦是也。】是司帝之百服。【服，器服也。一曰，服，事也。或作藏。懿行案：「服，事也」，見《爾雅》。「或作藏」者，藏，古作「臧」，才浪切。百藏，言百物之所聚。】有木焉，其狀如棠，【棠梨也。懿行案：棠有赤、白，見《爾雅》，皆今杜梨也。】黄華赤實，其味如李而無核，【懿行案：李有無核者，《爾雅》云：休，無實李。郭注云：一名趙李。】名曰沙棠，【懿行案：高誘注《呂氏春秋·本味篇》云：沙棠，木名也，昆侖山有之。《玉篇》作「桬棠」，非也，云：華赤實味如李。蓋「華」上脱「黄」字。】可以禦水，食之使人不溺。【言體浮輕也。沙棠爲木，不可得沈。《呂氏春秋》曰：果之美者，沙棠之實。《銘》曰：安得沙棠，刻以爲舟；汎彼滄海，以遨以遊。懿行案：《文選·琴賦》注引此經作「御水人食之使不溺」。《初學記》二十五卷引此經，有「爲木不沈」句，蓋并引郭注也。《銘》卽郭氏《圖讚》，「刻」當爲「制」字之譌。】有草焉，名曰薲草，【音頻。懿行案：《文選注·陸機擬古詩十二首》引此經，又引《字書》曰：薲，亦蘋字也。】其狀如葵，其味如葱，食之已勞。【《呂氏春秋》曰：菜之美者，昆侖之蘋。懿行案：郭引《本味篇》文也，高誘注云：蘋，大蘋，水藻也。】河水出焉，【出山東北隅也。懿行案：《爾雅》云：河出昆侖虚，色白。李賢注《後漢書》引《河圖》云：昆山出五色流水，其白水東南流入中國，名爲河。】而南流東注于無達。【山名。懿行案：無達，即阿耨達也。阿耨，華言「無」也。《水經注》云：南河又東，右會阿耨大水，《釋氏西域記》曰，阿耨達山西北有大水，北流注牢蘭海者也。】赤水出焉，【出山東南隅也。懿行案：《莊子・天地篇》云：黄帝遊乎赤水之北，登乎昆侖之丘。李善注《文選》引《河圖》云：昆侖有五色水，赤水之氣上蒸爲霞。案，赤水上有三珠樹，見《海外南經》。】而東南流注于氾天之水。【氾天，亦山名，赤水所窮也。《穆天子傳》曰：遂宿于昆侖之側，赤水之陽。陽，水北也。氾，浮劍反。懿行案：《大荒南經》云：有氾天之山，赤水窮焉。是郭注所本。】洋水出焉，【出山西北隅。或作清。懿行案：《海内西經》洋音翔。「或作清」者，聲近而轉也。《水經注》引此經作「漾水」，高誘注《淮南子》或作「養水」，竝「洋」字之異文也。】而西南流注于醜塗之水。【醜塗，亦山名也，皆在南極。《穆天子傳》曰：戊辰濟洋水。又曰：觴天子洋水也。懿行案：醜塗，《水經注》作「配塗」，《大荒南經》作「朽塗」。今本《穆天子傳》作：庚辰，濟于洋水。】黑水出焉，【亦出西北隅也。懿行案：《楚詞・天問》云：黑水玄趾。謂此也。黑水亦見《海内西經》。】而西流于大杅。【山名也。《穆天子傳》曰：乃封長肱于黑水之西河，是惟昆侖鴻鷺之上，以爲周室主。杅音于。懿行案：《穆天子傳》今本無「昆侖」二字，此注蓋衍。】是多怪鳥獸。【謂有一獸九首，有一鳥六首之屬也。懿行案：九首，開明獸也。又有鳥六首，竝見《海内西經》。】

西 3–9：

又西三百七十里，曰樂游之山。【懿行案：畢氏云：疑即樂都也。《穆天子傳》曰：天子西濟于河，爰有溫谷樂都。《元和郡縣志》云：湟水縣，湟水亦謂之樂都水，出青海東地亂山中。】桃水出焉，【懿行案：畢氏云：疑卽洮水也。《地理志》云：臨洮，洮水出西羌中，北至枹罕東入河。】西流注于稷澤，【懿行案：稷澤已見上文峚山。】是多白玉，其中多鮹魚，【音滑。懿行案：《廣韻》及《太平御覽》九百三十九卷引此經竝作「鮹」。今作「鮹」，蓋譌；郭音「滑」，亦「渭」字之譌。】其狀如蛇而四足，是食魚。

西 3－10：

西水行四百里，曰流沙，【懿行案：流沙已見上文泰器之山，又詳《海內西經》。】二百里至于嬴母之山。神長乘司之，【懿行案：《水經注》云：禹西至洮水之上，見長人，受黑玉。疑卽此神。】是天之九德也，【九德，九氣所生。懿行案：「九氣」之「九」，藏經本作「之」。】其神狀如人而犳【之藥反。懿行案：犳已見上文庡陽之山。】尾。其上多玉，其下多青石而無水。

西 3－11：

又西三百五十里，曰玉山。是西王母所居也。【此山多玉石，因以名云。《穆天子傳》謂之羣玉之山，見其山河無險，四徹中繩，先王之所謂策府，寡草木，無鳥獸，穆王于是攻其玉石，取玉石版三乘，玉器服物，載玉萬隻以歸。雙玉爲瑴，半瑴爲隻。懿行案：《地理志》云：金城郡臨羌，西北至塞外，有西王母石室。西王母，國名，見於《竹書紀年》及《大戴禮》。《爾雅·釋地》以西王母與觚竹、北戶、日下竝數，謂之四荒，是爲國名無疑。此經及《穆天子傳》始以爲人名。《荀子》云：禹學于西王國。《莊子·大宗師篇》云：西王母坐乎少廣。《釋文》引司馬彪云，少廣，穴名；崔譔云，山名。蓋亦本此經爲說也。今本《穆天子傳》作「阿平無險，四徹中繩」，又云「取玉三乘」，無「石版」二字。又，「雙玉爲瑴」，《初學記》二十七卷引此經云：珏，二玉相合。蓋引郭氏此注又誤也。】西王母，其狀如人，豹尾【懿行案：《〈莊子·大宗師篇〉釋文》說西王母引此經作「狗尾」。又，西王母穴處，見《大荒西經》也。】虎齒而善嘯，蓬髮戴勝，【蓬頭亂髮。勝，玉勝也。音龐。懿行案：《莊子釋文》引此經作「蓬頭戴勝」。郭云「玉勝」者，蓋以玉爲華勝也。《後漢·輿服志》云：簪以瑇瑁爲擿，端爲華勝。】是司天之厲及五殘。【主知災厲五刑殘殺之氣也。《穆天子傳》曰：吉日甲子，天子賓于西王母，執玄圭白璧以見西王母，獻錦組百縷，金玉百斤，西王母再拜受之。乙丑，天子觴西王母于瑤池之上，西王母爲天子謠曰：「白雲在天，山陵自出。道里悠遠，山川閒之。將子無死，尚復能來。」天子畣之曰：「予還東土，和理諸夏。萬民均平，吾顧見汝。比及三年，將復而野。」西王母又爲天子吟曰：「徂彼西土，爰居其所。虎豹爲羣，烏鵲與處。嘉命不遷，我惟帝女。彼何世民，又將去子。吹笙鼓簧，中心翱翔。世民之子，惟天之望。」天子遂驅，升于奄山，乃紀迹于奄山之石，而樹之槐，眉曰「西王母之山」。○奄山，即崦嵫山也。案《竹書》：穆王五十七年，西王母來見，賓于昭宮。舜時，西王母遣使獻玉環，見《禮·三朝》。懿行案：厲及五殘，皆星名也。李善注《思玄賦》引此經作「司天之屬」，蓋誤。《月令》云：季春之月，命國儺。鄭注云：此月之中，日行歷昴；昴有大陵積尸之氣，氣佚則厲鬼隨而出行。是大陵主厲鬼，昴爲西方宿，故西王母司之也。五殘者，《史記·天官書》云：五殘星出正東東方之野，其星狀類辰星，去地可六七丈。《正義》云：五殘，一名五鋒，出則見五方毁敗之徵，大臣誅亡之象。西王母主刑殺，故又司此也。郭引《穆天子傳》與今本多有異同，其西王母又爲天子吟云「彼何世民，又將去子」二語，今本所無，或脫誤，不可讀也。郭又引《竹書》及《禮·三朝》者，《大戴禮·少閒篇》云：西王母來獻其白琯。《漢書·蓺文志》有《孔子三朝》七篇，皆在《大戴禮》也。】有獸焉，其狀如犬而豹文，其角如牛，【或作羊。】其名曰狡，【懿行案：《周書·王會篇》云：匈奴狡犬；狡犬者，巨身，四足果。《廣韻》作「巨口黑身」爲異。疑卽此。而此經狡無犬名，《周書》狡犬又不道有角，疑未敢定也。】其音如吠犬，見則其國大穰。【晉太康七年，邵陵扶夷縣檻得一獸，狀如豹文，有二角，無前兩腳，時人謂之狡，疑非此。懿行案：郭所說見《爾雅》「貀無前足」注；以校此注，「豹文」上脫「狗」字。】有鳥焉，其狀如翟而赤，名曰胜遇，【音姓。懿行案：《說文》云：胜，犬膏臭也，一曰不孰也。非郭義。《玉篇》有「鴊」字，音生，鳥也。疑鴊卽胜矣。】是食魚，其音如錄，【音錄。義未詳。懿行案：吳氏以「錄」爲「鹿」之假借字也。古字「錄錄」「鹿鹿」竝通用。又案，經文作「錄」，郭復音「錄」，必有誤。】見則其國大水。

西 3－12：

又西四百八十里，曰軒轅之丘。【黄帝居此丘，娶西陵氏女，因號軒轅丘。懿行案：《大戴禮·帝繫篇》云：黄帝居軒轅之丘，娶于西陵氏之子，謂之嫘祖氏。《史記·五帝紀》同。《淮南·墬形訓》云：軒轅丘在西方。高誘注云：軒轅，黄帝有天下之號。卽此也。】無草木。洵水出焉，【音詢。】南流注于黑水，其中多丹粟，多青雄黄。

西 3－13：

又西三百里，【懿行案：《水經注》引此經，自昆侖至積石千七百四十里。今檢得一千九百里，若加流沙四百里，便爲二千一百里也。】曰積石之山。其下有石門，河水冒以西流。【冒，猶覆也。積石山，今在金城河門關西南羌中。河水行塞外，東入塞内。懿行案：《水經注》引此經作：河水冒以西南流。《蓺文類聚》八卷同。《初學記》六卷引亦同，而脱「流」字。今本又脱「南」字也。然据此經，積石去昆侖一千九百里，而河水猶西南流，其去東入塞内之地尚遠。郭注非也。《穆天子傳》云：乃至于昆侖之北。又云：飲於枝洔之中，積石之南河。正與「河水冒以西南流」合。然則此經積石，蓋《括地志》所謂「大積石山」，非「禹所導之積石」也。《禹貢》積石在今甘肅西寧縣東南一百七十里，爲中國河之始。《水經》云：河水流入於渤海，又出海外，南至積石山，下有石門。即此經之積石山也。其下云：又南入葱嶺山，又從葱嶺出而東北流，其一源出于闐國南山，北流與葱嶺所出河合，又東注蒲昌海，又東入塞，過敦煌、酒泉、張掖郡南，又東過隴西河關縣北。此則《禹貢》之積石也。据《水經》所説，積石有二，明矣。酈氏作注，疑積石不宜在蒲昌海之上，蓋不知積石有二，而於「河水東入塞」下妄引此經積石以當之，其謬甚矣。然《括地志》以河先逕于闐鹽澤，而後至大積石，亦與《水經》不合。其云積石有二，則質明可信。自古説積石者多不了，故詳据《水經》以定之。《括地志》所説，又見《海外北經》「積石」下。案，《地理志》云：金城郡河關，積石山在西南羌中，河水行塞外，東北入塞内。是郭所本也。注「門」字衍。】是山也，萬物無不有焉。【《水經》引《山海經》云：積石山在鄧林山東，河所入也。懿行案：郭据《水經》引《山海經》者，《海外北經》文也。其云《水經》，今亡無攷。】

西 3－14：

又西二百里，曰長畱之山。其神白帝少昊居之。【少昊，金天氏，帝摯之號也。懿行案：「昊」當爲「暤」，「長畱」或作「長流」。《顏氏家訓·書證篇》引《帝王世紀》云：帝少昊崩，其神降於長流之山，於祀主秋。蓋

「畱」通作「流」也。】其獸皆文尾，【「文」或作「長」。】其鳥皆文首。【「文」或作「長」。】是多文玉石。實惟員神磈【音隗。】氏之宫。是神也，主司反景。【日西入則景反東照，主司察之。懿行案：是神，員神蓋即少昊也，紅光蓋即蓐收，見下文泑山。《北堂書鈔》一百四十九卷引此經「反」作「仄」，恐誤。】

西 3－15：

又西二百八十里，曰章莪之山。無草木，多瑤碧。【碧，亦玉屬。】所爲甚怪。【多有非常之物。】有獸焉，其狀如赤豹，【懿行案：《大雅・韓奕篇》云：赤豹黄羆。《穆天子傳》云：鍾山爰有赤豹。《廣韻》引此經無「赤」字。】五尾，一角，其音如擊石，其名如猙。【《京氏易義》曰：音如石相擊。音靜也。懿行案：經文「如猙」之「如」當爲「曰」字之譌。注文「音靜」之上當脱「猙」字也。《廣韻》云：猙，獸名，音爭，又音淨。所説形狀與此經同。又，狢字注云：獸如赤豹，五尾。然則狢亦猙類，或一物二名也。】有鳥焉，其狀如鶴，一足，赤文青質而白喙，【懿行案：《廣韻》作「白面」，疑譌。】名曰畢方，【懿行案：《廣雅》云：木神謂之畢方。《淮南・汜論訓》云：木生畢方。高誘注云：畢方，木之精也，狀如鳥，青色，赤腳，一足，不食五穀。蓋本此經，而説又小異。《匡謬正俗》引郭氏《圖讚》云：畢方赤文，離精是炳；旱則高翔，鼓翼陽景；集乃災流，火不炎上。「上」與「炳」「景」韻。又，畢方，《玉篇》《廣韻》竝作「鷝鴋」，非也。】其鳴自叫也，見則其邑有譌火。【譌亦妖訛字。懿行案：薛綜注《東京賦》云：畢方，老父神，如鳥，一足，兩翼，常銜火在人家作怪災。即此經云譌火是也。譌，蓋以言語相恐喝。】

西 3－16∵

又西三百里，曰陰山。【懿行案：張揖注《漢書·司馬相如傳》云：陰山在昆侖西二千七百里。謂此也。今校經文二千七百八十里矣。《地理志》云西河郡有陰山，非此。】濁浴之水出焉，【懿行案：《太平御覽》八百七卷、九百十三卷竝引此經「浴」作「谷」。】而南流注于蕃澤，【懿行案：《水經·沮水》注有「濁谷水」東南至白渠與澤泉合，疑非此。】其中多文貝。【餘泉蚔之類也，見《爾雅》。懿行案：《爾雅》說貝云：餘眡黃白文，餘泉白黃文。】有獸焉，其狀如貍【或作豹。懿行案：《初學記》二十九卷引此亦作「貍」，餘竝同。】而白首，名曰天狗，其音如榴榴，【或作貓貓。懿行案：貓貓，葢聲如貓也。貓貓與榴榴，聲又相近。《北山經》譙明山孟槐之獸，音亦與此同。又，經內亦有單言「其音如榴」者，此經注疊字，葢衍。】可以禦凶。

西 3－17∵

又西二百里，曰符惕之山。【音陽。懿行案：《藝文類聚》二卷、《太平御覽》九卷及十卷，竝引此經作「符陽之山」，與今本異。】其上多椶枏，下多金玉。神江疑居之。是山也，多怪雨，風雲之所出也。【懿行案：《祭法》云：山林川谷丘陵能出雲、爲風雨、見怪物，皆曰神。即斯類也。】

西 3－18∵

又西二百二十里，曰三危之山。【今在燉煌郡。《尚書》云「竄三苗于三危」是也。懿行案：《漢書·司馬相如傳》張揖注云：三危山在鳥鼠山之西，與㟧山相近。《水經·江水》注引此經云：三危在敦煌南，與㟧山相接。

今經無此語，蓋引郭注之文也。《史記正義》引《括地志》云：三危山有三峯，故曰三危，俗亦名卑羽山，在沙州燉煌縣東南三十里。劉昭注《郡國志》「隴西郡首陽」引《地道記》云：有三危，三苗所處。】三青鳥居之。【三青鳥，主爲西王母取食者，別自棲息於此山也。《竹書》曰：穆王西征，至于青鳥所解也。懿行案：三青鳥之名，見《大荒西經》；「爲西王母取食」，見《海內北經》；青鳥所解，卽三危山，見《竹書》。《蓺文類聚》九十一卷引郭氏《讚》云：山名三危，青鳥所憩；往來昆侖，王母是隸；穆王西征，旅軫斯地。】是山也，廣員百里。其上有獸焉，其狀如牛，白身【懿行案：《廣韻》引此經作「白首」。】四角，其豪如披蓑，【蓑，辟雨之衣也，音梭。懿行案：「蓑」當爲「衰」。《說文》云：衰，艸雨衣，秦謂之萆。】其名曰傲㑌，【傲噎二音。懿行案：据郭音「傲」知經文蓋本作「獓」。「㑌」字亦錯，當從《玉篇》作「獒狚」。《廣韻》㑌字注引此經同。】是食人。有鳥焉，一首而三身，其狀如鸈，其名曰鴟。【鸈，似鵰，黑文，赤頸，音洛。下句或云「扶獸則死，扶木則枯」，應在上「欽原」下，脫錯在此耳。懿行案：《玉篇》云：鸈鳥如鵰，黑文赤首。本郭注爲說也。今東齊人謂鴟爲「老鵰」，蓋本爲「鸈鵰」，聲近轉爲「老鵰」耳。】

西 3－19：

又西一百九十里，【懿行案：《文選·琴賦》注云：騩山在三危西九十里。疑脫「百」字。】曰騩山。【懿行案：《琴賦》云：慕老童於騩隅。五臣注作「隗」。】其上多玉而無石。神耆童居之，【耆童，老童，顓頊之子。懿行案：顓頊生老童，見《大荒西經》。李善注《琴賦》引此經及郭注，竝與今本同。】其音常如鍾磬。【懿行案：此亦天授然也。其孫長琴所以能作樂風，本此。亦見《大荒西經》。】其下多積蛇。【懿行案：今蛇媒所在有之，其蛇委

積，不知所來，不知所去，謂之蛇媒也。】

西 3－20：

又西三百五十里，曰天山。【懿行案：《漢書·武帝紀》云：天漢二年，與右賢王戰於天山。顏師古注云：即祁連山也，匈奴謂天爲祁連，今鮮卑語尚然。《史記正義》引《括地志》云：祁連山在甘州張掖縣西南二百里。又云：天山，一名白山，今名折羅漫山，在伊吾縣北百二十里。晉灼注《漢書》云：在西域，近蒲類國，去長安八千餘里。李賢注《後漢書·明帝紀》引《西河舊事》曰：白山冬夏有雪，故曰白山，匈奴謂之天山，過之皆下馬拜焉，去蒲類海百里之內。】多金玉，有青雄黃。英水出焉，而西南流注于湯谷。有神焉，【懿行案：《初學記》《文選注》引此經竝作「神鳥」，今本作「焉」字，蓋譌。】其狀如黃囊，赤如丹火，【體色黃而精光赤也。懿行案：《文選注·王融曲水詩序》引此經作「其文丹」。】六足四翼，渾敦【懿行案：《初學記》八卷引此經無「敦」字。】無面目，【懿行案：《史記正義》引《神異經》云：昆侖西有獸焉，有目而不見，有兩耳而不聞，有腹無五藏，有腸直短食徑過，名渾沌。】是識歌舞，實爲帝江也。【夫形無全者則神自然靈照，精無見者則闇與理會，其帝江之謂乎？莊生所云「中央之帝混沌，爲儵、忽所鑿七竅而死」者，蓋假此以寓言也。懿行案：《〈莊子·應帝王篇〉釋文》引崔譔云「渾沌，無孔竅也」，簡文云「儵、忽取神速爲名，混沌以合和爲貌」。】

西 3－21：

又西二百九十里，曰泑山。【泑音黝黑之黝。懿行案：《北堂書鈔》一百四十九卷引「泑」作「岰」。李善注

《思玄賦》引此經作「濛山」，蓋卽《淮南子》云「日至於蒙谷」是也。《尚書大傳》云：宅西曰栁谷。鄭注云：西在隴西之西。案，隴西郡有西縣，見《地理志》。此爲「寅餞入日」之地。「栁」「泑」之聲又相近。疑栁谷卽泑山矣。】神蓐收居之。【亦金神也，人面，虎爪，白尾，執鉞，見《外傳》云。懿行案：《晉語》云：虢公夢有神，人面白毛虎爪執鉞，史嚚曰，蓐收也，天之刑神也。是郭注所本。「尾」當爲「毛」字之譌，《海外西經》注亦引《外傳》正作「白毛」，可證。《月令》云：其神蓐收。鄭注云：蓐收，少曍氏之子曰該，爲金官也。李善注《思玄賦》引此經郭注作「人面虎身，右手執鉞」，與今本異。】其上多嬰短之玉，【未詳。懿行案：上文騩次之山作「嬰垣之玉」，郭云「垣或作短」，謂此也。依字當爲「嬰珢」。】其陽多瑾瑜之玉，其陰多青雄黃。是山也，西望日之所入，其氣員，【日形員，故其氣象亦然也。】神紅光之所司也。【未聞其狀。懿行案：紅光蓋卽蓐收也。《思玄賦》注引此經無「紅」字，《北堂書鈔》引有「紅」字。】

西 3－22：

西水行百里，至于翼望之山。【或作土翠山。懿行案：《中次十一經》首曰翼望之山，與此同名。《大荒南經》有翠山，非此。】無草木，多金玉。有獸焉，其狀如貍，一目而三尾，名曰讙，【讙，音歡，或作原。懿行案：《太平御覽》九百十三卷引此經「讙」作「讙讙」，疑郭注「讙」字本在經文，傳寫者誤入郭注耳。《御覽》又引此經「讙」作「原」，與郭注合。】其音如奪百聲，【言其能作百種物聲也。或曰，「奪百」，物名，亦所未詳。懿行案：奪，《說文》作「奞」，蓋形近誤作「奪」也。《御覽》引此經又作「豪」。】是可以禦凶，服之已癉。【黃癉病也，音旦。懿行案：《説文》云：「癉，勞病也；疸，黃病也。」與郭異。】有鳥焉，其狀如烏，三首六尾而善笑，名曰鵸鵌，【猗餘兩音。懿行案：《北山經》帶山有鵸鵌鳥自爲牝牡，與此同名。或曰，《周書·王會篇》有「奇榦善芳」，「奇榦」即「鵸鵌」，「善芳」即「善笑」之譌，非也。】服之使人不厭，【不厭夢也。《周書》曰：服者不眛。音莫禮反。或曰眯，眯目也。懿行案：「厭」俗作「魘」，非。《倉頡篇》云：厭，眠內不祥也。高誘注《淮南子》云：楚人謂厭爲眛。是則厭即眛也，故經作「不厭」。郭引《周書》作「不眛」，明其義同。今《周書·王會篇》作「佩之令人不眛」。案，眛，郭音「莫禮反」，則其字當作「眯」，从目从米。藏經本作「厭者不眯」，而今本作「眛」，非矣。然「眛」「眯」古亦通用。《春秋繁露·郊語篇》云：鴟羽去眯。「眛」亦作「眯」是也。又，《説文》云：寐，寐而未厭，从㝱省，米聲。正音莫禮反，是此注「眯」與「寐」音義相近。】又可以禦凶。

西 3－0：

凡西次三經之首，崇吾之山至于翼望之山，凡二十三山，【懿行案：今才二十二山。】六千七百四十四里。【懿行案：今才六千二百四十里，又加流沙四百里才六千六百四十里。】其神狀皆羊身人面，其祠之禮，用一吉玉瘞，【玉加采色者也。《尸子》曰：吉玉大龜。】糈用稷米。

西 4－1：

西次四經之首，曰陰山。【懿行案：上文已有陰山，與此同名。畢氏以此爲彫陰山，然「上郡彫陰」應劭云彫山在西南，不名陰山也。】上多穀，無石，其草多茆蕃。【茆，鳧葵也。蕃，青蕃，似莎而大。卯煩兩音。懿行案：茆見陸璣《詩疏》，云：江南人謂之蓴菜。《説文》云：茆，鳧葵也；薠，青薠，似莎者。《子虛賦》云：薛莎青薠。是「蕃」依字當爲「薠」。李善注《南都賦》引此郭注正作「薠」，云：薠，青薠，似莎而大。高誘注《淮南·覽冥訓》云：薠，狀如葴，葴如葭也；莎，草名也。】陰水出焉，西流注于洛。【懿行案：此渭洛之洛，即漆沮水也，出白於山，見下文。】

西 4－2：

北五十里，曰勞山。多茈草。【一名茈莀，中染紫也。懿行案：茈草即紫草。《爾雅》云：藐，茈草。《廣雅》云：茈莀，茈草也。是郭所本。】弱水出焉，【懿行案：《地理志》云：張掖郡刪丹，桑欽以爲道弱水自此，西至酒泉合黎，此《禹貢》弱水也。《西域傳》云：條支有弱水西王母。《大荒西經》云：昆侖丘下，弱水環之。皆非此經之弱水也。《晉書·苻堅載記》云：堅遣安北將軍幽州刺史苻洛討代王涉翼犍，翼犍戰敗，遁於弱水，苻洛追之，退還陰山。此經上有陰山，下有弱水，當即是也。】而西流注于洛。【懿行案：《太平寰宇記》云：保安軍，吃莫河在軍北一十里，源出蕃部吃莫川，南流，在軍北四十里入洛河，不勝船筏。案，此則吃莫川即弱水也。今水出陝西靖邊縣，東南流至保安縣西入洛。】

西 4－3：

西五十里，曰罷父之山。洱水出焉，【音耳。懿行案：《玉篇》《廣韻》竝云洱出罷谷山。「父」「谷」字形相近，疑此經「父」當爲「谷」，字之譌也。《隋書·地理志》云：洛源有洱水。即此水也。在今甘肅慶陽府。】而西流注

于洛，其中多茈、碧。【懿行案：茈、碧，二物也。茈即茈石。】

西4－4：

北百七十里，曰申山。【懿行案：《水經・河水》注引此經云：西次四經之首曰陰山，西北百七十里曰申山。案，自陰山至此凡二百七十里，《水經注》脱「二」字。】其上多穀柞，其下多杻橿。其陽多金玉。區水出焉，而東流注于河。【懿行案：《水經》云：河水南過上郡高奴縣東。注云：河水又右會區水——引此經云云——區水世謂之清水。】

西4－5：

北二百里，曰鳥山。【懿行案：《穆天子傳》云：有鵛鳥之山。疑即此。鵛，《玉篇》同鸖。】其上多桑，其下多楮。其陰多鐵，其陽多玉。辱水出焉，而東流注于河。【懿行案：《穆天子傳》云：天子飲于溽水之上。疑即是水也。《水經注》云：河水又南，右納辱水——引此經云云——其水東流，俗謂之秀延水，又東會根水，又東南會露跳水，亂流注於河。】

西4－6：

又北百二十里，曰上申之山。上無草木而多硌石，【硌，磊硌，大石貌也，音洛。懿行案：《老子》下篇云：不欲琭琭如玉，珞珞如石。「珞」本或作「落」，依字當爲「硌」也。《玉篇》引《老子》正作「硌」，云：硌，山上大石。李善注《魯靈光殿賦》引此郭注作「礧硌大石也」。】下多榛楛。【榛子似栗而小，味美。楛木可以爲箭。《詩》云：榛楉濟濟。臻怙兩音。懿行案：榛、楉，見陸璣《詩疏》。《廣雅》云：亲，栗也。《說文》云：楉，木也。陸璣《疏》云：形似荆而赤莖似著。】獸多白鹿。【懿行案：《周書・王會篇》云：黑齒白鹿。《周語》云：穆王征犬戎，得四白鹿。《穆天子傳》云：白鹿一牾，棄逸出走。】其鳥多當扈，【或作戶。懿行案：《玉篇》云：北扈，鳥名。疑卽此。「扈」「扈」古字通。】其狀如雉，以其髯飛，【髯，咽下須毛也。】食之不眴目。【音眩。懿行案：《說文》云：旬，或作「眴」，目搖也。】湯水出焉，東流注于河。【懿行案：《水經注》云：河水又南，諸次之水入焉，又南，湯水注之。引此經云云。】

西 4 - 7：

又北百八十里，曰諸次之山。諸次之水出焉，而東流注于河。【懿行案：《水經注》云：諸次水出上郡諸次山——引此經云云——其水東逕榆林塞，世又謂之榆林山，卽《漢書》所謂榆谿舊塞也，其水東入長城，小榆林水合焉，又東合首積水，又東入於河。引此經云云。】是山也，多木，無草，鳥獸莫居，是多衆蛇。【懿行案：《水經注》引此經作「象蛇」，則與《北次三經》陽山之鳥同名。今各本竝作「衆蛇」，疑《水經注》譌。】

西 4 - 8：

又北百八十里，曰號山。其木多漆椶，【漆樹似樗也。懿行案：俗語云：櫄樗栲漆，相似如一。見《爾雅注》及《詩釋文》。】其草多葯、䕡、芎藭。【葯，白芷別名。䕡，香草也。芎藭，一名江蘺。葯，音烏較反。懿行案：王逸注《楚詞・九歌》云：葯，白芷也。《廣雅》云：白芷，其葉謂之葯。是郭所本也。《說文》云：茝，䕡也；楚謂之蘺，晉謂之虈，齊謂之茝。是茝、虈卽江蘺也。《爾雅釋文》引《本草》云：蘪蕪，一名江蘺，芎藭苗也。是芎藭、江蘺又爲一物。《說文》云：芎藭，香草也。案，芎藭卽鞠窮，《左傳》謂之山鞠窮。】多汵石。【汵，或音金，未詳。懿行案：《說文》「汵」本字作「淦」，云：泥也，从水，金聲。與郭音合。汵石葢石質柔耎如泥者，今水中土中俱有此石也。】端水出焉，而東流注于河。【懿行案：《水經注》云：圁水又東，逕圁陽縣南，東流注於河，河水又東，端水入焉，水西出號山。引此經云云。】

西 4－9：

又北二百二十里，曰盂山。【音于。懿行案：《水經注》引此經郭注云：「盂」或作「明」。今本脫之。「盂」疑當作「孟」。《太平御覽》九百九卷引此經正作「孟」。《大戴禮·誥志篇》云：明，孟也。「明」「孟」同聲，故「孟」或作「明」。】其陰多鐵，其陽多銅。其獸多白狼白虎，【《外傳》曰：周穆王伐犬戎，得四白狼白虎，虎名甝虪。懿行案：郭引《外傳》者，《周語》文也。《蓺文類聚》九十九卷引郭氏《讚》云：矯矯白狼，有道則遊；應符變質，乃銜靈鉤；惟德是適，出殷見周。案「白狼銜鉤」見緯書。《穆天子傳》云：爰有赤豹白虎。此注「白虎」下「虎」字衍，「虪」字衍。据《爾雅》云：甝，白虎；虪，黑虎。此注或云「白虎名甝，黑虎名虪」，今本又脫「黑虎名」三字也。】其鳥多白雉白翟。【或作「白翠」。懿行案：雉、翟一物二種，經「白翟」當爲「白翠」。】生水出焉，【懿行案：生水，《水經注》謂之奢延水，云：出奢延縣西南赤沙阜，東北流。引此經所謂「生水出盂山」者也。又云：洛川在南，俗因縣土謂之奢延水，又謂之朔水矣。案，《地理志》上郡有奢延縣，卽酈注所指也。「奢延」合聲爲「生」，「生」「朔」聲之轉，皆方俗語異，字隨音變也。】而東流注于河。【懿行案：《水經》云：河水又南，過離石縣西。注云：奢延水注之。即此經云「東流注于河」矣。離石屬西河郡。】

西 4－10：

西二百五十里，曰白於之山。【懿行案：山在今甘肅安化縣。《元和郡縣志》云：洛源縣，白於山一名女郎山，在縣北三十里。】上多松柏，下多櫟檀。【櫟卽柞。懿行案：櫟見《爾雅》。】其獸多㸲牛、羬羊，其鳥多鴞。【鴞，似鳩而青色。懿行案：鴞見陸璣《詩疏》。】洛水出于其陽，【懿行案：洛水，雍州浸。《水經注》引闞駰以爲漆沮水也。《說文》云：洛水出左馮翊歸德北夷界中，東南入渭。《地理志》云：北地郡歸德，洛水出北蠻夷中，入河。《淮南・墬形訓》云：洛出獵山。高誘注云：獵山在北地西北夷中。是則獵山卽白於山之異名矣。又案，《西次二經》「泰冒之山，洛水出焉」，卽斯水也。《太平寰宇記》云：洛水源出白於山，經上郡雕陰秦望山。秦望山當卽泰冒山。蓋洛水本出白於山，而東經泰冒山，二山一是發源，一是所經，此經則通謂之出也。】而東流注于渭。【懿行案：《禹貢》云：渭又東，過漆沮。漆沮水卽洛水也。《水經》云：渭水又東，過華陰縣北。注云：洛水入焉。《說文》云：洛東南入渭。《地理志》云「入河」者，合渭而入河也。今則直入於河矣。】夾水出于其陰，東流注于生水。【懿行案：畢氏云：夾水疑卽甘肅靖邊縣東莜麥河也，其水合紅柳河，逕塞外，又東至縣，入於奢延水，水卽生水也。】

西 4－11：

西北三百里，曰申首【懿行案：《蓺文類聚》二卷、《太平御覽》十二卷，竝引此經作「由首」。】之山。無草木，冬夏有雪。【懿行案：山當在今陝西榆林府北。塞外地極高寒，故不生草木，冬夏有雪。】申水出于其上，潛于其下。是多白玉。

西 4－12：

又西五十五里，曰涇谷之山。【或無「之山」二字。懿行案：《初學記》六卷引此經亦有「之山」二字。】涇水出焉，【或以此爲今涇水，未詳。懿行案：涇水已見《西次二經》「高山」，又見《海內東經》，俱非此。此則涇谷水也。《水經注》云：渭水逕緜諸道東，又東南合涇谷水，水出西南涇谷之山。】東南流注于渭。【懿行案：《水經注》云：涇谷水又東北，歷董亭下，東北流注於渭。引此經云云。然經云「東南」，酈云「東北」，與經不合。《初學記》引此經無「南」字。】是多白金、白玉。

西 4－13：

又西百二十里，曰剛山。多柒木。【懿行案：柒，木名也。《廣韻》以「柒」爲「漆」俗字，俗又以代紀數之七字，竝非。】多㻬琈之玉。剛水出焉，北流注于渭。是多神䊔，【䊔，亦魑魅之類也，音恥回反。或作𩲡。懿行案：「䊔」疑當爲「魋」字之或體。《說文》云：魋，神獸也，从鬼隹聲。與郭音義俱合。又云「或作𩲡」者，「𩲡」當爲「魅」。《說文》云：魅，厲鬼也。《玉篇》云：魅，丑利切。】其狀人面獸身，一足一手，【懿行案：《說文》云：夔，神魖也，如龍，一足，从夊，象有角手人面之形。許君所説形狀，正與此經合。再證以魋字之解，則知神魖當爲神魋，字之譌也。】其音如欽。【欽，亦吟字假音。懿行案：《説文》云：欽，欠皃。蓋人呵欠則有音聲也。】

西 4－14：

又西二百里，至剛山之尾。洛水出焉，而北流注于河，【懿行案：此又一洛水也，所未能詳。】其中多蠻蠻，其狀鼠身而鼈首，其音如吠犬。【懿行案：蠻蠻之獸與比翼鳥同名。疑即猵也，「猵」「蠻」聲相近。《説文》云：猵或作獱，獺屬。《文選・羽獵賦》注引郭氏《三蒼解詁》曰：獱似狐，青色，居水中，食魚。】

西 4－15：

又西三百五十里，曰英鞮之山。【懿行案：《玉篇》作「莫靴山」。】上多漆木，下多金玉。鳥獸盡白。【懿行案：《史記・封禪書》云：蓬萊、方丈、瀛州，此三神山，其物禽獸盡白。亦此類。】涴水出焉，【涴或作浣，音冤枉之冤。懿行案：《玉篇》正作「浣」，云：水，出莫靴山。蓋英鞮山之異文也。】而北注于陵羊之澤。是多冉遺之魚，【懿行案：《玉篇》有「鱧」字，音唯，無訓。《太平御覽》九百三十九卷引此經作「無遺之魚」，疑即「蒲夷之魚」也，見《北次三經》「碣石之山」下。「蒲」「無」聲相近，「夷」「遺」聲同。】魚身，蛇首，六足，其目如馬耳，食之使人不眯，【懿行案：《説文》云：眯，艸入目中也。】可以禦凶。

西 4－16：

又西三百里，曰中曲之山。其陽多玉，其陰多雄黄、白玉及金。有獸焉，其狀如馬而白身，黑尾，【懿行案：《爾雅疏》引此經作「身黑，二尾」，誤。】一角，虎牙爪，音如鼓音，【懿行案：《爾雅注》引此經「鼓」下無「音」字。】其名曰駮，是食虎豹，【《爾雅》説駮，不道有角及虎爪。駮亦在《畏獸畫》中。懿行案：《爾雅》云：駮，如馬，倨牙，食虎豹。郭注引此經云：有獸名駮，如白馬，黑尾，倨牙，音如鼓，食虎豹。今此經無「倨牙」，《海外北經》有之，郭蓋并引二經之文也。劉逵注《吴都賦》引此經云：駮如馬，白身，黑尾，一角，鋸牙，虎爪，音如鼓，能食虎。亦并引二文也。《管子·小問篇》云：桓公乘馬，虎望見之而伏，桓公問管仲，對曰：「意者君乘駿馬而洀桓，迎日而馳乎？」公曰：「然。」管仲對曰：「此駮象也。駮食虎豹，故虎疑焉。」《説苑》又云：豹食駮，駮食虎，駮之狀有似駮馬。二書所説，竝與此經合。】可以禦兵。【養之辟兵刃也。】有木焉，其狀如棠而員葉赤實，實大如木瓜，【木瓜如小瓜。懿行案：「楙，木瓜」，見《爾雅》。】名曰櫰木，【音懷。懿行案：《爾雅》云：櫰，槐大葉而黑。非此也。「櫰」通作「槐」，又通作「褢」。《廣雅》云：褢，續斷也。《本草别録》云：續斷一名接骨，一名槐。陶注云：有接骨樹。顔師古注《急就篇》云：續斷卽今所呼續骨木。据諸書所説，接骨木卽此經櫰木與？】食之多力。【《尸子》曰：木食之人，多爲仁者，名爲若木。此之類。懿行案：《大戴禮·易本命篇》云：食木者多力而拂。】

西 4－17：

又西二百六十里，曰邽山。【音圭。懿行案：《地理志》云：隴西郡上邽。應劭曰：《史記》故邽戎邑也。《水經》云：渭水東過上邽縣。注云：渭水東歷縣北邽山之陰。】其上有獸焉，其狀如牛，蝟毛，名曰窮奇，音如獋狗，是食人。【或云似虎，蝟毛，有翼。《銘》曰：窮奇之獸，厥形甚醜；馳逐妖邪，莫不奔走；是以一名，號曰神狗。懿行案：窮奇與《海内北經》所説有異。郭又引或云「似虎有翼」，則與彼實一物矣。《銘》蓋郭氏《圖讚》之文。窮奇惡獸，而云「馳逐妖邪」者，《後漢·禮儀志》説「大儺逐疫使十二神」有云「窮奇、騰根共食蠱」，是窮奇又能驅逐凶邪，爲人除害，故復號曰神狗也。】濛水出焉，【音蒙。懿行案：《水經·渭水》注云：濛水出縣西北邽山，翼帶衆流，積以成谿，東流南屈，逕上邽縣故城西，側城南出。】南流注于洋水，【懿行案：《水經注》云：藉水卽洋水也，北有濛水注焉。又云：濛水又南注藉水。引此經云云。】其中多黄貝；【貝，甲蟲，肉如科斗，但有頭尾耳。懿行案：郭注《爾雅·釋魚》與此注同。】蠃魚，【音螺。懿行案：蠃，《玉篇》《廣雅》竝作「蠃」。《玉篇》云：魚，有翼，見則大水。】魚身而鳥翼，音如鴛鴦，見則其邑大水。

西4-18：

又西二百二十里，曰鳥鼠同穴之山。【今在隴西首陽縣西南，山有鳥鼠同穴，鳥名曰鵌，鼠名曰鼵，鼵如人家鼠而短尾，鵌似燕而黄色，穿地入數尺，鼠在内鳥在外而共處。孔氏《尚書傳》曰：共爲雌雄。張氏《地理記》云：不爲牝牡也。懿行案：《地理志》云：隴西郡首陽，《禹貢》鳥鼠同穴山在西南。《〈史記·夏本紀〉正義》引《括地志》云：鳥鼠山，今名青雀山，在渭州渭源縣西七十六里。又引此經郭注云：鳥名鵌，鼠名鼵，如人家鼠而短尾，鵌似鵽而小，黄黑色，穴入地三四尺；鵌音余，鼵扶廢反，鵽丁刮反，似雉也。所引郭注與《爾雅注》略同，以校此注則異。然「鼵」《爾雅》仍作「鼵」，與此同也。且《爾雅》説鼠有十三種，中有鼵鼠，郭云「形則未詳」。若据《史記正義》所引，是鼵鼠形狀郭亦頗能詮説，不應注《雅》復云「未詳」。是此注之「鼵」不作「鼵」字，審矣。】其上多白虎白玉。【懿行案：李善注《子虛賦》，劉昭注《郡國志》引此經，竝與今本同。】渭水出焉，而東流注于河，【出山東，至弘農華陰縣入河。懿行案：《說文》云：渭水出隴西首陽渭首亭南谷，東入河；杜林說《夏書》，以爲出鳥鼠山。《水經》與《說文》同，「渭首亭」作「渭谷亭」。《地理志》云：鳥鼠同穴山，渭水所出，東至船司空入河。】其中多鰠魚，【音騷。懿行案：鰠字見《玉篇》，音義與此同。】其狀如鱣魚，【鱣魚，大魚也，口在頷下，體有連甲也。或作鮎鯉。懿行案：鱣見《爾雅》，郭注詳之。鮎、鯉亦見《爾雅》，然非一魚，注蓋本作「鮎魚」。】動則其邑有大兵。【或脫，無從「動則」以下語者。懿行案：《太平御覽》九百三十九卷引此經《圖讚》云：物以感應，亦不數動；壯士挺劍，氣激江涌；騷魚潛淵，出則民悚。】濫水出于其西，【音檻。懿行案：《水經・河水》注云：洮水北逕降狄道故城西，東北流，又北，隴水注之，卽《山海經》所謂濫水也，水出鳥鼠山西北高城嶺。】西流注于漢水，【懿行案：《博物志》「濫」作「溫」，云：水出鳥鼠山，下注漢水。《水經注》云：濫水注於洮水。與此經異。】多𩽺魮之魚，【如玭兩音。懿行案：郭氏《江賦》云：文魮磬鳴以孕璆。李善注引此經亦作「文魮」，又引郭注作「音毗」，無𩽺字之音，是「𩽺魮」古本作「文魮」可證。】其狀如覆銚，【懿行案：《說文》云：銚，溫器也。】鳥首而魚翼魚尾，【懿行案：《玉篇》引此經無「魚翼」二字。《江賦注》引此經「魚翼」無「魚」字。】音如磬石之聲，是生珠玉。【亦珠母蚌類，而能生出之。懿行案：《初學記》八卷引《南越志》云：海中有文魮魚，鳥頭尾，鳴似磬，而生玉。《說文》云：宋弘云，玭，珠之有聲；《夏書》「玭」作「蠙」。蓋「玭」卽「魮」也，古字通，「有聲」卽「音如磬」，是矣。《御覽》九百三十九卷引此經《圖讚》云：形如覆銚，苞玉含珠；有而不積，泄以尾閭；闇與道會，可謂奇魚。】

西 4－19：

西南三百六十里，曰崦嵫之山。【日沒所入山也，見《離騷》，奄兹兩音。懿行案：《離騷》云：望崦嵫而未迫。王逸注云：崦嵫，日所入山也，下有蒙水，水中有虞淵。《穆天子傳》云：天子升于弇山。郭注云：弇兹山，日所入也。《玉篇》引此經作「嶖嵫山」。】其上多丹木，【懿行案：峚山亦有丹木，與此異。】其葉如穀，其實大如瓜，赤符【懿行案：「符」疑借爲「柎」字，音府，或讀如本字。】而黑理，食之已癉，可以禦火。其陽多龜，其陰多玉。苕【或作若。】水出焉，【懿行案：若水疑卽蒙水也。「若」「苕」字形相近。上文「龍首之山，苕水出焉」，《初學記》亦引作「若水」。】而西流注于海。【《禹大傳》曰：洧盤之水，出崦嵫山。懿行案：《離騷》云：朝濯髮乎洧盤。王逸注云：洧盤，水名也。引《禹大傳》與此注同。是郭以洧盤卽苕水矣。】其中多砥礪。【磨石也，精爲砥，麄爲礪也。懿行案：《說文》云：底，柔石也，或作砥；厲，旱石也，或作厲。礪，俗字也。《玉篇》云：崦嵫礪石可磨刃。】有獸焉，其狀馬身而鳥翼，人面，蛇尾，是好舉人，【喜抱舉人。】名曰孰湖。有鳥焉，其狀如鴞而人面，蜼身犬尾，【蜼，獼猴屬也，音贈遺之遺，一音誄，見《中山經》。「尾」又作「眥」。懿行案：蜼見《中次九經》「鬲山」。】其名自號也，【或作「設」，「設」亦呼耳。疑此脫誤。懿行案：注「設亦呼耳」，「設」無「呼」義，是知「設」蓋「詨」字之譌也。郭云「疑此脫誤」者，既云「其名自號」而經無其名，故知是脫。】見則其邑大旱。

西 4－0：

凡西次四經，自陰山以下至于崦嵫之山，凡十九山，三千六百八十里。【懿行案：今三千五百八十五里。】其神祠禮，皆用一白雞祈，【懿行案：「祈」當爲「㼽」，已見上文畢氏云。】糈以稻米，白菅爲席。

西 4－0－0：

右西經之山，【懿行案：「山」下脱「志」字。】凡七十七山，【懿行案：當云「七十八山」。】一萬七千五百一十七里。【懿行案：經當有一萬七千五百二十一里，今則一萬八千一十二里。】

山海經第二

山海經第三

晉　郭璞傳　棲霞郝懿行箋疏

北山經

北1-1：

北山經之首，曰單狐之山。【懿行案：《玉篇》《廣韵》竝作嶧孤山。】多机木，【机木似榆，可燒以糞稻田，出蜀中，音飢。懿行案：《説文》云：机，木也。段氏玉裁注云：「蓋卽榿木也，今成都榿木樹，讀若豈平聲。揚雄《蜀都賦》曰：春机楊柳。机榿古今字。榿見杜詩。」】其上多華草。【懿行案：華草未詳。《爾雅》雖云「葭一名華」，而非山上之草。《呂氏春秋·別類篇》云：夫草有莘有藟。《太平御覽》九百九十四卷引「莘」作「華」。然則華草豈是與？《呂氏春秋》説此草云：獨食之則殺人，合而食之則益壽。此經不言，未知其審，存以俟攷。】逢水出焉，【音逢。】而西流注于泑水，【懿行案：泑水已見《西次三經》「長沙之山」。】其中多芘石、文石。【懿行案：《本草別錄》云：紫石華一名茈石華，生中牟山陰。疑「芘」當爲「茈」，「茈」古字假借爲「紫」也。《中次六經》云：婁涿之山陂水其中多茈石、文石。正作「茈」字，明此作「芘」誤。《鹽鐵論》云：周人以紫石。蓋卽茈石矣。】

北1－2：

又北二百五十里，曰求如之山。其上多銅，其下多玉。無草木。滑水【懿行案：藏經本郭注有「作滑水」三字。】出焉，而西流注于諸毗之水，【水出諸毗山也。懿行案：《西次三經》云：槐江之山，北望諸毗。卽此山也。】其中多滑魚，【懿行案：藏經本郭注有「作鰨魚」三字。《玉篇》《廣韵》竝云：鰨，魚名。】其狀如鱓，赤背，【鱓魚似蛇，音善。】其音如梧，【如人相枝梧聲，音「吾子」之「吾」。懿行案：義當如「據梧」之「梧」。《〈莊子·齊物論篇〉釋文》引司馬彪云「梧，琴也」，崔譔云「琴瑟也」。】食之已疣。【疣，贅也。懿行案：「疣」當爲「肬」。《說文》云：肬，贅也，籒文作䏕。】其中多水馬，其狀如馬，文臂，牛尾，【臂，前腳也。《周禮》曰：馬黑脊而斑臂，膢。漢武元狩四年，燉煌渥洼水出馬，以爲靈瑞者，卽此類也。懿行案：《內則》云：馬黑脊而般臂，漏。鄭注云：漏當爲螻，如螻蛄臭也。】其音如呼。【如人叫呼。懿行案：呼，謂馬叱吒也。《穆天子傳》云：其馬歕沙，其馬歕玉。《說文》云：歕，吹气也。】

北1－3：

又北三百里，曰帶山。其上多玉，其下多青碧。有獸焉，其狀如馬，一角有錯，【言角有甲錯也，或作厝。懿行案：「錯」，依字正當爲「厝」。《說文》云：厝，厲石也。引《詩》曰：他山之石，可以爲厝。今《詩》通作「錯」。】其名曰䑏疏，【音歡。懿行案：《周書·王會篇》云：俞人雖馬。孔晁注云：巂如馬，一角。案，「巂」見《爾雅》。「巂」「雖」「疏」俱聲相轉。】可以辟火。有鳥焉，其狀如烏，五采而赤文，名曰鵸鵌，【上已有此鳥，疑同奇名。懿行案：鵸䳜已見《西次三經》「翼望之山」。《〈莊子·天運篇〉釋文》引此經云：其狀如鳳，五采文，其名曰奇類。與今本異。】是自爲牝牡，【懿行案：《廣雅》云：鵸離，怪鳥屬也。《玉篇》云：鵸離鳥自爲牝牡。《廣韵》亦同。是鵸離卽鵸䳜之異名。】食之不疽。【無癰疽病也。】彭水出焉，而西流注于芘湖之水，其中多儵魚，【音由。懿行案：儵與鯈同。《玉篇》作鯈，云徒堯切，又直流切，是也。】其狀如雞而赤毛，三尾，【懿行案：《玉篇》云：鯩似雞，赤尾。與今本異。】六足、四首，【懿行案：「首」當爲「目」，字之譌也。今圖正作四目，《玉篇》本此經亦作四目，可證。今粤東人說海中有魚名鯈，形如雞而有輭殼，多尾足，尾如八帶魚，宜鹽藏，炙食之甚美，可以餉遠。疑卽此也。】其音如鵲，食之可以已憂。【懿行案：《太平御覽》九百三十七卷引此經《圖讚》云：汨和損平，莫慘於憂；《詩》詠萱草，《山經》則鯈。】

北 1－4：

又北四百里，曰譙明之山。譙水出焉，西流注于河，其中多何羅之魚，一首而十身，其音如吠犬，【懿行案：《初學記》三十卷引此經作「犬吠」。】食之已癰。【懿行案：《初學記》引此經「癰」作「擁」，誤。】有獸焉，其狀如貆而赤豪，【貆，豪豬也，音丸。懿行案：貆豬白豪，已見《西山經》。】其音如榴榴，【懿行案：榴榴已見《西次三經》「陰山」。】名曰孟槐，可以禦凶。【辟凶邪氣也，亦在《畏獸畫》中也。】是山也，無草木，多青雄黄。【一作多青碧。】

北1－5：

又北三百五十里，曰涿光之山。嚻水出焉，而西流注于河，其中多鰼鰼之魚，【音袴褶之褶。懿行案：「鰼」「鰌」見《爾雅》，非此。《廣韵》引此經作「鰼魚」，不作重文。】其狀如鵲而十翼，鱗皆在羽端，其音如鵲，可以禦火，【懿行案：《太平御覽》九百三十九卷引此經《圖讚》云：鼓翮一運，十翼翻翻；厥鳴如鵲，鱗在羽端；是謂怪魚，食之辟燔。】食之不癉。其上多松柏，其下多椶橿。其獸多麢羊，其鳥多蕃。【未詳。或云即鴞。音煩。懿行案：「蕃」通作「繁」。《楚詞・天問》云：繁鳥萃棘。王逸注引「有鴞萃止」爲釋。《廣雅》亦以鷩鳥爲鴞。「鷩」「繁」「蕃」竝同聲假借字。皆郭所本也。】

北1－6：

又北三百八十里，曰虢山。【懿行案：《初學記》及《太平御覽》引此經竝作號山。《爾雅疏》引作「虢山」。「虢」即「號」字異文也。】其上多漆，其下多桐椐。【桐，梧桐也。椐，樻木，腫節中杖，椐音袪。懿行案：桐、椐竝見《爾雅》，郭注椐與此注同。】其陽多玉，其陰多鐵。伊水出焉，西流注于河。其獸多橐駝。【有肉鞍，善行流沙中，日行三百里，其負千斤，知水泉所在也。懿行案：《初學記》二十九卷引此經云「善行流沙中」云云，蓋幷引郭注也。《爾雅》「犦牛」郭注云：領上肉犦胅起高二尺許，狀如橐駞肉鞌一邊，健行者日三百餘里。《釋文》云：橐字又作馲，音託，又音洛。引《字林》云：馲駝似鹿而大，肉鞌，出繞山也。案，「繞山」見下文。郭云「知水泉所在」者，《藝文類聚》九十四卷引《博物志》云：燉煌西渡流沙，往外國，濟沙千餘里，中無水，時有伏流處，人不能知，駱駝知水脈，過其處輒停不行，以足踏地，人於所踏處掘之輒得水也。《初學記》引郭氏《圖讚》云：駝惟奇畜，肉鞌是被；迅鶩流沙，顯功絶地；潛識泉源，徵乎其智。】其鳥多寓，【懿行案：《方言》云：寓，寄也。《爾雅》有寓屬，又有寓鼠曰嗛。此經寓鳥，蓋蝙蝠之類，唯蝙蝠肉翅爲異。《廣韻》云：鶹鼠，鳥名。謂是也。《玉篇》云：鶹，語俱切，似禿鶖，見則兵起。非此。】狀如鼠而鳥翼，其音如羊，可以禦兵。

北1－7：

又北四百里，至于虢山之尾。其上多玉而無石。魚水【懿行案：《太平御覽》八百七卷引此經作「陰山」「漁水」。】出焉，西流注于河，其中多文貝。

北1－8：

又北二百里，曰丹熏之山。其上多樗柏，其草多韭䪥，【皆山菜，《爾雅》有其名。懿行案：《爾雅》云：藿，山韭；葝，山䪥。】多丹雘。熏水出焉，而西流注于棠水。有獸焉，其狀如鼠而菟首麋身，其音如獆犬，【懿行案：《初學記》二十九卷引此經「菟」作「兔」，「麋身」作「麋耳」，「獆」作「嘷」。】以其尾飛，【或作髯飛。獆音豪。懿行案：《初學記》引此經亦作「尾飛」。】名曰耳鼠，【懿行案：疑即《爾雅》「鼯鼠，夷由」也。「耳」「鼯」「夷」竝聲之通轉。其形肉翅連尾足，故曰尾飛。】食之不睬，【睬，大腹也，見《裨倉》，音采。懿行案：《本草經》云：鸓鼠，主墮胎，令產易。陶注云：鸓卽鼯鼠，飛生鳥也，人取其皮毛以與產婦持之，令兒易生。義與此近。】又可以禦百毒。【懿行案：《藝文類聚》九十五卷引郭氏《讚》曰：或以尾翔，或以髯凌；飛鼠鼓翰，倏然皆騰；用無常所，唯神

所憑。】

北1－9：

又北二百八十里，曰石者之山。其上無草木，多瑤碧。【懿行案：碧，藏經本作玉。】泚水出焉，西流注于河。【懿行案：《水經》有兩泚水，《西山經》「長沙之山」亦有泚水，竝與此異也。畢氏引《〈史記·司馬相如傳〉正義》云：《山海經》「紫淵水出根耆之山，西流注河。」「今經無此山，疑『石者』，者字與耆字相近，紫淵卽泚水，當卽是也。」】有獸焉，其狀如豹而文題白身，【題，頟也。】名曰孟極，是善伏，其鳴自呼。

北1－10：

又北百一十里，曰邊春之山。【或作春山。懿行案：《穆天子傳》有春山，卽鍾山也，已見《西山經》。】多葱、【山葱名茖，大葉。懿行案：「茖，山葱」見《爾雅》。山上多葱，疑卽葱嶺。《水經》云：河水南入葱嶺山。注云：郭義恭《廣志》云，休循國居葱嶺，其山多大葱。】葵、韭、桃、李。【山桃，榹桃，子小，不解核也。懿行案：「榹桃」見《爾雅》，郭注與此同。《初學記》二十八卷引此經云：邊春之山多李，里人常採之。《太平御覽》九百六十八卷引亦同，疑本郭注，今脫去之。】杠水出焉，【懿行案：《穆天子傳》云：春山之澤，淸水出泉。淸水或卽杠水。】而西流注于泑澤。【懿行案：泑澤已見《西山經》「不周之山」。】有獸焉，其狀如禺而文身，善笑，見人則臥，【言佯眠也。】名曰幽鴳，【或作嬻嬒。鴳音遏。懿行案：《說文》云：嬻，媟嬻也；嬒，女黑色也。「鴳」當爲「頞」字之譌。《太平御覽》九百十三卷引此經《圖讚》云：幽頞似猴，俾愚作智；觸物則笑，見人佯睡；好用小慧，終是嬰累。】其鳴自呼。

北 1－11：

又北二百里，曰蔓聯之山。【萬連二音。】其上無草木。有獸焉，其狀如禺而有鬣，牛尾，文臂，馬蹏，見人則呼，名曰足訾，【懿行案：《楚詞・卜居》云：將哫訾慄斯。王逸注云：承顔色也。哫訾卽足訾，其音同，慄斯卽竦斯，聲之轉，鳥名，見下文。】其鳴自呼。有鳥焉，羣居而朋飛，【朋，猶輩也。】其毛如雌雉，名曰鵁，【音交。或作渴也。懿行案：《玉篇》「鵁」云：白鵁，鳥，羣飛，尾如雌雞。疑經文「毛」當爲「尾」字之譌。又，經不言此鳥白色，《玉篇》作「白鵁」，疑因經文「曰」「鵁」相涉而誤衍也，其「雌雞」疑亦「雌雉」之譌。】其鳴自呼，【懿行案：《爾雅》「鳪雉」郭注云：黄色，鳴自呼。此鳥「毛如雌雉，其鳴自呼」，與《爾雅》合，又鵁或作渴，是無正字，疑卽鳪雉也。】食之已風。

北 1－12：

又北百八十里，曰單張之山。其上無草木。有獸焉，其狀如豹而長尾，人首而牛耳，一目，名曰諸犍，【音如犍牛之犍。懿行案：郭旣音犍，經文必不作犍，疑當爲犍字之譌。犍牛之犍，《說文》新附字云：犗牛也。《玉篇》同，而又云：獸，似豹，人首，一目。復似經文作犍不誤，未知其審。】善吒，行則銜其尾，居則蟠其尾。有鳥焉，其狀如雉而文首，白翼，黄足，名曰白鵺，【音夜。懿行案：白鵺卽白雗，郭注《爾雅》謂之白鵫，《北次二經》「縣雍之山」謂之白鵃。「鵃」「鵺」聲轉，古無正字，疑皆假借爲之。】食之已嗌痛，【嗌，咽也。《穀梁傳》

曰：嗌不容粒。今吳人呼咽爲嗌。音隘。懿行案：《説文》云：咽，嗌也；嗌，咽也。互相訓。郭引《穀梁傳》者，昭十九年文。】可以已痸。【痸，癡病也。懿行案：《玉篇》云：痸同瘛，癡也。與郭義合。又云：癡，不慧也。】櫟水出焉，而南流注于杠水。

北 1－13：

又北三百二十里，曰灌題之山。其上多樗柘，其下多流沙，【懿行案：《説文》云：漠，北方流沙也。蓋沙漠之地，其沙多流。此之流沙，當即其類。】多砥。有獸焉，其狀如牛而白尾，其音如訆，【如人呼喚。訆音叫。】名曰那父。【懿行案：那，《玉篇》作「㸦」，云：奴多切，獸，似牛。本此。】有鳥焉，其狀如雌雉而人面，見人則躍，【躍，跳。】名曰竦斯，【懿行案：竦斯，説已見上文。】其鳴自呼也。匠韓之水出焉，而西流注于泑澤，其中多磁石。【可以取鐵。《管子》曰：山上有磁石者，下必有銅。音慈。懿行案：「磁」，古通用「慈」。《本草》云：慈石一名玄石。《春秋繁露·郊語篇》云：慈石取鐵，頸金取火。《水經·渭水》注云：磁石門在阿房前，悉以磁石爲之，令四夷朝者有隱甲懷刃入門而脅之，以示神。郭引《管子》者，《地數篇》文也。《蓺文類聚》六卷引郭氏《讚》云：磁石吸鐵，琥珀取芥；氣有潛通，數亦冥會；物之相感，出乎意外。】

北 1－14：

又北二百里，曰潘侯之山。其上多松柏，其下多榛楛。其陽多玉，其陰多鐵。有獸焉，其狀如牛而四節生毛，名曰旄牛。【今旄牛背膝及胡尾皆有長毛。懿行案：《爾雅》「犣牛」郭注云：旄牛也，髀膝尾皆有長毛。與此注同。或云旄牛卽犛牛也，見《中次八經》「荆山」「犛牛」注。】邊水出焉，【懿行案：「邊」《廣韵》作「澷」，俗字也。】而南流注于櫟澤。

北1－15：

又北二百三十里，曰小咸之山。【懿行案：《蓺文類聚》二卷引此經作「小威之山」。】無草木。冬夏有雪。

北1－16：

北二百八十里，曰大咸之山。【懿行案：《蓺文類聚》九十六卷及《太平御覽》九百三十三卷引此經竝作「大同之山」。】無草木，其下多玉。是山也四方，不可以上。有蛇，名曰長蛇，【懿行案：《左傳》云：吳爲封豕、長蛇。卽此也。封豕見《海内經》。】其毛如彘豪，【說者云長百尋。今蝮蛇色似艾綬文，文間有毛如豬鬐，此其類也。常山亦有長蛇，與此形不同。懿行案：常山蛇名率然，見《孫子·九地篇》。蝮蛇卽蝮虫，已見《南山經》「猨翼之山」注。】其音如鼓柝。【如人行夜敲木柝聲，音託。懿行案：《類聚》引郭氏《讃》云：長蛇百尋，厥鬣如彘；飛羣走類，靡不吞噬；極物之惡，盡毒之厲。】

北1－17：

又北三百二十里，曰敦薨之山。【懿行案：《水經注》云：敦薨之山在匈奴之西，烏孫之東。】其上多椶柟，其下多茈草。敦薨之水出焉，而西流注于泑澤，【懿行案：《水經注》云：大河又東，右會敦薨之水，其水出焉者之北敦薨之山，自西海逕尉犂國，又西出沙山鐵關谷，又西南流逕連城，又屈而南逕渠犂國西，故史記曰西有大河，卽斯水也，又南流注於河——引此經云，敦薨之水西流注于泑澤——葢亂河流自西南注也。泑澤卽經所謂蒲昌海也。】出于昆侖之東北隅，實惟河原，【卽河水，出昆侖之虛。懿行案：《水經》及《漢書・西域傳》竝言河出昆侖，然後注泑澤。此經泑澤乃在昆侖之上者，敦薨山在昆侖之東，故其水西注泑澤，又西出於昆侖之東北隅，河水則自西南來，亦至昆侖之東北隅，重源顯發，與敦薨水合而爲河源，是河源乃受二水之通稱。此經河源葢指敦薨之水。郭云「卽河水，出昆侖之虛」，似誤。】其中多赤鮭。【今名鯸鮐爲鮭魚。音圭。懿行案：《玉篇》云：鮭，魚名。鯸鮐作鯸鮔，云「鯸鮔，鮦也（鮦戶多切）」，食其肝殺人」。劉逵注《吴都賦》云：鯸鮐魚狀如蝌斗，大者尺餘，腹下白，背上青黑，有黄文，性有毒，雖小獺及大魚不敢啖之，蒸煮啖之肥美，豫章人珍之。是其形狀也。一名河豚，又名鯢，鯢卽鮭之或體字耳。又案，經言「赤鮭」，今所見鯸鮐魚背青腹白，絶無赤者。郭云「鯸鮐爲鮭」，既與經不合，而《初學記》三十卷引此經云：鯷魚赤目赤鬣者，食之殺人。夫鯷卽鮎也，鯷與鮭聲相近，或《初學記》所引本在郭注，今脫去之邪？】其獸多兕、旄牛，【或作樸牛。樸牛見《離騷・天問》，所未詳。懿行案：《天問》云：恆秉季德，焉得夫朴牛？王逸注云：朴，大也，言湯出田獵，得大牛之瑞也。】其鳥多鳲鳩。【懿行案：「鳲」當爲「尸」，藏經本正作「尸」。】

北 1－18：

又北二百里，曰少咸之山。無草木。多青碧。有獸焉，其狀如牛而赤身，人面，馬足，名曰窫窫窳，【《爾雅》云：窫窳似貙，虎爪。與此錯。軋愈二音。懿行案：《海内南經》云：窫窳龍首，居弱水中。《海内西經》云：窫窳蛇身人面。又與此及《爾雅》不同。窫窳，《爾雅》作「猰貐」。】其音如嬰兒，是食人。敦水出焉，東流注于鴈門之水，【水出鴈門山間。懿行案：《水經・㶟水》注云：鴈門水東南流，逕高柳縣故城北，又東南流屈而東北，積而爲潭，敦水注之，敦水導源西北少咸山之南麓，東流逕參合縣故城南，又東㳽水注之，又北合敦水，亂流東北注鴈門水。引此經及郭注。】其中多鰤鰤之魚，【音沛，未詳，或作鯆。懿行案：《説文》云：鰤，魚名，出樂浪潘國。鮈訓同，一曰鮈魚出江東，有兩乳，一名鱄鯙。《廣雅》云：鱄鯙，鮈也。鱄一作鯆。《晉書・夏統傳》云：後作《鯆鯙引》。何超《音義》引《埤蒼》云：鯆鯙，鮈魚也，一名江豚，多膏少肉。《玉篇》云：欲風則踊。鯆鯙語轉爲鯙鰤。《太平御覽》九百三十九卷引《魏武四時食制》云：鯙鰤魚黑色，大如百斤豬，黃肥，不可食。即此經云「食之殺人」矣。】食之殺人。

北 1-19：

又北二百里，曰獄法之山。瀤澤之水出焉，【音懷。懿行案：《説文》云：瀤，北方水也。即此。《玉篇》引此經。】而東北流注于泰澤，其中多鱳魚，【音藻。】其狀如鯉而雞足，【懿行案：《太平御覽》九百三十九卷引此經《圖讚》云：鱳之爲狀，半鳥半鱗。是也。】食之已疣。有獸焉，其狀如犬而人面，善投，見人則笑，其名山㺅，【音暉。懿行案：《説文》云：㺅，獸名。《吳都賦》云：㺅子長嘯。劉逵注云：㺅子，猿類，猿身人面，見人則嘯。「嘯」蓋與「笑」通。李善注引此經正作「見人則笑，名㺅，㺅胡奔切」，無「山」字，與今本異。】其行如風，【言疾。】見則天下大風。【懿行案：《御覽》九百十二卷引此經《圖讚》云：山獋之獸，見乃歡嘯；厥性善投，行如矢繳；是惟氣精，出則風作。】

北1－20：

又北二百里，曰北嶽之山。【懿行案：卽恒山也，《水經》謂之玄嶽，在今山西大同渾源州。】多枳、棘、剛木。【檀柘之屬。懿行案：郭注《中山經》云：楢，剛木也，中車材。此經云「枳、棘、剛木」，郭云「檀柘之屬」者，檀中車材，柘中弓材也。】有獸焉，其狀如牛而四角，人目，彘耳，其名曰諸懷，【懿行案：《玉篇》作「懷」，云：獸，似牛，四角，人目。】其音如鳴鴈，是食人。諸懷之水出焉，【懿行案：「諸」《廣韵》作「潴」，云：水名，在北嶽。】而西流注于囂水，其中多鮨魚，【音詣。懿行案：《說文》云：鮨，鮪魚名。】魚身而犬首，【懿行案：《初學記》及《太平御覽》九百三十九卷竝引此經作「大首」，誤。】其音如嬰兒，【今海中有虎鹿魚及海豨，體皆如魚而頭似虎鹿豬，此其類也。懿行案：劉逵注《吳都賦》云：虎魚，頭身似虎，或云變而成虎；鹿頭魚，有角似鹿。李善注《江賦》引《臨海異物志》曰：鹿魚長二尺餘，有角，腹下有腳如人足。又引《臨海水土記》曰：海豨，豕頭，身長九尺。然則推尋郭義，此經鮨魚蓋魚身魚尾而狗頭，極似今海狗，登州海中有之，其狀非狗非魚，本草家謂之骨肭獸是也。】食之已狂。【懿行案：《日華本草》云：膃肭獸療驚狂癎疾。與此經合。膃肭卽海狗也。】

北1－21：

又北百八十里，曰渾夕之山。無草木，多銅玉。【懿行案：銅玉二物也。《北次二經》「諸餘之山」復多錮玉。】䜌水出焉，而西北流注于海。有蛇，一首兩身，【懿行案：藏經本「首」作「頭」，「兩身」下有「四足」二字。】名曰肥遺，見則其國大旱。【《管子》曰：涸水之精名曰蟡，一頭而兩身，其狀如蛇，長八尺，以其名呼之，可使取魚龜。亦此類。懿行案：《管子·水地篇》文也。《說文》「蟡」卽「逶」字之或體，「逶迤」卽「委蛇」也，與「肥遺」聲相近，豈卽是與？】

北1-22：

又北五十里，曰北單之山。無草木，多葱韭。

北1-23：

又北百里，曰羆差之山。無草木，多馬。【野馬也，似馬而小。懿行案：《穆天子傳》云：野馬走五百里。郭注云：野馬亦如馬而小。《爾雅·釋畜》云：野馬。郭注云：如馬而小，出塞外。】

北1-24：

又北百八十里，曰北鮮之山。是多馬。鮮水出焉，而西北流注于涂吾之水。【漢元狩二年，馬出涂吾水中也。懿行案：《漢書·武帝紀》云：元狩二年，馬生余吾水中。應劭注云：在朔方北。《文選·長楊賦》注引此經作「北經余吾水」，《〈史記·匈奴傳〉索隱》引此經亦作「北流注余吾」，竝無「西」字，又竝作「余吾」，不加水旁也。《地理志》云：上黨郡余吾。疑縣因水爲名。】

北1－25∶

又北百七十里，曰隄山。【或作隄，古字耳。懿行案：《玉篇》云：隄古文作隄。本此。】多馬。【懿行案：《左傳》云：冀之北土，馬之所生。故此三山竝云多馬。今名馬多出西北也。】有獸焉，其狀如豹而文首，名曰狕。【音幺。懿行案：《玉篇》云：狕，獸名。】隄水出焉，而東流注于泰澤，其中多龍龜。【懿行案：龍龜二物也。或是一物，疑卽吉弔也，龍種龜身，故曰龍龜。裴淵《廣州記》云：弔生嶺南，蛇頭龜身，水宿木棲，其膏至輕利，銅及瓦器盛之皆浸出，置雞卵殼中則不漏，其透物甚於醍醐也。見《證類本草》及李時珍《本草》。】

北1－0∶

凡北山經之首，自單狐之山至于隄山，凡二十五山，五千四百九十里。【懿行案：今五千六百八十里。】其神皆人面蛇身。其祠之毛，用一雄雞、彘瘞，吉玉用一珪，瘞而不糈。【言祭不用米，皆薶其所用牲玉。】其山北人，皆生食不火之物。【或作「皆生食而不火」。懿行案：《大戴禮・千乘篇》說四辟大遠皆不火食。此經唯兩言「不火食」，皆在《北山經》篇也。《淮南・原道訓》云：鴈門之北，狄不穀食。義亦與此同。】

北2－1∶

北次二經之首，在河之東，其首枕汾，【臨汾水上也。音墳。懿行案：《水經注》引此經作「其東首枕汾」。】其名曰管涔之山。【今在太原郡故汾陽縣北秀容山。涔音岑。懿行案：《太平寰宇記》引郭注有「管音姦」三字，今本蓋脫去之。《記》文又云：土人云其山多菅，或以爲名。是經文「管」當爲「菅」矣。山在今山西靜樂縣北。

《水經注》引《十三州志》曰：汾水出武州之燕京山。「亦管涔之異名也。」太原郡汾陽，見《漢書·地理志》；《晉志》爲太原國，其汾陽屬河東郡也。郭云「汾陽縣北秀容山」，《漢志》直謂之「汾陽北山」。】其上無木而多草，其下多玉。【懿行案：《水經注》引此經云：其上無草木而下多玉。與今本異。然又云：其山有草無木。復與今本同。】汾水出焉，而西流注于河。【至汾陽縣北，西入河。懿行案：《地理志》云：汾水出汾陽，至汾陰入河。郭注「陽」蓋「陰」字之譌也。汾水詳見《海内東經》及郭注。】

北2－2：

又西【懿行案：「西」藏經本作「北」。】二百五十里，曰少陽之山。【懿行案：《元和郡縣志》云：交城縣，少陽山在縣西南九十五里。今太原府有交城。】其上多玉，其下多赤銀。【銀之精也。懿行案：《穆天子傳》有「燭銀」，郭注云：銀有精光如燭。疑即此。】酸水出焉，而東流注于汾水，【懿行案：《水經注》云：汾水南逕秀容城東，南與酸水合，水原西出少陽之山，東南流注於汾水。】其中多美赭。【《管子》曰：山上有赭者，其下有鐵。懿行案：《説文》云：赭，赤土也。《本草》謂之「代赭石」。《别録》云：出代郡者名代赭，出姑幕者名須丸，一名血師。郭引《管子》者，《地數篇》文也。】

北2－3：

又北五十里，曰縣雍之山。【今在晉陽縣西，名汲甕。雍音甕。懿行案：《水經》作「縣甕山」。劉昭注《郡國志》引此經及郭注與今本同。《〈史記·魏世家〉正義》引此作「懸壅山」，《括地志》亦作「懸壅」，竝非。山今在太原縣也，一名龍山。《元和郡縣志》云：晉陽縣，縣甕山一名龍山，在縣西南十二里。案，《地理志》云：太原郡晉陽，龍山在西北，晉水所出，東入汾。高誘注《淮南·墬形訓》亦云：龍山在晉陽之西北。竝非也。《水經注》云：今在縣之西南。】其上多玉，其下多銅，其獸多閭、麋，【閭，卽羭也，似驢而岐蹏，角如麢羊，一名山驢。《周書》曰：北唐以閭。亦見《鄉射禮》。懿行案：《周書·王會篇》云：北唐戎以閭，閭似隃冠。疑「隃」卽「羭」，字之譌也。孔晁注云：《射禮》以閭象爲射器。孔氏及郭注俱本《鄉射禮》。《禮》曰：國中射則皮樹中，於郊則閭中。《初學記》引《廣志》云：驢羊似驢。卽此也。《集韻》云：閭，一角，岐蹏。】其鳥多白翟白䳸。【卽白鵫也，音于六反。懿行案：白鵫卽白翰，雉也，見《爾雅》。】晉水出焉，而東南流注于汾水，【東過晉陽南，又東入汾。懿行案：《水經》云：晉水出晉陽縣西縣甕山，東過其縣南，又東入於汾水。】其中多鮆魚，其狀如儵而赤鱗，【小魚曰儵。懿行案：「儵」「鯈」字通，「麟」「鱗」聲同。】其音如叱，食之不驕。【或作騷。騷，臭也。懿行案：騷臭葢卽蘊羝之疾，俗名狐騷也。《太平御覽》九百三十九卷引此經《圖讚》云：微哉鮆魚，食則不驕；物有所感，其用無標。】

北 2－4：

又北二百里，曰狐岐之山。【懿行案：山在今山西孝義縣西八十里。】無草木，多青碧。勝水出焉，而東北流注于汾水，【懿行案：《水經注》云：文水又東南流與勝水合，水西出狐岐之山，東逕六壁城南，又東合陽泉水，又東逕中陽縣故城南，又東合文水，文水又東南入於汾水也。】其中多蒼玉。

北2－5：

又北三百五十里，曰白沙山。廣員三百里，盡沙也。【懿行案：此即所謂沙漠。《說文》云：漠，北方流沙也。】無草木鳥獸。鮪水出于其上，潛于其下。【出山之頂，停其底也。】是多白玉。

北2－6：

又北四百里，【懿行案：「百」藏經本作「十」。】曰爾是之山。無草木，無水。

北2－7：

又北三百八十里，曰狂山。無草木。是山也，冬夏有雪。狂水出焉，而西流注于浮水，其中多美玉。

北2－8：

又北三百八十里，曰諸餘之山。其上多銅玉，其下多松柏。諸餘之水出焉，而東流注于旄水。【懿行案：《玉篇》作「滤」，云：水名。】

北2－9：

又北三百五十里，曰敦頭之山。其上多金玉，無草木。旄水出焉，而東流注于印澤，【懿行案：「印澤」，下文北𨟚山作「邛澤」，藏經本正作「邛」。】其中多騁馬，【音勃。懿行案：郭氏《江賦》云：騁馬騰波以噓蹀。李善注引此經與今本同。《初學記》八卷引《南越志》云：平定縣東巨海有騁馬，似馬，牛尾，一角。又，二十九卷引張駿《山海經圖畫讚》曰：敦山有獸，其名爲教，麟形一角。即此也。「麟形」蓋釋「牛尾」。「教」即「驃」也，字音同。】牛尾而白身，一角，其音如呼。【懿行案：李善注《江賦》引此經作「其音如虎」，疑「虎」當爲「嘑」字之譌，「嘑」與「呼」聲同義亦同。】

北2－10：

又北三百五十里，曰鉤吾之山。其上多玉，其下多銅。有獸焉，其狀如【懿行案：藏經本無「如」字。】羊身人面，其目在腋下，【懿行案：腋，俗字也。《說文》作「亦」，云：人之臂亦也。又作「掖」，云：掖，臂下也。《文選注・陳琳爲袁紹檄豫州》引此經作「其口腋下」，蓋有脫誤。】虎齒，人爪，其音如嬰兒，名曰狍鴞，是食人。【爲物貪惏，食人未盡，還害其身，像在夏鼎。《左傳》所謂饕餮是也。狍音咆。懿行案：《呂氏春秋・先識覽》云：周鼎著饕餮，有首無身，食人未咽，害及其身，以言報更。是郭所本也。注蓋《圖讚》之文，與今世所傳復不同。《文選注・陳琳爲袁紹檄》引此注「貪惏」作「貪婪」，「夏鼎」作「禹鼎」。】

北2－11：

又北三百里，曰北囂之山。無石。其陽多碧，其陰多玉。有獸焉，其狀如虎而白身，犬首，馬尾，彘鬣，名曰獨狢。【音谷。懿行案：《說文》云：北囂山有獨狢獸，如虎，白身，豕鬣，尾如馬。本此。又云：𧰲，似牂羊，出蜀北囂山中，犬首而馬尾。今本經無此獸，北囂山又不在蜀也。】有鳥焉，其狀如烏，人面，名曰鷺鶥，【般冒兩音，或作「夏」也。懿行案：「鷺鶥」見《玉篇》。郭云「或作夏」者，「夏」形聲近「賈」。《大荒南經》有「鷹賈」，郭注云：賈亦鷹屬。《水經注》引《莊子》有「雅賈」，蓋是鳥類。經言此鳥「狀如烏」，疑是也。又言「宵飛晝伏」，則似今訓狐，訓狐卽鵂鶹之屬，其狀如鷹，鷹賈之名或以此。】宵飛而晝伏，【鵂鶹之屬。】食之已暍。【中熱也，音謁。】涔水出焉，而東流注于卬澤。【懿行案：《說文》云：涻水出北囂山，入邙澤，从水，舍聲。《玉篇》同《說文》。是經文「涔」當爲「涻」，今本或形近而譌也；「卬」亦當爲「邙」。上文作「印澤」，疑亦形近而譌。】

北2－12：

又北三百五十里，曰梁渠之山。無草木，多金玉。脩水出焉，而東流注于鴈門。【水名。懿行案：《地理志》云：代郡且如，于延水出塞外，東至寧入沽。《水經·㶟水》注云：卽脩水也，水出塞外柔玄鎮西長川城南小山。引此經云云。又云：鴈門水東逕大甯郡，有脩水注之。引此經。又云：《地理志》有于延水而無鴈門、脩水之名，《山海經》有鴈門之目而無說于延河，自下亦通謂之于延水矣。今案，鴈門水卽㶟水也。《說文》云：㶟水出鴈門陰館累頭山，東入海，或曰治水也。許君此釋，本《地理志》「雁門郡陰館」注而爲說。是雁門水一名治水。《地理志》說「于延水入沽」，卽此經云「脩水注于雁門」矣。「沽」當从《說文》作「治」。】其獸多居暨，【懿行案：暨，《玉篇》《廣韻》竝作「蟨」，《玉篇》無「居」字，《廣韻》作「蟨居」。】其狀如彙而赤毛，【彙似鼠，赤毛如刺猬也。彙音渭。懿行案：《爾雅》云：彙毛刺。郭注云：今蝟狀如鼠。與此注同。蝟蒼白色，此注「赤」字「猬」字竝衍。又，「彙」《玉篇》《廣韻》竝作「蝟」，「赤毛」《廣韻》作「赤尾」也。】其音如豚。有鳥焉，其狀如夸父，【或作舉父。懿行案：《西次三經》云：崇吾之山有獸曰舉父。或作夸父。此經鳥如夸父，或作舉父。「舉」「夸」聲相近，故古字通也。】四翼，一

目，犬尾，名曰䑏，其音如鵲，食之已腹痛，可以止衕。【治洞下也，音洞。懿行案：《玉篇》云：衕，下也。義與郭同。】

北 2－13：

又北四百里，曰姑灌之山。無草木。是山也，冬夏有雪。

北 2－14：

又北三百八十里，曰湖灌之山。其陽多玉，其陰多碧，多馬。湖灌之水出焉，而東流注于海，其中多䱇。【亦鱓魚字。懿行案：李善注王褒《四子講德論》引郭氏此經注曰：鱓魚似蛇，時闡切。疑即今本注下脱文也。《大戴禮・勸學篇》云：虵䱇之穴。䱇即鱓字也。《玉篇》云：䱇魚似蛇，同鱓。《集韵》云：䱇，上演切，音善。】有木焉，其葉如柳而赤理。【懿行案：柳有一種赤者，名赤柳。《晉書・地理志》云：丹陽，丹陽山多赤柳。】

北 2－15：

又北水行五百里，流沙三百里，至于洹山。【懿行案：《水經》云：洹水出上黨泫氏縣。注云：水出洹山，山在長子縣也。計其道里不相應，當在闕疑。】其上多金玉，三桑生之，其樹皆無枝，其高百仞。【懿行案：《海外北經》云：三桑無枝在歐絲東，其木長百仞。即此。】百果樹生之。其下多怪蛇。

北 2－16：

又北三百里，曰敦題之山。【懿行案：畢氏云：疑即雁門陰館累頭山，「敦題」「累頭」皆音之轉，敦讀如自也。今案，上文有「敦頭山」，與「累頭」之聲尤相近，未審誰是。】無草木，多金玉。是錞于北海。【懿行案：《西山經》云：錞于西海。此云「錞于北海」，其義同。】

北2-0：

凡北次二經之首，自管涔之山至于敦題之山，凡十七山，【懿行案：今才十六山。】五千六百九十里。【懿行案：今六千一百四十里。】其神皆蛇身人面。其祠毛，用一雄雞、彘瘞，【薶之。】用一璧一珪，投而不糈。【擿玉於山中以禮神，不薶之也。】

北3-1：

北次三經之首，曰太行之山，【今在河內野王縣西北。行，音戶剛反。懿行案：《漢/晉·地理志》竝云「河內郡壄王，太行山在西北」，今在河南輝縣也。《列子·湯問篇》作「太形山」。《淮南·氾論訓》謂之「五行山」，高誘注云：今太行山也。】其首曰歸山。其上有金玉，其下有碧。【懿行案：《蓺文類聚》七卷引此經「碧」下有「玉」字。】有獸焉，其狀如麢羊【懿行案：劉昭注《郡國志》引此經「麢」作「麋」，無「羊」字。】而四角，馬尾而有距，其名曰驒，【懿行案：《說文》云：驒騱，馬也。無驒字。《玉篇》有驒騱，云：駿馬屬。又有驒，云：獸名。即此也。《廣韵》既云「驒騱，野馬名，驒音壇」，又云「驒騱，野馬」，蓋誤也。劉昭注《郡國志》引此經作「驒」，亦誤。】善還，【還，旋；旋，舞也。驒音暉。懿行案：還當音旋，郭注「旋」上脫「音」字。劉昭注《郡國志》引此經無「善」字，蓋脫去之。經云「善還」，謂善舞也。宋·謝莊有《舞馬賦》。】其鳴自訆。有鳥焉，其狀如鵲，【懿行案：《廣韵》說鶌云似鵠。】白身，【懿行案：《廣韵》此下有「三目」二字。】赤尾，六足，其名曰鵺，【音犇。】是善驚，其鳴自詨。【今吳人謂呼爲詨，音呼交反。】

北3－2：

又東北二百里，曰龍侯之山。無草木，多金玉。決決之水出焉，【音訣。懿行案：《太平御覽》九百三十八卷引此經「決水」，「決」字不作重文。】而東流注于河，其中多人魚，【懿行案：人魚卽鯢魚。《爾雅》云：鯢，大者謂之鰕。是也。「鯢」古文省作「兒」。《周書·王會篇》云：穢人前兒。亦是也。兒从「儿」，卽古文「人」字。又，「人」「兒」聲轉。疑經古本作「兒魚」，闕脫其上，卽爲「人魚」矣。】其狀如鯑魚，四足，其音如嬰兒，【鯑見《中山經》。或曰，人魚卽鯢也，似鮎而四足，聲如小兒嗁。今亦呼鮎爲鯑。音蹏。懿行案：鯑當爲鮷。《說文》云：鮷，大鮎也。郭云「見《中山經》」者，少室山休水中多鯑魚是也。又云「人魚卽鯢」者，《水經注》云：伊水又東北流，注於洛水。引《廣志》曰：鯢魚聲如小兒嗁，有四足，形如鯪鯉，可以治牛，出伊水也。司馬遷謂之人魚，故其著《史記》曰：始皇帝之葬也，以人魚膏爲燭。徐廣曰：人魚似鮎而四足，卽鯢魚也。】食之無癡疾。【懿行案：《說文》云：癡，不慧也。《中山經》云：鯑魚，食者無蠱疾。與此異。】

北3－3：

又東北二百里，曰馬成之山。其上多文石，其陰多金玉。有獸焉，其狀如白犬而黑頭，見人則飛，【言肉翅飛行自在。】其名曰天馬，其鳴自訆。有鳥焉，其狀如烏，首白而身青、足黃，是名曰鶌鶋，

【屈居二音，或作鳭。懿行案：《爾雅》云：鶌鳩，鶻鵃。此鶌鶌疑卽鶌鳩也，聲轉字變，經多此例，唯白首爲異耳。孫炎注《爾雅》云：鶻鵃一名鳭鳩。故此經郭云「或作鳭」。】其鳴自詨，食之不飢，可以已寓。【未詳。或曰，寓猶誤也。懿行案：寓誤蓋以聲近爲義。誤，疑昏忘之病也。王引之曰：案，寓當是㾉字之假借。《玉篇》《廣韵》竝音牛具切，疣病也。】

北3－4：

又東北七十里，曰咸山。其上有玉，其下多銅。是多松柏，草多茈草。條菅之水出焉，【菅音間。】而西南流注于長澤。其中多器酸，三歲一成，【所未詳也。】食之已癘。

北3－5：

又東北二百里，曰天池之山。【懿行案：《水經·㶟水》注云：桑乾水潛承太原汾陽縣北燕京山之大池，池在山原之上，世謂之天池。案，山在今山西靜樂縣東北。】其上無草木，多文石。有獸焉，其狀如兔而鼠首，以其背飛，【用其背上毛飛，飛則仰也。懿行案：《文選·上林賦》云：蜼玃飛蠝。張揖注云：飛蠝，飛鼠也，其狀如兔而鼠首，以其頿飛。今經「頿」作「背」，或所見本異也。又，上文丹熏山有耳鼠，以其尾飛，郭云「或作髯飛」，「髯」卽「頿」字耳。《初學記》二十九卷引郭氏《圖讚》云：或以尾翔，或以髯凌；飛鼠鼓翰，倏然背騰；固無常所，惟神所憑。】其名曰飛鼠。【懿行案：《初學記》引此經云：以其背飛，名飛兔。又引《括地圖》亦作「飛兔」，與今經文異。】澠水出焉，潛于其下，【停山底也。】其中多黃堊。【堊，土也。】

北3－6：

又東三百里，曰陽山。【懿行案：《水經注》有大陽之山，亦通謂之薄山，疑卽此。】其上多玉，其下多金銅。有獸焉，其狀如牛而赤尾，其頸腎，其狀如句瞿，【言頸上有肉腎。句瞿，斗也，音劬。懿行案：《廣雅》云：腎，堅也。以句瞿爲斗，所未詳。《元和郡縣志》云：海康縣多牛，項上有骨大如覆斗，日行三百里，卽《爾雅》所謂犦牛。疑此是也。】其名曰領胡，【懿行案：《說文》云：領，項也；胡，牛顫垂也。此牛頸肉垂如斗，因名之領胡與？】其鳴自詨，食之已狂。有鳥焉，其狀如雌雉而五采以文，是自爲牝牡，名曰象蛇，其鳴自詨。留水出焉，而南流注于河，【懿行案：《水經》云：河水東過大陽縣南。注云：河水又東，左合積石、土柱，二谿竝北發大陽之山，南流入於河。與此經合，但不知二谿之中誰爲留水耳。】其中有䱗父之魚，【音陷。懿行案：《說文》云：䱗，魚名。《玉篇》云：䱗，魚也，見《山海經》。】其狀如鮒魚，魚首而彘身，【懿行案：《太平御覽》九百三十九卷引此經《圖讚》云：䱗父魚首，厥體如豚。】食之已嘔。【懿行案：「嘔」當爲「歐」，《說文》云：吐也。】

北3－7：

又東三百五十里，曰賁聞之山。其上多蒼玉，其下多黃堊，多涅石。【懿行案：卽礬石也。《淮南·俶眞訓》云：以涅染緇。高誘注云：涅，礬石也。《本草經》云：礬石一名羽涅。《別錄》云：一名羽澤。《西次二經》女牀之山多石涅。郭氏注誤，當移於此。】

北3－8：

又北百里，曰王屋之山。【今在河東東垣縣北。《書》曰：至于王屋也。懿行案：《漢/晉・地理志》竝云：河東郡垣，《禹貢》王屋山在東北。今在山西垣曲縣也。注「東垣」「東」字衍。】是多石。⿰氵聯水出焉，【⿰氵聯音輦。懿行案：《水經》云：濟水，出河東垣縣東王屋山爲沇水。注引此經，「⿰氵聯水」作「聯水」。劉昭注《郡國志》又作「究水」，云：王屋山，究水出。「究」「沇」「⿰氵聯」俱聲相近。】而西北流注于泰澤。【《地理志》：王屋山，沇水所出。「⿰氵聯」「沇」聲相近，殆一水耳。沇則濟也。懿行案：《水經注》引此經「泰澤」作「秦澤」。疑卽滎澤也。《地理志》云：沇水東南至武德入河，軼出滎陽北地中，又東至琅槐入海。今案，滎澤在滎陽北也。濟水又見《海內東經》。】

北3－9：

又東北三百里，曰敎山。【懿行案：敎山在垣縣北，見《水經注》，在今山西垣曲縣也。】其上多玉而無石。敎水出焉，西流注于河，【懿行案：《水經注》云：河水又東，與敎水合，水出垣縣北敎山云云，南入於河。引此經亦作「南流注于河」。今本作「西」，疑譌。】是水冬乾而夏流，實惟乾河。【今河東聞喜縣東北有乾河口，因名乾河里，但有故溝處無復水，卽是也。懿行案：《水經注》云：今聞喜縣東北谷口猶有乾河里，故溝存焉，今無復有水，世人猶謂之爲乾澗矣。】其中有兩山。是山也廣員三百步，其名曰發丸之山，其上有金玉。

北3－10：

又南三百里，曰景山。【《外傳》曰：景、霍以爲城。懿行案：《太平寰宇記》云：山在聞喜縣東南十八里。

《水經》云：涑水西過周陽邑南。注云：涑水又與景水合，水出景山北谷——引此經云云——經不言有水，今有水焉，西北流注於涑水也。】南望鹽販之澤，【卽鹽池也，今在河東猗氏縣。或無販字。懿行案：《水經注》及《太平御覽》八百六十五卷引此注「鹽池」上竝有「解縣」二字，今本脫也。《穆天子傳》云：戊子，至於鹽。郭注云：鹽，鹽池，今在河東解縣。《呂氏春秋・本味篇》云：和之美者，大夏之鹽。高誘注云：大夏，澤名。今案，大夏，古晉地，此澤亦鹽澤矣。《地理志》云：河東郡安邑，鹽池在西南。《晉書・地理志》云：河東郡解，有鹽池。】北望少澤。其上多草藷藇，【根似羊蹏，可食，曙豫二音，今江南單呼爲藷，音儲，語有輕重耳。懿行案：《廣雅》云：藷藇，署預也。《本草》云：薯蕷一名山芋。皆卽今之山藥也。此言「草藷藇」，別於「木藷藇」也。木藷藇見《中次十一經》「兔牀之山」。】其草多秦椒。【子似椒而細葉，草也。懿行案：《水經注》、《蓺文類聚》八十九卷及《太平寰宇記》引此經，竝無「其草」二字，非也。依郭注，當有此二字。】其陰多赭，其陽多玉。有鳥焉，其狀如蛇而四翼、六目、三足，名曰酸與，其鳴自詨，見則其邑有恐。【或曰食之不醉。】

北 3－11：

又東南【懿行案：孟門山在今景山西。經云東南，疑誤。】三百二十里，曰孟門之山。【《尸子》曰：龍門未辟，呂梁未鑿，河出於孟門之上，大溢逆流，無有北陵，高阜滅之，名曰洪水。《穆天子傳》曰：北升孟門九河之隥。懿行案：今本《穆天子傳》「孟」作「盟」，「盟」「孟」通也。山在今山西平陽吉州西。《水經注》云：河南孟門山與龍門山相對。引此經云云，又引《淮南子》卽此注所引《尸子》之文，又引《穆天子傳》而云：孟門卽龍門之上口也，實爲河

之巨阸。】其上多蒼玉，多金，其下多黄堊，多涅石。【懿行案：涅石已見上文「賁聞之山」。】

北 3－12：

又東南三百二十里，曰平山。【懿行案：《水經注》云：敎水南逕輔山。疑卽平山也。《元和郡縣志》云：臨汾縣，本漢平陽縣，縣在平水之陽，故曰平陽山，一名壺口山，今名姑射山，在縣西八里，平水出焉。】平水出于其上，潛于其下。【懿行案：《水經注》云：輔山高三十許里，上有泉源，不測其深，山頂周員五六里，少草木——引此經云，孟門東南有平山，水出于其上，潛于其下——又是王屋之次，疑卽平山也。案，酈氏言「上有泉源，不測其深」，卽此經云「平水出于其上，潛于其下」是矣。】是多美玉。

北 3－13：

又東二百里，曰京山。有美玉，多漆木，多竹。其陽有赤銅，其陰有玄𥖁。【黑砥石也。《尸子》曰：加玄黄砥。明色非一也。𥖁，音竹篠之篠。懿行案：𥖁字見《玉篇》，同郭義。】高水出焉，南流注于河。

北 3－14：

又東二百里，曰虫尾之山。其上多金玉，其下多竹，多青碧。丹水出焉，南流注于河。薄水出焉，【《淮南子》曰：薄水出鮮于山。懿行案：《淮南・墬形訓》云：鎬出鮮于。郭引作「薄」，或所見本異。】而東南流注于黄澤。【懿行案：《穆天子傳》云：東游於黄澤。蓋卽此。又，《地理志》云：魏郡內黄。應劭云：黄澤在西。】

北3－15∴

又東三百里，曰彭𣆫之山。其上無草木，多金玉，其下多水。蚤林之水出焉，【音早。】東南流注于河。肥水出焉，而南流注于牀水，【懿行案：肥水當即《詩》之肥泉，牀水未詳。】其中多肥遺之蛇。

北3－16∴

又東百八十里，曰小侯之山。明漳之水出焉，南流注于黄澤。有鳥焉，其狀如烏而白文，名曰鴣鸐，【姑習二音。懿行案：鴣鸐見《玉篇》。】食之不灂。【不瞧目也，或作矊，音醮。懿行案：瞧音樵；俗以偷視爲瞧，非也。矊音醮，《玉篇》云：目冥也。】

北3－17∴

又東三百七十里，曰泰頭之山。共水出焉，【音恭。】南注于虖池。【呼佗二音。下同。】其上多金玉，其下多竹箭。

北3－18∴

又東北二百里，曰軒轅之山。其上多銅，其下多竹。有鳥焉，其狀如梟而白首，其名曰黄鳥，其鳴自詨，食之不妒。【懿行案：《周書・王會篇》云：方揚以皇鳥。《爾雅》云：皇，黄鳥。蓋皆此經黄鳥也。郭注《爾雅》以爲黄離留，誤矣。俗人皆言黄鶯治妒，而梁武帝以倉庚作膳爲郗氏療忌，又本此經及《爾雅注》而誤也。】

北 3－19：

又北二百里，曰謁戾之山。【今在上黨郡涅縣。懿行案：郭注本《地理志》。謁戾山見《水經》。《淮南·墬形訓》作「楬戾」，「謁」「楬」聲相近也。山在今山西樂平縣。】其上多松柏，有金玉。沁水出焉，南流注于河。【至滎陽縣東北入河，或出穀述縣羊頭山也。懿行案：「穀述」當爲「穀遠」，字之譌也。《地理志》云：上黨郡穀遠，羊頭山世靡谷，沁水所出。是郭所本也。沁水一名涅水，《地理志》云：上黨郡涅氏，涅水也。顔師古注云：涅水出焉。《水經》云：沁水出上黨涅縣謁戾山。注云：沁水即涅水也，或言出穀遠縣羊頭山世靡谷。是酈氏合沁、涅爲一水也。《地理志》又云：沁水東南至滎陽入河。顔師古注云：今沁水至懷州武陟縣界入河，此云「至滎陽」，疑轉寫錯誤。今案，顔氏之說非也，《水經》亦云「至滎陽縣北入河」，滎陽在河南，武陟在河北，相去不遠，説俱得通。今沁水至河南濟源縣入河矣。沁水又見《海内東經》。】其東有林焉，名曰丹林，丹林之水出焉，【懿行案：《竹書》云：周元王六年，丹水三日絶不流。《地理志》云：高都莞谷，丹水所出，東南入泫水。《水經注》云：丹水出上黨高都縣故城東北阜，俗謂之源源水——引此經云云——即斯水矣。又，《水經注》引經直作「丹水」，無「林」字。】南流注于河。【懿行案：《地理志》云：丹水入泫水。又云：泫氏楊谷，絶水所出，南至壄王入沁。《水經注》亦云：沁水與丹水合。此經云「入河」者，蓋丹水合絶水入沁，又入於河也。又，《地理志》「泫氏」應劭注云：《山海經》泫水所出者也。今經無泫水，蓋脱去之。而《地理志》「丹水入泫水」，《水經注》引作「入絶水」，未審誰是。】嬰侯之水出焉，北流注于汜水。【懿行案：《水經·汾水》注引此經作：嬰矦之水出于其陰，北流注于祀水。云：水出祀山，其水殊源共合，注於嬰矦之水，亂流逕中都縣南，俗又謂之中都水。据《水經注》，「氾水」當爲「祀水」。又云「出於其陰」，亦與今本異。】

北 3－20：

東三百里，曰沮洳之山。【《詩》云：彼汾沮洳。懿行案：《水經注》引此經云：淇水出沮如山。是「洳」當爲「如」，或古字通。山在今河南輝縣。】無草木，有金玉。濝水出焉，【音其。懿行案：「濝」即「淇」字。】南流注于河。【今淇水出汲郡隆慮縣大號山，東過河內縣南爲白溝。懿行案：《水經》云：淇水出河內隆慮縣西大號山，又東過內黃縣南爲白溝。是郭所本也。《說文》云：淇水出河內共北山，東入河，或曰出隆慮西山。《地理志》云：河內郡共北山，淇水所出，東至黎陽入河。《晉書・地理志》云：汲郡共北山，淇水所出。「隆慮」作「林慮」也。】

北 3－21：

又北三百里，曰神囷之山。【音如倉囷之囷。懿行案：「囷」即「倉囷」之「囷」，郭氏復音如之，知經文必不作「囷」。《廣韻》引作「神箘」，疑是也。据《水經注》，山當在今河南林縣，漢之林慮縣也。】其上有文石，其下有白蛇，有飛蟲。【懿行案：《史記・周本紀》云：蜚鴻滿野。《索隱》引高誘曰：蜚鴻，蠛蠓也，言飛蟲蔽日滿野，故爲災。又，《後漢書・南蠻傳》云：鹽神旦即化爲蟲，與諸蟲羣飛，掩蔽日光。亦此類也。】黃水出焉，而東流注于洹。【洹水出汲郡林慮縣，東北至魏郡長樂入清水。洹音丸。懿行案：《地理志》云：河內郡隆慮。應劭注云：隆慮山在北，避殤帝名改曰林慮也。《說文》云：洹水在齊魯間。《水經》云：洹水出上黨泫氏縣，東過隆慮縣北。注云：縣有黃水，出於神囷之山黃華谷，又東入於洹水也。又云：洹水又東逕長樂縣故城南。又，清水亦見《水經》及注。】滏水出焉，【懿行案：李善注《魏都賦》引此經與今本同。《魏志·武帝紀》云：建安九年，公進軍到洹水。又云：臨滏水爲營。即斯水也。】而東流注于歐水。【滏水今出臨水縣西釜口山，經鄴西北至列人縣入於漳，其水熱。懿行案：劉逵注《魏都賦》云：漳、滏，二水名，經鄴西北，滏水熱，故曰滏口。《水經注》云：滏水出鄴西北石鼓山南巖下，泉源奮涌若釜之揚湯矣，其水冬溫夏冷；滏水又東流注於漳，謂之合口。据《水經注》，石鼓山當卽滏口山之異名也。但此經云「注於歐水」，豈「歐水」亦卽「漳水」之異名與？】

北 3－22.

又北二百里，曰發鳩之山。【今在上黨郡長子縣西。懿行案：發鳩山，《淮南子》謂之「發包山」。《墬形訓》云：濁漳出發包。高誘注云：發包山一名鹿谷山，亦在上黨長子縣。《水經注》云：鹿谷山與發鳩連麓而在南也。】其上多柘木。【懿行案：《說文》云：樜，木，出發鳩山。是「柘」當爲「樜」。《玉篇》云：柘亦作樜。蓋同聲假借字也。《漢書音義》云：櫧似樜，葉冬不落。是樜、櫧同類之木。櫧見《中次十一經》「前山」。】有鳥焉，其狀如烏，【懿行案：《太平御覽》四十五卷引此經「烏」作「鳩」。】文首，白喙，赤足，【懿行案：《廣韵》引此經作「白首，赤喙」。】名曰精衛，其鳴自詨；【懿行案：李善注《吳都賦》引此經作「呼」。】是炎帝之少女，名曰女娃，【炎帝，神農也。娃，惡佳反，語誤或作「階」。懿行案：李善注《吳都賦》引此經作「赤帝之女姓姜」，誤也。《魏都賦》注引此經仍作「女娃」。是「姓」乃「娃」之譌，「姜」字衍。】女娃遊于東海，溺而不返，故爲精衛，常銜西山之木石，以堙于東海。【堙，塞也，音因。懿行案：「堙」當爲「垔」，見《說文》。《文選注》引此經「銜」作「取」，「堙」作「填」，唯《魏都賦》注引此仍作「堙」。《列仙傳》載炎帝少女追赤松而得仙。是知東海溺魂，西山銜石，斯乃神靈之變化，非夫仇海之冤禽矣。女尸之爲䔄草，亦猶是也。《蓺文類聚》九十二卷引郭氏《讚》云：炎帝之女，化爲精衛；沈形東海，靈爽西邁；乃銜木石，以填攸害。】漳水出焉，【濁漳。音章。懿行案：《說文》云：漳，水，出發鳩山，入於河，从水，東聲。《水經注》云：漳水又東，涷水注之，水西出發鳩山，東逕余吾縣故城南，又東逕屯留縣故城北，其水又東流注於漳。亦引《說文》「涷水」爲證。然則此經古有二本，許君所見本蓋爲「涷水」，卽《說文》及《水經注》所云是也。桑欽所見本蓋爲「漳水」，《水經》云「濁漳水出上黨長子縣西發鳩山」，卽此郭注所云是也。】東流注于河。【或曰，出長子縣鹿谷山，而東至鄴入清漳。懿行案：《地理志》云：上黨郡長子鹿谷山，濁漳水所出，東至鄴入清漳。《說文》亦同。是皆郭注所本。】

北 3－23：

又東北百二十里，曰少山。【今在樂平郡沾縣。沾縣故屬上黨。懿行案：山在今山西樂平縣。《水經》云：清漳水出上黨沾縣西北少山大要谷。《說文》同。《地理志》：上黨郡沾，大黽谷，清漳水所出，東北至阜城入大河。是大要谷卽少山也。樂平郡沾及上黨郡竝見《晉書・地理志》。又，舊本郭注「沾縣」下復有「沾縣」字，俗本脫。】其上有金玉，其下有銅。清漳之水出焉，東流于濁漳之水。【清漳出少山大繩谷，至武安縣南暴宮邑入於濁漳。或曰，東北至邑城入於大河也。懿行案：郭注「繩」蓋「黽」字之譌，「黽」又「㲋」字之譌也。《地理志》：北地郡大㲋。顏師古注云：「㲋」卽古「要」字也。顏本作「㲋」，而今本於「上黨郡沾縣大㲋谷」譌爲「大黽谷」，郭氏此注又譌爲「大繩谷」矣。《説文》云：清漳出沾山大要谷，北入河。以此可證。又郭注「暴宫」當爲「黍窖」之譌。《水經》云：東至武安縣南黍窖邑入於濁漳。是也。「邑城」當爲「阜城」之譌。今本《地理志》「上黨郡沾」下亦譌爲「邑城」也。阜城縣屬渤海郡，見《漢/晉·地理志》。】

北3-24：

又東北二百里，曰錫山。【懿行案：《地理志》《水經注》竝作「堵山」，或古有二名。《太平寰宇記》云：磁州武安縣有錫山。引此經。山在今河南武安縣。】其上多玉，其下有砥。牛首之水出焉，而東流注于滏水。【懿行案：《地理志》云：趙國邯鄲，堵山，牛首水所出。《水經·濁漳水》注云：水出邯鄲縣西堵山，漢景帝時攻趙圍邯鄲引牛首拘水灌城。】

北3-25：

又北二百里，曰景山。【懿行案：高誘注《淮南·墬形訓》云：景山在邯鄲西南。】有美玉。景水出焉，東南流注于海澤。【懿行案：《淮南·墬形訓》云：西北方曰海澤。】

北3-26：

又北百里，曰題首之山。有玉焉，多石，無水。

北3-27：

又北百里，曰繡山。其上有玉青碧，其木多栒，【木中枚也，音荀。懿行案：郭注未詳所本。《説文》有

「椅」，云：杶也。又有「椤」，云：大木，可爲鉏柄。疑皆非郭義。《本草經》有「枸核」，《别錄》云：味苦，療水身面癰腫。蓋卽此木也。《說文》云：枚，榦也，可爲杖。】其草多芍藥、芎藭。【芍藥，一名辛夷，亦香草屬。懿行案：《廣雅》云：攣夷，芍藥也。張揖注《上林賦》云：留夷，新夷也。「新」與「辛」同，「留」「攣」聲轉。王逸注《楚詞・九歌》云：辛夷，香草也。是「攣夷」卽「留夷」，《離騷》之「留夷」又卽《九歌》之「辛夷」，與芍藥正一物也。郭注本《廣雅》及《楚詞》。】洧水出焉，而東流注于河，【懿行案：《水經》有洧水，出馬嶺山入潁，非此。】其中有鱯【鱯似鲇而大，白色也。懿行案：《爾雅》云：魾，大鱯。郭注與此同。】黽。【鼃黽，似蝦蟆，小而青。或曰「鱯黽」一物名耳。懿行案：「鼃」當爲「耿」字之譌。耿黽見《秋官・蟈氏》注，亦見《爾雅》。】

北 3－28：

又北百二十里，曰松山。【懿行案：畢氏云：疑卽今山西襄垣縣好松山。】陽水出焉，【懿行案：畢氏云：《地形志》云：上黨屯留有陽水，原出三想山，東流合平臺水，東南入絳水。】東北流注于河。

北 3－29：

又北百二十里，曰敦與之山。【懿行案：山在今直隸臨城縣西南。《太平寰宇記》引此經作「敦輿山」。】其上無草木，有金玉。溹水出于其陽，【音悉各反。懿行案：《玉篇》云：溹，所格切，水名。】而東流注于泰陸之水。【大陸水，今鉅鹿北廣平澤卽其水。懿行案：「廣平」當爲「廣阿」，字之誤也。《爾雅》「十藪」：晉有大陸。郭注云：今鉅鹿北廣阿澤是也。然今《爾雅注》「阿」復誤作「河」。《呂氏春秋》「九藪」：趙之鉅鹿。高誘注云：廣阿澤也。《地理志》云：鉅鹿郡鉅鹿，《禹貢》大陸澤在北，又有廣阿。劉昭注《郡國志》亦同。】泜水出于其陰，【音抵肆也。懿行案：泜字晉灼音邸，與郭音同；蘇林音祇，與《地理志》同。】而東流注于彭水。【今泜水出中北縣西窮泉谷，東注於堂陽縣，入於漳水。懿行案：《説文》云：泜水在常山。《地理志》云：常山郡元氏，沮水首受中北西山窮泉谷，東至堂陽入黄河。又：中北逢山長谷，諸水所出，東至張邑入濁漳。是郭所本也。諸水即泜水矣。《隋書·地理志》云：房子有彭水。案《〈史記·陳餘傳〉索隱》引此郭注云：泜水出常山中北縣。今本脱「常山」二字。】槐水出焉，而東流注于泜澤。【懿行案：《説文》云：濟水出常山房子贊皇山，東入泜。《地理志》云：常山郡房子，贊皇山石，濟水所出，東至廮陶入泜。是濟水即槐水矣。】

北3－30：

又北百七十里，曰柘山。其陽有金玉，其陰有鐵。歷聚之水出焉，而北流注于洧水。

北3－31：

又北三百里，曰維龍之山。其上有碧玉，其陽有金，其陰有鐵。肥水出焉，而東流注于皋澤，其中多礨石。【未詳也。音雷。或作壘。魄壘，大石貌。或曰石名。懿行案：《玉篇》云：礧，不平也。又云：礧，魄石。與郭義近。「礧」「壘」字通也。又，《漢書·鼂錯傳》云：具藺石。服虔注云：藺石，可投人石也。如淳注云：藺石，城上雷石也。「藺」「礨」聲轉，「礨」「雷」聲近，疑「礨石」即「雷石」矣。】敞鐵之水出焉，而北流注于大澤。

北 3－32：

又北百八十里，曰白馬之山。【懿行案：山在今山西盂縣北。《元和郡縣志》云：盂縣，白馬山在縣東北六十里。】其陽多石玉，其陰多鐵，多赤銅。木馬之水出焉，【懿行案：木馬水卽俗謂牧馬水也，在盂縣東，北至定襄入虖沱。】而東北流注于虖沱。【呼佗二音。】

北 3－33：

又北二百里，曰空桑之山。【上已有此山，疑同名也。懿行案：《東經》有此山，此經已上無之。檢此篇《北次二經》之首，「自管涔之山至於敦題之山，凡十七山」，今才得十六山，疑經正脫此一山也。經內空桑有三：上文脫去之空桑，蓋在莘、虢閒，《呂氏春秋》《古史考》俱言「尹產空桑」是也；此經空桑蓋在趙、代閒，《歸藏・啓筮》言「蚩尤出自羊水，以伐空桑」是也；兖地亦有空桑，見《東山經》。】無草木，冬夏有雪。空桑之水出焉，東流注于虖沱。【音佗。懿行案：藏經本無郭注「音佗」二字。】

北 3－34：

又北三百里，曰泰戲之山。【懿行案：畢氏云：山在今山西繁畤縣西。《淮南・墬形訓》云：虖沱出魯乎。《說文》云：泒水起鴈門葰人戍夫山。《元和郡縣志》云：繁畤縣，泰戲山一名武夫山，在縣東南九十里。《太平寰宇記》云：繁畤縣，泰戲山今曰泒山。又云：虖沱河源出東南孤阜山。据此，則「戲」當讀如「呼」，《說文》本从「虛」聲，「泰戲」「魯乎」「戍夫」「武夫」「孤阜」，皆聲相近字之異也。】無草木，多金玉。有獸焉，其狀如羊，一角，一目，目在耳後，其名曰辣辣，【音屋棟之棟。懿行案：《玉篇》「辣」字云：泰山有獸狀如牛，一角。疑「泰」下脫「戲」字；又「羊」爲「牛」，或字之譌也。《廣韵》引此經作「秦戲山」，餘同。辣音東，又音陳。吳氏引楊慎《奇字韵》云：辣辣今產於代州鴈門谷口，俗呼爲構子，見則歲豐，音東，見《晉志》。今案，《代州志》「構」作「犝」，誤也。】其鳴自訆。虖沱之水出焉，【今虖沱水出鴈門鹵成縣南武夫山。懿行案：虖沱又見《海内東經》。《地理志》云：勃海郡成平，虖沱河，民曰「徒駭河」。蓋語聲之轉也。《郡國志》云：鴈門郡鹵城。劉昭注引此經作「呼沱」。經典或作「惡池」，或作「亞馳」，竝聲近假借之字。郭注「鹵成」，「成」當爲「城」。】而東流注于漊水。【音樓。懿行案：《地理志》云：代郡鹵城，虖池河東至參合入虖池別。疑虖池別流卽漊水矣。】液女之水出于其陽，南流注于沁水。【液，音悦懌之懌。懿行案：泰戲山在繁畤，沁水在沁源，南北遙阻，無緣有水相注。疑經文誤。此云「液女」，下文直云「液水」。】

北 3－35：

又北三百里，曰石山。多藏金玉。【懿行案：「藏」古字作「臧」，善也。《西次三經》槐江之山「多藏黄金玉」，義與此同。】濩濩之水出焉，【濩，音尺蠖之蠖。】而東流注于虖沱。鮮于之水出焉，而南【懿行案：吳氏本「南」上有「西」字。】流注于虖沱。

北 3－36：

又北二百里，曰童戎之山。皋涂之水出焉，而東流注于漊液水。

北3－37

又北三百里，曰高是之山。【今在北地靈北縣。懿行案：在縣西北。《水經》作「高氏」。又案，《晉書·地理志》北地郡無靈北，代郡下亦無之，《漢志》代郡下則有。】滋水出焉，【音茲。懿行案：《說文》云：滋水出牛飲山白陘谷，東入呼沱。《地理志》云：常山郡南行唐，牛飲山白陸谷，滋水所出，東至新市入虖池。《郡國志》云：南行唐有石臼谷。谷名三書皆異，未知其審。】而南流注于虖沱。其木多椶，其草多條。【懿行案：條草未詳。或說以《爾雅》「蓧蓨」，恐非。】滱水出焉，【音寇。懿行案：《說文》云：滱水起北地靈北，東入河。滱水即漚夷水，并州川也。《水經》云：滱水出代郡靈北縣高氏山。注云：即溫夷之水也，出縣西北高氏山。引此經云云。】東流注于河。【過博陵縣南，又東北入於易水。懿行案：《地理志》云：代郡靈北，滱河東至文安入大河。《說文》亦云「東入河」，與此經合。《水經》云：滱水東過博陵縣南，又東北入於易。注云：東北至長城，注於易水也。與郭注合。今案：滱水自入易水，易水復不通河流。經言「注河」，未知其審。】

北3－38

又北三百里，曰陸山。多美玉。鄰水出焉，【或作郯水。懿行案：鄰字《說文》《玉篇》《廣韻》俱無之。嚴可均曰：《說文》云：黃帝娶于姜水。】而東流注于河。

北3－39

又北二百里，曰沂山。【音祈。】般水出焉，【音盤。懿行案：《地理志》云：平原郡般。說者云即《爾雅》

「九河鉤般」也。《元和郡縣志》云：棣州陽信縣，鉤盤河經縣北四十里。】而東流注于河。

北 3－40：

北百二十里，曰燕山。【懿行案：《隋書・地理志》云：無終有燕山。疑非此。】多嬰石。【言石似玉有符彩嬰帶，所謂燕石者。懿行案：「嬰」疑「燕」聲之轉，未必取「嬰帶」爲義。《水經注》云：聖水又東，逕玉石山，謂之玉石口，山多珉玉、燕石，故以玉石名之。是燕石出玉石山，將玉石山卽燕山之異名與？而與《水經・鮑丘水》注「無終之燕山」似異，此蓋別一山也。】燕水出焉，東流注于河。

北 3－41：

又北山行五百里，水行五百里，至于饒山。【懿行案：《爾雅釋文》引《字林》云：馲駝出繞山。疑「饒」「繞」古字通也。《初學記》二十九卷引此經云：陽光之山，獸多橐駝。經無「陽光山」，疑亦「饒山」，字之誤衍也。】是無草木，多瑤碧。其獸多橐駝，【懿行案：橐駝已見虢山。】其鳥多鶹。【未詳。或曰，鶹，鵂鶹也。懿行案：鵂鶹卽鵋久，《爾雅》謂之怪鴟。《廣雅》又云：鸋鳺，飛鸓也。別一物，卽鼯鼠也。】歷虢之水出焉，而東流注于河，其中有師魚，食之殺人。【未詳。或作鯢。懿行案：「師」《玉篇》作「鰤」，非也。郭云「或作鯢」者，「師」「鯢」聲之轉，鯢卽人魚也，已見上文。《西陽雜俎》云：峽中人食鯢魚，縛樹上鞭至白汁出如構汁，方可食，不爾有毒也。正與此經合。】

北 3－42：

又北四百里，曰乾山。無草木。其陽有金玉，其陰有鐵而無水。有獸焉，其狀如牛而三足，其名曰䝙，【懿行案：「䝙」當爲「豲」，見《說文》。藏經本「䝙」下有「音元」二字。】其鳴自詨。

北3－43：

又北五百里，曰倫山。倫水出焉，而東流注于河。有獸焉，其狀如麋，其川在尾上，【川，竅也。懿行案：《爾雅》云：白州驠。郭注云：州，竅。是「州」「川」其義同。《廣雅》云：川，臀也。本此。王引之曰：「川」似當爲「州」，字形相近而誤。】其名曰羆。【懿行案：藏經本作「羆九」，郭氏《圖讚》亦作「羆九」，疑經文「羆」下有「九」字，今本脫去之。】

北3－44：

又北五百里，曰碣石之山。【《水經》曰：碣石山今在遼西臨渝縣南水中。或曰在右北平驪城縣。海邊山。懿行案：《地理志》云：右北平郡驪成，大揭石山在縣西南。今直隸撫寧、昌黎二縣是其地。郭引《水經》，今無攷。《水經注》云：河之入海舊在碣石，今川流所導非禹瀆也；故張君云碣石在海中，葢淪於海水也。】繩水出焉，而東流于河，【懿行案：《地理志》遼西郡臨渝有絫，云又有揭石水。疑揭石水卽繩水也。《水經·河水》注引此經云云。劉昭注《郡國志》引此經作「緰水」，疑誤。】其中多蒲夷之魚。【未詳。懿行案：蒲夷魚疑卽冉遺魚也，已見《西次四經》。《玉篇》有「鮬鮧」，《日華本草》有「胡夷魚」卽河豚，竝非此。】其上有玉，其下多靑碧。

北3－45：

又北水行五百里，至于鴈門之山。【鴈門山，卽北陵西隃，鴈之所出，因以名云，在高柳北。懿行案：「北陵西隃」見《爾雅》。「鴈門之山，鴈出其間，在高柳北」，見《海内西經》。山在今山西代州東北。又案，經不言此山有水。而《北次二經》梁渠之山，有修水東流注于鴈門，郭云「水名」；《北山經首》少咸之山，有敦水東流注于鴈門之水，郭云「水出鴈門山間」。是此山有水，明矣。《水經·㶟水》注引《山海經》曰：鴈門之水出於鴈門之山。蓋古本有此經文，今本脱去之。】無草木。

北 3－46：

又北水行四百里，【懿行案：王崇慶《山海經釋義》云：凡此皆在晉地，環晉皆山，恐無水行四百里者，然鴈門山亦曰「水行五百里」，豈禹治水時事與？】至于泰澤，【懿行案：泰澤即大澤也。「大澤方百里，羣鳥所生及所解，在鴈門北」，見《海内西經》。】其中有山焉，曰帝都之山。廣員百里，【懿行案：山疑即委羽之山也。崇巘參雲，日月虧蔽，在鴈門北，見《淮南·墬形訓》。】無草木，有金玉。

北 3－47：

又北五百里，曰錞于毋逢之山。北望雞號之山，【懿行案：《説文》《玉篇》引此經竝作「惟號之山」。】其風如颮。【颮，急風貌也，音戾。或云，飄風也。懿行案：颮，俗字也。《説文》《玉篇》引此經竝作「劦」。《説文》云：劦，同力。《玉篇》云：急也。《文選·江賦》注引此注與今本同。】西望幽都之山，【懿行案：幽都之山在北海之内，見《海内經》。】浴水出焉。【浴卽黑水也。懿行案：「浴」下疑脱「水」字。郭知浴水卽黑水者，据《海内經》「幽都之山，黑水出焉」而爲説也。《夏小正》云：黑鳥浴。疑「浴」當訓黑，正與此義合，説者失之耳。】是有大蛇，赤首白身，其音如牛，見則其邑大旱。

北3－0：

凡北次三經之首，自太行之山以至于無逢【懿行案：「無逢」即「毋逢」也，「毋」「無」古音同。】之山，凡四十六山，【懿行案：今四十七山。】萬二千三百五十里。【懿行案：今一萬二千四百四十里。】其神狀皆馬身而人面者廿神，【懿行案：古鐘鼎文「二十」字皆作「廿」。】其祠之，皆用一藻茝瘞之。【藻，聚藻。茝，香草，蘭之類，音昌代反。懿行案：「藻，聚藻」見《毛詩》，「茝，香草」見《內則》。】其十四神，狀皆彘身而載玉，【懿行案：「載」亦「戴」也，古字通。】其祠之，皆玉，不瘞。【不薶所用玉也。】其十神狀皆彘身而八足、蛇尾，其祠之，皆用一璧瘞之。大凡四十四神，【懿行案：四十六山，其神乃止四十四，蓋有攝山者。】皆用稌糈米祠之。此皆不火食。【懿行案：「其山北人，皆生食不火之物」，已見《北山經首》。】

北3－0－0：

右北經之山志，凡八十七山，【懿行案：今八十八山。】二萬三千二百三十里。【懿行案：當二萬三千五百三十里，今則二萬四千二百六十里。】

山海經第三

山海經第四

晉 郭璞傳 棲霞郝懿行箋疏

東山經

東一—一：

東山經之首，曰樕螽之山。【速株二音。懿行案：《廣韵》云：樕株，山名。疑即樕螽之異文。】北臨乾昧，【亦山名也。音妹。懿行案：「東次四經之首，曰北號之山，食水出焉，而東北流注于海。」與此互證，是北號即乾昧矣。】食水出焉，而東北流注于海，其中多鱅鱅之魚，【音容。懿行案：《史記》裴駰集解引郭氏云：鱅似鰱而黑。非此也。《說文》云：鱅，魚名。又云：鰅，魚，皮有文，出樂浪東暆，神爵四年初捕收輸考工，周成王時揚州獻鰅。《周書·王會篇》云：揚州禺禺，魚名，解隃冠。「禺禺」即「鰅鰅」聲之轉，古字通也。《史記·司馬相如傳》有「禺禺」，徐廣云：禺禺，魚牛也。郭氏注《上林賦》云：鰅魚有文彩。又云：禺禺，魚，皮有毛，黄地黑文。與《說文》「鰅，魚，皮有文」合。徐廣謂之「魚牛」，即此經「狀如犂牛」是也。《說文》云「出樂浪東暆」，亦與此經合。《藝文類聚》九卷引《博物志》云：東海中有牛魚，其形如牛，剝其皮懸之，潮水至則毛起，潮去則伏。即是魚也。】其狀如犂牛，【牛似虎文者。懿行案：郭氏注《上林賦》云：禺禺，魚，皮有毛，黄地黑文。與此注「似虎文」義合。《魏志·文帝紀》注引《獻帝傳》云：犎牛之駮似虎。正謂此也。《太平御覽》九百三十九卷引此經《圖讚》曰：魚號鯆鯆，如牛虎駮。犎牛卽犂牛，見《南山經》「柢山」。】其音如彘鳴。

東1－2：

又南三百里，曰藟山。【音誄。】其上有玉，其下有金。湖水出焉，東流注于食水，【懿行案：《地理志》云：右北平郡俊靡，灅水南至無終，東入庚。《說文》亦同。疑藟山因灅水爲名，「灅」「藟」聲同，灅水卽湖水，庚水卽食水矣。俟攷。】其中多活師。【科斗也。《爾雅》謂之活東。懿行案：蝦蟇叫而生子，其聲聒聒，謂之「聒子」。「活師」「聒子」聲相近，「科斗」「活東」亦音相轉也。】

東1－3：

又南三百里，曰栒狀之山。【懿行案：《廣韻》云：沢水出拘扶山。此作「栒狀」，字形相似，未審誰是。】其上多金玉，其下多青碧石。有獸焉，其狀如犬，六足，其名曰從從，其鳴自詨。有鳥焉，其狀如雞而鼠毛，【懿行案：「毛」《說文》作「尾」。】其名曰䖪鼠，【音咨。懿行案：「䖪」《說文》作「𪕊」，云：𪕊，鼠，似雞，鼠尾。《玉篇》云：䖪，蟲也。】見則其邑大旱。沢水出焉，【音枳。懿行案：《玉篇》云：沢，水名。】而北流注于湖水，其中多箴魚，其狀如儵，【懿行案：「儵」卽「鯈」字。】其喙如箴，【出東海，今江東水中亦有之。懿行案：今登、萊海中有箴梁魚，碧色而長，其骨亦碧，其喙如箴，以此得名。《太平御覽》九百三十九卷引《南楚記》云：箴魚口四寸。】食之無疫疾。

東 1－4：

又南三百里，曰勃亝之山。【懿行案：「亝」，篆文「齊」，見《說文》。】無草木，無水。

東 1－5：

又南三百里，曰番條之山。無草木，多沙。減水出焉，【音同減損之減。懿行案：減卽減損之字，何須用音？知經文必不作減，未審何字之譌。】北流注于海，其中多鱤魚。【一名黃頰，音感。懿行案：鱤一名魠，《說文》云：魠，哆口魚也。《廣雅》云：魱魧，鰽魠也。《玉篇》云：魠，黃頰魚。郭氏注《上林賦》云：魠，鱤也，一名黃頰。與此注合。又謂之鱨。《小雅・魚麗篇》毛傳云：鱨，楊也。陸璣疏云：今黃頰魚也，似燕頭魚，身形厚而長大，頰骨正黃，魚之大而有力解飛者；徐州人謂之楊；黃頰，通語也；今江東呼黃鱨魚亦名黃頰魚，尾微黃，大者長尺七八寸許。】

東 1－6：

又南四百里，曰姑兒之山。其上多漆，其下多桑柘。姑兒之水出焉，北流注于海，其中多鱤魚。

東 1－7：

又南四百里，曰高氏之山。其上多玉，其下多箴石。【可以爲砥針治癰腫者。懿行案：「砥」當爲「砭」字之譌。《南史・王僧孺傳》引此注作「可以爲砭針」，是也。《說文》云：砭，以石刺病也。《素問》云：東方之域，其病爲癰瘍，其治宜砭石。是砭石正東方所出也。又，此云「箴石」，《史記・扁鵲傳》有「鑱石」，「鑱」「箴」聲相近，然非一物也。《淮南·說山訓》云：病者寢席，醫之用針石。高誘注云：石針所砥，彈人癰痤，出其惡血者也。】諸繩之水出焉，【懿行案：《水經注》云：澠水出營城東，西北入時水。疑卽此。】東流注于澤，其中多金玉。

東1－8：

又南三百里，曰嶽山。其上多桑，其下多樗。濼水出焉，【音樂。懿行案：《說文》云：濼，齊魯閒水也。《水經注》云：濼水出歷城縣故城西泉源上，北入於濟，謂之濼口。計其道里，疑非此。】東流注于澤，其中多金玉。

東1－9：

又南三百里，曰犲山。【懿行案：「犲」卽「豺」別字。】其上無草木。其下多水，其中多堪孖之魚。【未詳。音序。懿行案：《玉篇》孖从子从予，不从二子。】有獸焉，其狀如夸父【懿行案：夸父卽舉父也，已見《西山經》「崇吾之山」、《北山經》「梁渠之山」。】而彘毛，其音如呼，見則天下大水。

東1－10：

又南三百里，曰獨山。其上多金玉，其下多美石。末塗之水出焉，而東南流注于沔，其中多偹鳙，【條容二音。懿行案：郭氏《江賦》云：偹鳙拂翼而掣耀。李善注引此經。《玉篇》有「偹」字，亦引此經，竝與今本同。】其狀如黄蛇，魚翼，出入有光，見則其邑大旱。

東 1－11：

又南三百里，曰泰山。【即東嶽岱宗也。今在泰山奉高縣西北，從山下至頂四十八里三百步也。懿行案：泰山郡奉高，見《漢/晉・地理志》。山在今山東泰安縣北。《〈史記・秦始皇本紀〉正義》引此注作「百四十八里」，「百」字當爲衍文。故劉昭注《祭祀志》引此注作「四十八里二百步」，亦無「百」字。《初學記》引《漢官儀》及《泰山記》亦云：自下至古封禪處，凡四十里。】其上多玉，其下多金。【懿行案：《〈史記・秦始皇本紀〉正義》引此「玉」作「石」。今案，作「石」是也。泰山下既多礝礐，又《本草經》：紫白二石英俱生泰山。《魏志・高堂隆傳》云：鑿泰山之石英。正謂此也。】有獸焉，其狀如豚而有珠，名曰狪狪，【音如吟恫之恫。懿行案：《玉篇》云：狪似豕，出泰山。又，「狪」云：獸名。《廣韵》「狪」「狪」俱云：獸名，似豕，出泰山。是知古本作「狪」或作「狪」，今本作「狪」，皆一字也。郭云「音如吟恫之恫」，疑「吟」字當爲「呻」字之譌。《匡謬正俗》云：關中謂呻吟爲呻恫。】其鳴自訆。環水出焉，【懿行案：《水經注》云：汶水又南，合北汶水，水東南流逕泰山東；又合天門下谿水，水出泰山天門下谷，東南流又合環水，水出泰山南谿，南流歷中下兩廟間，其水又屈而東流，入於汶水。引此經云云。】東流注于江，【一作海。懿行案：當作「汶」。《水經注》引此經作「注于汶」。】其中多水玉。

東 1－12：

又南三百里，曰竹山。錞于江，【一作淮。懿行案：「江」亦當作「汶」。竹山當即蜀山，在今汶上縣，獨立波心，故名曰「蜀」。】無草木，多瑤碧。激水出焉，而東南流注于娶檀之水，其中多茈羸。【懿行案：「羸」

當爲「羸」字之譌。茈羸，紫色羸也。】

東1－0：

凡東山經之首，自樕螽之山以至于竹山，凡十二山，三千六百里。【懿行案：今才三千五百里。】其神狀皆人身龍首。祠毛，用一犬祈䎶，用魚。【以血塗祭爲䎶也。《公羊傳》云：蓋叩其鼻以䎶社。音鈞餌之餌。懿行案：《玉篇》云：以牲告神，欲神聽之，曰䎶。此說與郭異。据郭注，「䎶」疑當爲「衈」，《玉篇》云：耳血也。《禮・雜記》云：其衈皆于屋下。鄭注云：衈，謂將刲割牲以釁，先滅耳傍毛薦之。郭引《公羊傳》者，僖十九年文。然傳云「蓋叩其鼻以血社」，不作「衈」字。《穀梁傳》正作「叩其鼻以衈社」，范甯注云：衈者釁也。是郭此注當由誤記，故竟以《穀梁》爲《公羊》耳。】

東2－1：

東次二經之首，曰空桑之山。【此山出琴瑟材，見《周禮》也。懿行案：此兗地之空桑也。《淮南・本經訓》云：共工振滔洪水，以薄空桑。高誘注云：空桑，地名，在魯也。《思玄賦》舊注云：少皞金天氏居窮桑，在魯北。《太平寰宇記》引干寶云：徵在生孔子於空桑之地，今名孔竇，在魯南山之穴。郭引《周禮》者，《春官・大司樂》文。】北臨食水，【懿行案：食水已見篇首「樕螽山」。】東望沮吳，南望沙陵，西望涽澤。【音旻。懿行案：「涽」疑即「汶」字之異文。】有獸焉，其狀如牛而虎文，【懿行案：上文「狀如犂牛」郭注云：牛似虎文者。】其音如欽，【或作吟。】其名曰軨軨，【音靈。】其鳴自叫，見則天下大水。

東2－2：

又南六百里，曰曹夕之山。其下多穀而無水，多鳥獸。

東2－3：

又西南四百里，曰嶧皋之山。【音亦。懿行案：《爾雅》云：山屬者嶧。】其上多金玉，其下多白堊。嶧皋之水出焉，東流注于激女之水。【懿行案：《爾雅疏》引此經作「激汝之水」，《玉篇》同。】其中多蜃珧。【蜃，蚌也。珧，玉珧，亦蚌屬。腎遙兩音。懿行案：《爾雅》云：蜃小者珧。郭注云：珧，玉珧。即小蚌也。】

東2－4：

又南水行五百里，流沙三百里，至于葛山之尾。無草木。多砥礪。

東2－5：

又南三百八十里，曰葛山之首。無草木。澧水出焉，【音禮。懿行案：《呂氏春秋・本味篇》作「醴水」。】東流注于余澤，其中多珠蟞魚，【音鼈。懿行案：《呂氏春秋》作「朱鼈」，郭氏《江賦》作「赬蟞」，是經文「珠」「朱」、「蟞」「鼈」竝古字通用。】其狀如胏而有目，【懿行案：此物圖作四目。《初學記》八卷引《南越志》云：海中多朱鼈，狀如胏，有四眼六腳而吐珠。正與圖合。疑此經「有目」當爲「四目」，字之譌也。《文選・江賦》注引此經仍作「有目」，譌與今本同，竝當桀正。】六足，有珠，【懿行案：《呂氏春秋・本味篇》云：六足有珠百碧。「百碧」疑「青碧」，字之譌也。高誘注云：有珠如蛟皮。「蛟」當爲「鮫」，皮有珠文。但郭氏《江賦》云：赬蟞胏躍而吐璣。《南越志》亦云：朱鼈吐珠。高誘以爲皮有珠，蓋非也。】其味酸甘，食之無癘。【無時氣病也。《呂氏春秋》曰：澧水之魚，名曰朱鼈，六足，有珠，魚之美也。懿行案：《太平御覽》九百三十九卷引此經《圖讚》云：澧水之鱗，狀如浮胏；體兼三才，以貨賈害；厥用既多，何以自衛。】

東２－６：

又南三百八十里，曰餘峩之山。【懿行案：《廣韻》引此經「峩」作「我」。】其上多梓柟，其下多荆芑。【懿行案：《南山經》「虖勺之山」下多荆杞，此經作「芑」，同聲假借字也，下文竝同。】雜余之水出焉，東流注于黃水。有獸焉，其狀如菟而鳥喙，鴟目，蛇尾，見人則眠，【言佯死也。懿行案：「眠」依字當爲「瞑」。】名曰犰狳，【仇餘二音。懿行案：《玉篇》「犰」「狳」二字竝云：獸，似兔，犰音几。無「犰」字。是經文「犰」當爲「犰」，郭注「仇」當爲「几」，竝字形之譌也。《廣韻》「犰」字注云「兔喙」，蓋脫「鳥」字。】其鳴自訆，見則螽蝗爲敗。【螽，蝗類也。言傷敗田苗。音終。懿行案：《說文》云：蝗，螽也；螽，蝗也。以爲一物。据此又似二種。《太平御覽》九百十三卷引此經「螽」作「蟲」。】

東２－７：

又南三百里，曰杜父之山。無草木，多水。

東２－８：

又南三百里，曰耿山。無草木，多水碧，【亦水玉類。懿行案：李善注《江賦》引此經及郭注竝與今本同，又注謝靈運《入彭蠡湖口詩》及注江淹《雜體詩》竝引此經郭注云「碧亦玉也」，與今本異。又，經言水碧生於山間，謝靈運詩云「水碧輟流潺」，江淹詩云「淩波采水碧」，竝與經不合。】多大蛇。有獸焉，其狀如狐而魚翼，其名曰朱獳，【音儒。懿行案：《說文》云：獳，需聲，讀若槈。與郭音異。然云「需聲」則與「儒」音相近。《樂記》云：朱儒獿雜。蓋獿是獮猴，朱儒似狐，《樂記》所言皆獸名也，正與此經義合。】其鳴自訆，見則其國有恐。

東 2－9：

又南三百里，曰盧其之山。【懿行案：《太平御覽》九百二十五卷引此經「盧其」作「憲期」。】無草木，多沙石。沙水出焉，南流注于涔水，其中多鵹鶘，【音黎。】其狀如鴛鴦而人足，【今鵜胡足頗有似人腳形狀也。懿行案：《御覽》引此經作「鵜鶘」。「鵹」「鵜」聲相近也。「鵜鶘」見《爾雅》。陸璣《詩疏》又名淘河，卽鵜鶘聲之轉。《魏志》：黄初四年，有鵜鶘鳥集靈芝池，詔曰此詩人所謂汙澤。是也。】其鳴自訆，【懿行案：《御覽》引「訆」作「呼」。】見則其國多土功。

東 2－10：

又南三百八十里，曰姑射之山。【懿行案：《莊子・逍遥遊篇》云：藐姑射之山，汾水之陽。《隋書・地理志》云：臨汾有姑射山。山在今山西平陽府西。又案，已下三山俱名姑射，但分南北耳，皆山在中國者；《海内北經》有列姑射，有姑射國，俱地在遠裔者。】無草木，多水。

東２－11：

又南水行三百里，流沙百里，曰北姑射之山。無草木，多石。

東２－12：

又南三百里，曰南姑射之山。無草木。多水。

東２－13：

又南三百里，曰碧山。無草木。多大蛇，多碧水玉。

東２－14：

又南五百里，曰緱氏之山。【一曰俠氏之山。懿行案：「俠」即「緱」聲之轉。「緱」本或作「維」，誤。《地理志》云：河南郡緱氏。蓋縣因山爲名也。】無草木，多金玉。原水出焉，東流注于沙澤。

東２－15：

又南三百里，曰姑逢之山。無草木，多金玉。有獸焉，其狀如狐而有翼，其音如鴻鴈，其名曰獙獙，【音斃。懿行案：「斃」「獘」同，經文「獙」即「獘」字異文。《玉篇》作「獘」，云：獸名。即此。】見則天下大旱。

東２－16：

又南五百里，曰鳧麗之山。其上多金玉，其下多箴石。有獸焉，其狀如狐而九尾、九首，【懿行案：《廣韵》說蠪蛭無「九首」二字，餘並同。】虎爪，名曰蠪姪，【龍蛭二音。懿行案：《中次二經》「昆吾之山」有獸名曰「蠪蚳」，郭云：上已有此獸，疑同名。是此經「姪」當爲「蛭」，注文「蛭」當爲「姪」，竝傳寫之誤也。《廣韻》作「蠪蛭」可證，又云一名蚑蠪。】其音如嬰兒，是食人。

東2－17：

又南五百里，曰硜山。【音一眞反。懿行案：《玉篇》云：硜，音眞，石山。蓋卽此。郭注「一」「反」二字疑衍，《中次十一經》注可證。】南臨硜水，東望湖澤。有獸焉，其狀如馬而羊目，【懿行案：藏經本「目」作「首」。】四角，牛尾，其音如獆狗，其名曰峳峳，【音攸。懿行案：《說文》《玉篇》無峳字，疑「峳」當爲「莜」，古从艸之字或从屮，屮亦艸也。《海內經》有菌狗，卽菌狗，亦其例。】見則其國多狡客。【狡，狡猾也。】有鳥焉，其狀如鳧而鼠尾，善登木，其名曰絜鉤，見則其國多疫。

東2－0：

凡東次二經之首，自空桑之山至于硜山，凡十七山，六千六百四十里。其神狀皆獸身，人面，載觡。【麋鹿屬角爲觡，音格。懿行案：載亦戴也。《說文》云：觡，骨角之名也。鄭注《樂記》云：無䚡曰觡。《說文》云：䚡，角中骨也。《〈史記·樂書〉索隱》云：牛羊有䚡曰角，麋鹿無䚡曰觡。】其祠毛，用一雞祈，嬰用一璧瘞。

東3－1：

又東次三經之首，曰尸胡之山。北望⿰歹羊山。【音詳。懿行案：《玉篇》云：⿰歹羊，女鬼也。非此。】其上多金玉，其下多棘。有獸焉，其狀如麋而魚目，名曰妴胡，【音婉。懿行案：《玉篇》云：妴，同婉。】其鳴自訓。【懿行案：嘉慶五年，冊使封琉球歸，舟泊馬齒山下，人進二鹿，毛淺而小，眼似魚眼，使者箸記謂是海魚所化。余以經證之，知是嬰胡也。沙魚化麋，海人常見之，非此。】

東3－2：

又南水行八百里，曰岐山。其木多桃李，其獸多虎。

東3－3：

又南水行五百里，曰諸鉤之山。無草木，多沙石。是山也，廣員百里，多寐魚。【卽鮇魚。音味。懿行案：鮇魚，今未詳。《玉篇》云：鮇，音未，魚名。與郭義合。又有「鮇」字，與「鱴」同，非此也。】

東3－4：

又南水行七百里，曰中父之山。無草木，多沙。

東3－5：

又東水行千里，曰胡射之山。無草木，多沙石。

東3－6：

又南水行七百里，曰孟子之山。【懿行案：畢氏据藏經本作「孟于」。】其木多梓桐，多桃李，其草多菌蒲，【未詳。音睏昭之睏。懿行案：「睏」當从目旁作「睏」，音窘。昭，未聞。《藝文類聚》八十二卷引此經無「菌」字。】其獸多麋鹿。是山也，廣員百里。其上有水出焉，名曰碧陽，【懿行案：《開元占經》一百十三卷引《竹書紀年》云：今王四年，碧陽君之諸御產二龍。碧陽君豈卽斯水之神邪？】其中多鱣鮪。【鮪，卽鱏也，似鱣而長鼻，體無鱗甲，別名䱜鱣，一名鱑也。懿行案：鱣、鮪竝見《爾雅》。郭云「別名䱜鱣」者，《史記集解》引郭氏注《上林賦》云：䱜鱣，鮪也。李奇注《漢書》云：周洛曰鮪，蜀曰䱜鱣。《說文》作「䱜魭」，葢古今字耳。云「一名鱑也」者，鱣魚一名鱘鱑魚。鱣、鮪同類，故亦同名。郭注《爾雅》「鱣」云：今江東呼爲黃魚。黃卽鱑矣。】

東 3－7：

又南水行五百里，曰流沙，行五百里，有山焉，曰跂踵之山。【跂音企。】廣員二百里。無草木，有大蛇。其上多玉。有水焉，廣員四十里，皆涌，【今河東汾陰縣有瀵水，源在地底，濆沸涌出，其深無限，卽此類也。懿行案：《爾雅》云：瀵，大出尾下。郭注與此注文有詳略，其義則同。】其名曰深澤，其中多蠵龜。【蠵，觜蠵，大龜也，甲有文彩，似瑇瑁而薄。音遺知反。懿行案：瑇瑁，《玉篇》作「蝳蝐」。《說文》云：蠵，大龜也，以胃鳴者。郭注《爾雅》「靈龜」云：緣中文似瑇瑁，俗呼爲靈龜，卽今觜蠵龜，一名靈蠵，能鳴。《初學記》三十卷引郭氏此經《圖讚》曰：水圓二方，潛源溢沸；靈龜爰處，掉尾養氣；莊生是感，揮竿傲貴。】有魚焉，其狀如鯉而六足，鳥尾，名曰鮯鮯之魚，【音蛤。懿行案：《廣雅・釋地》本此經云：東方有魚焉，如鯉，六足，鳥尾，其名曰鮯。不作重文。《玉篇》亦然。】其名自叫。【懿行案：「名」藏經本作「鳴」，是。】

東 3－8：

又南水行九百里，曰踇隅之山。【音敏字。懿行案：《玉篇》《廣韵》竝作「踇偶山」。踇，莫后切。】其上多草木，多金玉，多赭。有獸焉，其狀如牛而馬尾，名曰精精，其鳴自叫。

東3－9：

又南水行五百里，流沙三百里，至于無皋之山。南望幼海，【即少海也。《淮南子》曰：東方大渚曰少海。懿行案：《初學記》六卷引此經及郭注，竝與今本同。又，少海即裨海也。《史記・騶衍傳》云：裨海環之。《索隱》云：裨海，小海也。郭引《淮南子》者，《墬形訓》文也。】東望榑木。【扶桑二音。懿行案：榑木即扶桑，但不當讀木爲桑，注有脱誤。《鴻範五行傳》云：東方之極，自碣石東至日出榑木之野。《呂氏春秋・求人篇》云：禹東至榑木之地，日出九津。高誘注云：榑木，大木；津，崖也。案，扶桑見《海外東經》。】無草木，多風。【懿行案：東極多風，爰有神人，來風曰俊，處東極以出入風也，見《大荒東經》。】是山也，廣員百里。

東3－0：

凡東次三經之首，自尸胡之山至于無皋之山，凡九山，六千九百里。【懿行案：今才六千四百里。】

其神狀皆人身而羊角。其祠，用一牡羊，米用黍。是神也，見則風雨水爲敗。

東4－1：

又東次四經之首，曰北號之山，臨于北海。有木焉，其狀如楊，赤華，其實如棗而無核，【懿行案：《爾雅》云：皙，無實棗。郭注云：不著子者。即此。今樂陵縣亦出無核棗。】其味酸甘，食之不瘧。【懿行案：《本草經》「腐婢」陶注云：今海邊有小樹，狀如巵子，莖條多曲，氣作腐臭，土人呼爲腐婢，用療瘧有效。即此。】

食水出焉，而東北流注于海。【懿行案：食水已見篇首，其云「北臨乾昧」當即此經北號之山。】有獸焉，其狀如狼，赤首，鼠目，其音如豚，名曰猲狙，【葛苴二音。懿行案：經文「猲狙」當爲「獦狚」，注文「葛苴」當爲「葛旦」，俱字形之譌也。《玉篇》《廣韻》竝作「獦狚」，云：狚，丁旦切，獸名。可證今本之譌。《說文》云：狚，玃屬。《〈莊子·齊物論〉釋文》引司馬彪云：狚，一名獦牂，似猨而狗頭，憙與雌猨交。所說形狀與此經異，非一物也。】是食人。有鳥焉，其狀如雞而白首，鼠足而虎爪，其名曰鬿【音祈。】雀，【懿行案：《楚詞·天問》云：鬿堆焉處？王逸注云：鬿堆，奇獸也。柳子《天對》云：鬿雀在北號，惟人是食。則以「鬿堆」爲即「鬿雀」字之誤。王逸注蓋失之。】亦食人。

東 4-2：

又南三百里，曰旄山。無草木。蒼體之水出焉，而西流注于展水，其中多鱃魚，【今蝦鰌字亦或作鱃，音秋。懿行案：《廣雅》云：鱃，鰌也。是本二字。郭音鱃爲秋，與鰌同音。】其狀如鯉【懿行案：《太平御覽》七百四十卷引此經「鯉」作「鱧」。】而大首，食者不疣。【懿行案：「疣」當爲「肬」。】

東 4-3：

又南三百二十里，曰東始之山。上多蒼玉。有木焉，其狀如楊而赤理，其汁如血，不實，其名曰芑，【音起。懿行案：李善注《西京賦》引此經作「杞」，云：杞如楊，赤理。是知「杞」假借作「芑」也。經内多此例。李善又云：杞即梗木也。未知其審。】可以服馬。【以汁塗之，則馬調良。懿行案：良馬有汗血者，以芑汁塗馬則調良，或取此義與？】泚水出焉，而東北流注于海，其中多美貝，多茈魚，其狀如鮒，一首而十身，【懿行案：似何羅魚。】其臭如蘪蕪，食之不糟。【孚謂反，止失氣也。懿行案：《廣韻》云：糟同屁，氣下洩也，匹寐切。《玉篇》音義同郭注。】

東 4－4：

又東南三百里，曰女烝之山。其上無草木。石膏水出焉，而西注于鬲水，其中多薄魚，【懿行案：《玉篇》《廣韻》竝作「鱄魚」，又云：似鯉也。】其狀如鱣魚而一目，其音如歐，【如人嘔吐聲也。懿行案：「歐吐」之字古書作「歐」，俗作「嘔」。《初學記》三十卷引此經及郭注，竝與今本同。】見則天下大旱。【懿行案：《初學記》引此經作「見則天下反」。】

東 4－5：

又東南二百里，曰欽山。多金玉而無石。師水出焉，而北流注于皋澤，其中多鰠魚，多文貝。有獸焉，其狀如豚而有牙，其名曰當康，【懿行案：《太平御覽》九百十三卷引《神異經》云：南方有獸，似鹿而豕首，有牙，善依人求五穀，名無損之獸。所説形狀與此獸近，當卽此。】其鳴自叫，見則天下大穰。【懿行案：「當康」「大穰」，聲轉義近，蓋歲將豐稔，兹獸先出以鳴瑞，聖人通知鳥獸之音，故特記之。凡經中諸物或出而兆妖祥，皆動於幾先，非所常有，故世人希得見之爾。】

東4－6：

又東南二百里，曰子桐之山。【懿行案：《玉篇》引司馬相如《梓桐山賦》云：�磑。疑卽斯山也。「梓」「子」聲同。】子桐之水出焉，而西流注于餘如之澤，其中多鮹魚，【音滑。懿行案：鮹魚見郭氏《江賦》。李善注引此經及郭音，竝與今本同。《玉篇》云：鮹魚如鳥。《太平御覽》九百三十九卷引此經作「鯛魚」，誤。】其狀如魚而鳥翼，出入有光，其音如鴛鴦，見則天下大旱。【懿行案：《廣韵》引此經同。】

東4－7：

又東北二百里，曰剡山。【懿行案：《藝文類聚》八卷引「剡山」作「剡山」，蓋誤。】多金玉。有獸焉，其狀如彘而人面，黃身而赤尾，其名曰合窳，【音庾。】其音如嬰兒，是獸也食人，亦食蟲蛇，見則天下大水。【懿行案：是獸蓋卽彘屬而異者也。彘爲水祥者，以坎爲豕爲水故也。彘能啗蛇，見蘇鶚《杜陽雜編》。】

東4－8：

又東二百里，曰太山。上多金、玉、楨木。【女楨也，葉冬不凋。懿行案：《說文》云：楨，剛木也，上郡有楨林縣。《玉篇》云：楨，堅木也。引此經作「大山多楨木」，又引郭注與今本同。】有獸焉，其狀如牛而白首，一目而蛇尾，其名曰蜚，【音如翡翠之翡。懿行案：「蜚」《廣韵》作「𧉈」，非也。《玉篇》引此經與今本同。又，此與《春秋》之「蜚」同名異實。劉敞解《春秋》便引此經，以爲一物，非也。】行水則竭，行草則死，見則天下大疫。【言其體含災氣也。其《銘》曰：蜚之爲名，體似無害；所經枯竭，甚於鴆厲；萬物斯懼，思爾遐逝。懿行案：《廣韵》

引此經作「見則有兵役」，與今本異。又引郭氏《讚》，即今注中《銘》語也，「萬物斯懼」「斯」作「攸」，餘同。又案，藏經本所載《圖讚》復與此絶異，所未能詳。】鉤水出焉，而北流注于勞水，其中多鱃魚。

東4－0：

凡東次四經之首，自北號之山至于太山，凡八山，一千七百二十里。【懿行案：畢氏本「里」字作「三」，此字形之譌。又案，此經不言神狀及祠物所宜，疑有闕脱。】

東4－0－0：

右東經之山志，凡四十六山，萬八千八百六十里。【懿行案：今才萬八千二百六十里。】

山海經第四

山海經第五

晉　郭璞傳　棲霞郝懿行箋疏

中山經

中１－１：

中山經薄山之首，【懿行案：山在今山西蒲州府南。禹都平陽，或在安邑，故以薄山爲中山也。《地理志》云：河東郡蒲反，雷首山在南。《史記・封禪書》云：薄山者，襄山也。《正義》引《括地志》云：薄山亦名襄山，一名雷首山。案，《正義》襄音色眉反，則當作「衰」。然《穆天子傳》云：河首襄山。是字仍當作「襄」也。《水經・河水》注引揚雄《河東賦》注云：襄山在潼關北十餘里。又引此經「薄山」作「蒲山」，葢「薄」「蒲」聲有輕重耳。】曰甘棗之山。【懿行案：「甘棗」《水經注》引作「甘桑」。又，《括地志》說茲山凡十餘名，以州縣分之，多在蒲州，見《史記正義》。】共水出焉，【音恭。】而西流注于河。【懿行案：《水經注》云：蓼水出襄山蓼谷，西南注於河。又云：今診蓼水川流所趣，與共水相扶。是酈氏以蓼水卽共水也。】其上多杻木。其下有草焉，葵本而杏葉，【或作楛葉。】黄華而莢實，【懿行案：《說文》云：莢，艸實。鄭注《地官・司徒職》云：莢物，薺莢、王棘之屬。】名曰籜，【他落反。】可以已瞢。【音盲。懿行案：《說文》云：瞢，不明也。】有獸焉，其狀如鼣鼠而文題，【鼣鼠，所未詳，音虺，字亦或作虺。懿行案：「犾」，《玉篇》以爲古文「獨」字，非郭義也。《廣韻》犾音徒各切，云：獸名，似鼠。又與郭音異。犾鼠，《爾雅》十三鼠中無之。其字或作虺，蓋同聲假借也。】其名曰難，【音那。或作熊也。懿行案：「難」或云卽古「熊」字，非也。古文「熊」字作「難」，見《玉篇》。又，《玉篇》云：難，乃何切，獸，似鼠，食之明目。《廣韻》亦云：獸名，似鼠，班頭，食之明目。蓋皆本此經而誤記也。「可以已瞢」在上文。】食之已癭。

中1－2：

又東二十里，曰歷兒之山。【懿行案：《水經注》云：河東郡南有歷山，舜所耕處也。《史記正義》引《括地志》云：蒲山亦名歷山。卽此也。蓋與薄山連麓而異名。《太平御覽》四百九十卷引此經作「歷小之山」。疑「兒」本或作「尔」，聲近而通，「尔」又譌作「小」也。】其上多橿，多櫔木，【音厲。懿行案：《玉篇》云：櫔，木名，實如栗。】是木也方莖而員葉，黄華而毛，其實如揀，【揀，木名，子如指頭，白而黏，可以浣衣也。音練。或作簡。懿行案：「揀」當作「楝」。《說文》云：楝，木也。《玉篇》云：子可以浣衣。《爾雅翼》云：木，高丈餘，葉密如槐而尖，三四月開花，紅紫色，實如小鈴，名金鈴子，俗謂之苦楝，可以湅故名。】服之不忘。

中1－3：

又東十五里，曰渠豬之山。【懿行案：《史記正義》引《括地志》云：雷首山亦名渠山。又云：薄山亦名豬山。卽此。】其上多竹。渠豬之水出焉，【懿行案：《水經注》云：永樂谿水又南入於河，余按《中山經》，卽渠豬之水也。《太平寰宇記》云：永樂縣，渠豬水一名蓼水，今名百丈澗，源出縣北中條山。今案《括地志》，中條山亦雷首之異名也。】而南流注于河，其中是多豪魚，狀如鮪，【鮪似鱣也。】赤喙尾，赤羽，【懿行案：《太平御覽》九百三十九卷引此經「赤喙」上有「而」字。《廣韻》引作「赤尾赤喙有羽」，而無「狀如鮪」三字。】可以已白癬。【懿行案：《說文》云：癬，乾瘍也。】

中1－4：

又東三十五里，曰蔥聾之山。【懿行案：自此已下七山，亦皆與薄山連麓而異名。】其中多大谷。是多白堊、黑青黄堊。【言有雜色堊也。】

中1－5：

又東十五里，曰涹山。【音倭。懿行案：《玉篇》云：涹，山名也。】其上多赤銅，其陰多鐵。

中1－6：

又東七十里，曰脱扈之山。有草焉，其狀如葵葉而赤華，莢實，實如椶莢，【今椶木莢似皁莢也。懿行案：今椶木結實作房如魚子狀，絶不似皁莢也。未知其審。】名曰植楮，可以已癙，【癙，病也。《淮南子》曰：貍頭已癙也。懿行案：《太平御覽》七百四十二卷引郭注作「癙，瘻也」，今本作「癙，病」，蓋本《爾雅・釋詁》文，非誤也。又引《淮南子》者，《說山訓》文，本作「貍頭愈鼠」。今人正以貍頭療鼠瘍，鼠瘍卽瘻。《說文》云：瘻，頸腫也。】食之不眯。

中1－7：

又東二十里，曰金星之山。多天嬰，其狀如龍骨，【懿行案：《本草別録》云：龍骨生晉地川谷及太山巖水岸土穴中死龍處。】可以已痤。【癰，痤也。懿行案：注疑當爲「痤，癰也」。《說文》云：痤，小腫也，一曰族絫。《韓非子·六反篇》云：彈痤者痛。】

中1－8：

又東七十里，曰泰威之山。其中有谷，曰梟谷，【或無谷字。】其中多鐵。

中1－9：

又東十五里，曰橿谷之山。【或作檀谷之山。】其中多赤銅。

中1－10：

又東百二十里，曰吴林之山。【懿行案：《地理志》云：河東郡大陽，吴山在西，上有吴城。《史記正義》引《括地志》云：雷首山亦名吴山。卽此也。已上諸山，西起雷首，東至吴坂，隨地異名，大體相屬也。吴山在今山西平陸縣。】其中多葌草。【亦菅字。懿行案：《說文》云：葌，香艸，出吴林山。本此經爲說也。《衆經音義》引《聲類》云：葌，蘭也。又引《字書》云：葌與蕳同，蕳卽蘭也。是葌乃香艸。《中次十二經》「洞庭之山」以葌與蘪蕪竝稱，其爲香艸，審矣。郭注以「葌」爲「菅」字，菅乃茅屬，恐非也。】

中 1－11：

又北三十里，曰牛首之山。【今長安西南有牛首山，上有館，下有水，未知此是非。懿行案：此山在霍太山之南，當在今山西浮山縣界，非長安鄠縣之牛首山也。《水經·汾水》注有黑山，即此。《太平寰宇記》云：神山縣，黑山在縣東四十四里，一名牛首，今名烏嶺山。】有草焉，名曰鬼草，其葉如葵而赤莖，其秀如禾，【懿行案：《大雅·生民篇》云：實發實秀。是禾謂之秀也。】服之不憂。【懿行案：《太平御覽》四百六十九卷引此經《圖讚》曰：焉得鬼草，是樹是蓺，服之不憂，樂天傲世，如彼浪舟，任波流滯。】勞水出焉，而西流注于潏水，【音如譎詐之譎。懿行案：長安亦有潦水、潏水，見《地理志》，非此也。《太平寰宇記》云：臨汾縣，澇水源出烏嶺山，俗名長壽水是也。《水經注》云：黑水出黑山，西逕楊城南，又西與巢山水會——引此經云云——疑是水也，潏水即巢山之水也，水源東南出巢山東谷，北逕浮山東，又西北流與勞水合，亂流西北逕高梁城北，西流入於汾。《元和郡縣志》云：臨汾縣，潏水今名三交水也。】是多飛魚，其狀如鮒魚，【懿行案：《中次三經》復有飛魚，與此異。《太平御覽》九百三十九卷引張駿《山海經飛魚讚》曰：如鮒，登雲游波。今案，「如鮒」之上當脫「飛魚」二字，遂不成文。又引《林邑國記》曰：飛魚身圓，長丈餘，羽重沓，翼如胡蟬，出入羣飛，遊翔翳會，而沈則泳海底。】食之已痔衕。

中 1－12：

又北四十里，曰霍山。【今平陽永安縣、廬江灊縣、晉安羅江縣、河南鞏縣，皆有霍山，明山以霍爲名者非一矣。按《爾雅》：大山繞小山爲霍。懿行案：此平陽永安之霍山也，山在今山西霍州東南。《地理志》云：河東郡彘，霍太山在東，冀州山。《晉書・地理志》云：平陽郡永安，霍山在東。案，《水經・汾水》注有彘水、霍水，竝出霍太山，西南流注於汾水。此經絶不言有水。又，《爾雅》記四方之美，有霍山之多珠玉，此經亦復不言。】其木多穀。有獸焉，其狀如貍而白尾，有鬣，名曰朏朏，養之可以已憂。【謂畜養之也。普昧反。懿行案：陳藏器《本草拾遺》云：風貍似兔而短，人取籠養之。即此也。】

中 1－13

又北五十二里，曰合谷之山。【懿行案：《玉篇》作「金谷多薝棘」。】是多薝棘。【未詳。音瞻。懿行案：《本草》云：天亹冬一名顛棘。即《爾雅》「髦，顛棘」也。「薝」，《玉篇》云丁敢切。疑「薝」「顛」古字或通。】

中 1－14

又北三十五里，曰陰山。【亦曰險山。】多礪石、文石。【礪石，石中磨者。懿行案：礪當爲厲。《説文》云：厲，旱石也。】少水出焉，【懿行案：《水經注》云：沁水又逕沁水縣故城北，《春秋》之少水也。又云：少水，今沁水。酈氏此説蓋言沁水隨地異名耳，不云即此經之少水也。且沁水出謁戾山，少水出陰山，既不同源，非一水明矣。】其中多彫棠，【懿行案：《西次二經》云：中皇之山多蕙棠。郭云：彫棠之屬。此作「彫棠」，疑形近而譌。】其葉如榆葉而方，其實如赤菽，【菽，豆。懿行案：「菽」當爲「尗」，見《説文》。】食之已聾。

中 1－15

又東北四百里，曰鼓鐙之山。【懿行案：畢氏云：即鼓鍾山，在今山西垣曲縣。「鍾」「鐙」形聲皆相近。

《水經注》云：平水南流，歷鼓鍾上峽，水廣一十許步，南流歷鼓鍾川，分爲二澗，一水歷冶官西，世人謂之鼓鍾城，城之左右猶有遺銅及銅錢也。即此山。而引《中次七經》鼓鍾山，蓋酈元之疏也。】多赤銅。【懿行案：畢氏云：詳《水經注》云有「冶官」「遺銅」，則知古者冶銅於此。經言「多赤銅」，信也。】有草焉，名曰榮草，其葉如柳，其本如雞卵，食之已風。【懿行案：《本草經》云：蔄茹，味辛，寒，除大風。陶注云：葉似大戟。蜀本注云：根如蘿蔔。竝與此合。豈是與？】

中一一〇：

凡薄山之首，自甘棗之山至于鼓鐙之山。凡十五山，六千六百七十里。【懿行案：今才九百三十七里。經有誤。】歷兒，冢也；其祠禮毛，太牢之具，縣以吉玉。【縣，祭山之名也，見《爾雅》。懿行案：《爾雅》云：祭山曰庪縣。郭注云：或庪或縣，置之於山。亦引此經文。】其餘十三山者【懿行案：《風俗通》云：趙襄子齋三日，親自剖竹，有朱書曰「無卹，余霍太山陽矦大吏」云云。是霍山之神名陽矦也。其餘未聞。】毛，用一羊，縣嬰用桑封，瘞而不糈。桑封者，【懿行案：畢氏云：桑封以下，疑周秦人釋語亂入經文。】桑主也。【懿行案：《穆天子傳》云：乃駕鹿以遊于山上，爲之石主。《淮南·齊俗訓》云：殷人之禮，其社用石。是土神山神之主，例當用石。此則用木耳。又，祭山不獨有主，兼亦有尸，故《中次五經》云「尸水合天也」。】方其下而銳其上，而中穿之加金。【言作神主而祭，以金銀飾之也。《公羊傳》曰：虞主用桑。「主」或作「玉」。懿行案：郭引《公羊》，文二年傳也，經言「作僖公主」，何休注云：主狀正方，穿中央，達四方。彼是說天子諸矦之主，此言山神之主，所未聞也。

郭云「主或作玉」，蓋字形之譌。】

中2－1：

中次二經濟山之首，曰煇諸之山。【懿行案：山在上黨。】其上多桑。其獸多閭麋，其鳥多鶡。【似雉而大，青色，有毛，勇健，鬬死乃止，音曷，出上黨也。懿行案：張揖注《上林賦》云：鶡似雉，鬬死不卻。《説文》云：鶡似雉，出上黨。劉昭注《郡國志》「上黨郡猗氏」引《漢書音義》云：縣出鶡。因知此經煇諸之山在上黨猗氏縣矣。李善注《鶡鷄賦》引此經郭注作「青色有角」，今本作「有毛」，二者皆誤。李賢注《後漢書·西南夷傳》引此注云：毼雞似雉而大，青色，有毛角，鬬敵死乃止。是「鶡」或作「毼」，又增「雞」字，非也，其作「毛角」則是。《玉篇》云：鶡，何葛切，鳥，似雉而大，青色，有毛角，鬬死而止。《蓺文類聚》九十卷引郭氏《讚》云：鶡之爲鳥，同羣相爲；疇類被侵，雖死不避；毛飾武士，兼厲以義。】

中2－2：

又西南二百里，曰發視之山。其上多金玉，其下多砥礪。卽魚之水出焉，而西流注于伊水。

中2－3：

又西三百里，曰豪山。其上多金玉，而無草木。

中2－4：

又西三百里，曰鮮山。【懿行案：《爾雅》云：小山別大山，鮮。《水經·伊水》注有鮮山。山當在今河南嵩縣。】多金玉，無草木。鮮水出焉，而北流注于伊水。【懿行案：《水經》云：伊水東北過郭落山。注云：伊水又東北，鮮水入焉，水出鮮山，北流注於伊水。】其中多鳴蛇，其狀如蛇而四翼，其音如磬，見則其邑大旱。【懿行案：鳴蛇見《南都賦》。李善注引此經與今本同。】

中2-5：

又西三百里，【懿行案：「三百」當爲「三十」，字之譌。】曰陽山。【懿行案：陽山見《水經·伊水》注。《隋書·地理志》云：陸渾縣有陽山。】多石，無草木。陽水出焉，而北流注于伊水，【懿行案：《水經注》云：陽水出陽山陽谿，世人謂之太陽谷，水亦取名焉，東流入伊水。】其中多化蛇，其狀如人面而豺身，鳥翼而蛇行，【懿行案：《廣雅·釋地》說化蛇本此經，文同。】其音如叱呼，見則其邑大水。

中2-6：

又西二百里，曰昆吾之山。其上多赤銅，【此山出名銅，色赤如火，以之作刀，切玉如割泥也。周穆王時，西戎獻之。《尸子》所謂「昆吾之劍」也。《越絶書》曰：赤堇之山破而出錫，若邪之谷涸而出銅，歐冶子因以爲純鈎之劍。汲郡冢中得銅劍一枝，長三尺五寸，乃今所名爲干將劍，汲郡亦皆非鐵也，明古者通以錫雜銅爲兵器也。懿行案：《列子·湯問篇》云：周穆王大征西戎，西戎獻錕鋙之劍，其劍長尺有咫，練鋼赤刃，用之切玉如切泥焉。是郭所本也。又《博物志》引《周書》曰：昆吾氏獻切玉刀，切玉如蠟也。《子虛賦》云：琳瑉昆吾。張揖注云：昆吾，山名也，出美金，《尸子》曰昆吾之金。又郭注《海内經》「昆吾之丘」亦引《尸子》曰：昆吾之金。此注引作「劍」，蓋字之譌也。又，「銅劍一枝」，「枝」當爲「枚」，亦字之譌也。《蓺文類聚》六十卷引此注「枝」正作「枚」。又「汲郡亦皆非鐵」，郭氏欲明古劍皆銅爲之耳。然《越絶書》云：歐冶子、干將鑿茨山，洩其溪，取鐵英，作爲鐵劍三枚。《史記》亦云：楚之鐵劍利而倡優拙。是知古劍亦不盡用銅矣。《類聚》又引《龍魚河圖》云：流洲在西海中，上多積石，名爲昆吾石，治其石成鐵作劍，光明四照，洞如水精。案，《河圖》所説此自別有昆吾石，非昆吾山之所出銅也。《類聚》六卷引《十洲記》，與《河圖》同。】有獸焉，其狀如彘而有角，其音如號，【如人號哭。】名曰蠪蚳，【上已有此獸，疑同名。懿行案：「蚳」疑當爲「蛭」，已見《東次二經》「鳧麗之山」。】食之不眯。

中2－7：

又西百二十里，曰葌山。【音閒。懿行案：《水經·伊水》注有葌山，山當在今河南盧氏縣西南。】葌水出焉，而北流注于伊水。【懿行案：《水經注》云：伊水自熊耳，東北逕鸞川亭北，葌水出葌山，北流際其城東而北入伊水，世人謂伊水爲鸞水，葌水爲交水，故名斯川爲鸞川也。】其上多金玉，其下多青雄黄。有木焉，其狀如棠而赤葉，名曰芒草，【音忘。懿行案：芒草亦單謂之「芒」。《海内經》説建木云：其葉如芒。郭注云：芒木似棠梨。本此經爲説也。又，《爾雅》云：蘋，春草。郭注引《本草》云：一名芒草。疑此非也。然芒草即草類，而經言木者，雖名爲木，其實則草。正如侖者之山有木如穀而赤理，其名曰白䓘，白䓘即蕃蘇，亦草屬也，故《廣雅》列於《草部》。又如竹屬，《爾雅》居於《釋草》，而此經或言草或言木也。】可以毒魚。

中2-8：

又西一百五十里，曰獨蘇之山。無草木而多水。

中2-9：

又西二百里，曰蔓渠之山。【懿行案：《水經注》云即熊耳山之連麓是也。山在今河南盧氏縣熊耳山西。】其上多金玉，其下多竹箭。伊水出焉，而東流注于洛。【今伊水出上洛盧氏縣熊耳山，東北至河南洛陽縣入洛。懿行案：《地理志》云：弘農郡盧氏，熊耳山在東，伊水出，東北入雒。是郭所本也。《晉書·地理志》云：上洛郡盧氏，熊耳山在東，伊水所出。與郭注合。《水經》云：伊水出南陽魯陽縣西蔓渠山。注引此經云云，又引《淮南子》曰「伊水出上魏山」，《地理志》曰「出熊耳山」，即麓大同，陵巒互別爾。】有獸焉，其名曰馬腹，其狀如人面，虎身，其音如嬰兒，是食人。【懿行案：《刀劍錄》云：漢章帝建初八年，鑄一金劍，令投伊水中，以厭人膝之怪；弘景案，《水經》云，伊水有一物如人膝頭，有爪，人浴輒沒不復出。陶氏所說，參以劉昭注《郡國志》「南郡中盧」引《荆州記》云：陵水中有物如馬，甲如鯪鯉不可入，七八月中好在磧上自曝，膝頭如虎掌爪，小兒不知，欲取弄戲，便殺人；或曰生得者摘其鼻厭，可小小便，名爲水盧。《水經·沔水》注與《荆州記》小有異同。然則「人膝」之名蓋取此。據陶劉二家所說形狀，與馬腹相近，因附記焉。陶氏所引《水經》，蓋即郭所注者，今亡，無攷。】

中2-0：

凡濟山經之首，自煇諸之山至于蔓渠之山，凡九山，一千六百七十里。【懿行案：今一千七百七十里。】其神皆人面而鳥身。祠用毛，【擇用毛色。】用一吉玉，投而不糈。

中3－1**

中次三經萯山之首，【萯音倍。懿行案：《竹書》云：夏帝孔甲三年，畋于萯山。即此。《水經・河水》注引《呂氏春秋・音初篇》云：田於東陽萯山。《帝王世紀》以爲即東首陽山也。蓋是山之殊目矣。】曰敖岸之山。【或作獻。懿行案：畢氏云：《春秋傳》云「敖鄗之閒」疑即此山，音相近。】其陽多㻬琈之玉，其陰多赭、黃金。神熏池居之。是常出美玉。【或作石。】北望河林，【懿行案：《思玄賦》云：恫河林之蓁蓁。即此。】其狀如蒨如舉。【說者云，蒨、舉皆木名也。未詳。蒨音倩。懿行案：蒨，草也。舉，木也。舉即欅栁，《本草》陶注詳之。李善注《思玄賦》及李賢注《後漢書・張衡傳》引此經竝無「如舉」二字，蓋脫。】有獸焉，其狀如白鹿而四角，名曰夫諸，【懿行案：《玉篇》云：麌音夫，麐音諸。蓋「夫諸」本或作「麌麐」也。】見則其邑大水。

中3－2**

又東十里，曰青要之山。【懿行案：山在今河南新安縣西北二十里。《水經注》云：新安縣青要山，今謂之彊山。】實維帝之密都。【天帝曲密之邑。懿行案：《爾雅》云：山如堂者密。】北望河曲，【河千里一曲一直也。懿行案：「河曲」及郭注，竝見《爾雅》。】是多駕鳥，【未詳也。或曰，駕宜爲鴐；鴐，鵝也，音加。懿行案：《說文》云：鵝，鴚鵝也。「鴚」通作「駕」，又通作「鴐」。《漢書・司馬相如傳》云：連駕鵞。《史記》正作「鴐」。又，魯大夫有「榮駕鵞」也。】南望墠渚，【水中小洲名渚。墠音填。懿行案：《水經・伊水》注云：禪渚水上承陸渾縣東禪渚，渚在原上，陂方十里，佳饒魚葦。即引此經云云，「墠」作「禪」，又引郭注云禪「一音暖」，今本脫此三字。】禹父之所化，【鯀化於羽淵爲黃熊，今復云在此，然則一已有變化之性者，亦無往而不化也。懿行案：《水經注》引郭注云：鯀化羽淵而復在此，然已變怪，亦無往而不化矣。與今本詳略異。又案，《山海經》，禹所著書，不應自道禹父之所化，疑此語亦後人羼入之。】是多僕纍、蒲盧。【僕纍，蝸牛也。《爾雅》曰：蒲盧者，螟蛉也。懿行案：蝸牛名蚹蠃，見《爾雅》。蒲盧者，《夏小正傳》云：蜃者，蒲盧也。《廣雅》云：蛙蛤，蒲盧也。是蒲盧爲蜃蛤之屬。蒲盧聲轉爲僕纍，卽蝶螺也。郭注《西次三經》「槐江之山」云：蠃母卽蝶螺。是矣。又聲轉爲蚹蠃，卽蒲蠃也。《吳語》云「其民必移就蒲蠃於東海之濱」是矣。是僕纍、蒲盧，同類之物，竝生於水澤下溼之地。至於《爾雅》之蒲盧，非水蟲也。郭氏引之，誤矣，以蒲盧爲螟蛉尤誤。】䰠武羅司之，【武羅，神名。䰠，卽神字。懿行案：《說文》云：䰠，神也。《玉篇》云：山神也。俱本此。李善注《魏都賦》引此經郭注云：䰠音神。與今本不同。】其狀人面而豹文，小要而白齒，【或作首。懿行案：「白齒」卽《左傳》所云「晳齻」。】而穿耳以鐻，【鐻，金銀器之名，未詳也，音渠。懿行案：鐻，假借字也，《說文》以爲「虡」或字，其《新附字》引此經則作「璩」，云「璩，環屬也」。《後漢書·張奐傳》云：遺金鐻八枚。《魏都賦》云：鐻耳之傑。李善、李賢注竝引此注。】其鳴如鳴玉。【如人鳴玉佩聲。】是山也宜女子。【懿行案：「宜女」之義未詳。吳氏引《淮南子》：青要玉女，降霜神也。今攷《淮南·天文訓》雖有「青女乃出，以降霜雪」之文，而無「青要玉女」之說，當在闕疑。】畛水出焉，【音軫。】而北流注于河。【懿行案：《水經注》云：河水與教水合，又與畛水合，水出新安縣青要山，其水北流入於河——引此經云云——卽是水也。】其中有鳥焉，名曰鴝，【音如窈窕之窈。懿行案：《爾雅》云：鴝，頭鵁。郭注云：似鳧，腳近尾，略不能行，江東謂之魚鵁。李善注《江賦》引此經與今本同。】其狀如鳧，青身而朱目，赤尾，【朱，淺赤也。懿行案：李善注《江賦》引此經同。】食之宜子。有草焉，其狀如葌【菅似茅也。懿行案：葌非菅，已見上文吳林山。】而方莖，黄華，赤實，其本如藁本，【根似藁本，亦香草。懿行案：《廣雅》云：山茝、蔚香，藁本也。】名曰荀草，【或曰苞草。】服之美人色。【令人更美艷。懿行案：《本草經》云：旋花主面皯黑色媚好，一名金沸。《别錄》云：一名美草，生豫州平澤。陶注云：根似杜若，亦似高良薑。又云：葉似薑，花赤色，子狀如豆蔻。今案，旋花一名金沸，明是黄花，陶注云「赤色」，誤矣。又，唐宋《本草》或以旋花爲今鼓子花，然與本經不合，此皆非矣。唯陶說形狀與此經同，《别錄》云「生豫州」地亦相近，「荀」「旋」聲近也。】

中 3－3：

又東十里，曰騩山。【音巍。懿行案：《水經注》云：騩山，彊山東阜也。《鄭語》云：主芣隗而食溱洧。「隗」卽「騩」也，古字通用。】其上有美棗，其陰有㻬琈之玉。正回之水出焉，而北流注于河，【懿行案：《水經注》云：河水與畛水合，又東正回之水入焉，水出騩山，東流，俗謂之彊川水，與石瓜疇川合，又東逕彊冶鐵官東，東北流注於河。】其中多飛魚，其狀如豚而赤文，服之不畏雷，可以禦兵。【懿行案：上文勞水飛魚與此同名，非一物也。《初學記》一卷引郭氏《讚》云：飛魚如豚，赤文無君；食之辟兵，不畏雷音。案，「無君」二字譌。《蓺文類聚》二卷引作「赤文無羽」，是矣，而「不畏雷」下復脫一字。疑《初學記》「雷音」當爲「雷鼓」字之譌。】

中3－4：

又東四十里，曰宜蘇之山。【懿行案：《水經注》：山在河南垣縣。今爲孟津縣。「垣」上當脱「東」字。】其上多金玉，其下多蔓居之木。【未詳。懿行案：《廣雅》云：牡荆，曼荆也。「曼」《本草》作「蔓」，此經「蔓居」，疑「蔓荆」聲之轉，「蔓荆」列《本草・木部》，故此亦云「蔓居之木」也。】滽滽之水出焉，【音容。】而北流注于河，【懿行案：「滽滽」，《水經注》作「庸庸」，云：河水又東，正回之水入焉，又東合庸庸之水，水出河南垣縣宜蘇山，俗謂之長泉水，伊洛門也，其水北流分爲二水，一水北入河，一水又東北流注於河。】是多黄貝。

中3－5：

又東二十里，曰和山。【懿行案：《水經注》云：河水又東，湨水入焉。引此經云云。案，山當在今河南孟津縣界。】其上無草木而多瑤碧。【懿行案：李善注《洛神賦》引此經與今本同。】實惟河之九都。【九水所潛，故曰九都。懿行案：都者，潴也。《史記・夏本紀》索隱》曰：「都」，古文《尚書》作「豬」，孔安國云水所停曰豬，鄭玄云南方謂都爲豬。則是水聚會之義。郭注「潛」字誤，藏經本作「聚」。李善注《海賦》引此經及郭注，竝與今本同。】是山也五曲，【曲回五重。懿行案：李善注沈約《鍾山應西陽王教詩》引此經郭注作：曲，回也。】九水出焉，【懿行案：《水經注》据《帝王世紀》以是山卽東首陽山也，云：今於首陽東山無水以應之，當是今古世懸，川域改狀矣。】合而北流注于河，其中多蒼玉。【懿行案：《水經注》引此經作「其陽多蒼玉」。】吉神泰逢司之，【吉，猶善也。懿行案：「逢」，《玉篇》作「䄙」，云：神名。《廣韻》亦作「䄙」。】其狀如人而虎尾，【或作雀尾。】是好居于萯山之陽，出入有光，泰逢神動天地氣也。【言其有靈爽，能興雲雨也。夏后孔甲田於萯山之下，天大風晦冥，孔甲迷惑，入於民室，見《呂氏春秋》也。懿行案：見《呂氏春秋·音初篇》。《廣韻》「䗥」字云：大黃萯山神，能動天地氣，昔孔甲遇之。《廣韻》此言蓋以大風晦冥卽是神所爲也。「大黃」二字今未詳。《太平御覽》十一卷引《遁甲開山圖》曰：鄭有不毛山，上有無爲之君，分布雲雨於九州之內。滎氏解曰：不毛山不生樹木，古無爲君常處其上布灑雲雨，九州之內平均。今案，和山上無草木，當卽不毛山；其無爲君，當卽泰逢矣。存以俟攷。】

中3－0：

凡萯山之首，自敖岸之山至于和山，凡五山，四百四十里。【懿行案：今才八十里。】其祠，泰逢、熏池、武羅，皆一牡羊副，【副，謂破羊骨磔之以祭也。見《周禮》。音悃愊之愊。懿行案：《説文》云：副，判也。引《周禮》曰：副辜。籒文作「疈」。今《周禮·大宗伯》正作「疈」。】嬰用吉玉。其二神，用一雄雞瘞之，糈用稌。

中4－1：

中次四經釐山之首，【音貍。】曰鹿蹄之山。【懿行案：《水經》云：鹿蹄山在宜陽縣。注云：山在河南陸渾縣故城西北，俗謂之縱山。又云：世謂之非山。又云：山石之上有鹿蹏，自然成著，非人工所刊，其山陰峻絶百仞，陽則原阜隆平。】其上多玉，其下多金。甘水出焉，而北流注于洛，【懿行案：《水經》云：甘水出弘農宜陽縣鹿蹏山。注引京相璠曰：今河南縣西南有甘水，北入洛。又云：甘水發於東麓，北流注於洛水也。】其中多泠石。【泠石，未聞也。泠或作涂。懿行案：「泠」當爲「汵」。《西次四經》號山多汵石是也。郭云「泠或作涂」，「涂」亦

借作「泥塗」字。「汵」又訓泥，二字義同，故得通用。又，「涂」或作「淦」字之譌也，《說文》「汵」「淦」同。】

中4－2：

西五十里，曰扶豬之山。【懿行案：《水經注》云：南則鹿蹏之山也。此經云「西」者，蓋在西北。《玉篇》引此經作「狀睹之山」，蓋「豬」亦作「睹」，見《玉篇》。】其上多礝石。【音耎。今鴈門山中出礝石，白者如冰水中有赤色者。懿行案：「礝」當爲「碝」。《說文》云：碝，石次玉者。《玉篇》同，云：亦作瑌。引此經作「瑌石」，或所見本異也。張揖注《上林賦》云：碝石白者如冰半有赤色。《玉篇》引此郭注同，與今本異。】有獸焉，其狀如貉而人目，【「貉」或作「貗」，古字。懿行案：《玉篇》云：貗同貈。本於郭注也。《玉篇》《廣韻》引此經「人目」竝作「八目」，誤。】其名曰䴦。【音銀。或作麖。懿行案：《玉篇》云：䴦，獸名。引此經。】虢水出焉，而北流注于洛，【懿行案：《水經注》云：洛水又與虢水會，水出扶豬之山，北流注於洛。】其中多瓀石。【言亦出水中。懿行案：「瓀」亦當爲「碝」。】

中4－3：

又西一百二十里，曰釐山。【懿行案：山在今河南嵩縣西。】其陽多玉，其陰多蒐。【音搜，茅蒐，今之蒨草也。懿行案：「茹藘，茅蒐」，見《爾雅》。郭音蒐爲搜，非也。《詩》鄭箋及《晉語》韋昭注竝以「茅蒐」「韎韐」爲合聲及聲轉之字，是蒐从鬼得聲，當讀如鬼，不合音搜。後人借爲春蒐之字，亦誤矣，說見《爾雅略》。】有獸焉，其狀如牛，蒼身，其音如嬰兒，是食人，其名曰犀渠。【懿行案：犀渠蓋犀牛之屬也。《吳語》云：奉文犀之渠。《吳都賦》云：戶有犀渠。疑古用此獸皮蒙楯，故因名楯爲犀渠矣。】滽滽之水出焉，而南流注于伊水。【懿行案：《水經》云：伊水又東北，過陸渾縣南。注引此經云云，「今水出陸渾縣之西南王母澗，澗北山上有王母祠，故世因以名谿，東注於伊水，卽滽滽之水也。」是酈氏所稱王母澗當卽鼇山。】有獸焉，名曰獺，【音蒼頡之頡。懿行案：獺字諸書所無。郭氏《江賦》有「獱獺」，李善注引此經亦作「獺」，又引郭注云「音蒼頡之頡，與獺同」。然「獺」不與「頡」同音，未知其審。】其狀如獳犬，【懿行案：《說文》云：獳，怒犬皃，讀若耨。李善注《江賦》引此經作「狀如鱬」，無「犬」字，云「鱬，如珠切」，與今本異也。】而有鱗，【懿行案：《江賦》注引經無此三字。】其毛如彘鬣。【生鱗閒也。】

中4－4：

又西二百里，曰箕尾之山。【懿行案：或云卽箕山，許由所隱，非也。箕山在鼇山之東二百里，與經言西不合。】多穀，多涂石，【懿行案：上文「鹿蹄山」云多泠石，郭注云泠或作涂，說已見上。】其上多㻬琈之玉。

中4－5：

又西二百五十里，曰柄山。其上多玉，其下多銅。滔雕之水出焉，而北流注于洛，【懿行案：柄山、滔雕水及下文白邊山，計其道里當在宜陽、永寧、盧氏三縣之境。】其中多羬羊。【懿行案：「羬」當爲「麙」，見《說文》。】有木焉，其狀如樗，其葉如桐而莢實，其名曰茇，可以毒魚。【茇一作艾。懿行案：《爾雅》云：杬，魚毒。《說文》「杬」从艸作「芫」。疑作「艾」者因字形近「芫」而譌。又，《本草別錄》云：狼跋子主殺蟲魚。陶注

云：出交廣，形扁扁，制擣以雜木投水中，魚無大小皆浮水而死。今案，狼跋之名雖與此經名茇相合，但彼列草部，非此木之比也。】

中4-6：

又西二百里，曰白邊之山。其上多金玉，其下多青雄黄。

中4-7：

又西二百里，曰熊耳之山。【今在上洛縣南。懿行案：《地理志》云：弘農郡上雒，熊耳、獲輿山在東北。是郭所本也。山在今陝西洛南縣東南，河南盧氏縣西南，洛水所經。《史記正義》引《括地志》云：熊耳山在虢州，洛所經。又云：在虢州盧氏縣南五十里。與《禹貢》「導洛自熊耳」别一山也。】其上多漆，其下多椶。浮濠之水出焉，【懿行案：「濠」，《水經注》及劉昭注《郡國志》竝作「豪」。《水經注》云：洛水逕隝渠關北，隝渠水南出隝渠山，卽荀渠山也，其水一源兩分，川流半解，一水西北流屈而東北入於洛——引此經云云——疑卽是水也，「荀渠」葢「熊耳」之殊稱也。】而西流注于洛，【懿行案：《水經注》及劉昭注《郡國志》竝引此經「西」下有「北」字。】其中多水玉，【懿行案：劉昭注《郡國志》引此經作「美玉」。】多人魚。有草焉，【懿行案：《玉篇》作：熊耳山有細草。】其狀如蘇而赤華，名曰葶薴，【亭寧、盯聹二音。懿行案：《廣雅》云：薴，蘇也。「薴」上疑脱「葶」字。此經云「其狀如蘇」，是必蘇類。其味辛香，故可以毒魚也。蘇頌《本草圖經》云：蘇有魚蘇，似茵蔯，大葉而香，吳人以煮魚者，一名魚蓊，生山石閒者名山魚蘇。】可以毒魚。

中4－8：

又西三百里，曰牡山。【懿行案：《爾雅疏》引此經作「牝山」，藏經本作「壯山」。】其上多文石，其下多竹箭、竹𥳇，【懿行案：「𥳇」上「竹」字疑衍。】其獸多㸲牛、羬羊，鳥多赤鷩。【音閉，卽鷩雉也。懿行案：「鷩雉」見《爾雅》。】

中4－9：

又西三百五十里，曰讙舉之山。【懿行案：《水經》云：洛水出京兆上洛縣讙舉山。《地理志》云：弘農郡上雒，《禹貢》雒水出冢領山。冢領山當卽讙舉山也。《地理志》又云：上雒，熊耳、獲輿山在東北。或以「獲輿」「讙舉」字形相近，疑爲一山。然据《地理志》及《水經注》，葢二山也。劉昭注《郡國志》引此經「讙」作「護」。】雒水出焉，而東北流注于玄扈之水，【懿行案：《水經注》云：洛水又東至陽虛山，合玄扈之水。引此經文，是也。洛水又見《海内東經》。】其中多馬腸之物。【懿行案：上文蔓渠山「馬腹」，一本作「馬腸」，葢此是也。《大荒西經》「女媧之腸」或作「女媧之腹」亦其例。】此二山者，洛閒也。【洛水今出上洛縣冢嶺山。《河圖》曰「玄扈洛汭」，謂此閒也。懿行案：經言「此二山者」，謂玄扈、讙舉也。《水經注》引此經又云：玄扈之水出於玄扈之山。葢山水兼受其目也。】

中4－0：

凡薄山之首，自鹿蹄之山至于玄扈之山，凡九山，【懿行案：《水經注》引此經而釋之云：玄扈亦山名也，而通與譴舉爲九山之次焉。】千六百七十里。其神狀皆人面獸身。其祠之毛，用一白雞，祈而不糈，【言直祈禱。懿行案：「祈」當爲「盭」。】以采衣之。【以彩飾雞。懿行案：以彩飾雞，猶如以文繡被牛。】

中5-1：

中次五經薄山之首，【懿行案：薄山卽篇首薄山曰甘棗山者。】曰苟牀之山。【或作苟林山。懿行案：下文正作「苟林山」。《文選・江賦》注引此經亦作「苟林山」。】無草木，多怪石。【怪石似玉也。《書》曰：鉛松怪石也。】

中5-2：

東三百里，曰首山。【懿行案：《史記・封禪書》申公曰：天下名山八，而三在蠻夷，五在中國，五山黄帝之所常游，首山其一。以首山與華山、太室竝稱，葢山起蒲州蒲坂，與嵩、華連接而爲首，故山因取名與？《呂氏春秋・有始覽》亦以首山與太華竝稱。高誘注云：首山在蒲坂之南，河曲之中，伯夷所隱也。】其陰多穀柞，草多茱芫。【茱，山薊也。芫，華中藥。懿行案：茱見《爾雅》，芫見《本草》。又，《爾雅》有「杬，魚毒」在《釋木》，亦是也。《說文》云：芫，魚毒也。】其陽多㻬琈之玉，木多槐。其陰有谷，曰机谷，多䳄鳥，【音如鉗釱之釱。懿行案：《玉篇》有「䳄」字，云徒賴切。】其狀如梟【懿行案：李善注《江賦》引此經作「其狀如梟」，《玉篇》作「䳄鳥似烏」。】而三目，有耳，其音如錄，【懿行案：「錄」葢「鹿」字假音。《玉篇》作「音如豕」。】食之已墊。【未聞。懿行案：《尚書》云：下民昬墊。《方言》云：墊，下也。是墊葢下溼之疾。《玉篇》說此鳥作「食之亡熱」，非郭義也。又，《說文》

云：䨢，寒也，讀若《春秋傳》「墊阨」。義亦相近。】

中5－3：

又東三百里，曰縣𧷤之山。【音如斤劚之劚。】無草木，多文石。

中5－4：

又東三百里，曰蔥聾之山。無草木，多𦽚石。【未詳。懿行案：畢氏云：「𦽚」當爲「玤」，《說文》云：石之次玉者。】

中5－5：

東北五百里，曰條谷之山。其木多槐桐，其草多芍藥、𦼮冬。【《本草經》曰：𦼮冬，一名滿冬。今作門，俗作耳。懿行案：「𦼮」當作「虋」，《爾雅》云：蘠蘼，虋冬。郭引《本草》與此同。今檢《本草》無「滿冬」之名，必郭所見本尚有之，今闕脫。】

中5－6：

又北十里，曰超山。其陰多蒼玉。其陽有井，冬有水而夏竭。【懿行案：視山有井，夏有水冬竭，與此相反，見《中次十一經》。】

中5－7：

又東五百里，曰成侯之山。其上多櫄木，【似樗樹，材中車轅。吳人呼櫄音輴車，或曰輴車。懿行案：

《説文》云：杶或作櫄。卽今「椿」字也。】其草多芃。【懿行案：芃，《説文》訓「草盛」，非草名也。疑「芃」當爲「艽」字之譌，艽音交，卽藥草秦艽也，見《本草》。《玉篇》云：艽，秦艽藥，同艽。】

中 5－8：

又東五百里，曰朝歌之山。谷多美堊。

中 5－9：

又東五百里，曰槐山。【懿行案：畢氏云：「槐」當爲「稷」，卽「稷」字古文，見《説文》，形相近，字之誤也。稷山在今山西稷山縣。杜預注《左傳》云：河南聞喜有稷山。今案，杜預注「河南」當爲「河東」，字之譌也。《太平御覽》四十五卷引《隋圖經》曰：稷山在絳郡，后稷播百穀於此山，亦《左氏傳》謂「晉侯治兵於稷以略狄土」是此也。】谷多金錫。

中 5－10：

又東十里，曰歷山。【懿行案：卽上文歷兒山。《水經注》云：河東郡，南有歷山，舜所耕處也。】其木多槐。【懿行案：《廣韻》去聲九「御」及上聲八「語」竝收「楚」字，《九御》「楚」云：木名，出歷山。疑此經「槐」本或作「楚」，抑或經文脱「楚」字也。俟攷。】其陽多玉。

中 5－11：

又東十里，曰尸山。【懿行案：《水經・洛水》注有尸山，「尸」作「戸」。】多蒼玉，其獸多麖。【似鹿而小，黑色。懿行案：《爾雅》云：麢，大麃，牛尾，一角。《說文》云：麢或作麖。是麖當似鹿而大，郭云小，疑誤。】尸水出焉，南流注于洛水，【懿行案：《水經注》云：洛水又東，尸水注之，水北發尸山，南流入洛。「尸」，《水經注》作「戸」。】其中多美玉。

中 5－12∴

又東十里，曰良餘之山。【懿行案：《水經注》有良餘山。本或作「粮」，非。】其上多穀柞，無石。餘水出于其陰，而北流注于河。【懿行案：《水經》云：渭水又東過鄭縣北。注云：渭水又東，餘水注之，水南出粮餘山之陰，北流入於渭，俗謂之宣水也。案，餘水入渭，此經云「注河」者，蓋合渭而入於河。】乳水出于其陽，而東南流注于洛。【懿行案：《水經注》云：洛水又東得乳水，水北出良餘山南，南流注於洛。】

中 5－13∴

又東南十里，曰蠱尾之山。【懿行案：《水經注》作「蠱尾」。】多礪石、赤銅。龍餘之水出焉，而東南流注于洛。【懿行案：《水經注》云：洛水得乳水，又東會於龍餘之水，水出蠱尾之山，東流入洛。】

中 5－14∴

又東北二十里，曰升山。【懿行案：《水經・渭水》注有升山。】其木多穀柞棘，其草多藷萸、蕙，【蕙，香草也。懿行案：蕙已見《西山經》「浮山」及「嶓冢山」。】多寇脫。【寇脫草生南方，高丈許，似荷葉而莖中有瓤正白，零桂人植而日灌之以爲樹也。懿行案：寇脫卽活脫也，「寇」「活」聲之轉。《爾雅》云：離南，活莌。郭注與此注同。

又云「倚商，活脫」亦是也。】黄酸之水出焉，而北流注于河，【懿行案：《水經注》云：渭水又東合黄酸之水，世名之爲千渠水，水南出升山，北流注於渭。案，此經云「注河」者，亦合渭而入河。】其中多璇玉。【石次玉者也。孫卿曰：璇玉瑶珠不知佩。璇音旋。懿行案：「孫卿」本作「荀卿」，所引見《荀子·賦篇》。《韓詩外傳》亦引作「璇」，竝非也，古無「璇」字。有「琁」，與「瓊」同，赤玉也。「璇玉」之「璇」當爲「璿」，古文作「璿」，美玉也，竝見《説文》。後世作字，通以「琁」代「璿」，故經典多誤。李善注顔延之《陶徵士誄》引此經亦作「琁玉」，又引《説文》曰「琁亦璿字」，非也。】

中 5－15：

又東十二里，曰陽虛之山。多金。臨于玄扈之水。【《河圖》曰：蒼頡爲帝，南巡狩，登陽虛之山，臨于玄扈洛汭，靈龜負書，丹甲青文，以授之。出此水中也。懿行案：《水經注》云：洛水又東，至楊虛山，合玄扈之水。又云：玄扈水逕於陽虛之下。引此經云云。有「是爲洛汭」四字，今本蓋脫去之。又引《河圖玉版》與郭引同也。陽虛山在今陝西洛南縣。】

中 5－0：

凡薄山之首，自苟林之山至于陽虛之山，凡十六山，【懿行案：今才十五山。】二千九百八十二里。升山，冢也，其祠禮，太牢，嬰用吉玉。首山，䰠也，其祠，用稌、黑犧、太牢之具、糱釀，【以糱作醴酒也。懿行案：糱，牙米也，見《説文》。今以牙米釀酒極甘，謂之餹酒。】干儛，【干儛，萬儛。干，楯也。懿行案：「儛」與

「舞」同。《夏小正傳》云：萬也者，干戚舞也。《邶風・簡兮篇》云「方將萬舞」是也。】置鼓，【擊之以舞。懿行案：「置」亦「植」也，古字通用。鄭注《明堂位》引《殷頌》曰：植我鼗鼓。今《商頌・那篇》「植」作「寘」也。】嬰用一璧。尸水，合天也，【天，神之所馮也。】肥牲祠之，用一黑犬于上，用一雌雞于下，刉一牝羊，獻血，【以血祭也。刉，猶刲也。《周禮》曰：刉衈奉犬牲。懿行案：《秋官・士師》云：凡刉珥則奉犬牲。鄭注云：釁禮之事，用牲毛者曰刉，羽者曰衈。】嬰用吉玉，采之，【又加以繒彩之飾也。】饗之。【勸強之也。《特牲饋食禮》曰「執奠，祝饗」是也。懿行案：「勸強之」者，《考工記》云：祭侯之禮以酒脯醢，其辭曰「強飲強食，詒女曾孫，諸侯百福」。《特牲饋食禮》云：尸答拜，執奠，祝饗。鄭注云：饗，勸彊之也。是郭注所本。】

中 6－1：

中次六經縞羝山之首，曰平逢之山。【懿行案：《水經・穀水》注引此經作「平蓬山」，即北邙山、郟山之異名也。《太平寰宇記》云：河南縣，芒山在縣地北十里，一名平逢山。】南望伊洛，東望穀城之山。【在濟北穀城縣西，黃石公石在此山下，張良取以合葬爾。懿行案：《地理志》云：河南郡穀成。葢縣因山爲名。山在今河南洛陽縣西北。郭云「在濟北」者，《晉書・地理志》云：濟北國穀城。是矣。《水經》：濟水過穀城縣西。注引《魏土地記》曰：縣有穀城山，山出文石。又云：有黃山臺，黃石公與張子房期會處也。】無草木，無水，多沙石。有神焉，其狀如人而二首，名曰驕蟲，【懿行案：《太平御覽》九百五十卷引此經「驕」作「蟜」。】是爲螫蟲，【爲螫蟲之長。】實惟蜂蜜之廬。【言羣蜂之所舍集。蜜，赤蜂名。懿行案：「赤」疑「亦」字之譌。蜂凡數種，作蜜者即呼蜜

蜂，故曰「蜜亦蜂名」。《説文》云：𧖴或作蜜，𧓝甘飴也。】其祠之，用一雄雞，禳而勿殺。【禳，亦祭名，謂禳卻惡氣也。】

中6－2：

西十里，曰縞羝之山。【懿行案：《水經注》云：平蓬山西十里廆山。是不數此山也。然得此乃合於此經十四山之數，疑《水經注》脱去之。】無草木。多金玉。

中6－3：

又西十里，曰廆山。【音如瓌偉之瓌。懿行案：《初學記》二十八卷引此經作「沃山」，誤。畢氏云：山當在今河南河南縣西。《隋・地理志》云：新安有魏山，有孝水。「魏」「廆」音同也。新安與河南接境。】其陰【懿行案：《水經注》及《太平御覽》六十三卷引此經作「其陽」。】多㻬琈之玉。其西有谷焉，名曰雚谷，【懿行案：《左傳・昭二十六年》云：王次于萑谷。杜預注云：萑谷，周地。《釋文》云：萑音丸，本又作雚，古亂反。即此經雚谷也，其地當去河南洛陽爲近。《初學記》引此經云：沃山之西有谷焉，名均雚谷，其木多枂。「均」字衍。】其木多柳楮，其中有鳥焉，狀如山雞而長尾，赤如丹火而青喙，名曰鴒䴌，【鈐要二音。懿行案：《玉篇》「䴌」字説與此經同。】其鳴自呼，服之不眯。交觴之水出于其陽，而南流注于洛。【懿行案：「觴」，《水經・洛水》注作「觸」，云：惠水又東南，謝水北出瞻諸之山，東南流，又有交觸之水北出廆山，南流，俱合惠水，惠水又南流入於洛水。】俞隨之水出于其陰，而北流注于穀水。【懿行案：《水經注》云：穀水又東，俞隨之水注之——引此經云云——

世謂之孝水也；潘岳《西征賦》曰「澡孝水以濯纓，嘉美名之在兹」，是水在河南城西十餘里，故呂忱曰「孝水在河南」也。】

中6–4：

又西三十里，曰瞻諸之山。【懿行案：山見《水經注》。《玉篇》作「瞻渚山」。】其陽多金，其陰多文石。謝水出焉，而東南流注于洛。【音謝。懿行案：《玉篇》云：謝水出瞻渚山。「謝」，《水經注》作「謝」，已見上文。蓋謝水會交觸之水，南流，俱合惠水，又南流入洛也。】少水出其陰，而東流注于穀水。【世謂之慈澗。懿行案：《水經注》云：穀水又東，少水注之——引此經云云——控引衆谿，積以成川，東流注於穀，世謂之慈澗也。又，《澗水注》云：今孝水東十里有水，世謂之慈澗，又謂之澗水；按《山海經》則少水也，而非澗水，蓋習俗之誤爾。】

中6–5：

又西三十里，曰婁涿之山。無草木，多金玉。瞻水出于其陽，而東流注于洛。【懿行案：《水經·洛水》注云：惠水出白石之陽，東南流與瞻水合，水東出婁涿之山，而南流入惠水。】陂水出于其陰，【世謂之百荅水。】而北流注于穀水，【懿行案：「陂」，《水經注》作「波」，云：穀水又東，波水注之——引此經云云——世謂之百荅水，北流注於穀。】其中多茈石、文石。【懿行案：《北山經首》滏水中多此二石，其「茈」誤作「芘」也。】

中6–6：

又西四十里，曰白石之山。【懿行案：《水經》云：澗水出新安縣南白石山。注云：世謂是山曰廣陽山。】

惠水出于其陽，而南流注于洛，【懿行案：《水經注》云：洛水自枝瀆又東出關，惠水右注之，世謂之八關水，水出白石山之陽。引此經云云。又，《澗水注》引此經作「東南注于洛」。《洛水注》引此經又無「東」字，與今本同。】其中多水玉。澗水出于其陰，【《書》曰：伊洛瀍澗。懿行案：《説文》云：澗水出弘農新安，東南入洛。本《地理志》爲説也。《水經》云：澗水出新安縣南白石山——注引此經云云——世謂是水曰赤岸水，亦曰石子澗。】西北流注于穀水，【懿行案：《地理志》《説文》《水經》竝言「澗水入洛水」，此經云「注于穀水」者，蓋合穀水而入洛水也。又，《水經》「澗水」及「穀水」注引此經竝無「西」字。】其中多麋石、櫨丹。【皆未聞。懿行案：麋石或是畫眉石，「眉」「麋」古字通也。櫨丹，疑卽黑丹，「櫨」「盧」通也。又，《説文》云：宅櫨，木，出弘農山。陶注《本草》引李當之曰：溲疏一名楊櫨。《别録》云「生熊耳川谷」。《説文》「宅櫨」或卽此。】

中 6-7：

又西五十里，曰穀山。【懿行案：山見《水經注》。《太平寰宇記》云：澠池縣，穀山在縣南八十里。】其上多穀，其下多桑。爽水出焉，【世謂之紵麻澗。】而西北流注于穀水，【懿行案：《水經注》云：穀水又東北，逕函谷關城東，右合爽水——引此經云云——世謂之紵麻澗，北流注於穀。案，酈氏引此經直作「北流」，無「西」字，「世謂之紵麻澗」句蓋幷引郭注也。上文同。】其中多碧緑。

中 6-8：

又西七十二里，曰密山。【今滎陽密縣亦有密山，疑非也。懿行案：《爾雅》云：山如堂者，密。此密在今河南新安縣也。《水經注》云：洛水又東與豪水會，水出新安縣密山。】其陽多玉，其陰多鐵。豪水出焉，而南流注于洛，【懿行案：《水經注》云：洛水又東與豪水會，南流歷九曲東，而南流入於洛。】其中多旋龜，其狀鳥首而鼈尾，其音如判木。【懿行案：旋龜之狀已見《南山經》「杻陽之山」。】無草木。

中 6－9：

又西百里，曰長石之山。【懿行案：山在今河南新安縣，見《水經注》。】無草木，多金玉。其西有谷焉，名曰共谷，多竹。共水出焉，西南流注于洛，【懿行案：《水經注》云：洛水又東，共水入焉，水北出長石之山，山無草木，其西有谷焉，厥名共谷，共水出焉，南流得尹谿口，又西南與左澗水會，又南與李谷水合，共水世謂之石頭泉，而南流注於洛。】其中多鳴石。【晉永康元年，襄陽郡上鳴石，似玉，色青，撞之聲聞七八里。今零陵泉陵縣永正鄉有鳴石二所，其一狀如鼓，俗因名爲石鼓。即此類也。懿行案：郭氏《江賦》云：鳴石列於陽渚。李善注引此經及郭注，竝與今本同。《初學記》十六卷引王韶之《始興記》云：縣下流有石室，內有懸石，扣之聲若磬，響十餘里。亦此類也。郭云「襄陽郡上鳴石」，見《晉書・五行志》。】

中 6－10：

又西一百四十里，曰傅山。【懿行案：山見《水經注》。】無草木，多瑤碧。厭染之水出于其陽，而南流注于洛，【懿行案：「染」，《水經注》作「梁」，云：洛水又東，逕宜陽縣故城南，又東與厭梁之水合，水出縣北傅山大陂，山無草木，其水自陂。】其中多人魚。【懿行案：人魚已見《北次三經》「決決之水」。】其西有林焉，名曰墦冢。【音番。】穀水出焉，而東流注于洛，【今穀水出穀陽谷，東北至穀城縣入洛河。懿行案：《地理志》云：弘農郡黽池，穀水出穀陽谷，東北至穀城入雒。是郭所本也。洛謂之河者，北方人凡水通名河也。《水經》云：穀水出弘農黽池縣南墦冢林穀陽谷。注引此經云云，「今穀水出千崤東馬頭山穀陽谷」。】其中多珚玉。【未聞也。珚音堙。懿行案：《太平御覽》六十二卷引此經作「瑻玉」。《廣雅》云：璑，瑻玉。《玉篇》云：瑻，齊玉，奇殞切。是此經「珚」本又作「瑻」也。《水經注》引此經又作「珉玉」。】

中 6 - 11：

又西五十里，曰橐山。其木多樗，【懿行案：「樗」當爲「桴」。《說文》云：桴，木，出橐山。謂此也。《廣韻·十一模》曰：黄桴木可染。《十姥》曰：桴，木名，可染繒。】多𣟴木。【今蜀中有𣟴木，七八月中吐穗，穗成如有鹽粉著狀，可以酢羹。音備。懿行案：《玉篇》云：𣟴，木名。說與郭同。郭注「酢」蓋「作」字之譌也。《本草》：鹽麩子即五𣟴子，俗譌爲五倍子。陳藏器《本草拾遺》云：鹽麩子生吴蜀山谷，樹狀如椿，七月子成穗，粒如小豆，上有鹽似雪，可爲羹用。是也。《太平御覽》引此經作「樠」，云「音謾」，或所見本異也。《管子·地員篇》云：其木乃樠。】其陽多金玉，其陰多鐵，多蕭。【蕭，蒿，見《爾雅》。懿行案：《爾雅》云：蕭，萩。郭注云：即蒿也。】橐水出焉，而北流注于河，【懿行案：《水經》云：河水又東過陝縣北。注云：橐水出橐山，西北流出谷，謂之漫澗，西逕陝縣故城南，又西北逕陝城西，西北入於河。】其中多脩辟之魚，【懿行案：此魚即黽屬也，黽亦名黽魚，見《漢書·東方朔傳》。】狀如黽【黽，蛙屬也。懿行案：詹諸在水者名黽，見《爾雅》。】而白喙，其音如鴟，食之已白癬。

中 6－12··

又西九十里，曰常烝之山。【懿行案：山見《水經注》。】無草木，多堊。潐水出焉，【音譙。】而東北流注于河，【懿行案：《水經注》云：河水又東合潐水，水導源常烝之山，俗謂之干山，山在陝城南八十里，其川二源雙導，同注一壑，而西北流注於河。】其中多蒼玉。菑水出焉，而北流注于河。【懿行案：《水經注》云：河水又東，菑水注之，水出常烝之山，西北逕曲沃城南，又屈逕其城西，西北入河——又引潘岳《西征賦》曰，憩於曹陽之墟——以《山海經》求之，「菑」「曹」字相類，是或有「曹陽」之名也。】

中 6－13··

又西九十里，曰夸父之山。【懿行案：山一名秦山，與太華相連，在今河南靈寶縣東南。《水經注》云：槃澗水出湖縣夸父山。】其木多椶枏，多竹箭，其獸多㸲牛、羬羊，其鳥多鷩。其陽多玉，其陰多鐵。其北有林焉，名曰桃林，【桃林，今弘農湖縣閿鄉南谷中是也，饒野馬、山羊、山牛也。懿行案：《郡國志》「弘農郡湖」有「閿鄉」。閿，俗字也。《水經注》引《三秦記》曰：桃林塞在長安東四百里。又引《春秋・文公十三年》：晉侯使詹嘉守桃林之塞，處此以備秦。《〈史記・趙世家〉正義》引《括地志》云：桃林在陝州桃林縣，西至潼關皆爲桃林塞地。又《〈留侯世家〉索隱》引應劭《十三州記》：弘農有桃北聚，古桃林也。亦見《郡國志》，劉昭注引《博物記》曰：在湖縣休與之山。】是廣員三百里，其中多馬。【懿行案：《史記・趙世家》云：造父取桃林盜驪、驊騮、綠耳，獻之穆王。《正義》引此經「廣員」作「廣闊」，蓋誤。《〈留侯世家〉索隱》引此經又作「廣三百里」，無「員」字。】湖水出焉，而北流注于河，【懿行案：《水經注》云：河水又東，逕湖縣故城北，湖水出桃林塞之夸父山，又北逕湖縣東，而北流入於河。「《魏土地記》曰：弘農湖縣有軒轅黄帝登仙處，名其地爲鼎湖也。」】其中多珚玉。

中6-14：

又西九十里，曰陽華之山。【懿行案：《呂氏春秋·有始覽》說「九藪」云：秦之楊華。高誘註云：或曰在華陰西。又云：桃林縣西長城是也。劉昭注《郡國志》於「弘農華陰」亦引《呂氏春秋》及高注。又，《爾雅》「十藪」：秦有楊陓。郭注云：今在扶風汧縣西。劉昭注《郡國志》於「右扶風汧」亦引《爾雅》及郭注。然則「陽華」「楊陓」非一地，明矣。或說以二者是一，故附辨于此。】其陽多金玉，其陰多青雄黄。其草多藷藇。多苦辛，其狀如橚，【即楸字也。懿行案：《說文》云：橚，長木皃。《玉篇》同。非郭義也。《晏子春秋·外篇》云：景公登箐室而望，見人有斷雍門之橚者。橚即楸也。《左傳》有「伐雍門之萩」之語，「萩」蓋「楸」之同聲假借字也。橚亦一音爾。】其實如瓜，其味酸甘，食之已瘧。【懿行案：《本草經》云：常山，味苦辛，主溫瘧。又云：蜀漆主瘧。《別錄》云：常山苗也。蘇頌《圖經》云：海州出者，葉似楸葉。與此經合。但常山味苦辛，此云「味酸甘」爲異。常山實又不似瓜也。《玉篇》云：苕，草名，其實似瓜，食之治瘧。蓋即此矣。而經復無苕名，未審《玉篇》何据。】楊水出焉，而西南流注于洛，【懿行案：楊水即緒姑水之分流岐出者也，其水流入門水，又注於洛水，說見下文。】其中多人魚。門水出焉，而東北流注于河，【懿行案：《水經注》云：河水東合柏谷水，又東右合門水，門水又東北歷陽華之山，即《山海經》所謂「陽華之山，門水出焉」者也。又云：門水又北逕弘農縣故城東，其水側城北流而注於河。】其中多玄𥖁。【黑砥石，生水中。懿行案：《玉篇》「𥖁」，思六、先鳥二切，云：黑砥石。又云：磁𥔲，青礪也。蓋亦𥖁類。】𦁔姑之水出于其陰，【𦁔音藉。】而東流注于門水，【懿行案：《水經注》云：門水又東北歷邑川，二水注之，左水出於陽華之陰，東北流逕盛牆亭西，東北流與右水合，右水出陽華之陽，東北流逕盛牆亭東，東北與左水合，即《山海經》所謂「𦁔姑之水出于陽華之陰，東北流注於門水」者也。今本無「北」字，蓋脱去之。又云：東北燭水注之，是水亂流東注於𦁔姑之水，二水悉得通稱矣，燭水又北入門水，水之左右即函谷山也。】其上多銅。門水出于河，七百九十里入雒水。【懿行案：《水經注》云：門水即洛水之枝流者也，洛水自上洛縣東北，於拒陽城之西北分爲二水，枝渠東北出爲門水也。然則門水本出洛水，此經又云「入洛」者，蓋其枝流復入於本水也。《爾雅》云：洛爲波。《水經注》引其文，蓋以門水即《爾雅》所謂波水矣。】

中6－0：

凡縞羝山之首，自平逢之山至于陽華之山，凡十四山，七百九十里。【懿行案：今八百二里。】嶽在其中，以六月祭之，【六月亦歲之中。懿行案：嶽當謂華山也。郭以爲中嶽，蓋失之。中嶽在下文。】如諸嶽之祠法，則天下安寧。【懿行案：後漢順帝陽嘉元年，望都蒲陰狼殺人。《東觀書》言朱遂不祠北嶽，致有斯災。推此而言，嶽祠如法即天下安寧，經語不虛也。】

中7－1：

中次七經苦山之首，曰休與之山。【與或作輿，下同。懿行案：劉昭注《郡國志》「弘農桃林」引《博物志》

曰：在湖縣休與之山。《初學記》五卷引《博物志》作「休馬之山」，「馬」「與」聲相近。《藝文類聚》六卷又引作「休牛之山」，「牛」「與」聲之轉也。】其上有石焉，名曰帝臺之棋，【帝臺，神人名。棋，謂博棋也。懿行案：《南次二經》「漆吳之山」多博石，郭云「可以爲博棊石」，亦此類。】五色而文，其狀如鶉卵。【懿行案：《初學記》引《博物志》作「狀如雞卵」，《藝文類聚》引此經與今本同。】帝臺之石，所以禱百神者也，【禱祀百神則用此石。】服之不蠱。【懿行案：《本草經》云：石膽主諸邪毒氣。《別錄》云：一名棊石。蘇恭注云：有塊如雞卵者爲眞。竝與此經義合。】有草焉，其狀如蓍，【懿行案：《說文》云：蓍，蒿屬。《廣雅》云：蓍，耆也。】赤葉而本叢生，名曰夙條，【懿行案：「夙」，俗字，《說文》作「殂」。】可以爲簳。【中箭笴也。懿行案：「簳」當爲「榦」。鄭注《考工記》云：笴，矢榦也。《廣雅》云：笴，箭也。】

中7－2：

東三百里，曰鼓鍾之山。【懿行案：吳氏云：今名鍾山，在河南陸渾縣西南三十里。畢氏云：別有鼓鍾峽，在山西垣曲縣。《水經注》引此經以爲卽山西鼓鍾山，非也。已見上文「鼓鐙山」注。】帝臺之所以觴百神也。【舉觴燕會則於此山，因名爲鼓鍾也。懿行案：《初學記》八卷引郭注「此山」句下有「在伊闕西南」五字，葢今本脫去之。】有草焉，方莖而黄華，員葉而三成，【葉三重也。】其名曰焉酸，【懿行案：焉酸，一本作烏酸。】可以爲毒。【爲，治。懿行案：治，去之也。】其上多礪，其下多砥。

中7－3：

又東二百里，曰姑媱之山。【音遥。或無「之山」字。懿行案：《文選・別賦》注引此經作「姑瑶」，《博物志》作「古詧」，俗本譌作「古詹」。】帝女死焉，其名曰女尸，化爲䔄草，【亦音遥。懿行案：「䔄」通作「瑶」。《文選・別賦》云：惜瑶草之徒芳。今《高唐賦》無之。李善注引宋玉《高唐賦》曰：我，帝之季女，名曰瑶姬，未行而亡，封於巫山之臺，精魂爲草，實爲靈芝。又注《高唐賦》引《襄陽耆舊傳》云：赤帝女曰瑶姬。此説非也。《水經》：江水東過巫縣南。注云：巫山，帝女居焉，宋玉所謂「天帝之季女，名曰瑶姬，未行而亡，封於巫山之陽，精魂爲草，實爲靈芝」。與《別賦》注同。是帝女卽天帝之女，以爲赤帝女者，誤也。又，宣山有帝女之桑，亦是天帝之女，明矣。又案，《別賦》雖作「瑶草」，注引此經仍作「䔄草」，又引郭注云「瑶與䔄竝音遥」，亦今本所無。】其葉胥成，【言葉相重也。懿行案：《博物志》作「詧草其葉鬱茂」。】其華黄，其實如菟丘，【菟丘，菟絲也，見《爾雅》。懿行案：「菟丘，兔絲也」，見《廣雅》。今各本俱作《爾雅》，誤。又，《別賦》注引此經文竟作「兔絲」，亦誤。《博物志》作「實如豆」。】服之媚于人。【爲人所愛也。《傳》曰：人服媚之如是。一名荒夫草。】

中7－4：

又東二十里，曰苦山。有獸焉，名曰山膏，其狀如逐，【卽「豚」字。懿行案：《玉篇》云：䮱音逐，獸名。卽此。郭云「卽豚字」者，畢氏云：借「豲」字爲之，「逐」又「豲」省文。懿行謂：「豲」古文作「𨒪」，見《鄭易》，「豲」从「豚」得聲，「𨒪」作「逐」文省，正如《歸藏易》「渙」作「奐」，「損」作「員」，竝古字省文也。是此經之「逐」，从「豲」或「𨒪」

省，當讀爲豚。故曰「逐」即「豚」字也。】赤若丹火，善詈。【好罵人。】其上有木焉，名曰黃棘，黃華而員葉，其實如蘭，服之不字。【字，生也。《易》曰：女子貞，不字。懿行案：蘭蕙皆有實，女子種蘭美而芳。】有草焉，員葉而無莖，【懿行案：《管子·地員篇》云：葉下於鞶。房氏注云：葉，草名，唯生葉，無莖。與此經合，即是物也。】赤華而不實，名曰無條，【懿行案：無條已見《西山經》「皋塗之山」，與此同名異物。】服之不癭。

中7-5：

又東二十七里，曰堵山。【懿行案：《地理志》云：南陽郡堵陽。疑縣因山爲名。】神天愚居之。是多怪風雨。其上有木焉，名曰天楄，【音鞭。懿行案：《說文》云：楄部，方木也。此木方莖，故以名焉。】方莖而葵狀，服者不哽。【食不噎也。懿行案：《玉篇》：哽同咽。《廣韻》楄字兩見，竝云木名，一云「食不噎」，一云「食之不咽」。蓋「咽」「噎」聲轉，或古字通也。《說文》云：噎，飯窒也。】

中7-6：

又東五十二里，曰放皋之山。【放或作效，又作牧。懿行案：《初學記》引此經作「放皋」，《水經注》作「狼皋山」。山在今河南魯山縣北。】明水出焉，南流注于伊水，【懿行案：《水經》云：伊水又東北過新城縣南。注云：明水出梁縣西狼皋山，俗謂之石澗水也，西北流逕楊亮壘南，西北合康水，又西南流入於伊。引此經云云。】其中多蒼玉。有木焉，其葉如槐，黃華而不實，其名曰蒙木，【懿行案：此即槐屬，但「不實」爲異爾。「蒙」，《玉篇》作「檬」，云：木名，似槐，葉黃。「葉」蓋「華」字之譌也。】服之不惑。【懿行案：槐味苦，寒，主熱，可以通神明，故服之不惑與?】有獸焉,其狀如蜂,枝尾而反舌,【懿行案:枝尾,岐尾也。《說文》云:燕枝尾。反舌者,蓋舌本在前,不向喉。《淮南·墬形訓》有反舌民。】善呼,【好呼喚也。】其名曰文文。

中7-7:

又東五十七里,曰大害之山。【懿行案:「害」當爲「苦」。《初學記·龜》下引此經作「丈若山」,誤。】多㻬琈之玉,【懿行案:《水經注》引此經作「㻬琈」,亦古字所無,說已見前。】多麋玉。【未詳。懿行案:「麋」疑「瑂」之假借字也。《說文》云:瑂,石之似玉者,讀若眉。】有草焉,其狀葉【懿行案:當爲「葉狀」,本或無「葉」字。】如榆,方莖而蒼傷,【懿行案:《本草經》「續斷」陶注引李當之云:是虎薊能療血。《蜀本圖經》云:葉似苧,莖方。《范汪方》云:葉似旁翁菜而小,厚,兩邊有刺刺人。】其名曰牛傷,【猶言牛棘。懿行案:牛棘見《爾雅》。郭注《方言》云:《山海經》謂刺爲「傷」也。即指此。下文「講山」亦云「反傷赤實」。】其根蒼文,服者不厥,【厥,逆氣病。懿行案:《說文》云:瘚,屰氣也,或省作欮。《史記·扁鵲傳》云:暴蹷。《正義》引《釋名》云:蹷,氣從下蹷起上行,外及心脅也。是「蹷」與「瘚」通。】可以禦兵。【懿行案:《本草經》云:續斷主金創。與此義合。】其陽狂水出焉,西南流注于伊水,【懿行案:《水經注》云:伊水又北,逕當階城西,狂水入焉,水東出陽城縣之大苦山。引此經云云。李善注《東京賦》引此經作「陽狂水」,以「陽狂」爲水名,誤也。】其中多三足龜,【今吳興陽羨縣有君山,山上有池,水中有三足六眼龜。鼈龜三足者名賁,出《爾雅》。懿行案:《爾雅注》亦引此經,與今本同。《地理志》云:會稽郡陽羨。《晉志》有吳興郡,無陽羨。】食者無大疾,可以已腫。

中7-8：

又東七十里，曰半石之山。【懿行案：山在今河南偃師縣東南，見《水經注》。】其上有草焉，生而秀，其高丈餘，赤葉赤華，華而不實，【初生先作穗，卻著葉，花生穗閒。懿行案：《爾雅》云：草謂之榮，不榮而實者謂之秀。此草既謂之秀又名爲榮，卻又不實，所以異也。】其名曰嘉榮，【懿行案：《呂氏春秋·本味篇》云：有菜名曰嘉樹，其色若碧。高誘注云：食之而靈。疑即此草，「而靈」或「不霆」字之譌也。又案，《本草經》有「蘘荷」，與巴蕉同類。《太平御覽》引干寶《搜神記》以「蘘荷」爲「嘉草」，蓋即「嘉榮草」也。《秋官》：庶氏掌除蠱毒，以嘉草攻之。是干寶所本。蘘荷華生根中，可食，見《古今注》，而不說實狀，證知此草有華無實也。因其可食，故《呂氏春秋》謂之菜矣。《名醫別錄》云：蘘草主邪氣，辟不祥。又與此經「服者不霆」義合。】服之者不霆。【不畏雷霆霹靂也。音廷搏之廷。懿行案：《北堂書鈔》一百五十二卷引此經「霆」上有「畏」字，注無「雷霆」二字，今本脫衍也。《說文》云：霆，雷餘聲也鈴鈴，所以挺出萬物。又云：震，劈歷，振物者。郭云「音廷搏之廷」不成語，當爲「脡脯」字之譌也。《公羊傳·昭二十五年》云：與四脡脯。】來需之水出于其陽，而西流注于伊水，【懿行案：「需」，《水經注》作「儒」，云：伊水又北，逕高都城東，來儒之水出於半石之山，至高都城東，西入伊水，謂之曲水也。】其中多鯩魚，【音倫。】黑文，其狀如鮒，【懿行案：《廣雅》云：鯖，鮒也。即今之鯽魚。】食者不睡。【懿行案：李善注《江賦》引此經作「食之不腫」，《太平御覽》九百三十九卷亦引作「食者不腫」。】合水出于其陰，而北流注于洛，【懿行案：《水經》云：洛水東過洛陽縣南。注云：合水南出半石之山，北逕合水隖，而東北流注於公路澗，合水北與劉水合，水出半石東山，合水又北流注於洛水也。】多螣魚，【音騰。懿行案：《玉篇》云：螣，魚，似鯞，蒼文，赤尾。郭氏《江賦》作「鰧」，李善注引此注云：鰧音滕。】狀如鱖，居逵，【鱖，魚，大口，大目，細鱗，有班彩。逵，水中之穴道交通者。鱖音劂。懿行案：《爾雅》云：鱖，鯞。注云：小魚也，似鮒子而黑。《初學記・魚》下引此經云：鱖魚大口而細鱗，有班彩。蓋引郭注誤作經文也。「如鱖」，《玉篇》作「似鯞」。】蒼文赤尾，食者不癰，可以爲瘻。【瘻，癰屬也，中多有蟲。《淮南子》曰：雞頭已瘻。音漏。懿行案：《說文》云：癰，腫也；瘻，頸腫也。郭引《淮南》，《說山訓》文，高誘注云：瘻，頸腫疾；雞頭，水中芡。】

中7－9：

又東五十里，曰少室之山。【今在河南陽城西，俗名泰室。懿行案：《晉書・地理志》云：河南郡陽城。《郡國志》：潁川郡陽城，有嵩高山。《地理志》云：崈高，武帝置以奉泰室山，是爲中岳，有太室、少室山廟，古文以崇高爲外方山也。《初學記》五卷引戴延之《西征記》云：其山東謂太室，西謂少室，相去十七里，「嵩」其總名也；謂之「室」者，以其下各有石室焉。】百草木成囷。【未詳。懿行案：《說文》云：囷，廩之圜者。經蓋言草木屯聚如倉囷之形也。】其上有木焉，其名曰帝休，葉狀如楊，【懿行案：《文選注・王巾頭陁寺碑》引此經「葉」下有「茂」字，疑衍。】其枝五衢，【言樹枝交錯，相重五出，有象衢路也。《離騷》曰：靡萍九衢。懿行案：王逸注《楚詞・天問》云：九交道曰衢。《文選注・頭陁寺碑》引此注作「靡華九衢」。】黃華黑實，服者不怒。其上多玉，【此山巔亦有白玉膏，得服之卽得仙道，世人不能上也，《詩含神霧》云。懿行案：郭注《西次三經》「峚山」引《河圖玉版》曰：

少室山，其上有白玉膏，一服卽仙矣。謂此。】其下多鐵。休水出焉，而北流注于洛，【懿行案：《水經注》云：洛水東逕偃師故縣南，與緱氏分水，又東，休水自南注之，其水導源少室山。】其中多鯑魚，狀如盩蜼【未詳。盩音倄。懿行案：「盩」當爲「盭」。《廣雅》云：狖，蜼也。「狖」「盭」聲相近。郭注《爾雅》云：蜼似獼猴。鯑卽鯢也，《北次三經》注云「鯑見《中山經》」，謂此也。「鯢」省作「兒」。《周書・王會篇》云：兒若獼猴。與此經合。】而長距，足白而對，【未詳。懿行案：對，蓋謂足趾相向也。《史記・天官書》云：疾其對國。】食者無蠱疾，【懿行案：《北次三經》云：人魚如鯑魚，四足，食之無癡疾。此言「食者無蠱疾」，「蠱」疑惑也，「癡」不慧也，其義同。】可以禦兵。

中 7-10：

又東三十里，曰泰室之山。【卽中嶽嵩高山也，今在陽城縣西。懿行案：今在河南登封縣北。《蓺文類聚》七卷引郭氏《讚》云：嵩維嶽宗，華岱恒衡；氣通元漠，神洞幽明；嵬然中立，衆山之英。】其上有木焉，葉狀如棃而赤理，其名曰栯木，【音郁。懿行案：《玉篇》云：栯，於六、禹九二切。引此經。《類聚》七卷及三十五卷引此經「栯」竝作「指」，疑誤。】服者不妒。有草焉，其狀如茱，【茱似薊也。懿行案：茱有赤茱、白茱二種。《爾雅》云：茱，山薊；楊，枹薊。】白華黑實，澤如蘡薁，【言子滑澤。懿行案：《說文》云：薁，嬰薁也。《廣雅》云：燕薁，蘡舌也。蓋卽今之山葡萄。《齊民要術》引陸璣《詩義疏》云：櫻薁，實大如龍眼，黑色，今車鞅藤實是。又引疏云：櫐，似燕薁，連蔓生。皆其形狀也。】其名曰䔄草，服之不昧。上多美石。【次玉者也。啓母化爲石而生啓在此山，見《淮南子》。懿行案：郭注《穆天子傳》云：太室之丘嵩高山，啓母在此山化爲石，而子啓亦登仙，故其上有啓石也，皆見《歸藏》及《淮南子》。今《淮南子》無之，蓋有闕脱也。劉昭注《郡國志》引《帝王世紀》曰：陽城有啓母冢。《太平御覽》一百三十五卷引《連山易》曰：禹娶塗山之子，名曰攸女，生啓也。】

中7－11：

又北三十里，曰講山。其上多玉，多柘，多柏。有木焉，名曰帝屋，葉狀如椒，反傷，赤實，【反傷，刺下勾也。懿行案：郭注《方言》云：《山海經》謂刺爲傷也。】可以禦凶。【懿行案：此别爲一種椒也。蘇頌《本草圖經》云：黨子出閩中、江東，其木似樗，莖閒有刺，子辛辣如椒，主遊蠱飛尸。】

中7－12：

又北三十里，曰嬰梁之山。上多蒼玉，錞于玄石。【言蒼玉依黑石而生也。或曰，錞于，樂器名，形似椎頭。懿行案：錞于已見《西山經首》「䰠山」。或曰樂器，似非也。】

中7－13：

又東三十里，曰浮戲之山。【懿行案：山見《水經注》。】有木焉，葉狀如樗而赤實，名曰亢木，食之不蠱。【懿行案：《本草經》：衛矛一名鬼箭，主除邪殺蠱，葉狀如野茶，實赤如冬青。即此也。】汜水出焉，【懿行案：《郡國志》云：成皋有汜水。今在汜水縣東。汜音似。《水經》云：河水又東過成皋縣北。注云：河水又東合汜水，水南出浮戲山，世謂之曰方山也。又云：洧水東流，綏水會焉，水出方山綏谿，即《山海經》所謂「浮戲之山」也。案，「綏水」即「汜水」聲之轉。】而北流注于河。其東有谷，因名曰蛇谷。【言此中出蛇，故以名之。】上多

少辛。【細辛也。懿行案：《廣雅》云：細條、少辛，細辛也。是郭所本。又名小辛，見《本草》及《管子・地員篇》。】

中7－14：

又東四十里，曰少陘之山。【懿行案：《水經注》云：濟水右受黃水，黃水北至故市縣，重泉水出京城西南少陘山。《太平寰宇記》云：滎陽縣，嵩渚山一名小陘山，俗名周山，在縣南三十五里。】有草焉，名曰䓘草，【音剛。懿行案：「䓘草」見《玉篇》。】葉狀如葵而赤莖白華，實如蘡薁，食之不愚。【言益人智。】器難之水出焉，【或作瞯。懿行案：《水經・濟水》注云：索水出京縣西南嵩渚山，卽古旃然水也，其水東北流，器難之水注之，其水北流逕金亭，又北逕京縣故城西，入於旃然之水。】而北流注于役水。【一作侵。懿行案：《水經注》引此經正作「侵水」，又云：器難之水入於旃然之水，亦謂之鴻溝水。疑侵水卽索水。】

中7－15：

又東南十里，曰太山。【別有東小太山，今在朱虛縣，汶水所出，疑此非也。懿行案：《地理志》云：琅邪郡朱虛東泰山，汶水所出。以道里計之，非此明矣。】有草焉，名曰梨，【懿行案：《本草別錄》云：芥一名梨，葉如大青。卽此。】其葉狀如荻【荻亦蒿也，音狄。懿行案：「荻」當爲「萩」，「狄」亦當爲「秋」，皆字形之譌也。《爾雅》云：蕭，萩。郭注云：卽蒿。】而赤華，可以已疽。【懿行案：《太平御覽》九百九十八卷引此經作「可以爲菹」，郭注云「爲，治也」，與今本異。】太水出于其陽，而東南流注于役水。【世謂之禮水。懿行案：《水經注》云：承水東北流，太水注之，水出太山東平地——引此經云云。「世謂之禮水」，蓋并引郭注也，下同。】承水出于其陰，而東北流注于役。【世謂之靖澗水。懿行案：《水經注》引司馬彪《郡國志》云：中牟有清口水，白溝水注之，水有二源，北水出密之梅山東南，而東逕靖城南，與南水合，南水出太山，西北流至靖城南，左注北水，即承水也——引此經云云——世亦謂之靖澗水。畢氏云：此經太水、承水皆云注于役，與《水經注》不同者，案《水經注》太水注承水，承水注清水，清水注渠水，渠水又東逕陽武縣故城南與役水合也。】

中7－16：

又東二十里，曰末山。【懿行案：《水經・渠水》注引此經作「沫」。云：沫山，沫水所出。】上多赤金。末水出焉，北流注于役。【《水經》作沫。懿行案：《水經注》引此經亦作「役水」，云：役水東逕曹公壘南，東與沫水合，東北流逕中牟縣故城西，又東北注於役水。又案，郭云「《水經》作沫」，郭注《水經》二卷，今亡，無攷。】

中7－17：

又東二十五里，曰役山。上多白金，多鐵。役水出焉，【懿行案：《水經注》云：渠水左逕陽武縣故城南，東爲官渡水，渡在中牟，又東役水注之，水出苑陵縣西隙候亭東中平陂，世名之遲泉也，即古役水矣。引此經云云。】北注于河。【懿行案：《水經注》云：役水注渠水。此云「注河」，未詳。】

中7－18：

又東三十五里，曰敏山。【懿行案：《郡國志》云：密有大騩山，有梅山。劉昭注引《左傳・襄十八年》「楚伐鄭，右迴梅山」在縣西北。今案，山在河南鄭州，梅山葢即敏山，「梅」「敏」聲之轉也。此經敏山去大騩山三十里，是今梅山，審矣。】上有木焉，其狀如荆，白華而赤實，名曰葪【音計。】柏，【懿行案：《玉篇》云：葪，俗薊字。《初學記》二十八卷引《廣志》云：柏有計柏。「計」「葪」聲同，疑是也。】服者不寒。【令人耐寒。】其陽多㻬琈之玉。

中 7－19：

又東三十里，曰大騩之山。【今滎陽密縣有大騩山。騩固，溝水所出。音歸。懿行案：《地理志》云：河南郡密，有大騩山，潩水所出。此注云「騩固溝水所出」，疑「溝」即「潩」字之譌，「固」即「山」字之譌也。「騩」，《説文》作「隗」，《廣韻》同。《莊子・徐無鬼篇》云：黄帝將見大隗乎具茨之山。《釋文》引司馬彪云：在滎陽密縣東，今名泰隗山。《水經注》云：大騩，即具茨山也。《廣韻》云：具洨山在滎陽，出《山海經》。即此。】其陰多鐵、美玉、青堊。【懿行案：劉昭注《郡國志》引此經作「多美堊」。】有草焉，其狀如蓍而毛，青華而白實，其名曰蒗，【音狼戾。懿行案：《玉篇》云：蒗，胡懇切，草名，似蓍，花青白。《廣韻》同。是「蒗」當爲「蒗」，「狼」當爲「很」，今本經注竝譌。】服之不夭，【言盡壽也。或作芺。懿行案：「盡壽」葢「益壽」字之譌也。「芺」即「夭」，古今字爾。】可以爲腹病。【爲，治也，一作「已」。】

中 7－0：

凡苦山之首，自休與之山至于大騩之山，凡十有九山，千一百八十四里。【懿行案：今才一千有五十六里。】其十六神者，皆豕身而人面，其祠毛，牷用一羊羞，【言以羊爲薦羞。】嬰用一藻玉瘞。【藻玉，玉有五彩者也。或曰，所以盛玉藻藉也。懿行案：「藻玉」已見《西次二經》「泰冒山」。此「藻」疑當與「璪」同，《說文》云：璪，玉飾，如水藻之文也。「藻藉」見《周官・大行人》。】苦山、少室、太室，皆冢也，其祠之，太牢之具，嬰以吉玉，其神狀皆人面而三首。其餘屬皆豕身人面也。

中8－1：

中次八經荊山之首，曰景山。【今在南郡界中。懿行案：山在今湖北房縣西南二百里，俗名馬塞山。《初學記》三十卷引《荊州圖記》曰：沮縣西北半里有鴈浮山，是《山海經》所謂「景山」，沮水之所出也，高三十餘里，修巖遐亘，擢榦干霄，鴈南翔北歸，偏經其上，土人由茲改名焉。】其上多金玉，其木多杼檀。【杼，音椽柱之柱。懿行案：杼見《爾雅》及陸璣《詩疏》。】雎水出焉，【雎，音癰疽之疽。懿行案：「雎」亦作「沮」，《地理志》云「南郡臨沮」是也。《水經》云：沮水出漢中房陵縣東山。注云：沮水出東汶陽郡沮陽縣西北景山，即荊山首也，故《淮南子》云沮出荊山。又引杜預云：水出新城郡之西南發阿山，蓋山異名也。與郭義合。李善注《南都賦》引此經。】東南流注于江，【今雎水出新城魏昌縣東南發阿山，東南至南郡枝江縣入江也。懿行案：《晉書・地理志》云：新城郡昌魏。郭作「魏昌」，譌也。《水經》云：沮水東南過臨沮縣界，又東南過枝江縣，東南入於江。注云：謂之沮口也。李善注《江賦》引此經「江」上有「沔」字，疑衍。】其中多丹粟，【懿行案：李善注《南都賦》引此經郭注云：細沙如粟。今本無之。已見《南次二經》「柜山」注。】多文魚。【有斑彩也。】

中8-2∵

東北百里，曰荆山。【今在新城沐鄉縣南。懿行案：《晉書·地理志》云：新城郡沶鄉。《水經注》云：荆山在景山東百餘里新城沶鄉縣界。「沶」，郭注作「沐」，字形之譌也。《地理志》云：南郡臨沮，《禹貢》南條荆山在東北，漳水所出。劉昭注《郡國志》引《荆州記》曰：西北三十里有清谿，谿北卽荆山，首曰景山，卽卞和抱璞之處。《蓺文類聚》七卷引《河圖括地象》云：荆山爲地雌，上爲軒轅星。】其陰多鐵，其陽多赤金。【懿行案：劉昭注《郡國志》引此經云：其陽多鐵，其陰多赤金。】其中多犛牛，【旄牛屬也，黑色，出西南徼外也。音貍，一音來。懿行案：《說文》云：犛，西南夷長髦牛也，从牛，𠩺聲。是知犛古音貍也。「貍」「來」古同聲。旄牛見《北次二經》「潘侯之山」。「旄」「髦」「犛」實一字耳。郭意以犛牛非卽旄牛，故云「旄牛屬也」。《文選·西都賦》注及《後漢書·班固傳》注引此注竝云：犛，力之切。與今本小異，其音則同。】多豹虎。其木多松柏，其草多竹，多橘櫾。【櫾，似橘而大也，皮厚，味酸。懿行案：《說文》云：橘，果，出江南。劉逵注《蜀都賦》云：大曰柚，小曰橘，犍爲南安縣出黄甘橘。《地理志》云：蜀郡嚴道，巴郡朐忍、魚復二縣，出橘，有橘官。案，今《地理志》嚴道有「木官」，「木」葢「橘」字之譌也。「櫾」本字作「柚」。《說文》云：柚，條也。本《爾雅》。又云：似橙而酢。引《夏書》曰：厥包橘柚。又，《吕氏春秋·本味篇》云：江浦之橘，雲夢之柚。】漳水出焉，而東南流注于睢，【出荆山，至南郡當陽縣入沮水。懿行案：《水經》云：漳水出臨沮縣東荆山。注云：《地理志》曰「荆山，漳水所出，東至江陵入陽水，注於沔」，非也，今漳水於當陽縣之東南百里餘而右會沮水也。《文選·〈江賦〉及〈登樓賦〉》注引此經竝作「注于睢」，云「睢與沮同」。】

其中多黄金，多鮫魚。【鮫，鮒魚類也，皮有珠文而堅，尾長三四尺，末有毒螫人，皮可飾刀劍口，錯治材角，今臨海郡亦有之。音交。懿行案：鮫魚即今沙魚。郭注「鮒」字譌。李善注《南都賦》引此注云：鮫，鯌屬。是也。又云「皮有斑文而堅」，「斑」疑「珠」字之譌。《初學記》三十卷引劉欣期《交州記》曰：鮫魚出合浦，長三尺，背上有甲，珠文，堅彊，可以飾刀口，又可以鑢物。與郭注合。「三尺」疑當爲「三丈」字之譌。又引此經「荆山」譌作「燕山」，郭注「尾有毒」譌作「尾青毒」。張揖注《子虚賦》云：蛟狀魚身而蛇尾，皮有珠也。「蛟」即「鮫」字，古通用。】其獸多閭麋。【似鹿而大也。懿行案：閭，注已見《北次二經》「縣雍之山」。麋，注已見《西次二經》「西皇之山」。此注又云「似鹿而大」，疑經文「麋」當爲「麈」字之譌。下文「閭」「麈」疊見，郭皆無注，益知此爲「麈」字之注無疑也。張揖注《上林賦》云：麈似鹿而大。《埤雅》亦云：麈似鹿而大。竝與郭注合。《埤雅》又云：其尾辟塵。又引《名苑》曰：鹿之大者曰麈，羣鹿隨之，皆視麈所往，麈尾所轉爲準，古之談者揮焉，良爲是也。李石《續博物志》云：麈尾埽氈，氈不蠹。《説文》云：麈，麋屬。《周書・世俘篇》云：武王狩，禽麈十有六。《王會篇》云：稷慎大麈。孔晁注云：麈似鹿。《廣韻》亦云：麈，鹿屬。引《華陽國志》曰：郪縣宜君山出麈尾。】

中 8－3：

又東北百五十里，曰驕山。【懿行案：李善注《南都賦》引此經云：景山之西曰驕山。誤。】其上多玉，其下多青雘，【懿行案：《南都賦》注引此經郭注云：雘，黝屬，音瓠。今本無之。已見《南山經》「青丘之山」注。】其木多松柏，多桃枝、鉤端。神䰠圍處之，【䰠音鼉魚之鼉。】其狀如人面，【懿行案：《廣韻》「䰠」字注本此文，無「面」字。】羊角，虎爪，恒遊于雎漳之淵，【淵，水之府奥也。】出入有光。

中8－4：

又東北百二十里，曰女几之山。【懿行案：山在今河南宜陽縣西。《水經注》云：洛水又東，渠谷水出宜陽縣女几山。又云：七谷水西出女几山，東南流注於伊水。又云：蚤谷水出女几山，東流入於伊水。今本《水經注》作「女机山」，《玉篇》作「女峴山」。】其上多玉，其下多黄金，其獸多豹虎，多閭麋麖麂，【麂，似獐而大，猥毛，豹腳，音几。懿行案：「麂」「麐」同。《爾雅》云：麐，大麕，旄毛，狗足。郭注云：旄毛猥長。疑此注「猥」當爲「猥」，「豹」當爲「狗」，皆字形之譌也。】其鳥多白鷮，【鷮，似雉而長尾，走且鳴。音驕。懿行案：「鷮雉」見《爾雅》。郭注云：卽鷮雞也。餘同此注。】多翟，多鴆。【鴆，大如鵰，紫緑色，長頸，赤喙，食蝮蛇頭，雄名運日，雌名陰諧也。懿行案：《説文》云：鴆，毒鳥也，一名運日。《廣雅》云：鴆鳥其雄謂之運日，其雌謂之陰諧。是郭所本也。郭云「大如鵰」，《廣韻》引《廣志》云「大如鴞」，疑誤也。又云：紫緑色，有毒，頸長七八寸，以其毛歷飲食則殺人。餘與郭同也。劉逵注《吴都賦》云：鴆鳥一名雲白，黑色，長頸，赤喙，食蝮蛇，體有毒，古人謂之鴆毒，江東諸大山中皆有之。案，「雲白」蓋「雲日」之譌。《淮南·繆稱訓》云：暉目知晏，陰諧知雨。「目」亦「日」字之譌，「雲」「暉」竝聲近假借字也。】

中8－5：

又東北二百里，曰宜諸之山。【懿行案：卽洈山，因水得名。】其上多金玉，其下多青雘。洈水出焉，

【音詭。】而南流注于漳，【今沱水出南郡東沱山，至華容縣入江也。懿行案：《説文》云：沱水出南郡高成沱山，東入繇。本《地理志》文也。《志》云：繇水南至華容入江。此言「注于漳」者，《水經注》云：漳水又南逕當陽縣，又南沱水注之。引此經云云。据諸書所説，沱山卽宜諸山之異名矣。】其中多白玉。

中８－６：

又東北三百五十里，曰綸山。【音倫。】其木多梓枏，多桃枝，多柤栗橘櫾，【柤，似梨而酢濇。懿行案：注與《爾雅注》同。《説文》云：樝，果，似梨而酢。鄭注《内則》云：樝，梨之不臧者。】其獸多閭麈麢㚖。【㚖，似菟而鹿腳，青色。音綽。懿行案：「㚖」，俗字也，當爲「㲋」，見《説文》。】

中８－７：

又東北二百里，曰陸郈之山。【音如跪告之跪。懿行案：《玉篇》引此經云：綸山東陸郈山。李善注《南都賦》引此注云：郈音跪。】其上多㻬琈之玉，其下多堊，【懿行案：李善注《南都賦》引此注云：堊似土，白色也。今本無之。已見《西次二經》「大次之山」。】其木多杻橿。

中８－８：

又東百三十里，曰光山。【懿行案：今汝寧有光山，春秋時爲弦國，未審此是非。】其上多碧，其下多木。【懿行案：「木」疑「水」字之譌。】神計蒙處之，其狀人身而龍首，恒遊于漳淵，出入必有飄風暴雨。

中 8－9：

又東百五十里，曰岐山。其陽多赤金，其陰多白珉。【石似玉者。音旻。懿行案：《說文》云：珉，石之美者，通作瑉。《聘義》云：君子貴玉賤瑉。鄭注云：石，似玉。又作玟。《玉藻》云：士佩瓀玟。經典諸書無言珉色者，此言「白珉」，明珉多白者也。下文琴鼓之山、岷山、鬲山，皆多白珉。】其上多金玉，其下多青雘，其木多樗。神涉䖵處之，【徒河切。一作䖵，笑遊切。懿行案：「䖵」字音義竝所未詳。】其狀人身而方面，三足。

中 8－10：

又東百三十里，曰銅山。其上多金銀鐵，【懿行案：銅山，蓋以所產三物得名。】其木多穀柞柤栗橘櫾，其獸多犳。【懿行案：「犳」本或作「豹」，非。犳音灼，豹文獸也，見《西次二經》「底陽之山」。】

中 8－11：

又東北一百里，曰美山。其獸多兕牛，多閭麈，多豕鹿。其上多金，其下多青雘。

中 8－12：

又東北百里，曰大堯之山。【懿行案：《水經》有堯山，滍水所出。劉昭注《郡國志》「魯陽魯山」引《南都賦》注：有堯山，封劉累，立堯祠。疑非此。】其木多松柏，多梓桑，多机，【懿行案：「机」已見《北山經首》「單狐山」，注云「木，似榆，出蜀中」，卽此。】其草多竹，其獸多豹虎麢㚟。

中8－13：

又東北三百里，曰靈山。【懿行案：今汝寧府信陽州有靈山，非此。】其上多金玉，其下多青雘。其木多桃李梅杏。【梅，似杏而酢也。懿行案：郭注《爾雅》「梅，柟」云「似杏，實酢」，非也，說見《南山經》注。此梅蓋《爾雅》「時，英梅」，《說文》作「某」，云「酸果」是也，見陸璣《詩疏》。】

中8－14：

又東北七十里，曰龍山。上多寓木，【寄生也，一名宛童，見《爾雅》。懿行案：郭注《爾雅》云：寄生樹，一名蔦。《廣雅・釋草》云：寄屑，寄生也。《釋木》云：宛童，寄生，㮚也。「㮚」與「蔦」同。蓋此物雖生於木，其質則草，故《廣雅》列於《釋草》《釋木》，而寄生樹今亦謂之寄生草也。】其上多碧，其下多赤錫，其草多桃枝、鉤端。

中8－15：

又東南五十里，曰衡山。上多寓木、穀、柞，多黃堊、白堊。

中8－16：

又東南七十里，曰石山。其上多金，其下多青雘，多寓木。

中8－17：

又南百二十里，曰若山。【「若」或作「前」。懿行案：《地理志》云：南郡若，楚昭王畏吳，自郢徙此。疑縣因山爲名。】其上多㻬琈之玉，多赭，【赤土。懿行案：李善注《南都賦》引此經云：若之山，其上多赭。「之」字衍。又引郭注云：赭，赤土也。與今本同。】多邽石，【未詳。懿行案：「邽」疑「封」字之譌也。封石見《中次十經》「虎尾之山」。】多寓木，多柘。

中8－18：

又東南一百二十里，曰彘山。多美石，多柘。

中8－19：

又東南一百五十里，曰玉山。其上多金玉，其下多碧鐵，其木多柏。【一作楢。懿行案：《藝文類聚》七卷引王韶之《始興記》云：郡東有玉山，草木滋茂，泉石澄潤。當即斯山也，俟攷。】

中8－20：

又東南七十里，曰讙山。其木多檀，多邽石，【懿行案：疑卽「封石」之譌，見下文虎尾山。】多白錫。【今白鑞也。懿行案：《夏官·職方》云：揚州，其利金錫。鄭注云：錫，鑞也。《爾雅·釋器》云：錫謂之鈏。郭注云：白鑞也。案，經內亦有赤錫，見上文龍山，下文嬰侯山、服山。】郁水出于其上，潛于其下，其中多砥礪。

中8－21：

又東北百五十里，曰仁舉之山。其木多穀柞。其陽多赤金，其陰多赭。

中8－22：

又東五十里，曰師每之山。其陽多砥礪，其陰多青雘，其木多柏，多檀，多柘，其草多竹。

中8－23：

又東南二百里，曰琴鼓之山。其木多穀柞椒柘。【椒，爲樹小而叢生，下有草木則蓋死。懿行案：「椴，大椒」見《爾雅》。李善注顔延之《陶徵士誄》引此經。】其上多白珉，其下多洗石。【懿行案：洗石亦見《西山經首》「錢來之山」。】其獸多豕鹿，多白犀，【懿行案：茲山有白犀，西域有白象，皆異種也。】其鳥多鴆。

中8－0：

凡荆山之首，自景山至琴鼓之山，凡二十三山，二千八百九十里。【懿行案：今三千有一十里。】其神狀皆鳥身而人面。其祠，用一雄雞祈，瘞【禱請已薶之也。懿行案：「祈」當爲「盤」。】用一藻圭，糈用稌。驕山，冢也，其祠，用羞酒、少牢祈，瘞嬰毛一璧。

中9－1：

中次九經岷山之首，曰女几之山。【懿行案：畢氏云：山在今四川雙流縣。《淮南子・天文訓》云：日回於女紀，是謂大遷。《隋書・地理志》云：蜀郡雙流有女伎山。「紀」「伎」「几」三音同也。】其上多石涅，其木多杻橿，其草多菊茉。【懿行案：「大菊，瞿麥」見《爾雅》。】洛水出焉，東注于江，【懿行案：《地理志》云：廣漢郡雒，章山，雒水所出，南至新都谷入湔。《水經》云：江水又東過江陽縣南，雒水從三危山東過廣魏雒縣南，東南注之。注云：雒水出雒縣漳山，亦言出梓潼縣柏山。又云：洛水與緜水合，又與湔水合，亦謂之郫江也。案，左思《蜀都賦》云：浸以緜洛。即此洛水。劉逵注以爲上雒桐柏山之雒水，誤矣。此洛在四川入江，李冰之所導也。】其中多雄黃，【雄黃亦出水中。懿行案：吴氏引蘇頌曰：階州出水窟雄黃，生於山巖中有水流處。】其獸多虎豹。

中 9－2：

又東北三百里，曰岷山。江水出焉，【岷山，今在汶山郡廣陽縣西，大江所出。懿行案：《説文》云：䢺山在蜀湔氐西徼外。《地理志》云：蜀郡湔氐道，《禹貢》㟭山在西徼外，江水所出，東南至江都入海。《水經注》云：岷山即瀆山也，又謂之汶阜山，在徼外，江水所導也。今案，「汶」即「岷」，古字通。岷山在今四川茂州東南，即漢之徼外地也。汶山郡，漢武帝所開，宣帝省并蜀郡，見《後漢書·西南夷傳》。郭注「廣陽」，《〈史記·封禪書〉索隱》引此注亦作「廣陽」，蓋晉時縣也。漢汶江縣，晉改爲廣陽縣，屬汶山郡，見《晉書·地理志》。《蓺文類聚》八卷引郭氏《讚》云：岷山之精，上絡東井；始出一勺，終致淼溟；作紀南夏，天清地静。】東北流注于海，【至廣陽縣入海。懿行案：《海内東經》注云：至廣陵郡入海。此注「廣陽縣」當爲「廣陵郡」或「廣陵縣」，字之譌也。竝見《晉書·地理志》。劉昭注《郡國志》引此經「注」上無「流」字，「海」下有「中」字。】其中多良龜，【良，善。】多鼉。【似蜥蜴，大者長二丈，有鱗彩，皮可以冒鼓。懿行案：《説文》云：鼉，水蟲，似蜥易，長大。陸璣《詩疏》云：鼉似蜥蜴，長丈餘，其甲如鎧，皮堅厚，可冒鼓。是郭所本也。「鼉」亦作「鼉」，《周書·王會篇》云：會稽以鼉。又或作「鱓」，《夏小正》云：二月剝鱓。傳云：以爲鼓也。是「鱓」即「鼉」矣。李善注《西京賦》引此注有「徒多切」三字，蓋今本脱去之。】其上多金玉，其下多白珉，其木多梅棠，【懿行案：棠有赤白二種，具見《爾雅》。又，劉逵注《蜀都賦》云：風連出岷山；岷山獨多藥草，其椒尤好，異於天下。而此經曾不言焉。】其獸多犀象，多夔牛，【今蜀山中有大牛重數千斤，名爲夔牛。晉太興元年，此牛出上庸郡，人弩射殺，得三十八擔肉，卽《爾雅》所謂魏。懿行案：注「射殺」下當脫「之」字。今本《爾雅》作「犩」，注引此經作「犪」，竝加「牛」，非。】其鳥多翰鷩。【白翰、赤鷩。懿行案：翰鷩竝見《爾雅》。】

中9－3：

又東北一百四十里，曰崍山。江水出焉，【邛來山，今在漢嘉嚴道縣，南江水所自出也。山有九折坂，出貊，貊似熊而黑白駮，亦食銅鐵也。懿行案：《初學記》八卷引此經作：峽山，邛水出焉。「峽」葢「崍」字之譌也。《晉志》有漢嘉郡嚴道。《漢地理志》云：蜀郡嚴道，邛來山，邛水所出，東入青衣。《郡國志》：蜀郡嚴道，有邛僰九折阪。劉昭注引《華陽國志》云：邛崍山今名邛莋。《水經注》云：崍山，邛崍山也，在漢嘉嚴道縣，一曰新道，南山有九折阪，夏則凝冰，冬則毒寒，平恒言是中江所出矣。案，酈氏言「崍山，中江所出」，郭云「南江所出」者葢据《海內東經》「南江出高山」之文也，是崍山一名高山，南江一名邛水，皆山水之異名者也。「崍」，俗字也，當作「來」。山在今雅州榮經縣西。又，劉昭注引此經郭注云：中江所出。李善注《江賦》及李賢注《後漢書・西南夷傳》引此經郭注，竝云：崍山，中江所出。俱誤矣。貊卽貘，白豹，見《爾雅》及注；又卽猛豹，見《西山經首》「南山」注。】東流注大江。【懿行案：《水經》云：青衣水至犍爲南安縣入於江。注云：青衣水又東，邛水注之，又東流注於大江。】其陽多黃金，其陰多麋麈，其木多檀柘，其草多䪥、韭，多葯、【卽虈。懿行案：郭云葯卽虈，非也。《西次四經》「號山」草多「葯虈」，郭既分釋於下，此注又謂一草，誤也。《玉篇》云：葯，白芷葉，卽虈也。又承郭注而誤。】空奪。

【卽蛇皮脱也。懿行案：郭知空奪卽蛇皮脱者，《玉篇》《廣韻》竝云：蛻，蟬脱蛻皮。蓋「空」字後人加「虫」作「蛻」也。《説文》云：蛻，蛇蟬所解皮。《廣韻》云：蛻，又他臥切。與「奪」聲近。「奪」古字作「敓」，疑「空奪」本作「空蛻」，譌「蛻」爲「敓」，又改「敓」爲「奪」耳。】

中 9－4：

又東一百五十里，曰崌山。【音居。】江水出焉，【北江。懿行案：畢氏云：《海内東經》云：北江出曼山。今四川名山縣西有蒙山，「曼」「蒙」音相近，疑是也。沬水經此，或卽郭所云北江與？今案，畢説當是也。《郡國志》云：蜀郡漢嘉，有蒙山。劉昭注引《華陽國志》云：有沬水從西來，出岷江，又從岷山西來入江，合郡下青衣江入大江。又，《水經》亦云：沬水與青衣水合，東入於江。案其道里，沬水當卽中江矣。李善注《江賦》引此經郭注云：崌山，北江所出。】東流注于大江，其中多怪蛇，【今永昌郡有鉤蛇，長數丈，尾岐，在水中鉤取岸上人牛馬啖之，又呼馬絆蛇，謂此類也。懿行案：《水經・若水》注云：山有鉤蛇，長七八丈，尾末有岐，蛇在山澗水中，以尾鉤岸上人牛食之。李善注《江賦》引此注作「鉤取斷岸人及牛馬啖之」，其餘則同。又，李石《續博物志》云「先提山有鉤蛇」云云，與《水經注》所説同。】多鰲魚。【音贄。未聞。懿行案：鰲見《玉篇》，云：魚名。】其木多楢杻，【楢，剛木也，中車材，音秋。懿行案：《説文》云：楢，柔木也，工官以爲耎輪，讀若糗。郭以楢爲「剛木」而云「楢音秋」，未詳。】多梅梓，其獸多夔牛麢㚟犀兕。有鳥焉，狀如鴞【懿行案：《太平御覽》四十四卷及八百七十卷引此經「鴞」作「鶚」。】而赤身，白首，其名曰竊脂，【今呼小青雀曲觜肉食者爲竊脂，疑此非也。懿行案：與《爾雅》「竊脂」同名異物。】可以禦火。

中9－5：

又東三百里，曰高梁之山。【懿行案：畢氏云：山在今四川劍州北。《太平寰宇記》云：劍門縣，大劍山亦曰梁山，《山海經》「高梁之山」，西接岷、嶓，東引荆、衡。】其上多堊，其下多砥礪。其木多桃枝、鉤端。有草焉，狀如葵而赤華，莢實，白柎，可以走馬。【懿行案：「柎」當爲「拊」，《西山經首》天帝之山「有草焉，其狀如葵，臭如蘼蕪，名曰杜衡，可以走馬」，亦此之類。】

中9－6：

又東四百里，曰蛇山。其上多黄金，其下多堊，其木多栒，【懿行案：栒木已見《北次三經》「繡山」。】多豫章，【懿行案：豫章已見《西次二經》「底陽之山」。】其草多嘉榮、【懿行案：嘉榮已見《中次七經》「半石之山」。】少辛。【懿行案：少辛已見《中次七經》「浮戲之山」。】有獸焉，其狀如狐而白尾，長耳，名㹱狼，【音巴。懿行案：郭蓋音「巳」，字譌作「巴」也。《玉篇》云：㹱，時爾切。云：獸，如狐，白尾。】見則國内有兵。【一作國有亂。】

中9－7：

又東五百里，曰鬲山。其陽多金，其陰多白珉。蒲鸏【音薨。懿行案：《説文》《玉篇》竝無「鸏」字。】之水出焉，而東流注于江，其中多白玉，其獸多犀象熊羆，多猨蜼。【蜼，似獼猴，鼻露上向，尾四五尺，頭有岐，蒼黄色，雨則自縣樹以尾塞鼻孔，或以兩指塞之。懿行案：蜼見《爾雅》，郭注同此。《廣雅》云：狖，蜼也。高誘注《淮南・覽冥訓》云：狖，猨屬也，長尾而昂鼻，狖讀中山人相遺物之遺。郭注《西次四經》亦云：蜼，獮猴屬也，音贈遺之遺。是則蜼卽狖矣，音義同。】

中9－8：

又東北三百里，曰隅陽之山。其上多金玉，其下多青雘，其木多梓桑，其草多茈。徐之水出焉，東流注于江，其中多丹粟。

中9－9：

又東二百五十里，曰岐山。【今在扶風美陽縣西。懿行案：《地理志》云：右扶風美陽，《禹貢》岐山在西北。《郡國志》云：美陽，有岐山。劉昭注引此經。《晉志》「右扶風」爲「扶風郡」也。】其上多白金，其下多鐵，其木多梅梓，【梅或作𧂐。】多杻橁。減水出焉，【懿行案：劉昭注《郡國志》引此經作「城水」，「城」疑「減」字之譌，或古本「減」有作「城」者也。畢氏云：岐山當在四川，俗失其名。減水疑卽黚水也，《說文》又作「黔」，皆音相近。《地理志》云：犍爲符，黚水南至鼈入江。《水經注》云：闞駰謂之闞水。】東南流注于江。

中9－10：

又東三百里，曰勾檷之山。【音絡椐之椐。懿行案：「絡椐之椐」不成語，疑「椐」當爲「柅」字之譌也。《說文》云：檷，絡絲檷，讀若柅。又云：柅或作柅，籆柄也。《方言》云：籆，榬也。郭注云：所以絡絲也。《玉篇》亦云：「櫚，絡絲柎也。本《說文》。然則篗柄卽絡絲之柅，故郭音絡柅，本《說文》《方言》也。今譌爲「絡椐」，遂不復可讀。又，《玉篇》云：擱拘，山名。疑「擱拘」卽「句櫚」倒誤其文爾。】其上多玉，其下多黃金，其木多櫟柘，其草多芍藥。

中 9－11：

又東一百五十里，曰風雨之山。其上多白金，其下多石涅，其木多椒樿，【椒，木，未詳也。樿，木，白理，中櫛。騶善二音。懿行案：《說文》云：椒，木薪也。疑非此。又云：樿，木也，可以爲櫛。《玉藻》云：櫛用樿櫛。鄭注云：樿，白理木也。】多楊。【懿行案：楊見《爾雅》。】宣余之水出焉，東流注于江，其中多蛇。【懿行案：水蛇也，一名公蠣蛇。】其獸多閭麋，多麈豹虎，其鳥多白鷮。

中 9－12：

又東北二百里，曰玉山。其陽多銅，其陰多赤金，【懿行案：銅與赤金竝見，非一物明矣。郭氏誤注，見《南山經》「柢陽之山」。】其木多豫章楢杻，其獸多豕鹿麢㚇，其鳥多鴆。

中 9－13：

又東一百五十里，曰熊山。有穴焉，熊之穴，恒出神人，夏啓而冬閉，是穴也冬啓乃必有兵。【今鄴西北有鼓山，下有石鼓象，懸著山旁，鳴則有軍事，與此穴殊象而同應。懿行案：劉逵注《魏都賦》引《冀州圖》：鄴西北鼓山，山上有石鼓之形，俗言時時自鳴。「劉劭《趙都賦》曰：神鉦發聲。俗云石鼓鳴則天下有兵革之事。」是郭所本也。《水經·渭水》注云：朱圉山在梧中聚，有石鼓，不擊自鳴，鳴則兵起。亦此類。】其上多白玉，其下多白金。其木多樗柳，其草多寇脫。

中9－14：

又東一百四十里，曰騩山。其陽多美玉赤金，其陰多鐵，其木多桃枝、荆、芑。【懿行案：「芑」蓋「芭」字之譌，「芑」又「杞」之假借字也。《南次二經》云：虖勺之山，其下多荆杞。《中次十一經》云：歷石之山，其木多荆芑。竝以荆芑連文，此誤審矣。】

中9－15：

又東二百里，曰葛山。其上多赤金，其下多瑊石，【瑊石，勁石，似玉也。音緘。懿行案：《子虛賦》云：瑊玏玄厲。張揖注云：瑊玏，石之次玉者。《說文》作「玲塾」，云：玲塾，石之次玉者。《玉篇》云：玪同瑊。郭云「勁石」，疑「勁」當爲「玏」字之譌，「瑊石」「石」字衍。】其木多柤栗橘櫾楢杻，【懿行案：《太平御覽》九百六十四卷引此經云：葛山，其上多桐。今本無「桐」字，疑有脫誤。】其獸多麢臭，其草多嘉榮。

中9－16：

又東一百七十里，曰賈超之山。其陽多黃堊，其陰多美赭，其木多柤栗橘櫾，其中多龍脩。【龍須也，似莞而細，生山石穴中，莖倒垂，可以爲席。懿行案：「龍修」「龍須」聲轉耳。《廣雅》云：龍木，龍修也。《述異記》云：周穆王東海島中養八駿處，有草名龍芻。龍芻亦龍須也，「須」「芻」聲相近。】

中 9－0：

凡岷山之首，自女几山至于賈超之山，凡十六山，三千五百里。【懿行案：今三千六百五十里。】其神狀皆馬身而龍首。其祠毛，用一雄雞瘞，糈用稌。文山、【懿行案：此上無「文山」，蓋即「岷山」也，《史記》又作「汶山」，竝古字通用。《穆天子傳》云：天子三日遊于文山，於是取采石。郭注云：以有采石，故號文山。案，經云「岷山多白珉」，傳言「取采石」蓋謂此。然則文山即岷山，審矣。】勾檷、風雨、䰠之山，是皆冢也，其祠之，羞酒，【先進酒以酹神。】少牢具，嬰毛，一吉玉。熊山，席也，【席者，神之所馮止也。懿行案：「席」當爲「帝」，字形之譌也。上下經文竝以「帝」「冢」爲對，此譌作「席」。郭氏意爲之說，蓋失之。】其祠，羞酒，太牢具，嬰毛，一璧。干儛，用兵以禳。【禳，祓除之祭名。儛者持盾武儛也。懿行案：《地官・舞師》云：掌教兵舞，帥而舞山川之祭祀。鄭注云：兵舞，執干戚以舞。】祈璆，冕舞。【祈，求福祥也。祭用玉。舞者冕服也。美玉曰璆，己求反。懿行案：《爾雅・釋器》云：璆琳，玉也。郭注云：美玉名。】

中 10－1：

中次十經之首，曰首陽之山。【懿行案：《地理志》云：隴西郡首陽，《禹貢》鳥鼠同穴山在西南。蓋縣因山爲名也。此云「首陽」，下文又稱「首山」。《史記・封禪書》說天下名山八，首山其一，又云「黄帝采首山銅，鑄鼎於荆山下」，蓋皆不謂此山也。晉灼据《地理志》「首山屬河東蒲坂」，彼《中次五經》首山也，非此。】其上多金玉，無草木。

中 10－2：

又西五十里，曰虎尾之山。其木多椒椐，多封石。【懿行案：《本草別録》云：封石味甘，無毒，生常山及少室。下文游戲之山、嬰侯之山、豐山、服山、聲匈之山，竝多此石。】其陽多赤金，其陰多鐵。

中 10－3：

又西南五十里，曰繁繢【音潰。】之山。其木多楢杻，其草多枝勾。【今山中有此草。懿行案：《説文》：稿，多小意而止也，一曰木也；椒，稿椒也，一曰木名。然則枝勾卽稿椒之省文，葢草木通名耳。】

中 10－4：

又西南二十里，曰勇石之山。無草木，多白金，多水。

中 10－5：

又西二十里，曰復州之山。其木多檀。其陽多黄金。有鳥焉，其狀如鴞【懿行案：《太平御覽》七百四十七卷引此經作「雞」。】而一足，彘尾，其名曰跂踵，【音企。懿行案：跂踵，《御覽》引作「企踵」。《海外北經》有跂踵國，郭注云：其人行脚跟不著地也。疑是鳥亦以此得名。】見則其國大疫。【《銘》曰：跂踵爲鳥，一足似夔；不爲樂興，反以來悲。懿行案：《銘》葢亦郭氏《圖讚》之文，而與今世所傳復不同。】

中 10－6：

又西三十里，曰楮山。【一作渚州之山。】多寓木，多椒椐，多柘，多堊。

中10－7：

又西二十里，曰又原之山。其陽多青雘，其陰多鐵。其鳥多鸜鵒。【鴝鵒也。《傳》曰：鴝鵒來巢。音臞。懿行案：《說文》云：鵒，鴝鵒也，古者鴝鵒不踰泲，「鵒」或作「鵙」。《說文》義本《考工記》。】

中10－8：

又西五十里，曰涿山。【懿行案：郭注《海内經》引《世本》云：顓頊母，濁山氏之子，名昌僕。《大戴禮·帝繫篇》作：昌意娶于蜀山氏之子，謂之昌濮。「濁」「蜀」古字通，「涿」「濁」聲又同。《史記索隱》云：「涿鹿」或作「蜀鹿」。是此經「涿山」即「蜀山」矣。史稱昌意降居若水，《索隱》云：若水在蜀。然則昌意居蜀而娶蜀山氏之女，葢蜀山國因山爲名也，卽此經涿山矣。】其木多穀柞杻，其陽多㻬琈之玉。

中10－9：

又西七十里，曰丙山。其木多梓檀，多弞杻。【弞，義所未詳。懿行案：《方言》云：弞，長也，東齊曰弞。郭注云：弞，古矧字。然則弞杻，長杻也。杻爲木多曲少直，見陸璣《詩疏》。此杻獨長，故著之。俟攷。】

中10－0：

凡首陽山之首，自首山【懿行案：首山卽首陽山。】至于丙山，凡九山，二百六十七里。【懿行案：今三百一十里。】其神狀皆龍身而人面。【懿行案：《太平御覽》九百四十卷引《汲冢瑣語》云：晉平公與齊景公乘，至于澮，見人乘白驂八駟以來平公之前，公問師曠曰：「有犬貍身而狐尾者乎？」師曠有頃而答曰：「有之。來者其名曰首陽之神，飲酒霍太山而歸，其居而于澮乎。見之甚善，君有喜焉。」○所説神形狀與此經異。《汲冢瑣語》，《水經·澮水》注引作《古文瑣語》。】其祠之毛，用一雄雞瘞，糈用五種之糈。堵山，冢也，【懿行案：堵山卽楮山。又「楮山」注云：一作渚州之山。「渚」「陼」古通用，「陼」「堵」同音當古切，故古字俱得通與？】其祠之，少牢具，羞酒祠，嬰毛，一璧瘞。騩山，帝也，其祠，羞酒，太牢其，【懿行案：「其」當爲「具」字之譌。】合巫祝二人儛，嬰一璧。

中三一一：

中次一十一山經荆山之首，曰翼望之山。【懿行案：山在今河南内鄉縣，見《水經注》。《元和郡縣志》云：臨湍縣，翼望山在縣西北二十里。】湍水出焉，【鹿摶反。懿行案：水名之「湍」《集韻》朱遄切，音專。郭音鹿摶反，似誤。然《文選·南都賦》注引此經郭注亦作「湍鹿摶切」，又非誤也，未知其審。《地理志》云：弘農郡析，黄水出黄谷，鞠水出析谷，俱東至酈入湍水。《水經》云：湍水出酈縣北芬山。注云：湍水出弘農界翼望山。】東流注于濟。【今湍水逕南陽穰縣而入清水。懿行案：經文「濟」注文「清」，竝當爲「淯」，字之譌也。《文選·南都賦》注引此經郭注云：今湍水逕南陽穰縣而入淯也。《水經》亦云：湍水至新野縣東入於淯。《郡國志》云：盧氏，有熊耳山，淯水出。《地理志》作「育水」也。又案，《晉書·地理志》南陽無穰縣，義陽郡有穰。義陽郡，太康中置，是郭注「南陽」當爲「義陽」，字之譌也。】貺水出焉，【音況。懿行案：《玉篇》云：貺，虚放切，水名。蓋卽此。是「貺」當爲「貺」，字之譌也。然其水今未聞。】東南流注于漢，其中多蛟。【似蛇而四脚，小頭，細頸，有白癭，大者十數圍，卵如一二石甕，能吞人。懿行案：《廣雅》云：有鱗曰蛟龍。《説文》云：蛟，龍之屬也；池魚滿三千六百，蛟來爲之長，能率魚飛；置笱水中，卽蛟去。《〈史記·司馬相如傳〉正義》引此注「小頭細頸」作「小細頭」，「癭」作「嬰」，「十數圍」作「數十圍」，「一二石」作「一二斛」。《太平御覽》九百三十卷引與《史記正義》同，「小頭細頸」句與今本同。《蓺文類聚》九十六卷引此注「癭」亦作「嬰」，「小頭細頸」下復有「頸」字，「十數圍」下有「卵生子」三字，「一二石甕」作「三斛瓮」三字，又引郭氏《讚》云：匪蛇匪龍，鱗采暉煥；騰躍濤波，蜿蜒江漢；漢武飲羽，依飛疊斷。】其上多松柏，其下多漆梓。其陽多赤金，其陰多珉。

中 11 – 2**

又東北一百五十里，曰朝歌之山。【懿行案：山在今河南泌陽縣西北，見《水經注》。】潕水出焉，【潕水今在南陽舞陽縣。音武。懿行案：《地理志》云：潁川郡舞陽。應劭注云：舞水出南。蓋舞水卽潕水矣。而《水經》云：潕水出潕陰縣西北扶予山，東過其縣南。注引此經而釋之云：經書「扶予」者，其山之異名乎？明扶予卽朝歌也。】東南流注于滎，【懿行案：《説文》云：潕水出南陽舞陰，東入潁。《水經》云：潕水東過定潁縣北，東入於汝。二説不同，蓋潕水合汝而入潁也。經言注于滎者，《水經注》云：滎水又東北，於潕陰縣北左會潕水。】其中多人魚，其上多梓枏，其獸多麢麋。有草焉，名曰莽草，可以毒魚。【今用之殺魚。懿行案：《秋官》：翦氏掌除蠹物，以莽草熏之。鄭注云：藥物殺蟲者。《本草》云「莽草」，《别錄》云一名「葞」，一名「春草」。《爾雅》云：葞，春草。郭注引《本草》云：一名芒草。是芒草卽莽草。《中次二經》云：葌山有芒草，可以毒魚也。「芒」又通作

「茵」。《水經·夷水》注云：郪人以茵草投淵上流，魚則多死。是也。】

中11-3：

又東南二百里，曰帝囷之山。【去倫反。懿行案：「囷」，《廣韻》引作「箘」。】其陽多㻬琈之玉，其陰多鐵。帝囷之水，出于其上，潛于其下。多鳴蛇。【懿行案：鳴蛇已見《中次二經》「鮮山」。】

中11-4：

又東南五十里，曰視山。其上多韭。有井焉，名曰天井，夏有水，冬竭。【懿行案：《爾雅》云：井一有水一無水爲瀱汋。郭注引此經爲説也。又，《中次五經》云：超山有井，冬有水夏竭。與此相反。】其上多桑，多美堊金玉。

中11-5：

又東南二百里，曰前山。【懿行案：郭注《中次八經》「若山」云：「若」或作「前」。】其木多櫧，【似柞，子可食，冬夏生，作屋柱難腐。音諸。或作儲。懿行案：《上林賦》云：沙棠櫟櫧。郭注云：櫧似柃，葉冬不落。《漢書音義》云：櫧似樜，葉冬不落也。《玉篇》亦云：櫧，木名，冬不凋。郭云「或作儲」者，聲近假借字。】多柏。其陽多金，其陰多赭。

中11-6：

又東南三百里，曰豐山。【懿行案：山在今河南南陽府東北。】有獸焉，其狀如蝯，赤目、赤喙、黄身，名曰雍和，見則國有大恐。【懿行案：禺似蝯而赤目長尾，卽此類。】神耕父處之，【懿行案：「耕」，《玉篇》作「畊」，云：神名。李善注《南都賦》引此經。劉昭注《郡國志》引《南都賦》注云：耕父，旱鬼也。其注《禮儀志》又引《東京賦》注云：耕父，旱鬼也。今注竝無之。】常遊清泠之淵，出入有光，【清泠水，在西號郊縣山上，神來時，水赤有光耀，今有屋祠之。懿行案：《莊子·讓王篇》云：舜友北人無擇自投清泠之淵。《呂氏春秋·離俗覽》作「蒼領之淵」，高誘注云：「蒼領」或作「青令」。《莊子釋文》引此經云：在江南，一云在南陽郡西鄂山下。所引葢郭注之文也。薛綜注《東京賦》亦云：清泠，水名，在南陽西鄂山上。與《莊子釋文》同。今本郭注「號郊」當卽「鄂」字之誤衍。劉昭注《郡國志》引此經郭注作：今有屋祠也。】見則其國爲敗。有九鍾焉，是知霜鳴。【霜降則鍾鳴，故言知也。物有自然感應而不可爲也。懿行案：《北堂書鈔》一百八卷引此經及郭注「知」竝作「和」，疑今本字形之譌。】其上多金，其下多穀柞杻橿。

中 11－7：

又東北八百里，曰兔牀之山。其陽多鐵，其木多藷藇，【懿行案：木藷藇未聞其狀。】其草多雞穀，【懿行案：《廣雅》云：雞狗獳，哺公也。說者謂卽蒲公英。《唐本草》云：蒲公草一名耩耨草。「耩耨」與「狗獳」聲相近，「穀」字古有「構」音，「構」「狗」之聲又相近，疑此經「雞穀」卽《廣雅》「雞狗」矣。下文「夫夫山」又作「雞鼓」，亦卽「雞穀」也。又，《本草別錄》云：黄精一名雞格。「格」「穀」聲轉，疑亦近是。】其本如雞卵，其味酸甘，食者利于人。

中 11－8：

又東六十里，曰皮山。多堊，多赭，其木多松柏。

中 11－9：

又東六十里，曰瑤碧之山。【懿行案：《藝文類聚》八十九卷引此經「瑤」作「搖」。】其木多梓枏。其陰多青䨼，其陽多白金。有鳥焉，其狀如雉，恒食蜚，【蜚，負盤也。音翡。懿行案：蜚見《爾雅》，郭注云：蜚，負盤，臭蟲。】名曰鴆。【此更一種鳥，非食蛇之鴆也。】

中 11－10：

又東四十里，曰支離【懿行案：《水經》及《文選》注竝作「攻離」。畢氏云：山在今河南嵩縣，疑即雙雞嶺。】之山。濟水出焉，南流注于漢。【今濟水出酈縣西北山中，南入漢。「酈」「離」音字亦同。懿行案：經文「濟」及注文「濟」，竝「淯」字之譌也。《說文》云：淯水出弘農盧氏山，東南入沔，或曰出酈山西。「酈」「離」聲同也。「淯」，《地理志》作「育」，云：盧氏有育水，南至順陽入沔。沔卽漢也。故《地理志》「南陽郡酈」又云：育水出西北，南入漢。竝《說文》所本也。《郡國志》作「清水」，誤。《水經》云：淯水出弘農盧氏縣攻離山，又南過鄧縣，東南入於沔。《文選·南都賦》注引此經作「攻離之山，淯水出焉」，可證今本之譌。酈縣、淯陽俱屬南陽國，見《晉書·地理志》。】有鳥焉，其名曰嬰勺，其狀如鵲，赤目，赤喙，白身，其尾若勺，【似酒勺形。懿行案：鵲尾似勺，故後世作鵲尾勺，本此。】其鳴自呼。多㸲牛，多羬羊。

中11－11∶

又東北五十里，曰袟篙之山。【音彫。懿行案：《廣韻》引此經作「族藺之山」。】其上多松柏机柏。【柏，葉似栟，皮黄不措，子似楝，著酒中飲之辟惡氣，浣衣去垢，核堅正黑，可以閒香纓，一名括樓也。懿行案：「机柏」，《廣韻》引此經作「机桓」。《玉篇》云：桓，木，葉似栟，皮黄白色。與郭義合。是此經及注竝當作「桓」，今本作「柏」，字形之譌也。且柏已屢見，人所習知，不須更注，注所云云又非是柏也。郭云「皮黄不措」，「措」當爲「楮」，與「皵」同，見《玉篇》；「子似揀」，當从木旁爲「楝」。陳藏器《本草拾遺》云：無患子一名桓。引《博物志》云：桓葉似櫸栟葉，核堅，正黑如瑿，可作香纓及浣垢。案，所引正與郭注合，或即郭所本也。郭云「閒香纓」，「閒」字疑譌。又云「一名栝樓」，《本草拾遺》云：一名噤婁也。】

中11－12∶

又西北一百里，曰堇理之山。其上多松柏，多美梓。其陰多丹雘，多金。其獸多豹虎。有鳥焉，其狀如鵲，青身，白喙，白目，白尾，名曰青耕，可以禦疫，其鳴自叫。

中11－13∶

又東南三十里，曰依軲之山。【音枯。】其上多杻橿，多苴。【未詳。音葅。懿行案：經内皆云「其木多苴」，疑「苴」卽「柤」之假借字也；「柤」之借爲「苴」，亦如「杞」之借爲「芑」矣。】有獸焉，其狀如犬，虎爪，有甲，其名曰獜，【言體有鱗甲。音吝。】善駚坌，【跳躍自撲也。鞅奮兩音。懿行案：「駚」「坌」二字，《説文》《玉篇》所無，据郭音義，當爲鞅掌、奮訊之意。】食者不風。【不畏天風。懿行案：磔狗止風，見《爾雅・釋天》注及鄭司農《大宗伯》注。此物葢亦狗類也。又案，此物形狀頗似鯪鯉，「鯪」「猕」聲近。後世亦用鯪鯉療風痹。】

中 11－14：

又東南三十五里，曰卽谷之山。多美玉，多玄豹，【黑豹也，卽今荆州山中出黑虎也。懿行案：《周書・王會篇》云：屠州玄豹。《海内經》云：幽都之山多玄豹、玄虎。郭注《爾雅》「黑虎」云：晉永嘉四年，建平秭歸縣檻得之，狀如小虎而黑毛，深者爲斑。此注云「荆州黑虎」，卽是物也。晉建平秭歸縣屬荆州。注「出」當爲「之」字之譌。】多閭麈，多麢㚖。其陽多珉，其陰多青雘。

中 11－15：

又東南四十里，曰雞山。其上多美梓，多桑。其草多韭。

中 11－16：

又東南五十里，曰高前之山。【懿行案：《呂氏春秋・本味篇》云：水之美者，高泉之山其上有涌泉焉。卽此。「泉」「前」聲同也。《太平寰宇記》云：内鄉縣，高前山今名天池山——引此經云云——在翼望山東五十里。】其上有水焉，甚寒而清，【或作潛。懿行案：《北堂書鈔》一百四十四卷引此經亦作「清」。】帝臺之漿也，【今河東解縣南檀首山上，有水潛出，停不流，俗名爲盎漿。卽此類也。懿行案：「檀首」，《釋名》作「譚首」，聲近假借字。「檀首」當爲「檀道」，字之譌也。《太平御覽》五十九卷引此注正作「檀道山」。《水經・涑水》注又引作「鹽道山」，「盎漿」作「鴦漿」也。「有水潛出，停不流」，《太平寰宇記》引作「有水泉出，停而不流」。】飲之者不心痛。其上有金，其下有赭。

中 11－17：

又東南三十里，曰游戲之山。多杻橿穀，多玉，多封石。

中 11－18：

又東南三十五里，曰從山。其上多松柏，其下多竹。從水出于其上，潛于其下，其中多三足鼈，枝尾，【三足鼈名能，見《爾雅》。懿行案：郭注《爾雅》亦引此經。李善注《江賦》引此經作「岐尾」，「岐」「枝」古通用。】食之無蠱疫。

中 11－19：

又東南三十里，曰嬰硜之山。【音眞。懿行案：《玉篇》音與郭同。《東次二經》「硜山」郭音「一眞反」，蓋「一」「反」二字衍。】其上多松柏，其下多梓櫄。【懿行案：「櫄」即「杶」字，見《說文》。】

中 11－20：

又東南三十里，曰畢山。帝苑之水出焉，【懿行案：畢氏云：畢山疑即旱山，字相近，在河南泌陽。《水經注》有「比水」，「出潕陰縣旱山，東北注於瀙」。此「帝苑之水」疑即「比水」也。】東北流注于視，【懿行案：「視」當爲「瀙」，字形相近，見下文。】其中多水玉，多蛟。其上多瑪琈之玉。

中 11 – 21：

又東南二十里，曰樂馬之山。有獸焉，其狀如彙，【懿行案：《説文》云：𧰲或作蝟，蟲，似豪豬者。《爾雅》云：彙毛刺。】赤如丹火，其名曰㑢，【音戾。懿行案：「㑢」字《説文》《玉篇》所無，疑當爲「戾」。吳氏引《十六國春秋》云：南燕主超祀南郊，有獸如鼠而赤，大如馬，來至壇側，須臾大風晝晦。疑卽此獸也。】見則其國大疫。

中 11 – 22：

又東南二十五里，曰葴山。視水出焉，【或曰「視」宜爲「瀙」。瀙水今在南陽也。懿行案：《説文》云：瀙水出南陽舞陽中陽山，入潁。《地理志》云：舞陰中陰山，瀙水所出，東至蔡入汝。《水經》云：瀙水出潕陰縣東上界山。注云：《山海經》謂之「視水」也，出葴山，許愼云出中陽山，皆山之殊目也。】東南流注于汝水，【懿行案：《水經》云：瀙水東過上蔡縣南，東入汝。與此經及《地理志》合，與《説文》則異。《説文》云「入潁」者，葢合潁而入汝也。潁水逕汝陰縣，汝水枝津注之，見《水經注》。】其中多人魚，多蛟，多頡。【如青狗。懿行案：《中次四經》云：釐山滽滽之水，有獸名獺，其狀如獳犬而有鱗，其毛如彘鬣。《文選·江賦》注引「獺」作「獺」，然獺故無鱗，恐非也。此經之頡，郭云「如青狗」，則眞似獺矣。而獺復不名頡，亦所未詳。】

中 11 – 23：

又東四十里，曰嬰山。其下多青雘，其上多金玉。

中 11－24：

又東三十里，曰虎首之山。多苴椆椐。【椆，未詳也，音彫。懿行案：《説文》云：椆，木也，讀若丩。《類篇》云：椆，寒而不凋。】

中 11－25：

又東二十里，曰嬰矦之山。其上多封石，其下多赤錫。【懿行案：《中次八經》已云「讙山多白錫」，此又云「多赤錫」，明錫非一色也。】

中 11－26：

又東五十里，曰大孰之山。殺水出焉，東北流注于視水，【懿行案：《水經注》云：瀙水又東北，殺水出西南大孰之山，東北流入於瀙。】其中多白堊。

中 11－27：

又東四十里，曰卑山。其上多桃李苴梓，多纍。【今虎豆、貍豆之屬。纍，一名縢，音誄。懿行案：《爾雅》云：欇，虎櫐。郭注云：今虎豆纏蔓林樹而生，莢有毛刺。《古今注》云：虎豆似貍豆而大也。郭云「纍一名縢」者，《廣雅》云：藟，藤也。】

中 11－28：

又東三十里，曰倚帝之山。【懿行案：《新唐書・吳筠傳》云：筠下第，遂居南陽倚帝山。今案，山在河南鎮平縣西北。】其上多玉，其下多金。有獸焉，其狀如猷鼠，【《爾雅》說鼠有十三種，中有此鼠，形所未詳也。音狗吠之吠。懿行案：郭注《爾雅》亦引此經。《釋文》引舍人云：其鳴如犬也。】白耳，白喙，名曰狙如，【音卽蛆。懿行案：《爾雅》云：蒺藜，蝍蛆。郭言此「狙」音「蝍蛆」之「蛆」也，文省爾。】見則其國有大兵。

中 11－29：

又東三十里，曰鯢山。【音倪。】鯢水出于其上，潛于其下。其中多美堊。其上多金，其下多靑雘。

中 11－30：

又東三十里，曰雅山。澧水出焉，【音禮。今澧水出南陽。懿行案：《說文》云：澧水出南陽雉衡山。本《地理志》爲說也。《玉篇》云：澧水出衡山。無「雉」字，非也。「澧」通作「醴」。《水經注》云：汝水又東，得醴水口，水出南陽雉縣，亦云導源雉衡山，卽《山海經》衡山也。今案，此經雅山去衡山九十五里，是其連麓。疑「雅山」當爲「雉山」，字形相近。《晉書·地理志》：雉縣屬南陽國。縣蓋因茲山得名也。《後漢書·馬融傳》注引此經正作「雉山」。山在今河南南陽縣北也。】東流注于視水，【懿行案：《說文》云：澧水東入汝。《地理志》云：東至郾入汝。「郾」蓋「郾」字之譌也。《水經》云：汝水東南過郾縣北。注云：醴水東逕郾縣故城南，左入汝。引此經云：醴水東流注于涀水也。酈氏改經「視水」爲「涀水」，涀水卽陂水，從呂忱之說也。然《說文》《地理志》竝云「入汝」，此云「注涀水」者，蓋合涀水而入汝也。】其中多大魚。【懿行案：《史記·秦本紀》云：占夢博士曰，水神不可見，以大魚蛟龍爲候。】其上多美桑，其下多苴，多赤金。

中11－31：

又東五十五里，曰宣山。淪水出焉，東南流注于視水，【懿行案：《水經注》云：瀙水又東，淪水注之，水出宣山，東南流注瀙水。】其中多蛟。其上有桑焉，大五十尺，【圍五丈也。】其枝四衢，【言枝交互四出。】其葉大尺餘，赤理，黄華，青柎，名曰帝女之桑。【婦女主蠶，故以名桑。懿行案：李善注《南都賦》引此經及郭注，竝與今本同。《蓺文類聚》八十八卷引郭氏《讚》云：爰有洪桑，生瀕淪潭；厥圍五丈，枝相交參；園客是采，帝女所蠶。】

中11－32：

又東四十五里，曰衡山。【今衡山在衡陽湘南縣，南嶽也，俗謂之岣嶁山。懿行案：《水經・汝水》注云：「醴水導源雉衡山，卽《山海經》衡山也，郭景純以爲南岳，非也。馬融《廣成頌》曰：面據衡陰。指謂是。山在雉縣界，故世謂之雉衡山。」案，《海内經》云：南海之内有衡山。郭注云：南嶽是也。此又云南嶽，誤矣。《初學記》五卷引此經云「衡山一名岣嶁山」，葢幷引郭注也。】其上多青雘，多桑。【懿行案：《蓺文類聚》八十八卷引此經同。】其鳥多鸜鵒。

中11－33：

又東四十里，曰豐山。【懿行案：上文豐山在今南陽縣，漢西鄂縣地。此豐山葢與連麓而別一山，非重出也。】其上多封石，其木多桑，多羊桃，狀如桃而方莖，【一名鬼桃。懿行案：《本草》云：羊桃一名鬼桃。郭注

《爾雅》及此注所本也。】可以爲皮張。【治皮腫起。懿行案：張讀如張脈憤興之張。《唐本草》云：羊桃煮汁，洗風痒及諸創腫，極效。】

中 11－34：

又東七十里，曰嫗山。其上多美玉，其下多金，其草多雞穀。

中 11－35：

又東三十里，曰鮮山。其木多楢杻苴，其草多亹冬。其陽多金，其陰多鐵。有獸焉，其狀如膜大，【懿行案：「大」當爲「犬」字之譌，《廣韻》作「犬」，可證。膜犬者，郭注《穆天子傳》云：西膜，沙漠之鄉。是則膜犬即西膜之犬，今其犬高大濃毛，猛悍多力也。】赤喙，赤目，白尾，見則其邑有火，【懿行案：《廣韻》說「狢」云：出則大兵。】名曰狢即。【音移。懿行案：《玉篇》云：狢，獸名。】

中 11－36：

又東三十里，曰章山。【或作童山。懿行案：經「章山」當爲「皋山」，注「童山」當爲「章山」，竝字形之譌也。見《水經注》。又《漢/晉・地理志》竝云：江夏郡竟陵，章山在東北，古文以爲內方山。非此也。】其陽多金，其陰多美石。皋水出焉，東流注于澧水，【懿行案：《水經・汝水》注云：醴水東流歷唐山下，又東南與皋水合，水發皋山，郭景純言「或作章山」，東流注於醴水。案，唐山在今河南唐縣南。】其中多脃石。【未聞。魚脆反。懿行案：《說文》云：脃，小耎易斷也。此石耎薄易碎，故以名焉。《本草別錄》云：石脾無毒，味甘，一名膏石，一名消

石，生隱蕃山谷石間，黑如大豆，有赤文，色微黄，而輕薄如棊子。亦此類也。注「魚脆」之「脆」誤，藏經本作「跪」。】

中 11－37：

又東二十五里，曰大支之山。其陽多金，其木多穀柞，無草木。【懿行案：「木」字衍，藏經本無之。】

中 11－38：

又東五十里，曰區吳之山。其木多苴。

中 11－39：

又東五十里，曰聲匈之山。其木多穀，多玉，上多封石。

中 11－40：

又東五十里，曰大騩之山。【上已有此山，疑同名。懿行案：畢氏疑卽《南都賦》所謂「天封大胡」。「大胡」「大騩」聲相近。李善注引《南郡圖經》曰：大胡山，故縣縣南十里。懿行案：《水經》云：比水出比陽東北太胡山。注云：太胡山在比陽北如東三十餘里，廣員五六十里，張衡賦《南都》所謂「天封大狐」者也。如酈氏所說，不引此經大騩山，明大胡非大騩矣。此大騩又不言有水出，無以定之。】其陽多赤金，其陰多砥石。

中 11－41：

又東十里，曰踵臼之山。無草木。

中 11－42：

又東北七十里，曰歷【或作磨。懿行案：「磨」蓋「曆」字之譌。《地官·遂師》云：及窆抱磨。「磨」亦當爲「曆」。又，《戰國策》「曆室」，燕宮名，今本亦譌爲「磨」。】石之山。其木多荆芑。其陽多黄金，其陰多砥石。有獸焉，其狀如貍而白首，虎爪，名曰梁渠，見則其國有大兵。

中 11－43：

又東南一百里，曰求山。求水出于其上，潛于其下。中有美赭，其木多苴，多䉋。【篠屬。懿行案：「篠，箭」，見《爾雅》。又《中次十二經》云：暴山多竹箭䉋箘。是䉋亦箘屬，中箭也。戴凱之《竹譜》云：箭竹高者不過一丈，節間三尺，堅勁中矢，江南諸山皆有之，會稽所生最精好。】其陽多金，其陰多鐵。

中 11－44：

又東二百里，曰丑陽之山。其上多椆椐。有鳥焉，其狀如烏而赤足，名曰駅鵌，【音如枳柑之枳。懿行案：《玉篇》《廣韻》說「駅鵌」鳥與此經同。郭云「音如枳柑」，「柑」當爲「椇」字之譌。鄭注《曲禮下》云：椇，枳也，有實，今邳郯之東食之。】可以禦火。

中 11－45：

又東三百里，曰奥山。其上多柏杻橿，其陽多㻬琈之玉。奥水出焉，東流注于視水。【懿行案：《水經注》云：瀙陰縣淪水東南流注瀙水，瀙水又東得奥水口，水西出奥山，東入於瀙水也。又《水經·比水》注云：

比水又西，澳水注之，水北出茈山，東流屈而南轉，又南入於比水。引此經云「澳水又北入視」，不注比水。今案，此澳似別一水，其引經又與今異，所未詳也，存以俟攷。】

中 11－46∵

又東三十五里，曰服山。其木多苴。其上多封石，其下多赤錫。

中 11－47∵

又東百十里，【懿行案：本多作「三百里」，非。】曰杳山。其上多嘉榮草，多金玉。

中 11－48∵

又東三百五十里，曰几山。【懿行案：《玉篇》作「獜出泰山」，誤。】其木多楢檀杻，其草多香。【懿行案：「草多香」者，卽如下文「洞庭之山」其草多葌、蘪蕪、芍藥、芎藭之屬也。】有獸焉，其狀如彘，黃身，白頭，白尾，名曰聞獜，【音鄰。獜一作甐，音瓴。懿行案：《玉篇》云：獜，力人切，似豕，身黃，出泰山。《廣韻》云：獸名，似豕，黃身，白首，出《埤蒼》。郭云「一作甐」，蓋「鄰」字之譌也，《玉篇》云「鄰，獸名」本此。】見則天下大風。

中 11－0∵

凡荆山之首，自翼望之山至于几山，凡四十八山，三千七百三十二里。【懿行案：今四千二百二十里。】其神狀皆彘身人首。其祠毛，用一雄雞祈，【懿行案：「祈」當爲「禨」。】瘞用一珪，糈用五種之精。【備五穀之美者。】禾山，【懿行案：上文無禾山，或云帝囷山之脫文，或云求山之誤文。】帝也，其祠太牢之具，羞瘗倒毛，【薦羞反倒牲薶之也。懿行案：「倒」古字作「到」，見《説文》。】用一璧，牛無常。堵山、玉山，【懿行案：堵山見《中次十經》，玉山見《中次八九經》，此經都無此二山，未審何字之譌。】冢也，皆倒祠，【懿行案：倒祠，亦謂倒毛也。】羞毛，少牢，嬰毛，吉玉。

中 12－1∵

中次十二經洞庭山之首，曰篇遇之山。【或作肩。】無草木。多黄金。

中 12－2∵

又東南五十里，曰雲山。【懿行案：劉逵注《吴都賦》云：梢雲，山名，出竹。疑梢雲即雲山也。】無草木。有桂竹，甚毒，傷人必死。【今始興郡桂陽縣出筀竹，大者圍二尺，長四丈。又，交趾有篥竹，實中，勁强，有毒，鋭以刺虎，中之則死，亦此類也。懿行案：「始興郡桂陽」見《晉書·地理志》。《吴都賦》注引《異物志》曰：桂竹生於始興小桂縣，大者圍三尺，長四五丈。又云：簟竹大如戟穫，實中，勁强，交趾人鋭以爲矛，甚利；簩竹有毒，夷人以爲觚，刺獸中之則死。竝與郭注合。又，郭注「篥」疑當爲「簟」，「筀」當爲「桂」。】其上多黄金，其下多㻬琈之玉。【懿行案：《初學記·梅》下引此經云：雲山之上，其實乾腊。又引郭注云：腊，乾梅也。今經無之，葢脱。】

中 12－3∵

又東南一百三十里，曰龜山。其木多穀柞椆椐，其上多黄金，其下多青雄黄，多扶竹。【邛竹也，高節，實中，中杖也，名之扶老竹。懿行案：劉逵注《蜀都賦》云：邛竹出興古盤江以南，竹中實而高節，可以作杖。】

中 12－4：

又東七十里，曰丙山。多筀竹，【懿行案：「筀」亦當爲「桂」，桂陽所生，竹因以爲名也。】多黄金銅鐵，無木。

中 12－5：

又東南五十里，曰風伯之山。【懿行案：《初學記・栁》下引此經作「鳳伯之山」。】其上多金玉，其下多痠石、文石，【未詳痠石之義。懿行案：《廣韻》云：痠，素官切，音酸。《廣雅》云：痠，痛也。】多鐵。其木多栁杻檀楮。其東有林焉，名曰莽浮之林，多美木鳥獸。

中 12－6：

又東一百五十里，曰夫夫之山。【懿行案：吴氏云：《釋義》本作大夫之山，《續通考》引此亦作大夫山。又案：秦《繹山碑》及漢印篆文，「大夫」都作「夫夫」，則二字古相通也。余案，《宋景文筆記》曰：古者大夫字便用疊畫寫之，以「夫」有「大」音故也，《莊子》、李斯《繹山碑》如此。】其上多黄金，其下多青雄黄，其木多桑楮，其草多竹、雞鼓。【懿行案：即雞穀也。「穀」「鼓」聲相轉。】神于兒居之，其狀人身而身操兩蛇，【懿行案：《列子・湯問篇》説愚公事云：操蛇之神聞之，告之於帝。操蛇之神蓋即此。】常遊于江淵，出入有光。

中 12－7：

又東南一百二十里，曰洞庭之山。【今長沙巴陵縣西又有洞庭陂，潛伏通江。《離騷》曰「邅吾道兮洞庭」

「洞庭波兮木葉下」，皆謂此也。字或作「銅」，宜從水。懿行案：洞庭山在今蘇州府城西太湖中，一名包山。《初學記》七卷引《史記·吳起傳》裴駰集解云：今太湖中苞山有石穴，其深洞無知其極者，名洞庭，洞庭對彭蠡。卽斯山也。詳見《水經·沔水》「過毗陵縣北爲北江」注。郭以此經洞庭山卽君山也，在今湖南巴陵洞庭湖中。郭云「洞庭陂潛伏通江」，詳見《海内東經》「湘水」注。】其上多黄金，其下多銀鐵，其木多柤棃橘櫾，其草多葌、蘪蕪、芍藥、芎藭。【蘪蕪似蛇牀而香也。懿行案：《淮南·説林訓》云：蛇牀似蘪蕪而不能香。高誘注云：蛇牀臭，蘪蕪香。】帝之二女居之，【天帝之二女而處江爲神，卽《列仙傳》「江妃二女」也，《離騷·九歌》所謂「湘夫人」稱「帝子」者是也。而《河圖玉版》曰：湘夫人者，帝堯女也；秦始皇浮江，至湘山，逢大風，而問博士「湘君何神」，博士曰「聞之，堯二女，舜妃也，死而葬此」。《列女傳》曰：二女死于江湘之間，俗謂爲湘君。鄭司農亦以舜妃爲湘君。説者皆以舜陟方而死，二妃從之，俱溺死於湘江，遂號爲湘夫人。按《九歌》，湘君、湘夫人自是二神。江湘之有夫人，猶河洛之有虙妃也，此之爲靈，與天地竝矣，安得謂之堯女？且既謂之堯女，安得復總云湘君哉？何以考之？《禮記》曰：舜葬蒼梧，二妃不從。明二妃生不從征，死不從葬，義可知矣。卽令從之，二女靈達鑒通無方，尚能以鳥工龍裳救井廩之難，豈當不能自免於風波而有雙淪之患乎？假復如此，《傳》曰：生爲上公，死爲貴神。《禮》：五嶽比三公，四瀆比諸矦。今湘川不及四瀆，無秩於命祀，而二女帝者之后，配靈神祇，無緣當復下降小水而爲夫人也。參互其義，義既混錯；錯綜其理，理無可據。斯不然矣。原其致謬之由，由乎俱以帝女爲名，名實相亂，莫矯其失，習非勝是，終古不悟，可悲矣。○懿行案：《初學記》八卷引此經作「帝女居之」，不言「二女」，可知帝女爲天帝之女，如言「帝女化爲䔄草」「帝女之桑」之類，皆不辨爲何人也。郭云「二妃生不從征，死不從葬」，或難以鄭注《禮記》

云「舜死於蒼梧，二妃留江湘之閒」，又張衡《思玄賦》云「哀二妃之未從，翩繽處彼湘濱」，是二妃不從葬，而實從征也。余案，此論亦非佳證。《竹書》云：帝舜三十年，葬后育于渭。注云：后育，娥皇也。《大戴禮·帝繫篇》云：帝舜娶于帝堯之子，謂之女匽氏。女匽或卽娥皇也。《蓺文類聚》十一卷引《尸子》云：妻之以媓，媵之以娥。娥卽女英也。《海內北經》云：舜妻登比氏，一曰登北氏。然則舜有三妃，娥皇先卒，何言「二妃留處江湘」？假有此事，其非帝堯二女亦明矣。且舜年百有餘歲，正使二妃尚存，亦當年近百歲，生不從征。郭氏斯言，殆無可議爾。】是常遊于江淵。澧沅之風，交瀟湘之淵，【此言二女遊戲江之淵府，則能鼓三江，令風波之氣共相交通，言其靈響之意也。江、湘、沅水皆共會巴陵頭，故號爲三江之口，澧又去之七八十里而入江焉。《淮南子》曰：弋釣瀟湘。今所在未詳也。瀟音消。懿行案：《水經·湘水》注引此經「淵」作「浦」，《思玄賦》舊注引作「是常游江川澧沅之側，交游瀟湘之淵」，李善注謝朓《新亭渚別范零陵詩》引作「是常游于江淵澧沅，風交瀟湘之川」，又引郭注「靈響」作「靈蠁」，《初學記》引云「沅澧之交，瀟湘之淵」，竝與今本異也。《地理志》云：武陵郡充，歷山，澧水所出，東至下雋入沅。又云：牂柯郡故且蘭，沅水東南至益陽入江。《水經注》云：澧水流於洞庭湖，俗謂之澧江口，沅水下注洞庭湖方會於江。《說文》云：湘水出零陵陽海山，北入江。《地理志》云：北至酃入江也。「瀟」當作「潚」。《說文》云：潚，深清也。《水經》云：湘水北過羅縣西。注云：瀟者，水清深也，《湘中記》曰「湘川清照五六丈，是納瀟湘之名矣」。《文選注·顏延年登巴陵城樓詩》引此注作「共會巴陵」，無「頭」字。】是在九江之閒，【《地理志》「九江」，今在潯陽。南江自潯陽而分爲九，皆東會於大江。《書》曰：九江孔殷。是也。懿行案：《初學記》引此經作「是在九江之門」。】出入必以飄風暴雨。【懿行案：《中次八經》云：光山之神計蒙，恒遊于漳淵，出入必有飄風暴雨。又，《博物志》

云：文王夢見一婦人當道而哭，曰：「我東海泰山神女，嫁爲西海婦，欲東歸，灌壇令當吾道，太公有德，吾不敢以暴風疾雨過也。」○是山水之神出入恒以風雨自隨，乃是其常。秦始皇渡江遭大風而伐樹赭山，何其冤耶！】是多怪神，狀如人而載蛇，【懿行案：「載」亦「戴」也，古字通。】左右手操蛇。多怪鳥。

中12－8：

又東南一百八十里，曰暴山。【懿行案：《文選·鵾鷄賦》注引此經作「景山」。】其木多椶枏荆芑竹箭䉋箘，【箘，亦篠類，中箭，見《禹貢》。懿行案：《說文》云：簬，箘簬也。引《夏書》曰：惟箘簬楛。戴凱之《竹譜》云：箘簬二竹亦皆中矢，出雲夢之澤，皮特黑澀。又云：篃亦箘，徒概節而短，江漢之閒謂之籦竹，籦苦怪反；篃是箭竹類，一尺數節，葉大如履，可以作篷，亦中作矢，其筍冬生。引此經云：其竹名篃。據《竹譜》所說，「篃」即「䉋」也。郭氏說䉋已見《西山經首》「英山」注，與《竹譜》小異。】其上多黄金、玉，其下多文石、鐵，其獸多麋鹿麢就。【就，雕也，見《廣雅》。懿行案：《廣雅》云：鷲，鵰也。《說文》云：鷲，鳥，黑色，多子，通作就。《漢書·匈奴傳》云：匈奴有斗入漢地，生奇材木、箭竿、就羽。顔師古注云：就，大雕，黄頭赤目，其羽可爲箭。皆其形狀也。就，鳥也，經統謂之獸者，鳥獸通名耳。】

中12－9：

又東南二百里，曰即公之山。【懿行案：《〈史記·司馬相如傳〉索隱》載姚氏引此經作「即山」，無「公」字，作《山經》，無「海」字。】其上多黄金，其下多㻬琈之玉，其木多栁杻檀桑。有獸焉，其狀如龜而白身赤首，名曰蛫，【音詭。懿行案：《史記·司馬相如傳》云：蜥胡穀蛫。《索隱》引郭注云：蛫，未聞。】是可以禦火。

中 12－10：

又東南一百五十九里，曰堯山。【懿行案：《初學記》二十四卷引王韶之《始興記》云：含洭縣有堯山，堯巡狩至於此立行臺。蓋卽斯山也。】其陰多黄堊，其陽多黄金。其木多荆芑柳檀，其草多藷藇、茶。【懿行案：《水經·洭水》注云：堯山盤紆數百里，有赭巖迭起，冠以青林與雲霞亂采，山上有白石英，山下有平陵，有大堂基，耆舊云堯行宫所。然則茲山草木蓋多云。】

中 12－11：

又東南一百里，曰江浮之山。其上多銀、砥礪，無草木，其獸多豕鹿。【懿行案：江浮山亦堯山之連麓，《水經注》所云「堯山盤紆數百里」，是其證也。又引王歆《始興記》曰：含洭縣有白鹿城、白鹿岡，以爲咸康中張魴爲縣有善政，致白鹿。此説恐非也，經言茲山多鹿獸，當由記人附會爲説耳。】

中 12－12：

又東【懿行案：畢本「東」下有「南」字。】二百里，曰眞陵之山。【懿行案：《初學記·柳》下引此經作「直陵之山」。】其上多黄金，其下多玉，其木多穀柞柳杻，其草多榮草。【懿行案：榮草形狀已見《中山經首》「鼓鐙之山」。】

中 12－13：

又東南一百二十里，曰陽帝之山。多美銅，其木多橿杻檿楮，【檿，山桑也。】其獸多麢麝。

中 12－14：

又南九十里，曰柴桑之山。【今在潯陽柴桑縣南，共廬山相連也。懿行案：《地理志》云：廬江郡尋陽，豫章郡柴桑。《晉書・地理志》尋陽亦屬廬江郡，其柴桑屬武昌郡也。廬山在今九江府，《廣輿記》云在府城南，柴桑山在府城西南也。】其上多銀，其下多碧，多泠石、【懿行案：「泠石」當爲「汵石」，已見上文。】赭，其木多柳芑楮桑，其獸多麋鹿，多白蛇、【懿行案：《史記・龜策傳》云：求之於白蛇蟠杅林中。《索隱》云：謂白蛇嘗蟠杅此林中也。】飛蛇。【卽螣蛇，乘霧而飛者。懿行案：「螣蛇」見《爾雅》。】

中 12－15：

又東二百三十里，曰榮余之山。其上多銅，其下多銀，其木多柳芑。【懿行案：「芑」亦「杞」之假借字。】其蟲【懿行案：《海外南經》云：南山人以蟲爲蛇。】多怪蛇怪蟲。

中 12－0：

凡洞庭山之首，自篇遇之山至于榮余之山，凡十五山，二千八百里。【懿行案：今才一千八百四十九里。】其神狀皆鳥身而龍首。其祠毛，用一雄雞、一牝豚刉，【刉，亦割刺之名。懿行案：《說文》云：刉，劃傷也，一曰斷也。】糈用稌。凡夫夫之山、卽公之山、堯山、陽帝之山，皆冢也，其祠皆肆瘞，【肆，陳之也，陳牲玉而後薶藏之。懿行案：肆通作矢。「矢，陳也」，見《爾雅・釋詁》。】祈用酒，毛用少牢，嬰毛，一吉玉。洞庭、榮余山，神也，其祠皆肆瘞，【肆竟，然後依前薶之也。】祈酒，太牢祠，嬰用圭璧十五，五采惠之。【惠，猶飾也，方言也。懿行案：惠義同藻繪之繪，蓋同聲假借字也。】

中12－0－0*

右中經之山志，大凡百九十七山，【懿行案：校經文當有百九十八山，今除《中次五經》內闕一山，乃得百九十七山。】二萬一千三百七十一里。【懿行案：今二萬九千五百九十八里。】

大凡天下名山，五千三百七十，居地，大凡六萬四千五十六里。

禹曰：【懿行案：經既禹作，無緣又稱「禹曰」。蓋記者述禹之意而作之，非必禹所親筆。亦如《禹貢》非禹所爲，故篇內復稱禹，其義同也。】天下名山，經【懿行案：經，言禹所經過也。】五千三百七十山，六萬四千五十六里，居地也。【懿行案：劉昭注《郡國志》引此經云：名山五千三百五十，經六萬四千五十六里。此文作「七十」者，古「五」「七」字形相近，蓋傳寫之譌也。又，《廣雅・釋地》作「名山五千二百七十」，亦疑「三」譌爲「二」也。】言其五臧，【懿行案：「藏」字古作「臧」，才浪切。《漢書》云：山海，天地之臧。故此經稱「五臧」。】蓋其餘小山甚衆，不足記云。天地之東西二萬八千里，南北二萬六千里。出水之山者八千里，受水者八千里，【懿行案：《廣雅・釋地》引此經文而云：夏禹所治，四海內地也。《管子・地數篇》《呂氏春秋・有始覽》《淮南・墬形訓》竝與此同。】出銅之山四百六十七，出鐵之山三千六百九十。【懿行案：劉昭注《郡國志》引此經作「三千六百九」，無「十」字。又，上句作「出水者八千里」，無「之山」二字。《管子・地數篇》及《廣雅・釋地》竝同。】此天地之所分壤樹穀也，戈矛之所發也，刀鎩【懿行案：鎩，《管子・地數篇》作「幣」。】之所起也。能者有餘，拙者不足。【懿行案：劉昭注《郡國志》作「儉則有餘，奢則不足」。】封于太山，禪于梁父，七十二家，【《管子・地數》云：封禪之王七十二家也。懿行案：《管子・封禪篇》曰：古者封泰山禪梁父者七十二家，而夷吾所記者十有二焉。自無懷氏至周成王爲十二家。據此則非禹言也。】得失之數，皆在此內。是謂國用。【懿行案：畢氏云：自「此天地之所分壤樹穀也」已下，當是周秦人釋語，舊本亂入經文也。今案：自「禹曰」已下，蓋皆周人相傳舊語，故《管子》援入《地數篇》，而校書者附著《五臧山經》之末。】

右《五臧山經》五篇，大凡一萬五千五百三字。【懿行案：今二萬一千二百六十五字。】

山海經第五

山海經第六

晉　郭璞傳　棲霞郝懿行箋疏

海外南經

地之所載，六合之閒，【四方上下爲六合也。懿行案：《淮南・齊俗訓》云：往古來今謂之宙，四方上下謂之宇。《列子・湯問篇》夏革引此經「六合之閒」已下四十七字而稱「大禹曰」，則此經亦述禹言，與前文「禹曰」之例同。《文選注・歐陽建〈臨終詩〉及曹植〈七啓〉》，竝引此經文。】四海【懿行案：《淮南・墬形訓》本此經文作「四極」。】之內，照【懿行案：《淮南・墬形訓》作「昭」。】之以日月，經之以星辰，紀之以四時，要之以太歲，神靈所生，其物異形，【懿行案：《列子・湯問篇》作「其形」。】或夭或壽，唯聖人能通其道。【言自非窮理盡性者，則不能原極其情狀。】

海外自西南陬至東南陬者。【陬，猶隅也，音騶。】

結匈國【懿行案：《淮南・墬形訓》「海外三十六國」，俱本此經文，有結胷民。】在其西南，其爲人結匈。【臆前胅出，如人結喉也。懿行案：《說文》云：胅，骨差也，讀與跌同。郭注《爾雅》「犦牛」云：領上肉犦胅起。義與此同。】

南山在其東南，自此山來，蟲爲蛇，蛇號爲魚。【以蟲爲蛇，以蛇爲魚。懿行案：今東齊人亦呼蛇爲蟲也。《埤雅》云：《恩平郡譜》蛇謂之訛。蓋蛇古字作它，與訛聲相近，訛聲轉爲魚，故蛇復號魚矣。】一曰南山在結匈東南。【懿行案：經內凡「一曰」云云者，蓋後人校此經時附著所見，或別本不同也。疑初皆細字，郭氏作注改爲大字，遂與經竝行矣。】

比翼鳥在其東，【懿行案：比翼鳥卽蠻蠻也。已見《西次三經》「崇吾之山」。】其爲鳥青赤，【似鳧。】兩鳥比翼。一曰在南山東。

羽民國【懿行案：《大戴禮·五帝德篇》云：東長鳥夷。疑卽此也。《楚詞·遠遊》云：仍羽人於丹丘。王逸注引此經，言有羽人之國。《呂氏春秋·求人篇》亦作羽人。高誘注云：羽人鳥喙，背上有羽翼。】在其東南，其爲人長頭，身生羽。【能飛不能遠，卵生，畫似仙人也。懿行案：《博物志》云：羽民國，民有翼飛不遠，多鸞鳥，民食其卵，去九疑四萬三千里。《太平御覽》九百十六卷引《括地圖》同，唯「三千」作「一千」也。郭云「畫似仙人」者，謂此經圖畫如此也，下同。】一曰在比翼鳥東南，其爲人長頰。【《啓筮》曰：羽民之狀，鳥喙赤目而白首。懿行案：《文選·鸚鵡賦》注引《歸藏·啓筮》曰：金水之子，其名曰羽蒙，是生百鳥。卽此也。羽民、羽蒙，聲相轉。】

有神人二八【懿行案：「八」《淮南·墬形訓》作「人」，誤。】連臂，爲帝司夜于此野。【晝隱夜見。懿行案：薛綜注《東京賦》云：野仲、游光，惡鬼也，兄弟八人，常在人閒作怪害。案：野仲、游光二人兄弟各八人，正得十六人。疑卽此也。】在羽民東，其爲人小頰赤肩，【當脾上正赤也。懿行案：「脾」當爲「髆」字之譌。《說文》云：

髆，肩甲也。甲，俗作胛，《廣韵》云：背胛。明藏經本「髀」作「胛」，可證。《玉篇》引此經肩作眉，譌。】盡十六人。【疑此後人所增益語耳。懿行案：此蓋校書者釋經之語。】

畢方鳥【懿行案：畢方形狀已見《西次三經》「章莪之山」。】在其東，青水西，【懿行案：青水出昆侖西南隅，過畢方鳥東，見《海内西經》。】其爲鳥人面一腳。【懿行案：《西次三經》說畢方鳥不言人面。】一曰在二八神東。

讙頭國【懿行案：驩頭國，鯀之苗裔，見《大荒南經》。《淮南・墬形訓》有讙頭國民。】在其南，其爲人人面，有翼，鳥喙，方捕魚。【讙兜，堯臣，有罪，自投南海而死，帝憐之，使其子居南海而祠之。畫亦似仙人也。懿行案：讙兜，古文作鴅吺，見《尚書大傳》注。「鴅」當爲「鴅」。《玉篇》云：鴅，呼丸切，人面鳥喙。《史記正義》引《神異經》云：南方荒中有人焉，人面鳥喙而有翼，兩手足扶翼而行，食海中魚。即斯人也。】一曰在畢方東。或曰讙朱國。【懿行案：「頭」聲轉爲「徒」，「徒」「朱」聲相近，故讙頭爲讙朱。】

厭火國【懿行案：《博物志》作厭光國。《淮南・墬形訓》云裸國民，與此異。】在其國南，獸身，黑色，生【懿行案：《藝文類聚》八十卷引此經無「生」字。】火出其口中。【言能吐火，畫似獼猴而黑色也。懿行案：《博物志》云：厭光國民，光出口中，形盡似獼猴，黑色。】一曰在讙朱東。

三株樹【懿行案：《初學記》二十七卷引此經作「珠」，《淮南・墬形訓》及《博物志》同。】在厭火北，生赤水上，【懿行案：《莊子・天地篇》云：黄帝遊乎赤水之北，遺其玄珠。蓋本此爲說也。樹生赤水之南，故陶潛《讀山海經詩》云「粲粲三珠樹，寄生赤水陰」，陰謂水南也。】其爲樹如柏，葉皆爲珠。【懿行案：即琅玕樹之類。《海内西經》云：開明北有珠樹。】一曰其爲樹若彗。【如彗星狀。懿行案：彗，埽竹也，見《說文》。彗星爲欃槍，見《爾雅》。】

三苗國【懿行案：《史記·五帝紀》云：三苗在江、淮、荆州，數爲亂。《正義》曰：「《左傳》云：自古諸侯不用王命，虞有三苗也。吳起云：三苗之國，左洞庭而右彭蠡。今江州、鄂州、岳州，三苗之地也。」案，《周書·史記篇》云：外内相閒，下撓其民，民無所附，三苗以亡。是三苗乃國名。高誘注《淮南·墬形訓》既云「三苗，國名，在豫章之彭蠡」，而注《脩務訓》又云「渾敦、窮奇、饕餮三族之苗裔，謂之三苗」，非也。】在赤水東，其爲人相隨。【昔堯以天下讓舜，三苗之君非之，帝殺之。有苗之民叛入南海，爲三苗國。懿行案：郭說三苗，疑非實録。當以《周書·史記篇》爲據。】一曰三毛國。【懿行案：「苗」「毛」亦聲相近。】

䎸國【音秩，亦音替。懿行案：䎸疑當爲戜，見《說文》。《玉篇》作戜，云：戜，國名也，在三苗東。本此。】在其東，其爲人黄，能操弓射蛇。【《大荒經》云：此國自然有五穀衣服。懿行案：䎸民國朌姓，見《大荒南經》。】

一曰䎸國在三毛東。

貫匈國【懿行案：《竹書》云：黄帝五十九年，貫匈氏來賓。《博物志》云：穿匈人去會稽萬五千里。詳見《文選注》。】在其東，其爲人匈有竅。【《尸子》曰：四夷之民，有貫匈者、有深目者、有長肱者，黄帝之德常致之。《異物志》曰「穿匈之國，去其衣則無自然」者，蓋似效此貫匈人也。懿行案：《淮南·墬形訓》有「穿胷民」，高誘注云：

穿胷，胷前穿孔達背。《文選注・王融曲水詩序》引此經，又引《括地圖》，文有脱誤。《藝文類聚》九十六卷引《括地圖》曰：禹誅防風氏，夏后德盛，二龍降之，禹使范氏御之以行，經南方，防風神見禹，怒射之，有迅雷，二龍升去，神懼，以刃自貫其心而死，禹哀之，瘞以不死草，皆生，是名穿胷國。《博物志》亦同茲説。然黄帝時已有貫匈民，防風之説，蓋未可信。】一曰在臷國東。

交脛國在其東，其爲人交脛。【言腳脛曲戾相交，所謂「雕題」「交趾」者也。或作「頸」，其爲人交頸而行也。懿行案：《廣韵》引劉欣期《交州記》云：交阯之人出南定縣，足骨無節，身有毛，臥者更扶始得起。引此經及郭注，竝與今本同。《太平御覽》七百九十卷引《外國圖》曰：交脛民長四尺。《淮南・墬形訓》有「交股民」，高誘注云：交股民腳相交切。即此也。《説文》云：尥，行脛相交也。亦此義。尥，音力弔切。】一曰在穿匈東。【懿行案：此作「穿匈」者，「穿」「貫」音義同。】

不死民【懿行案：《楚詞・遠遊》云：仍羽人於丹丘，留不死之舊鄉。王逸注引此經，言有不死之民。《天問》云：何所不死？王逸注引《括地象》曰：有不死之國也。《呂氏春秋・求人篇》云：禹南至不死之鄉。】在其東，其爲人黑色，壽，不死。【有員丘山，上有不死樹，食之乃壽；亦有赤泉，飲之不老。懿行案：《淮南・墬形訓》有「不死民」，高誘注云：不死，不食也。《大戴禮・易本命篇》云：食氣者神明而壽，不食者不死而神。是高注所本。然則不死之民蓋以不食不飲而得之。郭云「食木飲泉」，据《大荒南經》爲説也。《博物志》説「員丘」「赤泉」與郭同。又，陶潛《讀山海經詩》亦同茲説，蓋魏晉閒人祖尚清虛，舊有成語，郭氏述之爾。】一曰在穿匈國東。

岐舌國在其東。【其人舌皆岐。或云支舌也。懿行案：支舌卽岐舌也。《爾雅·釋地》云「枳首蛇」，卽岐首蛇。岐一作枝，枝、支古字通也。又，支與反字形相近，《淮南·墬形訓》有反舌民，高誘注云：語不可知而自相曉。又注《呂氏春秋·功名篇》云：一說南方有反舌國，舌本在前，末倒向喉，故曰反舌。是「支舌」古本作「反舌」也。《藝文類聚》十七卷引此經作：反舌國，其人反舌。《太平御覽》三百六十七卷亦引此經同，而云一曰交。案，交葢支字之譌也。二書所引經文作「反舌」，與古本正合。】一曰在不死民東。

昆侖虛在其東，虛四方。【虛，山下基也。懿行案，畢氏曰：《爾雅》云，三成爲昆侖丘。是「昆侖」者，高山皆得名之。此在東南方，當卽方丈山也。《水經·河水》注云：東海方丈，亦有昆侖之稱。】一曰在岐舌東，爲虛四方。

羿與鑿齒戰于壽華之野，羿射殺之。【鑿齒亦人也，齒如鑿，長五六尺，因以名云。懿行案：《說文》云：芎，帝嚳射官，夏少康滅之。引《論語》曰：芎善躞。又云：羿亦古諸矦也，一曰躞師。《吳越春秋》云：黃帝作弓，後有楚狐父以其道傳羿，羿傳逢蒙。据二書所說，羿葢非一人也。此經之羿，說者以爲堯臣。《淮南·本經訓》云：堯之時，鑿齒爲民害，堯乃使羿誅鑿齒於疇華之野。高誘注云：鑿齒，獸名，齒長三尺，狀如鑿徹頷下，而持戈盾；疇華，南方澤名。又注《墬形訓》「鑿齒民」云：吐一齒出口下，長三尺。大意與郭注同，唯以鑿齒爲獸，非也。李善注《長楊賦》引服虔云：鑿齒，齒長五尺，似鑿，亦食人。與郭義近。疇華卽壽華。《北堂書鈔》一百十八卷引此注「人」下有「貌」字，經文「之」下無「在」字，此脫衍。】在昆侖虛東，羿持弓矢，鑿齒持盾。【懿行案：亦謂圖畫如此也。

《太平御覽》三百五十七卷引此經作「持盾戟」。】一曰戈。【未詳。懿行案：一説鑿齒持戈也。】

三首國在其東，其爲人一身三首。【懿行案：《海内西經》云：有三頭人，伺琅玕樹。卽斯類也。《淮南·墬形訓》有三頭民，高誘注云：身有三頭。】一曰在鑿齒東。

周饒國【懿行案：周饒亦僬僥聲之轉，又聲轉爲朱儒。《魏志·東夷傳》云：女王國又有侏儒國在其南，人長三四尺，去女王四千餘里。蓋斯類也。焦僥國幾姓，見《大荒南經》。】在其東，其爲人短小冠帶。【其人長三尺，穴居，能爲機巧，有五穀也。懿行案：《初學記》十九卷引《拾遺記》云：員嶠山有陀移國，人長三尺，壽萬歲。疑陀移卽周饒之異名，員嶠山與方丈山相近也。又引《神異經》曰：西北荒中有小人，長一寸，朱衣玄冠。與此經「短小冠帶」合也。又云：有鶴國人長七寸，海鵠遇則吞之。《史記正義》引《括地志》云：小人國在大秦南，人纔三尺，其耕稼之時懼鶴所食，大秦助之，卽焦僥國，其人穴居也。亦與郭注合。郭云「能爲機巧」者，案《竹書》云：帝堯二十九年，僬僥氏來朝，貢沒羽。是其機巧之事也。】一曰焦僥國在三首東。【《外傳》云：焦僥民長三尺，短之至也。《詩含神霧》曰：從中州以東西四十萬里得焦僥國，人長尺五寸也。懿行案：《説文》云：南方有僬僥人長三尺，短之極。又云：西南僰人、僬僥从人，蓋在坤地，頗有順理之性。郭引「《外傳》」者，《魯語》文，「民」當爲「氏」，字之譌也。韋昭注云：僬僥，西南蠻之别名也。《淮南·墬形訓》云：西南方曰焦僥。高誘注云：長不滿三尺。案，《列子·湯問篇》夏革所説，與郭引《詩含神霧》同，唯「東」下無「西」字，此蓋衍文。《太平御覽》七百九十卷引《外國圖》曰：僬僥民善沒游，善捕鷙鳥，其草木夏死而冬生，去九疑三萬里。】

長臂國【懿行案：《淮南·墬形訓》有「修臂民」，高誘注云：「一國民皆長臂，臂長於身，南方之國也。」】在其東，捕魚水中，兩手各操一魚。【舊說云其人手下垂至地。魏黄初中，玄菟太守王頎討高句麗王宫，窮追之，過沃沮國，其東界臨大海，近日之所出。問其耆老：「海東復有人否？」云：「嘗在海中得一布褐，身如中人衣，兩袖長三丈。」卽此長臂人衣也。懿行案：《穆天子傳》云：乃封長肱于黑水之西河。郭注云：卽長臂人也，身如中國，臂長三丈，魏時在赤海中得此人裾也。案，郭注與此注同，其「中國」當爲「中人」，字之譌也。此注所說，本《魏志·東夷傳》，「布褐」彼文作「布衣」，「中人」作「中國人」。《博物志》亦同，唯「三丈」，《博物志》作「二丈」也。】一曰在焦僥東，捕魚海中。【懿行案：經云「兩手各操一魚」，又云「捕魚海中」，亦皆圖畫如此也。】

狄山，帝堯葬于陽，【《呂氏春秋》曰：堯葬穀林。今陽城縣西、東阿縣城次鄉中、赭陽縣湘亭南，皆有堯冢。懿行案：《史記集解》引《皇覽》曰：「堯冢在濟城陰。劉向曰：堯葬濟陰北壠山。《呂氏春秋》曰：堯葬穀林。」「皇甫謐曰：穀林卽城陽。」《正義》引《括地志》云：堯陵在濮州雷澤縣西三里，雷澤縣本漢郕陽縣也。今案《地理志》云：濟陰郡成陽有堯冢、靈臺。《晉書·地理志》云：濟陽郡城陽，堯冢在西。二志皆作「城陽」，郭注作「陽城」譌。其引《呂氏春秋》，《安死篇》文也。高誘注云：《傳》曰堯葬成陽，此云穀林，成陽山下有穀林。是諸書所說，其地皆不殊。唯《墨子》云：堯北教乎八狄，道死，葬蛩山之陰。然則此經狄山蓋狄中之山。今大名府清豐縣有狄山也。司馬相如《大人賦》云：歷唐堯於崇山。《漢書》張揖注云：崇山，狄山也。引此經云云。《水經·瓠子河》注亦引此經，而云狄山一名崇山。崇、蛩聲相近，蛩山又狄山之別名也。】帝嚳葬于陰。【嚳，堯父，號高辛。今冢在頓丘縣城南臺陰野中也。音酷。懿行案：《大戴禮·帝繫篇》云：黄帝產玄囂，玄囂產蟜極，蟜極產高辛，是爲帝嚳，帝嚳產放勳，是爲帝堯也。《〈史記・五帝紀〉索隱》引《皇覽》曰：帝嚳冢在東郡濮陽頓丘城南臺陰野中。案，東郡、濮陽、頓丘，具見《地理志》。】爰有熊、羆、文虎、【彫虎也。《尸子》曰：中黃伯：「余左執太行之獶，而右搏彫虎也。」懿行案：《文選・思玄賦》舊注云：彫虎，象，獸名也。引《尸子》「中黃伯曰」云云。劉逵注《蜀都賦》亦引《尸子》曰「中黃伯云」，竝與此注同。此注「中黃伯」下脫「曰」字。】蜼、豹、【蜼，獮猴類。懿行案：蜼見《爾雅》。】離朱、【木名也，見《莊子》。今圖作赤鳥。懿行案：郭云「木名」者，蓋据《子虛賦》「檗離朱楊」爲說也。然郭於彼注既以「朱楊」爲「赤莖柳」，則此注非也。又云見《莊子》者，《天地篇》有其文，然彼以離朱爲人名，則此亦非矣。又云「今圖作赤鳥者」，赤鳥疑南方神鳥焦明之屬也。然《大荒南經》「離朱」又作「離俞」。】視肉。【聚肉，形如牛肝，有兩目也，食之無盡，尋復更生如故。懿行案：《北堂書鈔》一百四十五卷引此注作「食之盡」，今本「無」字衍也。《初學記》引《神異經》云：西北荒有遺酒追復脯焉，其味如麞，食一片復一片。疑即此也。《博物志》云：越嶲國有牛，稍割取肉，牛不死，經日肉生如故。又《神異經》云：南方有獸，似鹿而豕首有牙，善依人求五穀，名無損之獸；人割取其肉，不病，肉復自復。已上所說二物，義與郭近而形狀則異。郭注未見所出。又，《魏志・公孫淵傳》云：襄平北市生肉，長圍各數尺，有頭目口喙，無手足而動搖，占曰「有形不成，有體無聲，其國滅亡」。亦其類也。又高誘注《淮南・墬形訓》云：視肉，其人不知言也。所說復與郭異。今所未詳。】吁咽、【所未詳也。】文王皆葬其所。【今文王墓在長安鄗聚社中。按帝王冢墓皆有定處，而《山海經》往往復見之者，蓋以聖人久於其位，仁化廣及，恩洽鳥獸；至於殂亡，四海若喪考妣，無思不哀；故絕域殊俗之人，聞天子崩，各自立坐而祭醊哭泣，起土爲冢。是以所在有焉。亦猶漢氏諸遠郡國皆有天子廟，此其遺象也。懿行案：《尚書大傳・金縢篇》云：畢者，文王之墓地。《史記集解》引《皇覽》

云：文王、武王、周公冢皆在京兆長安鎬聚東社中也。是文王之葬，既不與堯嚳同地，又此經禹記，何得下及文王？明《海外經》已下蓋周秦閒人讀此經者所附著也。】一曰湯山。一曰爰有熊、羆、文虎、蜼、豹、離朱、鴟久、【鴟久，鵂鶹之屬。懿行案：鴟當爲鵰。《說文》云：雖舊，舊留也；舊或作鵂。是經文「鴟久」即「雖舊」，注文「鵂鶹」即「鵂鶹」也，皆聲近假借字。】視肉、虖交。【所未詳也。懿行案：卽吁咽也。吁、虖聲相近。】其范林方三百里。【言林木氾濫布衍也。懿行案：范林，《海內南經》作「氾林」，范、氾通。】

南方祝融，獸身人面，乘兩龍。【火神也。懿行案：《越絶書》云：祝融治南方，僕程佐之，使主火。《尚書大傳》云：南方之極，自北戶南至炎風之野，帝炎帝、神祝融司之。《呂氏春秋·孟夏紀》云：其神祝融。高誘注云：祝融，顓頊氏後，老童之子吳回也，爲高辛氏火正，死爲火官之神。《漢書·司馬相如傳》張揖注本此經。】

山海經第六

山海經第七

晋　郭璞傳　棲霞郝懿行箋疏

海外西經

海外自西南陬至西北陬者。

滅蒙鳥在結匈國北，【懿行案：《博物志》云：結匈國有滅蒙鳥。本此。《海内西經》又有孟鳥。】爲鳥青，赤尾。

大運山高三百仞，在滅蒙鳥北。

大樂之野，【懿行案：畢氏云：即今山西太原。疑非也。据《大荒西經》說，天穆之野在西南海外，不得近在晋陽也。】夏后啓【懿行案：經稱「夏后」，即知非夏書也。】于此儛九代。【九代，馬名。儛，謂盤作之令舞也。懿行案：「九代」，疑樂名也。《竹書》云：夏帝啓十年，帝巡狩，舞《九韶》于大穆之野。《大荒西經》亦云：天穆之野，啓始歌《九招》。招即韶也。疑「九代」即「九招」矣。又《淮南·齊俗訓》云：夏后氏，其樂《夏籥》《九成》。疑「九代」本作「九成」，今本傳寫形近而譌也。李善注王融《三月三日曲水詩序》引此經云「舞九代馬」，疑「馬」字衍。而《蓺文類聚》九十三卷及《太平御覽》八十二卷引此經亦有馬字，或并引郭注之文也。舞馬之戲，恐非上古所有。】乘兩龍，【懿行案：《大荒西經》同。】雲蓋三層。【層，猶重也。懿行案：李善注《西京賦》兩引此注，竝同。又注潘岳《爲賈諡作贈陸機詩》引此注云：層，重也，慈登切。今本脱郭音三字。又，「層」經典通作「曾」，据郭音，益知此經「層」當爲「曾」矣。】左手操翳，【羽葆幢也。懿行案：《説文》云：翳，翿也，所以舞也。】右手操環，【玉空邊等爲環。懿行案：《説文》云：環，璧也，肉好若一謂之環。】佩玉璜。【半璧曰璜。】在大運山北。【《歸藏·鄭母經》曰：夏后啓筮，御飛龍登于天，吉。明啓亦仙也。懿行案：《太平御覽》八十二卷引《史記》曰：昔夏后啓筮乘龍以登于天，占于皋陶，皋陶曰：「吉而必同，與神交通；以身爲帝，以王四鄉。」今案《御覽》此文卽與郭注所引爲一事也。】一曰大遺之野。【《大荒經》云「大穆之野」。懿行案：《大荒西經》作「天穆之野」，此注云「大穆之野」，《竹書》「天穆」「大穆」二文竝見。此經又云「大遺之野」「大樂之野」。諸文皆異，所未詳。】

三身國【懿行案：三身國姚姓，舜之苗裔，見《大荒南經》。《淮南·墬形訓》有「三身民」。】在夏后啓北，一首而三身。【懿行案：《蓺文類聚》三十五卷引《博物志》云：三身國一頭三身三手。今此經無「三手」字。】

一臂國【懿行案：《淮南·墬形訓》有「一臂民」。】在其北，一臂、一目、一鼻孔。【懿行案：郭注《爾雅·釋地》「比肩民」云：此卽半體之人，各有一目、一鼻孔、一臂、一脚。葢本此經爲説也。】有黄馬虎文，一目而一手。【懿行案：手，馬臂也。《内則》云：馬黑脊而般臂，漏。】

奇肱之國【肱或作弘。奇音羈。懿行案：肱，《説文》作厷，古文作厶。此注云或作弘，卽《大荒南經》「張弘之國」也。《呂氏春秋·求人篇》云「其肱、一臂」，「其肱」卽「奇肱」。《淮南·墬形訓》作「奇股」。高誘注云：奇，隻也；股，脚也。與此異。】在其北，其人一臂三目，有陰有陽。乘文馬。【陰在上，陽在下。文馬卽吉良也。懿行案：吉良見《海内北經》。】有鳥焉，兩頭，赤黄色，在其旁。【其人善爲機巧，以取百禽。能作飛車，從風遠行。湯時得之於豫州界中，即壞之不以示人。後十年西風至，復作遣之。懿行案：《博物志》說：奇肱民善爲拭扛，以殺百禽。「拭扛」蓋「機巧」二字之異。又云：湯破其車，不以視民。「視」即古「示」字，當作「眎」。又云：十年東風至，乃復作車遣返。郭注作「西風至」，「西」字譌也。云其國去玉門關四萬里，當須東風至乃得遣返矣。】

形天【懿行案：《淮南・墬形訓》作「形殘」，天、殘聲相近。或作「形夭」，誤也。《太平御覽》五百五十五卷引此經作「形天」。】與帝至此【懿行案：《御覽》引此經無「至此」二字。】爭神，帝斷其首，葬之常羊之山。【懿行案：《宋書・符瑞志》云：有神龍首感女登於常羊山，生炎帝神農。即此山也。《大荒西經》有偏勾、常羊之山，亦即此。】乃以乳爲目，以臍爲口，操干戚以舞。【干，盾；戚，斧也。是爲無首之民。懿行案：《淮南・墬形訓》云：西方有形殘之尸。高誘注云：一說曰，形殘之尸於是以兩乳爲目，肥臍爲口，操干戚以舞，天神斷其手後，天帝斷其首也。高氏所說即本此經，其「肥臍」疑「肶臍」之譌也，「肥」本亦作「腹」。】

女祭、女戚【懿行案：女戚，一曰女薎，見《大荒西經》。】在其北，居兩水閒。戚操魚䱇，【䱇魚屬。懿行案：《北次二經》云：湖灌之水，其中多䱇。郭注云：亦䱇魚字。是䱇即䱇字之異文。此注又云「䱇魚屬」，以爲二物，蓋失檢也。】祭操俎。【肉几。】鴦鳥、鶬鳥，【次𥇦兩音。】其色青黄，所經國亡。【此應禍之鳥，即今梟、鵂鶹之類。懿行案：郭氏但舉類以曉人。《玉篇》云：鴦鶬即鵂鶹。非也。《大荒西經》云：爰有青鴦、黄鷔，青鳥、黄鳥其所集者其國亡。是鴦、鷔即鴦、鶬之異名，非鵂鶹也。《廣韻》云：鴦鳥似梟。本此經及郭注。】在女祭北。鴦鳥人面，居山上。一曰維鳥，青鳥、黄鳥所集。【懿行案：下云「丈夫國在維鳥北」，則作「維鳥」是也。青鳥、黄鳥，見《大荒西經》。】

丈夫國【懿行案：《淮南・墬形訓》有「丈夫民」，高誘注云：其狀皆如丈夫，衣黄，衣冠帶劍。高云「狀如丈夫」，非也。説見下女子國。】在維鳥北，其爲人衣冠帶劍。【殷帝太戊使王孟採藥，從西王母至此，絶糧，不能進。食木實，衣木皮，終身無妻，而生二子，從形中出，其父即死。是爲丈夫民。懿行案：《竹書》云：殷太戊三十六年，西戎來賓，王使王孟聘西戎。即斯事也。西戎豈即西王母與？其無妻生子之説，本《括地圖》。《太平御覽》七百九十卷引其文，與郭注畧同，但此言「從形中出」，彼言「從背開出」。又，《玄中記》云「從脅開出」，文有不同。】

女丑之尸，生而十日炙殺之，【懿行案：十日竝出，炙殺女丑，於是堯乃命羿射殺九日也。】在丈夫北。以右手鄣其面，【蔽面。懿行案：《大荒西經》云「衣青，以袂蔽面」也。】十日居上，女丑居山之上。

巫咸國【懿行案：《地理志》云：河東郡安邑，巫咸山在南。非此也，此國亦當在海外，觀「登備山」在《南荒經》可見。《水經・涑水》注以「巫咸山」即「巫咸國」，引此經云云，非矣。《太平御覽》七百九十卷引《外國圖》曰：昔殷帝太戊使巫咸禱於山河，巫咸居於此，是爲咸氏，去南海萬千里。即此國也。】在女丑北，右手操青蛇，左手操赤蛇，在登葆山，【懿行案：登葆山，《大荒南經》作「登備山」，葆備聲之轉也。《淮南・墬形訓》作「保」。】羣巫所從上下也。【採藥往來。】

幷封【懿行案：《周書・王會篇》云：區陽以鼈封；鼈封者，若彘，前後有首。是鼈封即幷封，幷鼈聲轉也。《大荒西經》又作「屛蓬」，皆一物。或曰卽兩頭鹿也。《後漢書・西南夷傳》云：雲南縣有神鹿，兩頭，能食毒草。注云：見《華陽國志》。】在巫咸東，其狀如彘，前後皆有首，黑。【今弩弦蛇亦此類也。懿行案：弩弦蛇卽兩頭蛇也，見《爾雅・釋地》「枳首蛇」注。】

女子國【懿行案：《淮南・墬形訓》有「女子民」，高誘注云：其貌無有須，皆如女子也。此說非矣。經言丈夫、女子國，竝眞有其人，非但貌似之也。高氏不達，創爲異說，過矣。女子、丈夫之國，又見《大荒西經》注。】在巫咸北，兩女子居，水【懿行案：《太平御覽》七百九十卷引此經「水」下有「外」字。】周之。【有黃池，婦人入浴，出卽懷姙矣。若生男子，三歲輒死。周，猶繞也。《離騷》曰「水周於堂下」也。懿行案：《太平御覽》三百六十卷引《外國圖》云：方壯之上暑溼，生男子三歲而死，有潢水，婦人入浴，出則乳矣，是去九嶷二萬四千里。今案，潢水卽此注所謂「黃池」矣。《魏志》云：沃沮耆老言，有一國在海中，純女無男。《後漢書・東夷傳》云：或傳其國有神井，闚之輒生子。亦此類也。】一曰居一門中。【懿行案：居一門中，蓋謂女國所居同一聚落也。】

軒轅之國【懿行案：《西次三經》有「軒轅之丘」，郭云：黃帝所居。然則此經軒轅之國，蓋黃帝所生也。《水經・渭水》注云：軒轅谷水出南山軒轅谿，南安姚瞻以爲黃帝生於天水，在上邽城東七十里軒轅谷。案《地理志》，上邽在隴西郡也。】在此窮山之際，【其國在山南邊也。《大荒經》曰：岷山之南。懿行案：《大荒西經》說「軒轅之國，江山之南」，此云「岷山」者，以大江出岷山故也。經文「此」字疑衍。李善注《思玄賦》引此經云「在窮山之際」，《〈史記・五帝紀〉索隱》引此經同，竝無「此」字。《〈周本紀〉正義》引此經又作「此地窮桑之際」，蓋「山」字聲譌爲

「桑」矣。】其不壽者八百歲。在女子國北。人面蛇身，尾交首上。

窮山在其北，不敢西射，【懿行案：《〈史記·五帝紀〉索隱》《〈周本紀〉正義》引此經，竝作「西射之南」，蓋誤衍。】畏軒轅之丘。【言敬畏黃帝威靈，故不敢向西而射也。懿行案：軒轅之丘在積石山之東三百里也。】在軒轅國北。其丘方，四蛇相繞。【繚繞樛纏。】

此諸夭之野，【夭音妖。懿行案：經文「此」字亦衍。夭，郭音妖，蓋譌。夭野，《大荒西經》作「沃野」，是此經之「夭」，乃「沃」字省文，郭注之「妖」乃「沃」字譌文也。諸夭，《蓺文類聚》九十九卷引作清沃，《博物志》作渚沃。《淮南·墬形訓》有沃民，又云「西方曰金丘，曰沃野」，高誘注云：沃，猶白也，西方白故曰沃野。案，高説非也；沃野，蓋謂其地沃饒耳。】鸞鳥自歌，鳳鳥自舞。鳳皇卵，民食之；甘露，民飲之，所欲自從也。【言滋味無所不有，所願得自在，此謂夭野也。】百獸相與羣居。在四蛇北。其人兩手操卵食之，兩鳥居前導之。【懿行案：亦言圖畫如此。】

龍魚【懿行案：龍魚，郭氏《江賦》作龍鯉，張衡《思玄賦》仍作龍魚。《淮南·墬形訓》作硥魚，高誘注云：硥魚如鯉魚也，有神聖者乘行九野，在無繼民之南，硥音蚌。】陵居在其北，狀如貍。【或曰龍魚似貍，一角。懿行案：貍當爲鯉字之譌。李善注《江賦》引此經云：龍鯉陵居，其狀如鯉，或曰龍魚一角也。蓋幷引郭注。又注《思玄賦》引此經云：龍魚陵居在北，狀如鯉。高誘注《淮南·墬形訓》亦云「如鯉魚也」，可證。】一曰鰕。【音遐。懿行案：《後漢書·張衡傳》注引此經鰕作蝦，蓋古字通也。《爾雅》云：鯢大者謂之鰕。郭注云：今鯢魚似鮎，四腳。梁·虞荔《鼎錄》云：宋文帝得鰕魚，遂作一鼎，其文曰「鰕魚四足」。然則鰕卽龍魚，其狀如鯉，故又名龍鯉矣。】卽有神聖乘此以行九野。【九域之野。懿行案：《張衡傳》注引此經無「卽」字，作「有神巫」，疑巫卽聖，字形近而譌也。高誘注《淮南・墬形訓》作「有神聖者乘行九野」，可知今本不譌。神聖，若琴高、子英之屬，見《列仙傳》。《思玄賦》云：跨汪氏之龍魚。謂此矣。】一曰鼈魚【鼈音惡横也。懿行案：注有譌字，所未詳。明藏本作「鼈音猶也」，亦譌。】在天野北，【懿行案：《思玄賦》注引此經云「在汪野北」，又云「汪氏國在西海外，此國足龍魚也」。疑「汪氏」當爲「沃民」，「汪野」當爲「沃野」，竝字形之譌也。《張衡傳》及注亦竝作「汪」，譌與《文選注》同。】其爲魚也如鯉。【懿行案：《蓺文類聚》九十六卷引郭氏《讚》云：龍魚一角，似鯉居陵；候時而出，神聖攸乘；飛騖九域，乘雲上升。】

白民之國【懿行案：白民國銷姓，見《大荒東經》。】在龍魚北，白身被髮。【言其人體洞白。懿行案：高誘注《淮南・墬形訓》云：白民，白身民，被髮，髮亦白。】有乘黄，其狀如狐，其背上有角，【《周書》曰：白民乘黄，似狐，背上有兩角。卽飛黄也。《淮南子》曰：天下有道，飛黄伏皁。懿行案：《周書・王會篇》云：乘黄似騏。郭引作「似狐」。《初學記》引與郭同。《博物志》亦作狐。兩角，《初學記》引作「肉角」。皆所見本異也。郭又引《淮南子》者，《覽冥訓》云：青龍進駕，飛黄伏皁。乘黄又卽訾黄。《漢書・禮樂志》云：訾黄其何不徠下？應劭注云：訾黄一名乘黄，龍翼而馬身，黄帝乘之而仙。】乘之壽二千歲。【懿行案：《博物志》作「三千歲」。】

肅愼之國【懿行案：《竹書》云：帝舜二十五年，息愼氏來朝；周成王九年，肅愼氏來朝。《書序》云：賄肅愼之命。《周書・王會篇》云：稷愼大麈。孔晁注云：稷愼，肅愼也。又，《大戴禮・五帝德篇》及《史記・五帝紀》竝作「息愼」。鄭康成云：息愼，或謂之肅愼也。又，《大荒北經》有肅愼之國。】在白民北，有樹名曰雄【或作雒。】

常。【懿行案：雒常，《淮南・墬形訓》謂之「雒棠」。】先入伐帝，于此取之。【其俗無衣服，中國有聖帝代立者，則此木生皮可衣也。懿行案：經文「伐」疑「代」字之譌，郭注可證。《太平御覽》七百八十四卷引此經正作「代」。《穆天子傳》云：至于蘇谷，骨飦氏之所衣被。郭注云：言谷中有草木，皮可以爲衣被。《廣韵》云：橗，青木，皮葉可作衣，似絹，出西域烏耆國。亦此類也。】

長股之國【懿行案：《竹書》云：黄帝五十九年，長股氏來賓。《淮南・墬形訓》有修股民。又，《玉篇》《廣韵》竝有鼓，巨支切，云：長鼓，國名，髮長於身。與此經「被髮」義合。疑「長股」本或作「長鼓」也。】在雄常北，被髮。【國在赤水東也。長臂人身如中人，而臂長二丈，以類推之，則此人腳過三丈矣。黄帝時至。或曰，長腳人常負長臂人入海中捕魚也。懿行案：長臂國已見《海外南經》。郭云「臂長二丈」，「二」當爲「三」，字之譌也。《初學記》十九卷引郭氏《讚》云：雙臂三丈，體如中人；彼曷爲者，長臂之人；脩腳是負，捕魚海濱。案，脩腳即長腳。郭注《穆天子傳》云：長腳人國又在赤海東。謂是也。《大荒西經》又有長脛之國。】一曰長腳。【或曰有喬國。今伎家喬人蓋象此身。懿行案：今喬人之戲，以木續足，謂之蹅喬是也。】

西方蓐收，左耳有蛇，乘兩龍。【金神也。人面，虎爪，白毛，執鉞，見《外傳》。懿行案：郭説蓐收，本《國語・晉語》文，已見《西次三經》「泑山」注。《尚書大傳》云：西方之極，自流沙西至三危之野，帝少皡、神蓐收司之。《呂氏春秋・孟秋紀》云：其神蓐收。高誘注云：少皡氏裔子曰該，皆有金德，死託祀爲金神。】

山海經第八

晉　郭璞傳　棲霞郝懿行箋疏

海外北經

海外自東北陬至西北陬者。

無脊之國【音啓，或作綮。懿行案：《淮南・墬形訓》作「無繼」，高誘注云：其人蓋無嗣也，北方之國也。與郭義異。《大荒北經》作「無繼」，郭云當作脊。】在長股東，爲人無脊。【脊，肥腸也。其人穴居，食土，無男女。死卽薶之，其心不朽，死百廿歲乃復更生。懿行案：《廣雅》云：腓、脊，腨也。《說文》云：腨，腓腸也。《廣韵》引《字林》云：脊，腨腸。是郭注「肥腸」當爲「腓腸」，因聲同而譌也。《玉篇》亦作「肥腸」，又承郭注而譌。《博物志》說「無脊民」與郭同，唯「百廿歲」作「百年」，又云：細民，其肝不朽，百年而化爲人，皆穴居處，二國同類也。】

鍾山之神，名曰燭陰。【燭龍也，是燭九陰，因名云。懿行案：鍾山，《大荒北經》作「章尾山」，章鍾聲轉也；「燭陰」作「燭龍」。】視爲晝，瞑爲夜，吹爲冬，呼爲夏。不飲，不食，不息。息爲風。【息，氣息也。】身長千里，在無脊之東。其爲物，人面蛇身赤色。居鍾山下。【《淮南子》曰：龍身一足。懿行案：《淮南・墬形訓》云：燭龍在雁門北，其神人面龍身而無足。是郭所引也，「一」字譌。李善注《思玄賦》引此經作「人首蛇身」。

《蓺文類聚》九十六卷引郭氏《讚》云：天缺西北，龍銜火精；氣爲寒暑，眼作昬明；身長千里，可謂至靈。】

一目國【懿行案：一目國其人威姓，見《大荒北經》。《淮南·墬形訓》有「一目民」，在柔利民之次。】在其東，一目中其面而居。一曰有手足。【懿行案：「有手足」三字疑有譌。】

柔利國【懿行案：《大荒北經》有「牛黎之國」，蓋此是也。「牛黎」「柔利」聲相近。其人無骨，故稱柔利與？】在一目東，爲人一手一足，反厀，曲足居上。【一腳一手反卷曲也。懿行案：《博物志》作：子利國人一手二足拳反曲。疑「二」當爲「一」，「子」當爲「柔」，竝字形之譌也。】一云留利之國，【懿行案：「留」「柔」之聲亦相近。】人足反折。【懿行案：足反卷曲，有似折也。】

共工之臣曰相柳氏，【共工，霸九州者。懿行案：相柳，《大荒北經》作「相繇」，《廣雅·釋地》同。】九首以食于九山。【頭各自食一山之物，言貪暴難饜。懿行案：九山，《大荒北經》作「九土」。《楚詞·天問》云：雄虺九首，儵忽焉在？王逸注云：虺，蛇別名也，言有雄虺，一身九頭。今案，雄虺疑卽此也，經言此物九首蛇身。】相柳之所抵，厥爲澤谿。【抵，觸。厥，掘也，音撅。懿行案：《說文》云：厥，發石也。此厥義卽同撅。《周書·周祝篇》云：貛有爪而不敢以撅。】禹殺相柳，其血腥，不可以樹五穀種。禹厥之，三仞三沮。【掘塞之而土三沮滔，言其血膏浸潤壞也。懿行案：注「滔」蓋「陷」字之譌。】乃以爲衆帝之臺。【言地潤溼，唯可積土以爲臺觀。懿行案：《海內北經》云：帝堯臺、帝嚳臺、帝丹朱臺、帝舜臺，在昆侖東北。郭注亦引此經爲說。】在昆侖之北，【此昆侖山在海外者。懿行案：《海內北經》云：臺四方，在昆侖東北。是此昆侖亦在海內者。郭注恐非。】柔利之東。

相柳者，九首，人面，蛇身而青。不敢北射，畏共工之臺。【懿行案：臣避君也。】臺在其東。臺四方，隅有一蛇，虎色，【懿行案：虎文也。】首衝南方。【衝，猶向也。】

深目國【懿行案：深目國盼姓，食魚，見《大荒北經》。《淮南・墬形訓》有「深目民」。】在其東，爲人舉一手。一目【一作曰。懿行案：「一目」作「一曰」連下讀是也。】在共工臺東。

無腸之國【懿行案：無腸國任姓，見《大荒北經》。《淮南・墬形訓》有「無腸民」。】在深目東，【一作南。】其爲人長而無腸。【爲人長大，腹內無腸，所食之物直通過。懿行案：《神異經》云：有人知往，有腹無五藏，直而不旋，食物徑過。疑卽斯人也。】

聶耳之國【懿行案：《淮南・墬形訓》無「聶耳國」，而云「夸父耽耳在其北方」，是「耽耳」卽此經「聶耳」，「夸父」在下文。《說文》云：耽，耳大垂也。又云：耴，耳垂也。】在無腸國東，使兩文虎，【懿行案：文虎，雕虎也，已見《海外南經》注。】爲人兩手聶其耳，【言耳長，行則以手攝持之也。音諾頰反。】縣居海水中，【縣，猶邑也。懿行案：《初學記》引此經作「縣居赤水中」。】及水所出入奇物，【言盡規有之。】兩虎在其東。

夸父【懿行案：《大荒北經》云：后土生信，信生夸父。或說夸父善走，爲丹朱臣。《呂氏春秋》云：禹北至夸父之野。疑地因人爲名也。夸父追日景，《列子・湯問篇》夏革說本此經。】與日逐走，入日。【言及日於將入也。逐音冑。懿行案：《北堂書鈔》一百三十三卷，李善注《西京賦》《鸚鵡賦》及張協《七命》，引此經竝作「與日競走」，《初學記》一卷引此經作「逐日」，《史記・禮書》裴駰集解引此經作「與日逐走，日入」，竝與今本異。】渴，欲得飲。

飲于河渭，河渭不足。北飲大澤，未至，道渴而死。弃其杖，【懿行案：《列子·湯問篇》「棄其杖」下，有「尸膏肉所浸」五字。】化爲鄧林。【夸父者，蓋神人之名也。其能及日景而傾河渭，豈以走飲哉？寄用於走飲耳。幾乎不疾而速，不行而至者矣。此以一體爲萬殊，存亡代謝，寄鄧林而遯形，惡得尋其靈化哉？懿行案：《大荒北經》云「應龍殺夸父」，蓋以道渴而死，形蜕神游，或言應龍殺之耳。《列子·湯問篇》云：鄧林彌廣數千里。今案其地蓋在北海外。《史記·禮書》云：楚阻之以鄧林。裴駰《集解》引此經云云，非也。畢氏云：即《中山經》所云「夸父之山北有桃林」，其地則楚之北境。恐未然。下云「鄧林，積石山在其東」，非近在楚地，明矣。《初學記》十九卷引郭氏《讚》云：神哉夸父，難以理尋；傾河及日，遁形鄧林；觸類而化，應無常心。】

博父國【懿行案：博父，大人也，大人卽豐人。《方言》云：趙魏之郊，燕之北鄙，凡大人謂之豐人。《燕記》曰：豐人杼首。疑此是也。或云卽夸父也。《淮南·墬形訓》云「夸父在其北」，此經又云「鄧林在其東」，則博父當卽夸父，蓋其苗裔所居成國也。】在聶耳東，其爲人大，【懿行案：《爾雅·釋詁》云：甫，大也。甫亦博也。】右手操青蛇，左手操黄蛇。鄧林在其東，二樹木。【懿行案：二樹木，蓋謂鄧林二樹而成林，言其大也。】一曰博父。

禹所積石之山在其東，河水所入。【河出昆侖，而潛行地下，至葱嶺復出，注鹽澤，從鹽澤復行，南出於此山，而爲中國河，遂注海也。《書》曰：導河積石。言時有壅塞，故導利以通之。懿行案：《西次三經》云：積石之山，其下有石門，河水冒以西流。非此也。郭据《水經》引此經云：積石山在鄧林山東，河所入。非矣。經蓋有兩積石山。《史記正義》引《括地志》云：黄河源從西南下出大昆侖東北隅，東北流逕于闐入鹽澤，卽東南潛行吐谷渾界大積石山，又東北流至小積石山，山在河州枹罕縣西七里。然則此經所言蓋小積石也。《大荒北經》云：大荒之中有山，名曰先檻大逢之山，其西有山，名曰禹所積石。卽此。又《海内西經》云：河水出昆侖，入渤海，又出海外，入禹所導積石山。亦此也。故經爲此二文，特於「積石」加「禹」以別之。】

拘纓之國【懿行案：《淮南・墬形訓》有「句嬰民」，高誘注云：句嬰，讀爲九嬰，北方之國。卽此也。句嬰疑卽拘纓，古字通用。郭義恐非。高氏讀爲九嬰，未詳也。郭云「纓」宜作「癭」，是。國蓋以一手把癭得名也。】在其東，一手把纓。【言其人常以一手持冠纓也。或曰纓宜作癭。】一曰利纓之國。

尋木長千里，【懿行案：《穆天子傳》云：天子乃釣于河，以觀姑繇之木。郭注云：姑繇，大木也。引此經云「尋木長千里，生海邊」，謂此木類。《吴都賦》又作「槫木」，劉逵注引此經亦作「槫木」，非也。李善注《東京賦》引此經仍作「尋木」，郭氏《遊仙詩》亦作「尋木」也。《廣韻》云：槫，木名，似槐；尋，長也。引此經。】在拘纓南，生河上西北。【懿行案：此木生河上，與《穆天子傳》合，郭注謂「生海邊」，疑字之譌也。】

跂踵國【跂音企。】在拘纓東，其爲人大，兩足亦大。【其人行，腳跟不著地也。《孝經鉤命訣》曰：焦僥、跂踵，重譯款塞也。懿行案：《竹書》云：夏帝癸六年，岐踵戎來賓。《呂氏春秋・當染篇》云：夏桀染於跂踵戎。卽此也。高誘注《淮南・墬形訓》云：跂踵民踵不至地，以五指行也。又《文選・曲水詩序》注引高誘注作「反踵」，云：反踵，國名，其人南行跡北向也。案，跂踵之爲反踵，亦猶岐舌之爲反舌矣，已見《海外南經》。《玉篇》說跂踵

國，與郭注同。】一曰大踵。【懿行案：「大踵」疑當爲「支踵」或「反踵」，竝字形之譌。】

歐絲之野【懿行案：《博物志》作「嘔絲」。嘔，俗字也。】在大踵東，一女子跪據樹歐絲。【言噉桑而吐絲，蓋蠶類也。】

三桑無枝在歐絲東，其木長百仞無枝。【言皆長百仞也。懿行案：《北次二經》云：洹山，三桑生之，其樹皆無枝，其高百仞。即此。】

范林方三百里，【懿行案：「范」「汎」通。《太平御覽》五十七卷引顧愷之《啓蒙記》曰：汎林鼓于浪嶺。注云：西北海有汎林，或方三百里，或百里，皆生海中浮土上，樹根隨浪鼓動。即此也。昆侖虛南范林非此，見《海内北經》。】在三桑東，洲環其下。【洲，水中可居者。環，繞也。】

務隅之山，【懿行案：「務隅」，《大荒北經》作「附禺」，《海内東經》作「鮒魚」，《〈史記·五帝紀〉索隱》引此經亦作「鮒魚」，《北堂書鈔》九十二卷又引作「附隅」，皆聲相近字之通也。】帝顓頊葬于陽，【顓頊號爲高陽，冢今在濮陽，故帝丘也。一曰頓丘縣城門外廣陽里中。懿行案：《大戴禮·帝繫篇》云：黄帝産昌意，昌意産高陽，是爲帝顓頊。杜預《春秋釋例》云：古帝顓頊之墟故曰帝丘，東郡濮陽縣是也。頓丘縣屬頓丘郡，見《晉書·地理志》。《史記集解》引《皇覽》云：顓頊冢在東郡濮陽頓丘城門外廣陽里中。】九嬪葬于陰。【嬪，婦。懿行案：《廣韵》引《埤蒼》云：婦，顓頊妻名。餘未聞。】一曰爰有熊、羆、文虎、離朱、鴟久、視肉。

平丘【懿行案：《淮南·墬形訓》作「華丘」。】在三桑東，爰有遺玉、【遺玉，玉石。懿行案：吴氏云：遺玉即瑿玉，琥珀千年爲瑿。《字書》云：瑿，遺玉也。吳氏之説，据《本草》舊注，未審是否。瑿，黑玉也，《説文》無此字，而有瑿，云：遺玉也，从玉，㱃聲。是遺玉名瑿，與瑿形聲皆近。當從《説文》也。】青鳥、【懿行案：《淮南・墬形訓》作「青馬」，《海外東經》「䟤北」同。】視肉、楊桺，甘柤、【其樹枝幹皆赤，黃華，白葉，黑實。《呂氏春秋》曰：其山之東有甘柤焉。音如柤梨之柤。懿行案：甘柤形狀，見《大荒南經》。郭云「黃華白葉」，當爲「黃葉白華」，字之譌也。「其山」卽「箕山」，籀文「箕」作「其」也。又案《呂氏春秋・本味篇》云：箕山之東，青鳥之所，有甘櫨焉。郭引作「甘柤」。「柤」依本字當爲「樝」，《淮南・墬形訓》正作「樝」。然「樝」卽樝梨之樝，「柤」訓木閑，假借爲「樝」。卽如此，郭以柤梨音甘柤，不幾於文爲贅乎？推尋文義，「樝」與「櫨」字形相近，疑此經「甘柤」當爲「甘櫨」，字之譌也。又，《説文》及《〈史記・司馬相如傳〉索隱》載應劭引《呂氏春秋》竝作「櫨橘夏孰」。《文選・上林賦》注又据應劭作「盧橘夏熟」。其「青鳥之所」句，《説文》引作「青凫」，《玉篇》同《説文》，應劭引作「青馬」，顔師古注《漢書》亦引作「青馬」。今校此經「平北」則作「青鳥」，「䟤北」又作「青馬」，《南荒經》作「青馬」，《北荒經》復作「青鳥」，其文踳錯，難可得詳。】甘華、【亦赤枝榦黃華。懿行案：「黃華」亦當爲「黃葉」，見《大荒南經》。】百果所生。有【懿行案：「有」，明藏本作「在」。】兩山夾上谷，二大丠居中，名曰平丠。

北海內有獸，其狀如馬，名曰騊駼。【陶塗兩音，見《爾雅》。懿行案：《爾雅注》引此經「騊駼」下有「色青」二字，《史記・匈奴傳》徐廣注亦云：似馬而青。疑此經今本有脱文矣。】有獸焉，其名曰駮，狀如白馬，鋸牙，【懿行案：《爾雅注》引此經作「倨牙」。】食虎豹。【《周書》曰：義渠茲白，茲白若白馬，鋸牙，食虎豹。按此二説與…《爾雅》同。懿行案：《爾雅注》引此經有「黑尾，音如鼓」五字，蓋兼「中曲山」之駮而爲説也，已見《西次四經》。】有素獸焉，狀如馬，【懿行案：張揖注《子虛賦》云：蛩蛩，青獸，狀如馬。此作「素獸」，蓋所見本異。】名曰蛩蛩。【即蛩蛩鉅虛也，一走百里，見《穆天子傳》。音邛。懿行案：郭注《穆天子傳》引《尸子》曰：距虛不擇地而走。蛩蛩距虛亦見《爾雅》。】有青獸焉，狀如虎，名曰羅羅。【懿行案：吳氏引《天中記》云：今雲南蠻人呼虎亦爲羅羅。】

北方禺彊，人面鳥身，珥兩青蛇，踐兩青蛇。【字玄冥，水神也。《莊周》曰：禺彊立於北極。一曰禺京。一本云：北方禺彊，黑身手足，乘兩龍。懿行案：「禺京」「玄冥」聲相近。《越絶書》云：玄冥治北方，白辯佐之，使主水。《尚書大傳》云：北方之極，自丁令北至積雪之野，帝顓頊，神玄冥司之。《呂氏春秋・孟冬紀》云：其神玄冥。高誘注云：少皞氏之子曰循，爲玄冥師，死祀爲水神。是玄冥即禺京，禺京即禺彊，「京」「彊」亦聲相近也。《莊子・大宗師篇》云：禺彊得之，立於北極。《釋文》引此經云：北方禺彊，黑身手足，乘兩龍。即郭氏此注一本云云也。《釋文》又引《歸藏》曰：昔穆王子筮卦於禺彊。又引簡文云：北海神名也，一云禺京，是黄帝之孫也。案，《列子・湯問篇》云「命禺彊使巨鼇十五」，即斯人也。禺京處北海爲海神，見《大荒東經》。禺彊踐兩赤蛇，見《大荒北經》。此經云「青蛇」，又異。】

山海經第八

山海經第九

晉　郭璞傳　棲霞郝懿行箋疏

海外東經

海外自東南陬至東北陬者。

䟕丘，【音嗟，或作髮。懿行案：《北堂書鈔》九十二卷引「䟕」正作「髮」，即郭所見本也。嗟，古或作䟕，《爾雅·釋詁》云：䟕，咨也。《廣韵》作「䟕丘」。《玉篇》云：髪，好也。義與此異。《淮南·墬形訓》作「華丘」。】爰有遺玉、青馬、視肉，楊柳、【懿行案：《淮南·墬形訓》作「楊桃」。】甘柤、【懿行案：「柤」疑當爲「櫨」，下同。】甘華、甘果所生，在東海，兩山夾丘，上有樹木。一曰嗟丘。一曰百果所在，在堯葬東。【懿行案：堯葬狄山，已見《海外南經》。】

大人國【懿行案：高誘注《淮南·墬形訓》「大人國」云：東南墟土，故人大也。案《大戴禮·易本命篇》云：虛土之人大。是高注所本。《大荒東經》云：有波谷者，有大人之國。即此。又《淮南·時則訓》云：東方之極，自碣石山過朝鮮，貫大人之國。是也。】在其北，爲人大，【懿行案：《博物志》云：大人國，其人孕三十六年，生白頭，其兒則長大，能乘雲而不能走，蓋龍類，去會稽四萬六千里。】坐而削船。【懿行案：「削」當讀若「稍」，「削船」謂「操舟」也。】一曰在䰄北北。

奢比之尸在其北，【亦神名也。懿行案：《管子・五行篇》云：黄帝得奢龍而辯於東方。又云：奢龍辯乎東方，故使爲土師。此經奢比在東海外，疑卽是也。羅泌《路史》亦以奢龍卽奢比。《三才圖會》作「奢北」。又《淮南・墬形訓》云：諸比，涼風之所生。諸比，神名，或卽「奢比」之異文也。】獸身、人面、大耳，【懿行案：《大荒東經》説「奢比尸」與此同。唯「大耳」作「犬耳」爲異。】珥兩青蛇。【珥，以蛇貫耳也，音鈞餌之餌。懿行案：《説文》云：珥，瑱也。《繫傳》云：瑱之狀首直而末鋭，以塞耳。】一曰肝榆之尸在大人北。

君子國在其北，【懿行案：《淮南・墬形訓》有此國。國在東口之山，見《大荒東經》。《後漢書・東夷傳》注引《外國圖》曰：去琅邪三萬里。《説文》云：東夷从大；大，人也，夷俗仁，仁者壽，有君子、不死之國；孔子曰「道不行，欲之九夷，乘桴浮于海」，有以也。又云：鳳出於東方君子國。】衣冠帶劍，食獸，使二大虎在旁，【懿行案：《後漢書・東夷傳》注引此經「大虎」作「文虎」，高誘注《淮南・墬形訓》亦作「文虎」，今此本作「大」，字形之譌也。】其人好讓不爭。【懿行案：《博物志》云：君子國好禮讓，不爭，土千里，民多疾風氣，故人不蕃息，好讓，故爲君子國也。《藝文類聚》二十一卷引此經「衣冠帶劍」下有「土方千里」四字，「其人好讓」下有「故爲君子國」五字，爲今本所無。】有薰【或作堇。】華草，朝生夕死。【懿行案：木堇見《爾雅》。堇一名蕣，與薰聲相近。《呂氏春秋・仲夏紀》云：木堇榮。高誘注云：木堇朝榮莫落，是月榮華，可用作蒸；雜家謂之朝生，一名蕣，《詩》云「顏如蕣華」是也。《藝文類聚》八十九卷引《外國圖》云：君子之國，多木槿之華，人民食之，去琅邪三萬里。】一曰在肝榆之尸北。

䖝䖝在其北，【音虹。懿行案：虹，《漢書》作䖝。】各有兩首。【虹，螮蝀也。懿行案：「螮蝀，虹」，見《爾雅》。虹有兩首，能飲澗水，山行者或見之。亦能降人家庭院。蔡邕《災異對》所謂「天投虹」者也；云「不見尾足」，明其有兩首。】一曰在君子國北。

朝陽之谷，【懿行案：《爾雅》云：山東曰朝陽，水注谿曰谷。】神曰天吳，是爲水伯。【懿行案：李善注《海賦》及《遊赤石進帆海詩》引此經，竝與今本同。】在䖝䖝北兩水間。其爲獸也，八首人面，八足八尾，皆青黄。【《大荒東經》云「十尾」。懿行案：天吳虎身十尾，見《大荒東經》。《初學記》六卷引此經作「十八尾」，誤也。】

青丘國【懿行案：《淮南・墬形訓》無之。《大荒東經》「青丘之國」即此也。孔晁注《王會篇》云：青丘，海東地名。《子虛賦》云：秋田乎青丘，傍徨乎海外。服虔注云：青丘國在海東三百里。】在其北，【其人食五穀，衣絲帛。】其狐四足九尾。【《汲郡竹書》曰：柏杼子征于東海，及王壽，得一狐九尾。即此類也。懿行案：李善注《子虛賦》引此經。《周書・王會篇》云：青丘狐九尾。《竹書》云：夏帝杼八年，征于東海，及三壽，得一狐九尾。郭引作「柏杼子」，「柏」與「伯」通；「王壽」即「三壽」，字之譌也。《呂氏春秋》云：禹行塗山，乃有白狐九尾，造於禹，塗山人歌曰「綏綏白狐，九尾龐龐」。然則九尾狐其色白也。】一曰在朝陽北。

帝命竪亥【竪亥，健行人。懿行案：《廣韻》作「竪趪，神人」，疑字形之異。】步，自東極至于西極，五億十選【選，萬也。懿行案：選，音同算。算，數也。數終於萬，故以選爲萬也。】九千八百步。【懿行案：劉昭注《郡國志》云：《山海經》稱「禹使大章步自東極至于西垂，二億三萬三千三百里七十一步，又使竪亥步南極北盡于北垂，二億三萬三千五百里七十五步。」今案《淮南·墬形訓》所説，大旨相同。以校此經，無「禹使大章」云云，又其數與劉昭所引不合，未知其審。又《中山經》云：天地東西二萬八千里，南北二萬六千里。與此復不同者，此通海外而計，彼据中國穀土而言耳。】豎亥右手把算，左手指青丘北。【懿行案：亦言圖畫如此也。算當爲筭。《説文》云：筭長六寸，計歷數者。】一曰禹令豎亥。一曰五億十萬九千八百步。【《詩含神霧》曰：天地東西二億三萬三千里，南北二億一千五百里，天地相去一億五萬里。懿行案：《含神霧》所説里數與《淮南子》及劉昭注又異。《蓺文類聚》《初學記》引此經竝云：帝令豎亥步，自東極至西極，五億十萬九千八百八步。與今本復不同。《吴越春秋》云：禹行，使大章步東西，豎亥度南北。此經雖不及大章，其地數則合東西、南北而計也。】

黑齒國在其北，【《東夷傳》曰：倭國東四十餘里有裸國，裸國東南有黑齒國，船行一年可至也。《異物志》云「西屠染齒」，亦以放此人。懿行案：黑齒國姜姓，帝俊之裔，見《大荒東經》。《淮南·墬形訓》有「黑齒民」。《周書·王會篇》云：黑齒，白鹿、白馬。又，《伊尹四方令》云：正西漆齒。非此也。《魏志·東夷傳》云：女王國東渡海千餘里復有國，皆倭種，又有侏儒國在其南，人長三四尺，去女王四千餘里，又有裸國、黑齒國復在其東南，船行一年可至。此卽郭所引也。「四千餘里」，郭引作「四十餘里」，字形之譌也。又引「西屠染齒」者，劉逵注《吴都賦》引《異物志》云：西屠以草染齒，染白作黑。卽與郭所引同也。】爲人黑，【懿行案：「黑」下當脱「齒」字。王逸注《楚詞·招魂》云：黑齒，齒牙盡黑。高誘注《淮南·墬形訓》云：其人黑齒，食稻啖蛇，在湯谷上。是古本有齒字之證。《太平御覽》三百六十八卷引此經「黑」下亦有「齒」字。】食稻啖蛇，一赤一青，【一作一青蛇。】在其旁。一曰在豎亥北，爲人黑首，【懿行案：「首」蓋「齒」字之譌也。古文首作𦣻，齒作𠚕，形近相亂，所以致譌。】食稻，使蛇，其一蛇赤。

下有湯谷。【谷中水熱也。懿行案：《説文》作「暘谷」，《虞書》及《史記·五帝紀》作「暘谷」，《文選·〈思玄賦〉及〈海賦〉〈月賦〉》注引此經亦竝作「暘谷」。《索隱》云：《史記》舊本作「湯谷」。《淮南子》曰：日出湯谷，浴於咸池。今案《楚詞·天問》亦云「出自湯谷」也。】湯谷上有扶桑，【扶桑，木也。懿行案：「扶」當爲「榑」。《東次三經》云：無皋之山，東望榑木。謂此。《説文》云：榑桑，神木，日所出也。又云：日初出東方湯谷，所登榑桑，叒木也。李善注《思玄賦》引《十洲記》云：扶桑，葉似桑，樹長數千丈，大二十圍，兩兩同根生，更相依倚，是以名之扶桑。《初學記》一卷引此經「扶桑」下有「木」字，蓋并引郭注也。】十日所浴，【懿行案：《楚詞·招魂》云：十日代出，流金鑠石。王逸注云：鑠，銷也，言東方有扶桑之木，十日竝在其上，以次更行，其勢酷烈，金石堅剛皆爲銷釋也。《淮南·墬形訓》云：若木在建木西，末有十日，其華照下地。高誘注云：若木端有十日，狀如連華，光照其下也。】在黑齒北，居水中，有大木，九日居下枝，【懿行案：《楚詞·遠遊》云：朝濯髮於湯谷兮，夕晞余身兮九陽。九陽即此云九日也。】一日居上枝。【《莊周》云：昔者十日竝出，草木焦枯。《淮南子》亦云：堯乃令羿射十日，中其九日，日中烏盡死。《離騷》所謂「羿焉畢日，烏焉落羽」者也。《歸藏·鄭母經》云：昔者羿善射，畢十日，果畢之。《汲郡竹書》曰：胤甲卽位，居西河，有妖孽，十日竝出。明此自然之異有自來矣。《傳》曰：天有十日，日之數十。此云「九日居下枝，一日居上枝」，《大荒經》又云「一日方至，一日方出」，明天地雖有十日，自使以次第迭出運照。而今俱見，爲天下妖災，故羿禀堯之命，洞其靈誠，仰天控弦，而九日潛退也。假令器用可以激水烈火，精感可以降霜回景，然則羿之鑠明離而斃陽烏，未足爲難也。若搜之常情，則無理矣。然推之以數，則無往不通。達觀之客，宜領其玄致，歸之冥會，則逸義無滯，言奇不廢矣。懿行案：郭注「搜」疑當爲「揆」，字之譌也。十日之説，儒者多疑鮮信，故郭氏推廣證明之，至於怪奇之迹，理所不無。如《呂氏春秋·求人篇》云：堯朝許由於沛澤之中，曰：「十日出而焦火不息。」《淮南·兵畧訓》云：武王伐紂，當戰之時，十日亂於上。《竹書》云：帝廑八年，天有祆孽，十日竝出。又云：桀時三日竝出，紂時二日竝出。是皆變怪之徵，非常所有，卽與此經殊旨。既不足取證，當歸之删除矣。】

雨師妾在其北，【雨師，謂屏翳也。懿行案：《楚詞·天問》云：蓱號起雨。王逸注云：蓱，蓱翳，雨師名也；號，呼也。《初學記》云：雨師曰屏翳，亦曰屏號。《列仙傳》云：赤松子，神農時雨師。《風俗通》云：玄冥爲雨師。今案，雨師妾蓋亦國名，卽如《王會篇》有「姑妹」國矣。《焦氏易林》乃云「雨師娶婦」，蓋假託爲詞耳。】其爲人黑，兩手各操一蛇，左耳有青蛇，右耳有赤蛇。一曰在十日北，爲人黑身，人面，各操一龜。

玄股之國在其北，【髀以下盡黑，故云。懿行案：玄股國在招摇山，見《大荒東經》。《淮南·墬形訓》有「玄股民」。】其爲人衣魚，【以魚皮爲衣也。懿行案：今東北邊有魚皮島夷，正以魚爲衣也。其冠以羊鹿皮，戴其角如羊鹿然。】食鴎，【鴎，水鳥也，音憂。懿行案：《説文》云：鴎，水鴞也。《文選·吳都賦》注引《蒼頡篇》云：鴎大如鳩。】使兩鳥夾之。【懿行案：高誘注《淮南·墬形訓》引此經無「使」字，「兩鳥夾之」上有「其股黑」三字。】一曰在雨師妾北。

毛民之國在其北，【懿行案：毛民國依姓，禹之裔也。見《大荒北經》。《淮南·墬形訓》云：東北方有毛民。

高誘注云：其人體半生毛若矢鏃也。】爲人身生毛。【今去臨海郡東南二千里有毛人，在大海洲島上，爲人短小，而體盡有毛，如豬、能，穴居，無衣服。晉永嘉四年，吴郡司鹽都尉戴逢在海邊得一船，上有男女四人，狀皆如此，言語不通，送詣丞相府，未至，道死，唯有一人在。上賜之婦，生子，出入市井，漸曉人語。自説其所在是毛民也。《大荒經》云「毛民食黍」者是矣。懿行案：《太平御覽》三百七十三卷引《臨海異物志》曰：毛人洲在張嶼，毛長短如熊；周綽得毛人，送詣秣陵。即此國人也。郭注「而體」，明藏本作「面體」，《大荒北經》注亦同，此葢字譌。】一曰在玄股北。

勞民國在其北，【懿行案：《淮南・墬形訓》有「勞民」，高誘注云：正理躁擾不定也。】其爲人黑。【食果草實也，有一鳥兩頭。懿行案：郭注此語疑本在經內，今亡。又，奇肱國有鳥兩頭，見《海外西經》，非此。】或曰教民。【懿行案：「教」「勞」聲相近。】一曰在毛民北，爲人面目手足盡黑。【懿行案：今魚皮島夷之東北有勞國，疑即此。其人與魚皮夷面目手足皆黑色也。】

東方句芒，鳥身人面，乘兩龍。【木神也，方面素服。《墨子》曰：昔秦穆公有明德，上帝使句芒賜之壽十九年。懿行案：注「秦穆公」，今《墨子・明鬼下篇》作「鄭穆公」。《論衡・無形篇》正與此注同也。《越絶書》云：太皞治東方，袁何佐之，使主木。疑袁何即句芒之異名也。《尚書大傳》云：東方之極，自碣石東至日出榑木之野，帝太皞，神句芒司之。《呂氏春秋・孟春紀》云：其神句芒。高誘注云：句芒，少皞氏之裔子曰重，佐木德之帝，死爲木官之神。《漢書》張揖注司馬相如《大人賦》云：句芒，東方青帝之佐也，鳥身人面，乘兩龍。本此經爲説也。《白

虎通》云：句芒者，芒之爲言萌也。】

建平元年四月丙戌，待詔太常屬臣望校治，侍中光禄勳臣龔、侍中奉車都尉光禄大夫臣秀領主省。【懿行案：建平元年，漢哀帝乙卯年也。望，蓋丁望。龔，王龔。秀，劉歆也。】

山海經第九

山海經第十

晉　郭璞傳　棲霞郝懿行箋疏

海內南經

海內東南陬以西者。【從南頭起之也。】

甌【懿行案：《周書·王會篇》云：歐人蟬蛇。孔晁注云：東越歐人也。又云：且歐文蜃。注云：且甌在越。《伊尹四方令》云：正東越漚，正南甌鄧。疑「甌」與「漚」「歐」竝古字通也。《史記索隱》引劉氏云：今珠厓、儋耳謂之甌人。《正義》曰：《輿地志》云，交阯，周時爲駱越，秦時曰西歐。】居海中。【今臨海永寧縣卽東甌，在岐海中也。音嘔。懿行案：臨海郡永寧縣，見《晉書·地理志》。《初學記》六卷引此經云：甌、閩皆在岐海中。葢幷引郭注之文也。岐海，謂海之槎枝。《東次三經》云：無皋之山，南望幼海。卽此。】閩【懿行案：《說文》云：閩，東南越，蛇穜，从虫。《夏官》：職方氏掌七閩。是閩非一種，舉其大名耳。劉逵注左思賦云：閩，越名也，秦幷天下，以其地爲閩中郡。】在海中。【閩越卽西甌，今建安郡是也，亦在岐海中，音旻。懿行案：建安郡，故秦閩中郡，見《晉書·地理志》。《漢書·惠帝紀》：二年，立閩越君搖爲東海王。顏師古注云：卽今泉州是其地。】其西北有山。一曰閩中山在海中。

三天子鄣山【音章。懿行案：《海内東經》云：浙江出三天子都，廬江出三天子都。一曰天子鄣。即此。】在閩西海北。【今在新安歙縣東，今謂之三王山，浙江出其邊也。張氏《土地記》曰：東陽永康縣南四里有石城山，上有小石城，云黄帝曾遊此，即三天子都也。懿行案：《海内東經》云：三天子都在閩西北。無「海」字。此經「海」字疑衍。劉昭注《郡國志》「丹陽郡歙」引此經郭注云：在縣東，今謂之玉山。又注「會稽郡浙江」引郭注云：江出歙縣玉山。《初學記》八卷亦引郭注云：玉山，浙江出其邊。疑二書「玉山」即「三王山」之脱誤，古「玉」字作「王」也。山在今安徽歙縣西北。顧野王云「今永康晉雲山是三天子都」，今在績谿縣東九十里，吴於此山分界，見《太平寰宇記》。】一曰在海中。

桂林八樹【懿行案：《伊尹四方令》云：正南甌鄧、桂國。疑即此。】在番隅東。【八樹而成林，信其大也。番隅，今番隅縣。懿行案：劉昭注《郡國志》「南海郡番禺」引此經云：桂林八樹在賁禺東。《水經·泿水》注及《文選·遊天台山賦》注引此經竝作「賁禺」，又引郭注云：八樹成林，言其大也；賁禺音番隅。今本脱郭音五字，又「言」譌爲「信」也。然《上林賦》注及張衡《四愁詩》注及《初學記》八卷引此經仍作「番禺」，蓋古有二本也。《初學記》引《南越志》云：番禺縣有番、禺二山，因以爲名。《水經·泿水》注又云：縣有番山；名番禺，謂番山之禺也。】

伯慮國、【未詳。懿行案：《伊尹四方令》云：正東伊慮。疑即此。】離耳國、【鎪離其耳，分令下垂，以爲飾，即儋耳也。在朱崖海渚中，不食五穀，但噉蚌及藷藇也。懿行案：《伊尹四方令》云：正西離耳。郭云「即儋耳」者，此南儋耳也。又有北儋耳，見《大荒北經》。儋當爲瞻。《説文》云：瞻，垂耳也，从耳，詹聲，南方瞻耳之國。劉逵注《吴都賦》引《異物志》云：儋耳人鏤其耳匡。《漢書》張晏注云：儋耳鏤其頰，皮上連耳，分爲數支，狀似雞腸，累耳下垂。《水經注》引《林邑記》曰：漢置九郡，儋耳與焉，民好徒跣，耳廣垂以爲飾。又云：儋耳卽離耳也。《後漢書・西南夷傳》云：哀牢人皆穿鼻、儋耳，其渠帥自謂王者，耳皆下肩三寸，庶人則至肩而已。】雕題國、【點涅其面，畫體爲鱗采，卽鮫人也。懿行案：《伊尹四方令》云：正西雕題。《楚詞・招魂》王逸注云：雕畫題頟，言南極之人雕畫其頟，常食蠃蚌也。《桂海虞衡志》云：黎人女及笄，卽黥頰爲細花紋，謂之繡面女。亦其類也。郭云「卽鮫人」，恐非，或有譌字。鮫人，見劉逵《吳都賦注》。】北朐國，【音劬，未詳。懿行案：疑卽北戶也。《爾雅疏》引此經作「北煦」。「戶」「煦」聲之轉。《爾雅・釋地》「四荒」有「北戶」，郭注云：北戶在南。】皆在鬱水南。鬱水出湘陵南海。【懿行案：鬱水見《海内東經》，此云出湘陵南海，疑有脱誤。又《水經・溫水》注引此經云：離耳國、雕題國皆在鬱水南。無伯慮、北朐二國。李善注王褒《四子講德論》引此經作「雕題國在鬱林南」，亦與今本異。明藏本「南海」作「南山」也。】一曰相慮。【懿行案：相慮，葢「伯慮」之異文，或「柏慮」之譌文。「柏」「伯」古字通也。若以《海内東經》「鬱水入須陵」之文校之，又疑「相慮」卽「須陵」之聲轉，此經「出湘陵」當爲「入湘陵」矣。】

梟陽國【懿行案：揚雄《羽獵賦》、《淮南・氾論訓》竝作「噪陽」，左思《吳都賦》作「梟羊」，《説文》作「梟陽」。】在北朐之西，【懿行案：《爾雅疏》引此經作「北煦之西」。】其爲人【懿行案：郭注《爾雅》「狒狒」引此經作「其狀如人」。】人面、長脣、黑身、有毛、反踵，見人笑亦笑，【懿行案：郭注《爾雅》「狒狒」引此經云「見人則笑」，劉逵注《吳都賦》引此經與《爾雅注》同。高誘注《淮南・氾論訓》亦云：噪陽，山精，見人而笑。是古本竝如此。且此物唯喜自笑，非見人笑方亦笑也。故《吳都賦》云：𪀗𪀗笑而被格。劉逵注引《異物志》云：梟羊善食人，大口，其初得人喜笑則脣上覆額，移時而後食之；人因爲筒貫於臂上，待執人，人卽抽手從筒中出，鑿其脣於額，而得擒之。是其笑惟自笑，不因人笑之證，以此參校，可知今本爲非矣。其云「爲筒貫臂」，正與此經「左手操管」合。】左手操管。【《周書》曰：州靡髴髴者，人身，反踵，自笑，笑則上脣掩其面。《爾雅》云「髴髴」。《大傳》曰：「《周書》：成王時州靡國獻之。」《海內經》謂之「贛巨人」。今交州南康郡深山中皆有此物也，長丈許，腳跟反向，健走，被髮，好笑。雌者能作汁，灑中人卽病。土俗呼爲山都。南康今有贛水，以有此人，因以名水，猶《大荒》說地有蜮人，人因號其山爲蜮山，亦此類也。懿行案：今《周書·王會篇》作「州靡費費」，郭引作「髴髴」，《說文》引作「𩳁𩳁」，蓋所見本異也。又，所引《爾雅》當爲「狒狒」。《太平御覽》九百八卷引此經《圖讚》云：𩳁𩳁怪獸，被髮操竹；獲人則笑，脣蓋其目；終亦號咷，反爲我戮。《廣韻》亦引此《讚》，字小異。】

兕在舜葬東，湘水南，【懿行案：皆說圖畫如此。】其狀如牛，蒼黑，一角。【懿行案：兕，形狀已見《南次三經》「禱過之山」注。《竹書》云：周昭王十六年，伐楚，涉漢，遇大兕。】

蒼梧之山，【懿行案：高誘注《淮南子》云：蒼梧之山，在蒼梧馮乘縣東北，零陵之南。】帝舜葬于陽，【卽九疑山也。《禮記》亦曰「舜葬蒼梧之野」。懿行案：《史記·五帝紀》注引《皇覽》云：舜冢在零陵營浦縣，其山九谿皆相似，故曰九疑。《呂氏春秋·安死篇》云：舜葬於紀市。高誘注云：《傳》曰「舜葬蒼梧九疑之山」，此云「於紀市」，九疑山下亦有紀邑。《太平御覽》五百五十五卷引《尸子》曰：舜西教乎七戎，道死，葬於南己之中。己卽紀矣。】帝丹朱葬于陰。【今丹陽復有丹朱冢也。《竹書》亦曰：后稷放帝朱于丹水。與此義符。丹朱稱帝者，猶漢山陽公死加獻帝之謚也。懿行案：《竹書》云：帝堯五十八年，使后稷放帝子朱于丹水。今本「朱」上有「子」字，與郭所引異。又,《史記・五帝紀》注引此經云「丹朱葬于陰」,亦無「帝」字。推尋經文所以稱帝之義,或上古朴畧,不以爲嫌。《水經・溱水》注云:有鼻天子城;鼻天子,所未聞。亦斯之類。郭以漢山陽公事例之,非矣。】

氾林方三百里,在狌狌東。【或作猩猩,字同耳。懿行案:《海内經》云:猩猩青獸。】狌狌知人名,【懿行案:《淮南・氾論訓》云:猩猩知往而不知來。高誘注云:見人往走則知人姓氏。《後漢書・西南夷傳》云:哀牢出猩猩。李賢注引《南中志》云:猩猩在山谷,見酒及屩,知其設張者,卽知張者先祖名字,乃呼其名而罵云「奴欲張我」云云。】其爲獸如豕而人面。【《周書》曰:鄭郭狌狌者,狀如黄狗而人面,頭如雄雞,食之不眯。今交州封谿出狌狌,土俗人說云,狀如豚而腹似狗,聲如小兒嗁也。懿行案:劉逵注《吴都賦》引此經云:猩猩豕身人面。郭注《爾雅》引此經亦同。葢所見本異也。《周書・王會篇》云:都郭生生。此注引作「鄭郭狌狌」,亦所見本異也。其「頭如雄雞」二句,彼文所說「奇榦善芳」自別一物,此注不加剗削,妄行牽引,似非郭氏原文,或後人寫書者羼入之耳。《郡國志》云:交阯郡封谿。郭注《爾雅》亦云:交阯封谿縣出猩猩。《晉書・地理志》亦作交阯郡。此注作「交州」,「州」字譌也。又,「腹似狗」,一本作「後似狗」。云「聲如小兒嗁」者,《爾雅》云:猩猩小而好嗁。郭注亦與此注同也。《水經・葉榆河》注云:封谿縣有猩猩獸,形若黄狗,又狀貆豘,人面,頭顔端正,善與人言,音聲麗妙如婦人好女,對語交言,聞之無不酸楚,其肉甘美,可以斷穀,窮年不厭。】在舜葬西。

狌狌西北有犀牛,其狀如牛而黑。【犀牛似水牛,豬頭,在狌狌知人名之西北,庳腳,三角。懿行案:犀牛,形狀已見《南次三經》「禱過之山」注。此「庳腳三角」四字,當與「豬頭」句相屬,疑寫書者誤分之。】

夏后啓之臣曰孟涂,【懿行案:《竹書》云:帝啓八年,帝使孟涂如巴涖訟。《水經・江水》注引此經作「血涂」,《太平御覽》六百三十九卷引作「孟余」或「孟徐」。】是司神于巴,人【聽其獄訟,爲之神主。】請訟于孟涂之所,【令斷之也。懿行案:《水經注》引此經云:是司神于巴,巴人訟于血涂之所。疑今本脱一巴字。】其衣有血者乃執之,【不直者則血見於衣。】是請生。【言好生也。】居山上,在丹山西。【懿行案:《水經注》引經止此,酈氏又釋之云:丹山西,卽巫山者也。】丹山在丹陽南,丹陽居屬也。【今建平郡丹陽城秭歸縣東七里,卽孟涂所居也。懿行案:《晉書·地理志》建平郡有秭歸,無丹陽,其丹陽屬丹陽郡也。《水經注》引郭景純云:丹山在丹陽,屬巴。是此經十一字,乃郭注之文,酈氏節引之。寫書者誤作經文耳。「居屬」又「巴蜀」字之譌。】

窫窳龍首,居弱水中,在狌狌知人名之西,其狀如龍首,食人。【窫窳本蛇身人面,爲貳負臣所殺,復化而成此物也。懿行案:劉逵注《吴都賦》引此經云:南海之外有猰貐,狀如貙,龍首,食人。蓋參引《爾雅》之文。《爾雅》云:猰貐類貙。以引此經,則誤矣。窫窳,形狀又見《海内西經》。又,《北山經》「少咸之山」説窫窳,形狀復與此異。】

有木,其狀如牛,【《河圖玉版》説「芝草樹生,或如車馬,或如龍蛇之狀」,亦此類也。懿行案:《博物志》云:名山生神芝不死之草,上芝爲車馬,中芝爲人形,下芝爲六畜。】引之有皮,若纓、黄蛇,【言牽之皮剝如人冠纓及黄蛇狀也。懿行案:纓,謂纓帶也。引其皮,纓帶若黄蛇之狀也。】其葉如羅,【如綾羅也。懿行案:郭説非也。上世淳朴,無綾羅之名,疑當爲網羅也。《淮南·氾論訓》云:伯余之初作衣也,緂麻索縷,手經指挂,其成猶網羅。是綾羅之名,非上古所有,審矣。又,楊檖一名羅,見《爾雅》,吴氏云。】其實如欒,【欒,木名,黄本赤枝青葉,生雲雨山。或作卵，或作麻。音鑾。懿行案：《玉篇》云：欒木似欄。郭說「欒生雲雨山」者，見《大荒南經》。】其木若蘲，【蘲亦木名，未詳。懿行案：蘲，刺榆也。《爾雅》云：蘲，茎。郭注引《詩》云「山有蘲」，「今之刺榆」。】其名曰建木。【建木青葉、紫莖、黑華、黄實，其下聲無響、立無影也。懿行案：郭說建木本《海内經》及《淮南子》。《淮南·墬形訓》云：建木在都廣，衆帝所自上下，日中無景，呼而無響，蓋天地之中也。《呂氏春秋·有始覽》亦同茲說。】在窫窳西弱水上。

氐人國【音觸抵之抵。懿行案：「氐人」《大荒西經》作「互人」。】在建木西，其爲人，人面而魚身，無足。【盡胷以上人，胷以下魚也。懿行案：《竹書》云：禹觀於河，有長人白面魚身，出曰：「吾河精也。」吳氏引徐鉉《稽神錄》云：謝仲玉者，見婦人出沒水中，腰以下皆魚。又引《徂異記》曰：查道奉使高麗，見海沙中一婦人，肘後有紅鬣，問之，曰人魚也。形狀俱與此同。】

巴蛇食象，三歲而出其骨。【懿行案：劉逵注《吳都賦》引此經。】君子服之，無心腹之疾。【今南方蚺蛇吞鹿，鹿已爛，自絞於樹，腹中骨皆穿鱗甲間出，此其類也。《楚詞》曰：有蛇吞象，厥大何如。說者云長千尋。懿行案：今《楚詞·天問》作「一蛇吞象」，與郭所引異。王逸注引此經作「靈蛇吞象」，竝與今本異也。蚺蛇見《本草》。《淮南·精神訓》云：越人得髯蛇以爲上肴，中國得而棄之無用。又，《水經》：葉榆河過交趾䓿泠縣北。注云：山多大虵，名曰髯虵，長十丈，圍七八尺，常在樹上伺鹿獸，鹿獸過便低頭繞之，有頃鹿死，先濡令溼，訖便吞，頭角骨皆鑽皮出；山夷始見虵不動時，便以大竹籤籤虵頭至尾，殺而食之，以爲珍異。云云。又云：養創之時，肪腴甚肥，搏之以婦人衣投之，則蟠而不起，走便可得也。《桂海虞衡志》云：蚺蛇膽入藥，南人腊其皮刮去鱗以鞔鼓。《蓺文類聚》九十六卷引郭氏《讚》云：象實巨獸，有蛇吞之；越出其骨，三年爲期；厥大何如，屈生是疑。】其爲蛇，青黄赤黑。【懿行案：劉逵注《吴都賦》引此經。】一曰黑蛇青首。【懿行案：黑蛇青首食象，出朱卷之國，見《海内經》。】

在犀牛西。

旄馬，其狀如馬，四節有毛，【《穆天子傳》所謂「豪馬」者。亦有旄牛。懿行案：今《穆天子傳》作「豪馬」「豪牛」。郭氏注云：豪，猶髭也。引此經云：髭馬如馬，足四節皆有毛。疑「髭」當爲「髦」，引經「髭馬」亦當爲「髦马」，竝字形之譌也。郭又注「豪羊」云「似髦牛」，可知「旄牛」皆當爲「髦牛」矣。又，旄牛已見《北山經首》「潘侯之山」。】

在巴蛇西北，高山南。

匈奴、【一曰獫狁。懿行案：《伊尹四方令》云：正北匈奴。《〈史記·匈奴傳〉索隱》引應劭《風俗通》云：殷時曰獯粥，改曰匈奴。又晉灼云：堯時曰葷粥，周曰獫狁，秦曰匈奴。案，已上三名，竝一聲之轉。】開題之國、【音提。】列人之國，竝在西北。【三國竝在旄馬西北。】

山海經第十

山海經第十一

晉　郭璞傳　棲霞郝懿行箋疏

海内西經

海内西南陬以北者。

貳負之臣曰危，危與貳負殺窫窳，【懿行案：劉逵注《吴都賦》引此經作「猰㺄」。李善注張協《七命》引此經又作「猰貐」。】帝【懿行案：李善注張協《七命》引此經作「黄帝」，「黄」字衍。】乃梏之疏屬之山，【梏，猶繫縛也，古沃切。懿行案：《地理志》「上郡雕陰」應劭注云：雕山在西南。卽斯山也，山在今陝西綏德州城内。《元和郡縣志》云：龍泉縣，疏屬山亦名彫陰山。】桎其右足，【桎，械也。懿行案：《説文》云：桎，足械也；梏，手械也。】反縛兩手與髮，【幷髮合縛之也。懿行案：劉逵注《吴都賦》及李善注張協《七命》引此經竝無「與髮」二字。《北堂書鈔》四十五卷引則有之，又上句作「梏其右足大道」，下句作「繫之山木之上」，與今本異。此據影鈔宋本，雖多誤字，極是善本。其「大道」二字，疑「及首」之譌也。】繫之山上木，【漢宣帝使人上郡發盤石，石室中得一人，跣裸，被髮，反縛，械一足。以問羣臣，莫能知。劉子政按此言對之，宣帝大驚。於是時人爭學《山海經》矣。論者多以爲是其尸象，非眞體也。意者以靈怪變化論，難以理測。物稟異氣，出於不然，不可以常運推，不可以近數揆矣。魏時有人發故周王冢者，得殉女子，不死不生，數日時有氣，數月而能語，狀如廿許人。送詣京師，郭太后愛養之，恒在左右。十餘年，太后崩，此女哀思哭泣，一年餘而死。即此類也。懿行案：經云「繫之山上木」，注言「得之石室中」，所未詳也。劉逵注《吳都賦》引此注「盤石」作「磻石」，又云「陷得石室，其中有反縛械人」云云，與今本異。《海內經》云：北海之內，有反縛盜械，名曰相顧之尸。亦此之類。又，《水經・洛水》注云：溫泉水側有僵人穴，穴中有僵尸，戴延之《從劉武王西征記》曰有此尸，尸今猶在；夫物無不化之理，魂無不遷之道，而此尸無神識，事同木偶之狀，喻其推移，未若正形之速遷矣。亦斯類也。郭云「魏時發故周王冢得殉女子」，與顧凱之《啓蒙注》同，見《魏志・明帝記》注。其《博物志》所載與此則異。又，郭云「出於不然」，「不」當爲「自」字之譌，見《太平御覽》五十卷所引。】在開題西北。【懿行案：畢氏云：開題疑卽笄頭山也，音皆相近。】

大澤方百里，【懿行案：《大荒北經》作「大澤方千里」，郭注《穆天子傳》引此經亦云「大澤方千里，羣鳥之所生及所解」，是「百」當爲「千」矣。然郭注又引此經云，羣鳥所集澤有兩處，一方百里，一方千里，是又以爲非一地。所未詳也。李善注《別賦》引此經亦云「大澤方百里」，可證今本不誤。】羣鳥所生及所解，【百鳥於此生乳，解之毛羽。】在鴈門北。【懿行案：此地卽翰海也，說見《大荒北經》。】鴈門山，【懿行案：《淮南・墬形訓》云：燭龍在鴈門北，蔽於委羽之山。疑委羽山卽鴈門山之連麓，委羽亦卽解羽之義。江淹《別賦》所謂「鴈山參雲」也。】鴈出其閒，【懿行案：《水經注》及《初學記》三十卷引此經竝作「鴈出其門」。】在高柳北。【懿行案：高柳山在今山西代州北三十五里。】

高柳在代北。【懿行案：《水經·㶟水》注引此經「北」作「中」，云：其山重巒疊巘，霞舉雲高，連山隱隱，東出遼塞。】

后稷之葬，山水環之，【在廣都之野。懿行案：廣都，《海内經》作「都廣」，是。】在氐國西。

流黄酆氏之國，【懿行案：《海内經》作「流黄辛氏」。《淮南·墬形訓》云：流黄沃氏在其北，方三百里。即此也。】中方三百里，【言國城内。】有塗四方，【塗，道。】中有山，【懿行案：《海内經》説「流黄辛氏」有「巴遂山」，蓋即此。】在后稷葬西。

流沙出鍾山，【懿行案：《楚詞·招魂》云：西方之害，流沙千里。王逸注云：流沙，沙流而行也。高誘注《吕氏春秋·本味篇》云：流沙在敦煌郡西八百里。《水經》云：流沙地在張掖居延縣東北。注云：流沙，沙與水流行也，亦言出鍾山，西行極崦嵫之山，在西海郡北。】西行，又南行昆侖之虚，西南入海，黑水之山。【今西海居延澤，《尚書》所謂流沙者，形如月生五日也。懿行案：《地理志》云：張掖郡居延，居延澤在東北，古文以爲流沙。是郭所本也。《水經注》云：流沙西歷昆山，西南出於過瀛之山，又歷員丘不死山之西，入於南海。】

東胡【懿行案：國名也。《伊尹四方令》云：正北東胡。詳《後漢書·烏桓鮮卑傳》。《廣韵》引《前燕録》云：昔高辛氏游於海濱，留少子厭越以居北夷，邑于紫蒙之野，號曰東胡云云，其後爲慕容氏。】在大澤東。

夷人在東胡東。

貊國在漢水東北，【今扶餘國即濊貊故地，在長城北，去玄菟千里，出名馬、赤玉、貂皮，大珠如酸棗也。懿行案：《魏志·東夷傳》説「夫餘」與此注同，即郭所本也。唯「貊皮」作「貂豽」，《後漢書·東夷傳》又作「貂豽」。《蓺文類聚》八十三卷引《廣志》曰：赤玉出夫餘。】地近于燕，滅之。【懿行案：《大雅·韓奕篇》云：其追其貊。謂此。】

孟鳥【亦鳥名也。懿行案：《博物志》云：孟舒國民人首鳥身，其先主爲霅氏訓百禽，夏后之世始食卵，孟舒去之，鳳皇隨焉。《太平御覽》九百十五卷引《括地圖》曰：孟虧人首鳥身，其先爲虞氏馴百獸，夏后之末世民始食卵，孟虧去之，鳳皇隨，與止於此，山多竹，長千仞，鳳凰食竹實，孟虧食木實，去九疑萬八千里。据《括地圖》及《博物志》所説，蓋卽孟鳥也。又，《海外西經》有「滅蒙鳥」，在結匈國北，疑亦此鳥也。「滅蒙」之聲近「孟」。】在貊國東北，其鳥文赤黄青，東鄉。【懿行案：明藏本「黄」上無「赤」字。】

海内昆侖之虚【言海内者，明海外復有昆侖山。懿行案：海内昆侖，卽《西次三經》昆侖之丘也。《禹貢》昆侖亦當指此。《海内東經》云：昆侖山在西胡西。蓋別一昆侖也。又，《水經·河水》注引此經郭注云：此自別有小昆侖也。疑今本脱此句。又，荒外之山，以昆侖名者蓋多焉，故《水經》《禹本紀》竝言「昆侖去嵩高五萬里」。《水經注》又言晉去昆侖七萬里，又引《十洲記》：昆侖山在西海之戌地，北海之亥地，去岸十三萬里。似皆別指一山。然則郭云「海外復有昆侖」，豈不信哉？《説文》云：虚，大丘也，昆侖丘謂之昆侖虚。】在西北，帝之下都。【懿行案：《〈史記·司馬相如傳〉正義》引此經云：昆侖去中國五萬里，天帝之下都。蓋幷引郭注也。「天」字疑衍。】昆侖之虚方八百里，高萬仞，【皆謂其虚基廣輪之高庳耳。自此以上二千五百餘里，上有醴泉、華池，去嵩高五萬里，蓋天地之中也，見《禹本紀》。懿行案：王逸注《離騷》引《河圖括地象》言：昆侖在西北，其高一萬一千里。《初學記》

引此經云：昆侖山縱廣萬里，高萬一千里，去嵩山五萬里。云云。所引蓋《禹本紀》文，卽郭所引者。《水經注》亦引此經及郭注，并稱《禹本紀》。《初學記》引作此經，誤也。】上有木禾，長五尋，大五圍，【木禾，穀類也，生黑水之阿，可食，見《穆天子傳》。懿行案：《穆天子傳》云：黑水之阿，爰有野麥，爰有荅菫，（衹謹兩音。）西膜之所謂木禾。郭注引此經。李善注《思玄賦》亦引此經及郭注。】面【懿行案：《初學記》七卷引此經作「上」。】有九井，【懿行案：《呂氏春秋・本味篇》云：水之美者，昆侖之井。】以玉爲檻，【檻，欄。懿行案：《淮南・墬形訓》云：昆侖旁有九井，玉横維其西北隅。】面有九門，【懿行案：《〈史記・司馬相如傳〉正義》引此經作「旁有五門」。】門有開明【懿行案：《淮南・墬形訓》云：東方曰東極之山，曰開明之門。是開明乃門名也。此經自是獸名，非門名，形狀見下。】獸守之，百神之所在。【懿行案：《水經注》引《遁甲開山圖注》云：天下仙聖治在柱州昆侖山上。】在八隅之巖、【在巖閒也。】赤水之際，非仁羿莫能上岡之巖。【言非仁人及有才藝如羿者，不能得登此山之岡嶺巉巖也。羿嘗請藥西王母，亦言其得道也。「羿」一或作「聖」。懿行案：《論語釋文》云：《魯》讀「仍」爲「仁」。是「仁」「仍」古字通。《說文》云：羿，羽之羿風。則「羿」「羽」義近。《楚詞・遠遊篇》云：仍羽人於丹丘。王逸注云：人得道，身生羽毛也。是此經「仁羿」卽《楚詞》「仍羽人」，言羽化登仙也。郭云羿嘗請藥西王母，事見《歸藏》及《淮南・覽冥訓》。李淳風《乙巳占》引《連山易》云：有馮羿者，得不死之藥於西王母，恒娥竊之以奔月，將往，枚筮於有黃，有黃占之曰：「吉。翩翩歸妹，獨將西行。逢天晦芒，无恐无驚，後且大昌。」恒娥遂託身於月。○卽斯事也。】

赤水出東南隅，以行其東北。【懿行案：《穆天子傳》云：宿于昆侖之阿，赤水之陽。郭注云：昆侖山有五色

水，赤水出東南隅而東北流，皆見《山海經》。又案，經文「東北」下，明藏本有「西南流注南海厭火東」九字，爲今本所無。】

河水出東北隅，【懿行案：郭注《爾雅·釋水》及李賢注《後漢書·張衡傳》及《廣韻》引此經，竝作「河出昆侖西北隅」。《淮南·墬形訓》《廣雅》及《水經注》竝從此經作「東北隅」，疑傳寫之譌，說見《爾雅畧》。】以行其北，西南又入渤海，又出海外，【懿行案：渤海蓋卽翰海。或云蒲昌海，非也。《水經》云：昆侖，河水出其東北陬，屈從其東南流入於渤海，又出海外，南至積石山下，又南入蔥嶺，出于闐，又東注蒲昌海。然則《水經》之意，蓋不以渤海卽蒲昌海也。《大荒北經》云：大荒之中有山，名曰先檻大逢之山，河濟所入，海北注焉，其西有山，名曰禹所積石。懿行與此經合，則其海卽渤海，明矣。】卽西而北，入禹所導積石山。【禹治水，復決疏出之，故云導河積石。懿行案：《括地志》所謂「小積石」也，說已見《海外北經》。《水經注》引此經云云，山在隴西郡河關縣西南羌中。然据《水經》說，積石山在蒲昌海之上，蓋「大積石」也。此及《海外北經》所說，皆「小積石」也。酈氏不知，誤以「大積石」爲卽「小積石」，故濫引此經之文，又議《水經》爲非，其謬甚矣。】

洋【音翔。】水、【懿行案：高誘注《淮南·墬形訓》云：洋水經隴西氐道，東至武都爲漢，「陽」或作「養」也。《水經注》引闞駰云：漢或爲漾，漾水出昆侖西北隅，至氐道重源顯發而爲漾水。是「洋水」卽「漾水」，字之異也。】黑水出西北隅，【懿行案：《〈史記·夏本紀〉正義》引《括地志》云：黑水源出伊吾縣北百二十里，又南流二十里，而絶三危山，在河州敦煌縣東南四十里。】以東，東行又東北，南入海【懿行案：《禹貢》云：導黑水至于三危，入于南海。或云南海卽揚州東大海，非也。海在羽民南，非中國近地。】羽民南。【懿行案：羽民已見《海外南經》。】

弱水、青水出西南隅，【《西域傳》：烏弋國去長安萬五千餘里，西行可百餘日至條枝國，臨西海，長老傳聞有弱水西王母云。《東夷傳》亦曰：長城外數千里亦有弱水。皆所未見也。《淮南子》云：弱水出窮石。窮石，今之西郡邗冉，蓋其派別之源耳。懿行案：弱，《說文》作「溺」，云：溺水自張掖刪丹西至酒泉，合黎，餘波入於流沙，从水，弱聲，桑欽所說。《地理志》引桑欽與《說文》同。《離騷》云：夕歸次於窮石。王逸注引《淮南子》言：弱水出於窮石，入於流沙也。《史記正義》引《括地志》云：蘭門山一名合黎，一名窮石，山在甘州刪丹縣西南七里。】以東，又北，又西南過畢方鳥東。【懿行案：《海外南經》云：畢方鳥在青水西。然青水竟無攷。】

昆侖南淵深三百仞。【靈淵。懿行案：即《海內北經》云「從極之淵，深三百仞」者也。】開明獸，身大類虎

【懿行案：明藏本有郭注「身或作直」四字。】而九首皆人面，東嚮立昆侖上。【天獸也。《銘》曰：開明爲獸，稟資乾精；瞪視昆侖，威振百靈。懿行案：《銘》亦郭氏《圖讚》也。】

開明西有鳳皇、鸞鳥，皆戴蛇，踐蛇，膺有赤蛇。

開明北有視肉、珠樹、【懿行案：《海外南經》云：三珠樹生赤水上。即此。《淮南·墬形訓》云：昆侖之上有珠樹。又云：曾城九重，珠樹在其西。】文玉樹、【五彩玉樹。懿行案：《淮南子》云：昆侖之上有玉樹。王逸注《離騷》引《括地象》言：昆侖有瓊玉之樹也。】玗琪樹、【玗琪，赤玉屬也。吳天璽元年，臨海郡吏伍曜在海水際得石樹，高二尺餘，莖葉紫色，詰曲傾靡，有光彩，卽玉樹之類也。于其兩音。懿行案：郭注見《宋書·符瑞志》，唯「二尺」作「三尺」，「莖葉」作「枝莖」，「詰曲」作「詰屈」爲異，其餘則同。但据郭所說，則似珊瑚樹，恐非玗琪樹也。玗琪

見《爾雅・釋地》。又,《穆天子傳》云:重鎚氏之所守曰玗琪徼尾。】不死樹。【言長生也。懿行案:李善注《思玄賦》引此經云:有不死樹,食之長壽。今本無此句。又引《古今通論》云:不死樹在層城西。案,《呂氏春秋・本味篇》云:菜之美者,壽木之華。高誘注云:壽木,昆侖山上木也;華,實也;食其實者不死,故曰壽木。是壽木即不死樹也。《淮南子》云:昆侖之上有不死樹。《蓺文類聚》八十八卷引郭氏《讚》云:萬物暫見,人生如寄;不死之樹,壽蔽天地;請藥西姥,焉得如羿。】鳳皇、鸞鳥皆戴瞂。【音伐,盾也。懿行案:《太平御覽》三百五十七卷引此經「瞂」作「盾」。】又有離朱、木禾、柏樹、甘水、【即醴泉也。懿行案:《史記・大宛傳》云:《禹本紀》言,昆侖上有醴泉。】聖木、【食之令人智聖也。懿行案:《蓺文類聚》八十八卷引郭氏《圖讚》云:醴泉睿木,養齡盡性;增氣之和,去神之冥;何必生知,然後爲聖。】曼兌。【未詳。】一曰挺木牙交。【《淮南》作璇樹。璇,玉類也。懿行案:《淮南子》云:昆侖之上有璇樹。蓋璇樹一名挺木牙交,故郭氏引之。疑經文上下當有脫誤,或「挺木牙交」四字即「璇樹」二字之形譌,亦未可知。「璇」當爲「琁」。高誘注《淮南・墬形訓》云:琁音窮。是也。明藏本「牙」作「互」。

○臧庸曰:「挺木牙交」爲「曼兌」之異文。兌讀爲銳,「挺」當爲「梃」,字之譌也。】

開明東有巫彭、巫抵、巫陽、巫履、巫凡、巫相,【皆神醫也。《世本》曰:巫彭作醫。《楚詞》曰:帝告巫陽。懿行案:《說文》云:古者巫彭初作醫。郭引《楚詞》者,《招魂篇》文也。餘詳《大荒西經》。】夾窫窳之尸,皆操不死之藥以距之。【爲距卻死氣求更生。】窫窳者,蛇身人面,貳負臣所殺也。

服常樹,【服常木未詳。懿行案:《淮南子》云:昆侖之上,沙棠、琅玕在其東。疑「服常」即「沙棠」也。「服」

《玉篇》《廣韻》竝作「槶」，云：木，出昆侖也。】其上有三頭人【懿行案：《海外南經》云：三首國一身三首。亦此類也。】伺琅玕樹。【琅玕子似珠。《爾雅》曰：西北之美者有昆侖之琅玕焉。《莊周》曰：有人三頭，遞臥遞起，以伺琅玕與玗琪子。謂此人也。懿行案：《說文》云：琅玕，似珠者。郭注《爾雅·釋地》引此經云：昆侖有琅玕樹也。又《玉篇》引《莊子》云：積石爲樹，名曰瓊枝，其高一百二十仞，大三十圍，以琅玕爲之實。是琅玕卽瓊枝之子似珠者也。瓊枝亦見《離騷》。又，王逸注《九歌》云：瓊芳，瓊玉枝也。騷客但標瓊枝之文，《玉篇》空衍琅玕之實，而《莊子》逸文缺然未覩厥略。惟《藝文類聚》九十卷及《太平御覽》九百一十五卷引《莊子》曰：老子見孔子，從弟子五人，問曰：「前爲誰？」對曰：「子路爲勇，其次子貢爲智，曾子爲孝，顔回爲仁，子張爲武。」老子歎曰：「吾聞南方有鳥，其名爲鳳，所居積石千里，天爲生食，其樹名瓊枝，高百仞，以璆琳、琅玕爲實，天又爲生離珠，一人三頭，遞臥遞起，以伺琅玕。鳳鳥之文，戴聖嬰仁，右智左賢。」○以此參校，郭注所引「與玗琪子」四字蓋誤衍也。】

開明南有樹，【懿行案：樹葢絳樹也。《淮南子》云：昆侖之上，絳樹在其南。】鳥六首，【懿行案：《大荒西經》「互人國」下云：有青鳥，身黃，赤足，六首，名曰鸀鳥。卽此類。】蛟、【蛟似蛇，四腳，龍類也。】蝮蛇、蜼、豹、鳥秩樹。【木名，未詳。】于表池樹木，【言列樹以表池，卽華池也。】誦鳥、【鳥名，形未詳。】鶽、【鵰也。《穆天子傳》曰：爰有白鶽、青鵰。音竹筍之筍。懿行案：今《穆天子傳》作白鳥青雕，已見《西次三經》「鍾山」注。】視肉。

山海經第十二

晉　郭璞傳　棲霞郝懿行箋疏

海内北經

海内西北陬以東者。

蛇巫之山，上有人，操柸【柸或作棓，字同。懿行案：柸卽棓字之異文。《説文》云：棓，梲也。《玉篇》云：棓與棒同，步項切。《太平御覽》三百五十七卷引服虔《通俗文》曰：大杖曰棓。】而東向立。一曰龜山。【懿行案：《越絶書》云：龜山一曰怪山，怪山者，往古一夜自來，民怪之，故謂怪山。《吴越春秋》云：怪山者，琅琊東武海中山也，一夕自來，故名怪山。《水經·漸江水》注云：山形似龜，故有龜山之稱。疑此之類也。】

西王母梯几而戴勝，杖，【梯，謂馮也。懿行案：如淳注《漢書·司馬相如大人賦》引此經無「杖」字。】其南有三青鳥，爲西王母取食。【又有三足鳥主給使。懿行案：三青鳥居三危山，見《西次三經》。《史記正義》引《輿地圖》云：有三足神鳥，爲王母取食。】在昆侖虚北。

有人曰大行伯，把戈。其東有犬封國，【昔盤瓠殺戎王，高辛以美女妻之，不可以訓，乃浮之會稽東南海中，得三百里地封之，生男爲狗，女爲美人，是爲狗封之國也。懿行案：郭説本《風俗通》。《後漢書·南蠻傳》有其文，李賢注引《魏畧》云：高辛氏有老婦居王室，得耳疾，挑之乃得物大如繭，婦人盛瓠中，覆之以槃，俄頃化爲犬，其文五色，因名槃瓠。案《水經·沅水》注亦載其事。】貳負之尸在大行伯東。

犬封國曰犬戎國，狀如犬，【黄帝之後卞明，生白犬二頭，自相牝牡，遂爲此國。言狗國也。懿行案：「犬封」「犬戎」聲相近。郭注本《大荒北經》。】有一女子方跪進柸食。【與酒食也。懿行案：《藝文類聚》七十三卷引此經「柸」上有「玉」字。明藏本「柸」作「杯」，注「酒」字作「狗」。】有文馬，【懿行案：文，《説文》作媽，《廣雅》作駁。】縞身，【色白如縞。】朱鬣，目若黄金，名曰吉量，【一作良。懿行案：李善注《東京賦》引此經正作「吉良」。】乘之壽千歲。【《周書》曰：犬戎文馬，赤鬣，白身，目若黄金，名曰吉黄之乘，成王時獻之。《六韜》曰：文身，朱鬣，眼若黄金，項若雞尾，名曰雞斯之乘。《大傳》曰：駮身，朱鬣，雞目。《山海經》亦有吉黄之乘，壽千歲者。惟名有不同，説有小錯，其實一物耳。今博舉之以廣異聞也。懿行案：今《周書·王會篇》作「古黄之乘」，《初學記》二十九卷引亦同。郭引作「吉黄」。《六韜》云：犬戎氏文馬，豪毛朱鬣。郭引無「豪毛」二字。《尚書大傳》云：散宜生遂之犬戎氏，取美馬駮身、朱鬣、雞目者，取九六焉。郭又云「《山海經》亦有吉黄之乘」，是此經「吉量」本或有作「吉黄」者。又名吉光，亦名騰黄。李善注《東京賦》引《瑞應圖》云：騰黄神馬，一名吉光。《藝文類聚》九十三卷引此經又作「吉彊」。九十九卷引《瑞應圖》云：騰黄者其色黄。非也。經云「縞身朱鬣」，明非黄色。】

鬼國【懿行案：《伊尹四方令》云：正西鬼親。又，《魏志·東夷傳》云：女王國北有鬼國。《論衡·訂鬼篇》引此經曰「北方有鬼國」。】在貳負之尸北，爲物人面而一目。【懿行案：「一目國」已見《海外北經》。】一曰貳負

神在其東，爲物人面蛇身。【懿行案：與窫窳同狀。】

蜪犬【音陶。或作蚼，音鉤。懿行案：《説文》作「蚼」，云：北方有蚼犬食人。】如犬，青，【懿行案：《藝文類聚》九十四卷引此經「青」下有「色」字。】食人從首始。

窮奇狀如虎，有翼，【毛如蝟。懿行案：窮奇蝟毛，已見《西次四經》「邽山」。《史記正義》引《神異經》云：西北有獸，其狀似虎，有翼能飛，便勦食人，知人言語，聞人鬬輒食直者，聞人忠信輒食其鼻，聞人惡逆不善輒殺獸往饋之，名曰窮奇。】食人從首始，所食被髮，在蜪犬北。一曰從足。【懿行案：郭注《方言》云：虎食物值耳即止，以觸其諱故。是知虎食人從足始也。】

帝堯臺、帝嚳臺、【懿行案：《初學記》二十四卷引王韶之《始興記》云：含洭縣有堯山，堯巡狩至於此立行臺。是帝堯有臺也。《楚詞·天問》云：簡狄在臺嚳何宜？《離騷》云：望瑤臺之偃蹇，見有娀之佚女。是帝嚳有臺也。】帝丹朱臺、帝舜臺，【懿行案：《大荒西經》有軒轅臺，《北經》有共工臺，亦此之類。】各二臺，臺四方，在昆侖東北。【此蓋天子巡狩所經過，夷狄慕聖人恩德，輒共爲築立臺觀，以標顯其遺跡也。一本云：所殺相柳地腥臊，不可種五穀，以爲衆帝之臺。懿行案：衆帝之臺，已見《海外北經》。】

大蠭其狀如螽，【懿行案：蠭有極桀大者，僅曰如螽，似不足方之。疑「螽」即「蠭」字之譌，與下句詞義相比。古文「蠭」作「螽」，與「螽」字形近，故譌耳。】朱蛾【懿行案：《爾雅》云：蠪，朾螘。郭注云：赤駁蚍蜉。蓋此之類。】其狀如蛾。【蛾，蚍蜉也。《楚詞》曰：玄蜂如壺，赤蛾如象。謂此也。懿行案：郭引《楚詞》，見《招魂篇》。】

蟜，【蟜音橋。懿行案：《説文》云：蟜，蟲也。非此。《廣韵》「蟜」字注引此經云：野人，身有獸文。與今本小異。】其爲人虎文，脛有䏿，【言腳有膊腸也。懿行案：「膊」當爲「腨」。《説文》云：腨，腓腸也；腓，脛腨也。已見《海外北經》「無䏿國」。】在窮奇東。一曰狀如人。昆侖虛北所有。【此同上物事也。懿行案：郭意，此已上物事皆昆侖虛北所有也。明藏本「同」作「目」。】

闒非，【闒音榻。懿行案：《伊尹四方令》云：正西闒耳。疑即此，「非」「耳」形相近。】人面而獸身，青色。

據比【一云掾比。懿行案：「掾比」一本作「掾北」。】之尸，其爲人折頸，被髮，無一手。

環狗，【懿行案：《伊尹四方令》云：正西昆侖狗國。《易林》云：穿胸狗邦。即此也。《淮南・墬形訓》有狗國。】其爲人獸首，人身。一曰蝟狀如狗，黄色。

袜，【袜即魅也。懿行案：魑魅，漢碑作「褵袜」。《禮儀志》云：雄伯食魅。《玉篇》云：袜即鬼魅也。本此。】其爲物人身，黑首，從目。【懿行案：《楚詞・大招》云：豕首從目，被髮鬤只。疑即此。】

戎，【懿行案：《周書・史記篇》云：昔有林氏，召離戎之君而朝之。或單呼爲戎，又與林氏國相比，疑是也。】其爲人人首，三角。【懿行案：戎，《廣韵》作㦾，云：㦾，人身有三角也。「首」作「身」，與今本異。】

林氏國【懿行案：《周書・史記篇》云：昔有林氏，召離戎之君而朝之。又云：林氏與上衡氏爭權，俱身死國亡。即此國也。】有珍獸，大若虎，五采畢具，【懿行案：《毛詩傳》云：騶虞，白虎黑文，不食生物。與此異。】尾長于身，名曰騶吾，乘之日行千里。【《六韜》云：紂囚文王，閎夭之徒詣林氏國，求得此獸獻之，紂大悦，乃釋之。《周書》曰：夾林酋耳，酋耳若虎，尾參於身，食虎豹。《大傳》謂之侄獸。吾宜作虞也。懿行案：《尚書大傳》云：散宜生之於陵氏取怪獸，大不辟虎狼閒，尾倍其身，名曰虞。鄭康成注云：虞，騶虞也。是鄭以虞卽此經之騶吾，則「於陵氏」卽「林氏國」也。「於」爲發聲，「陵」「林」聲近，「騶虞」亦卽「騶吾」也，「虞」「吾」之聲又相近。《周禮》賈疏引經作「鄒吾」，古字假借也。《周書·王會篇》云：央林酋耳。「央」一作「英」。郭引作「夾」，字形之譌也。郭又引《大傳》謂之「侄獸」，侄音質，今《大傳》作「怪獸」也。《藝文類聚》九十九卷引郭氏《讚》云：怪獸五采，尾參於身，矯足千里，儵忽若神，是謂騶虞，《詩》歎其仁。】

昆侖虛南所有：【懿行案：此目下物事也。郭無注，蓋失檢。】氾林方三百里。【懿行案：《淮南·墬形訓》云：樊桐在昆侖閶闔之中。《廣雅》云：昆侖虛有板桐。《水經注》云：昆侖之山，下曰樊桐，一名板桐。「氾」「樊」「板」聲相近，「林」「桐」字相似，當卽一也，畢氏云。】

從極之淵【懿行案：李善注《江賦》引此經「淵」作「川」。】深三百仞，維冰夷恒都焉。【冰夷，馮夷也。《淮南》云：馮夷得道，以潛大川。卽河伯也。《穆天子傳》所謂「河伯無夷」者，《竹書》作「馮夷」，字或作「冰」也。懿行案：《水經注》引此經作「馮夷」。《穆天子傳》云：河伯無夷之所都居。郭注云：無夷，馮夷也。引此經云「冰夷」，「冰」「馮」聲相近也。《史記索隱》又引《太公金匱》云「馮修」也，「修」「夷」亦聲相近也。《竹書》云：夏帝芬十六年，洛伯用與河伯馮夷鬬。郭引《淮南》云者，《齊俗訓》文也。《莊子·大宗師篇》云：馮夷得之，以游大川。《釋文》引司馬彪云：《清泠傳》曰：馮夷，華陰潼鄉隄首人也，服八石，得水仙，是爲河伯；一云以八月庚子浴於河而溺死。今案，古書馮夷姓名多有異說，茲不備述云。】冰夷人面，乘兩龍。【畫四面，各乘靈車，駕二龍。懿行案：郭注「靈」

蓋「雲」字之譌也。《水經注》引《括地圖》云：馮夷恒乘雲車，駕二龍。是「靈」當爲「雲」。《太平御覽》六十一卷引此注正作「雲車」，可證。李善注《江賦》引此經作：冰夷人面而乘龍。無「兩」字，疑「兩」譌爲「而」，「乘」字又誤置「而」字下也。《〈史記・封禪書〉正義》引此經與今本同，可證。】一曰忠極之淵。【懿行案：《水經注》引此經作「中極」。「中」「忠」古字通。】

陽汙之山，河出其中。凌門之山，河出其中。【皆河之枝源所出之處也。懿行案：「陽汙」卽「陽紆」，聲相近。《穆天子傳》云：至于陽紆之山，河伯無夷之所都居。《水經注》云：河水又出于陽紆、陵門之山，而注于馮逸之山。蓋卽引此經之文。陵門，卽凌門也。或云卽龍門，「凌」「龍」亦聲相轉也。《藝文類聚》八卷引此經正作「陽紆」「陵門」，與《水經注》合。陽紆、陵門，其地皆當在秦，故《淮南子》云：昔禹治洪水，具禱陽紆。高誘注云「陽紆，秦藪」是也。《水經注》反以高誘爲非，謬矣。】

王子夜之尸，兩手、兩股、胷、【懿行案：「胷」當爲「匈」。】首、齒皆斷，異處。【此蓋形解而神連，貌乖而氣合，合不爲密，離不爲疏。懿行案：《楚詞・天問》注有「王子僑之尸」，未審與此經所說卽一人不。或說「王子夜之尸」卽「尸虞」，恐非也。尸虞卽天虞，見《大荒西經》。所未能詳。《漢書・郊祀志》云：形解銷化。服虔注云：尸解也。蓋此類與？郭氏《圖讚》云：子夜之尸，體分成七；離不爲疏，合不爲密；苟以神御，形歸於一。】

舜妻登比氏，【懿行案：《大荒南經》云：帝俊妻娥皇。卽《竹書》云「后育」是也。《大戴禮・帝繫篇》云：帝舜娶於帝堯之子，謂之女匽氏。《尸子》云：妻之以媓，媵之以娥。此二妃皆堯女。鄭注《禮記》云「舜有三妃」，蓋其一卽登比矣。】生宵明、燭光，【卽二女字也，以能光照因名云。懿行案：《初學記》十卷云：舜女有宵明、燭光。本此。【處河大澤，【澤，河邊溢漫處。】二女之靈，能照此所方百里。【言二女神光所燭及者方百里。懿行案：《淮南·墬形訓》云：宵明、燭光在河洲，所照方千里。疑「千」當爲「百」，或所見本異。】一曰登北氏。

蓋國【懿行案：《魏志·東夷傳》云：東沃沮，在高句麗蓋馬大山之東。《後漢書·東夷傳》同。李賢注云：蓋馬，縣名，屬玄菟郡。今案，蓋馬疑本蓋國地。】在鉅燕南倭北，倭屬燕。【倭國在帶方東大海內，以女爲主，其俗露紒，衣服無針功，以丹朱塗身，不妒忌，一男子數十婦也。懿行案：《魏志·東夷傳》云：倭人在帶方東南大海之中，依山島爲國邑，舊百餘國。其國本亦以男子爲王，國亂相攻伐，歷年乃共立一女子爲王，名曰卑彌呼。其俗男子皆露紒，以木棉招頭，其衣橫幅，但結束相連略無縫。婦人被髮屈紒，作衣如單被，穿其中央，貫頭衣之。皆徒跣，以朱丹塗其身體，如中國用粉也。其俗國大人皆四五婦，下戶或二三婦，婦人不淫不妒忌。○是皆郭注所本也。《地理志》云：樂浪海中有倭人，分爲百餘國。《魏志》亦云「女王國東渡海千餘里復有國，皆倭種」是也。其國有青玉。《藝文類聚》八十三卷引《廣志》曰：青玉出倭國。《史記正義》云：武后改倭國爲日本國。經云「倭屬燕」者，蓋周初事與？】

朝鮮【懿行案：《尚書大傳》云：武王勝殷，釋箕子之囚，箕子不忍爲周之釋，走之朝鮮，武王聞之，因以朝鮮封之。《魏志·東夷傳》云：濊，南與辰韓，北與高句麗、沃沮接，東窮大海，今朝鮮之東，皆其地也；昔箕子既適朝鮮，作八條之教以教之，無門戶之閉，而民不爲盜。云云。《史記正義》云：朝音潮，鮮音仙。】在列陽東海北山南，列陽屬燕。【朝鮮，今樂浪縣，箕子所封也。列，亦水名也，今在帶方，帶方有列口縣。懿行案：《地理志》云：樂浪郡朝鮮。又：吞列，分黎山，列水所出，西至黏蟬入海。又云：含資，帶水西至帶方入海。又，帶方、列口竝屬樂浪郡。《晉書・地理志》：列口屬帶方郡。】

列姑射在海河州中。【山名也，山有神人，河州在海中，河水所經者，《莊子》所謂藐姑射之山也。懿行案：《列子・黃帝篇》云：列姑射山在海河洲中，山上有神人焉，吸風飲露，不食五穀，心如淵泉，形如處女。云云。與《莊子・逍遙游篇》所云「藐姑射之山，汾水之陽」者非一地也。說已見《東次二經》「姑射之山」。郭引《莊子》說此經，蓋非。】

姑射國在海中，屬列姑射，西南山環之。【懿行案：山環西南，海据東北也。】

大蟹在海中。【蓋千里之蟹也。懿行案：《周書・王會篇》云：海陽大蟹。孔晁注云：海水之陽，一蟹盈車。此云「千里」，疑字之譌也。然《大荒北經》注亦同，又似不譌。《呂氏春秋・恃君覽》云：夷穢之鄉，大解、陵魚。大解卽大蟹也，古字通用。陵魚在下。】

陵魚人面，手足，魚身，在海中。【懿行案：《楚詞・天問》云：鯪魚何所？王逸注云：鯪魚，鯉也；一云鯪魚，鯪鯉也，有四足，出南方。《吳都賦》云：陵鯉若獸。劉逵注云：陵鯉有四足，狀如獺，鱗甲似鯉，居土穴中，性好食蟻。引《楚詞》云「陵魚曷止」王逸曰：陵魚，陵鯉也。所引《楚詞》與今本異。其說陵鯉卽今穿山甲也，云性好食蟻。陶注《本草》說之極詳。然非此經之陵魚也。穿山甲又不在海中，此皆非矣。查通奉使高麗，見海沙中一婦人，肘後有紅鬣，號曰人魚，蓋卽陵魚也。「陵」「人」聲相轉，形狀又符，是此魚審矣。又《初學記》三十卷引此經云：鯪魚背腹皆有刺如三角菱。《北堂書鈔》一百三十七卷亦引此經，而云「鯪鯉吞舟」。《太平御覽》九百三十八卷引作

「鯪魚吞舟」。疑此皆郭注，誤引作經文，今本竝脱去之也。】

大鯾居海中。【鯾，即魴也，音鞭。懿行案：《爾雅》云：魴，魾。郭注云：江東呼魴魚爲鯿。案，鯿同鯾，見《説文》。】

明組【音祖。】邑居海中。【懿行案：明組邑葢海中聚落之名，今未詳。或説以《爾雅》云「組似組，東海有之」，恐非。】

蓬萊山在海中。【上有仙人，宮室皆以金玉爲之，鳥獸盡白，望之如雲，在渤海中也。懿行案：《史記·封禪書》云：蓬萊、方丈、瀛洲，此三神山者，其傳在渤海中，諸仙人及不死之藥皆在焉，其物禽獸盡白，而黄金銀爲宮闕，未至望之如雲。云云。是郭所本也。《列子》夏革説勃海之東有五山，中有蓬萊云。】

大人之市在海中。【懿行案：今登州海中州島上，春夏之交，恒見城郭市廛人物往來，有飛仙遨游，俄頃變幻，土人謂之「海市」，疑即此。秦漢之君所以甘心，方士所以誑惑其君，豈不以此邪？】

山海經第十二

山海經第十三

晉　郭璞傳　棲霞郝懿行箋疏

海内東經

海内東北陬以南者。

鉅燕在東北陬。

國在流沙中者，埻端、【埻音敦。懿行案：《玉篇》作𡍞端，國名。】璽㬇，【㬇音唤。或作「繭」「㬇」。懿行案：㬇即暖字也。《玉篇》作璽㬇國。】在昆侖虚東南。一曰海内之郡，不爲郡縣，在流沙中。【懿行案：《海内東經》之篇，而説流沙内外之國，下又雜廁東南諸州及諸水，疑皆古經之錯簡。】

國在流沙外者，大夏、【大夏國城方二三百里，分爲數十國，地和溫，宜五穀。懿行案：《周書·王會篇》云：大夏，茲白牛。孔晁注云：大夏，西北戎。《伊尹四方令》云：正北大夏。《史記·大宛傳》云：大夏在大宛西南二千餘里嬀水南，其俗土著有城屋，與大宛同俗，無大王長，往往城邑置小長。裴松之注《三國志》引《魏略》云：西王母西有脩流沙，脩流沙西有大夏國。】竪沙、【懿行案：《説文》云：古者宿沙初作煮海鹽。宿沙蓋國名，「宿」「竪」聲相近，疑即竪沙也。《三國志》注引《魏略》作「堅沙國」。】居繇、【繇音遥。懿行案：《三国志》注引《魏略》作「屬繇國」。】月支之國。【月支國多好馬、美果，有大尾羊如驢尾，卽羬羊也，小月支、天竺國皆附庸云。懿行案：《伊尹四方令》云：正北月氏。「氏」「支」同。《三國志》注引《魏略》作「月氏國」。《漢書·西域傳》云：大月氏國治監氏城。】

西胡白玉山【懿行案：《三國志》注引《魏略》云：大秦西有海水，海水西有河水，河水西南北行有大山，西有赤水，赤水西有白玉山，白玉山西有西王母。今案，大山蓋卽昆侖也。白玉山、西王母，皆國名。《藝文類聚》八十三卷引《十洲記》曰：周穆王時，西胡獻玉杯，是百玉之精，明夜照夕。云云。然則白玉山蓋以出美玉得名也。】在大夏東。蒼梧【懿行案：此別一蒼梧，非南海蒼梧也。】在白玉山西南。皆在流沙西，昆侖虛東南。昆侖山在西胡西，皆在西北。【《地理志》：昆侖山在臨羌西，又有西王母祠也。懿行案：《地理志》云：金城郡臨羌，西北至塞外，有西王母石室。又云：有弱水昆侖山祠。是郭所本也。然詳此經所說，蓋《海內西經》注所云「海外復有昆侖」者也。郭引《地理志》，復以海內昆侖說之，似非。】

雷澤中有雷神，龍身而人頭，鼓其腹，在吳西。【今城陽有堯冢、靈臺，雷澤在北也。《河圖》曰：大迹在雷澤，華胥履之，而生伏羲。懿行案：《淮南·墬形訓》云：雷澤有神，龍身人頭，鼓其腹而熙。高誘注云：雷澤，大澤也。《地理志》云：濟陰郡成陽，有堯冢、靈臺，《禹貢》雷澤在西北。《〈史記·五帝紀〉正義》引《括地志》云：雷夏澤在濮州雷澤縣郭外西北。又引此經云：雷澤有雷神，龍首人頰，鼓其腹則雷。與今本異也。】

都州在海中。【懿行案：《水經·淮水》注引此經作「郁山」，劉昭注《郡國志》引此經與今本同。】一曰郁州。【今在東海朐縣界。世傳此山自蒼梧從南徙來，上皆有南方物也。郁音鬱。懿行案：劉昭注《郡國志》引此注云：

在蒼梧徙來，上皆有南方樹木。與今本異。疑今本「從南」二字衍也。《水經注》亦云：言是山自蒼梧徙此，云山上猶有南方草木。】

琅邪臺在渤海閒，琅邪之東，【今琅邪在海邊，有山嶕嶤特起，狀如高臺，此卽琅邪臺也。琅邪者，越王句踐入霸中國之所都。懿行案：《〈史記・封禪書〉索隱》及《文選注・謝朓和王著作八公山詩》引此經，竝與今本同。《越絶書》云：句踐徙琅邪，起觀臺，臺周七里，以望東海。今詳此經，是地本有臺，句踐特更增築之耳，故《史記索隱》云「是山形如臺」也，斯言得之。】其北有山。一曰在海閒。【懿行案：琅邪臺在今沂州府，其東北有山，蓋勞山也。勞山在海閒，一曰牢山。】

韓鴈【懿行案：韓鴈，葢三韓古國名。韓有三種，見《魏志・東夷傳》。】在海中，都州南。

始鳩【國名，或曰鳥名也。】在海中，轅厲南。【懿行案：「轅厲」疑卽「韓鴈」之譌也。「韓」「轅」、「鴈」「厲」，竝字形相近。】

會稽山在大楚南。

岷，三江首。大江出汶山，【今江出汶山郡升遷縣岷山，東南經蜀郡、犍爲至江陽，東北經巴東、建平、宜都、南郡、江夏、弋陽、安豐，至廬江南界，東北經淮南、下邳至廣陵郡，入海。懿行案：汶卽岷也，已見《中次九經》岷山，郭云「岷山，大江所出」。岷字一作㟭。《廣雅》云：蜀山謂之㟭山。蜀讀爲獨，字或作瀆，《史記・封禪書》云「瀆山，蜀之汶山」也，《水經注》又謂之「汶阜山」。又，郭注自「蜀郡」已下凡有十四名，竝見《晉書・地理志》。】北江出曼山，【懿行案：曼山卽崏山，郭云「北江所出」。】南江出高山，【懿行案：高山卽崍山，郭云「南江所出」。】高山在城都西。【懿行案：城當爲成。】入海，在長州南。【懿行案：《郡國志》云：東陽故屬臨淮，有長洲澤。洲當爲州也。又案，成都、長州，亦皆周以後地名，葢校書者記注之。】

浙江出三天子都，【按《地理志》：浙江出新安黟縣南蠻中，東入海。今錢塘浙江是也。黟卽歙也。浙音折。懿行案：《說文》云：漸水出丹陽黟南蠻中，東入海。又云：浙江水東至會稽山陰爲浙江。《地理志》云：丹陽郡黝，漸江水出南蠻夷中，東入海。顏師古注云：黝音伊，字本作黟。是也。《晉書·地理志》亦作黝，屬新安郡。新安卽丹陽。晉改漢制。郭引《地理志》，据所改爲名，故不稱丹陽也。《水經》云：漸江水出三天子都。注云：《山海經》謂之「浙江」也。案，初出名漸江，其流曲折，至會稽名浙江。《說文》之旨，與《水經》正合。《莊子》謂之「制河」。「制」「浙」「漸」三字聲轉，其實一也。水出今安徽歙縣西北黃山，三天子都在績谿縣，卽「三天子鄣」，已見《海內南經》。《文選注·謝惠連西陵遇風獻康樂詩》引此注云：今錢塘有浙江。疑今本脫「有」字也。】在其東，【懿行案：「其」字疑譌。《太平御覽》六十五卷引作「率」，亦非也。据《太平寰宇記》引作「蠻」，郭注「黟卽歙也」，「黟」亦引作「蠻」。今以《地理志》《說文》證之，當是也。】在閩西北，【懿行案：《海內南經》云：三天子鄣山在閩西海北。】入海，餘暨南。【餘暨縣屬會稽，今爲永興縣。懿行案：餘暨，今蕭山也。《地理志》云：會稽郡餘暨。《晉書·地理志》云：會稽郡永興。】

廬江出三天子都，【懿行案：《地理志》云：廬江郡，廬江出陵陽東南，北入江。《水經》云：廬江水出三天子都，北過彭澤縣，西北入於江。注引此經。】入江，彭澤西。【彭澤，今彭蠡也，在尋陽彭澤縣。懿行案：《地理志》云：廬江郡尋陽，豫章郡彭澤。《郡國志》云：彭澤，彭蠡澤在西。】一曰天子鄣。【懿行案：三天子鄣，已見《海内南經》。】

淮水出餘山，餘山在朝陽東，【朝陽縣今屬新野。懿行案：《地理志》云：南陽郡朝陽。應劭注云：在朝水之陽。《藝文類聚》八卷引此經無「東」字。《晉書·地理志》：朝陽、新野，竝屬義陽郡。郭注「新野」疑當爲「義陽」，字之譌也。】義鄉西，【懿行案：義鄉今無攷。郭云「義陽」者，《水經注》云：闞駰言，晉太始中，割南陽東鄙之安昌、平林、平氏、義陽四縣，置義陽郡於安昌城。義陽或卽此經之義鄉。】入海，淮浦北。【今淮水出義陽平氏縣桐柏山東北，經汝南、汝陰、淮南、譙國、下邳，至廣陵縣，入海。懿行案：《說文》云：淮水出南陽平氏桐柏大復山，東南入海。《地理志》云：南陽郡平氏，《禹貢》桐柏大復山在東南，淮水所出，東南至淮陵入海。《水經》云：出胎簪山，東北過桐柏山。然則此經云「餘山」者，或桐柏之異名也。《初學記》六卷引此經云：淮水出南陽平氏縣桐柏山。蓋引郭注，誤作經文耳。「南陽」當作「義陽」，字之譌。《初學記》又引郭注作「義陽」，與今本同。又，陶弘景注《本草》「丹蔘」云：此桐柏山是淮水原所出之山，在義陽。亦與郭注同也。義陽平氏，見《晉書·地理志》。淮浦者，《地理志》云：臨淮郡淮浦，游水北入海。應劭注云：淮涯也。《水經》云：淮水至廣陵淮浦縣入於海。注云：淮水於縣枝分，北爲游水，又東北逕紀鄣故城南，東北入海。今案，《水經》云「廣陵淮浦縣」，此注作「廣陵縣」疑脱「淮浦」二字。《初學記》引郭注作「淮陰縣」，又「淮浦縣」之譌也。】

湘水出舜葬東南陬，西環之，【環，繞也。今湘水出零陵營道縣陽湖山，入江。懿行案：《說文》云：湘水出零陵陽海山。《地理志》云：零陵郡零陵，陽海山，湘水所出，北至酃入江。《水經》云：湘水出零陵始安縣陽海山。注云：卽陽朔山也。李善注《江賦》引此注亦作「陽朔山」。今本作「陽湖山」，譌。】入洞庭下。【洞庭，地穴也，在長沙巴陵。今吳縣南太湖中有包山，下有洞庭穴道潛行水底，云無所不通，號爲地脉。懿行案：郭氏《江賦》云：爰有包山洞庭，巴陵地道，潛逵傍通，幽岫窈窕。李善注引此注，與今本同，其注《羽獵賦》引此注亦同。今湘水至湖南長沙縣入洞庭湖。】一曰東南西澤。【懿行案：葢言一本作「東南入西澤」也。經文疑有脱誤。】

漢水出鮒魚之山，【《書》曰：嶓冢導漾，東流爲漢。按《水經》：漢水出武都沮縣東狼谷，經漢中、魏興，至南鄉，東經襄陽，至江夏安陸縣，入江，別爲沔水，又爲滄浪之水。懿行案：漢水所出，已見《西山經》「嶓冢之山」。此經云「出鮒魚之山」，「鮒魚」或作「鮒隅」，一作「鮒鰅」，卽《海外北經》「務隅之山」，《大荒北經》又作「附魚之山」，皆卽廣陽山之異名也。與漢水源流絶不相蒙，疑經有譌文。《北堂書鈔》九十二卷引「漢水」作「濮水」，水在東郡濮陽，正顓頊所葬。似作「濮」者得之矣，宜據以訂正。】帝顓頊葬于陽，九嬪葬于陰，【懿行案：二句已見《海外北經》。但此經方釋諸水，而又述此，疑後人見鮒魚與務隅山名相涉，因取彼文羼入之耳。又此經漢水，但言所出，不言歸入，葢有脱文矣。】四蛇衛之。【言有四蛇衛守山下。】

濛水【懿行案：《地理志》云：蜀郡青衣，《禹貢》蒙山谿大渡水東南至南安入渽，渽東入江。大渡水卽濛水，葢因山爲名也。《水經·江水》注云：濛水卽大渡水也，水發蒙谿，東南流與渽水合，又東入江。引此經文也。渽，《說文》作涐。】出漢陽西，【漢陽縣屬朱提。懿行案：朱提、漢陽，竝漢縣，屬犍爲郡。晉因蜀置漢陽，屬朱提郡也。《地

理志》云：漢陽山關谷，漢水所出，東至鼈入延。】入江，聶陽西。【懿行案：《水經注》引此經作灄陽。】

溫水出崆峒，崆峒山在臨汾南，【今溫水在京兆陰盤縣，水常溫也。臨汾縣屬平陽。懿行案：《史記·五帝紀》云：西至於空桐。《正義》引《括地志》云：空桐山在肅州祿福縣東南。又云：笄頭山一名崆峒山，在原州平陽縣西百里，《禹貢》涇水所出。案，《地理志》云：安定郡涇陽，幵頭山在西，《禹貢》涇水所出。又，臨涇亦屬安定。據此，則經文「臨汾」疑當爲「臨涇」，字之譌矣。又《地理志》云：安定郡陰槃。郭云「京兆陰槃」，亦譌也。劉昭注《郡國志》「陰盤」引此經及郭注。】入河，華陽北。【懿行案：此華陽未詳其地。】

潁水出少室，少室山在雍氏南，【懿行案：《史記·周本紀》云：禹圍雍氏。徐廣注云：雍氏，城也。卽此。】入淮西鄢北。【今潁水出河南陽城縣乾山，東南經潁川、汝陰，至淮南下蔡，入淮。鄢，今鄢陵縣，屬潁川。懿行案：《說文》云：潁水出潁川陽城乾山，東入淮。《地理志》云：潁川郡陽城，陽乾山，潁水所出，東至下蔡入淮。《水經》云：潁水出潁川陽城縣西北少室山。注引此經云云，「今潁水有三源奇發，故作者互舉二山也」。案，二山謂少室及陽乾山也。云「入淮西鄢北」者，《地理志》云：潁川郡傿陵。《晉書·地理志》同，傿作隱。《水經》云：潁水東南至慎縣，東南入於淮。】一曰緱氏。【縣屬河南。音鉤。懿行案：一言少室山在緱氏南也。緱氏，今偃師縣地，東南與少室接。《漢/晉·地理志》竝云「河南郡緱氏」。】

汝水出天息山，【懿行案：《玉篇》引此經作「天恩山」，葢譌。】在梁勉鄉西南，入淮極西北。【今汝水出南陽魯陽縣大盂山，東北至河南梁縣，東南經襄城、潁川、汝南，至汝陰褒信縣入淮。淮極，地名。懿行案：《說文》

云：汝水出弘農盧氏還歸山，東入淮。《地理志》云：汝南郡定陵，高陵山，汝水出，東南至新蔡入淮。《水經》云：
汝水出河南梁縣勉鄉西天息山。注云：《地理志》曰「出高陵山」，卽猛山也，亦言出南陽魯陽縣之大盂山，又言出弘
農盧氏縣還歸山，《博物志》曰「汝出燕泉山」，竝異名也。《史記正義》引《括地志》云：源出汝州魯山縣西伏牛山，亦
名猛山，至豫州郾城縣名濆。案經云「在梁勉鄉西南」者，梁，縣名也，《漢/晉·地理志》竝云梁屬河南郡，今汝州
也，西南與魯山接。經云「入淮極西北」者，《水經》云：汝水東至原鹿縣，南入於淮。注云：所謂汝口，側水有汝口
戍，淮汝之交會也。《文選·枚乘七發》云：北望汝海。李善注引此郭注云：汝水出魯陽山，東北入淮海。與今本
異，今本無「海」字。李善又云：汝稱海，大言之也。汝陰郡褒信，見《晉書·地理志》。】一曰淮在期思北。【期思
縣屬弋陽。懿行案：一云入淮在期思北也。《地理志》期思、弋陽，竝屬汝南郡。《晉書·地理志》期思屬弋陽郡。】

涇水出長城北山，【懿行案：長城，卽秦所築長城也。北山，卽笄頭山。】山在郁郅、長垣北，【皆縣名也，
郅音桎。懿行案：《地理志》云「北地郡郁郅」，卽今甘肅慶陽府治也，西南與平涼接。長垣，卽長城也。】北入渭，
【今涇水出安定朝那縣西笄頭山，東南經新平、扶風，至京兆高陵縣入渭。懿行案：《說文》云：涇水出安定涇陽幵
頭山，東南入渭。《地理志》云：安定郡涇陽，幵頭山在西，《禹貢》涇水所出，東南至陽陵入渭。案，幵頭山，土俗譌
爲汧屯山，見顔師古注。一名薄落山，見高誘《淮南·墬形訓》注。涇水入渭之地，在今陝西高陵縣也。又案，《西次
二經》云：涇水出高山。高山當卽幵頭山。郭注與此注同。《初學記》六卷引此注亦同。《晉書·地理志》云：京兆
郡高陸。「陸」葢「陵」字之譌。】戲北。【戲，地名，今新豐縣也。懿行案：《漢書·高帝紀》云：周章西入關，至戲。
顔師古注云：戲在新豐東，今有戲水驛，其水本出藍田北界橫嶺，至此而北流入渭。然則戲亦水名也。】

渭水出鳥鼠同穴山，東注河，入華陰北。【鳥鼠同穴山，今在隴西首陽縣，渭水出其東，經南安、天水、略陽、扶風、始平、京兆、弘農華陰縣，入河。懿行案：渭水已見《西次四經》「鳥鼠同穴之山」。《水經》云：渭水出隴西首陽縣渭谷亭南鳥鼠山。注云：縣有高城嶺，嶺上有城號渭源城，渭水出焉，三源合注，東北流逕首陽縣西。云云。《史記正義》引《括地志》云：渭有三源，竝出鳥鼠山，東流入河。案《地理志》云：東至船司空入河。船司空，縣名，與華陰竝屬京兆尹。《晉書・地理志》華陰屬弘農郡。】

白水出蜀，而東南注江，【色微白濁，今在梓潼白水縣。源從臨洮之西西傾山來，經沓中，東流通陰平，至漢壽縣入潛。懿行案：《地理志》云：廣漢郡甸氏道，白水出徼外，東至葭萌入漢。《水經・河水》注云：洮水與墊江水俱出嵹臺山，山南卽墊江源，山東則洮水源。引此經云「白水出蜀」，又引郭注云「從臨洮之西傾山，東南流入漢，而至墊江」，「故段國以爲墊江水也。嵹臺，西傾之異名也。」今案，酈氏說「墊江卽白水」，所引郭注與今本異，未知其審。又，《水經・漾水》注云：白水出於臨洮縣西南西傾山，水色白濁，東南流與黑水合。云云。「又東南，逕吐費城南，卽西晉壽之東北也，東南流注西漢水。西晉壽，卽蜀王弟葭萌所封。劉備改曰漢壽，太康中又曰晉壽。」云云。與郭注及《地理志》俱合。是白水流入西漢水。郭云「入潛」，潛卽漢也，《爾雅》云「水自漢出爲潛」是矣。此經云「白水注江」，所未詳。或江卽墊江也。白水在今四川昭化縣界入於漢。昭化，卽葭萌地也。】入江州城下。【江州縣屬巴郡。懿行案：此言白水入江之地也。經文「城下」二字蓋誤衍。今四川巴州卽古江州，西北與昭化接境。《地理志》云：巴郡，江州、墊江二縣。蓋白水入漢，而至江州又爲墊江水，正與《水經注》引郭注「至墊江」之文合。】

沅水山【懿行案：山字衍，《文選注・江賦》引此經無山字。】出象郡鐔城西，【象郡，今日南也。鐔城縣，今屬武陵。音尋。懿行案：《地理志》云：日南郡，故秦象郡。又云：武陵郡鐔城。《晉書·地理志》同。此經言「象郡鐔城」，則知秦時鐔城屬象郡矣。】入東注江，【懿行案：「入」字疑衍，或「又」字之譌。《説文》云：沅水出牂牁故且蘭，東北入江。《地理志》云：沅水東至益陽入江。《水經注》云：沅水下注洞庭湖，方會於江。】入下雋西，【下雋縣今屬長沙，音昨兗反。懿行案：《地理志》云：長沙國下雋。】合洞庭中。【《水經》曰：沅水出牂牁且蘭縣，又東北至鐔城縣爲沅水，又東過臨沅縣南，又東至長沙下雋縣。懿行案：今本《水經》云：沅水出牂牁故且蘭縣爲旁溝水，又東至鐔成縣爲沅水，東過無陽縣，又東北過臨沅縣南，又東至長沙下雋縣西北，入於江。與郭所引微異。郭注《水經》今亡，酈注《水經》郭亦未見也。】

贛水【懿行案：《地理志》云：豫章郡贛，豫章水出西南，北入江。《郡國志》亦云：贛有豫章水。是贛水一名豫章水，郡縣俱因水得名矣。】出聶都東山，【今贛水出南康南野縣西北。音感。懿行案：《水經》云：贛水出豫章南野縣西北，過贛縣東。注引此經云「贛水出聶都山」，無「東」字。又案《晉書·地理志》，南野屬廬陵郡，不屬南康。《晉地記》云：太康中，以贛、南野等縣割爲南康郡也。】東北注江，【懿行案：《水經》云：北過彭澤縣，西北入於江。注引此經與今本同。今水入鄱陽湖，出湖口縣，入大江，俗云「章江」也。】入彭澤西。【懿行案：《地理志》云：豫章郡彭澤，《禹貢》彭蠡澤在西。案，今江西新建縣東鄱陽湖，即彭蠡澤也。】

泗水出魯東北【懿行案：《地理志》云：濟陰郡乘氏，泗水東南至睢陵，入淮。是蓋别一泗水，非此經所說也。《地理志》又云：魯國卞，泗水西南至方與，入泲。《水經》云：泗水出魯卞縣北山。注引此經，又云：余尋其源流，水出卞縣故城東南，桃墟西北，《博物志》曰泗出陪尾，蓋斯阜者矣。是酈氏以水出卞縣東南，不從此經及《水經》並《地志》之文也。《史記正義》引《括地志》云：泗水源在兖州泗水縣東陪尾山，其源有四道，因以爲名。】而南，西南過湖陵西，【懿行案：《地理志》云：山陽郡湖陵，《禹貢》「浮于泗、淮，通于菏」，水在南，莽曰湖陸。《水經》云：泗水南過方與縣東，菏水從西來注之，又屈東南過湖陸縣南。注云：菏水，卽泲水之所苞注以成湖澤也，而東與泗水合於湖陵縣西六十里穀庭城下，俗謂之黄水口。】而東南注東海，【懿行案：《説文》云：泗受泲水，東入淮。《水經》云：泗水東南過下邳縣西，又東南入於淮。是《水經》《説文》竝云「入淮」。此經則云「注海」者，言泗合淮而入於海也。】入淮陰北。【今泗水出魯國卞縣，西南至高平湖陸縣，東南經沛國、彭城、下邳，至臨淮下相縣，入淮。懿行案：《晉書・地理志》云：臨淮郡下相。】

鬱水出象郡，【懿行案：卽豚水也。《地理志》云：牂牁郡夜郎，豚水東至廣鬱。又云：鐔封，温水東至廣鬱，入鬱。又云：鬱林郡廣鬱，鬱水首受夜郎豚水，東至四會，入海。《水經》云：温水出牂牁夜郎縣，又東至鬱林廣鬱縣爲鬱水，又東至領方縣東與斤員水合，東北入於鬱。注云：鬱水，卽夜郎豚水也。】而西南注南海，【懿行案：卽《地理志》云：至四會入海也。《水經注》云：鬱水又南自壽泠縣注於海。引此經云云。】入須陵東南。【懿行案：《海内南經》云：鬱水出湘陵南海，一曰相慮。此經又云「須陵」，疑「須陵」卽「湘陵」，聲轉爲「相慮」。《水經注》又云「壽泠」，疑亦聲轉也。】

肄【音如肄習之肄。懿行案：今經文正作肄習之肄，如此便不須用音，知郭本不作肄也。《水經注》引作「肆」，當是。】水出臨晉【懿行案：「晉」當爲「武」字之譌，見《水經注》所引。】西南，【懿行案：即溱水也。《説文》云：溱水出桂陽臨武，入匯。《地理志》云：桂陽郡臨武，秦水東南至槙陽，入匯。《水經》云：溱水出桂陽臨武縣南，繞城西北屈東流——注引此經云云——肄水葢溱水之别名也。案《水經注》「肄」本作「肆」，「肆」「肄」字形相亂，故郭音肄習以别之耳。】而東南注海，【懿行案：《水經》云：溱水過湞陽縣，出洭浦關，與桂水合，南入於海。注云：西南逕中宿縣南，又南注於鬱，而入於海。】入番禺西。【番禺縣屬南海，越之城下也。懿行案：《地理志》云：南海郡番禺。今南海、番禺竝爲縣，屬廣州府也。】

潢【音黄。懿行案：《水經注》引此經作「湟」，疑「湟」「潢」古字通。】水出桂陽西北山，【懿行案：即洭水也，亦曰桂水。《方言》云：南楚瀑洭之間。郭注云：洭水在桂陽。即此也。《説文》云：洭水出桂陽縣盧聚山洭浦關，爲桂水。與《水經》合。《水經》云：洭水出桂陽縣盧聚，東南過含洭縣，南出洭浦關，爲桂水。注云：洭水出關，右合溱水，謂之洭口，《山海經》謂之「湟水」，徐廣曰「湟水一名洭水，出桂陽，通四會，亦曰灌水」也，桂水其别名也，《地理志》曰「洭水出桂陽，南至四會」是也。案今《地理志》「洭」作「匯」，云：桂陽，匯水南至四會，入鬱林。應劭以爲桂水所出。又，含洭，應劭以爲洭水所出，似分爲二水，非也。「匯」當從《水經注》作「洭」。】東南注肄水，【懿行案：《水經》云：溱水過槙陽縣，出洭浦關，與桂水合。】入敦浦西。【懿行案：敦浦，未詳。《水經·溱水》注引此經作「郭浦」。】

洛水出洛西山，【懿行案：洛水所出，《中次四經》謂之「讙舉山」，《地理志》謂之「冢領山」，此經又謂之「洛西山」。《水經注》引此經云：出上洛西山。疑今本脱「上」字。】東北注河，【懿行案：《地理志》云：弘農郡上雒，《禹貢》雒水出冢領山，東北至鞏，入河。《水經》云：洛水東北過鞏縣東，又北入於河。注云：謂之洛汭，卽什谷也。劉昭注《郡國志》「京兆尹上雒，冢領山，雒水出」引此經云：雒出王城南，至相谷西，東北流。案劉昭所引與今經文既異，又非郭注，未審出何書也。】入成皋之西。【《書》云：道洛自熊耳。按《水經》，洛水今出上洛冢嶺山，東北經弘農，至河南鞏縣入河。成皋縣亦屬河南也。懿行案：《水經注》引此經云：洛水，成皋西入河。蓋以意引經也。郭引《水經》亦與今《水經》異。《地理志》云：河南郡成皋也。】

汾水出上窳北，【音愈。懿行案：上窳無攷。汾水已見《北次二經》「管涔之山」。】而西南注河，【今汾水出太原晉陽故汾陽縣，東南經晉陽，西南經河西平陽，至河東汾陰入河。懿行案：《水經》云：汾水出太原汾陽縣北管涔山。《說文》云：汾水出太原晉陽山，西南入海，或曰出汾陽北山。《地理志》云：太原郡汾陽，北山，汾水所出，西南至汾陰入河。案《水經》亦云「至汾陰入河」，《說文》作「入海」，蓋字形之譌。】入皮氏南。【皮氏縣屬平陽。懿行案：《水經》云：汾水西過皮氏縣南，又西至汾陰縣北，西注于河。皮氏，《漢志》屬河東郡，《晉志》屬平陽郡。】

沁水出井陘山東，【懿行案：沁水已見《北次三經》「謁戾之山」。《說文》云：沁水出上黨羊頭山。《地理志》云：穀遠羊頭山世靡谷，沁水所出。《水經》云：出上黨涅縣謁戾山。注云：三源奇注，逕瀉一壑。然則《水經》《說文》《地理志》各據所見爲說也。此經又云出井陘山東。《地理志》云：常山郡井陘。應劭云：井陘山在南。】東南注河，【懿行案：《說文》云：東南入河。《地理志》云：東南至滎陽入河。《水經》云：東南至滎陽縣北，東入於河。】入懷東南。【懷縣屬河内。河内北有井陘山。懿行案：懷屬河内郡，見《地理志》。《水經》云：沁水東過懷縣之北，又東過武德縣南，又東南至滎陽入河。與此經合。】

濟水出共山南東北，【「共」與「恭」同。懿行案：「濟」當爲「泲」，古字通用。《説文》云：泲，沇也，東入于海。《水經》云：濟水，出河東垣縣東王屋山爲沇水，又東至溫縣西北爲濟水。注云：潛行地下，至共山南復出於東北，今原城東北有東北城，孔安國曰「泉源爲沇，流去爲濟」。案，濟水已見《北次二經》「王屋之山」。】絶鉅鹿澤，【絶，猶截度也。鉅鹿今在高平。懿行案：《水經注》及《初學記》六卷竝引此經云「絶鉅野」，今本作「鹿」，字之譌也。《地理志》云：山陽郡鉅壄，大壄澤在北。《爾雅》「十藪」云：魯有大野。郭注云：今高平鉅野縣東北大澤是也。《水經》云：濟水東至乘氏縣西分爲二，其一水東南流，其一水從縣東北流，入鉅野澤。】注渤海，【懿行案：《初學記》引此經作「注入于海」，《水經注》引此經與今本同，惟「渤」作「勃」字耳。《水經》云：東北過甲下邑，入於河。注云：「濟水東北至甲下邑南，東歷琅槐縣故城北，又東北，河水枝津注之。《水經》以爲入河，非也，斯乃河水注濟，非濟入河。又東北入海。」】入齊琅槐東北。【今濟水自滎陽卷縣，東經陳留至潛陰北，東北至高平，東北經濟南，至樂安博昌縣入海，今碣石也。諸水所出，又與《水經》違錯。以爲凡山川或有同名而異實，或同實而異名，或一實而數名，似是而非，似非而是，且歷代久遠，古今變易，語有楚夏，名號不同，未得詳也。懿行案：《地理志》云：千乘郡琅槐。《水經注》引《地理風俗記》曰：博昌東北八十里有琅槐鄉，故縣也。引此經云云，又引郭注云：濟自滎陽至樂安博昌入海，今河竭。案酈氏以濟水仍流不絶，故議郭説爲非。然則此注「今碣石也」，當從《水經注》作「今河竭也」，蓋傳寫之譌耳。《水經注》又云：濟水當王莽之世川瀆枯竭，其後水流逕通，津渠勢改，尋梁脈水，不與昔同。是則濟水枯

竭後仍流不絶之證也。又案，郭云「諸水所出，又與《水經》違錯」，郭氏注《水經》二卷，今不存，見《隋書·經籍志》。】

潦水【懿行案：《水經》《地理志》竝作「遼水」。】**出衛皋**【懿行案：「皋」，《水經》作「白平」二字，劉昭注《郡國志》引此經亦云「遼水出白平東」，竝譌。】**東，**【出塞外衛皋山，玄菟高句驪縣有潦山，小潦水所出，西河注大潦。音遼。懿行案：《地理志》云：玄菟郡高句驪，遼山，遼水所出，西南至遼隊入大遼水。案郭注本此。其「西河」當爲「西南」，字之譌也。《地理志》又云：遼東郡望平，大遼水出塞外，南至安市入海。《水經》云：大遼水出塞外衛皋山，東南入塞，過遼東襄平縣西。注云：遼水亦言出砥石山。案，《淮南·墬形訓》云「遼出砥石」是也。】**東南注渤海，**【懿行案：《水經》云：遼水又東南過房縣西，又東過安市縣，西南入於海。案，大遼水注海，其小遼水但注大遼水。】**入潦陽。**【潦陽縣屬潦東。懿行案：《地理志》云：遼東郡遼陽。】

虖沱水出晉陽城南，而西【懿行案：虖沱所出，已見《北次三經》「泰戲之山」。《地理志》云：太原郡晉陽。】**至陽曲北，**【懿行案：《地理志》云：太原郡陽曲。】**而東注渤海，**【經河間樂城，東北注渤海也。晉陽、陽曲縣皆屬太原。懿行案：《地理志》云：河間國樂成，虖池別水首受虖池河，東至東光入虖池河。又云：弓高，虖池別河首受虖池河，至東平舒入海。又云：勃海郡成平，虖池河，民曰「徒駭」。案，此更虖池入勃海之證。】**入越章武北。**【章武，郡名。懿行案：《地理志》云：章武，勃海縣也。《晉書·地理志》云：章武國章武縣。今詳此注，當謂漢縣。郭云「章武郡」，疑「郡」當爲「縣」，字之譌也。經文「越」字疑衍，下文漳水亦有此句，經無「越」字，可證。】

漳水出山陽東，【懿行案：濁漳水出發鳩山，清漳水出少山，已見《北次三經》，是二漳竝出今山西樂平、長子兩縣地。此經又云「出山陽東」者，《地理志》有「山陽郡」，非此也。《晉書・地理志》云：河內郡山陽。《〈史記・秦本紀〉正義》引《括地志》云：山陽故城在懷州修武縣西北，太行山南。案，修武，今河南修武縣，與山西澤州接界，漳水在其東北也。】東注渤海，【懿行案：《地理志》云：信都國信都，故章河、故虖池皆在北，東入海。又云：清漳水東北至阜城，入大河。又云：魏郡鄴，故大河在東北入海。《水經》云：濁漳東北過阜城縣北，又東北至易亭與虖沱河會，又東北過成平縣南，又東北過章武縣西，又東北過平舒縣南，東入海。】入章武南。【新城汴陰縣亦有漳水。懿行案：「汴陰」當爲「泝鄉」，字之譌也。新城郡泝鄉，見《晉書・地理志》。南方別有漳水入沮，見《中次八經》「荆山」也。】

建平元年四月丙戌，待詔太常屬臣望校治，侍中光祿勳臣龔、侍中奉車都尉光祿大夫臣秀領主省。

【懿行案：右《海外》《海內經》八篇，大凡四千二百二十八字。】

山海經第十三

山海經第十四

晉　郭璞傳　棲霞郝懿行箋疏

大荒東經

【郭注本目錄云：此《海内經》及《大荒經》本皆進在外。懿行案：據郭此言，是自此已下五篇皆後人所述也。但不知所自始，郭氏作注亦不言及，蓋在晉以前，郭氏已不能詳矣。今攷本經篇第，皆以南西北東爲敘，茲篇已後，則以東南西北爲次，蓋作者分別部居，令不雜廁，所以自別於古經也。又，《海外》《海内經》篇末皆有「建平元年四月丙戌」已下三十九字，爲校書款識，此下亦竝無之。又，此下諸篇，大抵本之《海外/内》諸經而加以詮釋，文多淩雜，漫無統紀，蓋本諸家記錄，非一手所成故也。】

東海之外大壑，【《詩含神霧》曰：東注無底之谷。謂此壑也。《離騷》曰：降望大壑。懿行案：《列子·湯問篇》云：夏革曰，勃海之東，不知幾億萬里，有大壑焉，實惟無底之谷，其下無底，名曰歸虛。《莊子·天地篇》云：諄芒將東之大壑，適遇苑風於東海之濱。《釋文》云：李云，大壑，東海也。案，經文「大壑」上當脱「有」字。《藝文類聚》九卷引此經有「有」字，可證。郭引《離騷》，見《遠遊篇》。】少昊之國，【少昊，金天氏帝摯之號也。懿行案：白帝少暤其神居長畱山，已見《西次三經》。】少昊孺帝顓頊于此，【孺，義未詳。懿行案：《說文》云：孺，乳子也。《莊子・天運篇》云：烏鵲孺。蓋育養之義也。】棄其琴瑟。【言其壑中有琴瑟也。懿行案：此言少皡孺養帝顓頊於此，以琴瑟爲戲弄之具，而留遺於此也。《初學記》九卷引《帝王世紀》云：顓頊生十年而佐少皡。《鬻子書》云：顓頊生十五而佐少皡。義皆與此合。《路史》諸書或以「孺帝」爲顓頊長子之名，斯不然矣。郭注以少皡爲金天氏帝摯之號，徵之往籍，亦多齟齬。《大戴禮・帝繫篇》云：黄帝產青陽及昌意，皆不立，而昌意產高陽，是爲帝顓頊。《史記・五帝紀》同。《竹書》載昌意降居若水，產帝乾荒。乾荒卽高陽，聲相近。與《帝繫》合。《周書・嘗麥篇》云：乃命少皡清司馬鳥師以正五帝之官，故名曰質。「質」「摯」亦聲相近。《張衡集》引此書以爲「清」卽「青陽」也。案，青陽卽玄囂，玄囂不得在帝位，見《史記》，是其不立之證。高誘注《淮南子》及《史記索隱》引宋衷、皇甫謐，竝以「青陽」卽「少皡」，與《周書》合。然則少皡蓋以帝子而爲諸侯，封於下國，卽此經云「少皡之國」也。由斯以談，少皡卽顓頊之世父，顓頊是其猶子，世父就國，猶子隨侍，眷彼童幼，娛以琴瑟，蒙養攸基，此事理之平，無足異者。諸家之說，多有岐出，故詳述於篇，以俟攷焉。】有甘山者，甘水出焉，【懿行案：甘水窮于成山，見《大荒南經》。】生甘淵。【水積則成淵也。懿行案：卽羲和浴日之處，見《大荒南經》。】

大荒東南隅有山，名皮母地丘。【懿行案：《淮南・墬形訓》云：東南方曰波母之山。蓋「波母」之「波」字脫水旁，因爲「皮」爾。臧庸曰：波母卽皮母，同聲字也。】

東海之外，大荒之中，有山，名曰大言，【懿行案：《初學記》五卷引此經作「大谷」。】日月所出。有波谷山者，有大人之國。【晉永嘉二年，有鶖鳥集於始安縣南廿里之鶖陂中，民周虎張得之。木矢貫之，鐵鏃，其長六尺有半，以箭計之，其射者人身應長一丈五六尺也。又平州別駕高會語云：倭國人嘗行，遭風吹度大海外，見一國人皆長丈餘，形狀似胡，蓋是長翟別種。箭殆將從此國來也。《外傳》曰：焦僥人長三尺，短之至也；長者不過十丈，數之極也。按《河圖玉版》曰：從昆侖以北九萬里，得龍伯國，人長三十丈，生萬八千歲而死；從昆侖以東得大秦，人長十丈，皆衣帛；從此以東十萬里得佻人國，長三十丈五尺；從此以東十萬里得中秦國，人長一丈。《穀梁傳》曰：長翟身橫九畝，載其頭，眉見於軾。卽長數丈人也。秦時大人見臨洮，身長五丈，腳跡六尺。準斯以言，則此大人之長短，未可得限度也。懿行案：《海外東經》大人國謂此也。《楚詞・招魂》云：長人千仞。王逸注云：東方有長人之國，其高千仞。蓋本此經爲說。郭引《外傳》者，《魯語》文，「十丈」當爲「十之」之譌。《〈史記・孔子世家〉集解》引王肅曰：十之，謂三丈也，數極於此也。《列子》夏革云：龍伯之國有大人，舉足不盈數步而暨五山之所，一釣而連六鼇。卽郭引《河圖玉版》之說也。《博物志》引《河圖玉版》與郭同，唯「佻人國」作「臨洮人」，「長三十丈」作「長三丈」，疑此注「佻」字譌「十」字衍也。《初學記》十九卷引《河圖龍魚》亦作「長三丈」，無「十」字，其「佻人國」作「佻國人」也。又，《漢書・王莽傳》云：夙夜連率韓博上言，有奇士，長丈，大十圍，自謂巨毋霸，出於蓬萊東南五城西北昭如海瀕，軺車不能載，三馬不能勝，臥則枕鼓，以鐵箸食。然則此人將從大人之國來邪？】

有大人之市名曰大人之堂，【亦山名，形狀如堂室耳。大人時集會其上作市肆也。懿行案：《海內北經》云：大人之市在海中。今登州海市常有狀如堂隍者，望之卻在雲霧中。卽此也。蓋去岸極遠，故不見其大耳。郭云「亦山名，形狀如堂市」者，《爾雅》云：山如堂者密。郭注云：形如堂市者。】有一大人踆其上，張其兩耳。【「踆」或作「俊」，皆古「蹲」字。《莊子》曰「踆於會稽」也。懿行案：郭云「踆或作俊，皆古蹲字」，疑「俊」當爲「夋」，字之譌也。《說文》云：夋，倨也。蹲、踞其義同。故曰「皆古蹲字」也。《太平御覽》三百七十七卷及三百九十四卷，竝

引此經「耳」作「臂」。】

有小人國【懿行案：《海外南經》周饒國非此。】名靖人。【《詩含神霧》曰：東北極有人長九寸。殆謂此小人也。或作竫，音同。懿行案：《說文》云：靖，細皃。葢細小之義，故小人名靖人也。《淮南子》作竫人，《列子》作諍人，竝古字通用。《列子·湯問篇》云：東北極有人名曰諍人，長九寸。與郭引《詩含神霧》同。《初學記》十九卷引郭氏《讃》云：僬僥極麽，竫人又小；四體取足，眉目纔了。】

有神，人面獸身，名曰犂䰠之尸。【音靈。懿行案：《玉篇》云：䰠同䨩，又作靈，神也；或作䰱。《廣韻》引此經作䰱，云或作䨩，與《玉篇》同。䨩見《說文》。】

有潏山，楊水出焉。【音如譎詐之譎。】

有蔿國，黍食，【言此國中惟有黍穀也。蔿，音口僞反。懿行案：蔿國葢卽濊貊也。《後漢書·烏桓傳》云：其土地宜穄及東牆。今穄似黍而大，卽黍之別種也。《衆經音義》引《倉頡篇》云：穄，大黍也。東方宜穄黍，故兹篇所記竝云黍食矣。】使四鳥，虎豹熊羆。【懿行案：經言皆獸而云「使四鳥」者，鳥獸通名耳。「使」者，謂能馴擾役使之也。《秋官·司寇職》云：閩隸掌役畜養鳥而阜蕃教擾之，夷隸掌役牧人養牛馬與鳥言，貉隸掌役服不氏養獸而教擾之，掌與獸言。此三隸者，皆當在東荒界內。《秋官》記其養鳥獸，《荒經》書其使四鳥，厥義彰矣。《春秋傳》稱「介葛盧聞牛鳴而知生三犧」，亦是東夷能通鳥獸之音者也。】

大荒之中有山，名曰合虛，【懿行案：《北堂書鈔》一百四十九卷引此經「合」作「含」。】日月所出。有中容之國，帝俊生中容。【俊亦舜字假借音也。懿行案：《初學記》九卷引《帝王世紀》云：帝嚳生而神異，自言其名曰夋。疑夋即俊也，古字通用。郭云俊亦舜字，未審何据。《南荒經》云：帝俊妻娥皇。郭蓋本此爲說。然《西荒經》又云：帝俊生后稷。《大戴禮·帝繫篇》以后稷爲帝嚳所產，是帝俊即帝嚳矣。但經内帝俊疊見，似非專指一人。此云帝俊生中容，据《左傳·文十八年》云，高陽氏才子八人，内有「中容」，然則此經帝俊又當爲顓頊矣。經文踳駮，當在闕疑。】中容人食獸、木實，【此國中有赤木、玄木，其華實美，見《呂氏春秋》。懿行案：《呂氏春秋·本味篇》云：指姑之東，中容之國，有赤木、玄木之葉焉。高誘注云：赤木、玄木，其葉皆可食，食之而仙。即郭注所引也。「其華」當爲「其葉」字之譌。】使四鳥，豹虎熊羆。

有東口之山。有君子之國，其人衣冠帶劍。【亦使虎豹，好謙讓也。懿行案：其人又食獸也，見《海外東經》。】

有司幽【懿行案：「司幽」一作「思幽」。】之國。帝俊生晏龍，【懿行案：晏龍是爲琴瑟，見《海内經》。】晏龍生司幽，司幽生思士，不妻；思女，不夫。【言其人直思感而氣通，無配合而生子，此莊子所謂「白鵠相視眸子不運而感風化」之類也。懿行案：《列子·天瑞篇》云：思士不妻而感，思女不夫而孕。本此也。又云：河澤之鳥視而生，曰鶂。《莊子·天運篇》云：白鶂之相視，眸子不運而風化。《釋文》引《三蒼》云「鶂，鶬鶂也」，司馬彪云「相待風氣而化生也」，又云「相視而成陰陽」。此注「鵠」疑「鶂」字之譌，「感」字衍也。】食黍食獸，是使四鳥。【懿行案：四鳥亦當爲虎豹熊羆。此篇言使四鳥多矣，其義竝同。】

有大阿之山者。

大荒中有山，名曰明星，日月所出。

有白民之國。帝俊生帝鴻，【懿行案：帝鴻，黄帝也，見賈逵《左傳注》。然則此帝俊又爲少典矣，見《大戴禮·帝繫篇》。《路史·後紀》引此經云：帝律生帝鴻；律，黄帝之字也。或羅氏所見本與今異。】帝鴻生白民。白民銷姓，黍食，使四鳥，虎豹熊羆。【又有乘黄獸，乘之以致壽考也。懿行案：白民乘黄，乘之壽二千歲，已見《海外西經》。】

有青丘之國，有狐九尾。【太平則出而爲瑞也。懿行案：青丘國九尾狐，已見《海外東經》。郭氏此注云「太平則出爲瑞」者，《白虎通》云：德至鳥獸則九尾狐見。王襃《四子講德論》云：昔文王應九尾狐，而東國歸周。李善注引《春秋元命苞》曰：天命文王以九尾狐。《初學記》二十九卷引郭氏《圖讚》云：青丘奇獸，九尾之狐；有道翔見，出則銜書；作瑞周文，以標靈符。《蓺文類聚》九十五卷引「翔」作「祥」。】

有柔僕民，是維嬴土之國。【嬴，猶沃衍也，音盈。】

有黑齒之國。【齒如漆也。懿行案：黑齒國已見《海外東經》。】帝俊生黑齒，【聖人神化無方，故其後世所降育，多有殊類異狀之人。諸言生者，多謂其苗裔，未必是親所產。】姜姓，黍食，使四鳥。

有夏州之國。有蓋余之國。

有神人，八首、人面、虎身、十尾，名曰天吳。【水伯。懿行案：天吳已見《海外東經》。】

大荒之中有山，名曰鞠陵于天【音菊。】東極【懿行案：《淮南·墬形訓》云：東方曰東極之山。謂此。】離瞀，【三山名也。音穀瞀。懿行案：《初學記》一卷引此經與今本同。注「穀瞀」二字當有譌文。】日月所出。名曰折丹，【神人。懿行案：「名曰折丹」上疑脫「有神」二字，《大荒南經》「有神名曰因因乎」，可證。《北堂書鈔》一百五十一卷引此經作「有人曰折丹」，《太平御覽》九卷引亦同。】東方曰折，【單吁之。懿行案：「吁」當爲「呼」字之譌。】來風曰俊，【未詳來風所在也。懿行案：吳氏引《夏小正》云正月「時有俊風」爲說，恐非也。】處東極以出入風。【言此人能節宣風氣，時其出入。懿行案：《大荒南經》亦有神，處南極以出入風也。蓋巽位東南，主風，故二神司之，時其節宣焉。《東次三經》云：無皋之山多風。《初學記》引《荊州記》云：風井，夏則風出，冬則風入。亦其義也。】

東海之渚中【渚，島。】有神，人面鳥身，珥兩黃蛇，【以蛇貫耳。】踐兩黃蛇，名曰禺虢，黃帝生禺虢，禺虢生禺京，【卽禺彊也。懿行案：禺彊，北方神，已見《海外北經》。《莊子釋文》引此經云：北海之神，名曰禺彊，靈龜爲之使。今經無此語。其云「靈龜爲之使」者，蓋据《列子》云：夏革曰，五山之根，無所連著，常隨潮波上下往還，帝命禺彊，使巨鼇十五，舉首而戴之，五山始峙。云云。所謂靈龜，豈是與？】禺京處北海，禺虢處東海，是惟海神。【言分治一海而爲神也。「虢」一本作「號」。懿行案：「虢」疑卽「號」字異文，《海內經》云「帝俊生禺號」是也。然則此帝俊又爲黃帝矣。】

有招搖山，融水出焉。有國曰玄股，【自髀以下如漆。懿行案：玄股國已見《海外東經》。】黍食，使四

鳥。【懿行案：高誘注《淮南·墬形訓》引此經作「兩鳥夾之」，與今本異。】

有困民國，勾姓而食。【懿行案：「勾姓」下「而食」上，當有闕脱。】有人曰王亥，兩手操鳥，方食其頭。王亥託于有易、河伯、僕牛，【河伯、僕牛，皆人姓名。託，寄也。見《汲郡竹書》。】有易殺王亥，取僕牛。【《竹書》曰：殷王子亥賓于有易而淫焉，有易之君緜臣殺而放之，是故殷主甲微假師于河伯以伐有易，滅之，遂殺其君緜臣也。懿行案：《竹書》作「殷侯子亥」，郭引作「殷王」，疑誤也。事在夏帝泄十二年及十六年。】河念有易，有易潛出，爲國于獸，方食之，名曰搖民。【言有易本與河伯友善。上甲微，殷之賢王，假師以義伐罪，故河伯不得不助滅之。既而哀念有易，使得潛化而出，化爲搖民國。】帝舜生戲，戲生搖民。【懿行案：今廣西猺民疑其類，見《桂海虞衡志》。】

海内有兩人，【此乃有易所化者也。懿行案：兩人蓋一爲搖民，一爲女丑。】名曰女丑。【卽女丑之尸，言其變化無常也。然則一以涉化津而遯神域者，亦無往而不之，觸感而寄迹矣。范蠡之倫，亦聞其風者也。懿行案：女丑之尸見《海外西經》。】女丑有大蟹。【廣千里也。懿行案：《海内北經》云：大蟹在海中。注與此注同。】

大荒之中有山，名曰孽搖頵羝，【懿行案：《呂氏春秋·諭大篇》云：地大則有常祥、不庭、歧母、羣抵、天翟、不周。高誘注以「不周」爲山名，其餘皆獸名，非也。尋覽文義，蓋皆山名耳。其「羣抵」當卽此經之「頵羝」，形聲相近，古字或通。】上有扶木，【懿行案：「扶木」當爲「榑木」。】柱三百里，其葉如芥。【柱，猶起高也。葉似芥菜。】有谷曰溫源谷。【溫源，卽湯谷也。懿行案：湯谷已見《海外東經》。】湯谷上有扶木，【扶桑在上。懿行案：《說文》云：日初出東方湯谷，所登榑桑，叒木也。卽此。叒通作若。李善注《海賦》及注孫楚《爲石仲容與孫皓書》引此經竝作「暘谷上有扶木」；其注《歎逝賦》引此經又作「湯谷上於扶桑」，郭注云「上於扶桑，在上也」；又，注枚乘《七發》引此經云「湯谷上有扶木，扶木者，扶桑也」，蓋亦并引郭注之文。】一日方至，一日方出，【言交會相代也。】皆載于烏。【中有三足烏。 懿行案：《初學記》一卷引此經云：皆戴烏。「戴」「載」古字通也。三十卷引《春秋元命包》云：日中有三足烏者，陽精，其僂呼也。注云：僂呼，溫潤生長之言。《楚詞・天問》云：羿焉彃日，烏焉解羽？《淮南・精神訓》云：日中有踆烏。高誘注云：踆，猶蹲也，謂三足烏，踆音逡。】

有神，人面、犬耳、獸身，珥兩青蛇，名曰奢比尸。【懿行案：奢比之尸見《海外東經》。】

有五采之鳥，相鄉棄沙。【未聞沙義。 懿行案：「沙」疑與「娑」同，鳥羽娑娑然也。】惟帝俊下友。【亦未聞也。】帝下兩壇，采鳥是司。【言山下有舜二壇，五采鳥主之。】

大荒之中有山，名曰猗天蘇門，日月所生。有壎民之國。【音如諠譁之諠。】有綦山。【音忌。】又有搖山。有𩡝山。【音如釜甑之甑。】又有門戶山。又有盛山。又有待山。有五采之鳥。

東荒之中有山，名曰壑明俊疾，日月所出。有中容之國。【懿行案：中容之國，已見上文。諸文重複雜沓，踳駮不倫，蓋作者非一人，書成非一家故也。】

東北海外，又有三青馬、三騅、【馬蒼白雜毛爲騅。 懿行案：「蒼白雜毛，騅」，見《爾雅》。三騅，詳《大荒南經》。】甘華，爰有遺玉、三青鳥、【懿行案：三青鳥，詳《大荒西經》。】三騅、視肉，【聚肉有眼。】甘華、甘柤，百穀所在。【言自生也。懿行案：《海外北經》云：平丘，甘柤、甘華，百果所在。《海外東經》云：嗟丘，甘柤、甘華，甘果所生。皆有遺玉、青馬、視肉之類。此經似釋彼文也。】

有女和月母之國。【懿行案：女和月母，即羲和、常儀之屬也。謂之「女」與「母」者，《〈史記·趙世家〉索隱》引譙周云：余嘗聞之，代俗以東西陰陽所出入，宗其神，謂之王父母。据譙周斯語，此經「女和月母」之名，蓋以此也。】有人名曰鳧，【音婉。】北方曰鳧，來之風曰狻，【言亦有兩名也，音剡。】是處東極隅，以止日月，【懿行案：此人處東極以止日月者，日月皆出東方故也。《史記·封禪書》云：八神，六曰月主，祠之萊山，七曰日主，祠成山。亦皆在東極隅也。】使無相閒出沒，司其短長。【言鳧主察日月出入，不令得相閒錯，知景之短長。】

大荒東北隅中有山，名曰凶犁土丘。【懿行案：《〈史記·五帝紀〉索隱》引皇甫謐云：黃帝使應龍殺蚩尤於凶黎之谷。即此。「黎」「犁」古字通。】應龍處南極，【應龍，龍有翼者也。懿行案：「有翼曰應龍」，見《廣雅》。】殺蚩尤與夸父，【蚩尤，作兵者。懿行案：蚩尤作兵，見《大荒北經》。】不得復上，【應龍遂住地下。懿行案：《初學記》三十卷引此經云：應龍遂在地。蓋引郭注之文也。今文「住」字當作「在」，「下」字蓋衍。】故下數旱，【上無復作雨者故也。】旱而爲應龍之狀，乃得大雨。【今之土龍本此。氣應自然冥感，非人所能爲也。懿行案：劉昭注《禮儀志》引此經及郭注，竝與今本同。土龍致雨，見《淮南·說山訓》及《墬形訓》。又，《楚詞·天問》云：應龍何畫，河海何歷？王逸注云：或曰禹治洪水時，有神龍以尾畫導水徑所當決者，因而治之。案，後世以應龍致雨，義蓋本此也。】

東海中有流波山，入海七千里，其上有獸，狀如牛，蒼身而無角，一足，出入水則必風雨，其光如日月，其聲如雷，其名曰夔。黄帝得之，以其皮爲鼓，【懿行案：《説文》云：夔，神魖也，如龍，一足，从夂，象有角手人面之形。薛綜注《東京賦》云：夔，木石之怪，如龍，有角，鱗甲光如日月，見則其邑大旱。韋昭注《國語》云：夔一足，越人謂之山繅。案，此三説夔形狀，俱與此經異也。《〈莊子·秋水篇〉釋文》引李云：黄帝在位，諸矦於東海流山得奇獸，其狀如牛，蒼色無角，一足能走，出入水卽風雨，目光如日月，其音如雷，名曰夔；黄帝殺之，取皮以冒鼓，聲聞五百里。葢本此經爲説也。其文與今本小有異同，「流波山」作「流山」，「其光如日月」作「目光如日月」，似較今本爲長也。又，「以其皮爲鼓」作「以其皮冒鼓」，劉逵注《吴都賦》引此經亦作「冒」字，是也。《初學記》九卷引《帝王世紀》作「流波山」，與今本同，而下文小異。】橛以雷獸之骨，【雷獸，卽雷神也，人面龍身，鼓其腹者。橛，猶擊也。懿行案：雷神已見《海内東經》。】聲聞五百里，以威天下。【懿行案：《莊子釋文》本此經，及劉逵注《吴都賦》引此經，竝無「橛以雷獸之骨」及「以威天下」四字，《北堂書鈔》一百八卷引有四字。】

山海經第十四

山海經第十五

晉 郭璞傳 棲霞郝懿行箋疏

大荒南經

南海之外，赤水之西，流沙之東，【赤水出昆侖山，流沙出鍾山也。】有獸左右有首，【懿行案：并封前後有首，此左右有首，所以不同。并封見《海外西經》。然《大荒西經》之「屏蓬」即「并逢」也，亦云左右有首。】名曰跊踢。【出狳名國，黜惕兩音。懿行案：狳名國未詳所在，疑本在經內，今逸也。畢氏云：「跊踢」當爲「述蕩」之譌，篆文「辵」「足」相似，故亂之。引《呂氏春秋・本味篇》云：肉之美者，述蕩之掔。高誘注云：獸名，形則未聞。即是此也。懿行案：《玉篇》無「踢」字，有「踼」，而於「跊」字下引此經仍作「跊踢」。《廣韵》引經與《玉篇》同，但「跊」別作「狱」，云「獸名」，唯此爲異。】有三靑獸相并，名曰雙雙。【言體合爲一也。《公羊傳》所云「雙雙而俱至」者，蓋謂此也。懿行案：郭引《宣五年傳》文也。楊士勛疏引舊說云：雙雙之鳥，一身二首，尾有雌雄，隨便而偶，常不離散，故以喻焉。是以雙雙爲鳥名，與郭異也。】

有阿山者。南海之中，有汜天之山，赤水窮焉。【流極於此山也。懿行案：《西次三經》云：昆侖之丘，赤水出焉，而東南流注于汜天之水。】赤水之東，有【懿行案：《藝文類聚》八十四卷及《太平御覽》五百五十五卷，竝引此經無「有」字。】蒼梧之野，舜與叔均之所葬也。【叔均，商均也。舜巡狩，死於蒼梧而葬之。商均因留，死亦葬焉。基今在九疑之中。懿行案：《海内南經》既云「蒼梧之山，帝舜葬于陽，帝丹朱葬于陰」，此又云「舜與叔均之所葬」，將朱、均二人皆於此焉堋邪？又，郭云「叔均，商均」，蓋以爲舜之子也。然舜子名「義鈞」，封于商，見《竹書紀年》，不名「叔均」。而《大荒西經》有「叔均」，爲稷弟台璽之子。《海内經》又有叔均，爲稷之孫。準斯以言，此經「叔均」蓋未審爲何人也。郭云「基今在九疑之中」，「基」當爲「墓」字之譌。《御覽》五百五十五卷引此注作「墓今在九疑山中」也。】爰有文貝、【卽紫貝也。懿行案：紫貝見郭氏《爾雅注》。】離俞、【卽離朱。】鴟久、【卽鵂鶹也。】鷹、賈、【賈，亦鷹屬。懿行案：《水經・㶟水》注引《莊子》曰「雅，賈」，馬融亦曰「賈，烏」。皆烏類，非郭義也。】委維、【卽委蛇也。懿行案：委蛇卽延維也，見《海内經》。】熊、羆、象、虎、豹、狼、視肉。

有榮山，榮水出焉。黑水之南，有玄蛇，食麈。【今南山蚺蛇吞鹿，亦此類。懿行案：「南山」當爲「南方」，字之譌也。南方蚺蛇吞鹿，已見《海内南經》注。】

有巫山者，西有黃鳥，帝藥八齋，【天帝神仙藥在此也。懿行案：後世謂精舍爲齋，蓋本於此。】黃鳥于巫山，司此玄蛇。【言主之也。】

大荒之中，有不庭之山，【懿行案：《呂氏春秋・諭大篇》云：地大則有常祥、不庭、不周。高誘注以「不周」爲山，則「不庭」亦山名矣，卽此。】榮水窮焉。【懿行案：榮水出榮山，流極於此也。】有人三身。帝俊妻娥皇，生此三身之國，【蓋後裔所出也。懿行案：《竹書》云：帝舜三十年，葬后育于渭。《地理志》云：右扶風陳倉有舜帝祠。蓋舜妻卽后育，后育卽娥皇與？《海外西經》有三身國而不言所生，此經及《海內經》始言帝俊生三身也。三身國姚姓，故知此帝俊是舜矣。】姚姓，黍食，使四鳥。【姚，舜姓也。懿行案：《說文》云：虞舜居姚虛，因以爲姓。】有淵四【懿行案：《太平御覽》三百九十五卷引此經「四」作「正」。】方，四隅皆達，【言淵四角皆旁通也。】北屬黑水，南屬大荒。【屬，猶連也。】北旁名曰少和之淵，南旁名曰從淵，【音騶馬之騶。】舜之所浴也。【言舜嘗在此中澡浴也。】

又有成山，甘水窮焉。【甘水出甘山，極此中也。懿行案：甘水已見《大荒東經》。】有季禺之國，顓頊之子，食黍。【言此國人顓頊之裔子也。】有羽民之國，其民皆生毛羽。【懿行案：羽民國見《海外南經》。】有卵民之國，其民皆生卵。【卽卵生也。懿行案：郭注羽民國云「卵生」，是羽民卽卵生也。此又有卵民國，民皆卵生，蓋別一國。郭云「卽卵生也」，似有成文，疑此國本在經中，今逸。】

大荒之中，有不姜之山，黑水窮焉。【黑水出昆侖山。懿行案：黑水出昆侖西北隅，已見《海內西經》。】

又有賈山，汔水出焉。又有言山。又有登備之山。【卽登葆山，羣巫所從上下者也。懿行案：登葆山見《海外西經》「巫咸國」。】有栔栔之山。【音如券契之契。】又有蒲山，澧【音禮。】水出焉。又有隗山，【音如隗囂之隗。】其西有丹，【懿行案：經內丹類非一，此但名之曰丹，疑卽丹雘之省文也。】其東有玉。又南有山，漂水出焉。【音票。】有尾山。有翠山。【言此山有翠鳥也。懿行案：翠亦尾也。《內則》云：舒鴈翠，舒鳧翠。】

有盈民之國，於姓，黍食。又有人方食木葉。【懿行案：《呂氏春秋·本味篇》高誘注云：赤木、玄木，

其葉皆可食，食之而仙也。又，《穆天子傳》云：有模堇，其葉是食明后。亦此類。】

有不死之國，阿姓，甘木是食。【甘木，卽不死樹，食之不老。懿行案：不死樹在昆侖山上，見《海内西經》。不死民見《海外南經》。】

大荒之中有山，名曰去痓南極果北不成去痓果。【音如風痓之痓，未詳。懿行案：《集韵》云：痓，充至切，音廁，風病也。是痓卽風痓之痓，郭氏又音如之，疑有譌字。】

南海渚中有神，人面，珥兩青蛇，踐兩赤蛇，曰不廷胡余。【神名耳。】有神名曰因因乎。南方曰因乎，夸風曰乎民，【亦有二名。】處南極以出入風。【懿行案：《大荒東經》有神名曰折丹，處東極以出入風。此神處南極以出入風，二神處異位，以調八風之氣也。】

有襄山。又有重陰之山。有人食獸，曰季釐。帝俊生季釐，【懿行案：《文十八年左傳》云：高辛氏才子八人，有季貍。「貍」「釐」聲同，疑是也。是此帝俊又爲帝嚳矣。】故曰季釐之國。有緡淵。【音昏。懿行案：《竹書》云：夏帝癸十一年，滅有緡。疑卽此。】少昊生倍伐，倍伐降處緡淵。有水四方，名曰俊壇。【水狀似土壇，因名舜壇也。懿行案：《尸子》云：水方折者有玉。此經有水四方，疑其類。】

有載民之國。【爲人黄色。懿行案：載國已見《海外南經》。】帝舜生無淫，降載處，是謂巫載民。巫載民朌姓，食穀，不績不經，服也；【言自然有布帛也。】不稼不穡，食也。【言五穀自生也。種之爲稼，收之爲穡。】爰有歌舞之鳥，鸞鳥自歌，鳳鳥自舞。爰有百獸，相羣爰處，百穀所聚。

大荒之中有山，名曰融天。海水南入焉。【懿行案：《大荒北經》云：不句之山，海水入焉。葢海所瀉處，必有歸虛、尾閭爲之孔穴，地脈潛通，故曰「入」也。下又有天臺高山，爲海水所入。《大荒北經》亦有北極天櫃，海水北注焉。皆海之所瀉也。】

有人曰鑿齒，羿殺之。【射殺之也。懿行案：羿殺鑿齒，已見《海外南經》。】

有蜮山者，有蜮民之國，【音惑。】桑姓，食黍，射蜮是食。【蜮，短狐也，似鼈，含沙射人，中之則病死。此山出之，亦以名云。懿行案：《說文》云：蜮，短狐也，似鼈，三足，以气射害人。《楚詞·大招》云：鰅鱅短狐。王逸注云：鰅鱅，短狐類也；短狐，鬼蜮也。《大招》又云：魂虖無南，蜮傷躬只。王逸注云：蜮，短狐也。引《詩》云：爲鬼爲蜮。短狐，《漢書》作「短弧」。《五行志》云：蜮在水旁，能射人，射人有處，甚者至死，南方謂之短弧。顏師古注云：卽射工也，亦呼水弩。《廣韵》引《玄中記》云：長三四寸，蟾蜍、鸑鷟、鴛鴦皆食之。】有人方扜弓射黄蛇，【扜，挽也，音紆。懿行案：扜亦音烏。扜訓挽者，《吕氏春秋·壅塞篇》云：扜弓而射之。高誘注云：扜，引也。義同郭。《玉篇》云：扜，持也。】名曰蜮人。

有宋山者，有赤蛇，名曰育蛇。有木生山上，名曰楓木。楓木，蚩尤所棄其桎梏，【蚩尤爲黄帝所得，械而殺之已，摘棄其械，化而爲樹也。懿行案：《爾雅》云：楓，欇欇。郭注云：楓樹似白楊，葉圓而岐，有脂而香，今之楓香是。《廣韻》引此經云：變爲楓木脂，入地千年化爲虎魄。此說恐非也。虎魄，松脂所化，非楓也。又引孫炎云：欇欇生江上，有寄生枝，高三四尺，生毛，一名楓子，天旱以泥泥之卽雨。《南方草木狀》云：五嶺之閒多楓木，歲久則生瘤癭，一夕遇暴雷驟雨，其樹贅暗長三五尺，謂之楓人。《述異記》云：南中有楓子鬼，木之老者爲人形。然則楓亦靈怪之物。豈以其蚩尤械所化故與？郭注「摘棄」之「摘」當爲「擿」，字之譌也。】是謂楓木。【卽今楓香樹。】有人，方齒、虎尾，名曰祖狀之尸。【音如柤梨之柤。】

有小人，名曰焦僥之國，【皆長三尺。懿行案：焦僥國已見《海外南經》。】幾姓，嘉穀是食。

大荒之中有山，名歾塗之山，【音朽。懿行案：《玉篇》云：歾或作朽。是「歾」「朽」古字同，「歾」「醜」聲相近，「歾塗」卽「醜塗」也。已見《西次三經》昆侖之北。】青水窮焉。【青水出昆侖。懿行案：「青」「淸」聲同，《西次三經》云：昆侖，洋水出焉。郭云：洋或作淸。卽此也。】有雲雨之山，有木名曰欒。【懿行案：《說文》云：欒木似欄。《繫傳》云：欄，木蘭也。今案，木蘭見《離騷》。《廣雅》云：木欄，桂欄也。】禹攻雲雨。【攻，謂槎伐其林木。】有赤石焉生欒，【言山有精靈，復變生此木於赤石之上。懿行案：《初學記》三十卷引《拾遺記》云：黑鯤魚千尺，如鯨，常飛往南海；或死，骨肉皆消，唯膽如石，上仙欒也。義正與此合。】黃本、赤枝、青葉，羣帝焉取藥。【言樹花實皆爲神藥。懿行案：欒實如建木實也，見《海內南經》。郭注本此經爲說。】

有國曰顓頊生伯服，【懿行案：吳氏引《世本》云：顓頊生偁，偁字伯服。】食黍。有鼬姓之國。【音如橘柚之柚。】有苕山。又有宗山。又有姓山。又有壑山。又有陳州山。又有東州山。又有白水山，白水出焉，而生白淵，昆吾之師所浴也。【昆吾，古王者號。《音義》曰：昆吾，山名，谿水內出善金。二文有異，莫知所辨測。懿行案：昆吾，古諸矦名，見《竹書》。又，《大戴禮・帝繫篇》云：陸終氏產六子，其一曰樊，是爲昆吾也。郭又引《音義》以爲山名者，《中次二經》「昆吾之山」是也。所引《音義》，未審何人書名，葢此經家舊

說也。】

有人名曰張弘，在海上捕魚。海中有張弘之國，【或曰卽奇肱人，疑非。懿行案：《海外西經》「奇肱之國」郭注云：肱或作弘。是「張弘」卽「奇肱」矣。「肱」「弘」聲同，古字通用。此注又疑其非，何也？又案此「張弘」或卽「長肱」，見《穆天子傳》，郭注云：卽長臂人。見《海外南經》。】食魚，使四鳥。

有人焉，鳥喙有翼，方捕魚于海。【懿行案：此似說驩頭國人，舊本屬上文，非是。】

大荒之中有人，名曰驩頭，鯀妻士敬，士敬子曰炎融，生驩頭。驩頭人面鳥喙有翼，食海中魚，杖翼而行。【翅不可以飛，倚杖之用行而已。懿行案：驩頭國已見《海外南經》。】維宜芑苣，穋楊是食。【《管子》說地所宜云「其種穋秬黑黍」，皆禾類也。苣，黑黍，今字作禾旁。「起」「秬」「虬」三音。懿行案：經蓋言驩頭食海中魚，又食芑苣穋楊之類也。穋亦禾名，今未詳。《說文》云：稑，疾孰也，或作穋。音義與此同。又案，郭引《管子》，《地員篇》文，其「穋」「秬」之字，今誤作「穋」「杞」也。】有驩頭之國。

帝堯、帝嚳、帝舜，葬于岳山。【卽狄山也。】爰有文貝、離俞、鴟久、鷹、賈、延維、視肉、熊、羆、虎、豹。朱木，赤枝、青華、玄實。【懿行案：朱木形狀又見《大荒西經》。】有申山者。

大荒之中有山，名曰天臺高山，海水入焉。

東南海之外，【懿行案：《北堂書鈔》一百四十九卷引此經無「南」字。】甘水之閒，【懿行案：《初學記》一卷及《太平御覽》三卷竝引此經作「甘泉之閒」，《後漢書·王符傳》注引此經仍作「甘水之閒」。】有義和之國，有女子名曰羲和，【懿行案：《史記正義》引《帝王世紀》云：帝嚳次妃娵訾氏女曰常儀。《大荒西經》又有「帝俊妻常羲」，疑與「常儀」及此經「羲和」通爲一人耳。】方日浴于甘淵。【羲和，蓋天地始生，主日月者也。故《啓筮》曰：空桑之蒼蒼，八極之既張，乃有夫羲和，是主日月，職出入，以爲晦明。又曰：瞻彼上天，一明一晦，有夫羲和之子，出于暘谷。故堯因此而立羲和之官，以主四時，其後世遂爲此國。作日月之象而掌之，沐浴運轉之於甘水中，以效其出入暘谷、虞淵也。所謂世不失職耳。懿行案：《藝文類聚》《初學記》及李賢注《後漢書・王符傳》引此經竝作「浴日于甘泉」，疑避唐諱改「淵」爲「泉」耳。《初學記》及《御覽》引經「浴日于甘泉」在「是生十日」句之下，與今本異。又引郭注云：羲和能生日也，故曰爲羲和之子。云云。亦與今本異。】羲和者，帝俊之妻，生十日。【言生十子各以日名名之，故言生十日，數十也。懿行案：郭注「生十日」下，疑脱「日」字。羲和十子，它書未見。《藝文類聚》五卷引《尸子》曰：造歷數者，羲和子也。然其名竟無攷。】

有蓋猶之山者，其上有甘柤，【懿行案：柤亦當爲樝字之譌，已見《海外北經》。】枝榦皆赤，黄葉、白華、黑實。東又有甘華，枝榦皆赤，黄葉。有青馬。【懿行案：青馬已見《海外東經》。】有赤馬，名曰三騅。【懿行案：三騅已見《大荒東經》。】有視肉。

有小人，名曰菌人。【音如朝菌之菌。懿行案：此卽朝菌之菌，又音如之，疑有譌文。或經當爲菌狗之菌。菌人蓋靖人類也，已見《大荒東經》。吴氏引《抱朴子》云：山中見小人，肉芝類也。又引《南越志》云：銀山有女樹，天明時皆生嬰兒，日出能行，日沒死，日出復然。又引《事物紺珠》云：孩兒樹出大食國，赤葉，枝生小兒，

長六七寸，見人則笑。菌人疑即此。又《嶺海異聞注》云：香山有物如嬰孩而躶，魚貫同行，見人輒笑，至地而滅。亦斯類也。】

有南類之山。爰有遺玉、青馬、三騅、視肉、甘華，百穀所在。

山海經第十五

山海經第十六

晉　郭璞傳　棲霞郝懿行箋疏

大荒西經

西北海之外，大荒之隅，有山而不合，名曰不周負子。【《淮南子》曰：昔者共工與顓頊爭帝，怒而觸不周之山，天維絶，地柱折。故今此山缺壞不周帀也。懿行案：《列子·湯問篇》說共工、顓頊，與《淮南·天文訓》同，唯「折天柱，絶地維」二語爲異。《楚詞·天問》云：康回馮怒，地何故以東南傾？王逸云：康回，共工名也。又引《淮南子》，與此注同。《文選注·〈甘泉賦〉及〈思玄賦〉》及《太平御覽》五十九卷引此經，竝無「負子」二字。】有兩黄獸守之。有水，曰寒暑之水。水西有濕山，水東有幕山。【音莫。】有禹攻共工國山。【言攻其國，殺其臣相柳於此山。《啓筮》曰：共工，人面蛇身朱髪也。懿行案：《周書·史記篇》云：昔有共工自賢，自以無臣，久空大官，下官交亂，民無所附，唐氏伐之，共工以亡。案，唐氏卽帝堯也。堯蓋命禹攻其國而亡之，遂流其君於幽州也。郭引《啓筮》者，《太平御覽》三百七十三卷引《歸藏·啓筮》文與此同。】

有國名曰淑士，顓頊之子。【言亦出自高陽氏也。】

有神十人，名曰女媧之腸，【或作女媧之腹。】化爲神，處栗廣之野，【女媧，古神女而帝者，人面蛇身，一日中七十變，其腹化爲此神。栗廣，野名。媧音瓜。懿行案：《說文》云：媧，古之神聖女，化萬物者也。《列子·黄帝篇》云：女媧氏蛇身人面，而有大聖之德。《初學記》九卷引《帝王世紀》云：女媧氏亦風姓也，承庖犧制度，號女希，是爲女皇。《史記索隱》引《世本》云：塗山氏女名女媧也。《淮南·說林訓》云：女媧七十化。高誘注云：女媧，王天下者也，七十變造化。《楚詞·天問》云：女媧有體，孰制匠之？王逸注云：傳言女媧人頭蛇身，一日七十化，其體如此，誰所制匠而圖之乎？今案，王逸注非也。《天問》之意，卽謂女媧一體化爲十神，果誰裁制而匠作之，言其甚巧也。郭注「腹」字，《太平御覽》七十八卷引作「腸」，又引曹植《女媧讚》曰：人首蛇形，神化七十，何德之靈。】横道而處。【言斷道也。】

有人名曰石夷，來風曰韋，【「來」或作「本」也。】處西北隅，以司日月之長短。【言察日月晷度之節。懿行案：《大荒東經》既有鳧處東極以止日月，司其短長，此又云「司日月之長短」者，西北隅爲日月所不到，然其流光餘景，亦有晷度短長，故應有主司之者也。】有五采之鳥，有冠，名曰狂鳥。【《爾雅》云：狂，夢鳥。卽此也。懿行案：郭注《爾雅》亦引此經文。狂，《玉篇》作䳢。】

有大澤之長山。有白氏之國。【懿行案：「氏」疑「民」字之譌，明藏本正作「民」。白民國已見《海外西經》。】

西北海之外，赤水之東，有長脛之國。【腳長三丈。懿行案：「長脛」卽「長股」也，見《海外西經》。郭云「腳長三丈」，正與彼注同。一本作「三尺」，誤也。藏經本作「腳步五尺」，亦與前注不合。】

有西周之國，姬姓，【懿行案：《說文》云：姬，黄帝居姬水，以爲姓。《史記·周本紀》云：封弃於邰，號曰后稷，别姓姬氏。《地理志》云：右扶風斄，后稷所封。然則經言西周之國，蓋謂此。】食穀。有人方耕，名曰叔均。帝俊生后稷，【俊宜爲嚳。嚳第二妃生后稷也。懿行案：帝嚳名夋，「夋」「俊」疑古今字，不須依郭改「俊」爲「嚳」也。然經中帝俊屢見，似非一人，未聞其審。《大戴禮·帝繫篇》云：帝嚳上妃，有邰氏之女也，曰姜原氏，產后稷。《史記·周本紀》同。郭云嚳第二妃，誤也。】稷降以百穀。稷之弟曰台壐，【音胎。】生叔均，【懿行案：《史記·周本紀》云：后稷卒，子不窋立。譙周議其世次誤，是也。《史記》又不載稷之弟，所未詳。】叔均是代其父及稷播百穀，始作耕。有赤國妻氏。有雙山。

西海之外，大荒之中，有方山者，上有青樹，【懿行案：《初學記》一卷引此經作「青松」。】名曰柜格之松，【木名。音矩。】日月所出入也。

西北海之外，【懿行案：《初學記》十卷引此經無「北」字，明藏本亦同。】赤水之西，有先民之國，【懿行案：「先」當爲「天」，字之譌也。《淮南·墬形訓》海外三十六國，中有「天民」。天，古作兲，或作兂，字形相近，以此致譌。】食穀，使四鳥。有北狄之國，黄帝之孫曰始均，【懿行案：《地理志》云：右扶風陳倉，有黄帝孫祠。】始均生北狄。有芒山。有桂山。有榣山。【此山多桂及榣木，因名云耳。懿行案：《初學記》引此經作搖山，餘同。】其上有人，號曰太子長琴。顓頊生老童，【《世本》云：顓頊娶于滕墳氏，謂之女祿，產老童也。懿行案：《大戴禮·帝繫篇》「滕墳」作「滕奔」，云：顓頊娶于滕氏奔之子，謂之女祿氏，產老童也。又，老童亦爲神，居騩山，已見《西次三經》。】老童生祝融，【卽重黎也，高辛氏火正，號曰祝融也。懿行案：《大戴禮·帝繫篇》云：老童娶于竭水氏之子，謂之高緺氏，產重黎及吳回。《史記·楚世家》云：重黎爲帝嚳高辛居火正，甚有功，能光融天下，帝嚳命曰祝融。】祝融生太子長琴。是處榣山，始作樂風。【創制樂風曲也。懿行案：《太平御覽》五百六十五卷引此經無「風」字。《西次三經》「騩山」云「老童發音常如鐘磬」，故知長琴解作樂風，其道亦有所受也。】有五采鳥三名，一曰皇鳥，一曰鸞鳥，一曰鳳鳥。有蟲，狀如菟，【懿行案：菟、兔通。此獸也，謂之「蟲」者，自人及鳥獸之屬，通謂之蟲，見《大戴禮·易本命篇》。】胷以後者裸不見，【言皮色青，故不見其裸露處。】青，如猨狀。【狀又似猨。懿行案：此獸卽㲋也。《說文》云：㲋，獸也，似兔，青色而大。此經云「狀如菟」是也。又云「如猿」者，言其色，非謂狀似兔又似猨也。猨，明藏本作蝯，是。】

大荒之中有山，名曰豐沮玉門，日月所入。有靈山，巫咸、巫卽、巫朌、巫彭、巫姑、巫真、巫禮、巫抵、巫謝、巫羅十巫，從此升降，百藥爰在。【羣巫上下此山采之也。懿行案：《說文》云：古者巫咸初作巫。《越絶書》云：虞山者，巫咸所出也；虞故神，出奇怪。《離騷》云：巫咸將夕降兮。王逸注云：巫咸，古神巫也，當殷中宗之時。王逸此說恐非也。殷中宗之臣雖有巫咸，非必卽是巫也。《海外西經》巫咸國，蓋特取其同名耳。朌讀如班。《海內西經》六巫有「巫凡」，「朌」「凡」或卽一人。《水經·涑水》注引此經作「巫朌」，「朌」「盼」形聲又相近也。「巫真」《水經注》引作「巫貞」，「巫禮」作「巫孔」。今案，「禮」古文作「礼」，「礼」與「孔」疑形近而譌也。《海內西經》有「巫履」，蓋「履」卽「禮」也，是爲一人無疑。其「巫相」疑卽「巫謝」，「謝」與「相」聲轉，當卽一人也。郭注云「采之也」，《水經注》引作「采藥往來也」。案，此是《海外西經》「巫咸國」注，酈氏誤記，故引在此耳。】

西有王母之山，【懿行案：「西有」當爲「有西」。《太平御覽》九百二十八卷引此經作「西王母山」，可證。】壑山，海山。【皆羣大靈之山。】有沃之國，【言其土饒沃也。懿行案：李善注《洛神賦》引此經作「沃人之國」。《蓺文類聚》八十九卷引作「沃民之國」。疑「沃人」當爲「沃民」，避唐諱改耳。《御覽》九百二十八卷正引作「沃民」可證。】沃民是處。沃之野，鳳鳥之卵是食，【懿行案：《呂氏春秋·本味篇》云：流沙之西，丹山之南，有鳳之丸，沃民所食。高誘注云：丸，古「卵」字也。】甘露是飲，凡其所欲，其味盡存。【言其所願滋味，此無所不備。懿行案：《海外西經》「諸夭之野」與此同。】爰有甘華、甘柤、白柳、【懿行案：《初學記》二十八卷引此經作「決民之國有白柳」，「決」即「沃」，字之譌也。】視肉、三騅、璇瑰、瑶碧、【璇瑰亦玉名。《穆天子傳》曰：枝斯璿瑰。枚回二音。懿行案：「璇」當爲「璿」。本或作「琁」，誤也。「琁」與「瓊」同，見《説文》。郭音此爲「枚」，則當爲「玫」字，亦誤也。晉灼注《漢書》云：玫瑰，火齊珠也。若經文爲「玫瑰」，郭又不得云「亦玉名」矣。李善注《江賦》及《洛神賦》，引此經竝作「璿瑰」，又引郭注云「璿瑰亦玉名也，旋回兩音。」是知經文「璇瑰」，注文「枚回」，竝今本之譌矣。《大荒北經》正作「璿瑰瑶碧」，可證。又，《玉篇》《廣韵》引此經竝作「璿瑰瑙碧」，「瑶」作「瑙」，字形雖異，音義當同。】白木、【樹色正白，今南方有文木，亦黑木也。懿行案：文木即今烏木也。劉逵注《吳都賦》云：文木材密緻無理，色黑如水牛角，日南有之。】琅玕、白丹、青丹，【又有黑丹也。《孝經援神契》曰：王者德至山陵而黑丹出。然則丹者別是彩名，亦猶黑白黄皆云丹也。懿行案：黑丹即下文玄丹是也。白丹者，《鶡冠子·度萬篇》云：膏露降，白丹發。是其事也。】多銀鐵，鸞鳥自歌，鳳鳥自舞。爰有百獸，相羣是處。是謂沃之野。【懿行案：《海外西經》同。】

有三青鳥，赤首、黑目，一名曰大鵹，【音黎。】一名少鵹，一名曰青鳥。【皆西王母所使也。懿行案：三青鳥爲西王母取食，見《海内北經》。】有軒轅之臺，射者【懿行案：《初學記》二十四卷引此經作「射罘」，誤也。《大荒北經》云：共工之臺，射者不敢北嚮。亦作「者」字，可證。】不敢西嚮射，【懿行案：《藝文類聚》六十二卷引此經無「射」字，藏經本亦無「射」字，「嚮」作「鄉」，是也。】畏軒轅之臺。【敬難黄帝之神。懿行案：臺亦丠也。《海外西經》云：不敢西射，畏軒轅之丠。】

大荒之中，有龍山，日月所入。有三澤水，名曰三淖，【懿行案：郭注《穆天子傳》引此經作「有川名曰三淖」。】昆吾之所食也。【《穆天子傳》曰：滔水，濁繇氏之所食。亦此類也。懿行案：食，謂食其國邑。《鄭語》云：主芣騩而食溱洧。是也。】有人衣青，以袂蔽面，【袂，袖。懿行案：《海外西經》云「以右手鄣其面」也。】名曰女丑之尸。【懿行案：女丑之尸，已見《海外西經》。】

有女子之國。【王頎至沃沮國，盡東界，問其耆老，云國人嘗乘船捕魚遭風，見吹數十日，東一國在大海中，純女無男。即此國也。懿行案：女子國見《海外西經》。此注本《魏志·東夷傳》也。】

有桃山。有宝山。有桂山。【懿行案：上文已有芒山、桂山。「芒」「宝」聲同也。】有于土山。

有丈夫之國。【其國無婦人也。懿行案：丈夫國已見《海外西經》。】

有弇州之山。五采之鳥仰天，【張口嘘天。】名曰鳴鳥。【懿行案：鳴鳥，蓋鳳屬也。《周書·君奭》云：我則鳴鳥不聞。《國語》云：周之興也，鸑鷟鳴於岐山。】爰有百樂歌儛之風。【爰有百種伎樂歌儛風曲。懿行

案：《文選注・王融曲水詩序》引此經「儛」作「舞」，餘同。注「爰」字，明藏本作「言」，是也。】

有軒轅之國。【其人人面蛇身。懿行案：「人面蛇身，尾交首上」，見《海外西經》。又，此注中六字，明藏本作經文。】江山之南棲爲吉。【卽窮山之際也。山居爲棲。吉者，言無凶夭。懿行案：軒轅國在窮山之際，已見《海外西經》。】不壽者乃八百歲。【壽者數千歲。懿行案：亦見《海外西經》。】

西海陼【懿行案：《爾雅》云：小洲曰陼。陼與渚同。】中有神，人面鳥身，珥兩青蛇，踐兩赤蛇，【懿行案：此神形狀，全似北方神禺彊，唯彼作「踐兩青蛇」爲異，見《海外北經》。】名曰弇茲。

大荒之中有山，名曰日月山，天樞也。吳姖【懿行案：姖字《說文》《玉篇》所無，藏經本作「姬」。】天門，日月所入。有神，人面無臂，【懿行案：《說文》云：了，尥也，从子無臂，象形。】兩足反屬于頭山，【懿行案：「山」當爲「上」字之譌，藏經本作「上」。】名曰噓。【言噓啼也。】顓頊生老童，【懿行案：《史記・楚世家》云：高陽生稱，稱生卷章。譙周云：老童卽卷章。】老童生重及黎。【《世本》云：老童娶于根水氏，謂之驕福，產重及黎。懿行案：《大戴禮・帝繫篇》云：老童娶于竭水氏之子，謂之高緺氏，產重黎及吳回。《史記・楚世家》云：卷章生重黎。徐廣注引《世本》云：老童生重黎及吳回。與《帝繫》同。是皆以「重黎」爲一人也。此經又以「重」「黎」爲二人，郭引《世本》又與徐廣異，竝所未詳。】帝令重獻上天，令黎邛下地。【古者人神雜擾無別，顓頊乃命南正重司天以屬神，命火正黎司地以屬民，重實上天，黎實下地。「獻」「邛」，義未詳也。懿行案：郭注本《楚語》文，其「火正」之「火」字，唐固注云「火當爲北」，是也。重號祝融，爲高辛氏火正。《竹書》云：帝嚳十六年，帝使重帥師滅有鄶。

即是人也。高誘注《淮南子》云：顓頊之孫老童之子吳回一名黎，爲高辛氏火正，號祝融。高誘之說本《鄭語》及《史記·楚世家》文，竝與此經合。《左傳》以爲少昊氏之子曰重爲勾芒木正，顓頊氏之子曰黎爲祝融火正，以二人爲非同產，與此經及《國語》異也。】下地是生噎，【懿行案：此語難曉。《海內經》云：后土生噎鳴。此經似與相涉，而文有闕脫，遂不復可讀。】處于西極，以行日月星辰之行次。【主察日月星辰之度數次舍也。懿行案：《楚語》云：至于夏商，重黎氏世敘天地，而別其分主。即此經云「噎處西極以行日月星辰」者也。】

有人反臂，名曰天虞。【即尸虞也。懿行案：尸虞未見所出，据郭注當有成文，疑在經內，今逸。】

有女子方浴月。【懿行案：《北堂書鈔》一百五十卷引「浴」上有「澄」字。】帝俊妻常羲，【懿行案：《史記·五帝紀》云：帝嚳娶娵訾氏女。《索隱》引皇甫謐云：女名常儀也。今案，常儀即常羲，「羲」「儀」聲近，又與羲和當即一人，已見《大荒南經》。】生月十有二，此始浴之。【義與羲和浴日同。】有玄丹之山，【出黑丹也。懿行案：上文沃民國有青丹，郭云「又有黑丹也」，謂此。】有五色之鳥，人面有髮。爰有青鳶、【音文。】黄鷔，【音敖。】青鳥、黄鳥，其所集者其國亡。【懿行案：《海外西經》云：鶬鳥、鶬鳥，其色青黄，所經國亡。又云：青鳥、黄鳥所集。即此是也。《玉篇》有「鷔」字，云：有此鳥集，即大荒國亡。李善注《江賦》引此經及郭注，與今本畧同。】有池，名孟翼之攻顓頊之池。【孟翼，人姓名。】

大荒之中有山，名曰鏖鏊鉅，【鏊，音如敖。】日月所入者。有獸，左右有首，名曰屏蓬。【即并封也，語有輕重耳。懿行案：《海外西經》云「并封前後有首」，此云「左右有首」，又似非一物也。說見《大荒南經》。】有巫山者，【懿行案：《大荒南經》有巫山。】有嶴山者，【懿行案：上文有嶴山、海山。】有金門之山。有人名曰黃姖【懿行案：姖，藏經本作「姬」。】之尸。有比翼之鳥。有白鳥，青翼黃尾玄喙。【奇鳥。】有赤犬，名曰天犬，其所下者有兵。【《周書》云：天狗所止，地盡傾，餘光燭天爲流星，長數十丈，其疾如風，其聲如雷，其光如電。吳楚七國反時，吠過梁國者是也。懿行案：赤犬名曰天犬，此自獸名，亦如《西次三經》陰山之獸名曰「天狗」耳，郭注以天狗星當之，似誤也。其引《周書》，《逸周書》無之。《漢書・天文志》云：天狗，狀如大流星，有聲，其下止地，類狗，所墜及，望之如火光炎炎中天，其下圜如數頃田處，上鋭，見則有黃色，千里破軍殺將。又云：狗，守禦類也，天狗所降，以戒守禦；吳楚攻梁，梁堅城守，遂伏尸流血其下。】

西海之南，流沙之濱，赤水之後，黑水之前，有大山，名曰昆侖之丘。有神，人面，虎身，有文有尾，皆白，處之。【言其尾以白爲點駮。懿行案：神人即陸吾也，其狀虎身九尾人面虎爪，司昆侖者，已見《西次三經》。】其下有弱水之淵，環之；【其水不勝鴻毛。懿行案：李賢注《後漢書・張衡傳》及李善注《思玄賦》引此經「淵」竝作「川」，蓋避唐諱改也。又引此經仍作「淵」字。顏師古注《漢書・西域傳》引《玄中記》云：昆侖之弱水，鴻毛不能起也。《〈史記・大宛傳〉索隱》引《輿地圖》云：昆侖弱水，非乘龍不至。《藝文類聚》八卷引郭氏《讚》云：弱出昆山，鴻毛是沈；北淪流沙，南映火林；惟水之奇，莫測其深。】其外有炎火之山，投物輒然。【今去扶南東萬里有耆薄國，東復五千里許有火山國，其山雖霖雨火常然，火中有白鼠，時出山邊求食，人捕得之，以毛作布，今之火澣布是也。即此山之類。懿行案：《水經・㶟水》注引《神異經》云：南方有火山焉，長四十里，廣四五里，其中皆生不爐之木，晝夜火然，得暴風猛雨不滅；火中有鼠，重百斤，毛長二尺餘，細如絲，色白，時時出外，以水逐而沃之則死；取其毛績以爲布，謂之火浣布。即郭氏所說也。火浣布又見《列子・湯問篇》，云周穆王時西戎獻之也。《魏志》云：齊王芳立，西域重譯獻火浣布。裴松之注引《搜神記》，大意與郭同。又，《蓺文類聚》八十卷引《玄中記》云：南方有炎火山，四月生火，其木皮爲火浣布。《搜神記》亦同兹說。將火澣布故有鼠毛及木皮二種邪？《類聚》七卷引郭氏《讚》云：木含陽氣，精構則然；焚之無盡，是生火山；理見乎微，其傳在傳。案，末句誤，疑當爲「其妙不傳」。】有人，戴勝，虎齒，有豹尾，穴處，名曰西王母。【《河圖玉版》亦曰：西王母居昆侖之山。《西山經》曰：西王母居玉山。《穆天子傳》曰：乃紀名迹于弇山之石，曰西王母之山也。然則西王母雖以昆侖之宮，亦自有離宮別窟游息之處，不專住一山也。故記事者各舉所見而言之。懿行案：今本《穆天子傳》作「紀丌跡于弇山之石」，「丌」即「其」之假借字也。郭云「西王母雖以昆侖之宮」，「以」當爲「居」。「以」古字作「㠯」，「居」古文作「凥」，皆形近而譌也。藏經本作「雖以昆侖爲宮」，其義亦通也。經言「西王母穴處」者，《莊子・大宗師篇》云：西王母坐乎少廣。《釋文》引司馬彪云：少廣，穴名。是知此人在所，乃以窟穴爲居。故《穆天子傳》載爲天子吟曰「虎豹爲羣，鳥獸與處」，蓋自道其實也。它書或說西王母所居玉闕金堂，徒爲虛語耳。】此山萬物盡有。

大荒之中有山，名曰常陽之山，【懿行案：或說《海外西經》「形天葬常羊之山」即此，非也。常羊之山見下文。】日月所入。

有寒荒之國。有二人，女祭、女薎。【或持觶，或持俎。懿行案：「薎」當爲「蔑」字之譌。《海外西經》云「女祭、女戚」，「戚」即「蔑」也。郭云「持觶」，「觶」亦「鱓」字之譌也。戚操魚䱇，亦見《海外西經》。】

有壽麻之國。【《呂氏春秋》曰：南服壽麻，北懷闟耳。懿行案：郭引《呂氏春秋》，《任數篇》文也，「南」當爲「西」字之譌。壽麻，彼作壽靡。高誘注云：西極之國，靡亦作麻。今案，「麻」「靡」古字通。《地理志》云：益州郡收靡。李奇云：靡音麻，卽升麻也。】南嶽娶州山女，名曰女虔，女虔生季格，季格生壽麻。壽麻正立無景，疾呼無響，【言其稟形氣有異於人也。《列仙傳》曰：玄俗無景。懿行案：《淮南・墬形訓》言「建木日中無景，呼而無響」也。《拾遺記》云：勃鞮之國，人皆日中無景。《列仙傳》云：「玄俗者，自言河閒人也，餌巴豆、雲英，賣藥於市，七丸一錢，治百病。王病瘕，服藥用下蛇十餘頭。王家老舍人自言父世見俗，俗行無景。王呼俗著日中，實無景。」案，此据劉逵注《魏都賦》所引，與今《列仙傳》本不同。】爰有大暑，不可以往。【言熱炙殺人也。懿行案：《楚詞・招魂》云：西方之害，其土爛人，求水無所得些。王逸注云：言西方之土溫暑而熱，燋爛人肉，渴欲求水，無有源泉，不可得之。亦此類。】

有人無首，操戈盾立，名曰夏耕之尸。【亦形天尸之類。】故成湯伐夏桀于章山，克之，【于章，山名。懿行案：郭以「于章」爲山名，未詳所在。《〈史記・夏本紀〉正義》引《淮南子》云：湯敗桀於歷山，與妹喜同舟浮江，奔南巢之山而死。今案，《淮南・脩務訓》云：湯乃整兵鳴條，困夏南巢，譙以其過，放之歷山。此卽《史記正義》所引也。高誘注云：南巢，今廬江居巢；是「歷山」蓋「歷陽之山」。未審卽此經「章山」以不。】斬耕厥前，【頭亦在前者。】耕既立，無首，走厥咎，【逃避罪也。懿行案：藏經本「立」字在「無首」下。】乃降于巫山。【自竄於巫山。巫山今在建平巫縣。懿行案：《地理志》云：南郡巫。應劭注云：巫山在西南。郭云「今在建平巫縣」者，見《晉

書・地理志》。】

有人，名曰吳回，奇左，是無右臂。【即奇肱也。吳回，祝融弟，亦爲火正也。懿行案：此非奇肱國也。《說文》云：孑，無右臂也。即此之類。吳回者，《大戴禮・帝繫篇》云：老童產重黎及吳回。《史記・楚世家》云：帝嚳誅重黎，而以其弟吳回爲重黎後，復居火正，爲祝融。是皆以「重黎」爲一人，「吳回」爲一人。《世本》亦同。此經上文則以「重」「黎」爲二人，似「黎」即「吳回」。故《潛夫論・志氏姓》云：黎，顓頊氏裔子吳回也。高誘注《淮南》亦云：祝融，顓頊之孫老童之子吳回也，一名黎，爲高辛氏火正，號爲祝融。其注《呂氏春秋》又云：吳國回祿之神，託於竈。與注《淮南》異也。王符、高誘竝以「黎」即「吳回」，與此經義合。重、黎相繼爲火官，故皆名祝融矣。】

有蓋山之國。有樹，赤皮支榦，青葉，名曰朱木。【或作朱威木也。懿行案：朱木已見《大荒南經》。「青葉」彼作「青華」，是也，此蓋字形之譌。】

有一臂民。【北極下亦有一腳人，見《河圖玉版》。懿行案：一臂國已見《海外西經》。】

大荒之中有山，名曰大荒之山，日月所入。有人焉，三面，是顓頊之子，三面一臂，【無左臂也。懿行案：《說文》云：孓，無左臂也。即此。】三面之人不死，【言人頭三邊各有面也。玄菟太守王頎至沃沮國，問其耆老，云復有一破船隨波出在海岸邊上，有一人項中復有面，與語不解，了不食而死。此是兩面人也。《呂氏春秋》曰：一臂三面之鄉也。懿行案：《呂氏春秋・求人篇》云：禹西至一臂三面之鄉。本此。郭說兩面人，本《魏志・東夷傳》。】是謂大荒之野。【懿行案：《上林賦》云：過乎泱漭之壄。張揖注云：《山海經》所謂「大荒之野」。李善注曹植《七啓》引此經「野」下有「中」字，蓋衍也。其注張協《七命》仍引此經無「中」字，可證。】

西南海之外，赤水之南，流沙之西，有人，珥兩青蛇，乘兩龍，名曰夏后開。【懿行案：開即啓也，漢人避諱所改。】開上三嬪于天，【嬪，婦也。言獻美女於天帝。懿行案：《離騷》云：啓《九辯》與《九歌》。《天問》云：啓棘賓商，《九辯》《九歌》。是「賓」「嬪」古字通，「棘」與「亟」同。蓋謂啓三度賓于天帝，而得九奏之樂也。故《歸藏・鄭母經》云：夏后啓筮，御飛龍登于天，吉。正謂此事。《周書・王子晉篇》云：吾後三年，上賓于帝所。亦其證也。郭注大誤。】得《九辯》與《九歌》以下。【皆天帝樂名也。開登天而竊以下用之也。《開筮》曰：昔彼《九冥》，是與帝《辯》同宮之序，是謂《九歌》。又曰：不得竊《辯》與《九歌》以國于下。義具見於《歸藏》。】此天穆之野，高二千仞，【《竹書》曰：顓頊產伯鯀，是維若陽，居天穆之陽也。懿行案：《竹書》云：帝顓頊三十年，帝產伯鯀，居天穆之野。無「是維若陽」四字，蓋脫去之。】開焉得始歌《九招》。【《竹書》曰：夏后開舞《九招》也。懿行案：《竹書》云：夏帝啓十年，帝巡狩，舞《九韶》于大穆之野。《海外西經》云：大樂之野，夏后啓于此儛九代。即此。】

有互人之國。【人面魚身。懿行案：互人即《海内南經》氐人國也，「氐」「互」二字蓋以形近而譌，以俗「氐」正作「互」字也。羅泌云「互人」宜作「氐人」，非也。《周官》：鼈人掌取互物。是「互物」即魚鼈之通名。國名「互人」，豈以其人面魚身故與？郭注「人面魚身」四字，本《海内南經》之文，藏經本將此郭注列入經文。】炎帝之孫，【炎帝，神農。】名曰靈恝，【音如券契之契。】靈恝生互人，是能上下于天。【言能乘雲雨也。】有魚偏枯，名曰魚婦。顓頊死即復蘇。【言其人能變化也。】風道北來，天乃大水泉，【言泉水得風暴溢出。道，猶從也。《韓非》曰：玄鶴二八，道南方而來。懿行案：郭引《韓非》者，《十過篇》云：師曠不得已，援琴而鼓，一奏之，有玄鶴二八，道南門來，集於郎門之垝。郭引「南門」作「南方」，所見本異也。】蛇乃化爲魚，是謂魚婦。顓頊死卽復蘇。【《淮南子》曰：后稷龍在建木西，其人死復蘇，其中爲魚。蓋謂此也。懿行案：郭注「龍」當爲「隴」，「中」當爲「半」，竝字形之譌。高誘注《淮南·墬形訓》云：人死復生，或化爲魚。卽指此事。然則魚婦豈卽顓頊所化，如女媧之腸化爲十神者邪？又，樂浪尉化魚，事見陸璣《詩疏》。】

有青鳥，身黃、赤足、六首，【懿行案：《海内西經》云：開明南有鳥六首。卽此也。】名曰鸀鳥。【音觸。懿行案：《爾雅》云：鸀，山烏。非此。】有大巫山，有金之山。西南大荒之中隅，【懿行案：藏經本「隅」上無「中」字。】有偏句、常羊之山。【懿行案：《海外西經》云：帝斷形天之首，葬之常羊之山。卽此。《淮南·墬形訓》云：西南方曰編駒之山。「編駒」疑卽「偏句」。《呂氏春秋·諭大篇》云：地大則有常祥、不庭。疑「常祥」卽「常羊」也。不庭已見《大荒南經》。】

按夏后開卽啓，避漢景帝諱云。

山海經第十六

山海經第十七

晉　郭璞傳　棲霞郝懿行箋疏

大荒北經

東北海之外，大荒之中，河水之閒，附禺之山，【懿行案：《海外北經》作「務隅」，《海内東經》作「鮒魚」，此經又作「附禺」，皆一山也，古字通用。《文選注·謝脁哀策文》引此經作「鮒禺之山」，《後漢書·張衡傳》注引此經與今本同。】帝顓頊與九嬪葬焉。【此皆殊俗義所作冢。】爰有鴟久、文貝、離俞、鸞鳥、皇鳥、大物、小物，【言備有也。】有青鳥、琅鳥、玄鳥、黄鳥、虎、豹、熊、羆、黄蛇、視肉、璿瑰、瑶碧，皆出衛于山。【在其山邊也。懿行案：《藝文類聚》八十九卷、《初學記》二十八卷引此經竝作「衛北山」，《北堂書鈔》一百三十七卷亦作「衛北」，是知古本「衛北」連文，而以「皆出于山」四字相屬，今本誤倒其句耳，所宜訂正。】北方員三百里。北南帝俊竹林在焉，【懿行案：此經帝俊蓋顓頊也，下云「北西有沈淵，顓頊所浴」，以此知之。】大可爲舟。【言舜林中竹，一節則可以爲船也。懿行案：《初學記》引《神異經》云：南方荒中有沛竹，其長百丈，圍二丈五六尺，厚八九寸，可以爲船。《廣韵》引《神異經》云：篩竹一名太極，長百丈，南方以爲船。《玉篇》云：簑竹長千丈，爲大船也，生海畔。即此類。】竹南有赤澤水，【水色赤也。】名曰封淵。【封，亦大也。】有三桑無枝。【皆高百仞。懿行案：三桑無枝，已見《海外北經》。注云「皆高百仞」四字，《蓺文類聚》八十八卷引作經文，疑今本誤作注文耳。】北西有沈淵，顓頊所浴。

有胡不與之國，【一國復名耳。今胡夷語皆通然。】烈姓，【懿行案：烈姓，蓋炎帝神農之裔，《左傳》稱「烈山氏」，《祭法》作「厲山氏」，鄭康成注云：厲山，神農所起，一曰有烈山。】黍食。

大荒之中有山，名曰不咸。有肅愼氏之國。【今肅愼國去遼東三千餘里，穴居，無衣，衣豬皮，冬以膏塗體，厚數分，用卻風寒。其人皆工射，弓長四尺，勁彊。箭以楛爲之，長尺五寸，青石爲鏑，此春秋時隼集陳侯之庭所得矢也。晉太興三年，平州刺史崔毖遣別駕高會使來獻肅愼氏之弓矢，箭鏃有似銅骨作者。問，云轉與海內國通，得用此。今名之爲挹婁國，出好貂、赤玉。豈從海外轉而至此乎？《後漢書》所謂「挹婁」者是也。懿行案：肅愼國見《海外西經》。郭說肅愼，本《魏志·東夷傳》，但傳本作「用楛長尺八寸」與郭異，餘則同也。今之《後漢書》，非郭所見。而此注引《後漢書》者，《吳志·妃嬪傳》云：謝承撰《後漢書》百餘卷。其書說「挹婁」，卽古肅愼氏之國也。隼集陳侯之庭，《魯語》有其事。《竹書》云：帝舜二十五年，息愼氏來朝，貢弓矢。卽肅愼也。《左傳》云：肅愼、燕、亳，吾北土也。《周書·王會篇》亦云：正北方稷愼。「稷」「息」「肅」竝聲轉字通也。《魏志·東夷傳》云：挹婁在夫餘東北千餘里，濱大海。《史記正義》引《括地志》云：靺鞨國，古肅愼也，在京東北萬里。】有蜚蛭，四翼。【翡窒兩音。懿行案：《上林賦》云：蛭蜩蠼猱。司馬彪注引此經「蜚」作「飛」。】有蟲，獸首蛇身，名曰琴蟲。【亦蛇類也。懿行案：南山人以蟲爲蛇，見《海外南經》。】

有人名曰大人。有大人之國，【懿行案：《大荒東經》云波谷山有大人之國，卽此。《史記・孔子世家》云：防風在虞夏商爲汪罔，於周爲長翟，今謂之大人。案，此本《魯語》文，其「汪罔」爲「汪芒」也。】釐姓，【懿行案：《晉語》司空季子說黃帝之子十二姓，中有僖姓，「僖」「釐」古字通用，「釐」卽「僖」也。《史記・孔子世家》云：汪罔氏之君，守封、禺之山，爲釐姓。《索隱》云：釐音僖。是也。又引《家語》云「姓漆」，「誤，《系本》無漆姓」。○案，《魯語》云：汪芒氏之君爲漆姓。非誤也。疑「漆」與「釐」古亦通。】黍食。【懿行案：東北地皆宜黍。《孟子》云：貉五穀不生，唯黍生之。說已見《大荒東經》。】有大青蛇，黃頭，【懿行案：黃頭，《藝文類聚》引作「頭方」。】食麈。【今南方蚒蛇，食鹿。鹿，亦麈屬也。懿行案：榮山有玄蛇食麈，已見《大荒南經》。又案，此經及榮山之「麈」，《藝文類聚》竝引作「塵」字，在《地部》六卷，誤。】有榆山。有鯀攻程州之山。【皆因其事而名物也。懿行案：程州，蓋亦國名，如禹攻共工國山之類。】

大荒之中有山，名曰衡天。有先民之山。【懿行案：西北海之外，有先民之國，見《大荒西經》。非此也。】有槃木千里。【音盤。懿行案：《大戴禮・五帝德篇》云：東至于蟠木。《史記・五帝紀》同，疑卽此也。劉昭注《禮儀志》引此經云：「東海中有度朔山，上有大桃樹，蟠屈三千里，其卑枝門曰東北鬼門，萬鬼出入也。上有二神人，一曰神荼，一曰鬱儡，主閱領衆鬼之惡害人者，執以葦索，而用食虎。於是黃帝法而象之，毆除畢，因立桃梗於門戶上，畫鬱儡持葦索以御凶鬼，畫虎於門當食鬼也。」《論衡・訂鬼篇》引此經大意亦同。案王充、劉昭所引疑本經文，今脫去之也。《太平御覽》九百六十七卷載《漢舊儀》引此經亦與王、劉同。李善注陸機《挽歌詩》引此文作《海水經》曰：東海中有山焉，名度索，上有大桃樹，東北瘣枝名曰鬼門，萬鬼所聚。《史記・五帝紀》注亦引此文，而作《海外經》云云，蓋誤也。《海外北經》雖有「尋木長千里」，然「尋木」非「槃木」。疑二書所引，皆即此經之逸文矣。《藝文類聚》八十六卷亦引此經云：桃樹屈蟠三千里。又張衡《東京賦》亦引用此事，薛綜注雖述其文，而不云出此經，疑漏引書名也。又，諸書所說，文字俱有異同，姑存以俟攷。】

有叔歜國，【音作感反，一音觸。】顓頊之子，黍食，使四鳥，虎豹熊羆。有黑蟲，如熊狀，名曰猎猎。【或作猲，音夕，同。懿行案：《玉篇》云：猎，秦亦切，獸名。《廣韵》亦云獸名，引此經。蓋蟲獸通名耳。猲見《說文》。】

有北齊之國，姜姓，【懿行案：《說文》云：姜，神農居姜水，以爲姓。《史記・齊太公世家》云：姓姜氏。案，《大荒西經》有西周之國，姬姓，此有北齊之國，姜姓，皆周秦人語也。】使虎豹熊羆。

大荒之中有山，名曰先檻【懿行案：藏經本作「光檻」。】大逢之山，河、濟所入，海北注焉。【河、濟注海，已復出海外，入此山中也。懿行案：滿洲人福星保言：黄河入海，復流出塞外，注翰海，翰海地皆沙磧，蓋伏流也。案，福君此說與經義合。翰海即羣鳥解羽之所，見下文。】其西有山，名曰禹所積石。【懿行案：《海內西經》云：河水入渤海，又出海外，入禹所導積石山。正與此經合。是此海即渤海矣。《水經》所謂渤海，亦即此。】有陽山者。有順山者，順水出焉。

有始州之國，有丹山。【此山純出丹朱也。《竹書》曰：和甲西征，得一丹山。今所在亦有丹山，丹出土穴

中。懿行案：《竹書》云：陽甲三年，西征丹山戎。陽甲一名和甲也。郭所引與今本小異。】

有大澤方千里，羣鳥所解。【《穆天子傳》曰：北至廣原之野，飛鳥所解其羽，乃于此獵，鳥獸絶羣，載羽百車。《竹書》亦曰：穆王北征，行流沙千里，積羽千里。皆謂此澤也。懿行案：大澤已見《海内西經》。《穆天子傳》云：碩鳥解羽，六師之人，畢至于曠原。是郭所引。「廣」當爲「曠」，或古字通也。此謂之「大澤」，《穆天子傳》謂之「曠原」，《史記》《漢書》謂之「翰海」，皆是。《史記索隱》引崔浩云：翰海，北海名，羣鳥之所解羽，故云翰海。】

有毛民之國，【其人面體皆生毛。懿行案：毛民國已見《海外東經》。今所見毛民，面首𤢖毛盡如熊，唯微露眉目處所有似獮猴，餘則是人耳，然其體亦皆毛也，不解言語，但收養者以意指使之。嘉慶十一年春正月，余在京師親所診見。是其毛人乎？高誘注《淮南》而云毛如矢鏃，卽實非矣。】依姓，【懿行案：《晉語》云黄帝之子二十五宗，其得姓者十四人，爲十二姓，中有依姓也。】食黍，使四鳥。禹生均國，均國生役采，【采一作來。懿行案：藏經本正作來。】役采生修【懿行案：藏經本作「循」。】鞈，【音如單袷之袷。】修鞈殺綽人，【人名。】帝念之，潛爲之國，【潛密用之爲國。】是此毛民。

有儋耳之國，【其人耳大，下儋垂在肩上。朱崖、儋耳，鏤畫其耳，亦以放之也。懿行案：《淮南子》作「耽耳」，《博物志》作「檐耳」，皆「儋耳」之異文也。「儋」，依字當爲「聸」，見《説文》。此是北聸耳也。《呂氏春秋・任數篇》曰：北懷儋耳。高誘注云：北極之國。正謂是也。其南瞻耳，經謂之「離耳」，見《海内南經》。又，聶耳國見《海外北經》，與此異。】任姓。【懿行案：《晉語》説黄帝之子十二姓，中有任姓也。】

禺號子，食穀。北海之渚中，【言在海島中種粟給食，謂禺彊也。懿行案：禺號卽禺虢。《大荒東經》云：黄帝生禺虢，禺虢生禺京。禺京卽禺彊也，「京」「彊」聲相近。】有神，人面鳥身，珥兩青蛇，踐兩赤蛇，名曰禺彊。【懿行案：《大荒東經》云禺虢「珥兩黄蛇，踐兩黄蛇」，與此異，餘則同也。又，《海外北經》云禺彊「踐兩青蛇」，亦與此異。又，帝命禺彊使巨鼇十五舉首而戴五山，見《列子・湯問篇》。】

大荒之中有山，名曰北極天櫃，【音匱。懿行案：「櫃」藏經本作「樻」。】海水北注焉。有神，九首、人面、鳥身，名曰九鳳。【懿行案：郭氏《江賦》云：奇鶬九頭。疑卽此。】又有神，銜蛇操蛇，【懿行案：《列子・湯問篇》說愚公事云：操蛇之神聞之，告之於帝。操蛇之神當卽此。】其狀虎首、人身、四蹏、長肘，名曰彊良。【亦在《畏獸畫》中。懿行案：《後漢・禮儀志》說十二神云：强梁、祖明共食磔死寄生。疑「强梁」卽「彊良」，古字通也。】

大荒之中有山，名曰成都載天。有人，珥兩黄蛇，把兩黄蛇，名曰夸父。后土生信，【懿行案：后土，共工氏之子句龍也，見《昭十九年左傳》，又見《海内經》。】信生夸父。夸父不量力，欲追日景，逮之于禺谷。【禺淵，日所入也，今作虞。懿行案：《列子・湯問篇》夏革說本此，「禺谷」作「隅谷」。】將飲河而不足也，將走大澤。未至，死于此。【渴死。懿行案：夸父逐日，已見《海外北經》。】應龍已殺蚩尤，又殺夸父，【上云夸父不量力，與日競而死，今此復云爲應龍所殺，死無定名，觸事而寄，明其變化無方，不可揆測。】乃去南方處之，故南方多雨。【言龍水物，以類相感故也。】

又有【懿行案：藏經本無「又」字。】無腸之國，【爲人長也。懿行案：《海外北經》云：無腸國，其爲人長。是此注所本。】是任姓。

無繼子，食魚。【「繼」亦當作「脊」，謂腨腸也。懿行案：腨腸即腨腸，其聲同也，見《海外北經》無脊國。「繼」「脊」聲相近。《淮南・墬形訓》作「無繼民」。】

共工臣名曰相繇，【相柳也。語聲轉耳。懿行案：相柳見《海外北經》。】九首，蛇身，自環，【言轉旋也。】食于九土。【言貪殘也。懿行案：《海外北經》作「九山」。】其所歍所尼，【歍，嘔，猶噴吒。尼，止也。懿行案：《說文》云：歍，心有所惡若吐也。又云：歐，吐也。《爾雅・釋詁》云：尼，止也。】即爲源澤，【言多氣力。】不辛乃苦，【言氣酷烈。】百獸莫能處。【言畏之也。】禹堙洪水，殺相繇，【禹塞洪水，由以溺殺之也。】其血腥臭，不可生穀，其地多水，不可居也。【言其膏血滂流成淵水也。】禹湮之，三仞三沮，【言禹以土塞之，地陷壞也。】乃以爲池，羣帝是因以爲臺。【地下宜積土，故衆帝因來在此共作臺。懿行案：即帝堯、帝嚳等臺也，見《海内北經》。】在昆侖之北。【懿行案：《海内北經》云：臺四方，在昆侖東北。】

有岳之山，【懿行案：李善注張協《七命》引此經作「岳山」，無「之」字。】尋竹生焉。【尋，大竹名。懿行案：《玉篇》作「䈜」，云：竹，長千丈。然《海外北經》有尋木長千里，「尋竹」猶「尋木」也。《玉篇》作「䈜」，失之。李善注張協《七命》引此經及郭注，竝止作「尋」，可證《玉篇》之非。】

大荒之中有山，名曰不句，海水入焉。【懿行案：藏經本「水」下有「北」字。】

有係昆之山者，有共工之臺，射者不敢北鄉。【言畏之也。懿行案：共工之臺，已見《海外北經》。】有人衣青衣，名曰黄帝女魃。【音如旱妭之魃。懿行案：《玉篇》引《文字指歸》曰：女妭，禿無髮，所居之處天不雨也，同魃。李賢注《後漢書》引此經作「妭」，云：妭亦魃也。据此，則經文當爲「妭」，注文當爲「魃」，今本誤也。《太平御覽》七十九卷引此經作「妭」，可證。】蚩尤作兵，伐黄帝。【懿行案：《大戴禮·用兵篇》云：「問曰，蚩尤作兵與？曰，蚩尤，庶人之貪者也，何器之能作？」是以蚩尤爲庶人。然《史記·殷本紀》云：昔蚩尤與其大夫作亂百姓，帝乃弗予，有狀。是知蚩尤非庶人也。又，《五帝本紀》云：諸矦咸來賓從，而蚩尤最爲暴，莫能伐。則蚩尤爲諸矦，審矣。《管子·地數篇》云：蚩尤受葛盧山之金，而作劍鎧矛戟。《太平御覽》二百七十卷引《世本》曰：蚩尤作兵。宋衷注曰：蚩尤，神農臣也。又引《春秋元命苞》曰：蚩尤虎捲威文，立兵。宋均注曰：捲，手也，手文「威」字也。又，《龍魚河圖》說此極詳，見《史記正義》。】黄帝乃令應龍攻之冀州之野。【冀州，中土也。黄帝亦教虎豹熊羆，以與炎帝戰于阪泉之野而滅之，見《史記》。懿行案：古以冀州爲中州之通名，故郭云「冀州，中土也」。又引《史記》云「黄帝與炎帝戰於阪泉之野」，此《五帝本紀》文。然其下方云「與蚩尤戰於涿鹿之野」，郭氏未引此文，蓋漏脱也。《周書·嘗麥篇》云：蚩尤乃逐帝，爭于涿鹿之阿，九隅無遺，赤帝大懾，乃說于黄帝，執蚩尤殺之于中冀，用名之曰絶轡之野。《周書》所說，即此經云「攻之冀州之野」也。《焦氏易林》云：白龍赤虎，戰鬬俱怒；蚩尤敗走，死于魚口。即此經云「令應龍攻之」也。】應龍畜水。蚩尤請風伯雨師，縱大風雨。【懿行案：「縱」當爲「從」。《史記正義》引此經云：以從大風雨。《蓺文類聚》七十九卷及《太平御覽》七十九卷引此經亦作「從」。】黄帝乃下天女曰魃，【懿行案：《御覽》引此經「魃」作「妭」，藏經本此下亦俱作妭。《史記正義》引《龍魚河圖》云：黄帝以仁義，不能禁止蚩尤，乃仰天而歎，天遣玄女下授黄帝兵符，伏蚩尤。】雨止，【懿行案：《史記正義》引此經有「以止雨」三字，在「雨止」句之上。】遂殺蚩尤。【懿行案：《初學記》九卷引《歸藏·啓筮》云：蚩尤出自羊水，八肱八趾疏首，登九淖以伐空桑，黄帝殺之于青北。《史記索隱》引皇甫謐云：黄帝使應龍殺蚩尤於凶黎之谷。】魃不得復上，所居不雨，【旱氣在也。】叔均言之帝，後置之赤水之北。【遠徙之也。】叔均乃爲田祖。【主田之官。《詩》云：田祖有神。】魃時亡之，【畏見逐也。懿行案：亡，謂善逃逸也。】所欲逐之者，令曰「神北行」，【向水位也。懿行案：北行者，令歸赤水之北也。】先除水道，決通溝瀆。【言逐之必得雨，故見先除水道，今之逐魃是也。懿行案：《蓺文類聚》一百卷引《神異經》云：南方有人，長二三尺，袒身，而目在頂上，走行如風，名曰魃，所見之國大旱，赤地千里，一名狢，遇者得之，投溷中乃死，旱災消。是古有逐魃之説也。《魏書》載咸平五年，晉陽得死魃，長二尺，面頂各二目。《通考》言永隆元年，長安獲女魃，長尺有二寸。然則《神異經》之説蓋不誣矣。今山西人説旱魃神，體有白毛，飛行絶迹，而東齊愚人有「打旱魃」之事，其説怪誕不經，故備書此正之。】

有人，方食魚，名曰深目民之國，【懿行案：深目國已見《海外北經》。】昐姓，食魚。【亦胡類，但眼絶深，黄帝時姓也。懿行案：昐，府文切，見《玉篇》，與「滕」「茍」二字形聲俱近。《晉語》説黄帝之子十二姓，中有「滕」「茍」，疑郭本「昐」作「滕」或「茍」，故注云「黄帝時姓」也。】

有鍾山者，有女子，衣青衣，名曰赤水女子獻。【神女也。懿行案：《穆天子傳》云：赤烏之人，丌好獻

女于天子，曰赤烏氏，美人之地也。似與此經義合。】

大荒之中有山，名曰融父山，順水入焉。【懿行案：上文云：有順山者，順水出焉。卽此。】有人，名曰犬戎。黄帝生苗龍，苗龍生融吾，融吾生弄【一作卞。】明，弄明生白犬，【懿行案：《漢書·匈奴傳》注引此經作「弄明」，《〈史記·周本紀〉正義》引此經作「并明」，「并」與「卞」疑形聲之譌轉。《匈奴傳索隱》引此經亦作「并明」。又云：黄帝生苗，苗生龍，龍生融，融生吾，吾生并明，并明生白，白生犬，犬有二壯，是爲犬戎。所引一人俱爲兩人，所未詳聞。】白犬有牝牡，【言自相配合也。懿行案：《〈史記·周本紀〉正義》《〈漢書·匈奴傳〉注》引此經竝作「白犬有二牝牡」，蓋謂所生二人相爲牝牡也。藏經本作「白犬二犬有牝牡」，下「犬」字疑衍。】是爲犬戎，肉食。有赤獸，【懿行案：《說文》云：赤狄本犬種，从犬，亦省聲。】馬狀無首，名曰戎宣王尸。【犬戎之神名也。】

有山名曰齊州之山、君山、鬵山、【音潛。】鮮野山、魚山。

有人一目，當面中生，【懿行案：此人卽一目國也，見《海外北經》。「當面中生」四字，藏經本作郭注，非。】一曰是威姓，少昊之子，【懿行案：《晉語》云：青陽與夷鼓皆爲己姓。說者云青陽卽少昊，是少昊己姓。此云「威」者，「己」「威」聲相轉。】食黍。

有繼無民，【懿行案：「繼無」疑當爲「無繼」，卽上文「無繼子」也。】繼無民任姓，無骨子，【言有無骨人也。《尸子》曰：徐偃王有筋無骨。】食氣、魚。【懿行案：「食氣、魚」者，此人食氣兼食魚也。《大戴禮·易本命篇》云：食氣者神明而壽。】

西北海外，流沙之東，有國曰中輻，【懿行案：輻，《玉篇》云：符善切。《集韻》云：婢善切，音扁。藏經本輻作輪。】顓頊之子，食黍。

有國名曰賴丘。有犬戎國。【懿行案：犬戎國已見《海内北經》。】有神，【懿行案：犬戎，黄帝之玄孫，已見上文，是犬戎亦人也。「神」字疑譌。《〈史記・周本紀〉集解》引此經正作「人」字。】人面獸身，名曰犬戎。

西北海外，黑水之北，有人，有翼，名曰苗民。【三苗之民。懿行案：三苗國已見《海外南經》。《〈史記・五帝紀〉正義》引《神異經》云：西荒中有人焉，面目手足皆人形，而胳下有翼不能飛，爲人饕餮，淫逸無理，名曰苗民。引此經文。】顓頊生驩頭，【懿行案：驩頭國亦見《海外南經》。】驩頭生苗民，苗民釐姓，【懿行案：「釐」與「僖」同，説已見上。】食肉。有山名曰章山。

大荒之中，有衡石山，九陰山，洞野之山，【懿行案：《水經・若水》注，《文選・〈甘泉賦〉及〈月賦〉》注，《藝文類聚》八十九卷，引此經竝作「灰野之山」。】上有赤樹，青葉赤華，名曰若木。【生昆侖西，附西極，其華光赤下照地。懿行案：若，《説文》作叒，云：日初出東方湯谷，所登榑桑，叒木也，象形。今案，《説文》所言是東極若木，此經及《海内經》所説乃西極若木，不得同也。《離騷》云：折若木以拂日。王逸注云：若木在昆侖西極，其華照下地。《淮南・墬形訓》云：若木在建木西，末有十日，其華照下地。皆郭注所本也。又，《文選・月賦》注引此經「若木」下有「日之所入處」五字。《水經・若水》注引此經「若木」下有「生昆侖山西附西極」八字，證以王逸《離騷注》「若木在昆侖西極」，則知《水經注》所引八字，古本蓋在經文，今誤入郭注爾。又，郭注「其華光赤下照地」，王逸《離騷注》亦有「其華照下地」五字，以此互證，疑此句亦當在經中，今本誤入注文也。《藝文類聚》八十九卷引郭氏《讚》云：若木之生，昆山是濱；朱華電照，碧葉玉津；食之靈智，爲力爲仁。】

有牛黎之國，【懿行案：牛黎蓋卽「柔利」也，其人反厀，曲足居上，故此經云「無骨」矣。柔利國見《海外北經》。】有人無骨，儋耳之子。【儋耳人生無骨子也。】

西北海之外，赤水之北，有章尾山。【懿行案：《海外北經》作「鍾山」，此作「章尾山」，「章」「鍾」聲近而轉也。《文選注·雪賦》引此經文。又注《舞鶴賦》引《十洲記》曰：鍾山在北海之中，地仙家數千萬，耕田種芝草，課計頃畝也。卽此。】有神，人面蛇身而赤，【身長千里。懿行案：身長千里，見《海外北經》。《藝文類聚》七十九卷引此四字作經文，「里」字作「尺」。今案，四字作經文是也，《海外北經》可證。】直目正乘，【直目，目從也。正乘，未聞。懿行案：畢氏云，「乘」恐「朕」字假音，俗作「眹」也。】其瞑【懿行案：李善注《思玄賦》引此經作「眠」，俗字也。】乃晦，其視乃明，【言視爲晝，眠爲夜也。】不食不寢不息，風雨是謁，【言能請致風雨。】是燭九陰，【照九陰之幽陰也。】是謂燭龍。【《離騷》曰：日安不到，燭龍何燿？《詩含神霧》曰：天不足西北，無有陰陽消息，故有龍銜精以往照天門中云。《淮南子》曰：蔽於委羽之山，不見天日也。懿行案：《楚詞·天問》作「燭龍何照」，郭引「照」作「燿」也。李善注《雪賦》引《詩含神霧》云：有龍銜火精以照天門中。此注所引，脫「火」字也。又引《淮南子》者，《墬形訓》云：燭龍在鴈門北，蔽於委羽之山，不見日。高誘注云：委羽，北方山名，一曰「龍銜燭以照太陰，蓋長千里」。云云。】

山海經第十七

山海經第十八

晋　郭璞傳　棲霞郝懿行箋疏

海内經

東海之内，北海之隅，有國名曰朝鮮、【朝鮮，今樂浪郡也。懿行案：朝鮮已見《海内北經》。】天毒，其人水居，【天毒，卽天竺國，貴道德，有文書、金銀錢貨，浮屠出此國中也。晋大興四年，天竺胡王獻珍寶。懿行案：《史記・大宛傳》云：有身毒國。《索隱》云：身音乾，毒音篤，孟康云卽天竺也，所謂浮圖胡也。案，《大宛傳》説身毒云：其人民乘象以戰，其國臨大水焉。《後漢書・西域傳》云：天竺國一名身毒，其國臨大水，修浮圖道，不殺伐。《水經注》引康泰《扶南傳》曰：天竺土俗，道法流通，金寶委積，山川饒沃，恣其所欲。大意與郭注同也。】偎人愛之。【偎，亦愛也，音隱隈反。懿行案：「愛之」，藏經本作「愛人」，是也。《列子》云：列姑射山，有神人，不偎不愛，仙聖爲之臣。義正與此合。袁宏《漢紀》云：浮屠，佛也；天竺國有佛道，其教以修善慈心爲主，不殺生。亦此義也。《玉篇》云：偎，愛也。本此。又云：北海之隈，有國曰偎人。以「偎人」爲國名，義與此異。】

西海之内，流沙之中，有國名曰壑市。【音郝。懿行案：《水經注・禹貢山水澤地》云：流沙在西海郡北，又逕浮渚，歷壑市之國。】

西海之内，流沙之西，有國名曰氾葉。【音如氾濫之氾。懿行案：《水經注》無此國，疑脱。】

流沙之西，有鳥山者，【懿行案：《水經注》云：流沙歷壑市之國，又逕於鳥山之東。】三水出焉。【三水同出一山也。】爰有黄金、璿瑰、丹、貨、銀、鐵，皆流于此中。【言其中有雜珍奇貨也。懿行案：「皆流于此中」，藏經本作「皆出此水」四字。《穆天子傳》云：天子之珤，玉果、璿珠、燭銀、黄金之膏。即此類。】又有淮山，好水出焉。

流沙之東，黑水之西，有朝雲之國，【懿行案：《水經注》云：流沙又逕於鳥山之東，朝雲之國。】司彘之國。黄帝妻雷祖，生昌意，【《世本》云：黄帝娶于西陵氏之子，謂之纍祖，產青陽及昌意。懿行案：雷，姓也；祖，名也。西陵氏姓方雷，故《晉語》云：青陽，方雷氏之甥也。「雷」通作「纍」。郭引《世本》作「纍祖」，《大戴禮·帝繫篇》作「嫘祖」，《史記·五帝紀》同，《漢書·古今人表》作「絫祖」，竝通。】昌意降處若水，【懿行案：《大戴禮·帝繫篇》與此同。《史記索隱》云：降，下也，言帝子爲諸侯，若水在蜀，即所封國也。】生韓流，【《竹書》云：昌意降居若水，產帝乾荒。乾荒即韓流也，生帝顓頊。懿行案：《竹書》「帝乾荒」蓋即帝顓頊也。此經又有韓流生顓頊，與《竹書》及《大戴禮》《史記》皆不合，當在闕疑。郭氏欲以此經附合《竹書》，恐非也。詳見《大荒東經》。】韓流擢首、謹耳、【擢首，長咽。謹耳，未聞。懿行案：《説文》云：顓，頭顓顓謹皃；項，頭項項謹皃。即謹耳之義。然則顓項命名，豈以頭似其父故與？《説文》又云：擢，引也。《方言》云：擢，拔也。拔引之則長，故郭訓擢爲長矣。】人面、豕喙、【懿行案：《韓詩外傳》姑布子卿説孔子云「汙面葭喙」，葭蓋與豭通，即豕喙也。】麟身、渠股、【渠，車輞，言跰腳也。《大傳》曰：大如車渠。懿行案：「踋」當爲「胼」，依字當爲「骿」，見《說文》。《尚書大傳》云：取大貝，大如大車之渠。鄭康成注云：渠，車罔也。是郭注所本。】豚止，【止，足。懿行案：止卽趾也。《士昏禮》云：皆有枕，北止。鄭注云：止，足也。古文「趾」作「止」。又，《漢書・郊祀歌》云：獲白麟，爰五止。顏師古注亦訓「止」爲「足」也。】取淖子曰阿女，生帝顓頊。【《世本》云：顓頊母，濁山氏之子，名昌僕。懿行案：《大戴禮・帝繫篇》云：昌意娶于蜀山氏之子，謂之昌僕氏，產顓頊。郭引《世本》作「濁山氏」，「濁」「蜀」古字通，「濁」又通「淖」，是「淖子」卽「蜀山子」也。曰「阿女」者，《初學記》九卷引《帝王世紀》云：顓頊母曰景僕，蜀山氏女，謂之女樞。是也。】

流沙之東，黑水之閒，有山，名不死之山。【卽員丘也。懿行案：《水經注》云：流沙又歷員丘不死山之西。郭知不死山卽員丘者，員丘山上有不死樹，食之乃壽，見《海外南經》注。】

華山青水之東，有山名曰肇山，有人名曰柏高，【柏子高，仙者也。懿行案：据郭注，經文當爲「柏子高」，藏經本正如是，今本脫「子」字也。《莊子・天地篇》云：堯治天下，伯成子高立爲諸侯，禹時伯成子高辭爲諸侯而耕。《史記・封禪書》說神僊之屬，有羡門子高，未審卽一人否。又，郭注《穆天子傳》云：古伯字多从木。然則柏高卽伯高矣。伯高者，《管子・地數篇》有「黃帝問於伯高」云云，蓋黃帝之臣也。帝乘龍鼎湖而伯高從焉，故高亦仙者也。】柏高上下于此，至于天。【言翱翔雲天，往來此山也。】

西南黑水之閒，有都廣之野，【懿行案：《海內西經》云：后稷之葬，山水環之，在氐國西。其地蓋在今甘肅界也。《魯語》云：稷勤百穀而山死。韋昭注云：死於黑水之山。《淮南・墬形訓》云：南方曰都廣，曰反戶。高誘注云：都廣，國名，山在此國，因復曰都廣山，在日之南，皆爲北鄉戶，故反其戶也。《墬形訓》又云：后稷壠在建木西。又云：建木在都廣。高誘注云：都廣，南方山名。《史記·周本紀》注引此經作「黑水、青水之閒，有廣都之野」，與今本異；又作《大荒經》，誤。】后稷葬焉。【其城方三百里，蓋天下之中，素女所出也。《離騷》曰：絶都廣野而直指號。懿行案：《楚詞·九歎》云：絶都廣以直指兮。郭引此句，於「都廣」下衍「野」字，又作「直指號」，「號」卽「兮」字之譌也。王逸注引此經有「其城方三百里，蓋天地之中」十一字，是知古本在經文，今脱去之，而誤入郭注也。因知「素女所出也」五字王逸注雖未引，亦必爲經文無疑矣。素女者，徐鍇《説文繫傳》云：黄帝使素女鼓五十弦琹，黄帝悲，乃分之爲二十五弦。今案，「黄帝」《史記·封禪書》作「太帝」。《風俗通》亦云「《黄帝書》：泰帝使素女鼓瑟而悲，帝禁不止」云云。然則素女蓋古之神女，出此野中也。又，郭注「天下之中」當爲「天地之中」。】爰有膏菽、膏稻、膏黍、膏稷，【言味好皆滑如膏。《外傳》曰：膏粢之子，菽豆粢粟也。懿行案：趙岐注《孟子》云：膏粱，細粟如膏者也。郭注「味好」，藏經本作「好米」。又引《外傳》「膏粢之子」，《晉語》作「膏粱之性」，與此異文，所未詳。】百穀自生，【懿行案：劉昭注《郡國志》引《博物記》云：扶海洲上有草名蒒，其實食之如大麥，從七月稔熟民斂穫，至冬乃訖，名曰自然穀，或曰禹餘糧。卽此之類。楊愼《補注》云「《齊民要術》引此作百檠自生」，云「檠卽馨字」。此言非也。檠蓋穀字之譌，古無此字。《論衡·偶會篇》云「祿惡殖不滋之檠」是也，其字从殸从禾，不从木。】冬夏播琴。【播琴，猶播殖，方俗言耳。懿行案：畢氏云：播琴，播種也。《水經注》云：楚人謂冢爲琴。「冢」「種」聲相近也。今案，畢説是也。又劉昭注《郡國志》「鮦陽」引《皇覽》曰：縣有葛陂鄉，城東北有楚武王冢，民謂之楚武王岑。然則楚人蓋謂「冢」爲「岑」，「岑」「琴」聲近，疑初本謂之「岑」，形聲譌轉爲「琴」耳。】鸞鳥自歌，鳳鳥自儛。靈壽實華，

【靈壽，木名也，似竹有枝節。懿行案：《爾雅》云：椐，樻。卽靈壽也。《詩釋文》引《毛詩草木疏》云：節中腫，似扶老，卽今靈壽是也，今人以爲馬鞭及杖，弘農共北山皆有之。《漢書・孔光傳》云：賜太師靈壽杖。顏師古注云：木似竹，有枝節，長不過八九尺，圍三四寸，自然有合杖制，不須削治也。】草木所聚。【在此叢殖也。】爰有百獸，相羣爰處。【於此羣聚。】此草也，【懿行案：「此草」猶言「此地之草」，古文省耳。】冬夏不死。

南海之內，黑水青水之閒，【懿行案：《水經・若水》注引此經無「青水」二字。】有木，名曰若木，【樹赤華青。懿行案：《大荒北經》說若木云「赤樹，青葉赤華」。此注「華」葢「葉」字之譌。】若水出焉。【懿行案：《地理志》云：蜀郡旄牛，鮮水出徼外，南入若水，若水亦出徼外，南至大莋入繩。《水經》云：若水出蜀郡旄牛徼外，東南至故關爲若水。注云：若水之生非一所也，黑水之閒，厥木所植，水出其下，故水受其稱焉。】有禺中之國，有列襄之國，有靈山，有赤蛇在木上，名曰蝡蛇，木食。【言不食禽獸也。音如耎弱之耎。懿行案：《大荒南經》云宋山有赤蛇名育蛇，但此在木上爲異。】

有鹽長【懿行案：《太平御覽》七百九十七卷引作「監長」，「有」上有「西海中」三字。藏經本亦作「監長」。《北堂書鈔》一百五十七卷引與今本同。】之國。有人焉，鳥首，名曰鳥氏。【今佛書中有此人，卽鳥夷也。懿行案：鳥氏，《御覽》引作「鳥民」，今本「氏」字譌也。鳥夷者，《史記・夏本紀》及《地理志》竝云：鳥夷皮服。《大戴禮・五帝德篇》云「東有鳥夷」是也。又《秦本紀》云：大費生子二人，一曰大廉，實鳥俗氏。《索隱》云：以仲衍鳥身人言，故爲鳥俗氏。亦斯類也。】

有九丘，【懿行案：《北堂書鈔》引「有」上有「地繚」二字，與「鳥民」連文。】以水絡之，【絡，猶繞也。懿行案：《文選・遊天台山賦》及《景福殿賦》注引此注竝云：絡，繞也。】名曰陶唐之丘，【陶唐，堯號。】有叔得之丘，【懿行案：《書鈔》引「叔」上有「升」字。】孟盈之丘，【懿行案：叔得、孟盈，葢皆人名號也。孟盈或作葢盈，古天子號。】昆吾之丘，【此山出名金也。《尸子》曰：昆吾之金。懿行案：昆吾之山已見《中次二經》。此經昆吾，古諸矦號也。《大戴禮・帝繫篇》云：陸終產六子，其一曰樊，是爲昆吾。《淮南・墬形訓》云：昆吾丘在南方。】黑白之丘，赤望之丘，參衛之丘，武夫之丘，【此山出美石。懿行案：《南次二經》會稽之山，其下多砆石。郭注云：砆，武夫石，似玉。是也。】神民之丘。【言上有神人。懿行案：《文選・遊天台山賦》注引此經作「神人之丘」，《書鈔》仍引作「神民」，以郭注推之，似「民」當爲「人」。】

有木，青葉、紫莖，玄華、黃實，名曰建木，【懿行案：《海內南經》云：建木在弱水上。郭注本此經爲說。】百仞無枝，有九欘，【枝回曲也，音如斤斸之斸。懿行案：《玉篇》云：欘，枝上曲。本此。藏本經文「枝」下有「上」字，今本脫也。】下有九枸，【根盤錯也。《淮南子》曰：木大則根欋。音劬。懿行案：見《淮南・說林訓篇》。「欋」「枸」音同。】其實如麻，【似麻子也。】其葉如芒。【芒，木，似棠梨也。懿行案：芒木如棠，赤葉，可毒魚，出葌山，見《中次二經》。】大暤爰過，【言庖羲於此經過也。懿行案：庖犧生於成紀，去此不遠，容得經過之。】黃帝所爲。【言治護之也。】有窫窳，龍首，是食人。【在弱水中。懿行案：窫窳居弱水中，已見《海內南經》。】有青獸，人面，【懿行案：郭注《海內南經》云：狌狌狀如黃狗。此經云「青獸，人面」，與郭異。《太平御覽》九百八卷引此經無

「青獸」二字，蓋脱。《蓺文類聚》九十五卷引作「有獸」，無「青」字，當是。今本「青」字衍也。】名曰猩猩。【能言。懿行案：《呂氏春秋・本味篇》云：肉之美者，猩猩之脣。高誘注云：猩猩，獸名也，人面狗軀而長尾。案，狌狌知人名，見《海内南經》；猩猩能言，見《曲禮》。】

西南有巴國。【今三巴是。】大皞【懿行案：《列子・黄帝篇》云：庖犧氏蛇身人面，而有大聖之德。《帝王世紀》云：大皞母曰華胥，履大人迹於雷澤，而生庖犧於成紀。《地理志》云：天水郡成紀。】生咸鳥，咸鳥生乘釐，乘釐生後照，【懿行案：《太平御覽》一百六十八卷引此經「照」作「昭」。】後照是始爲巴人。【爲之始祖。】有國名曰流黄辛氏，【卽酆氏也。懿行案：《海内西經》云流黄酆氏之國，卽此。又，《南次二經》云柜山「西臨流黄」，亦此也。】其域中方三百里，其出是塵土。【言殷盛也。懿行案：言塵坌出是國中，謂人物喧闐也。藏經本「域」字作「城」，「出」字上下無「其」「是」二字。】有巴遂山，澠水出焉。【懿行案：《水經・若水》注云：繩水出徼外。引此經亦作「繩水」。《地理志》云：蜀郡旄牛，若水出徼外，南至大莋入繩。卽斯水也。】

又有朱卷之國。有黑蛇，青首，食象。【卽巴蛇也。懿行案：巴蛇已見《海内南經》。】

南方有贛巨人，【卽梟陽也，音感。懿行案：梟陽國已見《海内南經》。今南康人説深山中亦有此物也。】人面、長臂、【懿行案：「臂」當爲「脣」字之譌，見《海内南經》。】黑身、有毛、反踵，見人笑亦笑，【懿行案：當依古本作「見人則笑」，説見《海内南經》。牟廷相曰：「亦」，古「掖」字，言見人則笑而掖持之也，下「笑」字屬下句讀。懿行案：此讀可通，而於《海内南經》之文微閡，姑存之以備一解。】脣蔽其面，因卽逃也。【懿行案：藏經本「卽」作

「可」。】

又有黑人，虎首，鳥足，兩手持蛇，方啗之。

有嬴民，鳥足。【音盈。】有封豕。【大豬也，羿射殺之。懿行案：《楚詞・天問》云：馮珧利玦，封豨是射。王逸注云：封豨，神獸也，言羿獵射封豨，以其肉膏祭天地。《淮南・本經訓》云：堯之時，封豨爲民害，堯乃使羿禽封豨於桑林。是皆郭所本也。然大豬所在皆有，非必卽羿所射者。《初學記》及《藝文類聚》引《符子》曰：有獻燕昭王大豕者，邦人謂之豕仙，死而化爲魯津伯。又，《吳志》云：孫休永安五年，使察戰到交阯調孔爵、大豬。斯皆封豕之類也。《類聚》九十四卷引郭氏《讚》云：有物貪婪，號曰封豕；荐食無厭，肆其殘毁；羿乃飲羽，獻帝效技。】有人曰苗民。【三苗民也。】有神焉，人首蛇身，長如轅，【大如車轂，澤神也。】左右有首，【岐頭。】衣紫衣，冠旃冠，名曰延維。【委蛇。】人主得而饗食之，伯天下。【齊桓公出田於大澤，見之，遂霸諸矦。亦見《莊周》，作「朱冠」。懿行案：《莊子・達生篇》云：委蛇，其大如轂，其長如轅，紫衣而朱冠，其爲物也，惡聞雷車之聲，則捧其首而立，見之者殆乎霸也。】有鸞鳥自歌，鳳鳥自舞。鳳鳥，首文曰德，翼文曰順，膺文曰仁，背文曰義，見則天下和。【言和平也。懿行案：鳳狀已見《南次三經》「丹穴之山」，與此小異。】又有青獸，如菟，名曰𦵯狗。【音如朝菌之菌。懿行案：𦵯葢古菌字，其上从「屮」，卽古文「艸」字也。如「芬」「薰」之字，今皆从「草」，古从「屮」，作「岎」「𡴇」字，是其例也。𦵯狗者，《周書・王會篇》載《伊尹四方令》云：正南以菌鶴短狗爲獻。疑卽此物也。】有翠鳥，【懿行案：《爾雅》云：鷸，翠。《王會篇》云：倉吾翡翠。王逸注《楚詞・招魂》云：雄曰翡，雌曰翠。李善注

《鸕鷀賦》引《異物志》曰：翡，赤色，大於翠。劉逵注《蜀都賦》云：翡翠常以二月九月羣翔興古千餘。又注《吳都賦》云：翡翠巢於樹巔生子，夷人稍徙下其巢，子大未飛便取之，皆出於交阯、鬱林南。】有孔鳥。【孔雀也。懿行案：《王會篇》云：方人以孔鳥。劉逵注《蜀都賦》云：孔雀特出永昌南涪縣。又注《吳都賦》云：孔雀尾長六七尺，綠色，有華彩，朱崖、交阯皆有之，在山草中。案，《吳志》云：孫休使察戰到交阯調孔爵。】

南海之內，有衡山，【南嶽。懿行案：郭注《中次十一經》「衡山」云：今衡山在衡陽湘南縣，南嶽也，俗謂之岣嶁山。宜移注於此。衡陽郡湘南，見《晉書·地理志》。】有菌山，【音芝菌之菌。懿行案：「菌」卽「芝菌」之字，何須用音？知郭本經文不作「菌」，疑亦當爲「菌」字，見上文。】有桂山，【或云「衡山有菌桂」。桂，員似竹，見《本草》。懿行案：劉逵注《蜀都賦》引《神農本草經》曰：菌桂出交阯，圓如竹，爲衆藥通使。】有山名三天子之都。【一本「三天子之鄣山」。懿行案：注「一本」下當脫「作」字或「云」字。三天子鄣山，已見《海內南經》。藏經本經文直作「三天子之鄣山」，無郭注。】

南方蒼梧【懿行案：《王會篇》作「倉吾」。】之丘，蒼梧之淵，【懿行案：李善注《思玄賦》及李賢注《後漢書》及《藝文類聚》引此經竝作「川」，蓋避唐諱也。】其中有九嶷山，【音疑。】舜之所葬，在長沙零陵界中。【山今在零陵營道縣南，其山九谿皆相似，故云九疑，古者總名其地爲蒼梧也。懿行案：蒼梧之山，帝舜葬于陽，已見《海內南經》。《說文》云：九嶷山，舜所葬，在零陵營道。《楚詞》《史記》竝作「九疑」，《初學記》八卷及《文選·上林賦》注引此經亦作「九疑」，《琴賦》注又作「九嶷」，蓋古字通也。羅含《湘中記》云：衡山、九疑皆有舜廟。又云：衡山遙望

如陣雲，沿湘千里，九向九背，乃不復見。】

北海之内，有蛇山者，【懿行案：《海内北經》之首有蛇巫山，疑非此。】蛇水出焉，東入于海。有五采之鳥，飛蔽一鄉，【漢宣帝元康元年，五色鳥以萬數過蜀都。即此鳥也。懿行案：《思玄賦》舊注引此經作「飛蔽日」，蓋古本如此。】名曰翳鳥。【鳳屬也。《離騷》曰：駟玉虬而乘翳。懿行案：《廣雅》云：翳鳥、鸞鳥，鳳皇屬也。今《離騷》「翳」作「鷖」，王逸注云：鳳皇別名也。《史記・司馬相如傳》張揖注及《文選》注、《後漢書・張衡傳》注引此經竝作「鷖鳥」，《上林賦》注仍引作「翳鳥」。】又有不距之山，巧倕葬其西。【倕，堯巧工也，音瑞。懿行案：「義均是始爲巧倕，始作下民百巧」見下文。郭知爲堯臣者，以《虞書》云「咨垂，女共工」。垂、倕蓋一人也。《淮南・本經訓》云：周鼎著倕，使銜其指，以明大巧之不可爲也。高誘注云：倕，堯之巧工。是皆郭注所本。《玉篇》云：倕，黄帝時巧人名也。與郭義異。藏經本「音瑞」作「音垂」。】

北海之内，有反縛盜械【懿行案：吳氏引《漢紀》云：當盜械者，皆頌繫。注云：凡以罪著械，皆得稱盜械。】帶戈常倍之佐，名曰相顧之尸。【亦貳負臣危之類。】

伯夷父生西岳，【懿行案：《周語》云：胙四岳國，命爲矦伯，賜姓曰姜，氏曰有吕。此經言「伯夷父生西岳」，蓋其父本爲四岳，至其子纂修舊勳，故復爲西岳也。《大荒西經》有南岳，未審是此何人。】西岳生先龍，先龍是始生氐羌，氐羌乞姓。【伯夷父，顓頊師，今氐羌其苗裔也。懿行案：《竹書》云：成湯十九年，氐羌來貢；武丁三十四年，氐羌來賓。《周書・王會篇》云：氐羌鸞鳥。孔晁注云：氐地之羌不同，故謂之氐羌。郭云「伯夷父，顓頊師」

者，《漢書・古今人表》云：柏夷亮父，顓頊師。《新序・雜事五》云：顓頊學伯夷父。是郭所本也。「柏」與「伯」通，凡古人名「伯」者，《表》皆書作「柏」字也。】

北海之內有山，名曰幽都之山，【懿行案：《爾雅・釋地》云：有幽都之筋角焉。高誘注《淮南・墬形訓》云：古之幽都在雁門以北。又案，《大戴禮・五帝德篇》云：北至于幽陵。疑幽陵即幽都。】黑水出焉。其上有玄鳥、玄蛇、【懿行案：上文云「朱卷之國有黑蛇食象」，《大荒南經》云「黑水之南有玄蛇食麈」。】玄豹、【懿行案：《中次十一經》云：即谷之山多玄豹。李善注《子虛賦》引此經。】玄虎、【黑虎名虪，見《爾雅》。】玄狐蓬尾。【蓬，叢也。阻留反。《說苑》曰：蓬狐文豹之皮。懿行案：《小雅・何草不黃篇》云：有芃者狐。蓋言狐尾蓬蓬然大，依字當爲蓬，《詩》假借作芃耳。郭云「阻留反」，於文上無所承，疑有闕脱。《太平御覽》九百九卷引此注作「蓬蓬其尾也」，無「阻留反」三字，非。牟廷相曰：「叢」字可讀如「菆」，則「阻留」當是「叢」字之音也。】有大玄之山，有玄丘之民，【言丘上人物盡黑也。懿行案：「人物盡黑」疑本在經中，今脱去之。《水經・溫水》注云：林邑國人以黑爲美。所謂「玄國」，亦斯類也。】有大幽之國，【即幽民也，穴居無衣。懿行案：郭注疑本在經中，今脱去。】有赤脛之民。【厀已下正赤色。】

有釘靈之國，其民從厀已下有毛，馬蹏，善走。【《詩含神霧》曰：馬蹏，自鞭其蹏，日行三百里。懿行案：釘靈，《說文》作「丁零」，一作「丁令」。《通考》云：丁令國有二，烏孫長老言，北丁令有馬脛國，其人聲音似鴈鶩，從膝以上身頭人也，膝以下生毛，馬脛馬蹄，不騎馬而走疾於馬。案《通考》所說，見裴松之注《三國志》引《魏

署》云。】

炎帝之孫伯陵，【懿行案：《周語》云：大姜之姪，伯陵之後，逄公之所憑神。《昭二十年左傳》云：有逢伯陵因之。杜預注云：逢伯陵，殷諸侯。以此經文推之，伯陵非親炎帝之孫，蓋其苗裔也。】伯陵同吴權之妻阿女緣婦，【同，猶通，言淫之也。吴權，人姓名。】緣婦孕三年，【孕，懷身也。】是生鼓、延、殳，始爲侯，【三子名也。殳音殊。】鼓、延是始爲鍾，【《世本》云：毋句作磬，倕作鍾。懿行案：《初學記》十六卷引此經與今本同。《説文》云：古者毋句氏作磬，垂作鐘。與郭引《世本》同。又《初學記》引《世本》「毋」作「無」，蓋古字通用。又引《樂録》云：無句，堯臣也。】爲樂風。【作樂之曲制。】

黄帝生駱明，駱明生白馬，白馬是爲鯀。【即禹父也。《世本》曰：黄帝生昌意，昌意生顓頊，顓頊生鯀。懿行案：郭引《世本》云「昌意生顓頊，顓頊生鯀」，與《大戴禮·帝繫》世次相合，而與前文「昌意生韓流，韓流生顓頊」之言卻復相背，郭氏蓋失檢也。大抵此經非出一人之手，其載古帝王世系，尤不足据，不必彊爲之説。】帝俊生禺號，禺號生淫梁，淫梁生番禺，【懿行案：《北堂書鈔》一百三十七卷引此經「淫」作「經」。《大荒東經》言黄帝生禺猇，即禺號也，「禺猇生禺京」，即淫梁也，「禺京」「淫梁」聲相近。然則此經帝俊又當爲黄帝矣。】是始爲舟。【《世本》云：共鼓、貨狄作舟。懿行案：《初學記》二十五卷引此經，又引《世本》云：共鼓、貨狄作舟，黄帝二臣也。】番禺生奚仲，奚仲生吉光，吉光是始以木爲車。【《世本》云：奚仲作車。此言吉光，明其父子共創作意，是以互稱之。懿行案：《説文》云：車，夏后時奚仲所造。】少皞生般，【音班。】般是始爲弓矢。【《世本》云：牟夷作矢，揮作弓。弓矢一器，作者兩人，於義有疑。此言般之作，是。懿行案：《説文》云：古者夷牟初作矢。郭引《世本》作「牟夷」，疑文有倒轉耳。宋衷云：夷牟，黄帝臣也。《説文》又云：揮作弓。與《世本》同。《吴越春秋》云：黄帝作弓。《荀子·解蔽篇》又云：倕作弓，浮游作矢。俱與此經異也。】帝俊賜羿彤弓素矰，【彤弓，朱弓。矰，矢名，以白羽羽之。《外傳》：白羽之矰，望之如荼也。懿行案：《楚詞·天問篇》云：馮珧利決。王逸注云：珧，弓名也；決，射鞲也。是即帝賜羿弓矢之事。《太平御覽》八十二卷引《帝王世紀》曰：羿，其先帝嚳以世掌射故，于是加賜以弓矢，封之于鉏，爲帝司射。葢本此經爲説也。《説文》云：矰，隿䠶矢也。郭云「白羽羽之」，疑下「羽」字誤。所引《外傳》者，《吴語》文。】以扶下國，【言令羿以射道除患，扶助下國。】羿是始去恤下地之百艱。【言射殺鑿齒、封豕之屬也。有窮后羿慕羿射，故號此名也。】帝俊生晏龍，【懿行案：帝俊生晏龍，晏龍生司幽，已見《大荒東經》。】晏龍是【懿行案：《北堂書鈔》一百九卷引此經「是」下有「始」字。】爲琴瑟。【《世本》云：伏羲作琴，神農作瑟。懿行案：《説文》云：琴，神農所作；瑟，庖犧所作。此注葢傳寫之譌也。《初學記》十六卷引《琴操》曰：伏犧作琴。又引《世本》《説文》《桓譚新論》，竝云：神農作琴。二説不同。据《初學記》所引《説文》，是與《世本》同之證。】帝俊有子八人，是始爲歌舞。【懿行案：《初學記》十五卷、《藝文類聚》四十三卷、《太平御覽》五百七十二卷引此經竝云：帝俊八子，是始爲歌。無「舞」字。】帝俊生三身，三身生義均，【懿行案：帝俊妻娥皇生三身之國，已見《大荒南經》。義均者，《竹書》云：帝舜二十九年，帝命子義鈞封于商。《楚語》云：舜有商均。韋昭注云「均，舜子，封於商」是也。此經又云「三身生義均」，與《竹書》《國語》俱不合。】義均是始爲巧倕，是始作下民百巧。

【懿行案：巧倕葬不距山西，已見上文。】后稷是播百穀，【懿行案：《魯語》云：昔烈山氏之有天下也，其子曰柱，能殖百穀百蔬；夏之興也，周棄繼之，故祀以爲稷。是柱、棄二人相代爲后稷。此經所指，蓋未審何人也。】稷之孫曰叔均，【懿行案：《大荒西經》云：稷之弟曰台璽，生叔均。是叔均乃后稷之猶子，與此復不同。】是始作牛耕。【始用牛犂也。】大比赤陰，【或作音。懿行案：「大比赤陰」四字難曉，推尋文義，當是地名。《大荒西經》説「叔均始作耕」，又云「有赤國妻氏」。然則「大比赤陰」豈謂是與？】是始爲國。【得封爲國。】禹、鯀是始布土，均定九州。【布，猶敷也。《書》曰：禹敷土，定高山大川。】炎帝之妻，赤水之子聽訞，生炎居，炎居生節並，節並生戲器，【懿行案：《史記索隱·補三皇本紀》云：神農納奔水氏之女曰聽詙爲妃，生帝哀，哀生帝克，克生帝榆罔。云云。證以此經，「赤水」作「奔水」，「聽訞」作「聽詙」，及「炎居」已下，文字俱異。司馬貞自注云：見《帝王世紀》及《古史考》。今案，二書蓋亦本此經爲説，其名字不同，或當别有依据，然古典逸亡，今無可攷矣。「訞」與「妖」同，「詙」音「拔」。】戲器生祝融。【祝融，高辛氏火正號。懿行案：老童生祝融，見《大荒西經》，與此又異。】祝融降處于江水，生共工。共工生術器，術器首方顛，【頭頂平也。懿行案：顛字衍，藏經本無之。】是復土穰，以處江水。【復祝融之所也。懿行案：《竹書》云：帝顓頊七十八年，術器作亂，辛侯滅之。即斯人也。然則經言「復土穰以處江水」，蓋即其作亂之事。「穰」當爲「壤」，或古字通用，藏經本正作「壤」。】共工生后土，【懿行案：韋昭注《周語》引賈侍中云：共工，諸侯，炎帝之後，姜姓也；顓頊氏衰，共工氏侵陵諸侯，與高辛氏爭而王也。或云，共工，堯時諸侯，爲高辛所滅。昭謂：爲高辛所滅，安得爲堯諸侯？又，堯時共工，與此異也。○据韋昭所駁，蓋從賈逵前說也。然《魯語》云：共工氏之霸九有也，其子曰后土，能平九土。韋昭注云：共工氏伯者，在戲、農之閒。懿行案：若在戲、農之閒，卽不得謂「炎帝之後，姜姓」，是韋昭不從賈逵所說也。高誘注《淮南·原道訓》亦云：共工，以水行霸於伏羲、神農閒者，非堯時共工也。與韋昭後說同。后土名句龍，見《左傳》。又，韋昭注《魯語》云：其子，共工之裔子句龍也，佐黄帝爲土官；使君土官，故曰「后土」。《管子·五行篇》云：黄帝得后土而辯於北方。是韋昭注所本也。】后土生噎鳴，噎鳴生歲十有二。【生十二子皆以歲名名之，故云然。懿行案：《大荒北經》云：后土生信。《大荒西經》云：下地是生噎。疑「噎」卽「噎鳴」，或彼有脱文也。】洪水滔天，【滔，漫也。】鯀竊帝之息壤，以堙洪水，【息壤者，言土自長息無限，故可以塞洪水也。《開筮》曰：滔滔洪水，無所止極，伯鯀乃以息石息壤以填洪水。漢元帝時，臨淮徐縣地踊，長五六里，高二丈，卽息壤之類也。懿行案：《竹書》云：周顯王五年，地忽長十丈有餘，高尺半。《天文志》云：水澹地長。地長卽息壤也。《淮南·墬形訓》云：禹乃以息土填洪水以爲名山，掘昆侖虚以下地。高誘注云：「地」或作「池」。据《淮南》斯語，是鯀用息壤而亡，禹亦用息壤而興也。《史記·甘茂傳》云：王迎甘茂於息壤。《索隱》引此經及《啓筮》與今本同。】不待帝命。帝令祝融【懿行案：祝融卽高辛氏之火正黎也，死爲火官之神，葬於衡山。《思玄賦》舊注云：楚靈王之世，衡山崩而祝融之墓壞，中有《營丘九頭圖》矣。】殺鯀于羽郊。【羽山之郊。懿行案：羽山已見《南次二經》。《晉語》云：昔者鯀違帝命，殛之於羽山，化爲黄能，以入於羽淵。《水經·淮水》注引《連山易》曰：有崇伯鯀，伏于羽山之野。是也。】鯀復生禹。【《開筮》曰：鯀死三歲不腐，剖之以吳刀，化爲黄龍也。懿行案：《初學記》二十二卷引《歸藏》云：大副之吳刀，是用出禹。《呂氏春秋·行論篇》亦云「副之以吳刀」，蓋卽與郭所引爲一事也。《楚詞·天問》云：永遏在羽山，夫何三年不施；伯禹腹鯀，夫何以變化？言鯀死三年不施化，厥後化爲黄熊。故《天問》又云：化爲黄熊，巫何活焉？郭引《開筮》作「黄龍」，葢別有据也。「伯禹腹鯀」即謂「鯀復生禹」，言其神變化無方也。《玉篇》引《世本》云：顓頊生鮌，鮌生高密，是爲禹也。鮌即鯀字。】帝乃命禹卒布土，以定九州。【鯀績用不成，故復命禹終其功。懿行案：《楚詞·天問》云：纂就前緒，遂成考功。又云：鯀何所營，禹何所成？言禹能纂成先業也。】

【懿行案：右《大荒海内經》五篇，大凡五千三百三十二字。】

山海經第十八

山海經圖讚一卷

【《隋/唐書·經籍志》竝云：《圖讚》二卷，郭璞撰。《中興書目》：《山海經》十八卷，郭璞傳，凡二十三篇，每卷有《讚》。○案：今本竝無《圖讚》，唯明藏經本有之，兹据補。其文字舛誤，今略訂正，及臧氏《校正》竝著之，疑則闕焉。】

南山經

桂

桂生南裔，枝華岑嶺。廣莫熙葩，凌霜津穎。氣王百藥，森然雲挺。

迷穀

爰有奇樹，產自招搖。厥華流光，上映垂霄。佩之不惑，潛有靈標。

狌狌

狌狌似猴，走立行伏。櫰木挺力，少辛明目。飛廉迅足，豈食斯肉？

水玉

水玉沐浴，潛映洞淵。赤松是服，靈蛻乘煙。吐納六氣，昇降九天。

白猿

白猿肆巧，由基撫弓。應眄而號，神有先中。數如循環，其妙無窮。

鹿蜀

鹿蜀之獸，馬質虎文。驤首吟鳴，矯足騰羣。佩其皮毛，子孫如雲。

鯥

魚號曰鯥，處不在水。厥狀如牛，鳥翼蛇尾。隨時隱見，倚乎生死。

類

類之爲獸，一體兼二。近取諸身，用不假器。窈窕是佩，不知妒忌。

猼訑

猼訑似羊，眼反在背。視之則奇，推之無怪。若欲不恐，厥皮可佩。

祝茶草、【懿行案：經作「祝餘」，注云或作「桂茶」。】旋龜、鵸䳜鳥

祝茶嘉草，食之不飢。鳥首虺【懿行案：「虺」當爲「虮」，即「虺」字。】尾，其名旋龜。鵸䳜六足，三翅竝翬。

灌灌鳥、赤鱬

厥聲如訶，厥形如鳩。佩之辨惑，出自青丘。赤鱬之狀，魚身人頭。

鵂鳥

彗星横天，鯨魚死浪。鵂鳴于邑，賢士見放。厥理至微，言之無況。

猾褢

猾褢之獸，見則興役。膺政而出，匪亂不適。天下有道，幽形匿跡。

長右、彘

長右四耳，厥狀如猴。實爲水祥，見則横流。彘虎其身，厥尾如牛。

會稽山

禹徂會稽，爰朝羣臣。不虔是討，乃戮長人。玉贛【懿行案：「贛」《藝文類聚》作「匱」。】表夏，玄石勒秦。

患【經作「䳄」】

有獸無口，其名曰患。害氣不入，厥體無間。至理之盡，出乎自然。

犀

犀頭似豬，形兼牛質。角則併三，分身互出。鼓鼻生風，壯氣隘溢。

兕

兕推壯獸，似牛青黑。力無不傾，自焚以革。皮充武備，角助文德。

象

象實魁梧，體巨貌詭。肉兼十牛，目不踰豕。望頭如尾，動若丠徙。

纂雕、瞿如鳥、虎蛟

纂雕有角，聲若兒號。瞿如三手，厥狀似䲨。魚身蛇尾，是謂虎蛟。

鳳

鳳皇靈鳥，實冠羽羣。八象其體，五德其文。羽翼來儀，應我聖君。

育隧谷【經作「育遺」】

育隧之谷，爰含凱風。青陽既謝，氣應祝融。炎雰是扇，以散鬱隆。

鱄魚、鶡鳥

鶡鳥栖林，鱄魚處淵。俱爲旱徵，災延普天。測之無象，厥數推玄。【案：《太平御覽》作「厥類惟玄」。】

白䓘

白䓘罩蘇，其汁如飴。食之辟穀，味有餘滋。逍遙忘勞，窮生盡期。

西山經

羬羊

月氏【案：今本作「氐」】之羊，其類甚【案：《御覽》作「在」】野。厥高六尺，尾赤【案：《御覽》作「亦」】如馬。何以審之，事見《爾雅》。

太華山

華嶽靈峻，削成四方。爰有神女，是挹玉漿。其誰由之，龍駕雲裳。

肥遺蛇

肥遺爲物，與災合契。鼓翼陽山，以表亢厲。桑林既禱，倏忽潛逝。

螐渠、赤鷩鳥、文莖木、䳋鳥

螐渠已殃，赤鷩辟火。文莖愈聾，是則嘉果。䳋亦衛災，厥形惟麽。

流赭

沙則潛流，亦有運赭。于以求鐵，趍在其下。䠱牛之癘，作采于社。

豪彘

剛鬣之族，號曰豪彘。毛如攢錐，中有激矢。厥體兼資，自爲牝牡。

黄雚草、肥遺鳥、蹋獸

浴疾之草，厥子赭赤。肥遺似鶉，其肉已疫。蹋獸長臂，爲物好擲。

橐𩇯

有鳥人面，一腳孤立。性與時反，冬出夏蟄。帶其羽毛，迅雷不入。

桃枝

嶓冢美竹，厥號桃枝。叢薄幽藹，從容鬱猗。簟以安寢，杖以扶危。

杜衡

狌狌犇人，杜衡走馬。理固須因，體亦有假。足駿在感，安事御者。

蓇容草、【經作「蓇蓉」。】**邊谿獸、**【經作「谿邊」。】**櫟鳥**

有華無實，蓇容之樹。邊谿類狗，皮厭妖蠱。黑文赤翁，鳥愈隱痔。鸚鴞慧鳥，青羽赤喙。【臧庸曰：「鳥愈隱痔」當作「隱痔可愈」方有韵。末二句當係下文《鸚鴞讚》，誤衍於此。】

礜石

稟氣方殊，件錯理微。礜石殺鼠，蠶食而肥。□性雖反，齊之一歸。

玃如

玃如之獸，鹿狀四角。馬足人手，其尾則白。貌兼三形，攀木緣石。

鸚䳇

鸚䳇慧鳥，栖林啄桑。【案：「喙桑」誤，《初學記》引作「啄蘂」。】四指中分，行則以觜。自貽伊籠，見幽坐趾。【案：「趾」字誤，《類聚》引作「伎」。】

數斯鳥、犖獸、鸓鳥

數斯人腳，厥狀似鴟。犖獸大眼，有鳥名鸓。【案：「鸓」，《玉篇》作「䴎」。】兩頭四足，翔若合飛。

鸞鳥

鸞翔女牀，鳳出丹穴。拊翼相和，以應聖哲。擊石靡詠，韶音其絶。

鳧徯鳥、朱厭獸

鳧徯朱厭，見則有兵。類異感同，理不虛行。推之自然，厥數難明。

蠻蠻

比翼之鳥，似鳧青赤。雖云一形，氣同體隔。延頸離鳥，翻飛合翮。

丹木、玉膏

丹木煒煒，沸沸玉膏。黄軒是服，遂攀龍豪。眇然升遐，群下烏號。

瑾瑜玉

鍾山之寶，爰有玉華。符彩流映，氣如虹霞。君子是佩，象德閑邪。

鍾山之子鼓、欽䲹

欽䲹及鼓，是殺祖江。帝乃戮之，昆侖之東。二子皆化，矯翼亦同。

鰩魚

見則邑穰，厥名曰鰩。經營二海，矯翼閑霄。唯味之奇，見歎伊庖。

神英招

槐江之山，英招是主。巡遊四海，撫翼雲儛。實惟帝囿，有【案：「有」疑「是」字之譌。】謂玄圃。

櫾木

櫾惟靈樹，爰生若木。重根增駕，流光旁燭。食之靈化，榮名仙錄。

昆侖丘

昆侖月精，水之靈府。惟帝下都，西老【案：「老」當爲「姥」。《類聚》作「羌」，又「老」之譌。】之宇。嵥然中峙，號曰天柱。【臧庸曰：「桂」乃「柱」之譌。以韵讀之可見。天柱山見《爾雅注》。】

神陸吾

肩吾得一，以處昆侖。開明是對，司帝之門。吐納靈氣，熊熊魂魂。

土螻獸、欽原鳥

土螻食人，四角似羊。欽原類蜂，大如鴛鴦。觸物則斃，其銳難當。

沙棠

安得沙棠，制爲龍舟。汎彼滄海，眇然遐遊。【案：郭注銘詞小異。】聊以逍遥，任彼去留。

鶉鳥、沙棠實、蘋草

司帝百服，其鳥名鶉。沙棠之實，惟果是珍。爰有奇菜，厥號曰蘋。

神長乘

九德之氣，是生長乘。人狀犳尾，其神則凝。妙物自潛，世無得稱。

西王母

天帝之女，蓬髮虎顔。穆王執贄，賦詩交歡。韻外之事，難以具言。

積石

積石之中，實出重河。夏后是導，石門涌波。珍物斯備，比奇崑阿。

白帝少昊

少昊之帝，號曰金天。磈氏之宫，亦在此山。是司日入，其景則員。

猙

章莪之山，奇怪所宅。有獸似豹，厥色惟赤。五尾一角，鳴如擊石。

畢方

畢方赤文，離精是炳。旱則高翔，鼓翼陽景。集乃災流，火不炎正。【案：正字誤。《匡謬正俗》引作「上」，「上」與「炳」、「景」韵，是也。】

文貝

先民有作，龜貝爲貨。貝以文彩，賈以小大。簡則易從，犯而不過。

天狗

乾麻不長，天狗不大。厥質雖小，攘災除害。氣之相王，在乎食帶。

三青鳥

山名三危，青鳥所解。往來昆侖，王母是隸。穆王西征，旋軫斯地。

江疑、獙狪獸、鵪鳥【案：「鵪」疑當爲「鵸」，下同。】

江疑所居，風雲是潛。獸有獙狪，毛如披蓑。鵪鳥一頭，厥身則兼。

神耆童

顓頊之子，嗣作火正。鏗鎗其鳴，聲如鍾磬。處于騩山，唯靈之盛。

帝江

質則混沌，神則旁通。自然靈照，聽不以聰。強爲之名，曰在【案：「在」疑當作「惟」。】帝江。

獂獸、【案：「獂」，經本作「讙」，注或作「原」。】**鵸鵌鳥**

鵸鵌三頭，獂獸三尾。俱禦不祥，消凶辟眯。君子服之，不逢不韙。

當扈

鳥飛以翼，當扈則鬚。廢多任少，沛然有餘。輪運於轂，至用在無。

白狼

矯矯白狼，有道則遊。應符變質，乃銜靈鈎。惟德是適，出殷見周。

白虎

甝虪【案：「虪」字誤，說見《箋疏》。】之虎，仁而有猛。其質載皓，其文載炳。應德而擾，止我交境。

駮

駮惟馬類，實畜之英。騰髦驤首，嘘天雷鳴。氣無凴凌，吞虎辟兵。

神㷹、蠻蠻、冉遺魚【經作「冉遺」。】

其音如吟，一腳人面。鼠身鼈頭，厥號曰蠻。目如馬耳，食厭妖變。

櫰木

櫰之爲木，厥形似槤。【案：「槤」經文作「棠」。槤字見郭注。《江賦》云：「楈槤。」】若能長服，拔樹排山。力則有之，壽則宜然。

鳥鼠同穴山

鵌鼵二蟲，殊類同歸。聚不以方，或走或飛。不然之然，難以理推。

鰲魮魚

形如覆銚，包玉含珠。有而不積，泄以尾閭。闇與道會，可謂奇魚。

丹木

爰有丹木，生彼洧盤。厥實如瓜，其味甘酸。蠲痾辟火，用奇桂蘭。

窮奇獸、嬴魚、孰湖獸

窮奇如牛，蝟毛自表。【案：郭氏注經，諸稱「銘曰」皆卽《圖讚》之文，唯此全乖，可疑。】濛水之嬴，匪魚伊鳥。孰湖之獸，見人則抱。【臧庸曰：此乃窮奇、嬴魚、孰湖三物合讚，故與郭注《窮奇銘》有乖。】

鰠魚

物以感應，亦有數動。壯士挺劍，氣激白虹。鰠魚潛淵，出則邑悚。

北山經

水馬

馬實龍精，爰出水類。渥洼之駿，是靈是瑞。昔在夏后，亦有何駟。

鯈魚

涸和損平，莫慘於憂。《詩》詠萱草，帶山則鯈。壑焉遺岱，聊以盤遊。

讙疏獸、鵸鵌鳥、何羅魚

厭火之獸，厥名讙疏。有鳥自化，號曰鵸鵌。一頭十身，何羅之魚。

孟槐

孟槐似貆，其豪則赤。列象畏獸，凶邪是辟。氣之相勝，莫見其迹。

鰼鰼魚

鼓翮一揮，十翼翩翲。厥鳴如鵲，鱗在羽端。是謂怪魚，食之辟燔。

橐駝

駝惟奇畜，肉鞍是被。迅騖流沙，顯功絶地。潛識泉源，微乎其智。

耳鼠

蹠實以足，排虚以羽。翹尾翲飛，奇哉耳鼠。厥皮惟良，百毒是禦。

幽頞

幽頞似猴，俾愚作智。觸物則笑，見人佯睡。好用小慧，終是嬰繫。

寓鳥、孟極、足訾獸

鼠而傅翼，厥聲如羊。孟極似豹，或倚無良。【案：此語難曉。】見人則呼，號曰足訾。【臧庸曰：末二句無韻，疑有誤。】

鵁鳥

毛如雌雉，朋翔羣下。飛則籠日，集則蔽野。肉驗鍼石，不勞補寫。

諸犍獸、白鵺、竦斯鳥

諸犍善吒，行則銜尾。白鵺竦斯，厥狀如雉。見人則跳，頭文如繡。

磁石

磁石吸鐵，瑇瑁取芥。氣有潛感，數亦冥會。物之相投，出乎意外。

旄牛

牛充兵機，兼之者旄。冠于旌鼓，爲軍之標。匪肉致災，亦毛之招。

長蛇

長蛇百尋，厥鬣如彘。飛羣走類，靡不吞噬。極物之惡，盡毒之厲。

山貚

山貚之獸，見人歡謔。厥性善投，行如矢激。是惟氣精，出則風作。

窫窳、諸懷獸、鱳魚、肥遺蛇

窫窳諸懷，是則害人。鱳之爲狀，羊【案：「羊」字疑誤。】鱗黑文。肥遺之蛇，一頭兩身。

鮆魚

陽鑒動日，土蛇致宵。微哉鮆魚，食則不驕。物在所感，其用無標。

狍鴞

狍鴞貪惏，其目在腋。食人未盡，還自齦割。圖形妙鼎，是謂不若。【案：《讚》與郭注《銘》詞異。

臧庸曰：「割」字非韵。】

狕、閭、騂馬、獨狢

有獸如豹，厥文惟縟。閭善躍嶮，騂馬一角。虎狀馬尾，號曰獨狢。

鴛鶥

鴛鶥之鳥，厥名鴛鶥。昏明是互，晝隱夜覿。物貴應用，安事鸞鵠。

居暨獸、囂鳥、三桑

居暨豚鳴，如彙赤毛。四翼一目，其名曰囂。三桑無枝，厥樹惟高。

驒獸

驒獸四角，馬尾有距。涉歷歸山，騰嶮躍岨。厥貌惟奇，如是旋舞。

天馬

龍馮雲遊，騰蛇假霧。未若天馬，自然凌翥。有理懸運，天機潛御。

鶌居【經作「鶌」。】

鶌居如烏，青身黄足。食之不飢，可以辟穀。内【案：「内」疑當爲「肉」。】厥唯珍，配彼丹木。

飛鼠

或以尾翔，或以髯凌。飛鼠鼓翰，倏然背騰。用無常所，【案：藏本此句闕二字。】惟神是馮。

象蛇鳥、䱗父魚

䲹、【案：此及經皆單作䲹，讚作䲹䲹，重文協韵。】有鳥善驚，名曰䲹䲹。象蛇似雉，自生子孫。䱗父魚首，厥體如豚。

酸與

景山有鳥，稟形殊類。厥狀如蛇，脚二翼四。見則邑恐，食之不醉。

鴣鸖、黄鳥

鴣鸖之鳥，食之不瞧。爰有黄鳥，其鳴自叫。婦人是服，矯情易操。

精衛

炎帝之女，化爲精衛。沈所【案：《類聚》作「形」。】東海，靈爽西邁。乃銜木石，以堙波海。【臧庸曰：《類聚》作「以填攸害」，「害」與「衛」「邁」皆脂類也，若作「海」則爲之類矣，必當從《類聚》。】

羬羬、羆九獸、大蛇

羬羬以羊，眼在耳後。竅生尾上，號曰羆九。幽都之山，大蛇牛呴。

東山經

鳙鳙魚、從從獸、蚩鼠【經作「從從」，讚作「縱縱」。】

魚號鳙鳙，如牛虎鮫。【案：「鮫」字譌，《御覽》作「駮」。】縱縱之狀，似狗六腳。蚩鼠如雞，見則旱涸。

儵鳙

儵鳙蛇狀，振翼灑光。憑波騰逝，出入江湘。見則歲旱，是維火祥。

狪狪

蚌則含珠，獸胡不可。狪狪如豚，被褐懷禍。患難無由，招之自我。

堪抒魚、軨軨獸

堪抒軨軨，殊氣同占。見則洪水，天下昏墊。豈伊妄降，亦應牒讖。

珠蟞魚

澧水之鮮，形如浮肺。體兼三才，以貨賈害。厥用既多，何以自衛。

犰狳

犰狳之獸，見人佯眠。與災協氣，出則無年。此豈能爲，歸之於天。

狸力獸、鴷胡鳥

狸力鴷胡，或飛或伏。是惟土祥，出興功築。長城之役，同集秦域。

朱獳

朱獳無奇，見則邑駭。通感靡誠，維數所在。因事而作，未始無待。

獙獙、𪃿蚳獸、絜鉤鳥

獙獙如狐，有翼不飛。九尾虎爪，號曰𪃿蚳。絜鉤似鳧，見則民悲。

𧲃𧲃

治在得賢，亡由夫【陳壽祺曰：「夫」當爲「失」。】人。𧲃𧲃之來，乃致狡賓。歸之冥應，誰見其津。

蠵龜

水圓四十，潛源溢沸。靈龜爰處，掉尾養氣。莊生是感，揮竿傲貴。

𡟳胡、精精獸、鮯鮯魚

𡟳胡之狀，似麋魚眼。精精如牛，以尾自辨。鮯鮯所潛，厥深無限。

猲狚獸、鬿雀

猲狚狡獸，鬿雀惡鳥。或狼其體，或虎其爪。安用甲兵，擾之以道。

芑木

馬維剛駿，塗之芑汁。不勞孫陽，自然閑習。厥術無方，理有潛執。

茈魚、薄魚

有魚十身，蘼蕪其臭。食之和體，氣不下溜。薄之躍淵，是維災候。

合窳

豬身人面，號曰合窳。厥性貪殘，物爲【案：「爲」當作「無」。】不咀。至陰之精，見則水雨。

當康獸、鱛魚

當康如豚，見則歲穰。鱛魚鳥翼，飛乃流光。同出殊應，或災或祥。

蜚

蜚則災獸，跂踵厲深。會所經涉，竭水槁林。稟氣自然，體此殃淫。【案：郭注《銘》詞即《圖讚》也。此《讚》乃全與《銘》異，可疑。】

中山經

桃林

桃林之谷，實惟塞野。武王克商，休牛風馬。阨越三塗，作險西夏。

鳴石

金石同類，潛響是韞。擊之雷駭，厥聲遠聞。苟以數通，氣無不運。

旋龜、人魚、修辟

聲如破木，號曰旋龜。修辟似黽，厥鳴如鴟。人魚類鯑，出于洛伊。

帝臺棋

茫茫帝臺，維靈之貴。爰有石棋，五彩煥蔚。觴禱百神，以和天氣。

若華、【案：經作「苦辛」。】烏酸草

瘵瘧之草，厥實如瓜。烏酸之葉，三成黃華。可以爲毒，不畏蚖蛇。

䔄草

䔄草黃華，實如菟絲。君子是佩，人服媚之。帝女所化，其理難思。

山膏獸、黃棘

山膏如豚，厥性好罵。黃棘是食，匪子匪化。雖無貞操，理同不嫁。

三足龜

造物維均，靡偏靡頗。少不爲短，長不爲多。賁能三足，何異黿鼉。

嘉榮

霆維天精，動心駭目。曷以禦之，嘉榮是服。所正者神，用口腸腹。

天楄、牛傷、文獸、【案：「文」，經作「文文」。】**鰧魚**

牛傷鎮氣，天楄弭噎。文獸如蜂，枝尾反舌。鰧魚青斑，處于逵穴。

帝休

帝休之樹，厥枝交對。竦本少室，曾陰雲薱。君子服之，匪怒伊愛。

泰室

嵩維岳宗，華岱恒衡。氣通元漠，神洞幽明。嵬然中立，衆山之英。

栯木

爰有嘉樹，厥名曰栯。薄言采之，窈窕是服。君子惟歡，家無反目。

䔄草

䔄草赤莖，實如蘡薁。食之益智，忽不自覺。殆齊生知，功奇于學。

鴖鳥

鴖之爲鳥，同羣相爲。畸類被侵，雖死不避。毛飾武士，兼厲以義。

鳴蛇、化蛇

鳴化二蛇，同類異狀。拂翼俱遊，騰波漂浪。見則竝災，或淫或亢。

赤銅

昆吾之山，名銅所在。切玉如泥，火炙有彩。尸子所歎，驗之彼宰。

神熏池

泰逢虎尾，武羅人面。熏池之神，厥狀不見。爰有美玉，河林如蒨。

神武羅

有神武羅，細腰白齒。聲如鳴佩，以鐻貫耳。司帝密都，是宜女子。

鴢鳥

鴢鳥似鳧，翠羽朱目。既麗其形，亦奇其肉。婦女是食，子孫繁育。

荀草

荀草赤實，厥狀如菅。婦人服之，練色易顔。夏姬是豔，厥媚三還。

馬腹獸、飛魚

馬腹之物，人面似虎。飛魚如豚，赤文無羽。食之辟兵，不畏雷鼓。

神泰逢

神號泰逢，好遊山陽。濯足九州，出入流光。天氣是動，孔甲迷惶。

薊柏

薊柏白華，厥子如丹。實肥變氣，食之忘寒。物隨所染，墨子所歎。

橘櫾

厥苞橘櫾，奇者維甘。朱實金鮮，葉蒨翠藍。靈均是詠，以爲美談。

蓨

大騩之山，爰有苹【案：「苹」字蓋誤。】草。青華白實，食之無夭。雖不增齡，可以窮老。

鮫魚

魚之別屬，厥號曰鮫。珠皮毒尾，匪鱗匪毛。可以錯角，兼飾劍刀。

鴆鳥

蝮維毒魁，鴆鳥是噉。拂翼鳴林，草瘁木慘。羽行隱戮，厥罰難犯。

椒

椒之灌殖，實繁有倫。拂穎霑霜，朱實芬辛。服之洞見，可以通神。

神䰠圍、計蒙、涉䰠

涉䰠三腳，䰠圍虎爪。計蒙龍首，獨禀異表。升降風雨，茫茫渺渺。

岷山

岷山之精，上絡東井。始出一勺，終致淼【案：「森」，《類聚》作「淼」。】冥。作紀南夏，天清地靜。

夔牛

西南巨牛，出自江岷。體若垂雲，肉盈千鈞。雖有逸力，難以揮輪。

崍山

邛崍峻嶮，其坂九折。王陽逡巡，王尊逞節。殷有三仁，漢稱二哲。

独狼、雍和、猳獸

独狼之出，兵不外擊。雍和作恐，猳乃流疫。同惡殊災，氣各有適。

蜼

寓屬之才，莫過於蜼。雨則自懸，塞鼻以尾。厥形雖隨，【案：「隨」字似誤。】列象宗彝。

熊穴

熊山有穴，神人是出。與彼石鼓，象殊應一。祥雖先見，厥事非吉。

跂踵

青耕禦疫，跂踵降災。物之相反，各以氣來。見則民咨，實爲病媒。【案：此《讚》與郭注《銘》詞全異，可疑。】

蛟

匪蛇匪龍，鱗彩炳煥。騰躍波濤，蜿蜒江漢。漢武飲羽，佽飛疊斷。

神耕父

清泠之水，在乎山頂。耕父是遊，流光灑景。黔首祀禜，以弭災眚。

九鍾

嶢崩涇竭，麟鬭日薄。九鍾將鳴，凌霜乃落。氣之相應，觸感而作。

嬰勺

支離之山，有鳥似鵲。白身赤眼，厥尾如勺。維彼有斗，不可以酌。

獜

有獸虎爪，厥號曰獜。好自跳撲，鼓甲振奮。若食其肉，不覺風迅。

帝臺漿

帝臺之水，飲蠲心病。靈府是滌，和神養性。食可逍遙，濯髮浴泳。

狙如

狙如微蟲，厥體無害。見則師興，兩陣交會。物之所感，焉有小大。

帝女桑

爰有洪桑，生瀆【案：「瀆」，《類聚》作「濱」。】淪潭。厥圍五丈，枝相交參。園客是採，帝女所蠶。

梁渠、狢即、聞豨獸、䑏餘鳥

梁渠致兵，狢即起災。䑏餘辟火，物各有能。聞豨之見，大風乃來。

神于兒

于兒如人，蛇頭有兩。常遊江淵，見于洞廣。乍潛乍出，神光忽恍。

神二女

神【案：「神」當作「帝」。】之二女，爰宅洞庭。遊化五江，惚恍窈冥。號曰夫人，是維湘靈。

飛蛇

騰蛇配龍，因霧而躍。雖欲登天，雲罷陸略。仗【案：「仗」字疑誤。】非啓體，難以云託。

海外南經

自此山來，蟲爲蛇，蛇號爲魚

賤無定貢，貴無常珍。物不自物，自物由人。萬事皆然，豈伊蛇鱗。

羽民國

鳥喙長頰，羽生則卵。矯翼而翔，龍飛不遠。人維倮屬，何狀之反。

神人二八

羽民之東，有神司夜。二八連臂，自相羈駕。晝隱宵出，詭時淪化。

讙頭國

讙國鳥喙，行則杖羽。潛于海濱，維食杞秬。實維嘉穀，所謂濡黍。

厭火國

有人獸體，厥狀怪譎。吐納炎精，火隨氣烈。推之無奇，理有不熱。

三珠樹

三珠所生，赤水之際。翹葉柏竦，美壯【案：「壯」疑當爲「狀」。】若彗。濯彩丹波，自相霞映。【臧庸曰：「映」字無韻，蓋誤。】

𢧤國

不蠶不絲，不稼不穡。百獸率儛，羣鳥拊翼。是號𢧤民，自然衣食。

貫匈、交脛、支舌國

鑠金洪爐，灑成萬品。造物無私，各任所稟。歸於曲成，是見兆眹。

不死國

有人爰處，員丘之上。【案：「上」讀市郢反。】赤泉駐年，神木養命。稟此遐齡，悠悠無竟。

鑿齒

鑿齒人類，實有傑牙。猛越九嬰，害過長蛇。堯乃命羿，斃之壽華。

三首國

雖云一氣，呼吸異道。觀則俱見，食則皆飽。物形自周，造化非巧。

焦僥國

羣籟舛吹，氣有萬殊。大人三丈，焦僥尺餘。混之一歸，此亦僑如。

長臂國

雙肱三尺，【《初學記》作「三丈」。】體如中人。彼曷爲者，長臂之民。修腳自負，捕魚海濱。

狄山，帝堯葬于陽，帝嚳葬于陰

聖德廣被，物無不懷。爰乃殂落，封墓表哀。異類猶然，矧乃華黎。

視肉

聚肉有眼，而無腸胃。與彼馬勃，頗相髣髴。奇在不盡，食人薄味。

南方祝融

祝融火神，雲駕龍驂。氣御朱明，正陽是含。作配炎帝，列位于南。

海外西經

夏后啓

筮御飛龍，果儛九代。雲融【「融」當作「翮」。】是揮，玉璜是佩。對揚帝德，稟天靈誨。【張澍曰：「果儛九代」，「果」宜作「樂」字。】

三身國、一臂國

品物流形，以散混沌。增不爲多，減不爲損。厥變難原，請尋其本。

奇肱國

妙哉工巧，奇肱之人。因風構思，制爲飛輪。凌頽遂軌，帝湯是賓。

形夭【案：「夭」本作「天」。】

爭神不勝，爲帝所戮。遂厥形夭，臍口乳目。仍揮干戚，雖化不服。

女祭、女戚

彼姝者子，誰氏二女。曷爲水間，操魚持俎。厥儷安在，離羣逸處。

鶬鳥、鶬鳥

有鳥青黃，號曰鶬鶬。與妖會合，所集會至。類則梟鶹，厥狀難媚。

丈夫國

陰有偏化，陽無產理。丈夫之國，王孟是始。感靈所通，桑石無子。

女丑尸

十日竝熯，女丑以斃。暴于山阿，揮袖自翳。彼美誰子，逢天之厲。

巫咸

羣有十巫，巫咸所統。經技是搜，術藝是綜。採藥靈山，隨時登降。

并封

龍過無頭，并封連載。物狀相乖，如驥分背。數得自通，尋之愈閡。

女子國

簡狄有吞，姜嫄有履。女子之國，浴于黃水。乃娠乃字，生男則死。

軒轅國

軒轅之人，承天之祜。冬不襲衣，夏不扇暑。猶氣之和，家爲彭祖。

乘黄

飛黄奇駿，乘之難老。揣角輕騰，忽若龍矯。實鑒有德，乃集厥皁。

滅蒙鳥、大運山、雄常樹

青質赤尾，號曰滅蒙。大運之山，百仞三重。雄常之樹，應德而通。

龍魚

龍魚一角，似狸處陵。俟時而出，神聖攸乘。飛鶩九域，乘龍【案：「龍」，《類聚》作「雲」。】上昇。

西方蓐收

蓐收金神，白毛虎爪。珥蛇執鉞，專司無道。立號西阿，恭行天討。

海外北經

無脊國

萬物相傳，非子則根。無脊因心，構肉生魂。所以能然，尊形者存。

燭龍

天缺西北，龍銜【案：「銜」，《類聚》作「銜」。】火精。氣爲寒暑，眼作昏明。身長千里，可謂至神。【案：「神」，《類聚》作「靈」。】

一目國

蒼四不多，此一不少。子野冥瞽，洞見無表。形遊逆旅，所貴維眇。

柔利國

柔利之人，曲腳反肘。子求之容，方此無醜。所貴者神，形於何有。

共工臣相柳

共工之臣，號曰相柳。稟此奇表，蛇身九首。恃力桀暴，終禽夏后。

深目國

深目類胡，但□絶縮。軒轅道降，款塞歸服。穿胸長腳，同會異族。

聶耳國

聶耳之國，海渚是縣。雕虎斯使，奇物畢見。形有相須，手不離面。

夸父

神哉夸父，難以理尋。傾河逐日，遯形鄧林。觸類而化，應無常心。

尋木

渺渺尋木，生于河邊。竦枝千里，上干雲天。垂陰四極，下蓋虞淵。

跂踵國

厥形雖大，斯腳則企。跳步雀踴，踵不閡地。應德而臻，款塞歸義。

歐絲野

女子鮫人，體近蠶蚌。出珠非甲，吐絲匪蛹。化出無方，物豈有種。

無腸國

無腸之人，厥體維洞。心實靈府，餘則外用。得一自全，理無不共。

平丘

两山之間，丘號曰平。爰有遺玉，駿馬維青。視肉甘華，奇果所生。

騊駼

騊駼野駿，產自北域。交頸相摩，分背翹陸。雖有孫陽，終不能服。

北方禺彊

禺彊水神，面色黧黑。乘龍踐蛇，凌雲附翼。靈一玄冥，立于北極。

海外東經

君子國

東方氣仁，國有君子。薰華是食，雕虎是使。雅好禮讓，禮委論理。【案：末句有誤。】

天吳

眈眈水伯，號曰谷神。八頭十尾，人面虎身。龍據兩川，威無不震。

九尾狐

青丘奇獸，九尾之狐。有道翔見，出則銜書。作瑞周文，以標靈符。

竪亥

禹命竪亥，青丘之北。東盡太遠，西窮邠國。步履宇宙，以明靈德。

十日

十日竝出，草木焦枯。羿乃控弦，仰落陽烏。可謂洞感，天人懸符。

毛民國

牢悲海鳥，西子駭麋。或貴穴倮，或尊裳衣。物我相傾，孰了是非。

黑齒國、雨師妾、玄股國、勞民國

陽谷之山，國號黑齒。雨師之妾，以蛇挂耳。玄股食鷗，勞民黑趾。

東方句芒

有神人面，身鳥素服。銜帝之命，錫齡秦穆。皇天無親，行善有福。

海内南經

梟陽

髴髴怪獸，被髮操竹。獲人則笑，脣蔽其目。終亦號咷，反爲我戮。

狌狌

狌狌之狀，形乍如犬。厥性識往，爲物警辯。以酒招災，自貽纓罥。

夏后啓臣孟涂

孟徐司巴，聽訟是非。厥理有曲，血乃見衣。所請靈斷，嗚呼神微。

建木

爰有建木，黄實紫柯。皮如蛇纓，葉有素羅。絶蔭弱水，義人則過。

氐人

炎帝之苗，實生氐人。死則復蘇，厥身爲鱗。雲南【案：「南」疑當爲「雨」。】是託，浮遊天津。

巴蛇

象實巨獸，有蛇吞之。越出其骨，三年爲期。厥大何如，屈生是疑。

海内西經

貳負臣危

漢擊磐石，其中則危。劉生是識，羣臣莫知。可謂博物，《山海》乃奇。

流黄酆氏國

城圍三百，連河【案：「河」疑當爲「阿」。】比棟。動是塵昏，烝氣霧重。焉得遊之，以敖以縱。

大澤方百里

地號積羽，厥方百里。羣鳥雲集，鼓翅雷起。穆王旋軫，爰榮騄耳。

流沙

天限内外，分以流沙。經帶西極，頽唐委蛇。注于黑水，永溺餘波。

木禾

昆侖之陽，鴻鷺之阿。爰有嘉穀，號曰木禾。匪植匪蓺，自然靈播。

開明【案：「明」下疑脱「獸」字。】

開明天獸，稟兹金精。虎身人面，表此桀形。瞪視崑山，威懾百靈。

文玉、玗琪樹

文玉玗琪，方以類叢。翠葉猗萎，丹柯玲瓏。玉光爭煥，彩豔火龍。

不死樹

萬物暫見，人生如寄。不死之樹，壽蔽天地。請藥西姥，烏得如羿。

甘水、聖木

醴泉璿木，【案：「璿」當爲「睿」。】養齡盡性。增氣之和，祛神之冥。何必生知，然後爲聖。

窫窳

窫窳無罪，見害貳負。帝命羣巫，操藥夾守。遂淪溺淵，變爲龍首。

服常、琅玕樹

服常琅玕，崑山奇樹。丹實珠離，綠葉碧布。三頭是伺，遞望遞顧。

海内北經

吉良

金精朱鬣，龍行駿跱。拾節鴻騖，塵下及起。是謂吉黄，釋聖牖里。

蛇巫山、鬼神、蜪犬、羣帝臺、大蜂、朱蛾

蛇巫之山，有人操杯。鬼神蜪犬，主爲妖災。大蜂朱蛾，羣帝之臺。

闒非、據比尸、袜、戎

人面獸身，是謂闒非。被髪折頸，據比之尸。戎三其角，袜竪其眥。

騶虞

怪獸五彩，尾參於身。矯足千里，儵忽若神。是謂騶虞，《詩》歎其仁。

冰夷

稟華之精，練食八石。乘龍隱淪，往來海若。是謂水仙，號曰河伯。

王子夜尸

子夜之尸，體分成七。離不爲疏，合不爲密。苟以神御，形歸於一。

宵明、燭光

水有佳人，宵明燭光。流燿河湄，稟此奇祥。維舜二女，别處一方。

列姑射山、大蟹、陵魚

姑射之山，實西【「西」當作「有」】神人。大蟹千里，亦有陵鱗。曠哉溟海，含怪藏珍。

蓬萊山

蓬萊之山，玉碧構林。金臺雲館，皜哉獸禽。實維靈府，玉主甘心。

海内東經

郁州

南極之山，越處東海。不行而至，不動而改。維神所運，物無常在。

韓鴈、始鳩、雷澤神、琅琊臺

韓鴈始鳩，在海之州。雷澤之神，鼓腹優遊。琅琊嶕嶢，邈若雲樓。

堅沙、居繇、埻端、璽㬇國

堅沙居繇，埻端璽㬇。沙漠之鄉，絶地之館。或羈于秦，或賓于漢。

大江、北江、南江、浙江、廬、淮、湘、漢、濛、溫、潁、汝、涇、渭、白、沅、贛、泗、鬱、肄、潢、洛、汾、沁、濟、潦、虖池、漳水

川瀆交錯，渙瀾流帶。通潛潤下，經營華外。殊出同歸，混之東會。

大荒東經【案：《荒經》已下《圖讚》，明藏本闕。此從諸書增補，尚多闕畧云。】

竫人國【《初學記》。】

僬僥極麽，竫人又小。四體取足，眉目纔了。

九尾狐

青丘奇獸，九尾之狐。有道翔【案：《類聚》作「祥」。】見，出則銜書。作瑞周文，以標靈符。

大荒南經【闕。】

大荒西經

弱水【《蓺文類聚》。】

弱出昆山，鴻毛是沈。北淪流沙，南暎火林。惟水之奇，莫測其深。

炎火山【《蓺文類聚》。】

木含陽氣，精構則然。焚之無盡，是生火山。理見乎微，其傳在傳。【懿行案：「其傳」當爲「其妙」之譌。】

大荒北經

若木【《藝文類聚》。】

若木之生，昆山是濱。朱華電照，碧葉玉津。食之靈智，爲力爲仁。

封豕【《藝文類聚》。】

有物貪婪，號曰封豕。薦食無饜，肆其殘毀。羿乃飲羽，獻帝效技。

海内經【闕。】

【補臧氏校正】玉贛表夏。【庸按：《廣韻・四十八・感》曰：⿷匚贛，《方言》云箱類，古禫切。此「贛」當爲「⿷匚贛」，「玉⿷匚贛」猶言「金匱」耳。《說文》：⿷匚贛，小桮也。義別。】

旋軫斯地。【按：顧寧人、段若膺皆以「地」讀如「沱」，古音在歌類。余謂「地」字古音與今同，本在支類。此《讚》以「地」韻「解」，皆支類也，「隸」从「隶」聲在脂類，支、脂相通，與歌類則遠，亦其一證也。】

厥號曰蠻。【按：目稱「蠻蠻」，經曰「其中多蠻蠻」，此《讚》又云「厥號曰蠻」者，皆本一字而重言之。古人每有此種文法，猶下目「鵸」字，《讚》曰「鵸鵸」，經單稱「鵸」也。】

亦有數動。【按：《御覽》九百三十九「有」作「不」，又「白虹」作「江涌」，「邑悚」作「民悚」，皆較今本爲勝。】

洇和損平。【按：《御覽》九百三十七引作「汩和」，此作「洇」誤。又，下文「帶山則儵」亦當從《御覽》作「《山經》則儵」，「山經」對上文「詩」字更善。】

鼓翮一揮，十翼翩翻。【按：《御覽》三百三十九「一揮」作「一運」，當從之。又，「翩翻」作「翲翻」，古字通。】

頭文如繡。【按：上文「尾」與「雉」韻，脂類也。「繡」字「肅」聲，在幽類，出韻，當誤。】

璹瑁取芥。【案：《藝文類聚》六作「琥珀取芥」，未聞其審。】

畸類被侵。【案：《類聚》九十引作「疇類」，此誤。】

員北之上。【案：「上」疑當爲「正」，二字形相近，與前《畢方讚》互誤也。】

山海經圖讚一卷

山海經訂譌一卷

棲霞　郝懿行　撰

南山經

1. 䧿山，臨于西海之上。在蜀伏山，山南之西頭。○伏當爲汶。

2. 有草焉其狀如韭。《爾雅》云藿。○藿當爲䕬。

3. 其名曰祝餘。或作桂荼。○桂疑當爲柱。

4. 堂庭之山多棪木。棪別名連其。○連當爲速。

5. 又東三百七十里，曰杻陽之山。音紐。○經「杻」當爲「杻」，注「紐」當爲「紐」。

6. 又東三百里，柢山。

「柢」上疑脱「曰」字。

7. 基山有獸，其名曰猼訑。

施一作陁。〇施當爲訑。

8. 有鳥名曰鵸鵂。

鵸鵂急性，敞乎二音。〇經文「鵸」當爲「鵂」，注文「鵸鵂」當爲「憋怤」，「敞」當爲「敝」。

9. 英水，其中多赤鱬。

音懦。〇「懦」字譌，明藏經本作「儒」。

10. 凡䧿山之首，自招搖之山以至箕尾之山，凡十山，二千九百五十里。

今才九山，二千七百里。

11. 其祠之禮毛。

《周官》曰：陽祀用騂牲之毛。〇當爲「毛之」。

12. 糈用稌米。

稌，稌稻也。〇疑注衍一稌字。

13. 僕勾之山。

勾一作夕。〇夕疑當爲多。

14. 其中多芘蠃。

芘當爲茈。

15. 其上多梓枏。

《爾雅》以爲枏。○王引之云，枏疑當作梅。

16. 凡南次二經之首，自柜山至于漆吳之山，凡十七山，七千二百里。

今七千二百一十里。

17. 糈用稌。

稻穬也。○疑「穬」或「稉」之譌。王引之曰，「穬」與「稉」不同，「穬」字非譌。臧庸曰，疑注當爲「稌，稻也」。

18. 禱過之山，其下多犀兕。

重三千觔。○「三」字衍。

19. 多怪鳥。

《廣雅》曰：鵁離、鶬明、爰居、鵰雀，皆怪鳥之屬也。○今《廣雅》作：鵁離、延居、鵾雀，怪鳥屬也。

20. 其汗如漆。

汗當爲汁。

21. 有穴焉，水出輒入。

「出」當從藏經本作「春」。

22. 凡南次三經之首，自天虞之山以至南禺之山，凡一十四山，六千五百三十里。

今才一十三山，五千七百三十里。

23. 右南經之山志，大小凡四十山，萬六千三百八十里。

經當有「凡四十一山，萬六千六百八十里」，今才三十九山，萬五千六百四十里。

西山經

24. 錢來之山有獸，名曰羬羊。

羬音針。○針當爲鍼。

25. 小華之山，鳥多赤鷩。

冠金皆黃。○皆當爲背。

26. 其木多椶枏。

椶樹高三丈許無枝條，葉大而員枝，生梢頭。○「員枝」，「枝」字譌，藏經本作「岐」。

27. 食之已癘。

《韓子》曰：癘人憐主。○人字衍，主當爲王。

28. 大如笄而黑端。

笄，簪屬。○《文選注》引此經下有「以毛射物」四字。

29. 浮山多盼木。

音「美目盼兮」之「盼」。○郭既音「盼」，經文不當爲「盼」，未審何字之譌。

30. 嶓冢之山。漢水出焉，而東流注于沔。

江卽沔水。○郭本經文當作「注于江」，今本譌爲「注于沔」，又郭注「江」上當脱「入」字，「江」下又脱「漢」字，遂不復可讀。

31. 有草名曰蓇蓉。

《爾雅》曰：榮而不實謂之。蓇音骨。○「蓇」上脱「英」字。

32. 天帝之山有鳥，黑文而赤翁。

翁，頭下毛。○頭當爲頸。

33. 皋塗之山有獸，名曰玃如。

音猳嬰之嬰。○經當爲「玃」，注當爲「玃」。

34. 黄山，盼水出焉。

音「美目盼兮」之「盼」。〇經文不當爲「盼」，未審何字之譌。

35. 其鳥多鸓。

音壘。〇鸓當爲鸓，壘當爲疊，見《玉篇》。

36. 騩山，是錞于西海。

錞，猶隄埻也。〇埻字衍，見《玉篇》所引。

37. 凡西經之首，自錢來之山至于騩山，凡十九山，二千九百五十七里。

今三千一百一十七里。

38. 泰冒之山，浴水出焉。

浴當爲洛。

39. 高山，其下多青碧。

今越嶲會稽縣東山出碧。〇「會稽」當爲「會無」。

40. 鹿臺之山。

今在上郡。〇「上」「郡」中閒脱「黨」字。

41. 底陽之山。

音旨。○「庢」當爲「底」字之譌。

42. 其木多櫻、枏、豫章。

豫章，大木，生七年而後復可知也。○注「復」字衍。

43. 皇人之山，其下多青雄黃。

卽雌黃也。○「雌」疑當爲「雄」。

44. 凡西次二經之首，自鈐山至于萊山，凡十七山，四千一百四十里。

今四千六百七十里。

45. 毛采。

言用雄色雞也。○「雄」字譌，藏經本作「雜」。

46. 崇吾之山有木，員葉而白柎。

經當爲「拊」，故郭音「府」，其音「符」者乃當从木旁作「柎」耳。傳寫譌謬，遂不復可別。經傳此類，亟須栞正。

47. 有獸焉，其狀如禺而文臂，豹虎。

臧庸曰：「豹虎」疑「豹尾」之譌。

48. 不周之山，東望泑澤，河水所潛，其源渾渾泡泡。

郭注「蒲澤」當爲「鹽澤」，「三百餘里」上當脱「千」字，《水經注》可證。

49. 黄帝是食是饗。

所以得登龍於鼎湖而龍蜕也。○注「龍蜕」二字疑譌。《太平御覽》引作「靈化」。

50. 堅粟精密。

《禮記》曰：瑱，密似粟。粟或作栗。○經文「栗」疑當爲「粟」，注文「粟。栗」亦當爲「栗。粟」，「作栗」當爲「作粟」，竝形近而譌，王引之説。

51. 濁澤有而光。

「有而」當爲「而有」。

52. 五色發作。

言符彩互映色。○郭注「色」藏經本作「也」。

53. 其陰多榣木之有若。

《國語》曰：榣木不生花也。○花當爲危。

54. 爰有淫水，其清洛洛。

水畱下之貌也。淫音遙也。○案，「畱」當爲「溜」，或爲「流」。陳壽祺曰：淫無遙音，經「淫」字疑譌。

55. 名曰沙棠，可以禦水，食之使人不溺。刻以爲舟。○刻當爲制。

56. 桃水，其中多鮹魚。音滑。○鮹當爲鮹，滑當爲渭。

57. 玉山有獸，其名曰狡，其音如吠犬，見則其國大穰。狀如豹文。○「豹文」上脱「狗」字。

58. 其音如録。音録。義未詳。○經文作「録」，郭復音「録」，必有誤。

59. 積石之山，其下有石門，河水冒以西流。今在金城河門關。○「門」字衍。

60. 其音如擊石，其名如猙。《京氏易義》曰：音如石相擊。音静也。○經文「如猙」之「如」當爲「曰」字之譌。注文「音静」之上當脱「猙」字。

61. 三危之山有獸，名曰傲徆。傲噎兩音。○傲當爲獒，徆當爲猦。

62. 有鳥，其狀如鶉，其名曰鴟。

「扶狩則短」。○當爲「扶獸則死」，今諸本竝作「死」。一本作「短」，譌。

63. 有神焉，其狀如黄囊。

焉當爲鳥。

64. 泑山，神蓐收居之。

亦金神也，人面，虎爪，白尾。○尾當爲毛。

65. 其音如橐百聲。

橐當爲夎。

66. 凡西次三經之首，崇吾之山至于翼望之山，凡二十三山，六千七百四十四里。

今才二十二山，六千二百四十里。加流沙四百里，才六千六百四十里。

67. 罷父之山。

父當爲谷，見《玉篇》《廣韻》。

68. 盂山，其獸多白狼、白虎。

白虎，虎名虪虪。○注有脱誤，當爲「白虎名虪，黑虎名虪」。

69. 其名自號也。

或作「設」，「設」亦呼耳。〇設當爲詨。

70. 凡西次四經，自陰山以下至于崦嵫之山，凡十九山，三千六百八十里。今才三千五百八十五里。

71. 右西經之山，【「山」下脱「志」字。】凡七十七山，一萬七千五百一十七里。經當有七十八山，一萬七千五百二十一里，今則一萬八千一十二里。

北山經

72. 滏水，其中多茈石。茈當爲茈。

73. 彭水，其中多儵魚，其狀如雞而赤毛、三尾、六足、四首。儵當爲鯈，首當爲目。

74. 邊春之山，有獸名曰幽鴳。鴳音遏。〇鴳當爲頞。

75. 單張之山，有獸名曰諸犍。音如犍牛之犍。〇郭既音犍，經文不當爲犍，疑楗字之譌，而《玉篇》仍作犍字，又似不譌。

76. 凡北山經之首，自單狐之山至于隄山，凡二十五山，五千四百九十里。今五千六百八十里。

77. 管涔之山，汾水出焉，而西流注于河。〇「汾陽」當爲「汾陰」。至汾陽縣北西入河。

78. 敦頭之山，旄水東流注于印澤。下文北嚻山作「卬澤」，《説文》作「邙澤」。

79. 梁渠之山，其獸多居暨，其狀如彙而赤毛。彙似鼠，赤毛如刺猬。〇郭注「赤」字「猬」字竝衍。

80. 湖灌之山，其中多䱇。亦鱓魚字。〇《文選注・四子講德論》引郭氏此注曰：鱓魚似蛇，時闡切。疑卽今本注下脱文也。

81. 凡北次二經之首，自管涔之山至于敦題之山，凡十七山，五千六百九十里。今才一十六山，六千一百四十里。

82. 太行之山，有獸其名曰驒，善還。還，旋，旋，儛也。〇還當音旋，注「旋」上脱「音」字。

83. 王屋之山。

今在河東東垣縣北。○「東垣」「東」字衍。

84. 景山，南望鹽販之澤。

卽鹽池也。○「鹽池」上當脫「解縣」二字。

85. 謁戾之山，沁水出焉，南流注于河。

或出穀述縣羊頭山。○述當爲遠。

86. 神囷之山。

音如倉囷之囷。○「囷」卽「倉囷」之「囷」，郭氏復音如之，知經文必不作「囷」。《廣韻》引作「箘」，疑是也。

87. 少山，淸漳之水出焉，東流于濁漳之水。

淸漳出少山大繩谷，至武安縣南暴宮邑入於濁漳。或曰，東北至邑城入於大河也。○「大繩」當爲「大要」，「暴宮」當爲「黍窖」，「邑城」當爲「阜城」。

88. 繡山，洧水出焉，其中有鱯黽。

鼃黽，似蝦蟇。○「鼃黽」疑當爲「耿黽」。馬瑞辰曰，鼃疑䵷之或體也。

89. 敦與之山，溹水出於其陽，而東流注于泰陸之水。

今鉅鹿北廣平澤。○平當爲阿。

90. 泜水出于其陰，而東流注于彭水。

今泜水出中丠縣西窮泉谷。○「中丠」上當脱「常山」二字。

91. 泰戲之山，虖沱之水出焉。

今虖沱水出鴈門鹵成縣南武夫山。○成當爲城。

92. 其川在尾上。

川，竅也。○王引之曰：川似當爲州，字形相近而誤。

93. 又北水行五百里，至于鴈門之山。

此經不言有水出焉，當有脱文。

94. 西望幽都之山，浴水出焉。

浴卽黑水也。○郭注「浴」下當脱「水」字。

95. 凡北次三經之首，自太行之山以至于無逢之山，凡四十六山，萬二千三百五十里。

今四十七山，一萬二千四百四十里。

96. 右北經之山志，凡八十七山，二萬三千二百三十里。

經當有二萬三千五百三十里，今則八十八山，二萬四千二百六十里。

東山經

97. 番條之山，減水出焉。

音同減損之減。◯郭既音減，經文不當爲減，未審何字之譌。

98. 高氏之山，其下多箴石。

可以爲砥針。◯砥當爲砭。

99. 又南三百里，曰泰山。

從山下至頂四十八里。◯《史記正義》引此作「百四十八里」。

100. 有獸名曰狪狪。

音如吟恫之恫。◯吟當爲呻。

101. 東流注于江。

一作海。◯据《水經注》當作汶。竹山亦同。

102. 竹山，激水出焉，其中多茈羸。

羸當爲蠃。

103. 凡東山經之首，自樕螽之山以至于竹山，凡十二山，三千六百里。

今才三千五百里。

104. 祈聃用魚。

《公羊傳》云：蓋叩其鼻以聃社。◯《公羊傳》當爲《穀梁傳》，「聃」疑當爲「衈」。

105. 澧水，其中多珠蟞魚，其狀如胏而有目。

有當爲四。

106. 餘峩之山，有獸名曰犰狳。

仇餘二音。◯犰當爲犰，仇當爲几。

107. 鳧麗之山，有獸名曰蠪姪。

龍蛭二音。◯經當爲「蛭」，注當爲「姪」。

108. 又南五百里，曰䃎山。

音一眞反。◯注「一」「反」二字疑衍，《中次十一經》嬰䃎之山，䃎音眞，可證。

109. 孟子之山，其草多菌蒲。

未詳。音䐡晒之䐡。◯䐡當爲䐡。

120. 鮯鮯之魚，其名自叫。

「名」藏經本作「鳴」。

121. 東望榑木。

扶桑二音。○臧庸曰：經多古文，此必作「東望榑叒」，故郭云「扶桑二音」。《說文》「叒」卽「桑」字也。唐音而灼切，非。

122. 凡東次三經之首，自尸胡之山至于無皋之山，凡九山，六千九百里。

今才六千四百里。

123. 北號之山，有獸名曰猲狙。

葛苴二音。○經當爲「獦狚」，注當爲「葛旦」。

124. 凡東次四經之首，自北號之山至于太山，凡八山，一千七百二十里。

此經不言神狀及祠物所宜，疑有闕脫。

125. 右東經之山志，凡四十六山，萬八千八百六十里。

今才萬八千二百六十里。

中山經

126. 金星之山，多天嬰，其狀如龍骨，可以已痤。

癰，痤也。○當爲「痤，癰也」。

127. 陰山，其中多彫棠。
彫疑當爲彤。
128. 凡薄山之首，自甘棗之山至于鼓鐙之山，凡十五山，六千六百七十里。
今才九百三十七里。
129. 煇諸之山，其鳥多鶡。
似雉而大，青色，有毛。○「有毛」當作「有毛角」。
130. 又西三百里，曰陽山。
「三百」當爲「三十」。
131. 昆吾之山，其上多赤銅。
《尸子》所謂「昆吾之劍」。○劍當爲金。●郭又云：銅劍一枝。○枝當爲枚。
132. 有獸名曰蠪蚳。
上已有此獸，疑同名。○「蚳」疑當爲「蛭」。
133. 凡濟山經之首，自煇諸之山至于蔓渠之山，凡九山，一千六百七十里。
今一千七百七十里。
134. 南望墠渚。

郭云：壇音墡。○《水經注》引此經「壇」作「襌」，又引郭注云「襌一音暖」，今本疑有譌脱。

135. 實惟河之九都。

九水所潛，故曰九都。○郭注「潛」字誤，藏經本作「聚」。張澍曰：作聚亦誤。按，潛宜作渚。渚，聚也；都，亦聚也。

136. 凡萯山之首，自敖岸之山至于和山，凡五山，四百四十里。

今才八十里。

137. 甘水，其中多泠石。

泠石未聞。泠或作涂。○經「泠」當爲「汵」，注「涂」當爲「淦」。

138. 鼇山，有獸焉，名曰獺。

音蒼頡之頡。○獺字諸書所無。《文選注》引作「獺」，然「獺」無「頡」音。未詳。

139. 牡山，其下多竹箭竹䉤。

「䉤」上「竹」字疑衍。

140. 成侯之山，其草多芃。

芃當爲艽。

141. 凡薄山之首，自苟林之山至于陽虚之山，凡十六山，二千九百八十二里。

今才十五山。

142. 實惟蜂蜜之廬。

蜜，赤蜂名。○赤當爲亦。

143. 橐山多構木。

穗成如有鹽粉著狀，可以酢羹。○酢當爲作。

144. 凡縞羝山之首，自平逢之山至于陽華之山，凡十四山，七百九十里。

今八百二里。

145. 其實如菟丠。

菟丠，兔絲也，見《爾雅》。○《爾雅》當爲《廣雅》。

146. 有草焉，其狀葉如榆。

「狀葉」當爲「葉狀」。

147. 有草焉，其名曰嘉榮，服之者不霆。

音廷搏之廷。○當爲脡脯之脡。

148. 其葉狀如荻。

荻亦蒿也，音狄。○荻當爲萩，狄當爲秋。

149. 又東三十里，曰大騩之山。

今滎陽密縣有大騩山。騩固，溝水所出。○「固溝」當爲「山濮」。

150. 有草名蒗。

音狼戾。○蒗當爲蒗，狼當爲狠。

151. 服之不夭。

言盡壽也。○盡當爲益。

152. 凡苦山之首，自休與之山至于大騩之山，凡十有九山，千一百八十四里。

今才一千五十六里。

153. 東南流注于江。

今睢水出新城魏昌縣東南發阿山。○「魏昌」《晉書・地理志》作「昌魏」。

154. 東北百里，曰荆山。

今在新城沐鄉縣南。○沐當爲沶。

155. 漳水，其中多鮫魚。

鮫，鮒魚類也。○鮒當爲鯌。

156. 其獸多閭麋。

似鹿而大也。○麋當爲麈。

157. 女几之山，多閭麋麖麂。

麂，似麞而大，猥毛，豹腳。○猥當爲獶，豹當爲狗。

158. 光山，其下多木。

木疑當爲水。

159. 若山，其上多封石。

未詳。○疑當爲「封石」。

160. 讙山，多邽石。

疑當爲「封石」。

161. 凡荆山之首，自景山至琴鼓之山，凡二十三山，二千八百九十里。

今三千一十里。

162. 東北流注于海。

至廣陽縣入海。○「廣陽縣」當爲「廣陵郡」。

163. 其獸多夔牛。

此牛出上庸郡，人弩射殺。○「射殺」下當脱「之」字。

164. 蛇山，有獸名犰狼。音巴。○巴當爲巳。

165. 勾檷之山。

音絡椐之椐。○椐當爲梔。

166. 䰢山，其木多桃枝、荆、芭。

「芭」當爲「芑」，「芑」又「杞」之假借字。

167. 葛山，其下多瑊石。

瑊石，勁石，似玉也。○郭注「瑊石」「石」字衍，「勁」當爲「玏」。

168. 凡岷山之首，自女几山至于賈超之山，凡十六山，三千五百里。

今三千六百五十里。

169. 熊山，席也。

席者，神之所馮止也。○席當爲帝，字形相近而譌。

170. 凡首陽山之首，自首山至于丙山，凡九山，二百六十七里。

今三百一十里。

171. 䰢山，帝也，其祠，羞酒，太牢其。

「牢」下之「其」疑當爲「具」。

172. 翼望之山，湍水出焉。

鹿摶反。○疑注有譌文。

173. 東流注于濟。

今湍水逕南陽穰縣而入清水。○經文「濟」注文「清」，竝當爲「淯」。「南陽」當爲「義陽」。

174. 貺水出焉。

音況。○貺當爲貺，見《玉篇》。

175. 神耕父處之，常遊清泠之淵。

清泠水，在西號郊縣山上。○「西號郊」當爲「西鄂」，字之誤衍。

176. 有九鍾焉，是知霜鳴。

霜降則鍾鳴，故言知也。○經注「知」竝當爲「和」，見《北堂書鈔》所引。

177. 支離之山，濟水出焉，南流注于漢。

今濟水出酈縣西北山中。○經文「濟」及注文「濟」竝當爲「淯」。

178. 祑篙之山，其上多松柏机柏。

柏，葉似柹。○經注「柏」竝當爲「桓」。

179. 卽谷之山，多玄豹。

卽今荆州山中出黑虎也。○「出」當爲「之」。

180. 高前之山，其上有水，甚寒而清，帝臺之漿也。

今河東解縣南檀首山上有水。○「檀首」當爲「檀道」。

181. 鮮山，有獸其狀如膜大。

大當爲犬，見《廣韻》。

182. 又東三十里，曰章山。

或作童山。○經「章山」當爲「皋山」，注「童山」當爲「章山」。

183. 其中多脃石。

魚脆反。○「脆」藏經本作「跪」。

184. 大支之山，無草木。

「木」字衍，藏經本無。

185. 歷石之山。

或作磨。○磨疑當爲磿。

186. 名曰鴃鵌。

音如枳柑之枳。○柑當爲棋，見《曲禮注》。

187. 几山，有獸名曰聞獜，見則天下大風。

獜一作粼。○粼疑當爲粼。

188. 凡荆山之首，自翼望之山至于几山，凡四十八山，三千七百三十二里。

今四千二百一十里。

189. 堵山、玉山，冢也。

堵山見《中次十經》，玉山見《中次八九經》，此經都無此二山，未審何山字之譌。

190. 凡洞庭山之首，自篇遇之山至于榮余之山，凡十五山，二千八百里。

今才一千八百四十九里。

191. 右中經之山志，大凡百九十七山，二萬一千三百七十一里。

今二萬九千五百九十八里。

192. 右《五臧山經》五篇，大凡一萬五千五百三字。

今二萬一千二百六十五字。

海外南經

193. 其爲人小頰赤肩。
當脾上正赤也。○脾當爲髆。

194. 生火出其口中。
《藝文類聚》引此經無「生」字，疑是。

195. 羿射殺之，在昆侖虚東。
鑿齒亦人也。○經文「之」下衍「在」字，注「人」下脱「貌」字，見《北堂書鈔》所引。

196. 焦僥國在三首東。
《外傳》云：焦僥民長三尺。○民當爲氏。●又引《詩含神霧》曰：從中州以東西。○西字衍。

197. 狄山，帝堯葬于陽。
今陽城縣西。○「陽城」當爲「城陽」。

198. 爰有熊、羆、文虎。
《尸子》曰：中黄伯余。○「伯」下脱「曰」字。

199. 視肉。

有兩目，食之無盡，尋復更生如故。◯「無」字衍。《北堂書鈔》引作「有眼，食之盡」。

海外西經

200. 奇肱之國。

後十年西風至。◯据《博物志》，西當爲東。

201. 軒轅之國在此窮山之際。

「此」字衍。

202. 此諸夭之野。

夭音妖。◯「此」字亦衍。妖當爲沃。

203. 龍魚陵居在其北，狀如貍。

或曰龍魚似貍，一角。◯經注「貍」竝當爲「鯉」。鯉，龍類也。

204. 一曰鼈魚。

鼈音惡横也。◯鼈無横音，疑注有譌文。王引之曰：横當爲憖，憖訓惡也。

205. 有樹名曰雄常。先入伐帝，于此取之。

其俗無衣服，中國有聖帝代立者，則此木生皮可衣也。◯經文「伐」當爲「代」，幸有郭注可證。

然經句義尚未足，恐更當有脱文。

206. 長股之國在雄常北，被髮。

長臂人身如中人，而臂長二丈。二當爲三，見《海外南經》。

海外北經

207. 無脅之國爲人無脅。

脅，肥腸也。〇肥當爲腓。

208. 燭龍居鍾山下。

《淮南子》曰：龍身一足。〇「一」當爲「無」。

209. 禹厥之，三仞三沮。

掘塞之而土三沮滔。〇滔當爲陷。

210. 平北，爰有甘柤。

其樹枝榦皆赤，黄華，白葉，黑實。《吕氏春秋》曰：其山之東有甘柤焉。音如柤梨之柤。〇郭注「黄華白葉」，當爲「黄葉白華」。据郭音「甘柤」如「柤梨之柤」，證知經文不當作「柤」。《淮南·墬形訓》作「樝」，卽「柤」本字，《説文》作「櫨」，疑經當爲「櫨」也。

211. 甘華。

亦赤枝榦黄華。○「黄華」亦當爲「黄葉」。

海外東經

212. 君子國使二大虎在旁。

「大虎」當爲「文虎」,《後漢書·東夷傳》注引此經云。

213. 靑北國,其狐四足九尾。

《汲郡竹書》曰:柏杼子征于東海,及王壽。○王當爲三。

214. 黑齒國在其北。

《東夷傳》曰:倭國東四十餘里。○十當爲千。

215. 爲人黑,食稻,啖蛇。

「黑」下當脱「齒」字。

216. 爲人黑首。

首當爲齒,古文形近。

217. 九日居下枝,一日居上枝。

若搜之常情，則無理矣。○搜疑當爲揆。

218. 爲人身生毛。

爲人短小，而體盡有毛。○而當爲面。

海内南經

219. 三天子鄣山在閩西海北。

海字疑衍。

220. 桂林八樹在番隅東。

八樹而成林，信其大也。○信當爲言。

221. 鬱水出湘陵南海。

鬱水見《海内東經》，與此有異，疑經有譌文。

222. 見人笑亦笑。

古本作「見人則笑」，今本疑非是。

223. 左手操管。

《爾雅》云「髴髴」。○當爲「狒狒」。

224. 狌狌知人名，其爲獸如豕而人面。

頭如雄雞，食之不眯。○此八字誤衍，當刪。●郭又云：今交州封谿。○州當爲趾。

225. 犀牛，其狀如牛而黑。

犀牛似水牛，豬頭，庳腳，三角。○注文當如是。今本誤分離其文，遂不復可讀。

226. 丹山在丹陽南，丹陽居屬也。

此十一字乃郭注誤入經文，「居」又「巴」字之譌。

海内西經

227. 繫之山上木。

物稟異氣，出於不然。○「不」當爲「自」。

228. 后稷之葬，山水環之。

在廣都之野。○當爲「都廣」。

229. 面有九井。

《淮南・墬形訓》作「旁有九井」，《初學記》引此經作「上有九井」，疑「面」字譌。

230. 一曰挺木牙交。

《淮南》作璇樹。璇，玉類也。〇璇當爲琁。「琁」與「挺」形近，「樹」古文爲「尌」，傳寫者破壞之，因爲「木牙交」。臧庸曰：「挺木牙交」爲「曼兑」之異文；曼，長也，兑讀爲鋭，言聖木之樹長而葉鋭也；挺當爲梃，梃，長皃；牙交，言枝柯之交互也。

231. 伺琅玕樹。

《莊周》曰：有人三頭，遞臥遞起，以伺琅玕與玗琪子。〇「與玗琪子」四字衍。

海内北經

232. 大蠭其狀如螽。

「螽」疑當爲「蠭」，古文「蠭」字。

233. 蟜，其爲人虎文，脛有䏿。

言腳有膞腸也。〇膞當爲腨。

234. 騶吾，乘之日行千里。

《周書》曰：夾林酋耳。〇「夾」《周書》作「央」。

235. 冰夷人面，乘兩龍。

畫四面，各乘靈車，駕二龍。〇靈當爲雲。

海内東經

236. 都州在海中，一曰郁州。
世傳此山自蒼梧從南徙來。○「從南」二字疑衍。

237. 始鳩在海中，轅厲南。
「轅厲」疑當爲「韓鴈」，字形相近。

238. 浙江出三天子都，在其東。
「其」字疑譌。据《太平寰宇記》作「蠻」，與《地理志》及《説文》合。

239. 淮水出餘山，餘山在朝陽東。
朝陽縣今屬新野。○「新野」當爲「義陽」，見《晉書・地理志》。

240. 入海，淮浦北。
至廣陵縣入海。○据《水經》，「廣陵」下當脱「淮浦」二字。

241. 湘水出舜葬東南陬，西環之。
今湘水出零陵營道縣陽湖山。○「湖」當爲「海」，或「朔」字之譌。

242. 一曰東南西澤。

鉅鹿今在高平。○鹿當爲野。

248. 濟水絶鉅鹿澤。

音如肆習之肆。○若經文作「肆」，何復音肆？疑當從《水經注》作「肄」。「臨晉」當爲「臨武」。

247. 肆水出臨晉西南。

「入」字疑衍，或「又」字之譌。

247. 入東注江。

「山」字衍。

246. 沅水山出象郡鐔城西。

此言白水入江之地也。「城下」二字疑誤衍。

245. 入江州城下。

汾當爲涇。●又，郭注云：今溫水在京兆陰盤縣。「京兆」當爲「安定」也。

244. 溫水出崆峒，山在臨汾南。

此經漢水所出既誤，又不見所入處，蓋脫。《北堂書鈔》引「漢水」作「濮水」，似得之。

243. 漢水出鮒魚之山。

疑文有脫誤。

249. 入齊琅槐東北。

今碣石也。○當爲「今河竭也」，見《水經注》所引。

250. 潦水出衛皋東。

有潦山，小潦水所出，西河注大潦。○「西河」當爲「西南」。

251. 入越章武北。

章武，郡名。○「越」字疑衍，「郡」當爲「縣」。

252. 入章武南。

新城汴陰縣亦有漳水。○「汴陰」當爲「洓鄉」。

大荒東經

253. 東海之外大壑。

「大壑」上當脱「有」字。

254. 有大人之國。

長者不過十丈。○「十丈」當爲「十之」，見《魯語》。●郭注又云：佻人國長三十丈。○「佻」當爲「洮」，「十」字衍。

255. 中容人食獸、木實。

此國中有赤木、玄木，其華實美。○華當爲葉，見《呂氏春秋》。

256. 司幽生思士，不妻；思女，不夫。

白鷁相視眸子不運而感風化。○「鷁」當爲「鶂」，「感」字衍。

257. 有山名曰鞠陵于天東極離瞀。

三山名也。音穀瞀。○「穀瞀」二字疑俱譌。

258. 名曰折丹。

神人。○「名曰折丹」上疑脱「有神」二字，《北堂書鈔》引作「有人」。

259. 東方曰折。

單吁之。○吁當爲呼。臧庸曰：「吁」「呼」通。經文「折」疑「吁」字涉上文「折丹」而誤。

260. 有困民國，勾姓而食。

「勾姓」下「而食」上，當有闕脱。

261. 不得復上。

應龍遂住地下。○住當爲在。

大荒南經

262．舜與叔均之所葬也。

基今在九疑之中。○基當爲墓。

263．有玄蛇食麈。

今南山蚺蛇吞鹿。○山當爲方。

264．有山，名曰去痓。

音如風痓之痓。○此卽風痓之字，郭又音如之，疑有譌文。

265．楓木，蚩尤所棄其桎梏。

已摘棄其械。○摘當爲擿。

266．羲和者，帝俊之妻，生十日。

言生十子各以日名名之，故言生十日，數十也。○郭注「生十日」下疑脱「日」字。

267．有小人，名曰菌人。

音如朝菌之菌。○此卽朝菌之菌，郭又音如之，疑有譌文。或經當爲菌狗之菌。

大荒西經

268. 有白氏之國。

氏當爲民。

269. 有先民之國。

先當爲天，古字形近。

270. 西有王母之山。

「西有」當爲「有西」。

271. 璇瑰瑤碧。

璇瑰亦玉名，枚回二音。○經當爲「璿瑰」，注當爲「旋回」。

272. 爰有百樂歌儛之風。

爰有百種伎樂歌儛風曲。○注「爰」明藏本作「言」，是也。

273. 有神，人面無臂，兩足反屬于頭山。

山當爲上。

274. 下地是生噎。

后土生噎鳴，見《海内經》，此經疑有闕脱。

275. 有赤犬，名曰天犬，其所下者有兵。《周書》云。〇周當爲漢。

276. 名曰西王母。西王母雖以昆侖之宫。〇「以」當爲「居」，古字相近。

277. 女祭、女薎。或持觶。〇薎當爲蔑，觶當爲鱓。

278. 有壽麻之國。《吕氏春秋》曰：南服壽麻。〇南當爲西。

279. 有樹，赤皮支榦，青葉，名曰朱木。「青葉」當爲「青華」，見《大荒南經》。

280. 顓頊死卽復蘇。《淮南子》曰：后稷龍在建木西，其人死復蘇，其中爲魚。〇龍當爲壠，中當爲半，見《淮南·墬形訓》。

大荒北經

281. 皆出衛于山北。古本當「衛北」連文，而以「皆出于山」四字相屬，今本誤倒耳。

282. 有三桑無枝。皆高百仞。◯郭注四字當在經中，誤入注文耳，見《藝文類聚》所引。

283. 有人衣青衣，名曰黃帝女魃。音如旱妭之魃。◯据《後漢書注》所引，經文當爲「妭」，注文當爲「魃」。

284. 有神，人面獸身，名曰犬戎。神當爲人，見《〈史記·周本紀〉集解》所引。

285. 名曰若木。生昆侖西，附西極。◯郭注七字當入經文。

286. 有神，人面蛇身而赤。身長千里。◯郭注四字當在經文，誤入注中耳，見《藝文類聚》所引。

287. 是謂燭龍。

有龍銜精以往照天門中云。○「精」上脱「火」字。

海内經

288. 有人名曰柏高。

柏子高，仙者也。○据郭注，經文「柏高」之閒當脱「子」字。

289. 有都廣之野，后稷葬焉。

其城方三百里，蓋天下之中，素女所出也。○郭注一十六字當入經文。●又引《離騷》曰：絶都廣野而直指號。○號當爲兮。

290. 有木，名曰若木。

樹赤華青。○華當爲葉。

291. 名曰鳥氏。

氏當爲民。

292. 神民之丘。

民當爲人。

293. 有青獸，人面。

青字疑衍。

294．南方有贛巨人，人面、長臂。

臂當爲脣。

295．有菌山。

音芝菌之菌。○經文「菌」疑亦當爲「嵐」。

296．有山名三天子之都。

一本「三天子之鄣山」。○「一本」下當脱「作」字或「云」字。

297．玄狐蓬尾。

蓬，叢也。阻留反。○「阻留反」三字，文無所指，當有脱誤。牟廷相云：「叢」字可讀如「菆」，則「阻留」當是「叢」字之音也。

298．般是始爲弓矢。

《世本》曰：牟夷作矢。○當爲「夷牟」。

299．帝俊賜羿彤弓素矰。

以白羽羽之。○下「羽」字疑譌。

300．晏龍是爲琴瑟。

《世本》云：伏羲作琴，神農作瑟。○當云「伏羲作瑟，神農作琴」。

301. 是復土穰，以處江水。

穰當爲壤。

經内逸文

1.《北次三經》：空桑之山。【上已有此山，疑同名也。○今上文無此山。】

2.《海外東經》：勞民國，其爲人黑。【食果草實也，有一鳥兩頭。】

3.《大荒南經》：有獸，左右有首，名曰跊踢。【出狖民國，黜惕兩音。】

4. 有卵民之國，其民皆生卵。【即卵生也。】

5.《大荒西經》：有人反臂，名曰天虞。【即尸虞也。】

6.《海内經》：有大幽之國。【即幽民也，穴居無衣。】

以上見本經。以下見各書：

7.《論衡·別通篇》云：董仲舒覩重常之鳥，劉子政曉貳負之尸，皆見《山海經》。【案：重常，《玉篇》作鶗鴘。】

8.《論衡·訂鬼篇》引此經云：滄海之中，有度朔之山，上有大桃木，其屈蟠三千里。其枝間東北曰鬼門，萬鬼所出入也。上有二神人，一曰神荼，一曰鬱壘，主閱領萬鬼。惡害之鬼，執以葦索，而以食虎。於是黄帝乃作禮以時驅之，立大桃人，門戶畫神荼、鬱壘與虎，懸葦索，以禦凶魅。【案：所引與《後漢·禮儀志》注文字小異，故録之。】

9. 應劭《漢地理志》「泫氏」注云：《山海經》泫水所出者也。

10. 《玉篇》「鱟」字注引此經云：形如車文，青黑色，十二足，長五六尺，似蟹；雌常負雄，漁者取之，必得其雙。子如麻子，南人爲醬。【案：車當爲惠。劉逵注《吴都賦》正作「惠文冠」，「尺」作「寸」，「似蟹」句下有「足悉在腹下」五字，而無「子如麻子」二句，其餘則同，而不云出《山海經》。唯《廣韵》引作「郭璞注《山海經》」云云，其文同《玉篇》。證知二書所引乃郭注逸文也。李善注《江賦》引《廣志》曰：鱟魚似便面，雌常負雄而行，失雄則不能獨活，出交趾南海中。】

11. 《廣韵·九魚》「渠紐」下云：貗狻，獸名，食猛獸，出《山海經》。【案：《太平御覽》九百十三卷引同，唯「貗」作「貗」，無「名」字。】

12. 《廣韵·四十七寑》「沈紐」下云：橚，木名，《山海經》云：煮其汁味甘，可爲酒。

13. 《廣韵·一屋》「卜紐」下云：獛鉛，南極之夷，尾長數寸，巢居山林，出《山海經》。

14. 《廣韵·二十八盍》「欱紐」下云：魶鮯，魚名，出《山海經》。【案：《二十七合》「納紐」下云：「魶，魚名，似鼈，無甲，有尾，口在腹下。」】

15.《文選·西京賦》注引此經云：閶風之上，或上倍之，是謂玄圃；或上倍之，是謂大帝之居。【案：此《淮南·墬形訓》文，疑李善誤引。】

16.《文選·〈海賦〉及左思〈招隱詩〉、江淹〈雜體詩〉》注竝引此經郭注云：橫，塞也。

17.《文選·郭氏游仙詩》注引此經郭注云：遯者，退也。

18.《北堂書鈔》一百五十二卷引此經云：東南荒山有銅頭鐵額兵，日飲天酒三斗。酒，甘露也。

19.《蓺文類聚》二卷引此經云：列缺，電名。

20.《類聚》八十六卷引此經云：箕山之東有甘樝，洞庭之上其木多樝，甘樝列於昆侖。

21.《初學記》二十八卷引此經云：雲山之上，其實乾腊。郭注云：腊，乾梅也。【今案：《中次十二經》有雲山，無此文。】

22.《初學記》三十卷引此經云：鯷魚，赤目赤鬣者，食之殺人。【案：《北山經首》敦薨之水，其中多赤鮭。郭注云：今名鯸鮐爲鮭魚，音圭。此郭据時驗而言也。今所見鯸鮐魚，背青、腹白，目解開闔，都無赤色者，與經云「赤鮭」不合。而《初學記》引經「鯷魚，赤目赤鬣者，食之殺人」，鯷卽鮎也，鯷與鮭聲相近，經之赤鮭疑此是也。將《初學記》所引本在郭注，今脫去之邪？】

23.李肇《國史補》引此經云：水獸好爲害，禹鎖之，名巫支祈。【案：《輟耕錄》云：《山海經》：「水

獸好爲雲雨，禹鎖于軍山之下，名無支祈。」】

24. 韓鄂《歲華紀麗》引此經云：狼山，多毒草，盛夏鳥過之不能去。

25. 李珣《海藥本草》引此經云：木香生東海崑崙山。

26.《太平御覽》九卷引此經云：大極山東有温水，湯，不可過也。

27.《御覽》十二卷引此經云：仙丠降甘露，人常飲之。【案：吴淑《事類賦》引人上有仙字。】

28.《御覽》三十五卷引此經云：離魚見，天下大穰。【案：《西次二經》泰器山「鰩魚」與此同。】

29.《御覽》三十八卷引此經云：蓬萊山，海中之神山，非有道者不至。【案：《海内北經》有蓬萊山。】

30.《御覽》四十二卷引此經云：陸渾山，伊水出焉，今亦號方山。【案：《楊慎外集》：陸渾山，《山海經》作賁渾。按，古「陸」字作「坴」；「賁渾」當是「坴渾」之誤。】

31.《御覽》四十三卷引此經云：祭水源伏流三百餘里。【云云。】

32.《御覽》四十五卷引此經云：湯山，湯水出焉。【此湯能愈疾，爲天下最。】

33.《御覽》四十五卷引此經云：大翮山、小翮山，有神廟神宇。【云云。】

34.《御覽》一百六十六卷引此經云：甘松嶺亦謂之松桑嶺，江水發源於此。

35.《御覽》三百六十七卷引此經云：反舌國，其人反舌，一曰交。【案：交當爲支，即《海外南經》岐

舌國。】

36.《御覽》九百十卷引此經云：果然獸，似獮猴，以名自呼，爲蒼黑。羣行，老者在前，少者在後。得果食輒與老者，似有義焉。交阯諸山有之。獠人射之，以其毛爲裘褥，甚溫煖。

郭注引《水經》

1.《南山經首》青丘之山。【《水經》云：即《上林賦》云「秋田於青丘」。】

2.《西次三經》積石之山。【《水經》引《山海經》云：積石山在鄧林山東，河所入也。】

3.《北次三經》碣石之山。【《水經》曰：碣石山今在遼西臨渝縣南水中。】

4.《中次七經》末山，末水出焉，北流注于役。【《水經》作沫。】

5.《海内東經》漢水出鮒魚之山。【案《水經》：漢水出武都沮縣東狼谷，經漢中、魏興，至南鄉，東經襄陽，至江夏安陸縣，入江，别爲沔水，又爲滄浪之水。】

6.合洞庭中。【《水經》曰：沅水出牂牁且蘭縣，又東北至鐔城縣爲沅水，又東過臨沅縣南，又東至長沙下雋縣。】

7.洛水出洛西山，東北注河，入成皋之西。【案《水經》，漢水今出上洛冢嶺山，東北經弘農，至河南鞏縣入河。】

8. 入齊琅槐東北。【諸水所出，又與《水經》違錯。】

以上見本經，以下見各書：

9. 陶弘景《刀劍錄》云：《水經》云：伊水有一物如人膝頭，有爪，人浴輒沒不復出。【案：酈注《水經·沔水》云：沔水又南與疎水合，水中有物，如三四歲小兒，鱗甲如鯪鯉，射之不可入，七八月中好在磧上自暴，膝頭似虎掌爪，常沒水中，出膝頭，小兒不知，欲取弄戲，便殺人；或曰人有生得者摘其皋厭，可小小使，名爲水虎者也。卽與《刀劍錄》所引爲一物。】

10. 《初學記》三十卷引《水經》曰：海鰌【且由反】魚長數千里，穴居海底，入穴則海水爲潮，出穴則水潮退，出入有節，故潮水有期。【案，此條或又引作《山海經》，所未詳。】

【補】

1. 嬰以百珪百璧。【嬰，謂陳之以環祭也。或曰嬰卽古罌字，謂盂也。徐州云。○吳其濬曰：《一切經音義》卷二十一引《漢書》「嬰城固守」音義曰：以城自繞也。《華嚴經音義》卷下引《漢書集注》：嬰，繞也，加也。正與「環之以祭」義合。解作「罌」字似遠。】

2. 句餘之山至會稽之山。【嚴可均謂懿行曰：經內道里計算不同，有直行者，有旁通者，有曲繞者，故里數參差互異。卽如《南次二經》之句餘、會稽中間，豈容一千五百里？恐皆從經首之柜山起算也。若推是而言，諸山里數或多有合，但須按全經一一計之。懿行嘗謂《山海經》古圖不可見，世有好古而工畫者，本嚴氏之説繪諸尺幅，百里之迴一覽可盡，誠希古之絶業。其繪圖之法，《南山經》至《中山經》本二十六篇爲二十六圖，《海外經》以下八篇，《大荒經》以下五篇又爲若干圖，鳥獸神怪之屬別爲若干圖。】

3. 冉遺之魚。【錢侗曰：經文「冉」字疑「毋」字傳寫之譌。郭氏《圖讚》作「髯遺」，後人誤加「髟」也。】

4. 名曰肥遺。【侗案：《西山經》太華之山有「肥𧔥」，六足四翼，見則天下大旱。郭云復有肥遺蛇，疑是同名。卽此經之肥遺也。經云「一首兩身」卽《管子》所稱一頭兩身之蝺，「蝺」字緩言之則爲「肥遺」，其爲同物無疑，「涸水」「𨿅水」亦一聲之轉。】

5. 發鳩之山。【侗案：《淮南子》「發包山」當是「發勼」之譌，卽此發鳩山也。《説文》：勼，聚也，讀若鳩。二字本通用，傳寫者誤爲「包」耳。】

6. 是多僕累、蒲盧。【侗案：《夏小正》《廣雅》之蒲盧，《國語》之蒲嬴，皆蜃蛤之屬，與僕纍同類同聲，實非同物，故經文並著之。郭注以蒲盧爲螟蛉固誤，《箋疏》謂「蒲盧」聲轉爲「僕纍」亦未安。】

7. 有山名曰常陽之山。【侗案：《呂氏春秋・諭大篇》：地大則有常祥、不庭、歧母、羣抵、天翟、不周。高注惟以不周爲山名，《箋疏》駁之良是。今檢不庭、䫜抵、不周，皆見於《大荒東/西》兩經。此文云「大荒之中有山，名曰常陽，日月所入」，當卽是常祥山也，「祥」「陽」同聲，後文又有常羊之山，古字「吉祥」通作「吉羊」以此。又，《大荒東經》有皮母之山，卽《呂覽》「歧母」，字形相近。然則「常祥」以下六山，《呂覽》卽据《大荒》諸經爲説，皆爲山名無疑。惜「天翟」未得其證耳。】

8.《南山經》杻陽之山，其中多玄龜，可以爲底。【底，躪也；爲，猶治也。洪頤煊案：底無躪訓，底是胝字之借，躪是繭字之譌。《戰國策》「百舍重繭」高誘注：重繭，累胝也。後人繭加足旁，故譌作躪。臧庸案：《戰國策》「足重繭而不休息」鮑彪注：足傷皮皺如蠶繭也。《文選·難蜀父老》：躬腠胝無胈。唐劉良注曰：胝，繭也；胈，股上小毛也；言艱苦至使皮膚縈繭而不生毛。祇作「繭」字，與《戰國策》文合。檢明刻六家注、胡刻李善注引《三蒼解詁》皆曰：胝，躪也，竹施切。惟毛本誤爲「躪」耳。】

9. 單張之山，有鳥焉，可以已痸。【痸，癡病也。○頤煊案：《說文》：瘛，小兒瘛瘲病也。又云：引縱曰瘳。《玉篇》：瘛，癡也，小兒瘛瘲病也；痸同上。疑此注及《玉篇》「癡」字皆「瘲」字之譌。】

10. 京山，其陰有玄礵。【黑砥石也。《尸子》曰：加玄黃砥。明色非一也。○頤煊案：《太平御覽》七百六十七卷引《尸子》曰：磨之以礱礪，加之黃砥。注葢本作「加之黃砥」，今本後人誤改也。】

11. 燕山，多嬰石。【言石似玉有符彩嬰帶，所謂燕石者。○頤煊案：《玉篇》引《埤蒼》云：瓔琅，石似玉也。《西山經》踰次之山多「嬰垣之玉」，葢卽此經所謂嬰石。郭注非。】

12.《中山經》崍山，其草多䪥韭，多葯、空奪。【卽蛇皮脫也。○頤煊案：蛇皮脫非草。升山、熊山其草多寇脫，空奪卽寇脫也，形聲皆相近。】

13.《大荒東經》有女和月母之國。有人名曰鳧，北方曰鳧，來之風曰狻。【言亦有兩名也。○頤煊案：上文「來風曰俊」注「未詳來風所在也」，此來風亦地名，「之」字衍。《大荒西經》有人名曰石夷，來風曰韋。《大荒南經》有獸名曰䟣踢，注「出狻名國」，今本無此國。《集韵》引「有國曰狻氏」。「名」卽「氏」之譌。】

14.《西山經》槐江之山，爰有淫水，其清洛洛。【郭注：淫音遙也。○陳梅修云：「淫」無「遙」音，經「淫」字疑譌。張澍按：《漢書·岑彭傳》：更始遣將軍徭偉鎮淮陽。《東觀記》作「淫偉」。是「淫」與「徭」通也。】

15. 黄帝是食是饗。【郭注：所以得登龍于鼎湖而龍蛻也。澍按：「龍蛻」宜作「靈蛻」，《御覽》作「靈化」亦非。】

16. 積石之山。【郭注：今在金城河門關。○《訂譌》云：「門」字衍。澍按：「門」字不衍，宜移「今在」字上，原釋經文「石門」字也。】

17.《北山經》倫山獸，川在尾上。【《箋疏》：王伯申以「川」當爲「州」。澍《續黔書》内有「辨川字」一條，附于此：黔之人呼牛馬之竅爲「春」。余莫知其解，思之知當爲「穿」爲「川」，乃信土俗方言果符訓詁之旨也。按《山海經》倫山有獸狀如麋，其川在尾上，郭注「川，竅也」。而姚旅《露書》引「川」作「穿」，蓋「川」可訓「穿」，故《釋名》云：川，穿也。顔師古《漢書·李尋傳》注云：川者，水貫穿而通流也。裴氏《廣州記》云：南海龍川縣，本博羅縣之東鄉，有龍穿地而出，即穴流東泉，因以爲號。是「川」之訓「穿」，傳記多有之。又，《伯樂相馬經》「有馬白州」亦當是「川」字。畢中丞《山海經》校本疑「川」當爲「州」，蓋据《爾雅》「白州驠」，不知郭氏彼注亦以爲竅，則「州」爲後人譌寫無疑也。】

18.《東山經》子桐之山。【《箋疏》：司馬相如《梓桐山賦》即斯山。澍按：長卿蜀人，所賦者宜是梓橦山，「桐」「橦」字通。此經地域似不在蜀。】

19.《中山經》實惟河之九都。【郭注：九水所潛，故曰九都。○《訂》云：郭注「潛」字誤。澍按：「潛」宜

作「渚」。渚，聚也；都，亦聚也。藏經本作「聚」，誤。】

20. 半石山嘉榮。【《箋疏》：《本草經》蘘荷，與巴蕉同類。澍按：宗懔亦以蘘荷爲《周禮》之嘉草，可除蠱毒也。王逸《大招注》：苴蓴一名蘘荷。《史記·相如遊獵賦》注：闞駰云，猼且，蘘荷也。與逸注同。「猼且」《漢書》作「巴且」。楊用修引《急就章》注云：蘘荷卽今甘露。葢誤以巴焦爲蘘荷也。司馬賦既有「諸蔗猼且」，又有「茈薑蘘荷」，猼且非蘘荷明矣。詳見澍《續黔書·毒蠱篇》。】

21. 《海外北經》禺彊。【《箋疏》：禺京、禺彊、玄冥，實一人。○澍按：禺彊卽禺京是也，前人已言之。若謂玄冥卽京、彊，則未能信。考禺京爲禺猇之子，禺猇爲黃帝之子，則梁簡文所云「禺京爲黃帝孫」者合矣。而玄冥乃少昊之子也，不得合爲一人。】

22. 《大荒南經》有女子名曰羲和。【《箋疏》：常儀、羲和，通爲一人。○澍按：《世本》《呂氏春秋》竝云：羲和占日，常儀占月。顯係兩人，不得云羲和卽常儀矣。】

23. 《海外西經圖讚·夏后啓》「果儛九代」。【澍按：「果」宜作「樂」字。】

24. 《訂譌》崇吾之山有木，員葉白柎。【《訂》云：「柎」當爲「拊」。澍按：「柎」卽《詩》之「鄂不」也，與「跗」通，花足也。經文宜作「柎」，不宜作「拊」。】

山海經敘録

西漢劉秀《上山海經表》曰：

侍中奉車都尉光禄大夫臣秀領校祕書言：校祕書太常屬臣望所校《山海經》，凡三十二篇，今定爲一十八篇，已定。《山海經》者，出於唐虞之際。昔洪水洋溢，漫衍中國，民人失據，崎嶇於丘陵，巢於樹木。鯀既無功，而帝堯使禹繼之。禹乘四載，隨山栞木，定高山大川。益與伯翳主驅禽獸，命山川，類草木，別水土。四嶽佐之，以周四方，逮人跡之所希至，及舟輿之所罕到。内別五方之山，外分八方之海，紀其珍寶奇物異方之所生，水土草木禽獸昆蟲麟鳳之所止，禎祥之所隱，及四海之外，絶域之國，殊類之人。禹別九州，任土作貢；而益等類物善惡，著《山海經》。皆聖賢之遺事，古文之著明者也。其事質明有信。孝武皇帝時，嘗有獻異鳥者，食之百物，所不肎食。東方朔見之，言其鳥名，又言其所當食，如朔言。問朔何以知之，卽《山海經》所出也。孝宣帝時，擊磻石於上郡，陷得石室，其中有反縛盜械人。時臣秀父向爲諫議大夫，言此貳負之臣也。詔問何以知之，亦以《山海經》對，其文曰：「貳負殺窫窳，帝乃梏之疏屬之山，桎其右足，反縛兩手。」上大驚。朝士由是多奇《山海經》者，文學大儒皆讀學以爲奇。可以考禎祥變怪之物，見遠國異人之謠俗。故《易》曰：「言天下之至賾而不可亂也。」博物之君子，其可不惑焉。臣秀昧死謹上。

東晉記室參軍郭璞《注山海經敘》曰：

世之覽《山海經》者，皆以其閎誕迂誇，多奇怪俶儻之言，莫不疑焉。嘗試論之曰，莊生有云：「人之所知，莫若其所不知。」吾於《山海經》見之矣。夫以宇宙之寥廓，羣生之紛紜，陰陽之煦蒸，萬殊之區分，精氣渾淆，自相濆薄，遊魂靈怪，觸象而構，流形於山川，麗狀於木石者，惡可勝言乎？然則總其所以乖，鼓之於一響；成其所以變，混之於一象。世之所謂異，未知其所以異；世之所謂不異，未知其所以不異。何者？物不自異，待我而後異，異果在我，非物異也。故胡人見布而疑黂，越人見罽而駭毳。夫翫所習見而奇所希聞，此人情之常蔽也。今略舉可以明之者：陽火出於冰水，陰鼠生於炎山，而俗之論者，莫之或怪；及談《山海經》所載，而咸怪之——是不怪所可怪而怪所不可怪也。不怪所可怪，則幾於無怪矣；怪所不可怪，則未始有可怪也。夫能然所不可，不可所不可然，則理無不然矣。案《汲郡竹書》及《穆天子傳》：「穆王西征，見西王母，執璧帛之好，獻錦組之屬。穆王享王母於瑤池之上，賦詩往來，辭義可觀。遂襲昆侖之北，遊軒轅之宮，眺鍾山之嶺，玩帝者之寶，勒石王母之山，紀跡玄圃之上。乃取其嘉木豔草，奇鳥怪獸，玉石珍瑰之器，金膏燭銀之寶，歸而殖養之於中國。穆王駕八駿之乘，右服盜驪，左驂騄耳，造父爲御，犇戎爲右，萬里長騖，以周歷四荒，名山大川，靡不登濟。東升大人之堂，西燕王母之廬，南轢黿鼉之梁，北躡積羽之衢。窮歡極娛，然後旋歸。」案《史記》說穆王得盜驪、騄耳、驊騮之驥，使造父御之，以西巡狩，見西王母，樂而忘歸，亦與《竹書》同。《左傳》曰：「穆王欲肆其心，使天下皆有車轍馬跡焉。」《竹書》所載，則是其事也。而譙周之徒，足爲通識瑰儒，而雅不平此，驗之《史考》，以著其妄。司馬遷敘《大宛傳》亦云：「自張騫使大夏之後，窮河源，惡覩所謂昆侖者乎？至《禹本紀》《山海經》所有怪物，余不敢言也。」不亦悲乎！若《竹書》不潛出於千載，以作徵於今日者，則《山海》之言，其幾乎廢矣。若乃東方生曉畢方之名，劉子政辨盜械之尸，王頎訪兩面之客，海民獲長臂之衣：精驗潛效，絶代縣符。於戲！羣惑者其可以少寤乎？是故聖皇原化以極變，象物以應怪，鑒無滯賾，曲盡幽情。神焉廋哉，神焉廋哉！蓋此書跨世七代，歷載三千，雖暫顯於漢，而尋亦寢廢。其山川名號所在，多有舛謬，與今不同，師訓莫傳，遂將湮泯。道之所存，俗之所喪，悲夫！余有懼焉，故爲之創傳，疏其壅閡，闢其茀蕪，領其玄致，標其洞涉。庶幾令逸文不墜於世，奇言不絶於今，夏后之跡靡栞於將來，八荒之事有聞於後裔，不亦可乎！夫蘙薈之翔，叵以論垂天之凌；蹏涔之遊，無以知絳虬之騰；鈞天之庭，豈伶人之所躡；無航之津，豈蒼兕之所涉：非天下之至通，難與言《山海》之義矣。嗚呼！達觀博物之客，其鑒之哉！

《山海經》目錄總十八卷【本三萬九百十九字，注二萬三百五十字，總五萬一千二百六十九字。○懿行案：此《玉海》所校也，今校經三萬八百二十五字，注二萬三百八十三字，總五萬一千二百八字。】

《南山經》第一【本三千五百四十七字，注二千一百七字。○懿行案：此已下明藏經本所校也，今校經一千八百六十一字，注一千二百四十六字。】

《西山經》第二【本五千六百七十二字，注三千二百二字。今校經四千六百四十四字，注三千七百二十六字。】

《北山經》第三【本五千七百四十六字，注二千三百八十二字。今校經四千二百四十一字，注一千六百三十九字。】

《東山經》第四【本二千四十字，注三百七十五字。今校經二千一百三字，注四百五十五字。】

《中山經》第五【本四千七百一十八字，注三千四百八十五字。今校經八千四百一十六字，注三千五百八十二字。】

【右《五藏山經》五篇，經二萬一千二百六十五字，注一萬六百六十一字，總三萬一千九百二十六字。】

《海外南經》第六【本五百一十一字，注六百二十二字。今校經五百七十五字，注六百八十五字。】

《海外西經》第七【本五百三十七字，注四百五十二字。今校經五百五十九字，注四百五十八字。】

《海外北經》第八【本五百八十四字，注四百九十三字。今校經六百一字，注五百二十四字。】

《海外東經》第九【本四百四十二字，注五百九十五字。今校經四百五十七字，注五百九十六字。】

《海內南經》第十【本三百六十四字，注七百九字。今校經三百七十七字，注六百五十六字。】

《海內西經》第十一【本四百三十九字，注六百九十五字。今校經五百一十四字，注七百四字。】

《海内北經》第十二【本五百九十四字，注四百九十五字。今校經五百十字，注五百九十二字。】

《海内東經》第十三【本六百二十四字，注一千四百九十五字。今校經六百三十五字，注一千七十二字。】

【右《海外》《海内經》八篇，經四千二百二十八字，注五千二百八十四字，總九千五百一十二字。】

《大荒東經》第十四【本八百六十四字，注八百一十三字。今校經八百五十八字，注九百二十四字。】

《大荒南經》第十五【本九百七十二字，注五百九十八字。今校經九百七十七字，注六百一十七字。】

《大荒西經》第十六【本一千二百八十二字，注一千二百三字。今校經一千一百一十八字，注一千二百八十五字。】

《大荒北經》第十七【本一千五百六字，注七百六十七字。今校經一千七十一字，注八百四字。】

《海内經》第十八【本一千一百十一字，注九百六十七字。此《海内經》及《大荒經》本皆進在外。今校經一千一百四十一字，注九百七十五字。】

【右《大荒經》《海内經》五篇，經五千三百三十二字，注四千四百三十八字，總九千七百七十字。】

福山　王照圓　婉佺　覆校

山海經箋疏敘

郝懿行

《山海經》古本三十二篇，劉子駿校定爲一十八篇，卽郭景純所傳是也。今攷《南山經》三篇，《西山經》四篇，《北山經》三篇，《東山經》四篇，《中山經》十二篇，幷《海外經》四篇，《海内經》四篇，除《大荒經》已下不數，已得三十四篇，則與古經三十二篇之目不符也。《隋書·經籍志》：「《山海經》二十三卷。」《舊唐書》：「十八卷，又《圖讚》二卷，《音》二卷，竝郭璞撰。」此則十八卷又加四卷，才二十二卷，復與《經籍志》二十三卷之目不符也。《漢書·藝文志》「《山海經》十三篇」，在形法家，不言有十八篇。所謂十八篇者，《南山經》至《中山經》，本二十六篇，合爲《五臧山經》五篇，加《海外經》已下八篇，及《大荒經》已下五篇，爲十八篇也。所謂十三篇者，去《荒經》已下五篇，正得十三篇也。古本此五篇皆在外，與經別行，爲釋經之外篇。及郭作傳，据劉氏定本，復爲十八篇，卽又與《藝文志》「十三篇」之目不符也。酈善長注《水經》云：「《山海經》薶緼歲久，編韋稀絶，書策落次，難以緝綴。後人假合，多差遠意。」然則古經殘簡，非復完篇，殆自昔而然矣。《藝文志》不言此經誰作，劉子駿表云「出於唐虞之際」，以爲「禹別九州，任土作貢，而益等類物善惡，著《山海經》」。王仲任《論衡》、趙長君《吳越春秋》亦稱禹益所作。《顏氏家訓·書證篇》云：「《山海經》禹益所記，而有長沙、零陵、桂陽、諸暨，由後人所羼，非本文也。」今攷《海外南經》之篇，而有說文王葬所，《海外西經》之篇，而有說夏后啓事。夫經稱夏后，明非禹書；篇有文王，又疑周簡：是亦後人所羼也。至於郡縣之名，起自周代，《周書・作雒篇》云：「爲方千里，分以百縣，縣有四郡。」《春秋・哀公二年》左傳》云：「克敵者，上大夫受縣，下大夫受郡。」杜元凱注云：「縣百里，郡五十里。」今攷《南次二經》云「縣多土功」「縣多放士」，又云「郡縣大水」「縣有大繇」：是又後人所羼也。《大戴禮・五帝德篇》云：「使禹敷土，主名山川。」《爾雅》亦云：「從《釋地》已下至《九河》，皆禹所名也。」觀《禹貢》一書，足覘梗槩。因知《五臧山經》五篇，主於紀道里、說山川，眞爲禹書無疑矣。而《中次三經》說青要之山云：「南望墠渚，禹父之所化。」《中次十二經》說天下名山，首引「禹曰」。一則稱禹父，再則述禹言，亦知此語必皆後人所羼矣。然以此類致疑本經，則非也。何以明之？《周官》：「大司徒以天下土地之圖，周知九州之地域廣輪之數。土訓掌道地圖，道地慝。」《夏官》：「職方亦掌天下地圖。山師、川師掌山林川澤，致其珍異。遼師辨其丘陵墳衍遼隰之名物。」《秋官》復有冥氏、庶氏、穴氏、翨氏、柞氏、薙氏之屬，掌攻夭鳥猛獸蟲豸草木之怪蠥。《左傳》稱：「禹鑄鼎象物而爲之備，使民知神姦，民入山林川澤，禁禦不若，螭魅蝄蜽，莫能逢旃。」《周官》《左氏》所述，即與此經義合。禹作司空，灑沈澹灾，燒不暇攢，濡不給扢，身執虆垂，以爲民先。爰有《禹貢》，復著此經。尋山脈川，周覽無垠，中述怪變，俾民不眩。美哉禹功，明德遠矣；自非神聖，孰能修之。而後之讀者，類以夷堅所志，方諸《齊諧》，不亦悲乎！古之爲書，有圖有說。《周官》地圖各有掌故，是其證已。《後漢書・王景傳》云：「賜景《山海經》《河渠書》《禹貢圖》。」是漢世《禹貢》尚有圖也。郭注此經而云「圖亦作牛形」，又云「在畏獸畫中」，陶徵士《讀是經詩》亦云「流觀《山海圖》」，是晉代此經尚有圖也。《中興書目》云：「《山海經圖》十卷，本梁張僧繇畫，咸平二年校理舒雅重繪爲十卷，每卷中先類所畫名，凡二百四十七種。」是其圖畫已異郭陶所見。今所見圖復與繇雅有異，良不足据。然郭所見圖，卽已非古。古圖當有山川道里。今攷郭所標出，但有畏獸仙人，而於山川脈絡，卽不能案圖會意，是知郭亦未見古圖也。今《禹貢》及《山海》「圖」遂絕迹不復可得。《禹貢》雖無圖，其書說要爲有師法，而此經師訓莫傳，遂將湮泯。郭作傳後，讀家稀絕，途徑榛蕪。迄於今日，脫亂淆譌，益復難讀。又郭注《南山經》兩引「璨曰」，其注《南荒經》「昆吾之師」又引「音義」云云，是必郭已前音訓注解人，惜其姓字爵里與時代俱湮，良可於邑。今世名家，則有吳氏、畢氏。吳徵引極博，汎濫於羣書；畢山水方滋，取證於耳目。二書於此經，厥功偉矣。至於辨析異同，栞正譌謬，蓋猶未暇以詳。今之所述，并採二家所長，作爲《箋疏》。箋以補注，疏以證經。卷如其舊。別爲《訂譌》一卷，附於篇末。計創通大義百餘事，是正譌文三百餘事，凡所指摘，雖頗有依據，仍用舊文，因而無改，蓋放鄭君康成注經不敢改字之例云。嘉慶九年甲子二月廿八日，棲霞郝懿行撰。

附録一・還讀樓本新增敍録

校刊山海經箋疏序

吾友李君澹平，以所刊《山海經箋疏》告蒇，攜本眎余，屬弁數言。余轉且謝，則諈諉至再，且曰請但述我校刻是編之意足矣。辱承知愛，不敢復以不文辭，乃爲泚筆，書之曰：凡人之足跡之所未到，耳目之所未經，則闕疑而不敢信。伊古輿地家言，多詳域内而略域外，故皆右《禹貢》而左《山海經》，甚者目爲荒誕，等諸齊諧郢説。余以爲是昔人之固陋，非《山海經》之荒誕也。今國家懷柔遠人，通道重譯，窮髮赤裸，焦齒梟瞯之族，相與梯山航海，不遠萬里而至，而輶車四發，復仿《周官》大行人之職，分赴諸國，足跡所到，耳目所經，援古證今，往往吻合，不止如曼倩之辨異鳥，劉向之識石室人而已。然則，《山海》一經不誠宜與《禹貢》並行哉！惟玫是編，初著録於漢代，繼注讚於景純。自時厥後，讀家稀絶，途徑榛蕪。我朝稽古右文，吴氏、畢氏，先後有《廣注》《校本》之作。嘉慶閒，棲霞郝氏《箋疏》成，得儀徵相國審定棸行，然後斐然粲然，讀者益收賞奇析疑之助。惜其原版已不可得，李君憾焉，爰取篋藏初印本，精梓而詳校之，將以餉遺同志。余維君劬學嗜古，曩刊書數種，類足備鄴架珍函。今是編之刻，亦豈徒作郝氏功臣！行見閉戶搜奇之士，皇華秉節之流，莫不囊隋珠而笥荆璧。若是，君之用意，固深且遠也。余方以筆墨鼖累，枯坐斗室，檢覽一過，如身乘博望之槎，偏攬十洲三島草木鳥獸之狀，又如身與塗山之會，周旋於貫胸、交頸、三首、長臂之閒，爽目怡心，爲之稱快不置。而因余之快，又以知讀是編者之同快無疑已。是爲序。光緒第一丙戌五月下浣，海上蔡爾康。

重刻山海經箋疏後序

棲霞郝蘭皋先生《箋疏山海經》十八卷，并坿《圖讚》一卷，《訂譌》一卷，已於嘉慶閒栞行。越七十餘年，無錫李君澹平，重栞於上海。既成，以示標，命爲後敘，以標於此書曾經勘讀者也。迺作敘曰：

夫漢魏以降，注疏迭興，自宋迄明，訓詁漸失。主義理者，責破碎夫文字；尚剽取者，笑攷訂之紛離。雖瀍自謂得三代之遺，文自謂學周秦以上，然衡以鉤稽，求諸指例，恆無當焉。先生以東海之名儒，值聖清之盛治，拾遺補蓺，厤千百劫而不礲，博采旁證，集十八人之所益。有李崇賢綜緝之備，無酈善長怪誕之言。卷福不多，攷證無失。索羣書之異字，猶仍舊文；求古本之分篇，不存成見。正字俗字，惟塙守乎許書；轉聲近聲，則旁通乎《蒼》《雅》。洵足爲禹書之坿翼，郭氏之諍叉者矣。綜其大綱，厥善有六，尋繹微旨，可得言焉：夫顏成《漢注》，未正東方之名；唐引《說文》，猶雜呂忱之語。繄古來之完帙，尚笑誤於後生。先生則采周秦之遺書，語知統要；竇唐人之類集，條析支離。何氏解詁，但求墨守；鄭君箋注，不改經文。其善者一也。拾遺聞於東觀，印信四羊；笑寫本於江南，歌傳六虎。陋《尚書》之分典，歎《尉律》之云亡。先生則正寫槧之紛紜，不淆銀鏁；辨形聲之通叚，詳攷金根。所以例陸德明之《釋文》，兼存兩本；爲顏少監之《匡謬》，維正異文。其善者二也。《水經補注》，以經傳之久淆；建武省郡，亦章懷之未解。書策落次，誰證綿褫；圖書久亡，孰詳絡脈？先生則攷其山里，既積算於經由；條其河渠，定發源於崑渤。郭記室惟知《畏獸》，遜其精詳；王伯厚攷證《蓺文》，同茲研覈。其善者三也。漢魏遺書，尚廣鈔於類典；倉頡訓故，竟有藉於沙門。自來文字之散亡，半待後人之輯佚。先生則仿神仙之別藏，猶識遺文；求歐李之官書，尚存古本。集狐千腋，窺豹一斑。其善者四也。歐氏之《詩經本義》，專務新奇；向家之《莊子遺篇》，僅題象注。雖迹同於巧取，亦多惑乎將來。先生則博采通人，既說辭之畢載；顧召幽仄，冀翼贊乎舊書。所以叔重《說文》，兼稱師說；康成《經注》，多引羣言。其善者五也。趙明誠之《金石》，錄藉易安；班孟堅之《天文》，續從弱妹。先生則一編脫稾，亦助勘於金閨；三月疑團，必解圍於新婦。陋鷗波之小技，傚唐韻於仙家。其善者六也。由茲六善，訂厥一編。祕六奇以括囊，集羣書而訂誤。蓋出入於《莊》《列》《爾雅》之閒，補苴乎詁訓地輿之失。所謂援据六蓺，漢學非訛；曲稾宏規，家濿自守。則是書也，雖吳志伊之廣收博采，尚失謹嚴；畢尚書之以古證今，猶疑臆決者也。今者中祕留藏，宸章褒美。草元卷在，不爲覆瓿之書；通德人亡，尚念鄭鄉之學。惟是籤分蠹軸，半蝕羽陵；寫定禮堂，已成燼簡。吾友李君，證古之學，塙本召陵；博通之才，所師荀勖。痛編韋之稀絶，爰鏤版以方滋。繼余家勤有之堂，甄綜善本；祖南宋書棚之學，采拾遺文。夫豈同好妄下其雌黄，致譏顔氏扃祕藏於宛委，靳付人閒也哉！標謬承斠讀，用述源流，憙重譯於四夷，證塙聞乎古訓。求祕函於百宋，思校正夫今文。自恨小文，有慙理董。先生維學，盍正牴牾。此又可補乾嘉諸老之未有之聞，校勘諸家之未竟之志也。爰摭體要，以俟將來。光緒十三年丁亥正月，元和江標。

校琹山海經箋疏序

大章、豎亥，步四極，紀道里，當時必有專書，而今不傳。傳者《十洲記》《神異經》之儔，則病於誣。其不誣者，《穆天子傳》最近。若鄒衍九州之外有大九州，以今緯度推之，何莫不然。然說在要渺閒，古籍之最遠而詳者，莫《山海經》若矣。夫人皇九首，兩戒八紘，奇言瑰詞，於世充棟。雜以艸木鳥獸，殊名異形。博識之士，至累世不能窮其源，畢生不足究其變。故漢魏以來，箋注家欲暢厥敷佐，至取中國之書注之不足則增以金石文字，又不足則益以諸子百家，又不足則證以殊方異域佛經道藏者流，一字關涉，鈔撮弗遺，宜得大凡。然扶輿啟闢，聞見益恢，昔無而今則有之。安知今所未見者，非即昔人日用常覯之品乎？夏后驂二龍，一駟擾物耳，而今爲神化不測之事。庖犧牛首，女媧蛇身，著在典籍，詎盡誕詞，而豈可覼乎？ 閒嘗以謂，古者人與神近，後世人神道殊，重黎絶地天通已來，僅僅留此一經，爲不食之碩果。 試取《莊》《騷》徵引於是編外者求通其説，而後恍然於四五千年來厤時久而書亡，厤時又久而羣書愈亡，獨遺此人不經見之説，與布帛菽粟竝存。 譬如泰西光電氣化之書，舉羣不知而傲其儕，則必震駭眩瞀，以爲絶無，理亦猶是耳。 而究不得謂爲必無矣。 郝注行於嘉慶閒，歲久漶漫。 李君澹平出善本，重栞行世，意甚盛也。 然鄙則以謂古書之不足妄疑，視之雖奇，案之仍軌於正。 天下氣化變遷之妙，何所不至？ 吾人恃耳食之近，泥古者失之拘，疑古者亦未嘗不失之放。 有志之士，虚心以觀古今之變，平心以察庶彙之繁焉。 斯爲善讀古書者已。 光緒十三年孟春月，遵義宦懋庸。

附録二・相關書札若干通

與孫淵如觀察書【戊辰】 郝懿行

先生津逮後學，獎藉鯫生。前呈鄙著《山海經疏》，猥蒙激賞，竝許辱作敘文，良深感佩。前在都下，嘗因燕閒，承詢《爾雅》……比癸亥夏，重詣都門，而後有《山海經牋疏》之作。以爲《山海經》者，其間怪物，太史遷所不敢言，郭景純作注，亦復不說。至若尋山脈川，《水經注》是其潭奧；草木蟲魚，《爾雅》是其鈐鍵；旁逮動植之倫，可以治疾癃病，《神農本草》又復足資津涉；其他是正文字，辨析異同，《玉篇》《廣韻》《類聚》《御覽》之屬，是其華苑。已上書籍，殆將搜采無疑。唯《北堂書鈔》未見寫本，《開元占經》未有其書。鄙固之譏，誠知不免。今世楊子雲如有穰秋之穡，開倉庾以振窮，俾懿行飢春獲濟，敝帚享以千金，武夫抵彼連城。即今《爾雅》《山經》具在，當如劉舍人之干沈隱侯，自負其書，獻致車下。小子狂簡，先生幸辱裁之。

又啟者：……《山海經疏》便擬奉寄。聞山尊説先生不日南旋，以此且停，容再寄上，外將需檢之書而此間未有者，謹單開列。《開元占經》內引《山海經》，《北堂書鈔》寫本內引《山海經》及《爾雅》者，俱希鈔示。道藏《山海經》內《大荒東經》《大荒南經》二篇缺，又郭氏《圖讚》自《荒經》已下竝缺，此明藏也。如有別本或尚有者，乞俱鈔示，幸甚。

（《曬書堂集·文集卷二》）

與王伯申書　郝懿行

《山海經牋疏》者，本自末學，不更師授，深慙踈拙，未敢效劉舍人於車下干沈隱矦也。謬承吾兄激賞，敢遂仰丐高明，亟加是正，兼冐賜之教言，登諸簡首，俾言帚之珍，緘石之謬，得以流布人間，亦鼠坻牴糞後一種話頭也。昨聞書簏未以自隨，謹上書五種，以資檢校，計《廣雅疏證》、畢氏《山海經新校正》、吳氏《廣注》及《玉篇》、《廣韵》等，外有需檢看者，仍開書目刺取，再當呈上。肅此奉瀆，即候伯申大兄大人日安。不具。愚弟郝懿行頓首！

（《昭代經師手簡二編》）

與郝蘭臯戶部書　張澍

一昨承示大箸《山海經箋疏》，俾爲校正譌誤。澍念此書校勘者，自雲臺侍郎師而下，共十七人，皆碩學淹通，自必精審無玼。況以澍之陳椽馳逐，未嘗旭歷于學，其何能有一得之補乎？日來披尋，一似仍有罅漏尚待補苴者。

如《南山經》：猨翼之山，多蝮虫。郭注：虫古虺字。箋疏引《說文》云：虫一名蝮，虺以注鳴。「是虫虺非一字，與郭義異。」桉《說文》當作「虫一名蝮蛇」，下虺字係後人竄改者。

「句餘之山」郭注：句章、餘姚因此爲名，見《張氏地理志》。箋疏以爲張晏。桉《太平寰宇記》引《張敖地理志》，當是張敖。

《西山經》：崇吾之山，有獸，如禺而文臂，豹虎。箋疏言：獸兼有虎豹之體，故被是名。桉《博物志》所言本是虎僕，毛可爲筆，故辭人呼筆曰虎僕。《御覽》引字有譌，不足據也。

《北山經》：決決之水，中多人魚。箋疏謂：鯢字古省作兒，兒从儿，卽古文人字，上闕脫，止存下人字。桉以此人字係兒字闕脫其上，何下句嬰兒兒字不闕脫耶？《史記》有人魚，卽今之孩兒魚也。此不必改者。

《中山經》：太山有草，其葉如荻。郭注：荻亦蒿也，音狄。箋疏謂：荻當爲萩，狄亦當爲秋，字形之誤。《尒疋》：蕭，萩。郭注云：卽蒿。桉荻字是，不得作萩，萩是梓木類，《尒疋》「蕭，萩」本宜作荻，觀郭注皆云蒿，可知作荻者是。

《海外北經》：北方禺彊。郭注：字玄冥，水神也。箋疏謂：玄冥、禺彊聲相近，玄冥卽禺京，禺京卽禺彊。桉禺京、禺彊、玄冥均爲水神，各自一人，猶之重黎、吳回、祝融皆是火官，不得合爲一人。然謂禺京卽禺彊尚可以，京與彊通，如鯨魚作鱷魚也。禺京爲禺虢之子，禺虢爲黃帝子，則梁簡文所云禺京爲黄帝孫者相合。若玄冥，則少昊子脩也。焉得合爲一人？

《海内東經》：贛水出聶都東山。箋疏謂：贛水一名豫章水，郡縣俱因水得名。桉《水經注》，豫章以木氏郡，蓋水亦因郡縣得名也。

《大荒東經》：有羲和之國，有女子名曰羲和。箋疏言：帝嚳次妃娵訾氏女曰常儀，《大荒西經》又有帝俊妻常羲，疑常儀與常羲爲一人。桉常羲當作常儀。《吕氏春秋》：羲和占日，常儀占月。顯係二人，不得云常儀卽羲和也。老童生祝融。箋疏引《大戴礼·帝繫篇》：老童娶竭水之子，謂之高緺氏，產重黎及吳回。桉竭水之子驕福，一作驕䍐，見《世本》，又作嬌極，見《漢·古今人表》。

《大荒北經》：深目民之國肦姓。郭注云：眼絶深，黄帝時姓也。桉《王會解》有自深國。自，古文鼻字，見《説文》。是自深卽鼻深，亦卽目深矣。

箋疏以黄帝子有滕荀姓，疑肦姓或滕或荀。此説非。載民之國亦肦姓，又豈譌文乎？

又《訂譌》卷内：崇吾之山，有木，員葉而白柎。云：經文柎當作拊。此説非。柎與跗通，萼足也。經文作柎不錯。

「黄帝是食是饗」郭注：所以得登龍于鼎湖而龍蛻也。《訂譌》云：龍蛻二字譌。桉宜作靈蛻，《御覽》作靈化，亦通。

「積石之山，有石門，河水冒以西流」郭注：今在金城河門關。《訂譌》云：門字衍。桉門字不衍，當在今字之上。

「三危之山，有獸，名傲徆。」《訂譌》云：傲當爲獒，徆當爲狃。桉獸名有不從犭者，如牴牻、䃶硟、獪獱是也。如徆作狃，則傲宜作獓，不必作獒也。

「有鳥其名曰鵸」郭注：扶狩則短。《訂譌》云：當爲扶獸則死。桉狩與獸古字通。《車攻》詩之「搏狩」，漢人作「搏獸」。

「有川在尾上」郭注：川，竅也。本不誤。《訂譌》云：川當爲州。桉，川，穿也，卽竅也；竅，縠道也。《尔疋》之「白州燕」亦當作川。余《續黔書》「川字說」最詳。

「番條之山，減水出焉」郭注：音減損之減。《訂譌》云：郭注音減，則經文不當作減，未審何字之譌。桉經文當爲咸字，如漢咸宣之咸，注亦音減也。

「金星山，其木多彫棠。」《訂譌》云：彫疑當爲彤。桉草有彫胡，木不當有彫棠乎？必非彤字。

「實惟川之九都」郭注：九水所潛，故曰九都。《訂譌》云：郭注潛字誤。桉潛宜作渚。渚，聚也，又或作瀦，瀦亦聚也。故孟諸一作孟都。

「嘉榮，服之者不霆」郭注：音廷搏之廷。《訂譌》云：當爲脡脯之脡。桉郭音似引古語，宜从之。古廷字本有定音，見《匡謬正俗》。

「女几之山，多閭麈麖麂」郭注：㹌毛，豹腳。《訂譌》云：㹌當作猥，豹當爲狗。桉㹌宜作猥，即猥狗也，不當爲猥。言毛似猥，腳似豹耳。

凡此數條，雖于書之大體無關，然閣下精心果力，尚有此失，則信乎箸述之難也。澍所言儻有違盭，仍希大雅教之。

（《養素堂文集》卷十四）

與郝蘭皋農部論校山海經書【庚午季秌】

臧　庸

《山海經·西山經》「浮山多盼木」郭傳：音美目盼兮之盼。凡二見。箋疏曰：郭既音盼，知經文必不作盼，未審何字之訛。庸簽云：盼字不妨有兩讀。手示以「經典內凡加音者，必係異字，若同字不須加音」。鄙見以經典內加音，有異字者多同部及聲相近之字也，有同一字而其讀不同者，乃高下疾徐之別，猶後世一字有四聲，而其義亦因之而異也。《顏氏家訓·音辭篇》云：鄭玄注六經，高誘注《呂覽》《淮南》，許慎造《說文》，劉熹製《釋名》，始有譬況假借以證音字，而古語與今殊別，其間輕重清濁猶未可曉，加以外言內言急言徐言讀若之類，益使人疑。又如《公羊傳》一「伐」字而有長言、短言二讀，《釋名》一「天」字而有舌腹、舌頭兩言，一「風」字而有橫口合脣言之、踧口開脣推氣言之之別，皆同字異讀之證也。又《禮記·樂記/祭義》皆有「易直子諒之心」句，鄭讀俱云「子讀如不子之子」。《儀禮·鄉飲酒禮》「賓西階上疑立」，注云「疑讀爲疑然後從於趙盾之疑，疑正立自定之皃」。《周禮》「冢宰之職」六曰「主以利得民」，鄭康成云「利讀如上思利民之利，謂以政教利之」。「外府掌邦布之入出」，注云「布，泉也，布讀如宣布之布，其藏曰泉，其行曰布，取名於水泉其流行無不徧」。是皆同字加音之明證。其所以異者，不子之子與父子音異，疑立之疑與疑慮音異，利民之利與財利音異，宣布之布與布帛音異，故疑。然今本《公羊傳》作「仡然而不子」，當從徐仙民將吏反，陸德明如字，非也。【《樂記》《祭義》釋文同。】

手示云「盼字从分聲，即使有兩讀，似不得以盼音盼」。庸案：盼从分聲，一語已了然，字从分而讀亦从之者，如《詩·碩人》「巧笑倩兮」「美目盼兮」，倩从青聲，盼从分聲，爲真淸合韻，詩人必不讀盼敷莧反也。又如王褒《九懷》「進瞵盼兮上丘墟」，此讀盼如彬，又讀瞵盼如瞵矉，聲雖小變，猶爲盼之本音，古讀原近是也。然《詩》「美目盼兮」徐仙民敷諫反，呂忱《字林》匹簡反，又匹莧反，陸氏《毛詩音義》敷莧反，《論語音義》普莧反，音切皆轉入元類，與分聲之本音真文類已不同，故郭必加音。猶《禮記》「子諒」恐人讀爲「父子」，故鄭亦加音矣。《釋名·釋天》曰：「豫司兖冀，以舌腹言天。天，顯也，在上高顯也。青徐以舌頭言天。天，坦也，坦然高而遠也。」夫《三百篇》「天」字古音在真類，而顯坦二釋取音相近者已轉入元類，故知郭傳盼音，亦轉入元類。景純、仙民皆東晉人，而非《三百篇》之盼與倩韻也。《釋名·釋天》之由真轉元，亦同斯例。《山海經》内郭音似此者，皆非誤也。聲音之道，當於今人之異者會其同，又當於古人之同者求其異。庸雖能言之，而未能盡之。

《北次山(三？)經》：繡山，其中有鳠黽。郭傳：䵷黽似蝦蟇，小而青。箋疏曰：䵷當爲耿字之譌，耿黽見《秋官》「蟈」字注，亦見《爾雅》。

馬元伯曰：「《爾雅》郭注：耿黽似青蛙，鼁䵹似蝦蟇。此云似蝦蟇，則不得以䵷黽爲耿黽。秋酋古同聲，䵷疑卽䵹之或體，䵹《說文》讀如戚，䵹之變爲䵷，猶䵹之音爲秋也。秋戚亦一聲之轉。」

手示云：「郭䵷黽似蝦蟇小而青一句，兼包《爾雅》二物。若但云似蝦蟇，則是鼁䵹。又云小而青，則兼耿黽矣。《爾雅》言在水者黽，此經曰黽皆水族也。」

庸以尊說與馬君說皆是，而分析未清。何則？《爾雅》上文「鼁䵹，蟾諸」，郭注云：似蝦蟇，居陸地，《淮南》謂之去蚥。此一物也。下文「在水者黽」，郭注云：耿黽也，似青蛙，大腹，一名土鴨。此又一物也。葢同類異種。《山海經注》實兼《爾雅》二物言之，尊說融會二經注，最善。然以黽爲兼有䵷黽、耿黽義則可，以䵷卽耿字之譌則不可。馬君詮發䵷字之義至精，能心知其意，確不可易。特謂此注言似蝦蟇，則不得以䵷黽爲耿黽，似失之太拘。但不得以䵷爲耿之譌，何妨以黽爲耿黽？是於郭氏兼包並舉之旨有未察耳。

庸請申言馬君䵷字之義曰：《說文·黽部》「䵶」下云：䵹䵶，詹諸也，《詩》曰得此䵹䵶，【今《毛詩》作「得此戚施」。】言其行䵶䵶。又「鼁」下云：鼁䵶，【舊作先鼁，訛。】詹諸也，其鳴詹諸，其皮鼁鼁，其行鼀鼀，【此卽《孟子》「施施從外來」之「施施」也。舊作先先，訛，今改正。】从黽从先，先亦聲。「䵶」下云：鼀或从酋。然則鼀䵶實一字也。今《爾雅》作「鼁䵶，蟾諸」者，鼁卽鼀之訛。《釋文》字从去，起據反，則陸所見本已誤。䵶卽鼀字，不當重出。以《說文》挍之，則䵶當爲䵶。《釋文》音秋，則陸本已譌。今通志堂本作齺，从齒，更誤中誤矣。然卽此可證展轉相乖之致。

書此奉復。鄙說如有可采，或附之《訂訛》，并以質之虞部馬君。

蘭皋先生荅書曰：漢儒不言音，故多譬況假借之詞。晉人始言音，故多取字異聲同之字以定本文之音。如《山海經》《穆天子傳》《方言》之類，皆郭氏注，其所作音大氐取用異字，間有同字者，必與正文相涉而譌。承示鼀䵶詹諸一條，讀書精細，當采入拙著《爾雅古音義疏》中。舊引《說文·虫部》「蝌鼀，詹諸」之文，以證《爾雅》「鼀䵶」鼀字之譌。自以爲得之矣。今以先生及馬元伯之論，剖析精當，勝於鄙見遠甚。又馬虞部引《夏小正》「鳴蜮」傳曰：屈造之屬也。《淮南·說林訓》：鼓造避兵。高誘注：鼓造亦蝦蟇。造鼀戚古音同，去屈蝌音相近。屈造、鼓造、鼀䵶、蝌鼀，皆一聲之轉。郭注《爾雅》云：《淮南》謂之去父。《廣雅》：去蚥，蝦蟇也。鼀字非譌。

庸按：《西山經》：浮山多盼木。郭注：音美目盼兮之盼。又黄山「盼水出焉」，郭傳：音美目盼兮之盼。又皋塗之山「有獸名曰玃如」，郭傳：音猳嬰之嬰。【箋疏曰：當爲玃，注當爲玃。按玃玃實一字，凡犬旁豸旁之字皆互通矣。】《北山經》：單張之山，有獸名曰諸犍。郭傳：音如犍牛之犍。神囷之山，郭傳：音如倉囷之囷。《東山經》：番條之山，減水出焉。郭傳：音同減損之減。《海内東經》：肄水出臨晉西南。郭傳：音如肄習之肄。【箋疏曰：《水經注》本引作肆水，故郭音肄習以別之。按肆亦古肄習字。鄭注《玉藻》云：肆讀爲肄。此經如作肆水，傳當云音如肄習之肄。】《大荒南經》：有山名曰去痓。郭傳：音如風痓之痓。有小人名曰菌人。郭傳：音如朝菌之菌。《海内經》：有菌山。郭傳：音芝菌之菌。

凡郭音經傳同文者十見，皆一字有異讀之明證，可決非相涉之譌，并無藉取徵於他書矣。

至《說文》蝌字，與鼃䵷鼁皆一聲之轉。蝌鼁之不得連文，猶鼃䵷之不得連文也。《說文·虫部》之䵷誤爲鼁，猶《爾雅·釋魚》之䵷誤爲䵷也。先聲古在魚類，與幽類異。鼁之爲鼁，實形之訛。許書所載，皆三代古文，與《爾雅》相表裏。正以鼁䵷本一字，故《爾雅》鼁䵷當從《說文》作鼁䵷，不得援《廣雅》「去蚊」，《爾雅注》「去父」，遽執《爾雅》从去爲不誤。鼓與先皆魚類，屈則遠在脂類，蝌則仍與鼁酉秋戚爲一類，未可強合。鄙見雖然，恐啟黨同伐異之習，故不復論難，附識於此。

王懷祖先生見前書云：尊說據《說文》以訂《爾雅》之訛，是也。

十月五日識。

（《拜經堂文集》卷三）

附錄三·陳漢章郝疏山海經識語

浙江圖書館藏古籍善本中有陳漢章（一八六四——一九三八）批點還讀樓本《山海經箋疏》，凡識語一百二十七條，三千六百十八字。

案：「〇」下文字與「（）」中文字皆鈔錄者所標。

所錄如下：

〇山海經敘錄

案此文亦如《史記》以「伯益」「伯翳」爲二人。

異鳥卽畢方，見後郭璞序。《論衡·別通篇》又云：董仲舒覩重常之鳥。

〇南1－6：亶爰之山

《北山經》：陽山有鳥，狀如雌雉，而五采以文，是自爲牝牡，名曰象蛇，其鳴自詨。

〇南1－8：青丘之山

《尚書》「梓材」疏，鄭引《山海經》云：青丘之山，多有青雘。

○南 3－10：令丘之山

案《抱朴子·論仙篇》：火體宜熾，而有蕭邱之寒焰。又《嘉遯篇》：尺水不能卻蕭邱之熱。

○南 3－11：侖者之山

張協賦一作澤蘇。

○西 1－1：錢來之山

《初學記》引《廣志》有驢羊，何氏秋濤以爲卽此經之閒。

○西 1－10 羭次之山

錢大昭亦云：根當爲琨。

○西 1－12：南山

《列子·天瑞》釋文引「南山多貘豹」郭注云：貘，是豹之白者。與《爾雅注》或曰之說同。今本注同《爾雅注》前一說。

○西 1－14：嶓冢之山

何秋濤曰：郭注白鵫乃白翰之省字。《爾雅》鵫雉从卓。《釋文》鵫丁罩切。

○西 2－8：鳥危之山

案：磬石見上「少華之山」「高山」，又見下「鳥鼠同穴山」濫水水中𩽾魮之魚。是此經凡四説磬石。

○西 3－18：三危之山

張澍曰：獸名如牴牻、㹌碰、獪𤠖，有不從犬旁者。如𤜼改作㹫，則獓宜作獓，不必定作獒。

○西 3－21：泑山

（泑山）《御覽》三引作岭山。

（紅光）《御覽》三引作經光。

○西 3－22：翼望之山

案：此所引或説，卽畢沅校正之説。

○西 4－3：罷父之山

案：茈石詳下卷《北山經》單狐之山泑水「多茈石文石」下。

○西 4－16：中曲之山

《説文繫傳校勘記》卷中謂此本作「食之多儿」，故郭注引《尸子》以證今本儿誤作力。

○北 1－3：帶山

案《考工記》：老牛之角紾而昔。注：鄭司農云，昔讀爲交錯之錯，謂牛角牰理錯也。是錯正卽《考工記》之昔，不當爲厝。

○北1－4：譙明之山

楊慎《補注》：何羅之魚，今名八帶魚。

案：北京曰八帶魚，南人曰望潮。

○北1－5：涿光之山

「鷩」「繁」聲轉卽如「服」。《史記·賈生傳》：楚人命鴞爲服。

○北1－12：單張之山

案：「白翰」注曰「白鵫」，見《西山經》。

○北1－13：灌題之山

何秋濤《王會篇箋釋》疑「竦斯」與「良夷在子」之「在子」音相近。「在子」幣身人面，疑亦相其類。

或說獄法山「山㺊」形與「在子」相近。

○北2－3：縣雍之山

何氏秋濤曰：閭卽羭也。

「卽」字乃「似」字之譌，蓋引《王會》「閭似羭」以說「閭」。《爾雅》：夏羊，牡羭，牝羖。《王會》上文有「解羭冠」，羭字譌爲隃，解國人以羊皮爲冠，戴其角，與閭之戴角同形。故舉以爲喻，曰閭似羭冠。

又曰：《初學記》引《廣志》：驢羊似驢。此種介在驢與羊之間，古人謂之閭。

閭又見《中山經》「荆山」「風雨之山」。

○鉤吾之山

《左傳・文十八年》「饕餮」疏引《神異經》云：身如牛。

○北3－2：龍侯之山

張澍《養素堂文集・與郝蘭皋戶部書》謂「人魚」即今孩兒魚，不必改人爲兒。

何秋濤曰：《洽聞記》：海人魚，東海有之，大者長五六尺，狀如人，眉目口鼻手爪無不具足，皮肉白如玉，無鱗，有細毛，五色輕軟，長一二寸，髮如馬尾，長五六尺，陰形與丈夫女子無異。當別是一種人魚。

○北3－6：陽山

案：「句瞿」即柳子厚文鈷鉧爲銅斗。

○北3－10：景山

鄒漢勛曰：言輕重者，莫先於此。

○北3－22：發鳩之山

案《御覽》九百二十五引作「名娙」，又引《博物志》「赤帝之女娙」，「娙」皆「娃」之誤。「女尸」見《中山經》。

○東 1－1：楸螽之山

段氏《說文注》：《上林賦》「鰅」與「禺禺」爲二物。何秋濤曰：詞賦家用典，偶爾重複，不足以定物名。「鰅」與「禺禺」一物。牛魚與禺鰅俱一聲之轉。遼金時最重牛頭魚，卽牛魚。

○東 1－5：番條之山

張澍曰：減字不必疑，亦不必改。《漢》「咸宣」注亦音減。案《漢書·百官表》「咸宣」，《刑法志》作「減宣」，注：減，姓也，音減省之減。《史記·列傳四十二》集解同。又《漢書·昭帝紀》「穀減價」注：鄭氏曰，減音減少之減。又「戶口減半」注：師古曰，減讀減省之減。並可爲郭注證。

案：黃頰魚有二，此鱤魚有鱗，䱇則無鱗，故《廣雅》䱇魟與魠異。郝氏此文，沿王念孫《廣雅疏證》之誤。

○東 2－16：鳧麗之山

《玄覽》：蠪姪九首，蔡茂兩頭。

○中 1－10：吳林之山

案：古字蕑非卽菅，而聲近相通。《毛詩·鄭風·溱洧》：方秉蕑兮。《漢書·地理志》引《詩》：方秉菅兮。是此注蕑亦菅字，正本三家《詩》説。

○中 1－14：陰山

張澍曰：草有彫胡，木亦當有彫棠，必非彤字。

○中 1－0：

孔廣森《公羊通義》卷六卽引此「桑封」證何休注「主狀正方，穿中央，達四方」。

○中 2－6：昆吾之山

案：此注同杜預《左傳注》。

（《史記》亦云：楚之鐵劒利而倡優拙。）《史記·范雎傳》。

○中 3－2：青要之山

案《廣韻》引《世本》：夏時有武羅國，其後氏焉。

○中 4－7：熊耳之山

案：可以毒魚，何以混入煮魚之魚蘇？魚蘇乃荏類，卽《方言》「荏」，注：江東呼荏爲菩。亦作蔗。

○中4-8：牡山

案：元李衎《竹譜詳録》卷三引此亦作「壯山」。

○中6-6：白石之山

案：郝箋前《西次山(二?)經》女牀山「石涅」謂卽「石黛」，是卽此麋石，皆卽今煤矣。

○中7-7：大䔃之山

《宋書·符瑞志》：義興陽羨。

○中7-8：半石之山

張澍曰：廷搏似引古語，宜从郭注，不當改脡。古廷字本有定音，見《匡謬正俗》。

○中7-9：少室之山

案：鰠蜼卽號蜼。陸璣《詩疏》：虺一名蠑螈，水蜴也。或謂之蛇毉，或謂之號蜼。號與鰠字形近似。鯑魚四足，狀如號蜼，正猶鼉魚四足，狀如蜥蜴矣。

○中8-2：荆山

《太平御覽》卷四十九引《山海經》：荆山首曰景山，金玉是出。此卽卞和抱璞之處。

○中8-4：女几之山

張澍曰：猥宜作猥，卽猥犳也，不當爲猥。言毛似猥，腳似豹。

案《玉海》附《周書王會篇補注》引經：女几之山，多閭。與「縣雍之山」「荆山」「風雨之山」同。

○中9－3：崍山

案：「空奪」文承「草」下，當卽上「升山」之「寇脱」耳。「寇」「空」、「脱」「奪」，聲音並相近。注似誤矣。

○中9－9：岐山

雷氏學淇曰：減水出岐山，東南流注渭，過咸陽界中，咸陽當以減水名，猶《酷吏傳》《石奮傳》「咸宣」爲「減宣」也。《三輔黄圖》謂咸陽爲九嵕山渭水之陽，故名咸陽，不知實減陽也。案其説當考。

○中9－15：葛山

桂馥曰：蟄俗作玏，或省作勒。郭本作「勒石似玉」，俗本勒譌作勁。

○中10－7：又原之山

（郭注引《傳》「鴝鵒」）案：今《左傳》作鸜鵒。

○中10－0：

案：此「首山」與《中次五經》之「首山」同名。

○中11－11：袟篙之山

案：此因宋本避諱，桓作桓，缺末筆，與栢字相似，故誤。

《廣韻》「五旨」引，又「三十諫」注：無槵，木名。

今本《博物志》無此文，唐本有之。注「括樓」乃「拾櫨」之誤。《古今注》云：「程雅問，拾櫨木一名無患者。昔有神巫名曰寶眊，能符劾百鬼，得鬼則以此爲棒殺之。世人相傳以此木爲鬼所畏，競取爲器，用以郤厭邪鬼，故號曰無患也。」又《酉陽雜俎續集》：「無患木，燒之極香，辟惡氣，一名嚛婁，一名桓。昔有神巫曰瑤眊，能符劾百鬼。」云云。同《古今注》。

〇中 12－7：洞庭之山

案：柳宗元以營道營浦之營水爲瀟水，今名瀟江。

案：此「九江」不當引《漢志》之「九江」，上文明言「洞庭」，爲宋人晁氏、曾氏說《禹貢》「九江」之本。

〇海外南經

（羽民國）案：「畫似仙人」據王充《論衡》。

《呂氏春秋·恃君覽》有「驩兜之國」，注：南越之夷。亦一證。此未引。又，「讙頭」見《大荒北經》。

《博物志》：讙頭國民，盡似仙人。
《逸周書・王會解》後《伊尹朝獻令》云：正西貫胸。又，《論衡・藝增篇》言「穿胸」。
案：「壽麻」見《大荒西經》。
案：《通鑑》卷一百七十五注引此注作「布褶衣」，以證《陳紀》「褶袖」。

○海外西經

案：《北堂書鈔》十六引此經直云「舞九馬」。
（郭注王孟）案：《御覽》三百六十一卷引《玄中記》作「王英」。
羣巫，即《大荒西經》十巫，《海內西經》六巫。
《華陽國志》：雲南郡，蜀建興三年置，有熊倉山，上有神鹿，一身兩頭，食毒草。
唐陳藏器《本草拾遺》：蔡苴機，兩頭鹿也，胎中屎主敷惡瘡、療蛇虺毒。方以智《通雅》：蔡苴機，兩頭麋也，出永昌郡。《博物志》：蔡余義，獸，似鹿，兩頭，其胎中屎四時取之。蔡余義即蔡苴機也。《月令廣義》引《博物志》云：雲南郡出荼首，音蔡茂，是兩頭鹿，胎可治蛇虺毒，以四月取之。「余」「荼」、「苴」「首」、「茂」「義」，相沿而譌。升菴、元美皆載荼首，皆不知蔡苴之譌。李時珍《本草綱目》亦載雙頭鹿，云當作荼首機。未知孰是。

段成式《酉陽雜俎》：邪希，兩頭鹿也。夷謂鹿爲邪，矢爲希，因是矢能療疾，故以爲名。

（女子國）《金樓子·志怪篇》與注同。

○海外北經

案：郝疏《爾雅》詳辨蛩蛩距虚爲二，以正邵疏從郭璞之誤。

案：禺彊，畢本作疆。

○海外東經

（一曰在肝榆之尸北）案：肝字見《玉篇》，云「地名」。然字典引此經作肝，畢本亦作肝。

《論衡·説日篇》《路史·餘論》皆辨「十日」。

《大戴記·五帝德》：南撫交阯、大、教。則教民不在東北。

○海内南經

（三天子鄣山）《太平御覽》卷四十七引此經注同今本。又引《郡國志》曰：括川括蒼縣縉雲山，黄帝游仙之處，有孤石特起，高二百丈，峯數十，或如羊角，或似蓮花，謂之三天子都。

〇海內西經

（貳負之臣曰危危）案：《太平御覽》卷五十及六四四，引此經危字不重。卷六百二十又引作免，亦不重。

《御覽》引作「繫之山上磐石之下」。又引作「盤古石室」，「上郡」上又有「作」字。

（《水經注》引闞駰云）《水經·漾水》注。

楊愼《補注》：伍曜所得玉樹，卽珊瑚樹。

〇海內北經

案：《御覽》六百七十七引《山海經》曰：西母梯几戴勝。梯，凭也。戴者，戴其玉勝也。他說西母頭類戴勝，甚失之。

《列子·黃帝篇》釋文引此經：姑射國在海中，西南山環之，從國南水行百里曰姑射之山，又西南行三百八十里曰姑射山。又引郭云：河水所經海上也，言遙望諸姑射山行在海河之間也。與今本不同。

〇海內東經

案：「居繇」卽《穆天子傳》「至于滔水，濁繇氏之所食」。《史記・六國表》：秦惠公五年，伐諸繇。諸繇、濁繇、屬繇與居繇，皆一音之轉。

案：此西胡卽西吳。《齊語》：西服流沙、西吳。《管子・小匡篇》作「西虞」，同。

張澍曰：《水經注》：豫章以木氏郡，水亦因郡縣得名。

〇大荒南經

（趹踼）案：畢注又引《莊子》「泆陽」。

（緡淵）《左氏・昭十一年傳》：桀克有緡，以亡其國。《昭四年傳》：夏桀爲仍之會，有緡畔之。又《哀元年傳》：滅夏后相，后緡方娠，歸于有仍。賈逵注：緡，有仍之姓。然則有緡卽有仍。桀乃滅相后之母家也。又《昭二十八年傳》：夔子伯封亦娶于有仍。

〇大荒西經

（不周之山）案：此注所引《淮南子》，在《天文訓》《兵略訓》，與《原道訓》《本經訓》不同。

相柳見《海外北經》。

案：帝俊蓋卽《生民詩箋》「高辛氏」之世，其妃姜嫄。

（日月山）案：此或卽丹噶尔西之納喇薩喇山。

案：《爾雅・釋獸》疏引《尚書大傳》：周成王時，州靡國獻髴髴。州靡卽壽麻之國也。

（夏耕之尸）案：《太平御覽》七百九十六引《外國圖》曰：無首民乃與帝爭神，帝斬其首，放之北野，以乳爲目，臍爲口，去玉門三萬里。非卽五百五十五卷所引之形天。

○大荒北經

（女魃）案：《詩・雲漢》疏引《神異經》：一名旱母，遇者得之，投溷中，卽死。

（深目民）案：「黄帝時姓」，「姓」乃「至」字之誤。《海外西經》「長股國」註亦云「黄帝時至」，正可取整。《竹書紀年》「黄帝五十九年」已云「長股來賓」。《尸子》又云：黄帝德致深目民。何必爲黄帝子十二姓所封乎？至郝氏以誤本姓字疑經文盼字誤，則張澍已以載民之國亦盼姓箴之，見《養素堂集》。古人五穀米登，先發明黍，故《禮記》云「燔黍」。

○海内經

（鳥氏）案：《北堂書鈔》一百五十七兩引，並作鳥民。

案：《書鈔》引作：四地相繚，九丘以水絡之。

《書鈔》「神民之丘」下又引：叔人天子之丘，是曰叔人丘。又引注曰：爲丘作名。

（釘靈之國）案：此如牛蹄突厥。

（戲器生祝融）案：此祝融非高辛火正。《管子·五行篇》「黄帝得祝融，辨于南方」，故分封江水。

（祝融降處江水）鄒漢勛曰：江水卽江南，今衡州有祝融峯。

案：蘇軾《息壤詩敘》引《淮南子》曰：鯀堙洪水，盜帝之息壤，帝使祝融殺之於羽淵。今本《淮南子》無此文。

案：禹生均國，見《大荒北經》。

〇圖讚

譚獻《復堂日記》：鄂刻《山海經圖讚》一卷，與郝氏所據藏本不同，往往合於《藝文類聚》所引；鄂刻「補遺」，郝本僅有五則。【案下有六則。】參差互異，未詳鄂本所出。

漢章案：《山海經贊》輯刻者，有盧文弨《羣書拾補》本，多與《爾雅贊》相混；又有嚴可均《四錦堂彙稿》本，共二百六十六首，較此刻多異同。長沙葉德輝刻之，其實已録在《全晉文》卷一百二十

二、一百二十三。

（《蜚讚》）《廣韻》「八未」亦引此。

（《九尾狐》）案：此贊與《海外東經》複出。

（《海内經》【闕】）《類聚》又有《海内經・都廣之野》一贊。

○訂譌

（62）張澍曰：狩獸古通。《車攻詩》「博狩」，漢人作「博獸」。

○各書逸文

《史記・司馬相如傳》正義引此經云：紫淵水出根耆之山，西流注河。【畢沅以爲卽《北山經》石者之山泚水。未覈。】

（8）《太平御覽・果部》引《山海經》（滄海之中）作「東海之中」，以下文同。是《漢舊儀》所引。

宋・王洙《易傳》引《山海經》云：伏羲氏得河圖，夏后因之曰《連山》；黄帝氏得河圖，周人因之曰《周易》。案此文與《論衡・正説篇》、吴姚信《易注》異。

《困學紀聞》十：「王季海對孝皇曰：《山海經》：龍聽以角，不以耳。」見羅大經《鶴林玉露》十三。

朱子《〈楚辭·天問〉注》引此經云：禹治水，有應龍以尾畫地，卽水泉流通，禹因而治之。

《水經·江水》注引《山海經》曰：三危在敦煌南，與嶓山相接，山南帶黑水。

(18)案：此《書鈔》據陳禹謨本也。原本「酒甘露」上又有「天」字。

(23)案：《國史補》卷上引此經：水獸好爲害，禹鏁于軍山之下，其名曰無之奇。

虞厚《合璧事類》引此經云：沃焦在碧海之東，有石闊四萬里，居百川之下，故又名尾閭。

《御覽》六十一卷引《山海經》曰：崑崙山縱橫萬里，高萬一千里，去嵩山五萬里，有青河、白河、赤河、黑河，環其墟。其白水出其東北陬，屈向東南流爲中國河，百里一小曲，千里一大曲。

《一切經音義》六引此經云：鼉鼓詳詳。

附錄四・校記

校記正編

今以《郝氏遺書》本爲底本。以初刻本、還讀樓本、龍谿精舍本、《四部備要》本、《萬有文庫》本爲參照本。阮刻本，所見有德國國家圖書館藏本（簡稱「德藏阮刻本」）與藝文印書館影嚴靈峯藏本（簡稱「嚴藏阮刻本」）。郝氏引書，各取所見通行本校對。本經與郭注，則兼採他本（參見後文《校記外編》）。擇其要者，已適度改正，終以補訂郝書爲務。

阮元序「鹿車春麃」，《揅經室集・三集卷五・郝戶部山海經牋疏序》如此，底本誤作「車鹿春麃」。

《南1－1》「招搖之山」郝疏「陸璣《詩疏》」，初刻本如此，底本等「璣」作「機」。後倣此。案，作《詩疏》者爲陸璣（字元恪），與陸機（字士衡）非一人，舊多誤混。初刻本「陸璣」「陸機」盼然無誤。稿本中多將「璣」改作「機」，不知爲何。除去《四部備要》本外間有「陸璣」外，晚出本則全部作「陸機」。

又：經「其名曰迷穀」，稿本如此，底本等「穀」作「穀」。古書「穀」「穀」常互訛，後倣此，如書中「雞穀」又作「雞穀」。

《南1－5》「柢山」郝疏引《圖讚》「鳥翼蛇尾」，稿本如此，底本等「鳥」誤作「烏」。

《南2－1》經「其鳴自號也」，稿本如此，「鳴」底本等皆作「名」。案此當是據字畢沅本後改，吴琯等皆作「鳴」。

《西1－4》「小華之山」郝疏引《穆天子傳》「春山」誤作「舂山」。

《西3－8》「《文選注・陸機擬古詩十二首》引此經，又引《字書》曰」，稿本如此，「又」字底本等訛作「文」。

《西3－11》「玉山」郝疏引《莊子・大宗師篇》「西王母坐乎少廣」，脱「母」字。案此實轉鈔畢沅本，畢本卽脱。

《西4－5》「鳥山」郝疏引《水經注》「又東南會露跳水」，脱「會」字。

《西4－13》「剛山」郝疏引《說文》「从鬼隹聲」，稿本如此，底本等「隹」誤作「佳」。

《西4－18》「鳥鼠同穴之山」郝疏引《水經・河水》注「洮水北逕降狄道故城西」，脱「降」字。

《北1－5》郝疏「鶩繁蕃竝同聲假借字」，稿本如此，底本等「蕃」字上皆衍一「於」字。

《北1－6》郝疏引《圖讚》「潛識泉源」，稿本如此，底本等「源」誤作「淵」。

《北1－9》「石者之山」郝疏「《西山經》長沙之山亦有泚水」，「西」誤作「南」。

《北1－10》「邊春之山」郝疏「此經圖讚」，稿本如此，底本等誤作「此圖經讚」。

《北 3－21》「神囷之山」郝疏引《說文》「洹水在齊魯間」，「齊」誤作「晉」，稿本由「齊」改作「晉」。

《東 1－11》「泰山」，郝疏「泰山下既多磝礜」，稿本、《四部備要》本如此，底本等「礜」誤作「礐」。

《東 2－5》「葛山之首」經「澧水出焉」下，脫郭注「音禮」二字。

《東 3－7》「跂踵之山」郝疏引《初学记》「莊生是感，揮竿傲貴」，稿本、初刻本、阮刻本與還讀樓本如此，底本「傲」誤作「儆」。

《中 2－1》「煇諸之山」郝疏引張揖《上林賦注》「鶡似雉，鬬死不卻」，龍谿精舍本如此，底本等「卻」誤作「郤」。

《中 6－1》「平逢之山。」郝疏引《太平寰宇記》「芒山在縣地北十里」，脫「北」字。又，郝疏引《水經注》「黃石公與張子房期會處也」，脫「會」字。

《中 11－40》「大騩之山」郭注「上已有此山」，稿本如此，底本等「上」誤作「山」。

《中 12－6》「夫夫之山」郝疏引吳氏「《續通考》引此亦作大夫山」，稿本如此，底本等脫「作」字。

《海外南經》「三首國在其東，其爲人一身三首。一曰在鑿齒東」，脫「一曰在鑿齒東」六字。

《海外西經》「白民之國」郝疏引高誘注《淮南・墬形訓》「白民，白身民，被髮，髮亦白」，脫疊「髮」字。

《海外東經》「毛民之國」郝疏引《太平御覽》「毛人洲在張嶼（據《四部叢刊》影宋本）」，誤作「毛人洲王張奐」。

《海内南經》「建木」郝疏引《淮南·墬形訓》「蓋天地之中也」，「地」誤作「帝」。

《海内西經》「有塗四方」，郭注「塗，道」，稿本如此，郭注「塗」字底本等作「途」。

《海内北經》「犬封國」郭注「乃浮之會稽東南海中」，脱「南」字。

又：「列姑射在海河洲中」郝疏引《莊子》「藐姑射之山」，稿本、《萬有文庫》本如此，底本等「姑射」二字倒誤。

又：「姑射國在海中」，稿本如此，底本等「姑射」二字倒誤。

《海内東經》「溫水出崆峒，崆峒山在臨汾南」，兩「崆峒」闕脱其一。

又：「白水出蜀」郝疏引《水經·漾水》注「逕吐費城南」，「逕」誤作「於」。

又：「肄水」節郝疏引《地理志》「秦水東南至楨陽」，稿本如此，「陽」字底本等作「楊」。案，同節郝疏引《水經》亦作「湞陽」。

又：「潢水出桂陽西北山」，脱郭注「音黄」二字。

《大荒南經》「楓木」節經「是謂楓木」，稿本如此，底本等「謂」字作「爲」。案，他本皆作「謂」。

又：「岳山爰有文貝、離俞、鴟久、鷹、賈」，脱「賈」字。

《大荒西經》「鸞鳥自歌，鳳鳥自舞」，稿本如此，底本等「鸞鳥」作「鸞鳳」。

又：「三面之人不死」郭注「有一人項中復有面」，稿本如此，底本等「項」誤作「頂」。

《大荒北經》「釐姓」郝疏引《〈史記·孔子世家〉索隱》「《系本》無漆姓」，「姓」誤作「字」。

又：「將飲河而不足也」，「將」作「捋」。案此與吳琯本同。

《海内經》「天毒」郝疏引《水經注》轉引康泰《扶南傳》「山川饒沃，恣其所欲」，脱「其」字。

又：「南海之内，黑水青水之閒」，「内」誤作「外」。

又：「是始作牛耕」郭注「始用牛犂也」，郝書原無「也」字。案此與吳琯本同。

又：「鯀竊帝之息壤，以堙洪水」郝疏引《淮南·墜形訓》，龍谿精舍本、《四部備要》本如此，底本等「墜」誤作「墬」。

又：「鯀復生禹」郝疏引《天問》「化爲黄熊」作「化而爲黄熊」，「而」字衍。

《訂譌》第 2 條「霍當爲藿」，稿本如此，底本等「藿」誤作「藿」。

第 87 條「阜城」，龍谿精舍本如此，底本等「城」誤作「成」。

第 106 條「餘峩之山」，「峩」誤作「莪」。

第 91 條「泰戲之山」，稿本如此，底本等「泰」誤作「秦」。

第 104 條「盍叩其鼻以眲社」，「社」字龍谿精舍本誤作「聖」，他本皆誤作「神」。

第 132 條「蚳」字誤作「蚔」。

第141條「二千九百八十二里」，誤作「二千九百八十里」。

第159條「若山」，誤作「石山」。

第189條「玉山見《中次八九經》」，脱「八」字。

第237條「始鳩在海中」，「鳩」誤作「鴅」。

第245條「此言白水入江之地也」，脱「之地」二字。

《逸文》第7條「《論衡・別通篇》」，「別通」二字本倒誤。

《訂譌・補》第10條「黑砥石也」，「砥石」誤作「石砥」。

第12條「其草多韰韭，多葯、空奪」，「其」誤作「有」，「葯」誤作「約」。

第15條「所以得登龍于鼎湖而龍蜕也」，脱「得」字。

第17條「余莫知其解」，「知」誤作「如」；「本博羅縣之東鄉」，「鄉」誤作「海」。《四部備要》本不誤。

第22條「有女子名曰羲和」，脱「曰」字。

計66例（重複不計）。

校記外編

郝書所用底本，許維遹以爲清汪士漢輯《祕書廿一種》本，張春生以爲明吳琯《古今逸史》本。案，汪本實用吳氏舊版，故二說皆通。今所見康熙七年新安汪氏本題曰「明吳中珩校」，即所謂《增訂古今逸史》。今取用此書（簡稱吳琯）與郝疏校對。又參考民國二十六年景明本《古今逸史》。

吳琯之外，郝書多取用畢沅《山海經新校正》。今取光緒三年淛江書局本《山海經新校正》（簡稱畢沅）以與郝書校對。

此外，吳琯本當出于宋淳熙七年（1180）尤袤刻本（簡稱宋本）。明正統道藏本（簡稱道藏）郝氏曾借閱，然猶多未盡。清吳任臣《山海經廣注》（用乾隆五十一年金閶書業堂本，簡稱吳任臣）亦郝所見。故又取用此三書。至於郝疏所引，則各取通行本校之。

郝氏已出校者不論，我已改者見前校記正編，另擇其要者條列于此。

《南1－1》郝疏引《說文》「瘕，久病也」，久當作女。

《南1－4》郭注「謂帶其皮毛」，「毛」字畢沅同，吳琯等皆作「尾」。

《南1－5》郝疏「徐廣注《史記》謂之魚牛」，嚴藏阮刻本同，「史記」稿本、初刻本、德藏阮刻誤作

「漢書」。

《南1－6》郝疏「今魚皮夷地當三姓所屬之羅邨」，嚴藏阮刻本同，「三姓所屬」稿本、初刻本、德藏阮刻本、還讀樓本作「吉林蒙古」。

《南2－8》經「其下多青䨼」，「䨼」字畢沅同，吴琯等皆作「䨼」。參見《南1－8》。後倣此。

《西1－1》郭注「大月氐」，郝疏引郭氏《圖讚》「月氐之羊」，此兩「氐」字皆當作「氏」。案，似乎郝以爲「氐」正「氏」非，見《圖讚·西山經》郝案語。

《西1－5》郝疏「《蓺文類聚》引束晳《發蒙記》云：甘棗令人不惑。」檢《類聚》無此文，而《初學記》《太平御覽》有之。案，郝引類書多列卷數，此無卷數，知其疏失。後倣此。

《西1－7》郝疏「《韓詩外傳》引《戰國·楚策》」云云，此原書本無明文，不知是《國策》引《韓詩》，或是《韓詩》引《國策》。郝疏「引」或可改作「及」。

《西1－9》經「多盼木」郭注「音美目盼兮之盼」，畢沅同，吴琯、道藏、吴任臣作「音美目盻兮之盻」，宋本作「音美目盻兮之眄」。後倣此。

《西1－12》郝疏「《白帖》引《廣志》」云云，檢《白帖》無此文，而《太平御覽》有之。

《西1－18》郭注「麢，似羊而大」，稿本、嚴藏阮刻本同，「似」字初刻本、德藏阮刻本誤作「以」。

《西1－19》郭注「猶隄埻也」，隄字畢沅本同，吴琯等皆作堤。

《西3－5》經「昆侖」，畢沅同，吴琯等皆作「崑崙」。郝書前後「昆侖」字皆倣此。

《西3－10》經「贏母之山」，「贏」字他本皆作「嬴」。

《西3－14》兩郭注「文或作長」，畢沅同，吴琯等皆無此兩「文」字。

《西3－16》郭注「餘泉蚔之類也」，郝疏引《爾雅》「餘眂黄白文」，「蚔」「眂」當作「蚳」「貾」。

《西4－0》經「其神祠禮」，畢沅同，吴琯等皆作「其祠祀禮」。

《北1－3》郝疏「嶲見《爾雅》」，今本《爾雅》及郝氏《爾雅義疏》作「驨」。

《北1－6》郝疏引《初學記》「徵乎其智」，「徵」當作「微」。

《北1－17》郝疏「泑澤卽經所謂蒲昌海也」，「經」當作「郭」。

又：經「實惟河原」，吴琯、畢沅同，他本皆作「源」。

《北1－18》郭注「窫窳似貙」，畢沅同，吴琯等「貙」字皆從「犭」。

《北1－20》郝疏「本草家謂之骨肭獸是也」，「骨」當作「膃」。

《北3－1》郝疏引《説文》云「驒騱，馬也」，「馬」前脱「野」字。

《北3－13》經「二百里」吴琯、畢沅同，他本皆作「三百里」。

《北3－19》郝疏引《水經注》「其水殊源共合」，「合」當作「舍」。參見王先謙《合校水經注》。

《北3－27》郭注「或曰鱯黽一物名耳」，「鱯」字他本皆作「蠖」。

《北 3－37》「滋水」郭注「音茲」，他本皆作「音慈」。

《東 2－8》經「其鳴自訆」，他本皆作「其鳴自叫」。

《東 3－8》經「其上多草木」，「多草木」吳琯、畢沅同。他本皆作「有草木」。

《中 1－2》郭注「白而黏」，「黏」字畢沅同，吳琯等皆作「粘」。

《中 2－9》郝疏引《郡國志》注「可小小便」，「便」當作「使」。另詳。

《中 3－2》郭注「亡已有變化之性者」，「化」字他本皆作「怪」。

又：郭注「或曰苞草」，「曰」字吳琯同，畢沅作「云」，他本皆作「作」。

又：郝疏「《本草經》云：旋花主面皯黑色媚好，一名金沸。」據寇宗奭《本草圖經衍義》，其文當作：「旋花，主益氣，去面皯黑色，媚好，一名金沸。」

《中 5－3》經「縣斸之山」郭注「音如斤斸之斸」，「斸」當作「斸」。畢沅作「斸」，而畢本經文亦作「斸」。吳琯等經注皆作「斸」。案，此當是郝氏合吳琯畢沅而以己意取捨。

《中 5－0》郭注「又加以繒彩之飾也」，「彩」字吳琯、畢沅同，他本皆作「綵」。

《中 6－14》經「門水出于河」，「出」字吳琯、畢沅同，他本皆作「至」。

《中 7－6》郝疏「反舌者，葢舌本在前，不向喉」，「不」當作「反」。案，此實鈔《鴻烈解》文。

《中 7－15》郭注「世謂之禮水」，畢沅、吳任臣同，吳琯等無此注。

又：經「注于役水」「注于役」，竝《7－16》「注于役」，「役」字畢沅同，吴琯等皆作「没」。

《中7－19》經「可以爲腹病」，「病」字吴琯、畢沅、吴任臣同，宋本、道藏作疾。

《中8－7》郭注「音如跪告之跪」，「告」字吴琯、畢沅同，他本皆作「對」。

《中9－3》郭注「卽蛇皮脱也」，「皮」字畢沅、吴任臣同，吴琯等皆作「被」。

《中11－11》郭注「括樓」，郝疏引作「栝樓」，自相矛盾。

《中11－31》經「又東五十五里，曰宣山」，他本皆作「五十里」。

《中11－48》郭注「音鄰。䜭一作䴵，音瓴。」他本此注皆分置，後句在經「大風」句後，郝氏合之。其文字則郝氏用吴任臣。案，後句注文疑衍。又案，郭注位置郝氏或有調整，不止此一處。

《中12－7》「是常遊于江淵」郝疏「《思玄賦》舊注引作」，「舊」當作「李」。

《中12－13》經「其木多橿杻櫔楮」，「橿」字吴琯、畢沅同，他本皆作「檀」。

《海外南經》第一節郭注「則不能原極其情狀」，「狀」字他本皆作「變」。

又：「長臂過」節郭注「兩袖長三丈」，「丈」字畢沅同，吴琯等皆作「尺」。

《海外西經》「夏后啟」節郝疏引《説文》「翳，翿也，所以舞也」，今《説文》作「翿，翳也，所以舞也」。

《海外北經》「相柳氏」節郭注「言其血膏浸潤壞也」，「也」字畢沅同，吴琯等皆作「地」。

《海外東經》「帝命竪亥」節郝疏引《郡國志》注「二億三萬三千三百里七十一步」，三百當作五百。案，此實是鈔畢沅，畢沅引即已誤。

《海内南經》「閩在海中」郭注「音旻」，他本皆無此二字。

又：「梟陽國」節郭注引《周書・王會》「州靡髴髴者」，「髴髴」二字畢沅同，吴琯等皆作「髣髴」。

又：「狌狌知人名」節郝疏引《淮南・氾論訓》高誘注「見人往走則知人姓氏」，「氏」當作「字」。

《海内西經》「非仁羿莫能上岡之巖」郭注「羿一或作聖」，吴琯、畢沅、吴任臣同，他本皆不衍「一」字。

又：「鳳皇、鸞鳥皆戴瞂」郭注「音伐，盾也」，經「瞂」注「伐」畢沅同，吴琯經从「文」注作「戈」，宋本經從「支」注作「戈」，道藏、吴任臣經從「支」注作「戈」。

《海内北經》「西王母梯几」郭注「梯，謂馮也」，「馮」字畢沅同，吴琯等皆作「憑」。

又：「其東有犬封國」郭注「是爲狗封之國也」，國字吴琯、畢沅同，他本皆作「民」。

又：「蟜」郭注「蟜音橋」，「闒非」郭注「闒音榻」，注「蟜」「闒」二字他本皆無，注文位置亦不同。

後《海内東經》「埻端」「璽㬇」「居繇」等倣此。

又：經「列姑射在海河州中」，「州」字畢沅同，吴琯等皆作「洲」。　案，畢沅云：「舊本作洲，非。」

《海内東經》「沅水山出象郡鐔城西」郭注「音尋」，吴琯、畢沅、吴任臣同，他本皆作「音淫」。

又：經「泗水出魯東北」，「魯」字畢沅同，吳琯等皆作「吳」。

又：同節郝疏引《地理志》「《禹貢》『浮于泗、淮，通于菏』水在南」，菏字今《漢書》《漢書》皆作河。案，郝改合于諸家所說。

又：同節郭注「西南至高平湖陸縣」，「湖」字畢沅、道藏同，吳琯等皆作「胡」。

又：「汾水」節郭注「西南經河西平陽」，「河西」他本皆作「西河」。

《大荒東經》「王亥」節郭注「是故殷主甲微」，「主」字吳琯、畢沅、吳任臣同，宋本作「上」。

又：同節郭注「旣而哀念有易」，「旣」字畢沅同，吳琯、宋本、吳任臣作「暨」。稿本本作「暨」，後塗去下「旦」旁。

《大荒南經》「跦踢」節郝疏「屏蓬卽幷逢也」，「逢」當作「封」。

又：同節郝疏「楊士勛疏引舊說」云云，「楊士勛」當作「徐彥」。

又：同節經「祖狀之尸」，「祖」字吳琯、畢沅、吳任臣同，宋本作「柤」。

又：「羲和之國」節郭注引《歸藏》「出于暘谷」，「暘」字畢沅同，吳琯、吳任臣作「陽」，宋本作「湯」。

《大荒西經》「狂鳥」竝郭注引《爾雅》「狂」，畢沅同，吳琯等皆作「狌」。

又：「開上三嬪于天」郭注「言獻美女於天帝」，「美女」吳琯、畢沅同，宋本、吳任臣作「美人」，道藏作一「美」字。

《大荒北經》「爰有鵖久、文貝、離俞、鸞鳥、皇鳥、大物、小物」，「皇鳥」畢本同而云「舊本作凰非」，吳琯作「凰鳥」，他本皆作「鳳鳥」。

又：「相繇」節經「禹堙洪水」，「堙」字他本皆作湮。稿本此處有塗改。案，下文郝書亦作「禹湮之」。

又：同節經「不可居也」，吳琯、宋本、吳任臣同，畢沅、道藏無「也」字。

又：「燭龍」節郭注「眠爲夜也」，「眠」字吳琯同，畢沅、道藏、吳任臣作「瞑」，宋本作「服」。

又：同節郭注「照九陰之幽陰也」，「幽陰」吳琯同，稿本、畢沅等皆作「幽隱」。

《海內經》「有翠鳥」郝疏引劉逵注《蜀都賦》「翡翠常以二月九月羣翔興古千餘」，檢今所見衆本《文選》「千」皆作「十」，似反不如郝引本長。

又「翳鳥」節郝疏「《思玄賦》舊注引此經」，「舊」當作「李」。

《圖讚·南山經·白猿》「應眄而號」，「眄」道藏作「吁」。

又：《鵬鳥鱄魚》「鵬鳥栖林」，兩「鵬」字道藏皆作「顒」，同于經文。

又：《西山經·丹木玉膏》「丹木煒煒」，「煒煒」道藏作「煒燁」。

又：《昆侖北》「號曰天柱」，「臧庸曰：桂乃柱之譌。以韵讀之可見。天柱山見《爾雅注》。」案，道藏正作「柱」。

又：《沙棠》「任彼去留」，「彼」道藏作「波」。

又：《白帝少昊》「其景則員」，「員」道藏作「圓」。

又：《畢方》「集乃災流」，「災流」道藏作「流災」。

又：《北山經・山𤟤》「厥性善投」，四字道藏作「性善厥投」。

又：《東山經・鱅鱅魚從從獸𧳜鼠》「如牛虎駮」，「案：駮字譌，《御覽》作駮」。道藏正作「駮」。

又：《獙獙蠪蚳獸絜鉤鳥》「絜鉤似鳧」，讚文「絜鉤」道藏本倒誤作「鉤絜」。

又：《中山經・泰室》「氣通元漠」，「元漠」道藏作「天漢」。

又：《神耕父》「黔首祀禜」，「禜」道藏作「榮」。

又：《海外南經・長臂國》「修腳自負」，四字道藏作「脩腳是負」。

又：《海外西經・龍魚》「神聖攸乘」，「攸」道藏作「被」。

又：《海外北經・一目國》「子野冥瞽」，「子」字道藏作「于」。案，師曠字子野。

又：《尋木》「渺渺尋木」，「渺渺」道藏作「眇眇」。

又：《海內北經・冰夷》「練食八石」，「八石」道藏作「石八」。案：此外如於于、薊薊、豸豖、阜旱、犬大、琊琊、游遊等，尚未窮舉。郝本《圖讚》，遠不似其《箋疏》經文之謹嚴。

《訂譌》第145條「莬丠，兔絲也」，「兔」字經《箋疏》作「莬」。

第150條「狼當爲㹱狼，狼當爲狠」，「狼」「狠」《箋疏》作「㹱」「很」，皆从「彳」不从「犭」。

第244條「州當爲趾」，「趾」字當依《箋疏》引《晉書・地理志》作「阯」。

第280條「龍當爲壠」，「壠」字《箋疏》作「隴」。

《逸文》第15條引《文選注》「閶風之上」，「上」當作「山」。

第28條引《御覽》「離魚」云云，檢《御覽》(《四部叢刊》影宋本)作「鰩魚」，則此非佚文，實僅郝據本有誤而已。

《山海經敘錄・郭璞序》「夫翫所習見而奇所希聞」，「夫翫所」三字吴琯、宋本、道藏同，畢沅、吴任臣作「蓋信其」。

目錄「《大荒北經》第十七」條「本一千五百六字」，畢沅同，宋本及道藏作「本一千五百十六字」。

《山海經箋疏敘》「眞爲禹書無疑矣。而《中次三經》說青要之山云」，「矣而」二字，初刻本作「今攷」，稿本本作「矣今攷」後改作「厶而」。

《山海經箋疏敘》署名「棲霞郝懿行」，稿本、初刻本作「西棲郝懿行」。

又附　參校本誤例

嚴藏阮刻本 20 例

《南 1－2》「懿行案初學記引此經」(P007 行二)，行誤作待。

《南 2－5》「不盡可从也」(P016 行十)，「从」字壞爲「人」。

《南 2－7》「山陰西四十里有二谿」(P018 行五)，有二誤作石一。

《南 3－1》「或傳寫之譌」(P023 行七)，「譌」字壞缺。

《西 1－1》「則自唐本已譌」(P031 行七)，本誤作木。

《西 1－6》「其木多棪櫻柟」(P035 行十)，柟誤作樹。

《西 3－2》「此山形有缺不周帀處」(P061 行五)，帀誤作市。

《西 4－5》「穆天子傳云」(P090 行一)，云誤作去。

《西 4－10》「西次二經泰冒之山」(P093 行七)，泰誤作秦。

又：「蓋洛水本出自於山」(行八)，「自」字誤衍一點。

《北 1－21》「兩身下有四足二字」(P117 行九)，下誤作卜。

《北 3－31》「其上有碧玉」(P145 行八)，玉誤作王。

《東 2－9》「南流注于滂水」(P164 行十)，于誤作子。

《中 6－12》「水出常烝之山」，「又引潘岳」(P214 行九)，「水」「引」二字缺脱。

《中 7－11》「黨子出閩中江東」(P227 行八)，子誤作哥。

《海外南經》「壽華之野」條「太平御覽三百五十七卷」(P293 行一)，五十誤作三十。

《海外西經》「龍魚」條「李善注江賦引此經」(P307 行一)，「引」字壞爲「弓」。

《海外北經》「尋木」條「天子乃釣于河」(P317 行二)，釣誤作鉤。

《海内西經》「開明北」條「昆侖之上有璇樹」(P355 行二)，上誤作止。

《訂譌・北山經》「敦頭之山」條「説文作卭澤」(P552 行十)，卭誤作印。

(此藝文印書館影印本問題較多。 其斷版情況更接近于《郝氏遺書》本，而德藏阮刻本斷版很少且輕微。 疑此影本其底本晚出，而影印時又有誤修。 以上誤例皆因誤修，故皆不存于德藏本。 僅有前校記正編「揮竿傲貴」一條同于德藏本而異于《遺書》本，可忽略不論。 但其《圖讚》《訂譌》未經補訂，蓋其底本尚在《遺書》本之前。)

還讀樓本 24 例(重複不計)

《西 1－6》「韭亦白華黑實也」，白誤作曰。

《西 1－17》「亦有純赤白者」，白誤作自。

《西 3－4》「鄞其名于苕華之玉」，于誤作千。

《西 4－18》鮎誤作鲇。（書中占字頭多作古，攵字頭多作文，下畧。）

又：「而能生出之」，生誤作主。

《北 2－15》「其木長百仞」，木誤作本。

《北 3－44》「今川流所導非禹瀆也」，川誤作用。

《中 2－6》「以之作刀」，刀誤作刃。

《中 3－2》「山莒」，山誤作出。

《中 5－0》「鄭注云」，云誤作一。

《中 6－1》「水經穀水注」，水經誤作本經。

《中 9－2》「此牛出上庸郡」，上誤作土。

《中 9－3》「海內東經」，內誤作日。

《中 10－0》兩處「于澮」，于誤作千。

《中 11－2》「經書扶予者」，予誤作子。

《中 11－14》「晉永嘉四年」，永誤作水。

《中 11－41》經「踵臼之山」，臼誤作曰。

《海外東經》「帝命豎亥」條「二億三萬三千三百里七十一步」，十一誤作于一。

《大荒西經》「先民之國」條「古作兂，或作𠒇」，𠒇誤作兂。

《大荒北經》「深目民」條「故注云黃帝時姓也」，時誤作茍。

《訂譌》第 187 條「粼疑當爲粼」，粼誤從隹而非巜。

第 205 條「則此木生皮可衣也」，木誤作水。

第 283 條「注文當爲魃」，魃字脱。

龍谿精舍本 84 例（重複不計）

《自敘》「著《山海經》」，著誤作者。

《南 1－4》「攘首吟鳴」，攘誤作壤。

又：「爲疷則治病使愈」，疷誤作痕。

《南 1－7》「唯目在背上爲異耳」，爲誤作不。

《南 2－16》「多金石」，金誤作沙。

《西 1－3》「弘農郡華陰，華山在縣南」，弘誤作安。

《西 1－11》「或作遂」，遂誤作逐。

《西 1－14》「引《河圖》曰嶓冢」，誤作「引《汭河圖》曰冢」。

《西 2－4》「又西百五十里」，百誤作北。

又：「《晉書・地理志》作高平國」，高誤作在。

《西 2－5》「拊翼相和」，拊誤作附。

《西 4－6》「鳫䲭古字通」，鳫䲭誤作鳳鳫。

《西 4－17》「《玉篇》《廣雅》竝作蠃」，蠃誤作蠃。

《西 4－18》「至弘農華陰縣入河」，至誤作志。

又：「鰠字見《玉篇》」，鰠誤作爾。

又：「鳥首而魚翼魚尾」，鳥誤作烏。

《北 1－18》經「少咸之山」，咸誤作陽。

《北 1－20》「《廣韵》作潴」，潴誤作諸。

《北 1－24》「北經余吾水」，吾誤作無。

《北 2－15》「三桑生之」，三誤作山。

《北 3－1》「舞馬賦」誤作「舞焉」。

《北 3－3》「竝音牛具切」，牛誤作午。

《北 3－8》「出河東垣縣東王屋山爲沇水」，出誤作山。

《北 3－16》「又東百八十里」，百誤作北。

《北 3－19》「沁水出上黨涅縣謁戾山」，涅誤作郡。

《北 3－34》「泒水起鴈門葰人戍夫山」「戍夫」，戍誤作戍。

《北 3－41》「鶌鶋，飛鸓也」，鶋誤從申。

《北 3－44》「已見《西次四經》」，四誤作山。

《東 2－10》「臨汾有姑射山」，山誤作之。

《東 2－15》三獘字皆作弊。

《中 2－1》「鬭死不卻」，卻誤作郤。

《中 2－5》「鳥翼而蛇行」，鳥誤作焉。

《中 5－2》「其狀如梟」，梟誤作梟。

《中 7－15》「荻當爲萩」，萩誤作荻。

《中 8－1》「南都賦」誤作「南郡賦」。

《中 8－5》「据諸書所說」，据誤作居。

《中9－1》「劉逵注以爲」，逵誤作達。

《中9－15》「疑勁當爲功字之譌」，當爲誤作爲當。

《中10－0》「用一雄雞瘞」，用誤作角。

《中11－7》「其草多雞穀」，雞誤作穀。

《中11－16》「有水泉出」，出誤作山。

《中11－36》「漢晉地理志」，晉誤作書。

《中12－0－0》「此文作七十者」，文誤作交。

《海外西經》「軒轅之國」條「上邽在隴西郡也」，上誤作云。

又：「諸夭之野」條「甘露民飲之」，飲誤作食。

《海外北經》「深目國」條「深目國盼姓」，盼誤作盼。

又：「拘纓之國」條「句嬰民」，民誤作氏。

又：「跂踵國」條「與郭注同」，與誤作語。

又：「平丘」條「䟡丘又作青馬」，馬誤作鳥；「難可得詳」，可得二字倒誤。

又：「騊駼」條郭注「陶塗兩音」，陶塗誤作騊駼。

《海內南經》「桂林八樹」條「今番隅縣」，隅作禺。

又：「雕題國」條「點涅其面」，其誤作非。

又：「窫窳」條「在狌狌知人名之西」，名誤作面。

又：「建木」條「郭説建木本《海内經》及《淮南子》」，本誤作云。

《海内西經》「洋水黑水」條「羽民已見《海外南經》」，已誤作邑。

又：「開明北」條「食之長壽」，壽誤作樹。

《海内北經》「陵魚」條「居土穴中」，土誤作上。

《海内東經》「洛水」條「雒出王城南，至相谷西，東北流」，王誤作土，東誤作北。

又：「濟水」條「沸，沇也，東入于海」，于誤作千。

《大荒東經》「大壑」條「經文大壑」，文誤作之。

又：「大人之國」條「出於蓬萊東南五城西北」，西誤作面。

又：「犂䰠之尸」條「或作靈」，靈誤作霝。

又：「巫山」條「帝藥八齋」，八誤作入。

《大荒北經》「大人之國」條「《晉語》司空季子」，司誤作云。

又：「禺彊」條「北海之渚中」，北誤作百。

又：「若木」條「洞野之山」，洞誤作洄。

《海内經》「猩猩」條「九十五卷引作」，作誤作此。
又：「幽都之山」條「黑水之南有玄蛇食麈」，麈誤作象。
又：「炎帝之妻」條「穠當爲壤」，壤誤作穠。
《訂譌》第 27 條「主當爲王」，當誤作爲。
第 35 條「鷐當爲鸓」，鸓誤作鷐。
第 39 條「其下多青碧」，其誤作之。
第 82 條「有獸其名曰驒」，其字脱。
第 205 條「經文伐當爲代」，代字脱。
第 266 條「郭注生十日下」，日誤作目。
《訂譌・補》第 9 條「引縱曰瘴」，瘴誤作瘧。
第 13 條「《大荒南經》有獸名曰跊踢」，大誤作九。
《圖讚・蠵龜》條「潛源溢沸」，源誤作淵。
《君子國》條「末句有誤」，句字脱。
補「旋軫斯地」條「地讀如沱」，沱誤作注。
目錄「海内南經」條下「今校經三百七十七字」，「七字」誤作「四字」。
又：「海内東經」條後「右《海外》《海内經》八篇，經四千二百二十八字」，「二百」誤作「三百」。

附錄五·標點說明

一、經文

《山海經》的經文相對于郭注，斷句尚屬容易。《五藏山經》其語言程式化，更少于變化。雖然如此，仍有一些異議。

比如正文開頭，我們是這樣斷的：「南山經之首曰䧿山，其首曰招搖之山。臨于西海之上……」但有些學者（如袁珂、黃永年）是這樣斷的：「南山經之首曰䧿山。其首曰招搖之山，臨于西海之上……」老先生們或許是認爲後面這段都是在說招搖之山的情況，所以用句號把䧿山文字與其他文字斷開，而用逗號把招搖之山與下文連屬。我們的想法是，《山經》每一段第一句都是交待山的位置，此句亦然。

猶如：

又東三百里，曰堂庭之山。

又東三百八十里，曰猨翼之山。

南次二經之首，曰柜山。
南次三經之首，曰天虞之山。
西山經華山之首，曰錢來之山。
北山經之首，曰單狐之山。
東山經之首，曰樕螽之山。
中山經薄山之首，曰甘棗之山。

無非是「某處有某山」的意思。

照經文例，「南山經之首曰誰山，其首曰招搖之山。」其實也可以表達爲：「南山經誰山之首，曰招搖之山。」

「有草焉，其狀如韭而青華，其名曰祝餘，食之不飢。有木焉，其狀如穀而黑理，其華四照，其名曰迷穀，佩之不迷。有獸焉，其狀如禺而白耳，伏行人走，其名曰狌狌，食之善走。」（南1－1）

這些句子就要簡單得多，唯獨需要注意的是介紹每種物產的長句，都應該一逗到底，最後加句號，否則層次不明。如「有獸焉，其狀如狐而九尾，其音如嬰兒，能食人，食者不蠱。」有人在「能食人」後加句號，看似有點道理，其實是混亂經文層次的標點方式。

「其祠之禮毛，用一璋玉瘗，糈用稌米，一璧，稻米，白菅爲席。」（南1－0）

這句有人在毛字上斷句，亦無不可。我們在毛字下斷句，是因毛字下有郭注「言擇牲取其毛色也」等字，又《中次二經》「祠用毛」下有郭注「擇用毛色」等字，《西山經》「其祠之禮太牢」之下亦有注，知郭意必在「毛」下斷句。郝氏《訂譌》（第11條）也是在「毛」字下斷句。本次整理儘量取用郝氏、郭氏的觀點。

「其草多條，其狀如葵而赤華，黄實如嬰兒舌，食之使人不惑。」（西1－5）

或在「黄實」之下斷開，非。「如嬰兒舌」謂「實」，故須連讀。元鈔本「黄實」作「莢實」，義更顯豁。

「岷，三江首。大江出汶山，北江出曼山，南江出高山……」（《海内東經》）

或斷作「岷三江：首大江出汶山……」大誤。經謂，岷山爲三江（大江、北江、南江）之首，大江是江之幹流，出自汶山（即岷山），北江、南江都是支流，出自曼山、高山。畢沅兩引「岷三江首」四字，可見其斷句不誤。而或將畢引斷作「岷三江，首……」，又是誤中之誤。

二、劉秀《上山海經表》

「侍中奉車都尉光禄大夫臣秀領校祕書言：校祕書太常屬臣望所校《山海經》，凡三十二篇，今定爲一十八篇，已定。」

或斷作：「侍中奉車都尉光禄大夫臣秀領校、祕書言校、祕書太常屬臣望所校《山海經》，凡三十二篇，今定爲一十八篇，已定。」大非。

首具作者之名，是表文的基本格式，所以古表文、信件等第一句都是「某人言」云云。今存劉向《别録》各篇開頭即多如此：

護左都水使者光禄大夫臣向言：所校中《戰國策》書……

護左都水使者光禄大夫臣向言：所校讎中《管子書》三百八十九篇……

護左都水使者光禄大夫臣向言：所校中書《晏子》十一篇，臣向謹與長社尉臣參校讎……

「朝士由是多奇《山海經》者，文學大儒皆讀學以爲奇。可以考禎祥變恠之物，見遠國異人之謠俗。」

或在「以爲奇」之上斷句。吳任臣《山海經雜述》引劉鳳《雜俎》在「以爲奇」下斷句。《叢書集成初編》本《山海經》亦在「以爲奇」下斷句。

三、郭璞注

《山海經》難讀，很大程度上是因爲郭璞注。

「其山川名號所在，多有舛謬，與今不同，師訓莫傳，遂將湮泯。」（郭序）

或在「所在」上斷句。我們的看法是「名號」和「所在」是並列的關係，所以在「所在」下斷句。

「在蜀伏山，山南之西頭，濱西海也。」（南一－一）

《叢書集成初編》本《山海經》如此斷句。《山海經箋疏訂譌》引「在蜀伏山，山南之西頭」九字，知郝以此九字爲句。這是郭注的第一句，然而難以理解。

「《爾雅》云霍山亦多之。」（南一－一）

此句文字有誤，疑當作「《爾雅》云：藿，山韭。今山中亦多之。」郝氏有說而未盡。或以爲當斷作「《爾雅》云霍，山亦多之。」實無謂。

郭注中雖三有「《楚詞》曰」之語，但《離騷》在郭注中指的也是《楚辭》這整部書，而不是簡單的指其中《離騷》這一篇。

若木華赤，其光照地，亦此類也，見《離騷經》。（南 1－1）

《離騷》曰：懷琬琰之華英（見〈遠遊〉）。又曰：登昆侖兮食玉英（見〈涉江〉）。（西 3－4）

日沒所入山也，見《離騷》，奄茲兩音。（西 4－19）

樸牛見《離騷・天問》，所未詳。（北 1－17）

《離騷》曰：靡萍九衢（見〈天問〉）。（中 7－9）

《離騷》曰「邅吾道兮洞庭（見〈湘君〉）」，「洞庭波兮木葉下（見〈湘夫人〉）」，皆謂此也。（中 12－7）

《離騷・九歌》所謂「湘夫人」稱「帝子」者是也。（中 12－7）

《離騷》曰「水周於堂下（見〈湘夫人〉）」也。（《海外西經》）

《離騷》所謂「羿焉畢日，烏焉落羽（見〈天問〉）」者也。（《海外東經》）

《離騷》曰：降望大壑（見〈遠遊〉）。（《大荒東經》）

《離騷》曰：日安不到，燭龍何燿（見〈天問〉）？（《大荒北經》）

《離騷》曰：絶都廣野而直指號（見劉向〈九歎〉）。（《海內經》）

《離騷》曰：駟玉虬而乘翳。（《海内經》）

此「《離騷·九歌》」「《離騷·天問》」或標作「《離騷》《九歌》」「《離騷》《天問》」，非。

「禺，似獼猴而大，赤目，長尾，今江南山中多有。說者不了此物名禺，作牛字，圖亦作牛形，或作猴，皆失之也。禺字音遇。」（南1－1）

「說者不了此物名禺，作牛字」，或可斷作「說者不了此物名，禺作牛字」，或「說者不了此物，名禺作牛字」。未詳。

「棪，別名『連（速）其』，子似柰而赤，可食。」（南1－2）

或在「其」字上斷句。詳讀郝疏即可知其誤。

「今猿似獼猴而大，臂腳長，便捷，色有黑有黄，鳴，其聲哀。」（南1－2）

或以爲「大臂」連文，似非。據郝疏有異文作「臂長」而無「腳」字，知臂字屬下讀。

「蝮虫，色如綬文，鼻上有鍼，大者百餘斤，一名反鼻。虫，古虺字。」（南1－3）

「今蝮蛇色似艾綬文，文間有毛如豬鬐。」（北 1 – 16）

綬，艾綬，繫印紐的綠色絲帶。色如綬文，色似艾綬文，即其花紋如同有綠絲帶纏繞。艾綬今鮮見，郝疏亦無說，斷句易誤。

又，「反鼻」易與「虫」字誤連。

「上有明星、玉女，持玉漿，得上服之，卽成仙道，險僻不通。《詩含神霧》云。」（西 1 – 3）

「此山巔亦有白玉膏，得服之卽得仙道，世人不能上也，《詩含神霧》云。」（中 7 – 9）

上句，或在「道」上斷句。合下句觀，則知「道」下斷句爲是。

經：「枳葉而無傷。」注：「枳刺，針也，能傷人，故名云。」（西 1 – 9）

或斷作「枳，刺針也」，非。郭謂「枳之刺如針」，非「枳爲刺針」。

「《爾雅・釋草》曰：榮而不實謂之。蓇音骨。」（西 1 – 14）

或將「蓇」字屬上句。實「之」字下脫「英」字，郝氏有明文。

「麢，似羊而大，角細，食好在山崖閒。」（西 1－18）

或誤斷作「麢，似羊而大角，細食，好在山崖閒。」案，《爾雅》：「麢，大羊。」

「后稷生而靈知，及其終化，形遯此澤，而爲之神，亦猶傅說騎箕尾也。」（西 3－7）

或在「化」字上斷句。案《經典釋文》引崔譔本云：「其生無父母，死登假，三年而形遯，此言神之無能名者也。」又，北大漢簡《反淫》亦有「刑豚神化，乘雲游霧」之語。是知「形遯」連文。

經：「其狀如棠。」注：「棠棃也。」（西 3－8）

經：「戚操魚䱉。」注：「䱇魚屬。」（《海外西經》）

非「棠，棃也」「䱇，魚屬」。其義謂「棠，棠梨也」「䱉，鱔魚也」，非「棠即梨」「䱇爲魚類」。

「音抵肆也。」（北 3－29）

或在「抵」字下斷句。「抵肆」當有成語。《羣書考索》卷四九：「西北之兵沉勁，其失也抵肆。東南之兵顓亂，其得也剽銳。」

「今鴈門山中出礝石，白者如冰水中有赤色者。」（中 4－2）

案此後半句難解，諸本各異，故斷句或不同。其文實當作「白者如冰半中有赤色者」，「半」通「片」，「冰半」即「片狀冰」。

經：尸水，合天也。注：「天，神之所馮也。」（中 5－0）

或將「天神」二字連讀，非。案，此釋經「天」字。

「吳人呼櫄音輴車，或曰輶車。」（中 5－7）

或在「輴」下斷句。案，此實爲省文，全文：「吳人呼櫄音輴車之輴，或曰音輶車之輶。」

「《地理志》『九江』，今在潯陽。南江自潯陽而分爲九，皆東會於大江。」（中 12－7）

或誤斷作：「《地理志》：九江，今在潯陽。」案，此文意謂：「《漢書・地理志》所記之九江，郭璞之時在潯陽。」即漢代的九江郡在晉代改爲尋陽郡。惟此處「南江」「大江」之說與本經及衆書之說皆不同，容或有誤。（案本經及《水經》，南江出崍山或曰高山，至犍爲南安縣即已入江。案《說文繫傳》，上游爲南江或大江，至九江分而合爲中江，下游爲北江。詳此處郭意蓋謂上游爲南江，至九江分而合爲大江。）

「玄菟太守王頎至沃沮國，問其耆老，云復有一破船隨波出在海岸邊上，有一人頂中復有面，與語不解，了不食而死。」（《大荒西經》）

或在「了」字下斷句，似亦可通。

「嘗在海中得一布褐，身如中人衣，兩袖長三尺。」（《海外南經》）

或將「衣兩袖」三字連讀。案，《異苑》卷一：「又得一布衣，從海中浮出，其身如中國人衣，但兩袖頓長三丈。」可知當在「衣」字下斷句。

《海内東經》郭注中凡言「某水出某地某方某向流注於某」句，憑空最是難斷。今細案原文，核對地圖地志，斷句如下：

今江出汶山郡升遷縣岷山，東南經蜀郡、犍爲至江陽，東北經巴東、建平、宜都、南郡、江夏、弋陽、安豐，至廬江南界，東北經淮南、下邳至廣陵郡，入海。

今淮水出義陽平氏縣桐栢山東北，經汝南、汝陰、淮南、譙國、下邳，至廣陵縣，入海。

案《水經》：漢水出武都沮縣東狼谷，經漢中、魏興，至南鄉，東經襄陽，至江夏安陸縣，入江，別爲沔水，又爲滄浪之水。

今潁水出河南陽城縣乾山，東南經潁川、汝陰，至淮南下蔡，入淮。

今汝水出南陽魯陽縣大孟山，東北至河南梁縣，東南經襄城、潁川、汝南，至汝陰褒信縣入淮。淮極，地名。

今涇水出安定朝那縣西幵頭山，東南經新平、扶風，至京兆高陵縣入渭。戲，地名，今新豐縣也。

鳥鼠同穴山，今在隴西首陽縣，渭水出其東，經南安、天水、略陽、扶風、始平、京兆、弘農華陰縣，入河。

（白水）源從臨洮之西西傾山來，經沓中，東流通陰平，至漢壽縣入潛。

今贛水出南康南野縣西北。

今泗水出魯國卞縣，西南至高平湖陸縣，東南經沛國、彭城、下邳，至臨淮下相縣，入淮。

案《水經》，洛水今出上洛冢嶺山，東北經弘農，至河南鞏縣入河。

今汾水出太原晉陽故汾陽縣，東南經晉陽，西南經西河、平陽，至河東汾陰入河。

今濟水自滎陽卷縣，東經陳留至潛陰北，東北至高平，東北經濟南，至樂安博昌縣入海，今碣石也。

（虖池水）經河間樂城，東北注渤海也。

四、郝懿行疏

郝疏的標點難度較小。但因文字甚多，故仍有可説。

首先是，現代標點其實與古文並不配套。如「《漢／晉・地理志》」、「《文選注・〈甘泉賦〉及〈思玄賦〉》及《太平御覽》五十九卷」，我們這樣處理書名號等，也是没有辦法的辦法。不一一列舉。

又：「《水經注》引《十三州志》曰：汾水出武州之燕京山。『亦管涔之異名也。』（北2－1）」後面引號内爲《水經注》之文。「劉逵注《魏都賦》引《冀州圖》：鄴西北有鼓山，山上有石鼓之形，俗言時時自鳴。『劉劭《趙都賦》曰：神鉦發聲。俗云石鼓鳴則天下有兵革之事。』是郭所本也。」（中9－13）引號内仍是劉逵注之文。「《莊子・天運篇》云：白鶂之相視，眸子不運而風化。《釋文》引《三蒼》云『鶂，鶬鶂也』，司馬彪云『相待風氣而化生也』，又云『相視而成陰陽』。」（《大荒東經》）「《三蒼》」、「司馬彪云」及「又云」，皆《釋文》所引。不一一列舉。

又：「《水經》云：河水南過上郡高奴縣東。注云：河水又右會區水——引此經云云——區水世謂之清水。」（西 4－4）破折號相當于小括號，兩破折號之内爲郝懿行之語，之外爲《水經注》之文。不一一列舉。

「高誘注《呂氏春秋·本味篇》」如此類，或將「篇」字標在書名號之外，似亦無不可。然而如「《〈莊子·天運篇〉釋文》」「《小雅·魚麗篇》毛傳」這樣的，把「篇」字標在書名號外其實並不合適。所以書中凡此類，皆將「篇」字標書名號之内。《××詩》例同。

緯書如《孝經援神契》，或標作《孝經·援神契》，誤甚。

「《元和郡縣志》云：交城縣，少陽山在縣西南九十五里。」或不解爲何會在「交城縣」後面就加逗號。一則，核對原文可知，「交城縣」三字爲郝氏據文意所補；再則，後文「在縣西南」之「縣」即指「交城縣」而言。《太平寰宇記》例同。《地理志》亦略同，核對原文即可知。

郭注：「《淮南子》曰：雞頭已瘻。」郝疏：「郭引《淮南》，《説山訓》文，高誘注云：瘻，頸腫疾；雞頭，水中芡。」（中 7－8）

郝意謂「郭引《淮南子》者，是其書〈説山訓〉之文」。或斷作「郭引《淮南·説山訓》文」，非。郝疏此例尚多，不一一列舉。

「《刀劒錄》云：漢章帝建初八年，鑄一金劒，令投伊水中，以厭人膝之怪；弘景案《水經》云，伊水有一物如人膝頭，有爪，人浴輒沒不復出。陶氏所說，參以劉昭注《郡國志》『南郡中盧』引《荊州記》云：陵水中有物如馬，甲如鯪鯉不可入，七八月中好在磧上自曝，膝頭如虎掌爪，小兒不知，欲取弄戲，便殺人；或曰生得者摘其鼻厭，可小小便，名爲水盧。《水經·沔水》注與《荊州記》小有異同。然則『人膝』之名蓋取此。据陶劉二家所說形狀，與馬腹相近，因附記焉。陶氏所引《水經》，蓋即郭所注者，今亡，無攷。」(中2－9)

這段問題較多。「如人膝頭，有爪」，或在「頭」字前斷句。案。「膝頭」即膝，二字間不可斷開，下文引《荊州記》「膝頭」同。「生得者摘其鼻厭，可小小便，名爲水盧」，或斷作「生得者摘其鼻，厭可小，小便名爲水盧」，非。案，「厭」當是「壓勝」巫術，「便」是「使」字之訛，其文謂生擒膝頭怪者可以用巫術稍稍役使它。參見《合校水經注》。